에밀

세창클래식 011

에밀 ㉛

초판 1쇄 인쇄 2021년 2월 19일
초판 1쇄 발행 2021년 2월 26일
−
지은이 장 자크 루소
옮긴이 이용철·문경자
펴낸이 이방원
편 집 정우경·김명희·안효희·정조연·송원빈·최선희·조상희
디자인 손경화·박혜옥·양혜진   **영 업** 최성수
−
펴낸곳 세창출판사
　　　　신고번호 제300-1990-63호 주소 03735 서울시 서대문구 경기대로 88 냉천빌딩 4층
　　　　전화 02-723-8660 팩스 02-720-4579 이메일 edit@sechangpub.co.kr 홈페이지 http://www.sechangpub.co.kr
　　　　블로그 blog.naver.com/scpc1992 페이스북 fb.me/Sechangofficial 인스타그램 @sechang_official
−
ISBN 979-11-6684-003-6 94370
　　　　979-11-6684-001-2 (세트)

에밀  하

장 자크 루소 지음

이용철 · 문경자 옮김

세창클래식 011

세창출판사

66

우리는 고칠 수 있는 병을 앓고 있다.
만약 병을 고치고 싶다면,
선량하게 태어난 우리는 자연으로부터
도움을 받을 수 있을 것이다.

99

(세네카, 『분노에 관하여』, 11권 13장)

차례

제4권

이 지상에서 우리의 삶은 얼마나 빠르게 흘러가는가! 인생에 있어 처음 4분의 1은 어떻게 인생을 활용하는지 채 알기도 전에 흘러갔고, 그 후 마지막 4분의 1 역시 인생의 즐거움을 더 이상 누리지 못하는 상태에서 지나가 버린다. 처음에는 어떻게 살아야 할지 방법을 전혀 모르고, 얼마 되지 않아서 이제는 살아갈 능력을 상실하는 것이다. 그리고 이 쓸모없는 최초 시기와 최후 시기 사이의 기간에도, 우리에게 남아 있는 시간의 4분의 3은 수면, 노동, 고통, 억압 등 온갖 종류의 괴로움으로 소진된다. 인생은 짧다. 그 이유는 우리가 불과 얼마 되지 않는 시간밖에 살지 못해서라기보다 그 얼마 되지 않는 시간 중에도 인생을 향유할 시간은 얼마 갖지 못하기 때문이다. 죽음의 순간이 탄생의 순간에서 아무리 멀리 떨어져 있다 해도, 그 사이 기간을 잘 채우지 못했을 때 인생이란 언제나 너무나 짧다.

우리는 말하자면 두 번 태어난다. 한 번은 존재하기 위해서 또 한 번은 살기 위해서이다. 처음에는 인간으로 다음에는 남성이나 여성으로 태어난다. 여성을 불완전한 남성으로 간주하는 사람들은 분명 옳지 않다. 그러나 외관으로만 유추하면 그들이 옳다고 생각할 수도 있겠다. 사춘기에 이르기까지 남자아이나 여자아이나 겉보기에는 다른 것이 전혀 없다. 같은 얼굴, 같은 생김새, 같은 안색, 같은 목소리, 모든 것이 같다. 소녀도 아이고 소년도 아이다. 이렇게 흡사한 존재들은 같은 이름으로 불러도 충분하다. 이후 성의 발달을 저해받게 된 남성들은 일생 동안 이러한 유사성을 유지하여, 그들은 언제까지고 큰 어린아이로 남게 된다. 그런데 여성은 이러한 유사성을 조금도 상실하지 않기 때문에 많은 점에서 어린아이와 다르지 않은 것처럼 보인다.

그러나 대개 남자는 항상 어린아이 상태에 머무르게 되어 있지 않다. 그는 자연이 정한 시기에 거기서 벗어난다. 그리고 이 위기의 순간은 상당히 짧지만, 그런데도 두고두고 영향을 미친다.

폭풍우가 오기 오래전부터 바다가 울부짖듯이, 이제 막 나타나기 시작한 정념의 웅성거림이 폭풍 같은 대격변을 예고한다. 은밀한 동요가 위험이 다가왔음을 경고한다. 기분의 변화, 잦은 신경질, 끊임없는 정신적 흥분으로 어린아이는 거의 반항적이 된다. 전에는 순순히 따르던 목소리도 이제는 들으려 하지 않는다. 그는 열기에 휩싸인 한 마리 사자가 되어 스승을 무시하고 더 이상 지도받고 싶어 하지 않는다.

기질의 변화를 나타내는 정신적 징후들과 함께 얼굴에도 뚜렷한 변화가 생겨난다. 그의 용모는 성숙해지고 거기에 성격이 드러난다. 볼 아래쪽에 드문드문 돋아난 부드러운 솜털은 갈색으로 변하고 숱이 많아진다. 그의 목소리는 변성기에 접어드는데, 목소리가 변한다기보다 차라리 목소리를 잃어버린다고 말하는 편이 더 옳다. 그는 어린아이도 아니고 어른도 아니어서 어느 쪽 목소리도 낼 수 없다. 영혼의 기관인 눈은 지금까지는 아무 말도 하지 않았지만, 이제 어떤 언어와 표현력을 발견한다. 타오르기 시작한 불길이 눈에 생기를 부여해서 더욱 생생해진 그 시선은 아직은 신성한 순진성을 띠고 있고 더 이상 예전의 우둔함이란 찾아볼 수 없다. 그는 벌써 눈이 너무 많은 말을 할 수 있다는 것을 느끼고, 눈을 내려 뜨거나 창피함에 눈을 붉힐 줄 알기 시작한다. 자신이 무엇을 느끼는지 알기도 전에 무엇인가를 느끼기 시작하여 이유 없이 불안해진다. 이 모든 것이 서서히 나타나서 여러분이 그래도 여유를 가질 수 있는 경우도 있다. 그러나 어린아이의 활기가 지나쳐 성급해지고 신경질이 분노로 변하고, 시시각각 화를 내다가 감격하고, 이유 없이 눈물을 흘리고, 위험스러워지기 시작한 대상들 옆에서 가슴이 두근거리고, 눈에 불꽃이 타오르고, 여인의 손이 그의 손 위에 놓일 때 온몸을 부르르 떨고, 여자 옆에 있으면 수줍어 어쩔 줄 모르게 되면, 오디세우스여,[1] 오 현명한 오디세우스여, 조심하지 않으면 안 된다. 당신이 그렇게 신중을 기해 묶어둔 가죽부대의 주둥이가 열린 것이다. 그 안에 갇혀 있던 바람은 이미 빠져나와 맹위를 떨치고 있다. 이제는 한순간도 키를 놓아서는 안 된다. 그렇지 않으면 모든 것은 끝장이다.

바로 이것이 내가 말했던 제2의 탄생이다. 바로 여기서 인간은 진정으로 인생에 눈을 뜨며, 인간적인 것은 어떤 것도 그와 무관하지 않게 된다.[2] 여태껏 우리가 기울여 온 정성이 아이들 장난에 불과했다면, 이제부터야말로 그것은 정말로 중요하다. 통상적인 교육이 끝나는 이 시기야말

---

1 에밀의 교사는 여기서 호메로스의 『오디세이아』 10권에 등장하는 오디세우스와 비교된다. 아에올리아섬에서 출범하기 전 오디세우스는 그 섬의 왕에게서 모든 바람을 잡아 담은 소가죽 부대를 받았다. 오디세우스가 키를 잡고 있었을 때는 바람이 잔잔하여 그는 배가 육지에 도달하기 전 깊은 잠에 빠져들었다. 그때 그의 탐욕스러운 선원들이 부대를 열어젖히자 부대자루에서 거대한 폭풍우가 일어났고 그 때문에 배는 예정했던 방향에서 멀어졌다 — 옮긴이.

2 고대 로마의 희극시인 테렌티우스(Publius Terentius)가 이웃 사람의 운명에 관심을 보이자, 그 사람이 이유를 물었다. 이에 테렌티우스는 "인간적인 것은 어떤 것도 나와 무관하지 않다"라고 대답하였다. 이 말은 휴머니즘과 관련하여 자주 인용되는 유명한 문장이다 — 옮긴이.

로 바로 우리의 교육이 시작되어야 할 시기이다. 그런데 이 새로운 계획을 제대로 설명하기 위해, 그것과 관련된 상황의 상태를 더 거슬러 올라가 다시 짚어 보기로 하자.

인간의 정념은 인간의 보존을 위한 주요한 도구이다. 그러므로 그것을 파괴하려는 것은 가소롭고 헛된 시도이다. 이런 일은 자연을 통제하는 것이며, 신의 작품에 다시 손을 대는 것이다. 만약 신이 직접 인간에게 부여한 정념을 없애라고 말한다면, 신은 원하면서도 원하지 않는 것이 되어 자가당착에 빠지는 셈이 될 것이다. 절대로 신은 이런 무분별한 명령을 내리지 않았고, 그런 것은 인간의 마음에 전혀 쓰여 있지 않다. 그리고 신은 어떤 사람이 그 일을 하기를 원할 때 그것을 다른 사람을 통해 그 사람에게 말하지 않는다. 신은 직접 그에게 말하고, 그의 마음 깊숙한 곳에 그것을 써 둔다.

그런데 정념이 생겨나는 것을 저지하려는 사람이 있다면, 나는 그가 정념을 없애려는 사람과 다름없이 어리석은 사람이라고 생각할 것이다. 그리고 지금까지 내 계획이 그런 것이었다고 생각하는 사람들이 있다면 그들은 분명 나를 몹시 오해했던 것 같다.

그러나 정념을 갖는 것이 인간의 본성에 속한다는 사실에서, 우리가 우리 안에서 느끼는 그리고 다른 사람들에게서 보는 모든 정념이 자연스럽다는 결론을 이끌어 내려 한다면, 그것은 정말 올바른 추론일까? 정념의 원천이 자연적인 것은 사실이다. 그러나 다른 곳에서 오는 수많은 지류들이 그 원천을 불어나게 했다. 그것은 계속 커져 가는 큰 강이어서 원천에서 비롯된 물은 거의 몇 방울밖에 찾아보지 못할 것이다. 우리의 자연스러운 정념은 매우 제한되어 있으며 그것은 우리의 자유를 위한 도구이고 우리의 보존을 지향한다. 우리 위에 군림하고 우리를 파괴하는 모든 정념은 다른 곳에서 우리에게 온 것이다. 자연은 우리에게 그러한 정념들을 주지 않았는데, 우리가 자연을 희생시키고 그것들을 우리 것으로 삼은 것이다.

우리의 정념의 원천, 모든 다른 정념의 기원이자 근원이며 인간과 함께 태어나 그가 살아 있는 한 그를 결코 떠나지 않는 유일한 정념은 자기애이다. 자기애는 원초적이며 선천적이고 모든 다른 정념들에 앞서는 정념으로, 어떤 의미에서 다른 정념들은 모두 그것의 변형에 지나지 않는다. 이러한 의미에서 모든 정념이 자연적이라고 해도 무방하다. 그러나 이렇게 변형된 정념의 대부분은 외부적인 원인을 갖는 것으로, 그 원인이 없다면 절대로 생겨나지 않았을 것이다. 그리고 바로 이렇게 변형된 정념은 우리에게 유익하기는커녕 오히려 해롭다. 그것은 최초의 목표를 바꾸고 그 원칙에 역행한다. 바로 그때 인간은 자연을 벗어나 자기 자신과 모순된 상태에 놓이게 된다.

자기애는 언제나 선하고 언제나 질서와 일치한다. 사람은 누구나 각자 특히 자기를 보존할 임무를 지고 있다. 따라서 그의 임무들 중 가장 중요한 첫 번째는 끊임없이 자기 보존에 주의를 기울이는 것이고 또 그래야만 한다. 그런데 이 자기 보존의 임무에 가장 큰 관심을 갖지 않는다면, 어떻게 자기 보존에 그렇게 주의를 기울일 수 있겠는가?

그러므로 우리는 자신을 보존하기 위하여 자기를 사랑해야 하며, 그 무엇보다 자기 자신을 사랑해야 한다. 그리고 바로 그 감정의 직접적 결과로서 우리는 우리를 보호해 주는 것을 사랑한다. 어린아이들은 모두 자기에게 젖을 먹이는 사람에게 애착을 갖는다. 로물루스[3]는 자신에게 젖을 먹였던 늑대에게 틀림없이 애착을 가졌을 것이다. 이 애착은 처음에 순전히 무의식적이다. 한 개인의 안락에 유리하게 작용하는 것은 그의 마음을 끌며, 해로운 것은 그를 불쾌하게 한다. 이것이야말로 맹목적인 본능에 불과하다. 그런데 우리에게 해를 끼치려는 또는 우리에게 도움이 되려는 의도가 드러날 때, 바로 이러한 의도가 본능을 감정으로, 애착을 사랑으로, 불쾌감을 증오로 변형시킨다. 전달되는 동력에 따라서만 움직이는 무감각한 존재들에 대해 사람들은 정념을 갖지 않는다. 그러나 우리가 어떤 사람에게서 내면의 성향과 의지에 비추어 이익이나 손해를 예측할 때, 그리고 그가 우리를 돕기 위해 또는 우리를 해치려고 자유롭게 행동하는 것을 볼 때, 우리는 그가 우리에게 보이는 감정과 비슷한 감정을 갖게 된다. 사람이란 자기에게 도움이 되는 것을 찾지만, 자기에게 도움을 주려는 의도를 가진 것은 사랑한다. 자기에게 해로운 것은 피하지만, 자기에게 해를 끼치려는 의도를 가진 것은 증오한다.

어린아이에게 생기는 최초의 감정은 자기를 사랑하는 것이고, 그 최초의 감정으로부터 파생되는 두 번째 감정은 그의 곁에 접근하는 사람들을 사랑하는 것이다. 왜냐하면 아이는 자신이 놓여 있는 나약한 상태에서 자기가 받는 도움과 배려를 통해서만 사람을 인지하기 때문이다. 처음에 아이가 유모와 보모에 대해 갖는 애착은 단지 습관에 불과하다. 아이는 그들이 필요하고 그들이 있으면 편안하기 때문에 그들을 찾는데, 이는 그들에게 호의를 갖고 있어서라기보다 그들을 알고 있기 때문에 그렇

---

3   로마를 건국한 최초의 왕이다. 어렸을 때 쌍둥이 형제 레무스와 함께 테베레의 강가에 버려졌으나 늑대에 의해 기적적으로 목숨을 구하고 늑대의 젖을 먹으며 연명했다 — 옮긴이.

다. 그들이 자기에게 도움이 될 뿐만 아니라 도움을 주고 싶어 한다는 것을 이해하기까지는 오랜 시간이 걸린다. 아이가 그들을 사랑하기 시작하는 것은 바로 그때이다.

따라서 어린아이는 자연적으로 호의를 갖는 성향을 지니게 된다. 자기에게 접근하는 모든 것이 그를 도와주려고 한다는 것을 알고, 이를 관찰하면서 인류에 대한 호의적인 감정을 갖는 습관이 생기기 때문이다. 그러나 관계의 폭이 넓어지고 욕구가 많아지며 적극적인 혹은 수동적인 의존 상태가 확대됨에 따라 아이에게 다른 사람과 맺는 관계에 대한 감정이 싹트고 그러면서 의무감과 좋고 싫다는 감정도 생겨난다. 그때 어린아이는 사람들에게 횡포를 부리거나 질투도 하고 거짓말을 하고 복수심을 느끼기도 한다. 복종을 강요당하면 자신에게 부과되는 명령이 무슨 소용이 있는지 모르면서 그것을 심술 탓으로 돌리거나 일부러 자기를 괴롭히기 위해 그런다고 여기고는 말을 듣지 않는다. 사람들이 자기 말에 고분고분 따라 줄 때는, 비위에 거슬리는 것이 있기만 하면 그것이 고의로 자신을 거역하는 것이라 생각하고 자기 말을 듣지 않았다고 의자나 테이블을 두드려 댄다. 자신과만 관계되는 자기애는 진짜 욕구가 충족되면 만족하지만, 자기를 다른 사람과 비교하는 이기심은 결코 만족하지 못하고 만족할 수도 없을 것이다. 왜냐하면 이기심이라는 감정은 자기는 다른 사람들보다 자신을 더 좋아하면서도 다른 사람들은 그들 자신보다 자기를 더 좋아해 주기를 요구하는데, 이는 불가능하기 때문이다. 이처럼 온화하고 다정한 정념은 자기애에서 생겨나고, 남을 미워하고 걸핏하면 화를 내는 정념은 이기심에서 생겨난다. 그러므로 욕구를 그리 많이 갖지 않고 자기를 다른 사람들과 그리 비교하지 않을 때 인간은 본질적으로 선량하게 된다. 반면 많은 욕구를 갖고 남의 평판에 지나치게 집착할 때 인간은 본질적으로 사악하게 된다. 이러한 원칙에 의거하면, 어린아이나 어른의 모든 정념을 어떻게 좋은 방향이나 나쁜 방향으로 이끌 수 있는지 쉽게 알 수 있다. 사실 인간은 항상 혼자서 살 수 없으므로 항상 선량하게 살기는 어려울 것이다. 인간관계의 확장과 더불어 이러한 어려움은 필연적으로 가중될 것이다. 특히 이러한 측면에서, 사회에서 생겨날 수 있는 위험 때문에, 새로운 욕구에서 비롯되는 타락을 인간의 마음에서 방지하기 위한 기술과 배려가 우리에게 더욱더 필요해진다.

인간에게 적합한 연구는 그가 맺고 있는 관계들에 대한 연구이다. 그가 자신을 육체적인 존재로만 아는 동안은 자신이 사물들과 맺고 있는 관계를 통해 자신을 연구해야 한다. 이것이 어린아이 시기의 일이다. 그러나 그가 자신을 정신적인 존재로 느끼게 되면 그는 자신이 인간들과 맺고 있는 관계를 통해 자신을 연구해야 한다. 이것이 우리가 도달한 시기부터 시작해 평생을 통해 해야 할 일이다.

인간이 반려자를 필요로 하게 되면 그는 더 이상 고립된 존재가 아니다. 그의 마음은 이제 홀로가 아니다. 그가 인류와 맺는 모든 관계와 그의 영혼의 모든 애정이 반려자와 함께 생겨난다. 그가 갖는 최초의 정념은 곧 다른 정념을 발효시킨다.

본능의 성향은 결정되어 있지 않다. 한쪽의 성이 다른 쪽의 성에 이끌리는 것이야말로 자연의 운동이다. 싫고 좋음을 선택하여 한 개인을 사랑하는 것은 지식과 선입견과 습관의 산물이다. 우리가 사랑할 수 있는 존재가 되기 위해서는 시간과 지식이 필요하다. 판단한 뒤에야 사랑하고 비교한 뒤에야 더 좋아하는 사람을 선택하기 때문이다. 이러한 판단은 자기도 모르는 사이에 이루어지지만 어쨌든 판단은 실제로 존재한다. 사람들이 뭐라 하든 진정한 사랑은 언제나 사람들의 숭배의 대상이 될 것이다. 사랑의 격정으로 우리가 제정신을 잃고, 사랑 때문에 마음에서 혐오스러운 성격이 없어지기는커녕 오히려 사랑 때문에 그런 성격이 생겨난다 해도, 사랑은 언제나 존경받을 만한 성격을 전제로 하고 생겨나기 때문이다. 그렇지 않다면 사람은 사랑을 느낄 수 없을 것이다. 사람들이 이성理性에 반한다고 보는 사랑의 선택은 사실 이성에서 나오는 것이다. 사람들은 사랑이 맹목적이라고 하지만, 그것은 사랑이 우리보다 더 눈이 밝아서 우리가 알아차리지 못하는 관계를 꿰뚫고 있기 때문이다. 미덕과 아름다움에 대해 아무 관념도 없는 사람이 있다면, 그에게는 어떤 여자든 모두 괜찮아서 아무나 처음 본 여자가 언제나 가장 사랑스러운 여자가 될 것이다. 사랑은 자연에서 나오기는커녕, 자연의 성향을 규제하고 그것에 제동을 거는 것이다. 바로 사랑 때문에 사랑하는 대상을 제외한 이성異性은 그에게 더 이상 아무것도 아닌 것이 된다.

　누구를 특별히 좋아하게 되면 상대방도 그래 주기를 바란다. 사랑은 상호적이어야 한다. 사랑받기 위해서는 자신이 사랑받을 만한 존재가 되어야 한다. 상대방이 특별히 자기를 좋아하려면 적어도 사랑하는 대상의 눈에 자신이 어떤 다른 사람보다, 아니 모든 다른 사람보다 더 사랑스러운 존재가 되어야 한다. 이 때문에 자기와 같은 다른 인간들에게 최초로 시선을 돌리게 되고, 이 때문에 최초로 그들과 자신을 비교하게 되고, 이 때문에 경쟁심과 적대 관계와 질투가 생겨난다. 감정으로 북받치는 마음은 자신의 심정을 털어놓고 싶어 한다. 그래서 애인이 필요하면 곧 친구가 필요해진다. 사랑받는다는 것이 얼마나 감미로운지 느끼는 사람은 모든 사람들에게서 사랑받고 싶어 한다. 그렇지만 모두가 특별히 사랑받기를 원한다면, 그렇지 못해 불만을 갖는 사람들도 많이 생기게 될 것이다. 사랑 그리고 우정과 함께 불화와 적대감과 증오가 생겨난다. 다양한 정념들이 소용돌이치는 가운데서 세상 평판이 확고부동한 왕좌에 오르고, 평판의 절대적 권위에 예속된 어리석은 사람들이 오로지 자기 존재의 근거를 타인의 판단에 두고 있는 모습이 보인다.

이런 생각을 확장하면, 우리가 이기심의 자연스런 형식이라고 생각하는 것이 어디서 생겨 나와 우리의 이기심과 결부되는지, 또 어떻게 자기애가 더 이상 절대적인 감정이 아니게 되면서 위대한 영혼에서는 오만함이 비천한 영혼에서는 허영심이 되는지, 또 모든 영혼에서 허영심이 어떻게 끊임없이 가까이 있는 사람들을 희생시켜 가며 자라나는지 알 수 있을 것이다. 어린아이의 마음에서는 싹조차 트지 않은 이러한 종류의 정념은 저절로 발생할 수가 없다. 그것을 어린 마음에 심어 주는 것은 오로지 우리이며, 또 우리의 잘못이 아니라면 그러한 정념은 결코 아이의 마음에 뿌리를 내리지 않는다. 그러나 청년의 마음은 더 이상 상황이 같지 않다. 우리가 무슨 짓을 하더라도 우리의 의도와는 달리 청년의 마음에 정념이 생겨날 것이다. 따라서 이제는 방법을 바꾸어야 한다.

지금 다루고 있는 위기 상태에 대해 몇 가지 중요한 성찰에서부터 시작해 보자. 유년기에서 사춘기로 넘어가는 시기는 자연이 그리 확실하게 정해 두지 않아서, 개인에게서는 기질에 따라 다르고 민족에게서는 풍토에 따라 다르다. 이 점과 관련하여 더운 나라와 추운 나라에서 볼 수 있는 차이는 누구나 알고 있는 사실이며, 다혈질적인 기질의 소유자가 그렇지 않은 사람보다 더 빨리 성숙해진다는 것도 알려져 있는 일이다. 그러나 그 원인에 대해서는 잘못 생각할 수 있어서, 정신적인 것에서 원인을 찾아야 할 것을 육체적인 것의 탓으로 돌리는 일이 종종 생긴다. 이것이야말로 우리 세기의 철학이 가장 빈번하게 저지르는 잘못들 중의 하나이다. 자연이 행하는 교육은 서서히 더디게 진행되는 반면 인간이 행하는 교육은 거의 언제나 시기를 앞질러 이루어진다. 전자의 경우에는 감각이 상상력을 일깨우지만, 후자의 경우에는 상상력이 감각을 일깨워 그것을 때 이르게 활동하게 한다. 그렇게 되면 반드시 먼저 개인이 다음에는 결국 인류가 무기력해지고 쇠약해진다. 풍토의 영향보다 더 일반적이고 확실하게 관찰되는 영향으로는 사춘기와 성의 능력이, 무지하고 미개한 민족들보다 배우고 개화된 민족들에게서 언제나 더 빨리 나타난다는 점이다.[4] 어린아이들은 특유의 명민함으로 원숭이처럼 온갖 예절을 흉내 내면서도 점잖은 예절 뒤에 숨어 있는 악습을 간파한다. 어른들이 어린아이들에게 고상한 말을 따라 하게 시키고, 그들에게 품위 있게 행동하라고 훈육하면서 그들 눈앞에 신비의 장막을 둘러치려고 해도, 그 일

---

4 뷔퐁 씨는 다음과 같이 말했다. "도시나 형편이 넉넉한 집에서는 어린아이들이 영양과 맛이 풍부한 음식에 길들여져서 사춘기에 빨리 도달한다. 반면에 시골이나 가난한 사람들의 집에서 아이들은 더 디게 도달한다. 왜냐하면 그들은 제대로 먹지도 못하거나 너무 적게 먹기 때문이다. 그들은 성숙해지려면 이삼 년 더 걸린다"(『박물지』, 4권. 238쪽). 나는 이 관찰은 인정하지만 그에 대한 설명은 인정하지 않는다. 왜냐하면 발레 지방같이 주민들이 잘 먹고 많이 먹는 지방, 심지어 프리울리 같은 이탈리아의 몇몇 산간 지방에서조차 남녀의 사춘기 연령은 도시의 중심지보다 더 늦어지기 때문이다. 도시에서도 허영심을 만족시키려고 사람들은 흔히 먹는 것을 극도로 아낀다. 또한 '비단옷에 밀기울로 배 채우기'라는 속담처럼, 대부분의 사람들은 옷치장에 돈을 다 쏟아부어 배를 채우지 못한다. 산간 지방에서는 어른만큼 건장한 키 큰 사내아이들이 아직 고음을 간직하고 있고 턱에는 수염이 없으며, 또 덩치 큰 여자아이들이 다른 점에서는 완전히 여자가 다 되었으면서도 생리의 징후가 전혀 없는 것을 보고 사람들은 놀란다. 내가 보기에 이와 같은 차이는 오로지 그들의 관습이 소박하고 그들의 상상력이 더 오랫동안 평온하고 조용하게 유지되어서 피가 들끓는 시기가 지연되고 기질이 덜 조숙해지는 데서 비롯되는 것 같다.

들은 죄다 그들의 호기심을 자극한다. 어른들이 처신하는 방식을 보면 아이들에게 감추려고 하는 것이 결국 그것을 가르쳐 주는 꼴이고, 아이들에게 주는 가르침들 중에서 감추려는 것이 아이들에게 가장 잘 받아들여지는 것은 분명하다.

경험에 비추어 생각해 보라. 이러한 무분별한 방식이 어떤 정도까지 자연의 일을 가속화시켜 기질을 손상시킬지 이해가 될 것이다. 이것은 도시에 사는 족속들을 타락시키는 주요한 원인들 중의 하나이다. 청년들은 일찌감치 진이 빠져서 더 성장하지 못한다. 작고 나약하고 충분히 발육되지 못한 채 늙어 버린다. 마치 사람들이 봄에 열매를 맺게 만들어서 가을이 오기도 전에 시들어 죽어 버리는 포도나무처럼 말이다.

무지하고 소박한 민족들에게서 행복한 무지 덕분에 어린아이들의 순진한 기간이 얼마나 연장될 수 있는지 알아보려면 그런 곳에서 살아 보아야 한다. 그곳에서 한창 아름다운 청춘인 남녀가 아무런 거리낌 없이 어린 시절의 천진한 놀이를 계속하고, 너무도 친밀하여 그들이 누리고 있는 순수한 즐거움이 그대로 드러나는 것을 보고 있으면, 그 감동적인 광경에 절로 웃음이 나온다. 이 사랑스러운 청년들이 마침내 결혼하게 되면, 남편과 아내는 서로에게 자신의 순결을 바치고 그 때문에 서로 더욱 사랑스러운 존재가 된다. 건강하고 튼튼한 많은 자식들이 무슨 일이 있어도 변치 않을 결합의 증거가 되고 청년 시절의 정숙함의 결실이 된다.

자연의 작용과 더불어 교육 효과에 따라 인간이 성을 의식하는 시기가 달라진다면, 이로부터 아이들을 키우는 방법에 따라 그 시기를 앞당길 수도 있고 늦출 수도 있다는 결론이 나온다. 그리고 이러한 진행 과정을 앞당기느냐 늦추느냐에 따라 신체가 단단해지기도 허약해지기도 한다면, 그 시기를 늦추려 노력할수록 청년은 더 많은 원기와 힘을 얻게 된다는 결론이 또 나온다. 나는 지금까지 순전히 육체적인 효과에 대해서만 말했는데, 그 효과가 여기에 그치지 않는 것을 곧 보게 될 것이다.

　이러한 고찰에서 나는 그토록 논란을 불러일으킨 문제, 즉 아이들에게 그들이 호기심을 갖는 대상들에 대해 일찌감치 알려 주는 것이 좋은지 아니면 적당히 대수롭지 않은 답변으로 그들을 속이는 것이 더 좋은지 해답을 끌어낼 수 있다. 나는 양쪽 다 해서는 안 될 일이라고 생각한다. 첫째로 그런 호기심은 기회를 주지 않으면 아이들에게서 전혀 생기지 않는 법이다. 그러니 아이들이 그런 호기심을 갖지 않게 해 주어야 한다. 둘째로 해답을 줄 필요가 없는 질문의 경우 질문한 사람을 속일 필요는 없다. 거짓말을 해 가며 답변하는 것보다는 아이의 말문을 막는 것이 더 낫다. 아무래도 좋은 것들에 대해서는 이 규칙을 따르도록 신경을 써 두었다면 아이는 그리 놀라지 않을 것이다. 끝으로 답변하기로 결심했다면 가능한 한 솔직하게 숨기지도 당황하지도 웃지도 말고 답하도록 하라. 아이들의 호기심은 자극하기보다 충족시켜 주는 것이 훨씬 위험성이 적다.

　대답은 항상 신중하고 짤막하고 단호해야 하며 결코 주저하는 듯이 보여서는 안 된다. 답변이 진실해야 한다는 것은 두말할 나위도 없다. 어른에게 거짓말하는 것은 위험하다는 것을 아이들에게 가르칠 때, 어른 편에서 아이에게 거짓말하는 것은 더 위험하다는 것을 절감하지 않을 수 없다. 선생이 학생에게 한 말이 단 한 마디라도 거짓이라고 밝혀지면, 교육의 모든 결실은 영원히 망쳐질 것이다.

어떤 문제들에 대해서는 아이가 아무것도 모르는 것이 매우 적절할 수도 있다. 그러나 그들에게 언제까지나 감출 수 없는 것들은 일찌감치 알게 해 주어야 한다. 아이의 호기심이 어떤 일에도 생겨나지 않게 하든지, 아니면 그것에 위험이 따르기 전에 충족시켜 주어야 한다. 이 점에 대해 여러분이 제자에게 취할 태도는 그의 개별적인 상황, 그를 둘러싼 집단들, 앞으로 그가 처하게 될 것이라고 예상되는 상황들 등등에 따라 크게 좌우된다. 여기서 중요한 점은 아무것도 우연에 맡겨서는 안 된다는 것이다. 만약 여러분이 그가 열여섯 살이 될 때까지 성의 차이를 모르게 할 수 있다는 확신이 없다면, 열 살이 되기 전에 그것을 가르쳐라.

나는 사물을 본래의 이름으로 지칭하는 것을 피하려고 아이들에게 가식적으로 지나치게 세련된 말을 쓰거나, 아이들이 알아차리고 있는데도 완곡하게 돌려서 말하는 것을 전혀 좋아하지 않는다. 이때 취할 수 있는 바람직한 태도는 언제나 가장 솔직한 것이다. 그러나 악덕으로 더럽혀진 상상력은 귀를 세련되게 만들어 끊임없이 표현에 지나치게 신경을 쓰도록 만든다. 교양 없는 말을 쓴다 해도 그것은 대수로운 일이 아니다. 멀리해야 할 것은 음탕한 생각이다.

수치심은 인류에게 자연스러운 것이기는 하지만, 어린아이들에게는 본래 수치심이 없다. 수치심은 악을 알게 되면서 비로소 생겨난다. 악에 대해 알지 못하고 알아서도 안 되는 아이들이 어떻게 악의 결과로 표출되는 감정을 가질 수 있겠는가? 그들에게 부끄러움을 알라고 품행을 바르게 하라고 가르치는 것은 부끄럽고 추잡한 일들이 있다는 것을 가르치는 셈이고, 그런 일들을 알고 싶어 하는 은밀한 욕망을 부추기는 꼴이다. 조만간 아이들은 그 욕망을 해결할 것이고, 상상력을 건드리는 최초의 불꽃은 어김없이 재빨리 감각에 불을 지를 것이다. 누군가 얼굴을 붉힌다면 그는 이미 죄를 지은 사람이다. 진정한 순진무구함은 어떤 것도 부끄러워하지 않는다.

어린아이들은 어른과 똑같은 욕망을 갖지는 않지만, 어른과 마찬가지로 불쾌감을 주는 용변을 보아야만 한다. 이런 어쩔 수 없는 필요성만으로도 그들은 어른처럼 예의범절을 배울 수 있다. 자연의 흐름을 따라라. 자연은 은밀한 쾌락의 기관들과 불쾌한 생리적 기관들을 같은 곳에 둠으로써, 서로 다른 시기에 서로 다른 생각에서 비롯된 것이기는 하지만 ―어른은 정숙함을 생각하고 어린아이는 청결함을 생각한다― 우리가 똑같이 주의를 기울이도록 이끈다.

아이들의 순진성을 보존하는 좋은 방법은 하나밖에 없다고 생각한다. 그것은 주변의 모든 사람들이 아이의 순진성을 존중하고 사랑하는 것이다. 그렇지 않으면 아이들한테 아무리 조심스럽게 한다고 해도 그 조심성이 조만간 앞뒤가 맞지 않게 될 것이다. 한 번의 웃음이나 눈짓 한 번, 무심결에 취한 몸짓 하나에도 아이들에게 말하지 않으려 한 모든 것들이 그대로 드러난다. 사람들이 무엇인가 감추려고 하는 것을 보기만 해도 아이들은 그것을 충분히 알아차린다. 아이가 조금도 가져서는 안 될 지식을 전제로 교양 있는 사람들이 자기들끼리 쓰는 미묘한 어투나 표현은 어린아이들에게 전혀 격에 맞지 않는다. 그러나 어린아이들의 단순함을 진심으로 존중한다면 그들에게 말을 할 때 그들에게 적합한 단순한 용어를 쉽게 쓸 수 있을 것이다. 순진성에 어울리는 말, 순진성이 좋아하는 꾸밈없는 말들이 있다. 바로 이것이 아이를 위험한 호기심에서 떼어놓을 수 있는 바람직한 어조이다. 무엇이든 솔직하게 말하면 아이는 자기에게 하지 않은 말이 더 있을지도 모른다는 의심을 품지 않게 된다. 상스러운 말에는 그에 합당한 불쾌한 관념을 결부시켜서 처음부터 상상의 불길을 꺼 버린다. 어린아이가 그러한 말을 하거나 그러한 생각을 갖는 것을 막지 않으면서도, 그것들을 떠올리면 자신도 모르는 사이에 혐오감을 느끼도록 하는 것이다. 이 꾸밈없는 자유는, 자신의 마음에서 그러한 자유를 끌어내어 언제나 말해야 하는 것을 말하고 항상 느낀 바를 그대로 말하는 사람들에게 얼마나 많은 곤란한 일들을 모면케 해 주는지 모른다.

"아이는 어떻게 생기나요?" 이는 어린아이들이 아주 자연스럽게 묻게 되는 곤란한 질문이다. 이에 대한 답변이 분별이 있는지 없는지에 따라 때로는 평생에 걸쳐 어린아이들의 품행과 건강이 결정될 수도 있다. 자식을 속이지 않으면서 이 질문에서 벗어나기 위해 어머니가 생각할 수 있는 가장 간단한 방법은 아이의 입을 다물게 하는 것이다. 대수롭지 않은 질문에 대해 오래전부터 그렇게 습관을 들여 놓아서 어린아이가 여태껏 들어 본 적 없는 어조에서 무언가 감추는 것이 있다는 의심을 품지만 않는다면, 그것도 좋은 방법일 것이다. 그러나 그 정도에서 그치는 일은 거의 없다. 어머니는 어린아이에게 "그것은 결혼한 사람의 비밀이기 때문에 아이가 그렇게 알려고 들어서는 안 된다"라고 말할 것이다. 이는 어머니를 궁지에서 구해 내는 데 참으로 그럴듯한 말이다. 그러나 어머니는 어린 소년이 그런 무시하는 태도에 감정이 상해서 결혼한 사람의 비밀을 알게 될 때까지 잠시도 마음의 안정을 가지지 못하고 또 머지않아 그것을 알게 되리라는 것을 알아야 한다.

나는 같은 질문에 아주 다르게 대답하는 것을 들은 적이 있다. 그 대답은 언행이 정숙하지만, 자기 아들의 행복과 미덕을 위하여 필요할 때는 남의 비난을 마냥 두려워하지 않고, 농담하기 좋아하는 사람들의 쓸데없는 말에 아랑곳하지 않을 줄 아는 한 부인에게서 나왔기 때문에 더욱 내게 감명을 주었다. 그러니 여기에 그 말을 옮기는 것을 허락해 주기 바란다. 오줌을 누면서 작은 결석이 나와 요도가 찢어진 지 얼마 되지 않았지만 아이는 과거의 그 고통은 잊고 있었다. 아무 생각이 없는 아이가 묻는다. "엄마, 아이는 어떻게 생겨요?" 어머니는 주저하지 않고 대답한다. "아들아, 여자는 오줌을 누는 것처럼 아이를 낳는데, 굉장히 아프기 때문에 가끔 죽는 일도 있단다." 무분별한 사람들은 웃어도 좋고, 어리석은 사람들은 분개해도 좋다. 그러나 현명하다면 이보다 더 그 목적에 합당하고 적절한 대답이 또 어디에 있을지 한번 찾아보라.

그 아이는 우선 자신이 알고 있는 생리적 욕구를 떠올림으로써 무언가 은밀한 것이 있을 거라고는 전혀 생각하지 않는다. 거기에 수반되는 고통과 죽음의 관념이 그 생각을 슬픔의 베일로 덮어 상상력의 힘을 꺾고 호기심을 억제한다. 이 모든 정황 때문에 아이의 정신은 온통 출산의 원인이 아니라 그 결과에 쏠린다. 그 대답이 불러일으키는 혐오감에도 불구하고 아이가 설명을 요구한다면 인간 본성의 나약함, 혐오스러운 대상들, 고통의 이미지들이 그에 대한 해명이 된다. 이런 식으로 대화를 이끌어 가면 들뜬 욕망이 생겨날 여지가 있겠는가? 그렇지만 여러분이 보시다시피 진실은 조금도 왜곡되지 않았으며 제자를 가르치는 대신 속일 필요도 전혀 없었다.

여러분의 아이들은 책을 읽는다. 그들은 책을 읽지 않았다면 가질 수 없는 지식을 독서를 통해서 얻는다. 공부를 한다면, 조용한 방에서 그들의 상상력은 불타오르고 예민해진다. 그들이 사교계에 있다면, 그들은 이상한 언어를 듣고 충격적인 사례들을 본다. 너희들은 남자라고 부추기는 사람들의 말에 홀딱 넘어가 자기 앞에서 남자들이 하는 온갖 짓거리들을 보고 곧 그것이 어떻게 하면 자기에게도 어울릴 수 있을지 궁리한다. 타인의 판단이 그들에게서 법이 되어 버리면, 남의 행동들을 모범으로 삼아야 한다. 아이들에게 딸려 있는, 그래서 그들의 비위를 맞추느라 애쓰는 하인들은 아이들의 품행이 어찌 되든 아랑곳하지 않고 그들에게 아첨한다. 우스갯소리를 좋아하는 하녀들은 아무리 파렴치하다 한들 열다섯 살 된 아이에게도 감히 할 수 없는 말을 네 살배기 아이에게 해 댄다. 그녀들은 자기가 했던 말을 곧 잊어버리지만 아이들은 들었던 말을 잊지 않는다. 음담패설은 방탕한 품행을 미리 준비해 준다. 질이 나쁜 하인은 아이를 방탕하게 만든다. 그리고 둘 중 한쪽의 비밀이 다른 쪽의 비밀을 보장한다.

자기 나이에 맞게 자란 아이는 혼자이다. 그는 습관에서 생긴 애착 이외에 다른 것을 알지 못한다. 그는 시계를 좋아하듯이 누이를 좋아하고, 자기 개를 사랑하듯이 친구를 사랑한다. 자기의 성性을 의식하지 못하고 인류의 일원이라고 느끼지도 않는다. 남자든 여자든 그에게는 똑같이 상관없는 존재들이다. 그는 그들이 하는 언행에서 어떤 것도 자신과 결부시키지 않는다. 그는 그것을 보지도 듣지도 않고, 거기에 아무런 주의도 기울이지 않는다. 그들이 하는 이야기나 그들이 보이는 실례도 그의 흥미를 끌지 못한다. 그런 일은 모두 그에게 적합하지 않다. 그는 이러한 방식을 통해 인위적인 잘못을 배우지 않고 자연에 기인하는 무지함을 갖게 된다. 바로 그 자연이 제자에게 정성껏 가르침을 베푸는 시기가 온다. 그때 비로소 자연은 아이가 아무런 위험 없이 자연이 주는 가르침을 이용할 수 있게 해 놓은 것이다. 바로 이것이 원칙이다. 세세한 규칙들은 내가 다룰 주제가 아니다. 다른 문제들에 대해 내가 제안하는 방법들이 이 문제에 대해서도 본보기가 되어 줄 것이다.

막 생겨나기 시작하는 정념에 질서와 규칙을 부여하고 싶은가? 그렇다면 정념이 발달하는 기간을 연장시켜서 생겨나는 순서대로 정리할 수 있는 시간을 가져야 한다. 그러면 인간이 아니라 자연 자체가 그것에 질서를 부여하게 될 것이다. 여러분이 배려해야 할 것은 그저 자연이 자기 일을 정리하도록 내버려 두는 것뿐이다. 여러분의 제자가 홀로 있다면, 여러분이 할 일은 없을 것이다. 그러나 그를 둘러싸고 있는 모든 것이 그의 상상을 불타오르게 한다. 수많은 편견들이 그를 격렬하게 휘몰아 간다. 그를 붙잡아 두려면 반대 방향으로 그를 밀어야 한다. 감정으로 상상을 억제시키고, 이성으로 사람들의 평판을 침묵시켜야 한다. 모든 정념의 원천은 감성이며 상상이 그 흐름의 방향을 결정한다. 자신이 맺고 있는 관계를 느끼는 모든 존재들은 그 관계가 변할 때, 그리고 자신의 본성에 더 적합한 관계를 생각해 내거나 그렇다고 믿을 경우, 그것의 영향을 받는다. 모든 유한한 존재들에서, 만약 천사에게도 정념이 있다면 천사까지 포함해서, 정념을 악덕으로 변화시키는 것은 상상에서 나오는 오류이다. 왜냐하면 자신의 본성에 가장 잘 어울리는 관계가 어떤 것인지 알려면 모든 존재들의 본성을 알아야 할 것이기 때문이다.

그러므로 정념을 사용하는 데서 인간의 모든 지혜를 요약하면 다음과 같다.

1. 개인의 측면 못지않게 인류의 측면에서 인간이 맺고 있는 올바른 관계를 지각할 것.
2. 이러한 관계에 따라 영혼의 모든 성향에 질서를 부여할 것.

그러나 인간이 이런저런 관계에 따라 뜻대로 자신의 성향에 질서를 부여할 수 있을까? 그가 마음대로 자신의 상상력을 이런저런 대상에 집중시켜 상상력에 이런저런 습관을 들일 수 있다면 아마 그럴 수도 있을 것이다. 게다가 여기서 문제 되는 것은 인간이 자기 자신에 대해 할 수 있는 일이 아니라, 우리가 제자에게 상황을 선택적으로 부여함으로써 그에 대해 할 수 있는 일이다. 그를 자연의 질서 안에 붙잡아 둘 수 있는 적절한 방법을 설명하는 것은 그가 어떻게 자연의 질서에서 빠져나올 수 있는지 실컷 말하는 셈이 된다.

그의 감성이 자기 개인에만 한정되어 있는 한 그의 행동에 도덕적인 것은 아무것도 없다. 감성이 자기 밖으로 퍼져 나갈 때에야 비로소 그는 감정을 갖고 이어서 선악의 관념을 갖게 되는데, 이로부터 그는 진정으로 인간이 되고 인류를 구성하는 일원이 된다. 그러므로 우리가 우선 집중적으로 관찰해야 할 것은 바로 이 최초의 지점이다.

이 관찰들은 실제로 우리 눈에 보이는 본보기들을 버리고 자연의 질서에 따라 지속적인 발달이 이루어지는 본보기들을 찾아야 한다는 점에서 쉽지 않다.

예의범절을 배워서 세련되고 교양 있는 어린아이는 자신이 받은 조기교육을 실행할 능력이 생기기만 기다리기 때문에, 그 능력이 생겨나는 시기를 결코 놓치지 않는다. 기다리기는커녕 그것을 앞당겨서 때 이르게 피가 끓어오르기 시작하며, 심지어 욕망을 느끼기 훨씬 전부터 자기 욕망의 대상이 어떤 것이어야 한다는 것을 알고 있다. 자연이 그를 자극하는 것이 아니라 아이가 자연을 재촉한다. 자연은 아이를 남자로 만들면서도 그에게 가르쳐 줄 것이 더 이상 없다. 그는 실제로 어른이 되기 훨씬 이전에 정신적으로는 어른이 되었던 것이다.

자연의 진정한 진행 과정은 좀 더 단계적으로 서서히 이루어진다. 조금씩 피가 끓어오르고 기백이 생겨나고 기질이 형성된다. 제작을 지휘하는 현명한 장인匠人은 모든 도구들을 사용하기에 앞서 그것들을 세심하게 공들여 완성시킨다. 최초의 욕망에 앞서 불안정한 기분이 오랫동안 지속된다. 오랜 동안의 무지로 욕망들은 그 대상을 제대로 알지 못해 무엇인지도 모르면서 욕망을 느낀다. 피가 끓어오른다. 주체할 수 없을 만큼 왕성한 생명력은 밖으로 넘쳐흐르려 한다. 눈은 활기를 띠고 다른 존재들을 둘러본다. 자신을 둘러싸고 있는 사람들에게 관심을 갖기 시작하며, 인간은 홀로 살아가도록 만들어진 것이 아니라는 것을 느끼기 시작한다. 그리하여 인간의 애정에 마음이 열리고 애착을 가질 수 있게 된다.

정성스럽게 키워진 청년이 느낄 수 있는 최초의 감정은 사랑이 아니라 우정이다. 갓 일어난 상상력의 최초 활동은 그에게 동류의 인간들이 있음을 가르쳐 주는 것이어서, 그는 성에 앞서 인류와 관계를 맺는다. 그러므로 무지의 상태가 연장되면 또 하나의 이점을 가질 수 있다. 그것은 청년의 마음에 인간애의 첫 씨를 뿌리기 위해 막 생겨나기 시작하는 감성을 이용할 수 있다는 것이다. 이는 그런 배려가 참된 성공을 거둘 수 있는 인생의 유일한 시기이기 때문에 더욱 귀중한 이점이다.

나는 일찍부터 타락하여 여자에 빠져서 방탕하게 놀아나는 청년들이 몰인정하고 잔인한 것을 익히 보아 왔다. 격렬한 기질이 그들을 참을성 없고 복수심이 강하고 사나운 인간으로 만들었다. 단 하나의 대상으로 가득 찬 상상력이 나머지 다른 모든 것들을 거부하기 때문에 그들은 동정심도 자비심도 알지 못했다. 그들은 아무리 하찮은 쾌락이라도 그것을 충족시키기 위해서라면 부모는 물론 우주 전체라도 희생시키려 했을 것이다. 그와 반대로 행복한 소박함 속에서 자란 젊은이는 자연의 최초의 운동에 의해 부드럽고 다정한 정념으로 인도된다. 동정심이 넘치는 그의 마음은 자신과 동류인 인간들의 고통에 마음이 흔들린다. 친구와 다시 만나면 그는 기쁨으로 몸을 떨고, 그의 팔은 정다운 포옹을 느낄 줄 알고, 그의 눈은 감동의 눈물을 흘릴 줄 안다. 그는 남을 불쾌하게 했으면 부끄러움을 느끼고, 남의 마음을 상하게 했으면 후회한다. 불타오르는 뜨거운 피 때문에 격하게 흥분하고 화를 낼 때도 있지만, 잠시 후에는 깊이 후회하면서 선량한 마음이 고스란히 되돌아오는 것을 볼 수 있다. 그는 자신이 입힌 상처를 보고 눈물을 흘리고 괴로워 신음한다. 상대가 자신 때문에 흘렸던 피를 자신의 피로 보상하고 싶어 할 것이다. 잘못을 깨달으면서 그의 흥분은 모두 가라앉고 그의 오만함도 전부 꺾인다. 자신이 모욕을 당한 경우라면 어떨까? 그는 아무리 격분했더라도 용서를 구하는 한마디 말에 마음이 풀린다. 자기 잘못을 기꺼이 바로잡는 것처럼 다른 사람의 잘못도 흔쾌히 용서한다. 청년기는 복수나 증오의 시기가 아니라, 동정심과 너그러움과 관대함의 시기이다. 그렇다. 천성이 나쁘지 않다면, 스무 살까지 동정을 잃지 않은 아이는 그 나이에 들어서서 누구보다도 관대하고 선량하며 가장 남을 사랑하고 남에게 사랑받는 사람이 될 것이라고 나는 주장한다. 이런 주장이 실제 경험에 의해 반박을 받을지 모른다는 우려는 전혀 하지 않는다. 여러분은 이런 말을 들은 적이 결코 없을 것이다. 나는 그렇게 생각한다. 온통 타락한 학교에서 공부한 여러분의 철학자들은 이런 것을 알려고 하지 않는다.

인간을 사회적으로 만드는 것은 인간의 나약함이고, 우리 마음을 인간애로 이끌고 가는 것은 우리가 공유하는 비참함이다. 우리가 인간이 아니라면 우리는 인간애에 대한 의무가 전혀 없을 것이다. 애착이란 모두 부족함의 표시이다. 우리가 각자 다른 사람들을 전혀 필요로 하지 않는다면 그들과 함께 어울리겠다는 생각은 하지도 않을 것이다. 이처럼 우리의 나약함 자체에서 우리의 덧없는 행복이 생겨난다. 정말로 행복한 존재는 혼자 있는 고독한 존재이다. 오직 신만이 절대적인 행복을 향유한다. 그러나 우리 중 누가 그런 행복에 대한 관념을 가지고 있는가? 만약 불완전한 존재가 스스로 자족할 수 있다면, 우리는 그가 대체 무엇을 향유할 것이라고 생각하는가? 그는 그저 고독하고 불행할 것이다. 나는 아무것도 필요로 하지 않는 사람이 무엇을 사랑할 수 있으리라고 생각하지 않으며, 어떤 것도 사랑하지 않는 사람이 행복할 수 있다고 생각하지 않는다.

결과적으로 우리가 동류인 인간들에 대해 애착을 갖는 것은 그들의 즐거움을 느껴서라기보다 그들의 고통을 느끼기 때문이다. 왜냐하면 거기서 인간의 본성이 동일하다는 것, 그리고 그들이 우리에게 틀림없이 애착을 가질 것이라는 사실이 더 잘 드러나기 때문이다. 우리에게 공통되는 욕구는 우리를 이해관계로 결합시키지만, 우리에게 공통되는 비참함은 우리를 애정으로 결합시킨다. 행복한 사람의 모습은 다른 사람들에게 애정보다는 부러워하는 마음을 불러일으킨다. 사람들은 다른 사람들은 제외하고 자기만 행복해하는 사람에게는 대체로 자기 것이 아닌 권리를 부당하게 빼앗고 있다는 비난을 퍼부을 것이다. 그리고 이기심 때문에 우리는 그 사람이 우리를 전혀 필요로 하지 않는다는 것을 느끼고 한층 괴로워한다. 그러나 불행한 사람이 괴로워하는 것을 보고 동정하지 않는 사람이 어디 있겠는가? 그리고 만약 그 사람을 그 불행한 처지에서 구해 내기 위해 그렇게 할 마음만 먹으면 된다면, 그렇게 하기를 원치 않는 사람이 어디 있겠는가? 우리는 상상력을 통해 행복한 사람의 입장보다는 오히려 비참한 사람의 입장에 선다. 우리는 이 두 상태 중 후자가 전자보다 우리에게 더 가까운 관계에 있다고 느낀다. 동정심은 감미롭다. 왜냐하면 괴로워하는 사람의 입장이 되면서도, 그래도 자기는 그 사람처럼 괴롭지 않다는 기쁨을 느끼기 때문이다. 부러워하는 마음은 쓰디쓰다. 행복한 사람의 모습은 그를 부러워하는 사람에게 행복한 사람의 입장이 되게 만들기는커녕 그런 처지에 있지 못하다는 회한을 갖게 하기 때문이다. 동정심은 남이 괴로워하고 있는 불행에서 우리를 벗어나게 해 주고, 부러워하는 마음은 남이 즐기는 기쁨을 우리한테서 빼앗아 가는 것 같다.

그러므로 청년의 마음에 생기는 감성의 최초의 움직임에 자극을 주어 그것을 키워 나가려면, 또 그의 성격을 친절과 선행 쪽으로 이끌어 가려면, 사람들이 누리는 행복의 거짓된 모습을 보여 주어 교만과 허영과 선망의 감정을 마음속에 싹트게 해서는 결코 안 된다. 우선 그의 눈에 화려한 궁정, 호사스러운 대저택, 매력적인 공연 같은 것은 조금도 보여 주지 말라. 또 클럽이나 화려한 모임에 그를 데려가서도 절대 안 된다. 그가 상류 사회를 그 자체로 판단할 수 있을 때까지 그에게 그러한 사회의 외관을 보이지 말아야 한다. 그가 인간을 알기 이전에 사교계를 보여 주는 것은 그를 성장시키는 것이 아니라 타락시키는 것이며, 가르치는 것이 아니라 속이는 것이 된다.

인간은 본래 왕도 귀족도 아니고 고관도 부자도 아니다. 모든 사람들은 알몸으로 가난하게 태어나, 인생의 비참함, 슬픔, 불행, 결핍, 그리고 온갖 종류의 고통을 피하지 못하고 결국에는 죽을 운명에 처해 있다. 이것이야말로 진정 인간의 참된 모습이며 어떤 인간도 거기서 예외일 수 없다. 그러므로 인간의 본성에 대해 연구한다면 인간의 본성과 결코 분리될 수 없는 것들, 인간성의 가장 올바른 구성요소들부터 연구를 시작하라.

열여섯 살이 되면 청년은 괴로움이 무엇인지 알게 된다. 자기가 괴로워해 본 적이 있기 때문이다. 그러나 그는 다른 사람들도 역시 괴로워한다는 것은 잘 모르고 있다. 괴로워하는 것을 느끼지 않고 그저 보는 것은 괴로움을 아는 것이 아니다. 그리고 내가 여러 번 말한 바와 같이, 다른 사람들이 느끼는 것을 조금도 상상하지 못하는 어린아이는 고통이라고는 자기 고통밖에 모른다. 그러나 처음으로 감각이 발달하여 마음속에서 상상의 불길이 타오르면, 그는 자기와 같은 인간들 속에서 자신을 느끼고 그들의 한탄에 마음이 움직이며 그들의 고통으로 괴로워하기 시작한다. 바로 이때야말로 고통스러워하는 인류의 가련한 광경이 그의 마음속에 예전에는 결코 느끼지 못했던 최초의 동정심을 불러일으키게 된다.

만약 여러분의 아이들에게서 이러한 순간을 쉽게 알아볼 수 없다면, 여러분은 그것을 누구의 탓으로 돌리겠는가? 여러분은 아이들에게 너무 일찍부터 그런 감정을 연기하는 법을 교육시키고 너무 빨리 그런 말들을 가르쳐서, 그들은 언제나 같은 어조로 말하면서 여러분이 준 가르침을 여러분에게 적용한다. 그래서 여러분은 그들이 거짓말을 멈추고, 자기 입으로 말하는 것을 진실로 느끼기 시작하는 것이 언제인지 알아볼 방도가 전혀 없다. 그러나 나의 에밀을 보라. 내가 그를 이끌고 온 이 시기까지 그는 느끼는 것도 없었고 거짓말도 하지 않았다. 사랑한다는 것이 무엇인지 알기 전에 그는 누구에게도 "나는 당신을 진심으로 사랑합니다"라고 말한 적이 없다. 아버지 방이나 어머니 방 또는 몸이 아픈 가정교사의 방에 들어갈 때 어떤 태도를 취해야 한다고 지시받은 적도 없으며, 슬프지 않은데도 슬퍼하는 척하는 기술을 배운 적도 없다. 그는 어느 누구의 죽음에 대해서도 눈물을 흘리는 척하지 않았는데, 죽는 것이 무엇인지 모르기 때문이다. 그의 마음속에 관심이 없으면 그것은 그대로 태도에서도 드러난다. 다른 어린아이들이 모두 그렇듯이 자기 자신 이외의 모든 것에 무관심한 그는 누구에 대해서도 관심을 갖지 않는다. 그가 다른 아이들과 구분되는 점이라면 관심을 갖는 척하려 하지 않아서 다른 아이들처럼 위선을 떨지 않는다는 것이다.

에밀은 감성을 가진 존재들에 대해 별로 생각해 본 적이 없기 때문에 괴로움이나 죽음이 어떤 것인지 뒤늦게야 알게 될 것이다. 비탄의 목소리와 울음소리가 그의 심금을 울리기 시작하고, 피가 흐르는 광경이 그의 눈길을 돌리지 않을 수 없게 만들며, 숨이 끊어지는 동물의 경련은 그에게 무엇인지 모를 불안감을 안겨 줄 것이다. 지금까지 느껴 본 적 없는 이러한 마음의 움직임이 어디에서 오는지 알기도 전에 말이다. 그가 우둔하고 야만스러운 채로 남아 있었더라면 그는 그런 마음의 움직임을 갖지도 않을 것이다. 그가 교육을 더 많이 받은 상태라면 그는 그 근원을 알

것이다. 그러나 그는 이미 많은 관념들을 비교해 왔기에 무엇인가를 느낄 수는 있지만, 자신이 무엇을 느끼는지 이해할 만큼 충분치는 못하다.

이렇게 동정심이 생겨나는데, 동정심은 자연의 질서에 따라 사람의 마음을 움직이는 최초의 상대적 감정이다. 감성과 동정심을 갖게 되려면, 아이는 자신과 똑같은 사람들이 있어서 자신이 괴로워했던 것은 그들도 괴로워하고, 자신이 느꼈던 고통이나 자신도 느낄 수 있기 때문에 짐작할 수 있는 또 다른 고통들을 그들도 느낀다는 사실을 알아야 한다. 사실 우리가 자기 밖으로 나가 고통스러워하는 동물과 자신을 동일시하는 것이 아니라면, 다시 말해 우리의 존재를 떠나 그의 존재를 취하는 것이 아니라면, 어떻게 동정심에 마음이 동요되겠는가? 우리는 그가 고통스러워한다고 판단하는 한에서만 고통스러워한다. 우리가 고통스러워하는 것은 우리 내면에서가 아니라 그의 내면에서이다. 그러므로 어느 누구든 상상력이 활발해져서 자기 밖으로 나가기 시작할 때에만 감성을 갖게 된다.

이 싹트는 감성을 자극하고 키워 나가려면, 이것이 자연적인 경향을 향해 나가도록 인도하고 보호하려면 대체 무슨 일을 해야 할까? 청년에게 그의 마음의 넘쳐흐르는 힘이 작용을 미칠 대상들, 그를 팽창시켜 다른 존재에까지 확장시키고 자기 밖의 모든 곳에서 자기를 다시 발견하게 만들 대상들을 제공하고, 그를 위축시키고 억눌러 인간의 자아가 갖는 확산력을 오그라들게 만드는 대상들은 신중하게 멀리하도록 하는 것이야말로 해야 할 일이 아닐까? 달리 말하면 그의 내면에 있는 선량함, 인류애, 자비, 친절 등 자연적으로 사람들의 마음에 드는 매력적이고 즐거운 모든 정념들을 부추기고, 선망, 탐욕, 미움 등 불쾌하고 잔인한 모든 정념들이 —이 정념들은 말하자면 감성을 무가치한 것으로 만드는 데 그 치지 않고 부정적인 것으로 만들어, 그것을 맛보는 사람에게 고통이 된 다— 생겨나는 것을 방지하는 것이다.

나는 이상과 같은 고찰들을 정확하고 명쾌하며 또 이해하기 쉬운 두서 너 개의 준칙으로 요약할 수 있으리라 생각한다.

제1 준칙

인간의 마음으로는 자기보다 더 행복한 사람들의 입장에서 생각할 수 없다. 단지 자기보다 더 동정받을 만한 사람들의 처지에 설 수 있을 뿐 이다.

이 준칙에 예외가 있다 해도 그것은 실제로 그런 것이 아니라 겉보기 에 그럴 뿐이다. 그러므로 사람들은 자기가 집착하는 부자나 귀족의 입 장에서 생각하지 않는다. 심지어 진실로 애정을 갖는 경우에도 단지 그 들의 행복의 일부분을 자기 것으로 삼는 데 불과하다. 때로 사람들은 그 가 불행한 처지에 있을 때 그를 사랑하기도 한다. 그러나 그가 잘나가고 있는 동안에도 그의 진정한 친구가 될 수 있는 사람은 그 겉모습에 속지 않고, 그들의 순조로운 성공에도 불구하고 그를 부러워하기보다 동정하 는 사람밖에 없다.

사람들은 어떤 상태의 행복, 이를테면 전원의 목가적인 생활의 행복에 는 감동을 받는다. 그 선량한 사람들이 행복한 것을 보면서 느끼는 매력 은 선망 때문에 훼손되지는 않는다. 사람들은 그들에게 진심으로 관심 을 갖는다. 왜 그럴까? 그것은 사람들이 마음만 먹으면 그 평화롭고 순박한 상태로 내려가 똑같은 행복을 향유할 수 있으리라 느끼기 때문이다. 그러한 행복을 즐기기 위해서는 즐길 마음만 있으면 충분하므로, 그것은 오로지 유쾌한 생각만 불러일으키는 최후의 자산이다. 그것을 사용할 생각이 없을 때라도 자신이 의지할 수 있는 자산을 보고 자기 재산을 생각하면 언제나 기쁨이 따른다.

그러므로 청년을 인간애로 인도하기 위해서는 그가 다른 사람들의 화려한 운명을 찬미하게 만드는 대신 그것의 비참한 측면을 보여 주어 그가 화려한 운명을 두려워하도록 만들어야 한다는 결론이 나온다. 그렇게 하면 분명히 그는 남이 걸어온 길과는 다른 행복의 길을 개척하게 될 것이다.

제2 준칙
사람은 자신도 똑같은 고통을 겪게 된다고 생각하지 않으면 결코 다른 사람의 고통을 동정하지 않는다.

내가 불행한 사람을 도울 줄 아는 것은 불행을 알고 있기 때문이다.[5]

나는 이 시구처럼 아름답고, 뜻이 깊고, 감동적이고, 진실한 것을 알지 못한다.

어째서 왕들은 자기 신하들에 대해 동정심이 없는가? 그들은 자신이 절대로 보통 사람이라고 생각하지 않기 때문이다. 어째서 부자들은 가난

5 고대 로마의 시인 베르길리우스의 시구 ― 옮긴이.

한 사람들에게 그토록 인정이 없는가? 자신은 가난한 사람이 될 걱정이 없기 때문이다. 왜 귀족은 민중을 그토록 경멸하는가? 귀족은 결코 평민이 될 일이 없기 때문이다. 왜 터키 사람들은 우리보다 더 인간적이고 더 친절한가? 완전히 전제적인 터키 정부에서 개인의 권세와 부는 늘 불확실하고 불안정해서, 사람들이 몰락이나 비참함을 전혀 남의 일처럼 생각하지 않기 때문이다.[6] 누구든 내일이라도 오늘 자기가 도와주고 있는 사람과 같은 처지가 될지도 모르기 때문이다. 동양의 이야기들을 읽을 때 그 속에서 끊임없이 되풀이되어 나오는 이러한 깊이 있는 생각은 우리의 무미건조한 도덕론이 아무리 멋을 부려 봐도 갖지 못할 알 수 없는 감동을 준다.

그러니 여러분의 제자에게 불행한 사람의 고통이나 불쌍한 사람의 노고를 자신이 누리고 있는 높은 영광된 자리에서 내려다보는 습관을 갖게 해서는 안 된다. 그리고 제자가 그들을 자기와 상관없다고 생각한다면, 그에게 그들을 동정하도록 가르치겠다는 기대는 하지 말아야 한다. 불행한 사람들의 운명이 자신의 운명이 될지도 모른다는 것, 그들의 모든 불행이 그의 발치에도 있다는 것, 또 예측할 수도 피할 수도 없는 수많은 사건들이 언제라도 그를 불행한 상태에 빠뜨릴지도 모른다는 것을 그에게 잘 이해시켜 주어야 한다. 가문이나 건강, 부귀도 믿을 것이 못 된다는 것을 가르쳐야 한다. 그에게 운명의 온갖 흥망성쇠를 보여 주고, 그보다 더 높은 상태에 있다가 저 불행한 사람들보다 더 낮은 상태로 떨어진

---

6   현재는 이것이 약간 달라진 것 같다. 신분은 더욱 고정된 것처럼 보이며, 사람들 또한 더욱 인정이 없어져 간다.

사람들의 실례를 ─이러한 일은 언제나 얼마든지 일어난다─ 찾아 주도록 하라. 그것이 그들의 과오이든 아니든 지금은 그것이 문제가 아니다. 그가 과오란 것이 무엇인지 알기나 하겠는가? 그가 지식을 획득하는 순서에는 간섭하지 말고, 오로지 그의 수준에 맞는 지식을 통해서만 그에게 설명해 주어야 한다. 그가 한 시간 후에 살아 있을지 죽었을지, 이 밤이 오기 전에 신장의 통증 때문에 이를 악물고 있지 않을지, 한 달 후에 부자가 되어 있을지 가난뱅이일지, 또는 일 년 후에 어쩌면 알제[7]의 노예선에서 쇠심줄 채찍을 맞으며 노를 젓고 있지는 않을지, 이런 문제들에 대해서는 인간이 아무리 사려 깊다 해도 그에게 답을 줄 수 없다는 것을 깨닫기 위해 그리 대단한 학자가 될 필요까지는 없다. 특히 이 모든 것을 그가 받는 교리문답처럼 그에게 냉정하게 말해서는 안 된다. 그가 인간의 불행을 보고 느끼게 하라. 끊임없이 모든 인간들을 에워싸는 위험들로 그의 상상을 뒤흔들어 겁을 먹게 하라. 그가 자기 주변에서 이 모든 심연들을 보게 만들라. 그리고 여러분이 묘사하는 이야기를 들으면서 자신도 그곳에 떨어질까 두려워 여러분의 가슴에 매달리게 하라. 여러분은 우리가 그를 소심한 겁쟁이로 만든다고 말할지도 모르겠다. 그것은 나중에 보도록 하고, 여하간 지금은 그를 인간적으로 만드는 것부터 시작하자. 이것은 우리에게 무엇보다도 중요한 일이다.

제3 준칙

사람들이 다른 사람의 고통에 대해 느끼는 동정심은 고통의 정도에 의

---

7 알제리의 수도 ─ 옮긴이.

해서가 아니라 고통으로 괴로워하는 사람에게 부여하는 감정에 의해 측정된다.

우리가 불행한 사람을 동정하는 것은 그 사람이 동정받을 만하다고 생각되는 한에서만 그렇다. 고통에 대한 육체적 느낌은 보기보다 더 제한적이다. 그러나 우리에게 고통의 지속을 느끼게 해 주는 기억력과 고통을 미래로 연장하는 상상력을 통해, 고통은 우리를 진정 동정받을 만한 존재로 만든다. 나는 바로 이것이 우리를 인간의 고통보다 동물의 고통에 더 무감각하게 만드는 요인들 중의 하나라고 생각한다. 인간과 동물에게 감성은 공통된 것이므로 우리는 자신을 동물과도 동일시해야 하는데도 말이다. 사람들은 마구간에 있는 짐수레 끄는 말을 거의 동정하지 않는다. 왜냐하면 우리는 그 말이 건초를 먹으면서 아까 맞았던 일이나 앞으로 고생할 일을 생각하고 있다고 추측하지 않기 때문이다. 또한 사람들은 풀을 뜯고 있는 양이 곧 도살될 것을 알면서도 동정하지 않는다. 왜냐하면 양은 자기 운명을 예견하지 못한다고 판단하기 때문이다. 의미를 더 넓혀 보면 사람들도 이런 식으로 다른 사람들의 운명에 무감각해진다고 말할 수 있다. 그래서 부자들은 가난한 사람들을 괴롭히면서도 그들은 우둔하니까 그것을 전혀 느끼지 못한다고 생각하면서 자위한다. 일반적으로 말해서, 나는 각자가 동류인 인간들의 행복에 얼마나 가치를 부여하는지는 그가 인간들에게 표하는 것처럼 보이는 존경의 정도에 따라 알 수 있다고 생각한다. 자기가 경멸하는 사람의 행복을 소중히 여기지 않는 것은 당연하다. 그러므로 정치가가 그토록 경멸하는 투로 민중에 대해 말하고, 대부분의 철학자들이 인간을 짐짓 그렇게 사악한 존재로 만드는 척하는 것에 더 이상 놀라지 마시라.

인류를 구성하는 것은 민중이다. 민중이 아닌 사람은 극히 소수이므로 그런 것은 고려할 필요도 없다. 인간은 어떤 신분에 있든지 같은 인간이다. 그렇다면 가장 많은 사람들이 속해 있는 신분이 가장 존경받아 마땅하다. 생각하는 사람 앞에서 모든 사회적 차별들은 사라져 버린다. 그는 비천한 사람에게서나 저명한 사람에게서나 똑같은 정념과 감정을 본다. 그가 거기서 차이를 본다면, 그들이 사용하는 말이 서로 다를 뿐이고, 그나마 그것도 꾸며 낸 화려한 수사가 많고 적은 정도뿐이다. 만약 양자를 구별하는 본질적인 차이가 있다면, 그 차이는 본심을 가장 많이 감춘 사람들에게 불리하게 작용할 것이다. 민중은 자신을 있는 그대로 드러내는데, 사실 사랑스럽지는 않다. 그러나 상류 사회의 사람들은, 만약 그들이 자신을 있는 그대로 드러낸다면 사람들에게 큰 혐오감을 줄 것이기 때문에, 반드시 변장을 해야만 한다.

또 우리의 현자들은 모든 신분에는 동일한 양의 행복과 고통이 있다고 말한다. 참을 수 없는 해로운 격언이다. 왜냐하면, 모든 사람들이 똑같이 행복하다면 누군가를 위해 애쓸 필요가 어디 있겠는가? 사람들을 그들이 있는 그대로의 상태에 머물러 있도록 해야 한다. 노예는 학대받게 병약자는 괴로워하게 거지는 죽게 내버려 두라. 그들은 상태를 바꾼다 한들 아무것도 얻을 것이 없다. 현자들은 부자의 괴로움을 열거하고 그가 누리는 허무한 쾌락이 덧없음을 보여 준다. 얼마나 터무니없는 궤변인가! 부자의 괴로움은 그의 신분에서 생겨나는 것이 아니라 그것을 오용하는 바로 그 사람 자신에게서 생겨난다. 그가 가난한 사람보다도 더 불행하다 해도 그는 조금도 가엾을 것이 없다. 왜냐하면 그의 불행은 모두 그의 탓이고, 행복해지는 것도 그 자신에게만 달려 있기 때문이다. 그러나 가난한 사람의 고통은 세상사로부터, 그를 무겁게 짓누르는 가혹한 운명에서 생겨난다. 그에게 피로와 쇠약과 배고픔에서 오는 육체적 느낌을 없애 줄 수 있는 습관은 전혀 없다. 뛰어난 정신과 지혜도 그가 놓인 상태에서 비롯된 괴로움을 모면케 하는 데는 아무런 도움도 되지 못한다. 에픽테토스[8]가 주인이 자기 다리를 부러뜨리려고 한다는 사실을 미리 알았다 한들 무슨 소용이 있겠는가? 그렇다고 해서 주인이 그의 다리를 덜 부러뜨릴까? 그는 그 고통에 그것을 미리 아는 괴로움을 더할 뿐이다. 우리가 어리석다고 생각하는 민중이 분별력이 있다 한들 지금과 무엇이 다르겠으며, 지금 하고 있는 일과 다른 무슨 일을 할 수 있겠는가? 이러한 계층에 속하는 사람들을 연구해 보면, 여러분은 그들이 말투는 다르지만 여러분과 같은 정도의 기지와 여러분 이상의 양식을 가지고 있음을 알게 될 것이다. 그러니 여러분이 속해 있는 인류를 존중하라. 인류는 본질적으로 다수의 민중으로 구성되어 있으며, 설령 왕이나 철학자들이 모두 거기서 제외된다 하더라도, 그것은 거의 눈에 띄지도 않으며 또 상황이 더 나빠지지도 않으리라는 것을 생각해 보라. 한마디로 말해서 여러분의 학생에게 모든 사람들을, 심지어 인간을 경멸하는 사람들까지도 사랑하도록 가르쳐라. 그가 어떤 계급에도 속하지 않으면서 동시에 모든 계급에 속하게 하라. 그의 앞에서 인류에 대해 말할 때는 감동 내지 연민을 품고 말해야 한다. 결코 경멸적으로 말하지 말라. 인간이여, 정말

---

8 Epiktētos(55?-135?): 대표적인 후기 스토아 철학자로 노예 출신이었던 그는 늘 '자유와 노예'를 화두로 삼았다. 그에게 자유는 원칙적으로 인간이 누릴 수 있는 정신적 자유를 의미한 반면 노예는 자기 자신이 스스로에게 부여한 정신적 부자유를 의미한다 — 옮긴이.

이지 인간을 모욕해서는 안 된다.

젊은 청년의 마음에 자연의 최초의 운동을 자극하여 그와 동류인 인간에게 마음을 열어 펼치도록 하려면, 그것이 이미 사람들이 낸 길과 전혀 반대라 하더라도 이와 같은 혹은 이와 유사한 길을 통해 그의 마음속으로 파고드는 것이 좋다. 덧붙여 말하면 이러한 움직임에는 될 수 있는 한 개인적인 이해를 조금도 섞지 않는 것이 중요하다. 특히 허영심, 경쟁심, 명예심 등 우리를 다른 사람들과 비교하게 만드는 감정들은 전혀 없어야 한다. 왜냐하면 그와 같은 비교는 그것이 단지 우리의 자만에 지나지 않는다 해도, 우리와 우열을 다투는 사람들에 대한 미움의 느낌을 반드시 수반하기 때문이다. 그렇게 되면 그는 틀림없이 분별력을 잃고 바보가 되거나 화를 잘 내는 못된 사람이 된다. 이러한 양자택일은 피하도록 노력하자. 사람들은 이토록 위험한 정념들이 어떻게 하든 조만간 생겨나지 않느냐고 말한다. 나는 그것을 부정하겠다는 것이 아니다. 모든 일에는 적당한 때와 장소가 있다. 내가 말하고자 하는 것은 단지 그런 정념들이 생기도록 조장해서는 안 된다는 것이다.

이것이 처방되어야 하는 방법의 취지이다. 여기서 실례나 세세한 것들은 소용이 없다. 왜냐하면 이제 성격들이 거의 무한대로 나뉘기 시작하므로, 내가 실례를 든다 해도 그 각각의 예는 아마 십만 명 중 한 사람에게도 해당되지 않을 것이기 때문이다. 또한 이 시기야말로 유능한 교사라면 심성을 계발시키려고 노력하면서 심성을 탐색하는 기술을 아는 관찰자와 철학자로서 진정한 역할을 수행하기 시작할 때이다. 청년이 아직 자기의 본성을 속일 생각이 조금도 없고 그런 일은 아직 배워 본 적도 없는 동안에는, 그의 태도와 눈빛과 동작을 보고 우리가 그에게 보여 주는 것 하나하나에 대해 그가 어떤 인상을 받는지 알 수 있다. 우리는 그의 얼굴에서 그의 영혼이 드러나는 모든 움직임을 읽어 낼 수 있다. 그래서 그 움직임을 잘 탐색하면 그것을 미리 알고 마침내 그것을 조종하는 데 성공한다.

피, 상처, 비명, 신음, 고통을 주는 수술도구 등 감각에 고통을 야기하는 것들은 모두 더 일찍부터 그리고 더 일반적으로 모든 사람에게 강한 충격을 준다는 것은 널리 알려진 사실이다. 파멸의 관념은 좀 더 복합적이기 때문에 똑같은 충격을 주지는 않는다. 죽음의 이미지는 더 나중에 뒤늦게 또 약하게 충격을 준다. 왜냐하면 아무도 자기가 죽어 본 경험은 없기 때문이다. 죽어 가는 사람의 고뇌를 느끼기 위해서는 시체를 본 적이 있어야 한다. 그러나 일단 이 이미지가 우리의 정신 속에서 제대로 형성된다면, 우리에게 이보다 더 무서운 광경은 없다. 이는 그때 죽음의 이미지가 감각을 통해 부여하는 완전한 파멸의 관념 때문이다. 또 사람들은 죽음의 순간이 모든 인간에게 불가피하다는 사실을 알아서, 모면할 길이 없다고 확신하는 그 상황으로부터 좀 더 강한 충격을 받는다고 느끼기 때문이기도 하다.

이러한 여러 가지 인상들은 각 개인의 특별한 성격과 그가 이전에 가진 습관에 따라 정도와 변화의 차이를 보이지만 대체로 보편적인 것이어서 어느 누구도 거기서 완전히 벗어나 있지 않다. 또 더 늦게 느껴지는 그리고 덜 보편적인 인상들이 있는데, 풍부한 감성의 소유자들이 그것을 좀 더 잘 느낀다. 정신적인 괴로움, 내면적 고통, 비탄, 우울함, 슬픔에서 받는 인상들이 그런 것이다. 울음소리를 듣고 눈물을 보아야만 마음이 흔들리는 사람이 있다. 이런 사람들은 비애로 가슴이 메어진 사람의 길고 낮은 신음 소리를 듣고 탄식의 한숨을 내쉬는 적이 결코 없다. 낙담한 모습, 납덩이같이 창백하고 해쓱한 얼굴, 생기를 잃고 더 이상 울려고 해도 울 수 없는 눈을 보아도 그들은 결코 눈물을 흘리지 않는다. 그들에게 영혼의 고통 따위는 아무것도 아니다. 그런 고통을 인정한다 해도 그들의 영혼은 아무것도 느끼지 못한다. 그러므로 이런 사람들에게 기대할 것이라고는 고집스런 엄격함, 무정함, 매정함밖에 없다. 그들은 공명정대하고 올바를 수는 있겠지만 결코 너그럽고 관대하고 동정심이 많을 수는 없다. 나는 그들도 올바른 사람이 될 수 있다고 말한다. 그렇지만 그것은 인간이 자비롭지 않음에도 불구하고 올바른 사람이 될 수 있다는 가정하에서 하는 말이다.

그러나 이러한 기준으로 청년들을 서둘러 판단하려고 해서는 안 된다. 마땅히 받아야 할 교육을 받고 자라면서 정신적 고통을 전혀 체험하지 못해 그에 대해 아무런 관념도 갖지 못한 청년들에 대해서는 특히 그렇다. 다시 한번 말하지만 그들은 자신이 아는 불행만 동정할 수 있기 때문이다. 그리고 이와 같은 표면적인 무관심은 단지 무지에서 기인하는 것이기 때문에, 인간의 삶에 그들이 몰랐던 수많은 고통들이 있다는 것을 느끼기 시작할 때가 되면 그것은 곧 감동으로 바뀐다. 나의 에밀에 대해 말하자면, 그는 어린 시절에 소박함과 양식을 갖고 있었기 때문에 청년이 되면 인정과 동정심을 가지게 될 것이라고 정말 확신한다. 진실한 감정은 다분히 올바른 관념에 달려 있기 때문이다.

그런데 그를 왜 여기서 불러내는가? 많은 독자들은 아마 내가 최초의 결심과 제자에게 약속했던 변함없는 행복을 잊었다고 비난할 것이다. 불행한 사람들, 죽어 가는 사람들, 고통과 괴로움의 광경들! 인생에 눈뜬 어린 마음은 얼마나 행복하고 얼마나 즐거운가! 그에게 그토록 즐거운 교육을 준비했다던 그의 우울한 교사는 오로지 고통을 느끼도록 그를 인생에 눈뜨게 만든 것이다. 사람들은 이렇게 말할 것이다. 그러나 무슨 상관인가? 나는 그를 행복하게 만들겠다고 약속했지, 행복한 것처럼 보이게 만들겠다고 약속하지 않았다. 여러분이 항상 겉모습에 속아 그것을 실재로 간주한다고 해서, 그것이 내 잘못인가?

초등교육을 마치고 정반대되는 두 문을 통해 세상으로 들어가는 두 사람의 청년을 보자. 한 사람은 단숨에 올림포스 산정에 올라 가장 화려한 사교계에 드나든다. 사람들은 그를 궁정으로, 귀족과 부자의 저택으로, 또 아름다운 여인의 집으로 데리고 간다. 그가 도처에서 환영을 받는다고 치자. 그리고 그런 환대가 그의 이성에 미치는 영향을 검토하지 말고, 그의 이성이 그런 환대에도 불구하고 변하지 않는다고 가정하자. 쾌락이 그의 앞에서 날아다니고 매일같이 새로운 대상이 그를 즐겁게 한다. 그는 여러분을 매혹하는 호기심을 갖고 온갖 일에 몰두한다. 여러분은 그가 주의 깊게 관찰하고 열의를 보이고 호기심에 가득 차 있는 것을 보고, 또 그가 처음으로 감탄을 연발하는 것을 듣고 그가 만족하고 있다고 생각한다. 그러나 그의 정신 상태를 보라. 여러분은 그가 즐기고 있다고 믿지만, 나는 그가 괴로워하고 있다고 생각한다.

눈을 뜨면 그는 먼저 무엇을 보게 되는가? 그가 모르고 있던 무수한 거짓 행복들이다. 그런데 그것들 대부분은 한순간만 그의 손에 머물러 있기 때문에, 오로지 그것을 빼앗기는 아쉬움만 주려고 그의 앞에 등장하는 것처럼 보인다. 그가 궁정을 거닐고 있다고 하면, 여러분은 그의 편안치 않은 호기심에서 왜 자기 아버지의 집은 이렇지 않은지 의아해하는 것을 볼 것이다. 그가 던지는 모든 질문들은 그가 끊임없이 그 집의 주인과 자신을 비교하고 있음을 여러분에게 말해 준다. 그리고 이러한 비교를 통해 그가 스스로 굴욕적이라고 생각하는 모든 것이 그의 허영심을 자극하고 들쑤신다. 자기보다 잘 차려입은 젊은이를 만날 때, 나는 그가 은근히 자기 부모의 인색함에 대해 투덜거리는 것을 본다. 다른 사람보다 더 잘 차려입었을 때에도, 그 다른 사람의 가문이나 재주에 가려 자신이 다른 사람들의 눈을 끌지 못하고 자신의 번쩍이는 옷도 수수한 옷 앞에서 기죽는 것을 보며 괴로워한다. 또한 모임에서 그가 혼자 두각을 나타내고 더 돋보이려고 발돋움을 해서 키를 높여 본다면, 아니꼽게 구는 이 청년의 허세를 꺾어 놔야겠다고 은근히 마음속으로 생각하지 않을 사람이 어디 있겠는가? 곧 모든 사람들이 약속이라도 한 것처럼 하나로 뭉친다. 점잖은 사람의 무서운 시선과 비꼬는 사람의 빈정거리는 말들이 지체 없이 그에게까지 날아온다. 그리고 단 한 사람한테 경멸을 당했다 해도, 그 한 사람의 모욕은 순식간에 다른 사람들이 보내는 갈채를 망쳐 놓는다.

그에게 모든 것을 다 주자, 멋과 재능도 아낌없이 부여하자. 풍채가 좋고 재기에 넘치며 사랑스러운 인간이라고 하자. 그는 여성들에게 인기가 있을 것이다. 그러나 그가 여성들을 사랑하기 전에 여성들이 그를 쫓아다녀서, 여성들은 그를 사랑이 아니라 광기에 빠지게 만들 것이다. 그는 행운을 갖게 되겠지만, 그것을 즐길 열정도 정념도 지니지 못할 것이다. 그의 욕망은 항상 미리 충족되어 있어서 욕망이 생겨날 여지조차 없으므로 그는 쾌락에 둘러싸여 있어도 답답한 권태만 느낄 뿐이다. 그는 남성의 행복을 위해 만들어진 이성異性을 알기도 전에 거기에 싫증을 내고 물린다. 그래도 여전히 여성을 만나고 있다면 그것은 이미 허영심 때문이라고밖에 할 수 없다. 그리고 정말 좋아서 여성에 애착을 느끼고 있을 때도, 자기만 젊고 뛰어나고 사랑스러운 것이 아니기 때문에, 지조志操에서 비롯된 경이로움을 애인들에게서 언제나 볼 수는 없을 것이다.

나는 이러한 생활과 분리될 수 없는 모든 종류의 중상모략, 배반, 비열한 행위, 후회에 대해서는 아무 말도 하지 않겠다. 사교계를 경험하면 그런 것에 넌덜머리가 난다는 것은 누구나 알고 있는 사실이다. 나는 단지 최초의 환상에 딸린 걱정거리에 대해서만 말하고 있다.

지금까지 가족과 친구들에게 둘러싸여 그들의 배려를 모두 혼자 독차지하고 있다고 생각하던 사람이 갑자기 자기가 그렇게 무시당하는 상황에 놓이게 된다는 것, 그리고 그토록 오랫동안 자기 세계의 중심이었던 그가 마치 낯선 세계에 빠져 있다고 느끼는 것은 그에게 얼마나 대조적인가! 주변 사람들에 둘러싸여 싹트고 자라난 '나는 중요한 존재다'라는 그릇된 생각을 낯선 사람들 사이에서 잃어버리게 될 때까지 얼마나 많은 모욕과 굴욕을 받아야만 하겠는가! 어렸을 때는 모두가 그에게 양보하고 서둘러 그의 주변에 모여들었다. 이제 청년이 된 그는 모든 사람에게 양보해야 한다. 그렇지 않고 조금이라도 자기 처지를 잊고 예전의 태도를 지닌다면, 얼마나 많은 가혹한 교훈들이 빗발처럼 쏟아져서 그를 반성하게 하는가! 원하는 것을 쉽게 손에 넣던 습관 때문에 그는 많은 것을 원하지만, 지금은 그럴 수 없기 때문에 끊임없이 상실감을 느껴야 한다. 그가 마음에 들어 하는 것은 모두 그를 유혹한다. 다른 사람들이 가진 것을 그는 모두 갖고 싶어 할 것이다. 그는 온갖 것을 탐내고, 모든 사람을 선망하고, 어디서나 군림하고 싶어 할 것이다. 허영심이 그의 마음을 좀 먹고, 억제할 수 없는 욕망의 열기가 그의 젊은 마음을 불태운다. 그것들과 함께 그의 마음에는 질투와 미움이 생겨나고, 온갖 격렬한 정념들이 동시에 자라난다. 그는 세상의 법석 속에서 혼잡한 정념들을 지니고 있다가, 매일 저녁 그것들을 몸에 지닌 채 돌아온다. 자신과 다른 사람들에 대한 불만에 가득 차서 돌아오는 것이다. 또 그는 수많은 헛된 계획들로 가득 차서 수많은 공상에 시달리며 잠이 든다. 그리고 그의 자존심은 꿈속에서까지 터무니없는 행복을 그려 주고 그는 그 행복에 대한 욕망 때문에 괴로워하지만 그것을 평생 손에 넣지 못할 것이다. 바로 이것이 여러분의 제자이다. 그러면 나의 제자를 보기로 하자.

그의 눈에 비치는 최초의 광경이 슬픔의 대상이라 하더라도, 그가 처음으로 자신을 돌아볼 때는 기쁨의 감정을 느낀다. 그는 자신이 얼마나 많은 불행에서 벗어나 있는지 알게 되어 전에 생각했던 것보다 더욱 행복하다고 느낀다. 그는 자신과 동류인 인간들의 고통을 나누어 갖는다. 그러나 이렇게 괴로움을 나누는 것은 자발적이며 유쾌한 일이다. 그는 그들의 고통에 대해 갖는 동정심을 즐기는 동시에 자신은 그 고통에서 벗어나 있다는 행복을 향유한다. 그는 인간을 자기 너머로 확장하여, 인간이 자신의 행복을 위해 쓰고 남는 활동력을 다른 곳에 쏟게 만드는 그런 힘의 상태에 자신이 놓여 있음을 느낀다. 다른 사람의 고통을 동정하려면 분명 그 고통을 알아야 하겠지만 그것을 느껴서는 안 된다. 사람은 괴로움을 겪어 본 적이 있고 괴로움을 겪을까 두려워할 때, 괴로워하는 사람을 동정하는 법이다. 반면 괴로워하고 있는 동안 사람은 오직 자기 자신만 동정할 뿐이다. 그런데 모든 사람들이 인생의 괴로움을 겪도록 되어 있어서 누구나 현재 자신에게 필요하지 않은 인정만 다른 사람에게 베푸는 것이라면, 동정이란 아주 기분 좋은 감정일 것이라는 결론이 나온다. 왜냐하면 동정은 우리가 유리한 상태에 있음을 입증해 주기 때문이다. 그러나 반대로 인정이 없는 사람은 항상 불행하다. 왜냐하면 그의 마음의 상태가 그에게 다른 사람의 고통에 베풀 수 있는 인정의 여유를 전혀 주지 않기 때문이다.

우리는 지나치게 겉모습으로 행복을 판단한다. 우리는 행복이 전혀 없는 곳에 행복이 있다고 생각한다. 우리는 행복이 있을 수 없는 곳에서 행복을 찾는다. 쾌활함은 단지 행복의 매우 애매한 표시에 불과하다. 쾌활한 사람은 흔히 다른 사람들을 속이고 자기 기분을 전환하려고 애쓰는 불행한 사람에 불과한 경우가 많다. 모임에서는 그토록 잘 웃고 호방하고 평온한 사람들 거의 모두가 자기 집에서는 침울하고 잔소리가 많아서, 그들이 사교계에 제공하는 재미 때문에 벌을 받는 것은 그의 하인들이다. 진정한 만족감은 쾌활한 것도 까부는 것도 아니다. 그렇게 감미로운 감정을 소중히 여기고 즐기고 생각하고 음미하면서 그것을 밖으로 발산하는 것을 겁낸다. 진정 행복한 인간은 거의 말도 하지 않고 거의 웃지도 않는다. 말하자면 그는 행복을 자기 마음 주변으로 집중시킨다. 소란한 놀이나 떠들썩한 즐거움은 싫증과 권태로움을 감추고 있다. 우울은 쾌락의 친구이다. 감동과 눈물에는 가장 감미로운 즐거움이 동반된다. 그리고 과도한 기쁨 그 자체는 환호성보다 눈물을 이끌어 낸다.

처음에는 수많은 갖가지 다양한 오락이 행복에 기여하는 것처럼 보이지만, 그리고 한결같이 단조로운 생활이 처음에는 권태로운 듯 여겨지지만, 더 자세히 들여다보면 반대로 영혼의 가장 유쾌한 습관은 향락의 절제에 있다. 그것은 욕망과 권태를 거의 일으키지 않는다. 욕망의 불안정성이 호기심과 변덕을 낳고, 소란스러운 쾌락의 공허함이 권태를 낳는다. 사람들은 더 유쾌한 상태를 모르면 결코 자신의 상태를 지겨워하지 않는 법이다. 세상의 모든 사람들 중에서 미개인이 가장 호기심이 적고 지루함을 가장 느끼지 않는다. 그들은 모든 것에 무관심하며, 사물을 즐기지 않고 자기 자신을 즐긴다. 그들은 아무것도 하지 않고 일생을 보내지만 결코 지루한 줄 모른다.

사교계의 사람은 완전히 가면 속에 있다. 그는 거의 자신의 내면에 머물지 않기 때문에 자신의 내면이 낯설고, 그래서 부득이 자기 내면으로 돌아가지 않을 수 없게 되면 불편을 느낀다. 자기가 어떤 존재인지는 아무 의미도 없고, 자신이 어떻게 보이는지가 그에게 전부이다.

나는 내가 앞서 말했던 청년의 얼굴에서 어딘지 모르게 버릇없고 상냥한 척하며 부자연스럽게 꾸민 꼴을 떠올리지 않을 수 없는데, 그런 꼴은 소박한 사람들에게 불쾌감과 혐오감을 일으킨다. 그런데 나의 제자의 얼굴에서는 매력적이고 소박한 용모가 떠올려지는데, 그 용모는 영혼의 진정한 평화인 만족감을 드러내며 존경과 신뢰를 불러일으킨다. 마치 곁에 다가오는 사람들에게 우정을 나눠 주기 위해 오로지 우정의 발로만 기다리는 것처럼 보인다. 사람들은 용모가 이미 자연이 그려 둔 윤곽이 발달한 것에 불과하다고 생각한다. 나는 인간의 얼굴 윤곽은 이러한 발달 이외에도 영혼이 어떤 감정들을 자주 습관적으로 느끼는가에 따라 서서히 형성되어 틀을 갖추게 되는 것이라고 생각한다. 이러한 감정들은 얼굴에 뚜렷이 나타나기 마련이어서 이보다 더 확실한 것은 없다. 그리고 이것이 습관이 되면 얼굴에 영속적인 인상을 남기는 법이다. 바로 이 때문에 나는 용모가 성격을 나타내며, 우리에게 없는 지식을 전제하는 신비로운 설명을 구태여 구하지 않더라도 가끔 용모에 의해서 성격을 판단할 수 있다고 생각한다.

어린아이에게 뚜렷이 드러나는 감정은 두 가지밖에 없다. 그것은 즐거움과 고통이다. 어린아이는 웃지 않으면 울고 있어서, 그 중간은 어린아이에게 아무것도 아니다. 어린아이는 계속 두 감정의 한쪽에서 다른 한쪽으로 옮겨 간다. 이렇게 기쁨과 고통의 감정이 계속 번갈아 나타나기 때문에, 그들의 얼굴에는 지속적인 인상이 만들어지지 않으며 또 용모의 특징도 나타나지 않는다. 그러나 감성이 더 풍부해져서 아이가 더 생생하게 혹은 더 지속적으로 감정의 영향을 받는 나이가 되면, 좀 더 깊은 인상이 지울 수 없는 자국을 남겨서 영혼의 습관적인 상태에 따라 얼굴의 윤곽선이 정돈된다. 이는 시간이 지남에 따라 지울 수 없는 것이 된다. 그러나 나이가 듦에 따라 용모가 바뀌는 사람들을 그리 드물지 않게 볼 수 있다. 나는 그런 사례를 여러 번 보았는데, 내가 충분히 관찰하고 지켜볼 수 있었던 사람들의 경우 대개 그들의 습관적인 정념 역시 바뀐 것을 발견했다. 충분히 확인된 이 관찰만으로도 그것은 내가 보기에 상당히 결정적이어서 교육론에 포함되어도 부적당하지 않을 것이다. 왜냐하면 외면의 표식을 통해 영혼의 움직임을 판단하는 방법을 배우는 것은 중요하기 때문이다.

내가 맡은 청년은 관습적인 예의범절을 흉내 내거나 자신이 느끼지 않는 감정을 가장하는 법을 배우지 못했기 때문에 좀 덜 사랑스러울지 모르겠다. 그러나 여기서 중요한 것은 그것이 아니다. 다만 나는 그가 사람을 훨씬 더 사랑하는 사람이 되리라는 것만은 알고 있다. 그리고 자신만 사랑하는 사람이 본심을 잘 숨겨서, 타인들에 대한 애정에서 새로운 행복감을 이끌어 내는 사람만큼 남의 환심을 살 수 있다고는 믿지 못하겠다. 특히 이 행복감 자체에 대해서 나는 양식 있는 독자를 이 지점까지 잘 안내해 왔을 만큼, 또 내가 스스로 모순되는 말을 하지 않았다는 것을 보여 줄 수 있을 만큼 충분히 말했다고 생각한다.

그러므로 다시 나의 방법으로 돌아와서 이렇게 말하겠다. 위험한 나이가 가까워지면 청년들에게 자신의 기분을 억제하는 모습을 보여 주도록 하라. 절대로 그것을 자극하는 광경을 보여 주어서는 안 된다. 그들의 감각에 불을 붙이지 말고, 상상력의 활동을 억제시키는 대상들로 막 싹트기 시작하는 그들의 상상력을 속여야 한다. 그들을 대도시에서 멀리 떨어져 있게 하라. 거기서는 여인들의 화려한 몸치장과 단정치 못한 언행이 자연의 가르침을 앞당기거나 추월한다. 또한 그곳에 있는 모든 것들은 청년들이 선택을 할 줄 알기 전에 알아서는 안 될 쾌락들을 그들의 눈앞에 펼쳐 보인다. 전원의 순박한 생활이 그들 나이에 갖는 정념을 느리게 발달시키는 최초의 거처로 그들을 다시 데려가라. 혹시 그들이 예술을 좋아하여 아직 도시를 떠날 수 없다면, 바로 그 취미를 이용하여 그들이 위험한 무위도식 생활을 하지 못하게 하라. 그들의 교제, 소일거리, 오락거리를 신중하게 선택해 주도록 하라. 그들을 현혹시키지 않으면서도 마음을 움직이게 하는, 또 그들의 감각을 동요시키지 않으면서도 감성을 키워 주는, 감동적이지만 절제 있는 장면들만 보여 주어야 한다. 어디든지 지나침이 있으면 그것을 우려해야 한다는 것, 과도한 정념은 언제나 피하고자 하는 해악보다 더 많은 해악을 끼친다는 것 또한 염두에 두어야 한다. 여러분의 제자를 병자를 돌보는 간호인이나 자선사업 교단의 수도사로 만들라는 말이 아니다. 또 고통과 괴로움을 주는 대상을 계속 보여 주어 그의 눈을 아프게 하라거나, 그를 이 병자에서 저 병자로 이 병원에서 저 병원으로, 그레브 광장[9]에서 감옥으로 끌고 다니라는 말이 아니다. 인간의 비참함을 보고 충격을 받게 해야지 무감각해지게 해서는 안 된다. 똑같은 광경을 오래 보고 있으면 사람들은 더 이상 아무런 느낌을 갖지 못한다. 습관이 되면 어떤 것에나 익숙해지는 법이다. 어떤 것을 너무 많이 보면 그것을 더 이상 상상하지 않게 된다. 그런데 오로지 상상만이 우리에게 다른 사람의 고통을 느끼게 만든다. 바로 그 때문에 사람들이 죽거나 고통스러워하는 것을 많이 보는 사제나 의사들은 동정심이 없어진다. 그러므로 여러분의 제자가 인간의 운명과 자신과 동류인 인간들의 비참함을 알게 하라. 그러나 너무 자주 그것을 목격해서는 안 된다. 하나의 대상이라도 잘 골라서 적절한 관점에서 보여 주면 그는 거기서 한 달치의 감동과 성찰을 얻게 될 것이다. 그가 보는 대상에 대해 내리는 판단을 결정짓는 것은 그 대상보다 오히려 그가 본 대상에 대한 반성이다. 그리고 그가 어떤 대상에게서 받는 영속적인 인상은 그 대상 자체보다 사람들이 그가 그것을 회상하도록 이끄는 관점에서 비롯된다. 이런 방식으로 실례와 교훈과 이미지를 신중하게 다루면 여러분은 오랫동안 감각의 자극을 둔하게 만들어, 자연 자체의 방향을 따르면서도 자연을 속일 수 있을 것이다.

그가 지식을 획득해 감에 따라서 그것과 결부되는 관념들을 선택하라. 그의 욕망이 불타오름에 따라서 그것들을 억제시키기에 알맞은 장면을 선택하라. 용기로 보나 품행으로 보나 남들보다 뛰어난 어느 늙은 군

---

9 센강 변에 있는 파리 시청 광장의 옛 이름으로, 옛날에는 이곳에 처형장이 있었다 — 옮긴이.

인이 내게 다음과 같은 이야기를 들려준 적이 있다. 양식 있고 신앙심이 매우 두터웠던 그의 아버지는 아들이 막 청년이 되어 싹트기 시작한 관능적 욕구로 인해 여자에게 열중해 있는 것을 보고, 그를 제지하려고 가능한 수단을 다 써 보았다. 그러나 결국 무슨 수를 써도 아들이 자기에게서 도망갈 각오가 되어 있음을 깨닫고, 아버지는 아들을 매독환자가 수용되어 있는 병원에 데려가기로 했다. 아버지는 아들에게 미리 아무런 말도 해 주지 않고 아들을 어떤 방으로 들여보냈다. 그곳에서는 한 무더기의 비참한 사람들이 끔찍한 치료를 받으면서 그 상태로 그들을 떨어뜨린 방탕한 생활의 대가를 치르고 있었다. 모든 감각을 온통 뒤집어 놓는 끔찍한 광경을 보고 청년은 거의 기절할 뻔했다. 그때 아버지가 격한 어조로 아들에게 말했다. "자, 이 파렴치한 탕아야, 네가 사로잡혀 있는 천박한 성향을 따라가 보아라. 그러면 머지않아 너도 이 방에 들어올 테니 참 행복하겠구나. 여기서 가장 더러운 고통에 시달리다 죽어서 이 아버지가 너의 죽음을 하느님께 감사드리도록 만들겠지."

이 몇 마디 말은 그 청년에게 충격적인 강렬한 장면과 결부되어 그에게 결코 지워지지 않는 인상을 남겼다. 그는 자신의 신분 때문에 병영에서 청년 시절을 보내게 되었는데, 동료들의 방종을 따라 하기보다 차라리 모든 비웃음을 달게 받기로 했다. 그는 내게 이렇게 말했다. "저도 남자였고, 저한테도 약한 면이 있었습니다. 그런데도 이 나이가 되도록 창녀를 볼 때마다 두려움을 느낍니다." 교사여! 말은 별로 필요 없다. 장소와 시기와 사람을 선택하는 법을 배워라. 그다음에 당신의 교훈을 모두 실례로 제시하라. 그러면 그 효과는 걱정하지 않아도 될 것이다.

어린 시절을 어떻게 활용하느냐 하는 문제는 그다지 중요하지 않다.

그 시절에 싹트는 악에 전혀 대책이 없는 것도 아니고, 그 시기에 형성되는 선이 더 나중에 올 수도 있다. 그러나 인간이 진정으로 삶을 시작하는 첫 시기의 경우에는 사정이 다르다. 이 시기는 그동안에 해야 할 일들을 하기에 결코 그리 긴 시간이 아니다. 그리고 너무도 중요해서 끊임없는 주의를 요한다. 바로 이런 이유로 나는 이 시기를 연장시키는 방법을 강조하는 것이다. 훌륭한 교육의 가장 좋은 원칙들 중 하나는 가능한 한 모든 것을 늦추는 것이다. 느리게 그렇지만 확실하게 발달이 이루어질 수 있게 하라. 청년이 어른이 되기 위해 해야 할 일이 아무것도 남아 있지 않을 때까지, 그를 어른이 되지 못하게 방해하라. 신체가 성장하고 있는 동안에, 피에 향기를 불어넣고 근육에 힘을 부여하는 데 쓰이는 정기精氣가 생성되고 완성된다. 그런데 여러분이 그 정기가 다른 흐름을 취하게 만들어, 한 개체를 만드는 데 쓰려고 마련된 것을 또 다른 개체를 만드는 데 이용한다면, 이 두 개체는 모두 나약한 상태에 머물러 있게 되고 자연의 작업은 미완성인 상태에 머문다.[10] 정신의 기능도 차례로 이러한 변질의 영향을 받아서, 신체와 마찬가지로 허약해진 영혼은 약하고 활기 없는 기능만 갖게 된다. 굵고 튼튼한 손발이 재능이나 용기를 만드는 것은 아니다. 나는 더구나 심신心身이라는 두 실체의 연락기관들이 제대로 배열되어 있지 않은 시기에는, 육체의 힘에 영혼의 힘이 수반되지 않는다고 생각한다. 그러나 그 연락기관들이 아무리 잘 배열되어 있다 해도, 충동으로 진이 빠지고 쇠약해진 혈액, 신체의 모든 기관에 힘과 동력을 부

---

10 루소는 청년 시절 정기가 피와 근육으로 가는 대신 생식에 사용된다면 아버지와 자식 모두가 허약할 것이라고 말하고 있다 — 옮긴이.

여하는 자양분이 결핍된 혈액밖에 없다면 연락기관들은 언제나 무력하게 작동할 것이다. 일반적으로 난잡한 생활에 빠질 능력이 생기자마자 그 생활을 시작한 사람들보다, 젊었을 때 너무 이른 타락으로부터 보호받은 사람들에게서 더 풍부한 영혼의 활력이 보인다. 그리고 아마도 이것이 품행이 방정한 민족이 그렇지 않은 민족보다 보통 더 뛰어난 양식과 용기를 갖게 되는 이유들 중의 하나일 것이다. 후자와 같은 민족은 그들이 재치니 명민함이니 섬세함이라고 부르는 사소하고 세세한 자질에서만 뛰어나다. 그러나 훌륭한 행위와 미덕, 또 참으로 유익한 배려를 기준으로 삼고 인간을 우대하며 존경하는 지혜와 이성이 위대하게 고귀하게 작동하는 것은 거의 전자의 민족에게서만 볼 수 있다.

교사들은 이 시기의 불같은 격정이 청년을 다루기 힘들게 만든다고 한탄한다. 그 점은 나도 알고 있다. 그러나 그것은 교사들의 잘못이 아닌가? 그 불길이 감각을 통해 흐르도록 내버려 두면 이내 그것을 다른 방향으로 끌고 갈 수 없게 된다는 것을 교사들은 모르는가? 교사의 장황하고 맥 빠진 설교가 제자가 갖고 있던 쾌락의 이미지를 그의 머릿속에서 지워 버릴 수 있겠는가? 그따위 설교로 그를 괴롭히는 욕망을 마음에서 몰아낼 수 있겠는가? 그가 사용법을 알게 된 관능적 욕망의 열기를 식힐 수 있겠는가? 제자는 자신이 생각하는 유일한 행복을 가로막는 장애물에 대해 화를 내지 않겠는가? 그리고 사람들이 그를 이해시키지도 못하면서 명령만 내리는 엄격한 규율 속에서 그가 무엇을 보겠는가? 그는 거기서 자기를 괴롭히려는 한 인간의 변덕과 미움만 볼 것이다. 제자 편에서 반항하고 그 사람을 미워하는 것이 이상한 일일까?

너그러운 태도를 취하면 더 웬만한 교사가 되고 겉으로 권위를 보전할 수 있다는 것은 나도 잘 안다. 그러나 권위로써 억제해야 할 악덕을 반대로 조장하면서까지 제자에게 권위를 유지한다면, 그런 권위가 무슨 소용이 있는지 잘 모르겠다. 그것은 마부가 날뛰는 말을 진정시킨답시고 말을 절벽으로 뛰어내리게 하는 것과 마찬가지이다.

그런데 이 청년기의 불길은 교육에 장애이기는커녕 오히려 바로 그것에 의해 교육은 이루어지고 완성된다. 청년이 여러분보다 힘에서 뒤지지 않을 때, 바로 그 불길 때문에 여러분은 청년의 마음에 영향력을 갖게 된다. 그가 품은 최초의 애정은 여러분이 그의 모든 움직임을 다스리는 고삐가 된다. 예전에 그는 자유로웠지만, 나는 지금 그가 복종하는 것을 본다. 아무것도 사랑하지 않는 동안에는 자신과 자신의 욕구에만 종속되어 있었다. 그런데 사랑하게 되자마자 그는 자신의 애착에 종속된다. 그리하여 그를 인류에 연결시키는 최초의 관계가 형성된다. 막 싹트기 시작하는 감성을 인류를 향해 이끌어 가는 동안, 그 감성이 처음부터 모든 인간을 포괄하고 인류라는 어휘가 그에게 어떤 의미를 가질 것이라고 생각해서는 안 된다. 그렇지 않다. 이 감성은 처음에는 자기와 같은 동류들에 한정될 것이다. 그들은 그가 모르는 사람들이 아니다. 그들은 그와 관계를 맺고 있는 사람들, 습관에 의해 그에게 소중하고 필요해진 사람들, 생각하고 느끼는 방식을 그와 명백히 공유한다고 여겨지는 사람들, 또 그가 겪었던 괴로움을 당하고 있다고 여겨지는 사람들, 그가 맛보았던 기쁨을 느낄 줄 아는 사람들, 한마디로 본성의 일치가 명백히 드러나서 서로 사랑하려는 성향을 그에게 더 많이 불러일으키는 사람들이다. 자신의 본성을 수많은 방식으로 계발하고, 자기 자신의 감정과 다른 사람들에게서 관찰하게 될 감정에 대해 많이 생각한 뒤에야 비로소 그는 사적인 관념들을 인류라는 추상적인 관념 아래 일반화하기에 이르며, 인류와 자신을 동일시할 수 있는 애정을 자신의 개인적인 애정들과 결부시키게 된다.

애착을 가지게 되면 그는 다른 사람들의 애착을 느낄 수 있게 되며,[11] 또 그 때문에 이러한 애착의 표시에 관심을 갖게 된다. 여러분이 제자에 대해 어떤 새로운 영향력을 획득하게 될지 아는가? 그가 깨닫기도 전에 여러분은 얼마나 많은 사슬로 그의 마음을 묶어 두었던 것인가! 그가 자기 자신에 대해 눈을 떠서 여러분이 자신을 위해 해 온 일을 보게 되면, 또 제 또래의 다른 청년들과 자신을 비교하고 다른 가정교사들과 여러분을 비교할 수 있게 되면, 그는 얼마나 많은 것을 느끼겠는가! '그가 그것을 보게 되면'이라고 말했다. 그러나 그에게 그 말은 하지 않도록 조심하라. 만약 여러분이 그렇게 말한다면 그는 더 이상 그것을 보지 않을 것이다. 만약 여러분이 그에게 베푼 보살핌에 대한 보답으로 그에게 복종을 요구한다면, 그는 여러분이 자기를 속였다고 생각할 것이다. 그는 마음속으로 여러분이 아무런 대가 없이 친절히 돌보아 주는 척하면서 그에게 빚을 지우고 그가 동의한 적 없는 계약으로 그를 묶어 놓으려 했다고 생각할 것이다. 여러분이 그에게 요구하는 것은 오로지 그를 위한 것이라고 덧붙여 말해도 소용없을 것이다. 어쨌든 여러분은 요구하고 있는

---

11 애착은 보답을 필요로 하지 않지만, 우정은 결코 그렇지 않다. 우정은 일종의 교환이며, 다른 계약들과 마찬가지로 일종의 계약이며, 모든 것 중에서 가장 신성한 계약이다. '친구'라는 말에는 그 자체 이외에 다른 상관어(相關語)가 없다. 자기 친구의 친구가 아닌 사람은 모두 사기꾼임에 틀림없다. (루소는 우정이 상호적이어야 한다고 생각하기 때문에, 어떤 두 사람 사이에서 한 사람은 상대를 친구라고 여기는데 다른 사람은 상대를 친구라고 여기지 않는다면 후자는 사기꾼이라고 말하는 것이다 — 옮긴이.) 왜냐하면 우정에 보답하거나 또는 보답하는 척이라도 하지 않고는 우정을 획득할 수 없기 때문이다.

것이다. 그것도 당신이 한 일을 내세워 그의 승인 없이 요구하는 것이다. 어떤 가난한 사람이 누군가 그에게 공짜로 주는 줄 알고 돈을 받았는데 그 때문에 그의 의사와 상관없이 징집을 당하게 되었다면, 여러분은 "이는 부당하다"라고 외칠 것이다. 그런데 여러분의 제자가 전혀 허락하지 않았던 보살핌에 대해 그 값을 치르라고 요구한다면, 여러분이 훨씬 더 부당한 것이 아니겠는가?

만약에 고리대금식의 친절이 흔히 볼 수 없는 일이 되면, 배은망덕 역시 적어질 것이다. 우리는 우리에게 잘해 주는 것을 좋아한다. 이것은 실로 자연스러운 감정이다. 인간의 마음속에 배은망덕은 없지만 사리사욕은 있다. 신세를 지고도 은혜를 모르는 사람보다 사리사욕을 채우기 위해 은혜를 베푸는 사람이 더 많다. 당신이 내게 당신의 선물을 판매한다면 나는 값을 깎으려 할 것이다. 그러나 당신이 주는 척하고 이어서 당신 마음대로 값을 불러 팔려 한다면 당신은 사기를 치는 것이다. 선물이 가격을 매길 수 없을 정도로 소중한 것은 그것이 공짜이기 때문이다. 마음은 오로지 스스로 우러나오는 법만 받아들인다. 마음은 묶어 두려 하면 놓치고, 자유롭게 두면 묶을 수 있다.

낚시꾼이 물에 미끼를 던지면 물고기가 와서 의심도 없이 그의 주변에 머무른다. 그러나 미끼 아래 숨겨진 낚싯바늘에 걸려 줄이 팽팽해지는 것을 느끼면 도망치려고 버둥거린다. 낚시꾼은 은인이고 물고기는 은혜를 모르는 것인가? 은인에게 잊힌 사람이 은인을 잊어버리는 것을 한 번이라도 본 적 있는가? 그러기는커녕 언제나 그 사람은 기쁘게 은인에 대해 이야기하고 그를 생각할 때마다 감동한다. 기회가 생겨 생각지 못한 봉사로 자기가 은혜를 잊지 않고 있다는 것을 은인에게 보여 줄 수 있다면, 그때 그는 얼마나 내심 만족하면서 감사하는 마음을 표할 것인가! 얼마나 감미로운 기쁨으로 자기가 누구인지 알리겠는가! 또 얼마나 흥분하면서 "이제 제 차례가 왔습니다"라고 그에게 말할 것인가! 바로 이것이 진정한 자연의 목소리이다. 진정한 은혜는 결코 배은망덕을 낳지 않는 법이다.

따라서 감사의 마음이 자연적인 감정이라면, 또 여러분이 스스로의 잘못으로 그 결과를 망치지만 않는다면, 여러분의 제자는 여러분이 직접 자신이 한 보살핌에 대해 값을 부르는 일을 하지만 않았다면 그 보살핌의 가치를 알기 시작하면 그것을 깨달을 것이고, 마음속으로 그 무엇도 파괴시킬 수 없는 권위를 여러분에게 부여하게 될 테니 걱정하지 말라. 그러나 이와 같은 이점을 정말로 확신하기 전에는 그의 옆에서 자화자찬하여 그것을 잃어버리지 않도록 조심하라. 여러분이 제공한 보살핌을 그에게 자랑하는 것은 그가 그것을 못 견디게 만든다. 그 보살핌을 잊어버리는 것이 그가 그것을 기억하도록 만드는 것이다. 그를 어른으로 대하는 시기가 올 때까지, 그가 여러분에게 갚아야 할 것이 아니라 그가 자기 자신에게 갚아야 할 것이 문제가 되게 해라. 그가 말을 잘 듣게 만들려면 그를 완전히 자유롭게 내버려 두고 그가 여러분을 찾도록 여러분 자신을 숨겨라. 그리고 그에게는 오로지 그에게 이익이 되는 것에 대해서만 말하여 그의 영혼을 감사라는 고귀한 감정에까지 끌어올려라. 나는 그가 이해할 수 있기 전까지는 사람들이 "네가 하는 일은 너의 행복을 위해서이다"라고 그에게 말하는 것을 결코 원하지 않았다. 그런 말을 해 보았자 그는 거기서 여러분이 자신에게 종속되어 있다는 사실만 보았을 뿐이고, 여러분을 자신의 하인으로밖에 생각하지 않았을 것이다. 그러나 사랑한다는 것이 무엇인지 느끼기 시작한 지금은 한 인간이 자신이 사랑하는 대상과 얼마나 기분 좋은 관계를 맺을 수 있는지도 느낀다. 그리고 여러분이 끊임없이 그를 돌보면서 보여 주는 열의 속에서 이제는 노예의 충성이 아니라 친구의 애정을 보게 된다. 확실히 인정받은 우정의 목소리만큼 인간의 마음에서 중요한 비중을 차지하는 것도 없다. 왜냐하면 우리는 그 목소리가 우리에게 하는 말이 전부 우리에게 이득이 되는 것임을 알고 있기 때문이다. 친구가 잘못 생각하고 있다고 여길 수는 있지만 그가 우리를 속이려 든다고 여길 수는 없다. 때때로 친구의 충고를 받아들이지 않는 일이 있다 해도 결코 그것을 무시하지는 못한다.

우리는 마침내 도덕의 영역에 들어선다. 우리는 막 인간의 두 번째 단계로 올라선 것이다. 만약 여기가 적절한 지점이라면, 나는 어떻게 마음의 최초의 움직임에서 양심의 최초의 목소리가 생겨나는지, 어떻게 사랑과 미움의 감정에서 선과 악의 개념이 최초로 생겨나는지 보여 주려 시도할 것이다. '정의'와 '선량함'이 그저 추상적인 말이나 오성悟性에 의해 형성된 단순한 정신적 산물이 아니라, 이성에 의해 밝혀진 진정한 영혼의 감정이며 우리가 가진 원초적인 감정의 질서정연한 진보에 불과하다는 것, 양심과 상관없이 이성만으로는 어떤 자연법도 확립될 수 없다는 것, 그리고 자연권이란 그것이 인간의 마음에 있는 자연스러운 욕구에 근거하지 않을 때 모두 환상에 불과하다는 것을 보여 줄 것이다. 그러나 나는 지금 여기서 형이상학과 도덕에 관한 논문을 쓰거나 어떤 종류이든 학술적인 강의를 할 필요는 전혀 없다고 생각한다. 나로서는 인간의 교육과 관련하여 인간의 감정과 인식의 질서 그리고 그 발달을 드러내는 것으로 충분하다. 나는 여기서 지적만 하고 지나가지만, 아마 다른 사람

들이 그것을 증명할 것이다.[12]

나의 에밀은 지금까지 자기 자신만 바라보았는데, 처음으로 자신과 동류인 인간들에게 시선을 돌리면서 자신을 그들과 비교하게 된다. 그리고 이 비교가 그의 마음에 일으키는 최초의 감정은 1위를 차지하고 싶은 욕망이다. 바로 이 지점에서 자기애가 이기심으로 변한다. 그리고 비교에서 기인하는 모든 정념들이 생겨나기 시작한다. 그러나 그 정념들 가운데 그의 성격을 지배할 정념이 인정 많고 다정한 것일지 아니면 잔인하고 악의적인 것일지 또 친절과 동정의 정념일지 아니면 선망과 탐욕의 정념일지 결정짓기 위해서는, 그가 사람들 사이에서 어떤 위치에 있다고 느끼게 될지 알아야 하며, 그가 차지하기를 원하는 위치에 도달하려면 어떤 종류의 장애물들을 극복할 수 있다고 생각할지 알아야 한다.

이러한 탐색 과정에서 그를 지도하려면, 먼저 인류에게 공통된 불행한 사건들을 통해 인간들을 보여 준 뒤, 이번에는 차이를 통해 인간들을 보여 주어야 한다. 여기서 자연적 불평등과 사회적 불평등의 척도 그리고

---

12 남이 우리에게 해 주기를 바라는 대로 남에게도 행동하라는 규범조차 양심과 감정 이외에는 참된 근거를 갖지 못한다. 왜냐하면 나는 나인데 마치 내가 다른 사람인 것처럼 행동할 정확한 이유가 어디에 있겠는가? 특히 내가 절대로 그와 같은 입장에 있지 않다고 마음속으로 확신할 때는 더욱 그렇다. 또 내가 이 준칙을 정말 충실히 따를 때, 남들도 나와 마찬가지로 그것을 따르리라고 누가 내게 보장하겠는가? 악인은 올바른 사람의 정직함과 자기 자신의 부정에서 이익을 끌어낸다. 그는 자기를 제외하고 모든 사람이 올바르다는 것이 매우 즐겁다. 그 계약은 누가 뭐라 하건 착한 사람들에게 대단히 불리하다. 그러나 확산하는 영혼의 힘이 나를 나와 동류인 인간과 동일시하게 해서, 말하자면 내가 그 사람 안에서 나를 느낄 때, 내가 그 사람이 괴로워하지 않을 것을 원하는 것은 내 자신이 괴롭지 않기 위해서이다. 나는 자기애를 위해 그에게 관심을 갖는 것이다. 따라서 그 준칙의 근거는 자연 자체에 있는데, 자연은 내가 어떤 곳에 있다고 느끼든 내게 나 자신의 행복을 욕망하게 만든다. 이로부터 나는 자연법의 규칙들이 오로지 이성에 근거를 두고 있다는 것은 진실이 아니고, 그것들이 보다 견고하고 확실한 기초를 갖고 있다는 결론을 내린다. 자기애에서 파생된 인간에 대한 사랑은 인간 정의의 원리이다. 도덕 전체의 개요가 복음서에서 율법의 개요로서 주어진다.

사회 질서 전체를 묘사하는 일람표가 생겨난다.

인간을 통해 사회를, 사회를 통해 인간을 연구해야 한다. 정치와 도덕을 분리해서 다루려는 사람들은 둘 중 어느 것도 전혀 이해하지 못할 것이다. 우선 최초의 관계를 지켜보면, 어떻게 인간이 그 관계의 영향을 받게 되어 있는지, 또 어떤 정념이 그 관계에서 생겨나게 되어 있는지 알게된다. 또 역으로 정념의 발달을 통해 이러한 관계가 확대되고 긴밀해지는 것도 알게 된다. 인간을 독립적이고 자유롭게 만드는 것은 완력이라기보다 마음의 절제이다. 그리 대단한 것을 원하지 않는 사람은 거의 사람들에게 의존하지 않는다. 그러므로 인간의 쓸데없는 욕망을 인간의 육체적인 욕구와 늘 혼동하여 신체적 욕구를 인간 사회의 기초로 생각한 사람들은 항상 결과를 원인으로 착각하고 온갖 추론 속에서 계속 길을 잃고 헤매었던 것이다.

자연 상태에서는 인간들 사이의 차이가 한쪽을 다른 쪽에게 종속시킬 만큼 클 수가 없기 때문에 실제적이고 파괴할 수 없는 사실상의 평등이 있다. 반면 사회 상태에는 비현실적이고 무익한 법적 평등이 있다. 왜냐하면 평등을 유지하기 위한 수단들 자체가 그것을 파괴하는 데 사용되고, 약자를 억압하도록 가장 강한 자에게 부여된 공권력이 자연에 의해 그들 사이에 확립되었던 일종의 균형을 깨뜨리기 때문이다.[13] 우리가 사회 질서에서 보는 겉모습과 현실 사이의 모든 모순들은 바로 이 최초의 모순에서 생겨난다. 언제나 다수는 소수를 위해 희생되며, 공공의 이익

---

13 모든 국가의 법률에 담겨 있는 보편적인 취지는 언제나 약자가 아닌 강자에게, 아무것도 가지지 못한 자가 아닌 가진 자에게 특혜를 주는 것이다. 이러한 부정적 측면은 불가피해서 예외가 없다.

은 개인의 이익을 위해 희생될 것이다. 언제나 정의니 복종이니 하는 그 럴싸한 말이 폭력을 위한 도구로 혹은 부정不正의 무기로 사용될 것이다. 이로부터 자신이 다른 계층에게 유용하다고 주장하는 상류 계층이 실제 로는 다른 계층을 희생시키고 스스로에게 유익할 뿐이라는 결론이 나온 다. 이를 통해 우리는 상류 계층에 바쳐야 할 존경을 정의와 이성에 따라 판단해야 한다. 이제 우리 각자가 자신의 처지에 대해 어떤 판단을 내려 야 하는지 알려면, 상류 계층이 서로에게 부여한 지위가 그 지위를 차지 하고 있는 사람들의 행복에 더 유리한 것인지 알아보는 일이 남아 있다. 바로 이것이 지금 우리에게 중요한 연구이다. 그런데 그 연구를 제대로 하기 위해서는 인간의 마음을 알아보는 것부터 시작해야 한다.

청년들에게 인간을 그가 쓰고 있는 가면을 통해 보여 주어야만 한다 면, 그들에게 구태여 가면을 보여 줄 필요는 없을 것이다. 왜냐하면 그들 은 언제나 가면을 필요 이상으로 볼 것이기 때문이다. 그러나 가면이 인 간은 아닌 이상, 또 가면의 번쩍거림이 그들을 유혹해서는 안 되기 때문 에, 그들에게 인간을 묘사해 보이려면 있는 그대로의 인간을 묘사해야 한다. 그것은 청년이 사람들을 미워하게 만들기 위해서가 아니라 동정하 게 만들기 위해서이며, 청년이 그들을 닮게 되는 것을 원하지 않게 하기 위해서이다.

이러한 관점에서 지금 중요한 것은 우리가 지금까지 걸어온 길과 반대 의 길을 택하여, 그 자신의 경험보다 다른 사람의 경험을 통해 그를 교육 하는 것이다. 사람들이 그를 속인다면 그는 그들을 미워할 것이다. 그러 나 그가 그들의 방해 없이 그들이 서로 속이는 것을 본다면, 그들에게 동 정심을 가질 것이다. 피타고라스는 이런 말을 했다. "세계라는 경기장은 올림픽 경기장과 비슷하다. 어떤 사람들은 거기서 상점을 차리고 오로지 자기 이익만 생각하고, 어떤 사람들은 올림픽에 직접 참가하여 명예를 추구한다. 그런데 또 다른 사람들은 경기를 보는 것으로 만족하는데, 이들이 그리 나쁜 것은 아니다."

나는 사람들이 청년의 사교모임을 잘 선택해 주어 그가 자신과 함께 사는 사람들에 대해 좋게 생각할 수 있기를 바란다. 또한 그에게 사교계를 제대로 아는 법을 잘 가르쳐 줘서 거기서 행해지는 모든 것에 대해 나쁘게 생각하기를 바란다. 그가 인간은 본래 선하다는 것을 알게 해 주고, 그가 그것을 느낄 수 있게 하고, 측근을 그가 스스로 판단하게 하라. 그러나 또 사회가 어떻게 사람들을 타락시키고 왜곡시키는지 알게 하고, 또 사람들의 편견이 그들의 모든 악덕의 근원임을 보게 하라. 각 개인은 존중하지만 다수는 경멸하게 하라. 그리고 모든 사람들이 거의 똑같은 가면을 쓰고 있는 것을 보여 주고, 한편으로 얼굴을 가리고 있는 가면보다 더 아름다운 얼굴이 있다는 것 또한 알게 하라.

고백하건대 이 방법에는 나름의 어려움이 있어서 실천하기가 쉽지 않다. 왜냐하면 그가 너무 일찍 관찰자가 되면, 또 여러분이 그를 다른 사람의 행동을 너무 가까이에서 자세히 엿보게 훈련시킨다면, 여러분은 그를 빈정대며 남 욕하기 좋아하는 사람, 단호하고 성급히 판단을 내리는 사람으로 만들 수 있기 때문이다. 그는 모든 것에서 악의적인 해석을 찾아내고 좋은 일에서조차 아무것도 좋게 보려 하지 않으면서 그로부터 역겨운 기쁨을 맛볼 것이다. 어쨌든 그는 악덕을 보는 데 익숙해질 것이며, 동정심 없이 불행한 사람들을 보는 데 익숙해지듯이 두려움 없이 사악한 사람들을 보는 데도 익숙해질 것이다. 결국에는 전반적인 타락이 그에게 반면교훈을 주는 것이 아니라 오히려 따라야 할 본보기가 되어, 그는 인간이 이런 것이라면 자신도 다르게 되려고 해서는 안 된다고 생각할 것이다.

만일 여러분이 그를 원리에 따라 가르치기를 원해서 인간 마음의 본성과 함께 우리의 성향을 악덕으로 몰아가는 외부 원인들의 적용 과정을 알려 주려 한다면, 여러분은 감각적인 대상에서 지적인 대상으로 그를 단번에 옮겨 가게 함으로써 그가 조금도 이해하지 못하는 형이상학을 사용하는 격이 된다. 그리하여 여러분은 지금까지 그토록 조심스럽게 피해온 난처한 입장에 다시 빠지게 될 것이다. 즉 그에게 훈계 비슷한 가르침들을 늘어놓고, 그의 정신 속에서 그 자신의 경험이나 이성의 진보를 선생의 경험과 권위로 대체하게 될 것이다.

이 두 가지 장애물을 동시에 제거하고 그의 심성을 손상시킬 위험 없이 인간의 마음을 그에게 이해시키기 위해, 나는 그가 인간을 멀리서 보게 하고 싶다. 즉 그가 무대를 볼 수는 있어도 결코 거기에 영향을 미칠 수 없도록, 다른 시대나 다른 장소에 있는 인간을 보여 주고 싶은 것이다. 이제 역사를 공부할 시기가 왔다. 그는 철학을 공부하지 않고 오직 역사를 통해서 사람의 마음을 읽게 될 것이다. 그리고 역사를 통해서 그는 단순한 관객으로서, 이해관계나 정념을 갖지 않고, 공범도 고발인도 아닌 재판관의 자격으로 인간의 마음을 보게 될 것이다.

인간을 알기 위해서는 인간이 행동하는 것을 보아야 한다. 우리는 사회에서 사람들이 하는 말을 듣는다. 그들은 말은 드러내고 행동은 숨긴다. 그러나 역사에서는 행동이 폭로되기 때문에, 우리는 그들을 행동으로 판단한다. 그들이 하는 말까지도 그들을 평가하는 데 도움이 된다. 왜냐하면 그들이 행하는 바와 말하는 바를 비교해 보면, 우리는 그들의 있는 그대로의 실상과 그들이 겉으로 보이고 싶어 하는 모습을 동시에 볼 수 있기 때문이다. 그들이 자신을 가장할수록 우리는 그들을 더 잘 알게 된다.

불행하게도 이러한 연구에는 그 나름의 여러 가지 위험과 어려움이 있다. 자신과 동류인 인간을 공정하게 판단할 수 있는 관점을 확보하는 것은 쉬운 일이 아니다. 역사의 큰 결점들 중 하나는 그것이 인간을 좋은 측면보다 나쁜 측면에서 훨씬 더 많이 묘사한다는 것이다. 역사는 혁명이나 대격변이 일어난 동안에만 흥미를 끌기 때문에, 어떤 국민이 평화로운 통치 아래 아무 일 없이 성장하고 번영하는 동안에는 그 국민에 대해 일언반구도 없다. 역사가 그 국민에 대해 말하기 시작하는 것은 오로지 그 국민이 더 이상 자족할 수 없어서 이웃 나라들의 문제에 끼어들거나 이웃 나라들이 자국의 일에 끼어들게 내버려 둘 때뿐이다. 역사는 어떤 국민이 내리막길에 접어들었을 때만 그 국민을 유명하게 만든다. 우리의 모든 역사는 그것이 끝나야 할 때 시작하는 것이다. 우리는 멸망하는 국민들에 대해서는 대단히 정확한 역사를 갖고 있다. 우리에게 없는 것은 번영을 구가하는 국민들의 역사이다. 그들은 역사가 그들에 대해 말할 것이 아무것도 없을 정도로 충분히 행복하고 현명하다. 그리고 사실 우리는 심지어 오늘날에도 가장 잘 운영되고 있는 정부란 사람들의 입에 가장 덜 오르내리는 정부라는 사실을 안다. 그러므로 우리는 나쁜 것밖에 모른다. 선이 역사에 남는 일은 거의 없다. 유명해지는 것은 악인뿐이며, 선인은 잊히거나 웃음거리가 된다. 이렇게 역사는 철학과 마찬가지로 인류를 계속 중상모략하고 있는 것이다.

게다가 역사에 기록된 사실들은 실제로 일어났던 그대로 정확하게 묘사되어 있지 않다. 그것들은 역사가의 머릿속에서 변형되고, 그의 이해관계에 따라 주물러지고, 그가 가진 편견에 의해 착색된다. 어느 누가 어떤 사건을 그것이 일어났던 상태 그대로 볼 수 있도록 독자를 그 현장에 정확히 옮겨 놓을 수 있겠는가? 무지나 편파성이 모든 것을 바꾸어 버린다. 심지어 역사의 윤곽은 조금도 왜곡시키지 않고서도 그것과 관련된 상황들을 늘리거나 줄임으로써 거기에 얼마나 다른 모습을 부여할 수 있는가! 같은 것이라도 상반되는 관점에서 보면 거의 같은 모습으로 보이지 않을 텐데, 바뀐 것은 보는 사람의 눈밖에 없다. 어떤 사실을 그것이 발생한 양상과 완전히 다르게 보여 주면서 그것을 진실이라고 말하면, 그것으로 진실을 충분히 존중하는 것이 되는가? 나무가 하나 더 있었다든지 없었다든지, 바위가 오른쪽에 있었다든지 왼쪽에 있었다든지, 바람 때문에 먼지돌풍이 일었다든지 등 이런 일들이, 아무도 그것을 알아차리지 못했더라도, 얼마나 여러 번 전투의 결말을 결정지었겠는가! 그럼에도 불구하고 역사가는 자신이 모든 곳에 있었던 것처럼 확신을 가지고 여러분에게 패배와 승리의 원인을 말하지 않는가? 그런데 그 사건이 일어난 원인을 모른다면 사건 그 자체가 무슨 소용이 있으며, 그 진정한 원인을 모르는 사건에서 내가 무슨 교훈을 얻을 수 있겠는가? 역사가는 내게 어떤 원인을 제시하지만 그것은 그가 날조한 것이고, 사람들이 그토록 중요성을 부여하는 비평적 고증이라는 것도 결국 추측의 기술, 다시 말하면 많은 거짓말들 중에서 진실과 가장 비슷한 거짓말을 골라내는 기술에 불과하다.

　여러분은 『클레오파트라』나 『카산드라』[14] 또는 이런 종류의 책들을 한

번이라도 읽은 적이 있는가? 작가는 잘 알려진 사건을 하나 골라서 그것을 자신의 의도에 맞추고, 세부 묘사를 꾸며 내고 존재한 적도 없는 인물들과 상상의 인물들을 묘사하여 그 사건을 장식하고 허구를 되풀이해서 늘어놓음으로써 그 책을 재미있게 읽도록 만든다. 내가 보기에는 이런 소설들이나 여러분의 역사 사이에 별 차이가 없다. 소설가는 자신의 상상력에 좀 더 탐닉하고 역사가는 다른 사람의 상상력을 더 따른다는 점만 제외하면 그렇다. 그리고 여러분이 허락한다면 여기에 덧붙여, 소설가는 좋든 나쁘든 도덕적 목적을 설정하지만 역사가는 거기에 거의 관심이 없다고 하겠다.

사람들은 내게 이렇게 말할 것이다. "역사의 정확성은 행동이나 성격의 진실성보다 흥미를 덜 끈다. 인간의 마음이 잘 묘사되기만 하면 사건들이 정확히 기록되었는지는 별로 중요하지 않다." 또 덧붙여서, "왜냐하면 결국 이천 년 전에 일어난 사건들이 우리와 무슨 상관이 있는가?"라고 반문할 것이다. 인물 묘사가 실물대로 잘 그려져 있다면 사람들의 말이 맞다. 그러나 대부분의 인물 묘사의 모델이 역사가의 상상에서 나온 것이라면, 그것은 우리가 피하려 하던 난처한 입장에 다시 빠져서 교사의 권위에서 제거하고자 한 것을 작가의 권위에 돌려주는 것이 되지 않겠는가? 나의 제자가 오로지 상상으로 그린 것만 보아야 한다면, 다른 사람의 손보다는 차라리 내 손으로 그리는 편이 낫겠다. 적어도 그것이 그에게 훨씬 더 적합할 것이다.

---

14 『클레오파트라』와 『카산드라』는 모두 17세기 프랑스 역사 소설가인 라 칼프르네드(Gautier de la Calprenède)의 작품인데, 루소는 어린 시절 이 소설들을 애독했다 — 옮긴이.

청년에게 최악의 역사가는 판단을 내리는 역사가이다. 사실을 보여주고 스스로 판단하게 하라. 그렇게 함으로써 그는 인간들을 아는 법을 배운다. 저자의 판단이 끊임없이 청년을 인도하면 그는 계속 작가의 눈을 통해 보고 그 눈이 없을 때는 더 이상 아무것도 보지 못하게 된다.

최근의 역사는 제외하겠다. 왜냐하면 최근의 역사는 더 이상 특징이 없고 우리 시대의 사람들은 모두 비슷할 뿐만 아니라, 오직 화려한 성공에만 관심이 있는 우리의 역사가들은 강렬하게 채색된 인물 묘사만 생각하기 때문이다. 그런 묘사는 대개의 경우 아무것도 드러내는 것이 없다.[15] 대체로 고대인들은 인물 묘사를 덜 했고 그들의 판단에 재치는 더 적었지만 양식은 더욱 풍부했다. 그들 중에서도 선택의 폭은 매우 넓은데, 처음에는 판단이 가장 정확한 역사가가 아니라 가장 단순한 역사가를 취해야 한다. 나는 청년의 손에 플루비오스나 살루스티우스[16]를 들려주고 싶지 않다. 타키투스[17]는 노인들의 책이어서 청년들은 그것을 이해하기에 적합하지 않다. 인간의 마음 깊은 곳을 살피기에 앞서 인간의 행동에서 마음의 기본적인 윤곽을 보는 법을 배워야 한다. 격언을 읽기 전

---

15 다빌라(1576-1631, 이탈리아의 역사가 — 옮긴이), 귀치아르디니(1483-1540, 이탈리아의 역사가이자 정치가. 주저인 『이탈리아사』와 『회상록』은 도덕적 판단을 배제하고 정치적인 분석방법으로 서술되어 근대적인 역사 서술의 기초를 세운 것으로 알려져 있다 — 옮긴이), 스트라다(1572-1649, 이탈리아의 역사가 — 옮긴이), 솔리스(1610-1686, 스페인의 역사가 — 옮긴이), 마키아벨리(1469-1527, 이탈리아의 정치학자이자 역사가로 『군주론』의 저자 — 옮긴이), 그리고 때로는 드 투(1533-1617, 프랑스의 역사가 — 옮긴이)까지 보라. 베르토(1655-1735, 프랑스의 역사가로 『포르투갈 격변사』와 『스웨덴 격변사』로 유명하다 — 옮긴이)는 인물 묘사를 하지 않고도 생생하게 묘사할 줄 알았던 거의 유일한 사람이다.

16 Gaius Sallustius Crispus(기원전 86-기원전 35): 고대 로마의 역사가로 주저는 『역사』, 『카틸리나 전쟁』이다 — 옮긴이.

17 Publius Cornelius Tacitus(55?-120?): 로마 제정 시대의 역사가로 퇴폐한 로마와는 달리 건전한 북방 게르만족을 묘사한 『게르마니아』가 유명하다 — 옮긴이.

에 사실을 잘 읽을 줄 알아야 한다. 격언으로 이루어진 철학은 경험이 풍부한 사람에게나 어울린다. 청년은 어떤 것도 일반화해서는 안 된다. 그가 듣는 가르침은 모두 하나하나 개별적인 규칙들로 이루어져 있어야 한다.

내 생각에는 투키디데스[18]야말로 역사가들의 진정한 모델이다. 그는 사실을 판단하지 않고 전달하지만, 우리가 스스로 판단하기에 적절한 상황들은 하나도 빠트리지 않는다. 그는 자신이 이야기하는 모든 것을 독자의 눈앞에 펼쳐 놓는다. 사건과 독자 사이에 끼어들기는커녕 자신의 모습은 감춘다. 사람들은 더 이상 읽지 않고 보고 있다는 기분이 든다. 그러나 유감스럽게도 그는 언제나 전쟁 이야기를 해서, 그의 이야기에서는 세상에서 가장 비교육적인 일 즉 전쟁을 제외하고 다른 것이 보이지 않는다. 『일만 인의 퇴각』[19]과 카이사르의 『기록』[20]은 거의 같은 지혜와 결점을 지니고 있다. 훌륭한 헤로도토스는 인물 묘사나 격언을 사용하지 않고도 유창하고 소박하고, 흥미와 즐거움을 가장 잘 불러일으킬 수 있는 세세한 묘사로 가득 채워서 어쩌면 가장 훌륭한 역사가라고 말할 수 있겠지만, 그런 세세한 묘사 자체가 자주 유치한 어리석음으로 변질되어 청년의 취향을 키워 주기보다 망치기 쉽다. 그의 역사를 읽기 위해서는 미리 분별력이 좀 있어야 한다. 티투스 리비우스[21]에 대해서는 아무 말도

---

18 Thukydides(기원전 460?-기원전 400?): 그리스의 역사가로 엄밀한 사료비판과 인간심리에 대한 깊은 통찰로 역사의 고전으로 평가받는 『펠로폰네소스 전쟁사』를 저술했다 — 옮긴이.

19 그리스의 군인이며 역사가로 소크라테스의 제자였던 크세노폰(Xenophon)이 쓴 역사물 『아나바시스(Anabasis)』의 일부분으로, 소아시아를 원정하고 이후 거기서 퇴각하는 과정을 이야기하고 있다 — 옮긴이.

20 카이사르의 역사 회고록으로 『갈리아 전기』와 『내란기(內亂記)』로 이루어져 있다 — 옮긴이.

21 Titus Livius Patavinus(기원전 59-19): 로마의 역사가로 로마의 기원부터 드루수스 장군이 죽은 기원

않겠다. 그에 대해 이야기할 차례가 올 것이다. 다만 그는 정치가이며 미사여구를 늘어놓는 작가여서 지금 청년의 나이에 전혀 적절하지 않은 사람이다.

일반적인 역사인 통사通史는 결함이 많다. 통사는 이름, 장소, 날짜에 의해 확정될 수 있는 눈에 보이는 두드러진 사건들만 기록하는 데 그치고, 그 사건들을 발생시킨 완만하고 점진적으로 진행되는 원인은 같은 식으로 확정될 수 없기 때문에 항상 미지의 상태로 남아 있다는 점에서 그러하다. 사람들은 흔히 승리한 전투나 패배한 전투에서 대격변의 원인을 찾는데, 사실 그 대격변은 전투가 일어나기 이전에도 이미 불가피한 것이었다. 전쟁은 역사가들이 여간해서 볼 줄 모르는 정신적 원인들에 의해 이미 결정된 사건들을 표면적으로 나타내는 것에 불과하다.

철학적 정신은 이 점에서 이번 세기의 몇몇 작가들의 성찰을 이 방면으로 돌려놓았다. 그러나 그들의 연구에서 진실이 승리를 거둘지는 의심스럽다. 그들 모두 체계에 열광하고 있어서, 사물을 있는 그대로가 아니라 자신의 체계와 일치하는 모습대로 보려고 노력한다.

역사는 인간보다 행동을 훨씬 더 많이 보여 준다는 것을 이 모든 성찰에 덧붙이도록 하라. 왜냐하면 역사는 인간을 오로지 어떤 선택된 순간에만, 그리고 잘 차려입고 있을 때만 포착하기 때문이다. 즉 역사는 남에게 보이려고 차림을 가다듬은 공인公人만을 전시한다. 역사가 그의 뒤를 따라가 집 안이나 서재, 가족이나 친구들 사이에 있는 그를 보여 주는 일

전 9년까지를 다룬 『도시의 건설로부터』를 남겼다. 그는 로마 제정이 시작하는 시점에 로마 공화정의 몰락을 조명하면서 로마 공화정에 대한 로마인들의 기억을 되살리려고 노력했다 — 옮긴이.

은 결코 없다. 역사는 그가 위풍당당한 모습을 하고 있을 때를 제외하고는 그를 묘사하지 않는다. 그래서 그것이 묘사하는 것은 그 사람 자신이라기보다 오히려 그 사람이 입고 있는 의상이다.

인간의 마음에 대한 연구를 시작하려면 나는 차라리 개인의 전기를 읽겠다. 왜냐하면 거기서 인간이 아무리 자신을 숨긴다고 해도 역사가는 그를 어디서나 추적하기 때문이다. 역사가는 관람객의 예리한 눈을 피할 수 있는 한순간의 휴식도 조그마한 은밀한 부분도 그에게 일체 허용하지 않는다. 그가 잘 숨었다고 생각하는 순간이야말로 역사가가 독자에게 그를 가장 잘 알 수 있게 만드는 때이다. 몽테뉴는 이렇게 말했다. "전기를 쓰는 사람은 사건보다 의도에, 외부에서 생기는 일보다는 내면에서 일어나는 것에 더 흥미를 갖기 때문에, 나한테 더 적합하다. 바로 이 때문에 플루타르코스는 나한테 딱 맞는 사람이다."

사실 군중 혹은 국민의 핵심적 특성은 개별 인간의 성격과는 매우 달라서, 인간의 마음을 군중 속에서도 관찰하지 않는다면 그것은 인간의 마음을 정말 불완전하게 아는 일이 될 것이다. 그러나 사람들을 판단하기 위해서는 인간을 연구하는 것에서 시작해야 한다는 것, 그리고 각 개인의 성향을 완벽히 아는 사람이 있다면 그 사람은 국민이라는 집단 내에서 그것들이 결합되어 나타나는 그 모든 결과를 예측할 수 있으리라는 것 또한 어쨌든 진실이다.

여기서 또 고대인에게 의지해야 한다. 그 이유는 이미 말한 바 있지만 덧붙이면, 일상적이고 비근한 그러나 진실하고 특징적인 세부 묘사가 오늘날의 문체에서는 모두 사라져서 우리 시대의 작가들은 사람들에게 세상 무대에 나설 때나 개인 생활을 할 때나 화려한 의상을 입혀 주기 때문이다. 행동 이상으로 글에서도 엄격함을 요구하는 품위 때문에 작가들은 품위가 허용하는 행동 이외의 것은 더 이상 공개적으로 말할 수가 없다. 그리고 인간을 언제나 위풍당당한 모습으로만 보여 주기 때문에, 우리는 극장에서처럼 책에서도 인간을 알 수가 없다. 아무리 제왕들의 전기를 수백 번 쓰고 또 고쳐 써도, 우리는 더 이상 수에토니우스[22] 같은 작가를 볼 수 없을 것이다.[23]

플루타르코스는 우리가 이제는 도저히 할 수 없는 바로 그 세부 묘사에 뛰어나다. 그는 사소한 일로 위대한 인간을 묘사하는 데서 남이 흉내 내지 못할 매력이 있으며, 묘사하는 법을 선택하는 데 매우 탁월하여 종종 한마디의 말, 한 번의 미소, 하나의 몸짓만으로도 충분히 주인공의 특징을 드러냈다. 한니발은 겁에 질린 자신의 군대를 농담 한마디로 안심시키고, 그 군대를 그가 이탈리아를 넘겨받게 될 전투에 웃으면서 진군하게 만들었다.[24] 막대기를 말[馬]처럼 탔다는 아게실라오스는 페르시아 대왕을 무찌른 정복자인 그를 내가 좋아하게 만들었다.[25] 카이사르는 가

---

22 Gaius Suetonius Tranquillus(70-128?): 로마의 정치가이자 전기 작가로 생생한 사료를 바탕으로 카이사르 및 로마의 초대 황제 아우구스투스부터 도미티아누스에 이르는 로마 제국 초창기 11명의 황제를 다룬 『황제전(傳)』을 썼다 — 옮긴이.

23 대략적으로는 타키투스를 모방했던 우리 시대의 유일한 역사가(뒤클로를 말한다. 그는 『루이 14세의 역사』를 써서 '프랑스의 타키투스'라는 평을 받기도 했지만 사실 그 역사서는 르그랑 신부의 수사본을 교묘히 편집한 것에 불과하다 — 옮긴이)는 감히 수에토니우스를 모방했고, 때로는 사소한 표현에서 코민(1445-1509, 루이 11세와 샤를 8세의 치세를 다룬 『회상록』의 저자 — 옮긴이)을 베껴 쓰기도 했다. 그의 책의 가치를 높여 준 바로 이 점 때문에 그는 우리 시대에는 비판을 받았다.

24 Hannibal(기원전 247?-기원전 183): 카르타고의 장군이자 정치가. 로마군과 전투할 때 기스코라는 동료 장군이 멀리서 보니 적들이 엄청나게 많은 것처럼 보인다고 하자 한니발은 얼굴을 찌푸리고 "그러나 당신이 알지 못하는 더 엄청난 것이 하나 있지 않습니까?"라고 물었다고 한다. 그것이 무엇이냐고 묻자 한니발은 "당신이 보는 저 많은 적군들 속에 기스코라는 이름을 가진 사람은 한 사람도 없다는 것입니다"라고 대답했다. 이 기발한 대답에 모두 웃었고 이 농담이 전군에 퍼지자 용사들도 사기가 충천해 충분히 승리할 것이라 믿었다고 한다 — 옮긴이.

난한 마을을 통과할 때 측근들과 이야기를 나누면서 폼페이우스와 어깨를 겨루는 사람이 되고 싶을 뿐이라고 말해 무심결에 교활한 자의 모습을 드러낸다.[26] 알렉산드로스는 약을 삼켜 버리고 단 한 마디도 하지 않는다. 그것은 그의 생애에서 가장 아름다운 순간이다. 아리스테이데스는 자기 이름을 조개껍질 위에 써서 자기의 별명이 정당함을 증명한다.[27] 필로포이멘은 외투를 벗어 놓고 자신을 손님으로 맞아 준 집주인의 부엌에서 장작을 팬다.[28] 이것이 바로 묘사의 진정한 기법이다. 얼굴 표정은 대강의 윤곽에서 나타나지 않고, 성격은 위대한 행동에서 나타나지 않는

---

25 Agesilaos(기원전 444-기원전 360): 스파르타의 왕. 아게실라오스는 자기 아이들을 매우 사랑하여 그들과 놀면서 막대기 위나 지팡이 위에 말을 탄 것처럼 올라가 놀았다고 한다. 하루는 그의 친구들 중 하나가 그 장면을 보았는데 아게실라오스는 그 친구에게 아이를 갖기 전까지는 다른 사람들에게 그것에 대해 아무 말도 하지 말아 달라고 부탁했다 — 옮긴이.

26 카이사르는 알프스산맥을 건너가면서 야만인들이 사는 한 작은 도시를 지나가게 되었는데, 거기서 그의 측근들이 농담 삼아 이 도시에는 공직을 얻기 위한 술책과 중책을 맡은 사람들 사이에서 영예를 얻기 위한 싸움과 시기심이 없겠냐고 물었다. 카이사르는 이에 대해 "그건 모르겠지만 나로서는 로마에서 2인자가 되기보다 여기서 1인자가 되는 것을 선택할 것이다"라고 대답했다 — 옮긴이.

27 Aristeides(기원전 550?-기원전 467?): 아테네의 정치가이자 장군으로 마라톤 전쟁에 참전하였고 후에 집정관이 되었다. 테미스토클레스에 반대하다가 도편추방제(재판에 의하지 않고 공중의 투표를 통해 위험인물을 10년간 국외로 추방하는 제도로 투표에서 도편을 사용했다)에 걸려 국외로 추방당했다. 아리스테이데스를 재판하는 중 어떤 무식한 시골 사람이 자기가 가진 도자기 조각을 옆에 있는 아리스테이데스에게 주면서 아리스테이데스의 이름을 써 달라고 부탁하였다. 그는 어리둥절하여 시골 사람에게 아리스테이데스한테 무슨 억울한 일을 당했냐고 물었다. 그 사람은 태연히 대답했다. "아니요. 그 사람이 어떻게 생긴지도 모릅니다. 그렇지만 도처에서 모두 그를 '의인'이라고 떠드는 소리가 싫지 뭡니까?" 이 말을 들은 아리스테이데스는 아무 말 없이 자기 이름을 써서 그 사람에게 주었다. 그가 추방되어 아테네를 떠날 때 그는 두 손을 하늘 높이 들고 이렇게 기도했다고 한다. "아리스테이데스를 아테네 시민이 그리워할 운명이 찾아오지 않게 하소서." 그의 별명은 '공정한 사람'이었다 — 옮긴이.

28 Philopoemen(기원전 253-기원전 183): 그리스의 전략가이자 정치가. 어느 날 메가라의 한 주부가 자기 남편이 외출하고 없는 사이 아카이아의 장군이 자기 집으로 온다는 소식을 듣고 그를 영접하기 위해 매우 분주했다. 그때 필로포이멘이 허름한 차림으로 집에 들어왔는데 그녀는 장군의 수행원이 먼저 온 것이라고 생각하여 일을 거들어 달라고 했다. 그는 곧 외투를 벗고 장작을 패기 시작했다. 그때 그의 친구이자 그녀의 남편이 돌아와 이 광경을 목격하고 놀라 물었다. "아니, 장군 이게 웬일이오?" 그는 조금도 어색함이 없이 이렇게 대답하였다. "잘생기지 못한 벌이겠죠" — 옮긴이.

다. 천성은 사소한 일에서 드러난다. 공적인 일은 너무 진부하거나 너무 꾸밈이 많은데, 오늘날 품위라는 것 때문에 우리 작가들에게는 거의 오로지 그런 것들을 집중적으로 다루는 것만 허용된다.

지난 세기의 가장 훌륭한 사람들 중 하나가 튀렌 자작[29]이라는 것은 의심할 여지가 없다. 어떤 사람이 소신을 갖고, 그를 알리고 그를 사랑하게 만드는 사소한 일들을 묘사함으로써 그의 전기를 재미있게 만들었다. 그러나 그를 보다 더 잘 알리고 사랑하게 만들었을 일화들을 얼마나 많이 삭제해야만 했는지 모른다. 나는 그것들 중 하나만 인용하겠는데, 이는 확실한 곳에서 입수한 것이다. 그런데 플루타르코스라면 이것을 빠뜨리지 않도록 조심했을 것이고 램지[30]라면 그것을 알고 있었다 해도 쓰려고 하지도 않았을 것이다.

매우 더운 여름 어느 날, 튀렌 자작은 하얀 짧은 웃옷을 입고 테 없는 모자를 쓰고 응접실 창가에 있었는데, 불시에 그의 하인들 중 한 사람이 나타난다. 하인은 옷차림을 보고 착각하여 그를 자기와 친한 주방 심부름꾼으로 착각하고 그의 뒤로 살살 다가가 나긋나긋하지도 않은 손으로 궁둥이를 호되게 갈긴다. 그 순간 얻어맞은 사람이 뒤를 돌아본다. 하인은 벌벌 떨면서 자기 주인의 얼굴을 본다. 그는 완전히 넋이 빠져 허겁지겁 무릎을 꿇는다. "각하, 저는 조르주인 줄 알았습니다." 그러자 튀렌은 궁둥이를 문지르며 외친다. "설령 조르주였다 하더라도 이렇게 세게 때

---

29 Henri de La Tour d'Auvergne, Turenne(1611-1675): 루이 13세와 14세 시대의 탁월한 군인으로 프랑스 총사령관을 역임했다 — 옮긴이.
30 Andrew Michael Ramsay(1686-1743): 스코틀랜드 출신의 철학자로 『튀렌전(傳)』을 프랑스어로 썼다 — 옮긴이.

리면 쓰겠나." 가련한 사람들이여! 여러분은 감히 이런 말을 못 하지 않는가? 그렇다면 자연미도 인정미도 영원히 모른 채 지내라. 여러분의 무쇠처럼 냉혹한 마음을 천박한 예절 속에 집어넣고 담금질하라. 대단한 예절을 지켜 내기 위해 경멸받아 마땅한 인간이 되어라. 그러나 그대, 선량한 젊은이여, 이 일화를 읽으면서 최초의 동작에서도 그것이 보여 주는 영혼의 온화함을 고스란히 감동적으로 느끼는 그대는 이 위대한 인간마저 자기 가문이나 이름이 문제 되면 옹졸해진다는 것 역시 읽어 내야 한다. 어린 조카가 최고 가문의 주인이라는 사실을 사람들에게 보이기 위해 어디서나 그 아이에게 우선권을 양보하려 했던 사람도 바로 이 튀렌이라는 사실을 기억하라. 이런 대조적인 일들을 비교하고, 본성을 사랑하고, 세상 평판을 무시하고, 인간을 알아야 한다.

이렇게 지도하는 독서가 청년의 아직 미숙한 정신에 미칠 수 있는 효과를 이해할 수 있는 사람은 별로 없다. 어릴 때부터 책에 짓눌려 아무 생각 없이 책을 읽는 데 익숙해져 있는 우리에게 우리가 읽고 있는 내용은 마음에 와닿지 않는다. 인간의 역사와 전기들을 가득 채운 정념과 편견을 이미 갖게 된 우리는 자연에서 벗어나 있으며, 다른 사람들을 우리 자신에 비추어 판단하여 그들이 하는 모든 일이 우리에게 자연스럽게 보이는 만큼 더 감동을 받지 못한다. 그러나 나의 준칙에 따라 교육을 받은 청년을 상상해 보라. 십팔 년 동안 오로지 공정한 판단과 건전한 마음을 유지하는 것을 유일한 목표로 삼은 보살핌을 지속적으로 받아 온 나의 에밀을 상상해 보라. 막이 오르고 처음으로 세상이라는 무대로 시선을 돌리는 에밀, 더 정확히 말하면 무대 뒤에 자리를 잡고서 배우들이 옷을 입었다 벗었다 하는 것을 보고, 조잡한 마술로 관객의 눈을 호리는 밧

줄과 도르래의 수를 세고 있는 에밀을 떠올려 보라. 최초의 놀라움에 이어 곧 자신이 속한 인류에 대한 부끄러움과 경멸의 마음이 일어날 것이다. 그는 이런 식으로 모든 인류가 스스로에게 속아 그런 유치한 장난으로 타락하는 것을 보고 분개할 것이다. 그의 형제들이 헛된 꿈을 위해 서로 싸우고, 자신이 인간인 것에 만족할 줄 몰라 맹수로 변하는 것을 보고 몹시 슬퍼할 것이다.

확실히 제자의 타고난 재능과 아울러, 교사가 조금만 그의 독서를 신중하고 분별력 있게 살펴서 제자가 독서에서 이끌어 내야 할 성찰을 향해 바르게 나가도록 지도해 준다면, 이 훈련은 제자에게 일종의 실천적인 철학 강의가 될 것이다. 그리고 그것은 오늘날 학교에서 청년들의 정신을 혼탁하게 만들고 있는 모든 헛된 공론空論보다 분명 더 낫고 더 적합할 것이다. 피로스[31]의 허황된 계획을 듣고 시네아스[32]는 지금 당장 즐길 수도 없고 또 그토록 많은 고통을 감수하지 않고는 누릴 수 없는 세계 정복이 그에게 어떤 현실적인 이익을 가져다줄 것인지 물었다. 우리는 이 이야기를 재담으로 여기고 곧 잊어버리지만, 에밀은 그것을 매우 현명한 성찰로 생각할 것이다. 그리고 이 성찰은 에밀이 처음 했던 것으로, 결코 그의 뇌리에서 지워지지 않을 것이다. 왜냐하면 그의 정신에서 이 성찰은 그것이 각인되지 못하게 방해할 수 있는 어떤 반대되는 편견도 찾지 못할 것이기 때문이다. 이어서 분별없는 피로스의 전기를 읽으면서

---

31 Pyrros(기원전 319?-기원전 272): 고대 그리스의 도시 국가인 에페이로스의 왕으로, 피로스 전쟁으로 수많은 전투에 참여했다 — 옮긴이.

32 Cineas(?-기원전 272?): 피로스의 현명한 신하로 외교관으로 유명하다. 플루타르코스에 따르면 그는 여러 번 피로스의 과도한 야망에 대해 경고했는데 소용이 없었다고 한다 — 옮긴이.

그의 모든 거창한 계획이 결국 한 여인의 손에 의해 사라지고 말았다는 사실을 알게 되면, 에밀은 이른바 영웅적 행위라고 하는 일에 감탄하기는커녕 그토록 위대한 장군의 모든 무훈과 위대한 정치가의 모든 책략이 죄다 그의 인생과 계획을 불명예스러운 죽음으로 끝장내도록 예정되어 있던 불길한 기와를 찾으러 가기 위한 과정이었다고 여기지 않겠는가?[33]

정복자라고 해서 모두 살해된 것은 아니다. 또 왕위 찬탈자라고 해서 다 그들의 계획에 실패한 것도 아니다. 그들 중 몇몇은 천박한 평판에 의해 선입견을 갖게 된 사람들의 눈에 행복하게 보일지도 모른다. 그러나 겉모습에만 관심을 갖지 않고 인간의 행복을 그의 마음 상태로 판단하는 사람은 그들의 성공 자체를 불행으로 볼 것이며, 그들의 성공과 더불어 마음을 괴롭히는 욕망과 근심이 점점 늘어나고 자라는 것을 볼 것이다. 또한 그들이 숨을 헐떡이며 전진하지만 결코 그들의 목표에 도달하지 못하는 것을 보게 될 것이다. 또 처음 알프스산맥에 들어가 산 하나를 넘을 때마다 이제 알프스를 넘었다고 생각하다가, 꼭대기에 올라 자기 눈앞에 있는 더 높은 산들을 발견하고 실망하는 경험 없는 여행자들과 그들이 비슷하다는 것을 알게 될 것이다.

아우구스투스는 로마 시민들을 복종시키고 자신의 경쟁자들을 제거한 뒤 사십 년 동안 역대 최대의 제국을 지배했다. 그러나 그는 그 거대한 권력을 전부 차지하고서도, 벽에 머리를 박고 자신의 거대한 궁정이 떠나가라 소리를 지르면서 바루스[34]에게 전멸당한 군대를 돌려 달라고

---

33 피로스는 아르고스의 시가전에서 지붕에서 떨어진 기와에 맞아 죽었다고 한다 — 옮긴이.

34 Publius Quinctillus Varus(기원전 46-9): 아우구스투스 황제 시대의 로마의 장군이자 정치가로, 그의 군대는 게르만족과의 싸움에서 몰살당했고 그는 자살했다. 아우구스투스 황제는 그의 잘라진 머리를

요구하지 않았던가? 설령 그가 모든 적들을 무찔렀다 해도, 그러는 동안 온갖 괴로움이 그의 주위에서 끊이질 않고, 가장 사랑하는 친구들이 그를 살해하려 하고, 모든 친족들의 부끄러운 행위와 죽음을 슬퍼할 수밖에 없다면 그의 헛된 승리가 무슨 소용이 있었겠는가? 이 불운한 사람은 세계를 다스리고자 했지만 자신의 가정조차 다스릴 줄 몰랐다. 이러한 태만 때문에 어떤 일이 발생했는가? 그는 자신의 조카, 양아들, 사위가 한창나이에 죽는 것을 보았다. 손자는 가련한 목숨을 몇 시간이라도 연장하기 위해 침대 속에 넣는 털 뭉치를 먹을 수밖에 없었다. 딸과 손녀는 추행을 저질러 그의 얼굴에 먹칠을 하고, 하나는 외딴섬에서 가난과 굶주림으로 죽었고 또 하나는 감옥에서 궁수弓手의 손에 죽었다.[35] 이 불행한 일가의 마지막 생존자인 그 자신도 결국 아내 때문에 겨우 한 사람의 괴물을 후계자로 남길 수밖에 없었다.[36] 영광과 행운으로 그토록 유명했던 세계의 지배자란 사람의 운명이 고작 이런 것이었다. 그의 영광과 행운을 찬미하는 사람들 중 그와 같은 희생을 치르고라도 영광과 행운을 얻기를 바란 사람이 한 명이라도 있었다고 생각하는가?

나는 야망을 예로 들었다. 그러나 인간이 가진 온갖 정념의 작용은 죽은 사람들을 발판 삼아 자기 자신을 알고 또 현명해지기 위해 역사를 연구하려는 사람들에게 비슷한 교훈을 제공한다. 안토니우스의 생애가 아

보고, "바루스여, 내게 나의 군단을 돌려 달라"라고 외쳤다 — 옮긴이.

35 여기서 루소는 착각한 듯하다. 품행이 단정하지 못한 첫째 딸 율리아가 판다테리아섬에서 몇 년간 귀양생활을 한 것은 사실이지만 섬이 아니라 레기움에서 죽었고, 둘째 딸은 트레메르섬에서 자연사했다 — 옮긴이.

36 아우구스투스의 세 번째 부인은 리비아로, 그녀의 전남편 소생인 첫째 아들이 나중에 괴물 티베리우스 황제가 된다 — 옮긴이.

우구스투스의 생애보다도 청년에게 더 직접적인 교훈을 줄 시기가 다가오고 있다.[37] 에밀은 새로운 공부를 하는 동안 그의 눈을 놀라게 할 기이한 대상들을 통해 자신을 인식하는 일은 거의 없을 것이다. 그러나 정념들이 생기기 전에 미리 정념들의 환상을 피하는 법을 알게 될 것이다. 그리고 어느 시대에나 정념이 사람들의 눈을 멀게 했다는 것을 보면서, 언젠가 자신이 정념에 빠지게 된다 해도 그것이 어떤 방식으로 자기 눈을 멀게 만들 수 있는지 미리 알 것이다.[38] 이러한 가르침에 그가 잘 적응하지 못한다는 것을 나도 알고 있다. 그러나 이 가르침들이 필요할 때가 되면 아마도 그것들은 이미 충분하지 못하거나 때가 늦을 것이다. 하지만 내가 이 연구에서 끌어내려 한 것이 그러한 가르침은 아니었다는 점을 기억해 주기 바란다. 이것을 시작하면서 나는 다른 목적을 세우고 있었다. 이 목적이 충분히 달성되지 않는다면 그것은 분명 교사의 잘못일 것이다.

이기심이 발달하자마자 상대적인 '자아'가 계속 작동하여, 청년이 다른 사람들을 관찰할 때면 반드시 자기 자신으로 돌아가 자신과 그들을 비교한다는 것을 생각하라. 따라서 그가 다른 사람들을 조사한 후 자신과 동류인 인간들 사이에서 어떤 지위에 속할지 아는 것이 중요하다. 사람들이 청년들에게 역사를 읽히는 방식을 보면, 그들을 자신들이 보는 역사상의 모든 인물로 바꾸려는 것과 다름없는 짓을 하고 있음을 알게

---

37 에밀은 아직 사랑의 정념을 모른다. 이제 그는 안토니우스의 생애에서 사랑의 정념이 야기한 타락을 보게 될 것이다 — 옮긴이.

38 우리의 마음속에 격렬한 정념들을 불러일으키는 것은 언제나 편견이다. 있는 그대로만 보고 자신이 아는 것만 평가하는 사람은 열광하는 일이 거의 없다. 우리가 품고 있는 모든 욕망의 격렬함은 우리가 내리는 판단의 잘못에서 생겨난다.

된다. 그들을 어떤 때는 키케로로 어떤 때는 트라야누스[39]로 때로는 알렉산드로스로 만들려고 애를 쓴다. 반면에 그들이 자기 자신에게로 되돌아가면 그들의 기를 꺾어 각자 자기가 자신 이외에 아무것도 아니라는데 서글픔을 갖게 만들려고 애쓴다. 이 방법에도 어떤 이점이 있다는 것을 부인하지는 않겠다. 그러나 나의 에밀의 경우 이러한 비교를 통해 그가 자기 이외의 다른 사람이 되는 것을 더 좋아하는 일이 한 번이라도 생기면, 그 다른 사람이 소크라테스든 카토든 상관없이, 모든 것은 실패이다. 스스로 자기 자신에게 관심이 없어지기 시작하면, 그 사람은 머지않아 완전히 자기를 잊어버리고 만다.

인간을 가장 잘 아는 것은 결코 철학자들이 아니다. 그들은 철학의 편견을 통해서만 인간을 본다. 내가 아는 한 그토록 많은 편견을 가진 족속도 없다. 미개인도 철학자보다는 훨씬 건전하게 인간을 판단한다. 철학자는 자신의 악덕을 느끼고 우리의 악덕에 분개하면서, 속으로 "우리는 모두 악인이다"라고 말한다. 미개인은 흥분하지 않고 우리를 바라보면서 "당신들은 미친 사람들이다"라고 말한다. 이 말에는 일리가 있다. 왜냐하면 누구도 악을 위해서 악을 행하지는 않기 때문이다. 나의 제자는 이러한 미개인과 같다. 다만 차이가 있다면 에밀은 더 많이 생각했고 더 많은 관념들을 비교했고 더 가까이에서 우리의 잘못을 보았기 때문에, 자기 자신에 대해 더 경계하고 자신이 알고 있는 것만으로 판단한다는 점이다.

다름 아닌 우리의 정념 때문에 우리는 다른 사람의 정념에 대해 화를

---

39 Marcus Ulpius Trajanus(53-117): 로마의 번영을 이끈 5현제 중 두 번째 황제 — 옮긴이.

낸다. 바로 우리의 이익 때문에 우리는 악인들을 미워하는 것이다. 그들이 우리에게 아무런 나쁜 짓도 저지르지 않는다면, 우리는 그들에게 미움보다 오히려 동정심을 더 가질 것이다. 악인들이 우리에게 행하는 나쁜 짓 때문에, 우리는 그들이 자기 자신에게 행하는 나쁜 짓을 잊어버린다. 만약 우리가 그들의 마음이 얼마나 그들이 저지르는 나쁜 짓을 벌주고 있는지 알 수 있다면, 우리는 그들의 악덕을 좀 더 쉽게 용서할 것이다. 우리는 그들의 죄는 느껴서 알지만, 그들이 받는 처벌은 보지 않는다. 이익은 겉으로 드러나는 것이지만 형벌은 내면적인 것이다. 자신이 저지른 악덕의 성과를 즐기고 있다고 믿는 사람도 사실은 그것이 성공하지 못했을 경우보다 덜 괴로워하는 것도 아니다. 대상은 바뀌었지만, 불안은 마찬가지이다. 그들이 아무리 자신의 성공을 과시하고 그들의 마음을 숨기려 해도 소용이 없다. 그들의 행동거지는 자신들이 뭐라 하든 그 마음을 드러낸다. 그러나 그것을 알려면 그들과 비슷한 마음을 가져서는 안 된다.

우리에게 공통된 정념들은 우리를 유혹한다. 우리의 이익에 어긋나는 정념은 우리를 분노케 한다. 그리고 모순되게도 ─이러한 모순은 정념에서 비롯된다─ 우리는 자신이 따라 하고 싶어 하는 일을 다른 사람들이 한다고 비난한다. 만약 자기도 그와 같은 입장에 놓여 있다면 저지를지도 모를 나쁜 짓을 다른 사람한테서 당하고 괴로워해야만 할 때 반감과 착각은 불가피하다.

그렇다면 인간을 제대로 관찰하기 위해 필요한 것은 무엇일까? 인간을 아는 데 지대한 관심을 갖고, 인간을 판단하는 데 상당한 공정함을 기하며, 인간의 온갖 정념을 이해할 수 있을 만큼 감성이 풍부한, 그러면서도 그러한 정념을 느끼지 않을 정도로 평온한 마음을 갖는 것이다. 인생에서 이러한 연구에 알맞은 시기가 있다면, 그것은 바로 내가 에밀을 위해 선택했던 시기이다. 그보다 일렀더라면 그에게 다른 사람들은 무관한 존재가 되었을 것이고, 조금 늦었더라면 그도 그들과 비슷한 사람이 되었을 것이다. 그가 농간을 부리는 것을 보고 있는 세상 평판은 아직 그에게 전혀 지배력을 갖지 못했으며, 그가 그 결과를 느끼고 있는 정념은 그의 마음을 조금도 동요시키지 않았다. 그는 인간이고, 자기 형제들에게 관심을 갖는다. 그는 공정하고, 동료들을 보고 판단한다. 그런데 그가 인간들을 제대로 판단한다면, 그는 틀림없이 그들 중 어떤 사람의 자리에도 있고 싶어 하지 않을 것이다. 왜냐하면 그들이 스스로에게 부과하고 있는 모든 고뇌의 목표가 에밀에게는 없는 편견에 근거를 두고 있어서 그에게는 공중누각으로 보이기 때문이다. 에밀의 경우 그가 원하는 것은 모두 다 자신의 능력으로 가능한 것이다. 자급자족하고 편견에 매이지 않은 그가 누구에게 의존하겠는가? 그는 양팔이 있고 건강하다.[40] 절제할 줄 알고, 욕구는 거의 없는데 그 욕구를 충족시키는 수단도 가지고 있다. 더없이 절대적인 자유 속에서 길러졌기 때문에 그가 생각하는 최대의 악은 예속이다. 자신에게 복종하는 모든 것들에게 노예처럼 구속되어 있는 저 가련한 왕들을 그는 동정한다. 자신의 헛된 명성에 얽매여 있는 거짓 현자들을 동정한다. 자신이 누리는 허영의 희생자인 어리석은 부자들을 동정한다. 즐거워하는 것처럼 보이려고 평생을 권태롭게 살아가는

---

40 나는 주저 없이 건강과 좋은 체질을 그가 교육에서 얻은 이득들 중 하나로, 아니 그보다 그가 받은 교육 때문에 간직한 자연의 선물들 중 하나로 꼽을 수 있다고 생각한다.

과시적인 향락주의자들을 동정한다. 그는 적이 그에게 해를 끼칠지라도 그를 동정할 것이다. 왜냐하면 그는 적의 악행에서 그 사람의 비참함을 볼 것이기 때문이다. 그는 '나를 해치려는 욕구를 가짐으로써, 이 사람은 자신의 운명을 나의 운명에 예속시켰구나'라고 생각할 것이다.

이제 한 걸음만 더 내디디면 우리는 목표에 도달할 것이다. 이기심은 유용하지만 위험한 도구이다. 종종 이기심은 그것을 사용하는 손에 상처를 입히고, 여간해서는 나쁜 일을 불러들이지 않고서 좋은 일을 행하는 적이 없다. 에밀은 인류 속에서 차지하는 자신의 지위를 고찰하고 자신이 매우 행복한 위치에 있다는 것을 알고, 여러분의 이성理性이 성취한 업적을 자기 이성의 덕으로 돌리고 자신이 행복한 것을 자신의 자질 덕으로 돌리고 싶어 할 것이다. 그는 '나는 현명한데 사람들은 어리석구나' 하고 생각할 것이다. 그들을 불쌍히 여기면서 경멸할 것이고, 스스로를 자랑스럽게 생각하면서 더 높게 평가하고, 자신이 그들보다 더 행복하다고 느끼면서 자신이 그들보다 더 행복할 자격이 있다고 생각할 것이다. 이것이야말로 가장 우려할 만한 오류이다. 왜냐하면 이러한 오류야말로 가장 제거하기 어려운 것이기 때문이다. 만약 그가 이러한 상태에 머물러 있다면, 그는 우리의 온갖 보살핌에서 별로 얻어 낸 것이 없는 셈이다. 그래서 만약에 어느 편이든 선택해야만 한다면, 교만에서 생기는 환상보다 차라리 편견에서 생기는 환상이 더 낫지 않을지 모르겠다.

위대한 인물들은 자신의 우월성에 대해 잘못 생각하는 법이 없다. 그들은 그것을 알고 느끼지만 그렇다고 해서 겸손을 잃지 않는다. 그들은 많이 가지면 가질수록 자신에게 부족한 것도 많음을 안다. 그들은 자신이 우리보다 높은 자리에 있음을 자만하기보다 오히려 자신이 보잘것없음을 느끼고 겸허한 태도를 보인다. 그리고 남들이 갖지 않은 자신의 재능에 대해서도 그들은 매우 분별력이 있어서 스스로 만들어 낸 것이 아닌 천부의 재능을 뽐내지 않는다. 덕이 있는 사람은 자신의 미덕을 자랑스럽게 생각할 수 있다. 왜냐하면 그 미덕은 자신의 것이기 때문이다. 그런데 재주 있는 사람은 무엇을 자랑할 것인가? 라신은 프라동이 되지 않기 위해 무엇을 했는가? 또 부알로는 코탱이 되지 않기 위해 무슨 일을 했는가?[41]

여기서 그것은 전혀 별개의 문제이다. 언제나 보통 수준에서 벗어나지 말자. 나는 나의 제자를 뛰어난 천재라거나 이해력이 부족한 바보라고 가정하지 않았다. 나는 교육이 인간에게 무엇을 할 수 있는지 입증하기 위하여 그를 평범한 정신의 소유자들 가운데서 선택했다. 여간해서는 없는 희귀한 경우들은 모두 규준에서 벗어난다. 그러므로 내 보살핌의 결과로 에밀이 다른 사람들이 살고 보고 느끼는 방식이 아니라 자신의 방식을 선택한다면, 에밀이 옳다. 그러나 그가 그 때문에 자기는 다른 사람들보다 더 뛰어난 천성을 가졌으며 또 더 행복하게 태어났다고 생각한다면, 에밀은 옳지 않다. 그가 잘못 생각하는 것이기 때문에 자신의 잘못을 깨닫게 해야 한다. 더 정확히 말하면 그 잘못을 예방해야 한다. 그다음에는 잘못을 바로잡기에 시기가 너무 늦지 않을까 염려되기 때문이다.

미친 사람이 아니라면 허영심을 제외하고 고칠 수 없는 어리석은 광

---

41 라신과 부알로는 천재적인 재능을 가진 고전주의 작가들이다. 프라동(1632-1698)은 라신을 반대하는 무리의 지원을 받아서 라신의 『페드르』와 경쟁할 목적으로 자신도 『페드르』를 써서 공연했지만 성공하지 못했다. 코탱(1604-1682)은 시인이자 설교가인데 부알로에게 취향이 저급하다는 비판을 받았다 — 옮긴이.

기란 있을 수 없다. 허영심의 경우, 만약 그것을 고칠 수 있는 것이 있다면, 그것은 경험밖에 없다. 적어도 허영심이 생겨나기 시작할 때는 그것이 자라지 못하게 막을 수 있다. 청년에게 그도 다른 사람들과 같은 인간이어서 같은 약점을 갖기 쉽다는 것을 입증하려고, 바라건대 쓸데없는 추론에 빠지지 말라. 그가 그것을 깨닫게 하라. 그렇게 하지 않으면 그는 결코 그것을 알지 못할 것이다. 이것 또한 나의 규칙으로 볼 때 예외적인 경우라 하겠는데, 나의 제자에게 시기적절하게 그가 우리보다 더 현명하지 않다는 사실을 입증해 줄 여러 사건들을 겪어 보도록 고의로 일을 꾸미는 것이다. 요술쟁이 사건이 여러 방식으로 되풀이될 텐데, 나는 아첨꾼들이 그보다 유리한 입장에 서기 위하여 무엇이든 다 이용하도록 내버려 둘 것이다. 경솔한 사람들이 그를 엉뚱한 일로 끌고 들어간다면, 나는 그가 위험을 겪도록 내버려 둘 것이다. 또 야바위꾼들이 도박에서 그를 덮치면, 나는 그들에게 그를 넘겨주고 속아 넘어가도록 내버려 둘 것이다.[42] 나는 그들이 그에게 아부하고 그를 등쳐 먹어서 거덜이 나게 내버려 둘 것이다. 그리고 그들이 그를 빈털터리로 만든 후 마침내 그를 조롱하면, 나는 그의 면전에서 그 사기꾼들에게 그들이 내 제자에게 기꺼이

---

42 그런데 나의 제자는 이러한 올가미에 거의 걸려들지 않을 것이다. 그는 숱한 재미있는 일들에 둘러싸여 인생에 권태를 느껴 본 적이 없으며, 돈이 어디에 소용되는지도 거의 모르기 때문이다. 사람들이 아이를 조종하는 두 가지 원동력은 이익과 허영심이다. 바로 이 두 가지 원동력이 그 후 창녀와 사기꾼이 이들을 사로잡는 데도 사용된다. 여러분이 상품이나 보상으로 아이들의 탐욕을 자극하는 것을 보거나, 학예회에서 열 살 된 아이들에게 박수갈채를 보내는 것을 보면, 그들이 스무 살이 되면 어떻게 사람들이 그들을 도박에서 지갑을 날리게 만들고 건강을 매음굴에 버리고 오게 만드는지 보고 있는 꼴이다. 자기 학급에서 최고 우등생이 거의 언제나 최고의 노름꾼이나 방탕아가 되는 것은 확실하다. 그런데 어렸을 때 전혀 사용하지 않았던 방법은 청년 시절에도 악용되지 않는다. 그러나 여기서 나의 변함없는 준칙은 어떤 경우든 최악의 사태를 가정하는 것임을 잊지 말아야 한다. 나는 우선 악덕을 예방하기 위해 애쓴다. 그다음에는 악덕을 고치기 위해 악덕이 있다고 미리 가정한다.

주려 했던 교훈에 감사할 것이다. 내가 신경 써서 그를 지켜 줄 유일한 덫은 창녀가 친 덫일 것이다. 내가 그를 위해 할 수 있는 유일한 배려는, 내가 미리 손쓰지 않고 내버려 둬서 그가 당하게 되는 모든 위험과 모든 모욕을 함께 나누는 일일 것이다. 나는 묵묵히 불평도 하지 않고 탓하지도 않고, 그에게 단 한 마디 말도 하지 않고 모든 것을 견딜 것이다. 이러한 조심성을 유지한다면 그의 눈앞에서 그를 위해 내가 괴로움을 당하는 모든 일이 그 자신이 괴로워한 일 이상으로 강한 인상을 그에게 남겨 줄 것은 확실하다.

여기서 나는 어리석게도 현자 노릇을 하기 위해 자신이 가르침을 주는 제자들을 깎아내리고 그들을 항상 어린애 취급하려 들고 그들에게 무슨 일을 시키든지 항상 자기가 그들보다 뛰어나려고 애쓰는 교사들의 엉터리 위엄을 지적하지 않을 수 없다. 이런 식으로 그들의 젊은 용기를 꺾어서는 안 되고, 그들의 영혼을 고양시키기 위해 그 무엇도 아껴서는 안 된다. 그들이 여러분과 동등한 사람이 되도록 그들을 여러분과 동등하게 취급하라. 그리고 그들이 아직 여러분의 수준에 오를 수가 없으면 부끄러워하지 말고 과감히 그들의 수준으로 내려가라. 여러분의 명예는 이미 여러분에게 있는 것이 아니라 여러분의 학생에게 있음을 생각하라. 그의 과오를 바로잡아 주기 위해 그것을 나누어 가지도록 하라. 그의 부끄러움을 씻어 주기 위해서 여러분이 그것을 짊어져라. 자기 군대가 도망치는 것을 보고 그들을 다시 집결시킬 수 없어 자신이 병사들 선두에 서서 도망치기 시작하면서 "병사들은 도망치는 것이 아니라 대장 뒤를 따르고 있는 것이다"라고 외친 용감한 로마인을 본받도록 하라. 그는 그 때문에 명예가 손상되었을까? 천만의 말씀이다. 이렇게 자신의 명예를 희생시켜 그는 도리어 더 큰 명예를 얻었다. 의무의 힘, 미덕의 아름다움은 우리도 모르게 우리의 지지를 얻고 우리의 무분별한 편견을 뒤집어 놓는다. 만약 에밀에 대한 나의 직무를 수행하고 있을 때 모욕을 당한다면, 나는 그 모욕에 대해 보복하기는커녕 어디를 가든 그것을 자랑할 것이다. 그 때문에 나를 좀 더 존경하지 않을 만큼 비열한 인간이 이 세상에 있을 것이라고 생각하지 않는다.[43]

그렇다고 학생이 선생을 자기와 마찬가지로 제한된 지식을 가지고 있으며 자신과 똑같이 쉽게 유혹당한다고 생각해야 한다는 것은 아니다. 이러한 견해는 아무것도 볼 줄 모르고 아무것도 비교할 줄 몰라서 모든 사람들을 자기 수준으로 생각하는 어린아이, 또 사실 그 어린아이의 수준까지 내려올 줄 아는 사람만 신뢰하는 아이에게 유효한 것이다. 그러나 에밀 또래의 청년, 에밀처럼 분별 있는 청년은 이제는 그렇게 속을 만큼 어리석지 않다. 만일 속는다 해도 그것은 바람직한 일이 아닐 것이다. 그가 자신의 교사에게 가져야 하는 신뢰는 다른 종류의 것이다. 그것은 이성의 권위, 지식의 우위, 청년이 알 수 있는 그리고 그가 자신에게 유용하다고 느끼는 우월성에 입각해야 한다. 오랜 경험을 통해 그는 자신이 지도자에게서 사랑받고 있다는 것, 그 지도자가 현명하고 식견이 풍부한 사람이며 청년의 행복을 바라기 때문에 행복을 그의 손에 쥐어 줄 줄 아는 사람이라는 것을 확신한다. 청년은 자신의 이익을 위하여 그의 의견을 듣는 것이 좋다는 것을 알아야 한다. 그런데 선생이 제자와 마찬가지로 속아 넘어가게 된다면 선생은 제자에게 존경을 요구하거나 그에

---

43 내가 잘못 생각했다. 그런 사람을 하나 발견했는데, 그는 바로 포르메 씨다.

게 교훈을 주는 권리를 잃게 될 것이다. 선생이 일부러 자신에게 덫을 치고 순진한 자신을 함정에 빠뜨린다고 제자가 추측해서는 더욱 안 된다. 그렇다면 동시에 이 두 가지 곤란한 문제를 피하기 위해서는 도대체 어떻게 해야 하는가? 가장 자연스러운 최선의 방법은 학생과 똑같이 소박하고 진실하게 되는 것이다. 그에게 자신이 처해 있는 위험을 경고하고, 그 위험을 그에게 명백하고 느끼기 쉽게 그러나 과장하지 않고 언짢아하지 않으면서 또 현학적인 말을 늘어놓지 않고 보여 주는 것이다. 특히 그에게 여러분의 충고를 명령으로 전달하지 않아야 한다. 조언이 명령이 되지 않으면 안 될 때까지, 아니면 그런 명령 투의 말이 꼭 필요하게 될 때까지는 그렇게 해서는 안 된다. 이런 일은 매우 흔히 생기게 되겠지만, 그 뒤에도 그가 끝내 고집을 부리면? 그러면 더 이상 그에게 아무 말도 하지 말라. 그를 자유롭게 내버려 두고 그를 따르고 흉내 내라. 그것도 즐겁게 거리낌 없이 그렇게 하라. 가능하다면 그와 함께 푹 빠져서 즐겨라. 그 결과가 도를 지나치게 되면, 언제나 그렇듯이 그것을 멈추게 하기 위해 여러분이 있는 것이다. 그럴 때 여러분의 선견지명과 호의를 목격한 청년은 얼마나 한편으로는 놀라고 또 한편으로는 감동하겠는가! 그가 저지르는 모든 잘못은 죄다 필요에 따라 그를 끌어당길 수 있도록 그가 여러분에게 제공하는 줄인 셈이다. 그런데 여기서 선생의 가장 중요한 기술은 그 청년이 어떤 때 굴복하고 어떤 때 고집을 부리는지 미리 알 수 있도록 기회를 만들고 훈계를 조절하여, 어디서나 그를 경험의 교훈으로 둘러싸면서 결코 그를 너무 큰 위험에 빠뜨리지는 않는 것이다.

잘못에 빠지기 전에 그의 잘못을 경고하라. 그가 잘못에 빠졌을 때는 그것을 나무라지 말라. 여러분은 그의 자존심을 들쑤셔서 반발하게 할 뿐이다. 반항심을 일으키게 하는 그런 교훈은 유익하지 않다. "그것 보세요, 내가 그렇다고 말하지 않았습니까"라는 말보다 더 어리석은 말이 있을지 모르겠다. 그가 타이른 것을 잊지 않고 생각해 내게 만들기 위한 최선의 방법은 그것을 잊어버린 척하는 것이다. 반대로 그가 여러분의 말을 믿지 않았던 것을 부끄러워하는 듯이 보이면 좋은 말로 부드럽게 그 수치심을 씻어 주어라. 그는 여러분이 그를 위해 자신을 생각하지 않고, 그의 기를 완전히 꺾어 버리는 대신 위로하는 것을 보면서 틀림없이 여러분에게 애정을 갖게 될 것이다. 그러나 그의 상심에 비난을 덧붙인다면 그는 여러분을 미워할 것이다. 그리고 여러분이 주는 충고의 중요성에 대해 여러분처럼 생각하지 않는다는 것을 증명이라도 하듯 여러분의 말을 다시는 듣지 않겠다고 결심할 것이다.

게다가 여러분의 위로하는 말투는 그가 그것을 가르침이라고 눈치채지 못하는 만큼 더욱더 유용한 가르침이 될 수 있다. 생각건대, 여러분은 그에게 다른 사람들도 그가 저지른 것과 똑같은 잘못을 범한다고 말함으로써 그를 그의 기대에 못 미치는 사람으로 만들고, 단지 그를 동정하는 태도만 보임으로써 그를 교정할 수 있다. 왜냐하면 자신이 다른 사람들보다 우월하다고 생각하는 사람에게는 다른 사람들의 예를 들고 스스로 위안하는 것이 대단히 자존심 상하는 변명이기 때문이다. 그리고 이러한 변명은 그가 내세울 것이라고는 기껏해야 다른 사람들이 그보다 더 낫지 않다는 것밖에 없음을 받아들이는 꼴이 된다.

잘못을 저지르는 시기는 우화의 시기이다. 잘못을 저지른 사람에게 아무 관계없는 가면을 씌우고 그를 비난함으로써, 당사자의 감정은 다치지 않은 채 그를 가르칠 수 있다. 그러면 그는 자기에게 해당하는 진실 때문에 그 우화가 거짓이 아님을 이해하게 된다. 사람들이 하는 칭찬에 속아 본 적이 없는 어린아이는 내가 앞서 검토했던 우화에서 아무것도 이해하지 못한다. 그러나 얼마 전에 아첨꾼에게 속아 본 경험이 있는 경솔한 어린아이는 까마귀가 바보에 불과하다는 것을 너무나 잘 이해한다. 그리하여 그는 하나의 사실에서 하나의 준칙을 이끌어 낸다. 그리고 그가 곧 잊어버렸을지도 모르는 경험이 우화를 통해 그의 판단력 속에 되새겨진다. 타인의 경험이나 자신의 경험을 통해 획득될 수 없는 도덕적 지식이란 없다. 이러한 경험이 위험할 경우, 우리는 스스로 직접 그 경험을 하는 대신 역사에서 그 교훈을 이끌어 낸다. 경험을 통해 배우는 것이 심각한 결과를 가져오지 않을 때 청년은 그러한 일을 겪어 보는 것이 좋다. 그다음 우화를 수단 삼아 우리는 그가 체험했던 개별적인 경우들을 준칙으로 만든다.

그렇지만 내가 말하고 싶은 것은 이러한 준칙들이 자세히 설명되거나 심지어 명확하게 표명되어야 한다는 것이 아니다. 대부분의 우화들은 교훈으로 끝을 맺는다. 마치 그 교훈을 독자들이 깨닫기 위해서는 우화 자체 안에 교훈이 펼쳐져 있지 않거나 펼쳐져 있지 않아야 하는 것처럼 말이다. 그런데 이러한 교훈보다 더 헛되고 부적절한 것도 없다. 도대체 어째서 교훈을 끝에 덧붙여서 독자가 독자적으로 그 교훈을 발견하는 기쁨을 빼앗는 것인가? 가르치는 재능이란 제자가 가르침을 좋아하도록 만드는 것이다. 그런데 즐겁게 배우기 위해서는, 그의 정신이 완전히 수동적인 상태에서 여러분이 그에게 하는 말을 전부 받아들여 그가 당신 말을 이해하기 위해 아무것도 할 필요가 없는 식이 되어서는 안 된다. 선생의 자존심은 언제나 제자의 자존심에 한 수 접어주어야 한다. 제자는 마음속으로 '내가 생각해 내고, 내가 통찰하고, 내가 행동하고, 내가 스스로 배운다'고 말할 수 있어야 한다. 이탈리아 희극에 등장하는 판탈로네[44]를 지루한 인물로 만드는 요인들 중의 하나는, 그가 사람들이 이미 알고도 남을 정도로 들어 온 평범한 일을 관객들에게 열심히 해설하려 든다는 것이다. 나는 교사가 판탈로네이기를 절대로 바라지 않으며, 작가이기를 바라는 것은 더욱 아니다. 교사는 언제나 자신이 하는 말을 이해시켜야 하지만, 항상 모든 것을 다 말해서는 안 된다. 모든 것을 다 말하는 사람은 거의 아무 말도 하지 않는 것과 마찬가지인데, 사람들이 결국에는 그의 말을 더 이상 듣지 않기 때문이다. 자기 배를 부풀리는 개구리 우화에 라퐁텐이 덧붙인 네 줄의 시구가 무슨 의미가 있겠는가?[45] 그는 사람들이 자신의 이야기를 이해하지 못했을까 염려했던 것일까? 위대한 화가라면 자신이 그린 것들 아래에 그것들의 이름을 적을 필요가 있을까? 그렇게 해서 그는 자신의 교훈을 일반화하기는커녕 오히려 특수화함으로써, 어떻게 보면 그것을 인용된 예에만 한정시켜 사람들이 그것을 다른 데 적용하는 것을 방해하고 있다. 흉내 낼 수 없는 이 위대한 작가의 우화들을 청년의 손에 넘겨주기 전에, 그가 방금 명확하게 그리고 재미있게 말했던 것을 구태여 해설하느라 덧붙인 결론들을 모두 삭제해 버렸으면 좋겠다. 여러분의 제자가 해설 없이 우화를 이해하지 못한다면 해설이 있다 해도 그는 마찬가지로 이해하지 못할 것이라고 확신해도 좋다.

---

44 이탈리아 희극에 등장하는 전형적 인물로서 늙은 호색가이다 — 옮긴이.

45 네 줄의 시구는 다음과 같다. "세상은 더 현명하지 않은 사람들로 가득 차 있다. 중산층 시민들은 모두 귀족처럼 성을 쌓고 싶어 하며, 소제후들은 모두 대사들을 두고 있으며, 후작들은 모두 시종을 두고 싶어 한다" — 옮긴이.

또한 이러한 우화들에 좀 더 교육적인, 즉 청년의 감정과 지식의 발달에 더 합치하는 순서를 부여하는 것이 중요할 것이다. 필요나 적당한 기회를 고려하지 않고 번호 순서대로 책을 읽어 나가는 것만큼 합당치 못한 일이 또 있다고 생각하는가? 처음에는 까마귀, 다음에는 매미,[46] 다음에는 개구리, 그다음엔 두 마리의 노새 등. 두 마리의 노새 이야기는 잊을 수가 없다. 왜냐하면 금융업자가 되도록 교육을 받으면서 장차 그가 수행할 일에 들볶이던 어떤 어린아이를 본 적이 있기 때문이다. 그는 이 우화를 읽고 배우고 말하고 수백 번 되풀이하면서도 거기서 그에게 예정된 직업에 대한 반론을 전혀 이끌어 내지 못했다.[47] 나는 아이들이 자기가 배운 우화를 확실하게 적용하는 것을 본 일이 결코 없을 뿐만 아니라, 어느 누구도 아이들에게 우화를 적용하게 만들려고 애쓰는 것을 본 적도 없다. 도덕 교육을 핑계 삼은 이러한 공부에서, 어머니와 아이의 진짜 목적은 아이가 우화를 암송하고 있는 동안 그 자리에 있는 모든 사람들의 주의를 아이에게 집중시키는 것뿐이다. 그러므로 아이가 자라 우화를 암송하지 않고 막상 그것을 활용해야 할 때가 되면, 그는 그것을 몽땅 잊어버린다. 다시 한번 말하지만 우화에서 뭔가를 배우는 것은 어른에게만 적용된다. 따라서 이제 바야흐로 에밀이 시작할 시기가 왔다.

나 역시 모든 것을 말하고 싶지는 않으므로, 올바른 길에서 벗어나는 길을 멀리서 제시하여 그 길을 피하는 법을 배우게 하겠다. 내가 지시한

---

46 여기서도 포르메 씨의 정정을 받아야 한다. 매미, 다음에 까마귀 등.
47 노새 한 마리는 귀리를 싣고 또 다른 노새 한 마리는 세금을 싣고 간다. 세금을 싣고 가는 노새는 자신이 높은 지위를 맡은 것 같아서 신이 났다. 그러나 도적들이 나타나 세금 싣고 가던 노새를 창으로 찔러 그놈은 죽어 갔지만 귀리를 싣고 가던 노새는 아무 탈이 없었다 — 옮긴이.

길을 따라가면서 여러분의 제자는 가장 적은 비용으로 인간과 자기 자신에 대한 지식을 획득할 것이라 생각한다. 또 여러분은 그가 운 좋은 사람의 팔자를 부러워하지 않고 운명의 장난을 관조하고, 자신이 다른 사람들보다 더 현명하다고 생각하지 않으면서도 자신에게 만족한 사람으로 만들 수 있으리라 생각한다. 여러분은 그를 관객으로 만들기 위해 배우로 만드는 일부터 시작했는데, 그 일을 마무리 지어야 한다. 왜냐하면 객석에서는 대상의 겉모습이 보이지만, 무대에서는 대상들이 있는 그대로의 모습으로 보이기 때문이다. 전체를 파악하기 위해서는 전망 좋은 곳에 자리를 잡아야 하며, 세부를 보기 위해서는 가까이서 보지 않으면 안 된다. 그러나 청년이 무슨 명분으로 세상사에 끼어들겠는가? 그가 어떤 권리로 이 어두운 신비에 입문할 수 있을 것인가? 쾌락적인 연애 이야기들은 그 나이의 호기심을 가로막는다. 또 아직 그가 가진 것이라곤 그 자신뿐인데, 이는 그가 아무것도 소유하지 못한 것과 같다. 인간은 상품들 중 가장 가치 없는 상품이고, 우리의 중요한 소유권들 중에서 인격의 권리는 언제나 가장 하찮다.

사람들이 가장 활동적인 나이의 청년들을 순전히 사변적인 연구에 매달리게 한 뒤에 아무 경험도 없는 그들을 단번에 세상사로 내던지는 것을 볼 때, 나는 그들이 자연만이 아니라 이성에도 어긋난다고 생각한다. 제대로 처신할 줄 아는 사람이 그토록 적다는 사실이 이제는 놀랍지도 않다. 사람들은 어떤 이상한 사고방식을 가졌기에 처신하는 법은 전혀 대수롭지 않은 것으로 여기면서 우리에게 쓸모없는 것들은 그렇게 많이 가르치는 것일까? 사람들은 우리를 사회에 맞추어 교육시킨다고 주장하면서도, 우리 각자가 독방에서 혼자 생각에 잠기거나 세상에 초연한 사람들과 공허한 문제들을 논하면서 일생을 보내야만 할 것처럼 교육시킨다. 여러분은 아이들에게 과장된 몸짓과 아무 의미 없는 화술을 몇 개 가르치고는 그들에게 살아가는 법을 가르친다고 생각한다. 나 역시 에밀에게 살아가는 법을 가르쳤다. 에밀에게 자기 자신과 함께 살아가는 법과 더불어 자신이 먹을 빵을 버는 방법을 가르쳐 주었기 때문이다. 그러나 이것으로 충분하지 못하다. 세상에서 살아가려면 사람들과 교제할 줄도 알고, 그들을 활용할 수 있는 수단도 알아야 한다. 시민 사회에서 벌어지는 사적인 이익의 작용과 반작용을 계산해야 하며, 하는 일에서 실수를 거의 하지 않거나 적어도 항상 성공을 위한 최선의 수단을 취할 수 있도록 결과를 아주 정확히 예견해야 한다. 법에 따르면, 청년들이 자기 사업을 하거나 그들 자신의 재산을 마음대로 처분하는 것은 허용되지 않는다. 그러나 만약 규제된 연령에 이르기까지 그들이 어떤 경험도 쌓을 수 없다면 이러한 예방책들이 그들에게 무슨 소용이 있겠는가? 그들은 기다려 보았자 아무것도 얻지 못했을 테고, 그렇다면 스물다섯 살이 되어도 열다섯 살 때와 조금도 다를 바 없이 미숙할 것이다. 무지해서 분별이 없고 정념에 속아 넘어가는 청년이 자신에게 해가 되는 일을 하는 것은 물론 말려야 한다. 그러나 선행을 베푸는 일은 나이에 구애받지 않고 허용되어 있어, 나이가 몇 살이든 현명한 사람의 지도 아래 오로지 도움만 필요한 불행한 사람들을 보살필 수 있다.

유모나 어머니는 아이에게 들이는 정성을 통해 그들에게 애착을 갖는다. 사회적 미덕의 실천은 사람의 마음속에 인류애를 가져다준다. 사람은 선을 행함으로써 착하게 된다. 나는 이보다 더 확실한 실천 방법이 있는지 모르겠다. 여러분의 제자가 그의 능력껏 할 수 있는 모든 선행에 전

넘하게 하라. 가난한 사람의 이익이 항상 그에게도 이익이 되게 하라. 그가 그들을 단지 지갑 속의 돈으로만 돕는 것이 아니라 정성을 들여 돕게 하라. 또한 그들에게 봉사하고 그들을 보호하고 그들에게 자기 자신과 시간을 쓰게 만들라. 아이를 그들의 일을 돌보는 사람이 되게 하라. 그가 일생에 걸쳐서 이토록 숭고한 일을 하는 때는 없을 것이다. 그가 미덕을 실천하면서 얻은 대담한 확신을 갖고 사람들을 위해 정의를 요구한다면, 고관과 부자의 문을 깨부수고 들어간다면, 또 가난해서 호소할 곳도 없고 피해를 당하면서도 오히려 그 피해로 인해 처벌받을까 두려워 심지어 감히 불평조차 못 하는 불쌍한 사람들의 목소리를 전달하기 위해 필요할 경우 왕좌의 턱밑까지 쳐들어간다면, 지금까지 사람들이 도무지 귀를 기울여 주지 않았던 얼마나 많은 억압받은 사람들이 정의를 얻게 될 것인가!

그런데 에밀을 방랑의 기사, 정의의 용사, 협객으로 만들자는 것인가? 그가 공사公事에 관여하고, 고관이나 사법관 혹은 군주가 있는 곳에 나타나 현자와 법의 수호자를 자처하고, 법원에 가서 청원을 하고, 법정에서 변호사를 자처할 것인가? 나는 이 모든 것에 대해서는 아무것도 모른다. 명칭이 익살스럽고 우습다고 해서, 그 때문에 사물의 본질이 바뀌는 것은 전혀 아니다. 그는 자신이 유용하고 좋다고 생각하는 일이라면 무엇이든 할 것이다. 그 이상의 일은 아무것도 하지 않을 텐데, 그는 자기 나이에 어울리지 않는 일은 어떠한 것도 자기에게 유익하지도 않고 좋지도 않다는 사실을 알고 있다. 그는 자신의 첫 번째 의무가 자기 자신에 대한 것임을 알고 있다. 또한 청년들은 자기 자신에 대해 스스로 경계해야 하며, 행동하는 데 있어 신중하고, 연장자에게 경의를 표하고, 쓸데없이 말하는 것을 삼가고 조심하며, 관계없는 일에는 나서지 않지만 좋은 일을 하는 데는 과감하고, 진실을 말하는 데는 용감해야 한다는 것을 알고 있다. 저 유명한 로마인들이 그러했는데, 그들은 공직에 임명되기 전에 정의에 봉사하고 미풍양속을 보호함으로써 경험을 쌓는 것 외에 다른 욕심은 전혀 없이 죄인들을 고발하고 무고한 사람들을 옹호하는 데 그들의 젊음을 바쳤다.

에밀은 사람들 사이에서 벌어지는 소란과 싸움만 싫어하는 것이 아니라,[48] 심지어 동물들 사이에서 그런 일이 벌어지는 것도 좋아하지 않는다. 그래서 그는 두 마리의 개가 서로 싸우도록 충동질한 적도 없고, 개에게 고양이를 뒤쫓게 하여 괴롭힌 적도 없다. 이러한 평화의 정신은 그

---

48 그러나 만약 누군가 그에게 싸움을 걸어오면 그는 어떻게 할까? 나는 그가 절대로 싸우지 않을 것이며, 결코 싸움을 할 정도로 끼어들지 않을 것이라고 대답한다. 그러면 사람들은 이어서 다음과 같이 말할 것이다. "상대를 죽이는 것을 즐기기 위해 상대를 욕보이는 일부터 시작하는 난폭한 인간이나 주정뱅이 또는 무도한 악당의 손찌검이나 모욕을 어느 누가 모면할 수 있겠는가?" 이는 다른 문제이다. 시민의 명예나 생명이 난폭한 인간이나 주정뱅이 또는 무도한 악당에 의해 좌지우지되어서는 안 된다. 그리고 사람은 떨어지는 기왓장으로부터 자신을 보호할 수 없는 것과 마찬가지로 이런 우연한 사고도 모면할 수 없다. 손찌검과 모욕을 당하는 것에 대해서는 민사상의 권리를 갖는데, 아무리 지혜로워도 이를 예방할 수 없고 어떤 법정도 모욕당한 사람을 위해 보복을 해 줄 수는 없기 때문이다. 그러므로 이런 경우에는 법률이 불충분하기 때문에 그는 자신의 독립성을 돌려받을 수 있다. 이때 그는 가해자와 자신 사이에서 유일한 사법관, 유일한 재판관이며, 자연법의 유일한 해석자이자 유일한 집행자이다. 그에게는 정의를 집행할 의무가 있으며 혼자서 복수할 수 있다. 그리고 이러한 경우에 그렇게 했다고 그를 벌줄 만큼 몰상식한 정부는 이 세상에 없다. 나는 그가 싸우러 나서야 한다고 말하는 것이 아니다. 그것은 도가 넘는 일이다. 내가 말하고자 하는 바는 그가 정의를 집행할 의무가 있으며 그만이 유일하게 정의를 시행할 수 있는 사람이라는 것이다. 만약에 내가 군주라면, 결투를 금하는, 그렇게 많지만 별 소용이 없는 칙령이 없어도 내 나라에서는 손찌검이나 모욕을 당하는 일이 결코 없을 것이라고 보증한다. 그것도 법원이 조금도 개입할 것 없는 아주 간단한 방법으로 말이다. 어찌 되었든 에밀은 그와 같은 경우에 자기 자신이 정의를 집행할 의무가 있으며, 명예로운 사람들의 안전을 위해 본보기를 보여야 한다는 것을 알고 있다. 아무리 굳센 사람이라도 사람들이 그를 모욕하는 것을 마음대로 막지는 못하지만, 그에게 모욕을 가해 놓고 그것을 오랫동안 자랑삼지 못하게 하는 일은 그에게 달려 있다.

가 받은 교육의 결과들 중 하나이다. 그가 받은 교육은 이기심이나 자만심을 전혀 조장하지 않았기 때문에, 그가 다른 사람을 지배하는 데서 또는 다른 사람의 불행에서 즐거움을 찾지 않게 만들었다. 그는 남이 괴로워하는 것을 보면 자기도 괴로워한다. 이것은 자연적인 감정이다. 허영심이 되살아나 청년이 자신은 지혜로워서 또는 우월하여 그와 같은 고통을 겪지 않을 것이라고 생각할 때, 그는 감성이 있는 생물을 괴롭히는 것을 보는 데 무감각해지고 그것을 즐거워하게 된다. 이와 같은 성향에 물들지 않게 보호받은 사람은 그런 성향에서 생겨나는 악덕에 빠질 수 없을 것이다. 그러므로 에밀은 평화를 사랑한다. 행복의 영상은 그를 기분 좋게 하며, 그 행복에 자신이 기여할 수 있을 경우 그것은 행복을 함께 나누는 또 하나의 수단이 된다. 나는 그가 불행한 사람들을 볼 때, 연민을 갖고 구제할 수 있는 불행을 그저 가엾이 여기는 것에 만족하는 메마르고 냉혹한 동정심만 그들에게 보일 것이라고 생각하지 않았다. 적극적으로 선행을 실천하는 그는 더 냉혹한 마음을 가졌다면 전혀 얻지 못했을 혹은 훨씬 뒤늦게야 얻었을 지식을 곧 획득한다. 그는 동료들 사이에 불화가 있는 것을 보면 화해시키려고 애쓰고, 고통스러워하는 사람을 보면 그들이 괴로워하고 있는 이유를 물어본다. 두 사람이 서로 미워하는 것을 보면 그들이 미워하는 이유를 알고 싶어 한다. 권력자나 부자에게 괴롭힘을 당해 신음하는 것을 보면 그는 어떤 술책이 이러한 박해를 은폐하고 있는지 찾아낸다. 비참한 사람들 모두에게 관심을 갖는 그에게 그들의 불행을 종식시킬 수단은 결코 그와 무관한 것이 아니다. 그러면 이러한 성향을 그 연령에 적당한 방법으로 활용하려면 우리는 어떻게 해야 할까? 그의 정성과 지식을 규제하고, 또 그것들을 키워 나가는 데 그의 열의를 이용해야 한다.

나는 "청년들에게 주는 교훈은 모두 말보다는 행동으로 옮겨라"라는 말을 지치지 않고 되풀이해 말하겠다. 경험을 통해 그들이 배울 수 있는 것은 어떤 것도 책에서 배우지 않도록 하라. 그들에게 말을 할 이유가 없는데도 말하는 연습을 시켜서, 이를 통해 그들이, 정작 그들은 누구에게 무엇인가를 설득하는 데 흥미가 없는데도, 정념적인 언어의 넘치는 활력과 설득술이 발휘하는 효과를 학교에서 모두 깨닫게 될 것이라고 믿는다면 얼마나 터무니없는 짓인가! 수사학의 모든 가르침은, 그것을 자신을 위해 사용할 수 있다는 것을 의식하지 못하는 사람에게는, 그저 수다로밖에 보이지 않는다. 한니발이 자기 병사들에게 알프스를 넘도록 결심시키기 위하여 어떻게 했는지 아는 것이 어린 학생에게 무슨 소용이 있겠는가? 이러한 거창한 연설 대신에 학생 감독이 그에게 휴가를 주도록 유도하기 위해서 어떻게 하면 좋은지 말해 준다면, 그 학생이 여러분의 규칙에 더 주의를 기울일 것은 분명하다.

모든 정념이 이미 계발된 청년에게 수사학을 가르치고 싶으면, 나는 그에게 끊임없이 그 정념을 만족시키기에 적당한 대상들을 제시하고, 다른 사람들이 그의 욕망을 충족시켜 주지 않을 수 없도록 그들에게 어떤 말을 써야 할지 그와 함께 검토할 것이다. 그러나 나의 에밀은 웅변술에서 그다지 유리한 상황에 있지 않다. 그저 육체적인 필요에만 관심이 한정되어 있는 그는 다른 사람들이 그를 필요로 하는 만큼 다른 사람들을 필요로 하지 않는다. 그리고 자신을 위해 그들에게 부탁할 일이 없기 때문에, 그가 그들을 설득하고 싶어 하는 것이 있다 해도 그것이 마음을 심하게 어지럽힐 정도로 그와 긴밀한 관계를 맺고 있지 않다. 따라서 그는 대체로 단순하고 거의 비유 없는 용어를 쓴다. 평소에 비유적인 의미가 아닌 본래의 의미대로 말을 하고 오로지 상대방이 알아듣도록 하기 위해서만 말을 한다. 그는 자신의 생각을 일반화하는 법을 배우지 않았기 때문에 격언 같은 말도 거의 하지 않는다. 또한 격정에 사로잡히는 일이 여간해서 없기 때문에, 비유적인 표현을 거의 쓰지 않는다.

그렇다고 그가 너무 냉혹하고 매정해서 그런 것이 아니다. 그의 나이나 품성, 또 취향에 비추어 볼 때 그는 그럴 수가 없다. 청춘의 불꽃 속에서 그의 피에 고여 다시 증류된 활기찬 정기精氣가 그 청년의 가슴에 열기를 불어넣는다. 그의 시선 속에서 열기가 빛을 발하고 말에서 느껴지고 행동으로 표출된다. 그의 언어에 억양이 생기고 때로는 격렬한 어조를 띠기도 한다. 그를 고무시키는 고귀한 감정이 그에게 힘과 숭고함을 부여한다. 다정한 인류애로 가득 찬 그는 말을 하면서 자기 영혼의 움직임을 전달한다. 그의 대범한 솔직함에는 다른 사람들의 교활한 웅변보다 더 매력적인 무엇인가가 있다. 또는 더 정확히 말해서 그야말로 진정한 웅변가이다. 왜냐하면 그는 자신이 느끼는 것을 자기 말을 듣는 사람들에게 전달하기 위해 느낀 바를 그대로 내보이기만 하면 되기 때문이다.

생각하면 할수록, 나는 다음과 같은 사실을 더 잘 알게 된다. 즉 선의를 이렇게 행동으로 옮기고 우리의 성공이나 실패로부터 그 원인에 대한 반성을 끌어낸다면, 청년들의 정신 속에서 키울 수 없는 유용한 지식은 거의 없을 것이라는 사실이다. 또한 학교에서 획득할 수 있는 모든 진정한 지식에 덧붙여서 그는 더 중요한 지식 즉 획득한 지식을 활용할 수 있도록 삶에 적용한 지식을 얻을 것이라는 사실이다. 자신과 동류인 사람들에 대해 그토록 많은 관심을 갖고 있는 그가 그들의 행동과 취향과 쾌락을 검토하고 평가하는 것을 일찍부터 배우지 않을 리 없다. 또 아무에게도 관심이 없어서 다른 사람을 위해 결코 아무 일도 하지 않는 사람들보다 인간의 행복에 기여하거나 저해할 수 있는 것에 대해 일반적으로 더 올바른 의미를 부여하는 것 또한 일찍부터 배울 것이 틀림없다. 오직 자기 자신의 일만 처리하는 사람들은 거기에 너무 몰두하여 건전하게 사물을 판단할 수 없다. 모든 것을 자기 위주로만 생각하고 선악의 관념을 자신의 이해관계에만 맞추기 때문에, 그들의 정신은 수많은 우스꽝스러운 편견들로 가득 차고, 아주 사소한 이익이라도 침해당하는 일이 생기면 그것이 무엇이든 당장 세상이 뒤집히기라도 한 것처럼 생각한다.

이기심을 다른 존재들에게로 확장시키자. 그러면 우리는 그것을 미덕으로 개선시킬 수 있을 것이다. 그리고 미덕의 뿌리가 박혀 있지 않은 인간의 마음은 없다. 우리가 마음을 쏟는 대상이 우리 자신과 직접적인 관련이 적으면 적을수록, 개인적 이해에서 생겨나는 헛된 환상을 염려할 필요가 더 적어진다. 이 이익을 일반화할수록, 사람은 좀 더 공정해진다. 우리에게 인류애란 정의를 사랑하는 것 이외에 다른 것이 아니다. 그러므로 에밀이 진실을 사랑하고 또 진실을 알기를 원한다면, 모든 일에서 그가 항상 자신에게서 멀리 떨어져 있게 하자. 그가 다른 사람들의 행복을 위해 정성을 쏟을수록, 그 정성으로 그는 더 풍부한 식견을 갖추고 더 현명해질 것이고, 선과 악을 잘못 판단하는 일은 더 적어질 것이다. 그러나 사람들의 편견과 부당한 선입견에만 근거를 둔 맹목적인 편애를 결코 그에게 허락해서는 안 된다. 왜 어떤 사람을 돕기 위해 다른 사람을 해친단 말인가? 그가 모든 사람의 최대 행복에 협력하기만 한다면, 행복이 누구 몫으로 더 많이 돌아가느냐는 그에게 거의 문제가 되지 않는다. 사적인 이익을 제외하면 바로 이것이 현자에게 가장 중요한 이익이 된다. 왜냐하면 사람은 누구나 인류의 일부이지, 어떤 다른 개인의 일부가 아니기 때문이다.

동정심이 나약함으로 변질되는 것을 막기 위해서는, 그것을 일반화해서 인류 전체로 확장시켜야만 한다. 그러면 동정심이 정의와 일치하는 경우에만 동정심을 갖게 된다. 모든 미덕들 중에서도 정의야말로 인간들의 공익에 가장 기여하는 것이기 때문이다. 이성에 비추어 보든 우리 자신에 대한 사랑에 비추어 보든 우리의 이웃보다 인류에게 훨씬 더 동정심을 가져야 한다. 그리고 악인에게 동정심을 갖는 것은 인간들에게는 대단히 잔혹한 행위이다.

그런데 내가 이처럼 제자를 자신의 밖으로 내몰기 위해 사용하는 이 모든 방법들이 그럼에도 항상 그와 직접적으로 관련된 것임을 잊어서는 안 된다. 왜냐하면 거기서 내면의 기쁨이 생겨날 뿐만 아니라, 나는 그에게 다른 사람들을 위해 선행을 베풀게 함으로써 바로 그의 교육을 위해 노력하고 있기 때문이다.

나는 먼저 수단들을 제공했고 이제 그 결과를 보여 주겠다. 그의 머릿속에서 얼마나 위대한 통찰력이 조금씩 준비되고 있는지 보인다. 얼마나 숭고한 감정이 그의 마음속에서 사소한 정념의 싹들을 근절시키고 있는가! 그의 성향이 계발됨에 따라, 그리고 위대한 영혼이 소망하는 바를 가능성의 좁은 한계 내에 집중시키고 또 다른 사람들보다 우월한 인간이 그들을 자기 수준으로 높일 수 없어서 그들의 수준으로 스스로 내려갈 줄 알게 되는 경험들이 쌓임에 따라, 그의 내면에서 얼마나 정확한 판단력과 또 얼마나 올바른 이성이 형성되고 있는지 나는 보고 있다. 정의의 참다운 원리들, 아름다움의 참다운 전형들, 존재들의 모든 도덕적인 관계들, 질서의 모든 관념들이 그의 이해력 속에 새겨진다. 그는 각 사물이 있어야 할 제자리와 사물들을 제자리에서 벗어나게 하는 원인을 알고 있다. 그는 무엇이 선을 실천할 수 있고 무엇이 그것을 방해하는지 알고 있다. 그는 인간의 정념을 경험해 보지는 않았지만 정념이 빚어내는 환상과 그것의 장난을 알고 있다.

나는 필연적인 과정을 따라 계속 앞으로 나아가고 있지만, 그것에 대해 독자들의 판단에 압박을 가할 생각은 없다. 오래전부터 독자들은 내가 공상의 나라에 있다고 생각하지만, 나로서는 그들이 항상 편견의 나라에 있다고 생각한다. 나는 통속적인 견해와는 꽤 거리가 있지만 그것을 늘 염두에 두고 있다. 나는 통속적인 견해를 검토하고 깊이 생각해 보는데, 이는 그것을 따르거나 피하기 위해서가 아니라 논리적 추론의 저울에 달아 보기 위해서이다. 추론에 비추어 통속적인 견해를 멀리 밀어내지 않을 수 없을 때마다, 경험을 통해 깨친 바가 있는 나로서는 독자들이 나를 모방하지 않으리라는 사실을 이미 명심하고 있다. 그들은 끝끝내 자신들이 보는 것 이외에는 생각해 내지 못하기 때문에, 내가 보여 주는 청년을 가상적인 환상의 존재로 간주할 것이다. 왜냐하면 이 청년은 독자들이 그와 비교하게 되는 다른 청년들과 다르기 때문이다. 그런데 그들은 이 청년이 다른 청년들과 완전히 다르게 키워지고 정반대의 감정에 영향을 받고 아주 다른 교육을 받은 이상 그가 응당 다른 청년들과 달라야 한다고 생각하지 않는다. 그가 내가 예상하는 그런 존재가 아니라 그들과 닮은 존재라면 그것이 훨씬 더 놀라운 일이 될 것이다. 그는 인간의 인간이 아니라 자연의 인간[49]이다. 확실히 그는 독자들의 눈에 매우 이상하게 보일 것이 틀림없다.

나는 이 책을 시작하면서, 모든 사람들이 나와 마찬가지로 관찰할 수 없는 것은 아무것도 가정하지 않았다. 왜냐하면 우리 모두가 출발하는 동일한 지점, 즉 인간의 탄생이 있기 때문이다. 그러나 앞으로 나아갈수록 나는 자연을 키워 나가고 여러분은 자연을 변질시키기 때문에 우리는 서로 점점 멀어진다. 나의 제자가 여섯 살 때는 여러분의 제자들과 그리 다르지 않았는데, 이는 여러분이 아직 그들을 훼손할 시간이 없었기 때문이다. 그러나 지금 그들은 더 이상 닮은 데가 하나도 없다. 그리고 내가 쏟은 모든 보살핌이 허사가 아니었다면, 이제 들어서게 될 성년기에 그는 완전히 다른 모습으로 나타날 것이다. 양쪽이 획득한 지식의 양은 아마도 동일할지 모르지만, 획득한 내용은 조금도 비슷하지 않다. 여러분은 다른 학생들에게서 그 싹도 보이지 않는 숭고한 감정을 나의 제자에게서 발견하고 놀랄 것이다. 그러나 에밀이 철학이 무엇인지 알기도 전에 그리고 신에 관한 말을 들어 보기도 전에, 다른 학생들은 모두 이미 철학자나 신학자가 되어 있다는 것도 고려하기 바란다.

그런데 누가 내게 와서 다음과 같이 말한다고 치자. "당신이 가정하는 것들은 아무것도 존재하지 않는다. 청년들은 그렇지가 않다. 그들은 이런저런 정념들을 지녔고, 이러저러한 것들을 다 한다." 그것은 마치 사람들이 자기 정원에 있는 작은 배나무밖에 보지 못해서 배나무가 결코 큰 나무가 아니라고 부정하는 것과 같다.

---

49 자연의 인간(l'homme de la nature)은 타락한 인간들에 의해 만들어진 인간의 인간(l'homme de l'homme)이 아니라 사회에서 살면서도 자연인(l'homme naturel)의 선성을 보존하는 인간이다 — 옮긴이.

이리 성급하게 비난하는 심사원들에게 부탁드린다. 지금 여러분이 말하는 것을 나도 못지않게 아주 잘 알고 있으며, 어쩌면 내가 그에 대해 더 오랫동안 생각했을지도 모른다는 것, 또 그들을 속여 보았자 아무 이익이 없는 나로서는 여러분에게 적어도 내가 어떤 점에서 틀리는지 시간을 두고 알아보라고 요구할 권리가 있다는 사실을 고려해 줄 것을 부탁드린다. 그들이 인간의 구조를 잘 검토해 주었으면 한다. 한 개인이 교육의 힘에 의해 얼마나 다른 개인과 다를 수 있는지 보기 위해 그들이 이런저런 상황에서 일어나는 심성의 최초의 발달을 추적했으면 한다. 그런 뒤에 내가 하는 교육과 그 교육을 통해 내는 효과를 비교하고, 내가 어디서 추론을 잘못했는지 말해 주었으면 한다. 그러면 나는 대꾸할 말이 전혀 없을 것이다.

내가 더욱 단정적으로 말할 수 있는 것은 그리고 그렇게 말해도 더 용서될 수 있다고 생각할 수 있는 것은 내가 체계의 정신에 구애받지 않고, 논리적 추론에 최대한 비중을 두지 않고 관찰만 신뢰하기 때문이다. 나는 머릿속에서 생각한 것이 아니라 내가 본 것에 의거한다. 진실로 나는 한 도시의 성벽 안이나 어떤 한 계층의 사람들 속에서 제한된 경험만 쌓지 않았다. 내가 그토록 많은 계층들과 국민들을 관찰하며 보낸 생애 동안 그 계층들과 국민들을 비교한 뒤, 나는 어떤 국민에게는 있는데 다른 국민에게는 없는 것, 어떤 신분의 사람들에게는 있는데 다른 신분의 사람들에게는 없는 것, 그것들은 인위적인 것으로 취급하여 제외하고, 나이와 계급과 국적을 막론하고 모든 사람들에게 공통된 것만 명백하게 인간에게 속하는 것으로 간주했다.

그런데 이러한 방법을 따라서 여러분이 아직 어떤 특정한 틀을 받아들이지 않아서 다른 사람의 권위나 평판에 가능한 한 집착하지 않을 청년을 어린 시절부터 지켜본다면, 그가 나의 제자와 여러분의 제자들 중 누구와 더 닮을 것이라고 생각하는가? 내가 보기에는 바로 이것이 내가 길을 잘못 든 것은 아닌지 알기 위해 해결해야 할 질문이다.

인간이 생각을 시작하는 것은 쉽지 않지만, 일단 생각하기 시작하면 다시는 멈추지 않는다. 생각하기 시작한 사람은 누구든지 언제까지나 생각하게 될 것이다. 그리고 일단 반성적 사유를 하게 된 이해력은 결코 쉬지 않을 것이다. 그러므로 사람들은 내가 지나치거나 모자란다고, 그래서 인간의 정신은 본래 그렇게 빨리 깨치지 못하는데 정신에 아직 없는 능력을 부여한 뒤 내가 이미 정신이 뛰어 넘었던 것이 틀림없을 생각들의 범위 안에 정신을 지나치게 오랫동안 붙들어 둔다고 생각할 수도 있을 것이다.

그러나 자연의 인간을 키우려고 하면서 이를 위해 그를 미개인으로 만들어 깊은 숲속으로 몰아넣자는 것이 아니라는 것을 먼저 고려하라. 사회의 소용돌이 속에 갇혀 있다 하더라도 그곳에서 사람들의 정념이나 평판에 끌려다니지 않고, 자기 눈으로 사물을 보고, 자기 마음으로 사물을 느끼고, 자신의 이성의 권위 이외에는 어떤 권위의 지배도 받지 않으면 그것으로 충분하다는 말이다. 이와 같은 상태에서는 그에게 밀어닥치는 수많은 대상들, 그가 자주 느끼는 감정들, 그의 실제적인 필요를 충족시키기 위한 갖가지 수단들이 틀림없이 그가 결코 갖지 못했을 아니면 훨씬 늦게야 얻을 수 있었을 많은 관념들을 그에게 부여할 것이다. 정신의 자연적인 발달은 가속이 붙으면 붙었지 뒤로 돌아가지는 않는다. 숲속에서라면 멍하니 가만히 있을 사람이 도시에서는 그저 구경꾼 노릇만 해도 이성적이고 분별 있는 사람이 될 것이다. 어리석은 일에 끼어들지 않고 바라보기만 한다면 그보다 더 사람을 현명하게 만드는 데 적절한 것도 없다. 또 그런 일에 낀다 하더라도 거기에 속지만 않는다면 또 그런 짓을 하는 사람들이 품는 잘못된 생각만 품지 않는다면 그 이상으로 배움을 얻게 된다.

또한 감각적인 사물들에 한정되는 능력을 가진 우리로서는 철학의 추상적인 개념들이나 전적으로 지적인 관념들과 거의 아무런 관련도 맺지 못한다는 점도 고려하라. 거기에 도달하려면 우리가 그토록 단단하게 굳게 묶여 있는 육체로부터 벗어나거나, 혹은 하나의 대상에서 다른 대상으로 단계적으로 서서히 계속 전진하거나, 아니면 거인처럼 한걸음에 빠르게 거의 단번에 간격을 뛰어넘어야 한다. 그런데 거인처럼 걷는 것은 어린 시절에 가능한 일이 아니며, 이를 위해서는 어른들이라 할지라도 그들을 위해 특별히 만들어진 발판을 필요로 한다. 최초의 추상적인 관념이 첫 번째 발판이다. 그러나 사람들이 그것을 어떻게 만들 생각인지 나로서는 정말 알기 어렵다.

모든 것을 포용하고 세계에 운동을 부여하고 존재들의 체계 전체를 형성하는 불가해한 존재는 우리의 눈으로 볼 수도 없고 손으로 만질 수도 없다. 그것은 우리의 모든 감각에 포착되지 않는다. 그의 작품은 드러나 있지만, 그것을 만든 존재는 숨어 있다. 그러한 존재가 있음을 안다는 것도 어쨌든 쉬운 일은 아니지만, 우리가 거기에 도달한 다음 그러한 존재는 어떤 것이며 어디에 있는지 궁금해 할 때 우리의 정신은 혼란해져서 길을 잃게 된다. 그리고 우리는 더 이상 무슨 생각을 해야 할지 모르게 된다.

로크는 사람들이 정신의 연구에서 시작하여 그다음에 물체의 연구로 이행하기를 원한다. 이러한 방법은 미신과 편견과 오류의 방법이지, 이성의 방법도 심지어 질서정연한 자연의 방법도 아니다. 그것은 보는 법을 배우기 위해 눈을 가리는 격이다. 정신에 관한 참된 개념을 갖고 정신이 존재한다는 것을 짐작하기 위해서는 오랫동안 육체들을 연구했어야 한다. 그 반대의 순서는 오로지 유물론을 확립하는 데 소용될 뿐이다.

우리의 감각은 우리가 지식을 획득하는 데 사용하는 최초의 도구이기 때문에, 감지될 수 있는 유형의 존재야말로 우리가 직접 그에 대한 관념을 갖게 되는 유일한 것이다. 이 '정신'이라는 말은 철학을 해 본 적이 없는 사람에게는 아무런 뜻도 갖지 않는다. 정신이란 민중이나 어린아이들에게 단지 어떤 신체에 불과하다. 그들은 소리치고 말하고 때리고 시끄럽게 하는 정령들[50]을 상상하지 않는가? 한편 사람들은 내게 팔과 혀를 가진 정령들이 육체를 많이 닮았다고 자백할 것이다. 바로 이 때문에 세계의 모든 민족들이 형상을 가진 신들을 만들어 냈는데, 이는 유대인도 예외가 아니다. 성령, 삼위일체, 위격位格이라는 용어를 쓰는 우리 자신조차 대부분 어김없이 신인동형론神人同形論을 믿는다. 고백컨대 우리는 신은 도처에 있다고 말하라고 배워 왔다. 그러나 우리는 또한 공기도 모든 곳에 적어도 대기권 안에 있다는 것을 믿는다. 그리고 '정신'이란 단어 자체도 어원에서 보면 '입김'과 '바람'을 의미할 뿐이다. 사람들에게 그들이 이해하지 못하는 단어들을 사용하는 습관을 붙여 주기만 하면 그 뒤로 우리가 원하는 모든 것을 그들에게 말하도록 시키는 것은 어렵지 않다.

---

50 프랑스어로 정신을 뜻하는 'esprit'라는 단어는 정령, 귀신을 뜻하기도 한다 ─ 옮긴이.

우리가 다른 물체들에 작용을 가할 때 느끼는 감정을 통해, 우리는 그것들이 우리에게 영향을 미쳤을 때 우리가 그것들에 영향을 미칠 때와 같은 방식이었을 것이라고 우선 믿게 되었음이 분명하다. 그래서 인간은 자신이 그 행동을 지각하는 모든 존재들에게 생명을 부여하는 것부터 시작했다. 자신이 이러한 존재들 대부분보다 힘이 덜 강하다고 느끼면서 그는 그들의 힘의 한계를 알지는 못하기 때문에 그들의 힘이 무한할 것이라고 가정했다. 그리고 그 존재들에게 형상을 부여하고는 이내 곧 그것들을 신으로 만들었다. 원시시대에 모든 것에 대해 두려움을 느낀 인간들은 자연의 모든 것을 살아 있다고 생각했다. 그들에게서 물질의 관념이 형성되는 시간이 정신의 관념이 형성되는 시간보다 덜 걸렸던 것은 아니다. 왜냐하면 물질이라는 그 최초 관념도 역시 추상적인 개념이기 때문이다. 이렇게 해서 그들은 감지될 수 있는 신들로 우주를 가득 채웠다. 별, 바람, 산, 강, 나무, 도시, 심지어 집까지 모든 것이 저마다 영혼과 신과 생명을 지니고 있었다. 라반의 인형,[51] 북아메리카 인디언들의 마니토우 신상, 흑인들의 물신物神, 자연과 인간들이 만들어 낸 모든 작품들이 죽을 운명의 인간들이 모시는 최초의 신들이었다. 다신교가 그들의 최초의 종교였으며, 우상숭배가 그들의 최초의 종교 의식이었다. 그들이 유일신을 인정할 수 있었던 것은 자신들이 가진 관념들을 점점 더 일반화하여 제1원인까지 거슬러 올라가 존재들의 총체를 단 하나의 개념으로 통합하고 '실체'라는 말—이것이야말로 사실상 가장 거대한 추상적 개념이다—에 의미를 부여할 수 있었을 때 비로소 가능했다. 그러므로 신

---

51 『구약성서』의 「창세기」에 나오는 라반이 집안의 수호신으로 모신 소형 입상을 말한다 — 옮긴이.

을 믿는 어린아이는 누구나 필연적으로 우상숭배자이거나 적어도 신인 동형론자이다. 그리고 상상으로 신을 한번 보게 되면, 이해력으로 신을 이해하게 되는 일은 정말 드물다. 바로 이것이 로크의 순서를 따르면 도달하게 되는 오류이다.

실체라는 추상적인 관념에 도달한 후, 어떻게 그렇게 되었는지는 모르겠지만, 사람들은 유일한 실체를 인정하기 위해서는 그것에 서로 모순되는 양립할 수 없는 성질들이 있음을 가정해야 한다는 것을 알게 된다. 이를테면 사유와 연장延長이 그것인데, 연장은 본질적으로 분할이 가능하지만 사유는 어떠한 분할 가능성도 배제한다. 그런데 사람들은 사유―그것을 감정이라고 해도 무방하다―가 그것이 속한 실체와 분리될 수 없는 본원적인 성질이라고 생각하면서, 연장 또한 그것의 실체와 관련하여 마찬가지라고 생각한다. 이로부터 그 성질들 중 하나라도 없는 존재들은 그 성질이 속한 실체를 잃어버리는 것이고, 그 결과 죽음은 단지 실체들의 분리에 불과하며, 이 두 성질이 결합되어 있는 존재들은 이 두 성질이 속한 두 실체가 합성된 것이라는 결론이 나온다.[52]

그런데 이번에는 두 가지 실체라는 개념과 신성이라는 개념 사이에, 우리의 육체에 대한 우리 영혼의 작용이라는 이해할 수 없는 관념과 모든 존재에 대한 신의 작용이라는 개념 사이에, 아직도 얼마만 한 거리가 남아 있는지 생각해 보라.[53] 창조, 영혼의 궁극적 소멸, 편재遍在, 영

---

52 여기서 루소는 데카르트의 철학에 대해 언급하고 있다. 사유는 정신의 속성이며 연장은 물질의 속성이다. 데카르트는 분할할 수 없는 실체인 정신과 분할할 수 있는 실체인 물질이 근본적으로 대립한다고 본다 ― 옮긴이.

53 일단 정신과 물질을 별개의 실체로 생각한다면, '어떻게 정신이 인간의 육체를 움직일 수 있으며, 어떻게 신이 우주의 물질들에 작용을 가할 수 있는가'라는 문제가 제기된다 ― 옮긴이.

원성, 전능함 등의 관념, 신의 속성이라는 관념, 이따위 관념들 모두가 —아주 소수의 사람들만 그것들을 있는 그대로 애매모호하다고 볼 수 있으며, 민중들에게는 그것들이 전혀 모호할 것이 없다. 그 이유는 민중은 거기서 아무것도 이해하지 못하기 때문이다— 어떻게 아직 감각의 기본적인 작용에만 전념하여 자신들이 만질 수 있는 것만 이해하는 청년들의 정신에서 제 힘을 모두 발휘하면서 다시 말하면 그 모호함을 고스란히 지닌 상태로 생성될 수 있을까? 무한이라는 심연이 우리 주변 곳곳에서 입을 벌리고 있다 해도 소용이 없다. 어린아이는 그런 것에는 전혀 겁을 먹을 줄 모른다. 아이의 약한 시력은 깊이를 측정할 수 없기 때문이다. 어린아이들에게는 모든 것이 무한이며, 그들은 어느 것에도 한계를 둘 줄 모른다. 그것은 아이들이 쓰는 척도가 대단히 길어서가 아니라 그들의 이해력이 짧기 때문이다. 심지어 나는 그들이 알고 있는 범위 이상이 아니라 오히려 그 이하를 무한한 것이라고 생각하는 것을 본 적도 있다. 그들은 거대한 공간을 눈이 아니라 오히려 발로 측정한다. 거대한 공간이란 그들이 볼 수 없을 만큼 먼 것이 아니라, 그들이 갈 수 없을 만큼 더 멀리 펼쳐져 있는 것이다. 아이들에게 신의 능력에 대해서 이야기하면 그들은 신이 자기 아버지만큼 힘이 세다고 생각할 것이다. 아이들에게는 어떤 일에서나 그들이 알고 있는 것이 가능한 것의 척도가 되기 때문에, 사람들이 그들에게 말하는 것은 항상 자신이 알고 있는 것보다 더 작다고 생각한다. 이것이야말로 무지와 빈약한 정신에서 나오게 되어 있는 당연한 판단이다. 아이아스[54]는 아킬레우스와 승부를 겨루기를 두

---

54 『일리아스』에서 아킬레우스 다음으로 용맹한 장군으로 등장하는 아이아스는 아킬레우스가 전사한 후

려워했지만 제우스에게는 싸우자고 도전한다. 왜냐하면 그는 아킬레우스는 알지만 제우스는 모르기 때문이다. 스위스에 한 농부가 있었는데, 그는 자기가 사람들 중에서 제일 부자라고 생각했다. 그래서 어떤 사람이 왕이 어떤 것인지 설명하려고 애쓰자, 그에게 거만한 태도로 왕이라는 자는 산에 암소를 족히 백 마리는 가질 수 있는 자냐고 물어보았다고 한다.

내가 제자에게 종교에 대한 말은 하지 않은 채 그의 유년 시절을 내내 지켜보고 있다는 것에 얼마나 많은 독자들이 놀라워할지 나도 짐작한다. 그는 열다섯 살에도 자신에게 영혼이 있는지 없는지 몰랐다. 그런데 어쩌면 열여덟 살에도 아직 그것을 배울 시기가 아닐지도 모르겠다. 왜냐하면 배워야 할 시기보다 더 일찍 배운다면, 그는 이후에 절대로 그것을 알지 못하게 될 위험을 무릅써야 하기 때문이다.

만약 내가 딱할 만큼 어리석은 인간을 그려야 한다면, 어린아이들에게 교리문답을 가르치고 있는 현학자를 그릴 것이다. 만약 한 어린아이를 바보로 만들고 싶으면, 나는 그에게 교리문답에서 말하고 있는 것을 설명해 보라고 강요해 볼 것이다. 사람들은 다음과 같이 반박할 것이다. "대부분의 기독교 교리는 신비하니까 인간의 정신이 그것을 이해할 수 있도록 기다리는 것은 어린아이가 어른이 되기를 기다리는 것이 아니라 인간이 더 이상 인간이 아니기를 기다리는 셈이다." 나는 다음과 같이 대답하겠다. "첫째, 이 세상에는 인간이 이해하기 불가능할 뿐만 아니라 믿

아킬레우스의 무기들을 달라고 요구하다가 그것이 오디세우스에게 넘어가게 되자 미쳐 날뛰다가 자살했다 ― 옮긴이.

을 수도 없는 신비가 있는데, 이것을 어린아이들에게 가르친다는 것은 그들에게 일찍부터 거짓말하는 것을 가르치려는 것이 아니라면 그들에게 무슨 득이 되겠는가?" 또한 이에 덧붙여 "그 신비를 인정하려면 적어도 그것이 이해될 수 없는 것임을 이해해야 할 텐데, 어린아이들은 심지어 그런 생각을 가질 수도 없다. 모든 것이 신비로운 나이에 엄밀한 의미에서 신비란 존재하지 않는다"라고 말하겠다.

'구원을 받으려면 신을 믿어야 한다.' 이 잘못 이해된 교리는 잔인한 불관용의 원리이고, 인간의 이성에 말로만 때우는 습관을 들게 해서 그것에 치명타를 가하는 모든 헛된 가르침들의 원칙이다. 영원한 구원을 얻기 위한 자격을 가지려면 한순간도 헛되이 보내서는 안 된다는 것은 분명하다. 그런데 그것을 얻기 위해서 몇 마디 말을 되풀이하는 것으로 충분하다면, 천국은 어째서 어린아이들뿐만 아니라 찌르레기나 까치로 우글거리지 않는지 모르겠다.

민음의 의무는 민음의 가능성을 전제로 한다. 신을 믿지 않는 철학자는 틀렸다. 왜냐하면 그는 자신이 계발해 온 이성을 잘못 사용하고 있기 때문이며, 자신이 거부하는 진리들을 이해할 수 있기 때문이다. 그러나 기독교를 믿고 있다고 공언하는 어린아이는 과연 무엇을 믿고 있는가? 그는 자신이 이해하는 것을 믿는다. 그러나 그는 사람들이 그에게 말하도록 시킨 것을 도무지 이해하지 못해서, 가령 여러분이 반대되는 것을 말해도 그는 그것도 마찬가지로 아주 기꺼이 받아들일 것이다. 어린아이들 그리고 많은 사람들의 신앙은 지리적인 문제이다. 그들이 메카가 아니라 로마에서 태어났다고 해서 그 때문에 상을 받겠는가? 마호메트가 신의 예언자라는 말을 들은 사람은 마호메트를 신의 예언자라고 말한다.

또 다른 사람은 마호메트가 사기꾼이라는 말을 듣고 마호메트를 사기꾼
이라고 한다. 이들이 서로 자리가 바뀌었다면, 저마다 상대방이 주장하
는 것을 자기가 주장했을 것이다. 그렇게 비슷한 성향을 가진 사람 둘을
놓고, 한 사람은 천국으로 또 다른 사람은 지옥으로 보낼 수 있겠는가?
어떤 어린아이가 신을 믿는다고 말할 때, 그가 믿는 것은 신이 아니라 신
이라고 불리는 무엇인가가 있다고 그에게 말해 주는 자크나 피에르라는
사람이다. 그리고 그는 에우리피데스[55]식으로 그렇게 믿는다.

> 오, 주피터여! 왜냐하면 당신에 대하여 저는 아무것도 모르고
> 단지 당신의 이름만 알기 때문입니다.[56]

우리는 철이 들기 전에 죽은 어린아이라면 누구든 영원한 행복을 박탈
당하지 않을 것이라고 주장한다. 가톨릭 신자들도 세례를 받은 어린아
이들은 모두 비록 신에 관한 말을 들은 적이 결코 없었다 해도 그렇게 될
것이라고 믿는다. 그러므로 신을 믿지 않고도 구원받을 수 있는 경우가
있는데, 그것은 어린 시절이나 심신이 상실되었을 때, 인간의 정신이 신
을 알아보기 위해서 필요한 행동을 할 수 없을 때 생긴다. 내가 보건대,
여기서 나와 여러분 사이의 차이점이라면 여러분은 어린아이가 일곱 살

---

55 Euripides(기원전 484?-기원전 406): 고대 그리스의 3대 비극 시인 가운데 한 사람으로, 소크라테스에
게서 많은 영향을 받았으며, 신화를 그대로 받아들이지 않고 의심나는 점이 있으면 항상 비판적인 태
도로 고쳐서 표현했다 — 옮긴이.
56 플루타르코스의 『연애론』, 아미요(1513-1593, 프랑스의 인문주의자 — 옮긴이) 번역. 비극 『메날리페』는 처
음에 이렇게 시작되었다. 그러나 아테네 시민의 아우성 때문에 에우리피데스는 이 첫머리를 바꾸어
야만 했다.

이 되면 그 능력을 갖는다고 주장하고, 나는 열다섯 살이 된 아이에게도 그 능력을 인정하지 않는다는 점이다. 내가 옳든 그르든, 여기서 문제가 되는 것은 신앙이 아니라 그저 자연사自然史적인 관찰이다.

동일한 원리에 따라, 신을 믿지 않고 노년을 맞은 사람이라 하더라도 그의 무분별이 자의적인 것이 아니었다면, 신을 믿지 않았다고 해서 내세의 삶을 박탈당하지 않는 것은 분명하다. 나는 무분별이 언제나 자의적인 것은 아니라고 말했다. 여러분도 병에 걸려 정신적 능력은 상실했지만 인간의 자격 그러니까 창조자의 은혜를 받을 권리를 상실하지 않은 미친 사람들에 대해서 그렇다고 생각할 것이다. 그렇다면 어린 시절부터 모든 사회에서 격리된 채 완전히 미개한 삶을 살아서 사람들과의 교류를 통해서만 얻게 되는 지식이 결여되었을 사람들에 대해서도 왜 그것을 인정하지 않겠는가?[57] 왜냐하면 이러한 미개인이 진정한 신을 인식하는 데까지 자신의 사유를 고양시키기란 정녕 불가능하기 때문이다. 이성은 우리에게 인간은 오로지 자신이 고의로 저지른 잘못에 의해서만 처벌받을 수 있으며, 불가항력적인 무지는 그 사람의 죄로 돌릴 수 없다고 말한다. 이로부터 필요한 지식만 갖고 있다면 신을 믿을 사람들은 신의 법정 앞에서 신을 믿는 것으로 간주되며, 진리에 대해 스스로 마음을 닫고 있는 사람들을 제외하고는 신을 믿지 않아 벌을 받을 사람은 없을 것이라는 결론이 나온다.

진리를 이해할 수 있는 상태에 있지 않은 사람들에게 진리를 알리는

---

57 인간 정신의 자연적 상태에 대해서 또 인간 정신이 느리게 진보하는 것에 대해서는 『인간 불평등 기원론』 1부를 보라.

일은 삼가도록 하자. 왜냐하면 그것은 진리 대신 오류를 심어 주려는 일이 되기 때문이다. 신에게 어울리지 않는 저열하고 환상적이고 부당한 관념을 지니는 것보다는 어떤 관념도 갖지 않는 편이 더 낫다. 신을 모독하는 것보다는 신을 알지 못하는 것이 죄가 더 가볍다. 위대한 플루타르코스는 이렇게 말했다. "나는 사람들이 플루타르코스는 정의롭지 못하고 질투와 시기심이 많고 자신이 준 힘으로 할 수 있는 것 이상을 요구하는 폭군이라고 말하느니, 이 세상에 플루타르코스라는 사람은 없다고 믿는 편이 더 좋겠다."

사람들이 아이들의 정신에 심어 주는 신의 기형적인 이미지에서 생겨나는 커다란 해악은 그 모습이 아이들의 정신에 일생 동안 남아서 어른이 되어서도 어린 시절의 신 이외에 다른 신을 생각하지 않는다는 점이다. 나는 스위스에서 선량하고 경건한 한 가정주부를 본 일이 있는데, 그녀는 이 준칙을 너무나 확신하고 있어서 유년기의 자기 아들에게 종교에 대해 가르치려고 하지 않았다. 아들이 조잡한 가르침에 만족하여 철이 들 무렵에 더 훌륭한 가르침을 등한시할까 봐 두려웠기 때문이다. 그 아이는 어른들이 신에 대해 말할 때는 언제나 마음을 가다듬고 공손히 얘기를 들었다. 그리고 그 자신이 신에 대해 말하려 하면, 마치 그것이 그에게는 너무나 숭고하고 위대한 주제라도 되는 것처럼, 즉시 조용히 있으라는 제지를 받았다. 이러한 조심성이 그의 호기심을 자극했다. 아이의 자존심은 사람들이 그에게 그토록 조심스럽게 감추는 그 신비로운 비밀을 알게 될 때를 열망했다. 사람들이 그에게 신에 관한 이야기를 적게 할수록, 또 그가 신에 대해 말하는 것을 허용하지 않을수록, 그는 신에게 더 관심을 쏟았다. 그리하여 이 아이는 모든 곳에서 신을 보게 되었다.

그런데 무턱대고 신비를 가장하는 이러한 태도에 대해 내가 우려하는 바는 청년의 상상력을 지나치게 자극함으로써 그의 머리를 해쳐 마침내 그를 신자 대신 광신자로 만들지 않을까 하는 것이다.

그러나 나의 에밀에 관해서는 그런 걱정은 접어 두기로 하자. 에밀은 언제나 어떤 일에나 자기 이해력의 범위를 벗어나는 것에 대해서는 주의를 기울이지 않는다. 자신이 이해하지 못하는 것은 완전히 무관심하게 듣기 때문이다. 그는 너무도 많은 일들에 대해 "그건 제가 나설 일이 아닙니다"라고 말하는 습관이 있어서, 그런 것이 하나쯤 더 있다 해도 그리 난처해하지 않는다. 그리고 그가 이런 중요한 문제들에 관해 알아보기 시작할 때는, 남들이 그런 문제들을 거론하는 것을 들어서가 아니라 그의 지적 능력이 자연스럽게 발달하여 그의 탐구 방향이 그쪽으로 돌려질 때이다.

우리는 인간의 정신이 계발되면서 어떤 경로를 통해 이러한 신비에 접근해 가는지 보았다. 그리고 나는 사회에서조차 인간의 정신이 나이가 더 들어야만 자연적으로 이러한 신비에 도달한다는 것을 기꺼이 인정한다. 그러나 그 사회에는 정념의 발달을 가속화시키는 불가피한 요인들이 있기 때문에 이러한 정념을 규제하는 데 사용되는 지적 능력의 발달도 그처럼 가속화시키지 않으면, 바로 그때 우리는 정말로 자연의 질서에서 벗어나고 균형은 깨어질 것이다. 지나치게 급속한 발달을 뜻대로 늦출 수 없을 때는 그에 상응해야 할 발달들도 동일한 속도로 이끌어야 한다. 그래서 순서가 뒤바뀌지 않게 하고 함께 진행되어야 할 것들이 분리되지 않도록, 또 자기 인생의 모든 순간에 총체적이어야 할 인간이 능력들 중 하나는 이 정도에 이르렀는데 그 밖의 능력들은 저 정도에 머무르는 식이 되지 않도록 해야 한다.

여기서 얼마나 큰 어려움이 생겨나는지! 그 어려움은 사물들 내에 있다기보다 그것을 감히 해결할 엄두도 내지 못하는 사람들의 소심성에 있기 때문에 한층 더 커진다. 적어도 그것을 과감하게 제시하는 일부터 시작하자. 어린아이는 아버지의 종교 안에서 키워지게 마련이다. 사람들은 아이에게 그 종교가 무엇이건 그것이 유일한 참된 종교이고 다른 종교들은 모두 엉터리이며 부조리할 뿐이라는 것을 언제나 매우 훌륭하게 입증한다. 이 점에 대해서 논거의 설득력은 그 논거가 제시되는 나라에 따라 전적으로 좌우된다. 콘스탄티노플에서 기독교를 매우 우스꽝스럽다고 생각하는 터키 사람이라면, 파리에서는 사람들이 마호메트교를 어떻게 생각하는지 가서 보도록 하라. 세상의 평판이 승리를 거두는 곳은 특히 종교 문제에서이다. 그러나 모든 면에서 세상 평판의 굴레에서 벗어나고, 권위에 아무것도 부여하기를 원하지 않으며, 어느 나라에서나 스스로의 힘으로 배울 수 있는 것 이외에는 어떠한 것도 에밀에게 가르치기를 원치 않는 우리는 그를 어떤 종교 안에서 키워야 할까? 자연의 인간을 어떤 종파에 가입시킬 것인가? 내가 보기에 그 대답은 아주 간단하다. 우리는 그를 이런저런 종파에 가입시키지 않고, 그가 자신의 이성을 가장 잘 사용하여 이르게 되는 종파를 선택할 수 있도록 해 줄 것이다.

나는 불 위를 건너간다.
위장을 위해 재로 뒤덮은 불 위를[58]

---

58 호라티우스의 『시가집』에서 인용 — 옮긴이.

아무래도 좋다. 지금까지 열정과 성실함이 내게서 신중함의 역할을 해 주었다. 확실한 보증이 되는 이 태도들이 필요한 경우에 나를 버리지 않기를 바라고 있다. 독자들이여, 내가 진리의 벗에 어울리지 않게 너무 조심하고 있는 것이 아닌가 걱정하지 마시라. 나는 결코 나의 신조[59]를 잊지 않을 것이다. 그러나 나 자신의 판단을 의심해 보는 것은 마땅히 내게 허용되어 있다. 여기서 나는 내가 생각하는 바를 내 생각으로 여러분에게 말하는 대신, 나보다 훨씬 나은 사람이 생각했던 바를 여러분에게 말할 것이다. 앞으로 이야기할 사실들의 진실성은 내가 보증한다. 이것들은 내가 지금 옮겨 쓰려는 원고를 쓴 저자에게 실제로 일어났던 일들이다. 지금 다루려는 주제와 관련하여 이로부터 유익한 성찰을 끌어낼 수 있을지 알아보는 일은 여러분에게 달려 있다. 여러분에게 타인의 의견이나 나의 의견을 결코 준칙으로 제시하지 않겠다. 나는 여러분이 그것을 검토하도록 제공할 뿐이다.

삼십 년 전 이탈리아의 어느 도시에서 조국을 떠나온 한 청년[60]은 말할 수 없이 비참한 상태에 빠져 있었다. 그는 칼빈파 신자로 태어났지만 어리석은 짓을 거듭하다 외국에서 무일푼의 도망자 신세가 되었고, 빵을 얻기 위해 종교를 바꾸었다. 그 도시에는 개종자들을 위한 구호원이 있었고 그는 그곳에 수용되었다. 사람들이 그에게 논쟁을 가르쳐 주었고 그는 예전에 갖고 있지 않던 의문을 품게 되었으며 모르고 있던 악을 배웠다. 그는 색다른 교리를 들었고 훨씬 더 색다른 풍습도 보았다.[61] 그래

<hr>

59 루소의 신조란 '진리를 위하여 목숨을 바친다'는 유베날리스의 말이며, 루소는 1759년 봄부터 이 말을 새긴 도장을 사용했다 — 옮긴이.
60 뒤에 나오지만 여기에 등장하는 청년은 루소 자신이다 — 옮긴이.

서 그는 그것들을 보면서 자칫 그 희생물이 될 뻔했다. 그는 도망치려 했지만 사람들이 그를 가두었고, 항의했지만 항의 때문에 벌을 받았다. 압제자들에게 휘둘리던 그는 죄에 굴복하려 하지 않았기 때문에 죄인 취급을 당하게 되었다. 폭력과 부정 때문에 겪은 최초의 시련이 아직 경험이 없는 청년의 마음을 얼마나 분통 터지게 하는지 아는 사람이라면 그의 마음 상태를 상상할 수 있을 것이다. 눈에서 분노의 눈물이 흘렀고 화가 나서 숨이 막힐 듯했다. 신과 인간들에게 애원했고, 모든 사람들에게 마음속을 털어놓았지만 아무도 들어 주지 않았다. 그의 눈에 띄는 것이라고는 파렴치한 놈을 따르는 비열한 하인들과 그놈과 똑같은 죄를 저지른 공범자들뿐이었는데, 이들은 그의 반항을 비웃으면서 자신들처럼 하라고 부추겼다. 그는 한 성실한 성직자가 아니었다면 파멸했을 것이다. 그 성직자는 볼일이 있어 그 구호원에 온 것이었는데, 청년은 그와 몰래 상담할 방법을 찾아냈다. 성직자는 가난했고 그 또한 사람들의 도움을 필요로 했지만, 박해받던 청년은 그의 도움이 훨씬 더 필요했다. 그래서 성직자는 위험한 적을 만들 위험을 무릅쓰고 망설임 없이 청년의 탈출을 도와주었다.

악에서 벗어나 가난으로 되돌아간 청년은 자신의 운명과 싸웠으나 어쩔 수 없었다. 한때는 자신이 운명을 극복했다고 믿었다. 최초로 행운의 빛이 비쳤을 때 그는 자신의 불행과 후견인을 잊었다. 그러나 곧 이러한 배은망덕에 대해 벌을 받았으며 그의 모든 희망은 사라졌다. 그의 젊음

61 루소는 열여섯 살 때 토리노의 가톨릭 예비 교리자를 위한 수도원 보호 시설에서 동성연애자한테 봉변을 당하기도 했다 — 옮긴이.

이 그에게 유리하게 작용해도 소용이 없었다. 그의 공상적인 사고가 모든 것을 망쳐 버렸다. 그에게는 평탄한 길을 개척해 갈 수 있는 충분한 재능이나 수완이 없었고, 절제를 지키는 사람도 나쁜 사람도 될 줄 몰랐으며, 너무 많은 것을 열망하여 아무것도 이룰 수 없었다. 또다시 처음의 가난에 떨어져 먹을 것도 잘 곳도 없이 곧 굶어 죽을 지경이 되자, 그는 자신의 은인을 다시 기억해 냈다.

그는 다시 그곳으로 되돌아가 그 사제를 만났고 반가운 환대를 받았다. 그를 보자 사제는 이전에 그에게 베풀었던 선행을 기억했다. 그런 추억은 언제나 영혼을 기쁘게 하는 법이다. 그는 천성적으로 인정과 동정심이 많았다. 그는 다른 사람의 고통을 자신의 고통으로 느꼈으며, 유복하다고 해도 결코 마음이 냉혹해지는 사람이 아니었다. 그리고 마침내 지혜의 가르침과 양식에 따른 미덕을 쌓은 덕분에 그의 선량한 천성은 확고해졌다. 그는 젊은이를 맞이하고 그에게 숙소를 찾아 주고, 그를 그곳에 추천했다. 그는 두 사람 몫으로는 그리 충분하지 않은 생필품을 그 젊은이와 나누었다. 게다가 그를 가르치고 위로하면서, 참을성을 갖고 역경을 견디는 어려운 기술을 그에게 가르쳐 주었다. 편견에 사로잡혀 있는 사람들이여, 여러분이라면 이 모든 일을 사제에게서 또 이탈리아에서 기대했겠는가?

이 성실한 사제[62]는 사부아 태생의 가난한 보좌신부로, 젊었을 때 어떤

---

62 사부아 보좌신부의 모델은 루소가 토리노에서 만났던 사부아 출신의 갬(Gaime) 신부이다. 루소에 따르면 그에게 "자존심과 자기 존중"을 일깨워 준 사람이 바로 그 신부이다. 그러나 사부아 보좌신부의 전기적 사실은 루소가 안시에서 알았던 가티에(Gâtier) 신부의 이야기이다. 루소는 신부가 추문에 연루되었다고 생각하는데, 이는 착각인 것으로 보인다 — 옮긴이.

사건 때문에 주교와 사이가 틀어져 자기 나라에서는 생계수단을 구할 수 없게 되자 생계를 위해 산을 넘어왔다. 그는 꽤 재능과 교양을 갖추었고, 잘생기지는 않았지만 매력적인 용모를 갖고 있어서 후원자들을 찾을 수 있었다. 그들 덕분에 어느 대신의 집에 들어가 그의 아들의 교육을 맡았다. 그러나 그는 매여 있는 생활보다 오히려 가난을 좋아했고, 고관대작들 사이에서 어떻게 처신해야 하는지 알지 못했다. 대신의 집에 오래 머물지는 않았지만, 그곳을 떠날 때 자신의 평판을 조금도 실추시키지 않았다. 그리고 현명하게 처신하여 모두로부터 사랑을 받았기 때문에, 그는 예전의 그 주교에게서 용서를 받고 그래서 산골 어느 작은 교구를 맡아 거기서 여생을 보낼 수 있기를 은근히 기대하고 있었다. 이것이 그가 품고 있던 최대의 야심이라면 야심이었다.

그 사제의 타고난 성향이 젊은 도망자에게 관심을 가지게 했고 그를 조심스럽게 관찰하게 했다. 그는 이미 청년의 마음이 불행한 운명 때문에 비탄에 잠겨 있고 모욕과 경멸로 용기가 꺾였으며 자부심은 쓰디쓴 원한으로 바뀌어, 사람들의 불의와 냉혹함 속에서 그가 오로지 인간의 본성은 사악하고 미덕은 환상에 불과하다는 사실만 본다는 것을 알아차렸다. 청년은 종교가 이익을 감추는 가면 구실만 할 뿐이고, 신성한 예배도 위선을 보호하기 위한 것에 불과하다고 생각했다. 또한 교묘하게 꾸며진 헛된 논쟁 속에서 천국이니 지옥이니 하는 것도 말장난에 주어지는 보상으로 생각했다. 그리하여 신에 대한 최초의 숭고한 관념이 사람들의 이상한 상상력에 의해 왜곡된 것을 보았다. 신을 믿기 위해서는 신에게서 부여받은 판단력을 포기해야 한다는 것을 알고, 우리의 가소로운 망상과 그것이 적용되는 대상을 똑같이 경멸했다. 청년은 존재하는 것에 대해 아무것도 알지 못하고 사물의 발생에 대해 아무 생각도 하지 않음으로써 어리석은 무지 상태에 빠져들었고, 그보다 더 잘 알고 있다고 생각하는 모든 사람들에게 강한 경멸감을 품게 되었다.

종교라는 것을 일체 잊어버리게 되면 인간은 결국 인간의 의무를 잊어버리게 된다. 이 자유사상가의 마음속에서 이러한 일이 이미 반 이상 진행되고 있었다. 그는 천성이 나쁜 아이는 아니었지만, 불신과 가난으로 차차 천성이 말살되어 파멸을 향해 급속히 나아가고 있었으며, 거지의 생활습관과 무신론자의 도덕만 갖추어 가고 있었다.

거의 피할 수 없는 악이었지만 완전히 돌이킬 수 없게 되어 버린 것은 아니었다. 그 청년에게는 지식이 있었고 교육을 소홀히 받은 것도 아니었다. 그는 영혼이 끓는 피로 데워지기 시작했지만 아직 격렬한 관능에 사로잡히지는 않는 그러한 행복한 시기에 놓여 있었다. 아직 그의 영혼은 생기를 고스란히 간직하고 있었다. 타고난 부끄러움과 소심한 성격이 외적인 구속을 대신하여, 여러분이 그토록 정성을 들여 제자를 붙잡아 두는 그 시기를 청년에게서 연장해 주었다. 노골적인 타락과 매력 없는 악덕의 추악한 본보기들은 그의 상상력을 부채질하기는커녕 무디게 만들었다. 오랫동안 미덕 대신 혐오감이 그의 순결을 지켜 주었다. 그의 순결은 더 감미로운 유혹에만 굴복했을 것이다.[63]

---

63 루소는 자신이 부끄러움을 많이 타는 소심한 성격과 동시에 매우 격렬하고 조숙한 기질을 갖고 있어서 관능을 현실적인 이성과의 관계가 아니라 상상 속에서 충족시켰고, 그로 인해 외적인 구속 없이도 젊은 시절 동정을 지킬 수 있었다고 말한다.

"그러므로 나는 매우 격렬하고 관능적이고 조숙한 기질을 갖고 있음에도 불구하고 랑베르시에 양이 그리 별다른 뜻 없이 나로 하여금 상상하게 만들었던 관능의 쾌락 이외에 다른 쾌락들은 원하지도 또 알지도 못한 채 사춘기를 이런 식으로 보냈다. 그뿐만 아니라 마침내 세월이 흘러 내가 어른이 되었을 때도 성직자는 위험을 보았고 그것을 타개할 수단도 보았다. 그는 어려운 일들에 부딪쳐도 조금도 물러서지 않았다. 그는 자신이 하고 있는 일에 만족했고, 그 일을 완수하고 자신이 비참한 환경에서 빼내 온 희생자를 미덕의 길로 되돌려 놓기로 결심했다. 자신의 계획을 실행하기 위해 그는 멀리서부터 신중한 태도를 취했다. 이 고결한 동기 때문에 그의 용기는 고무되었고 그의 열의에 걸맞은 방법이 떠올랐다. 결과가 어찌 되건 그는 자신의 시간을 낭비한 일이 되지는 않을 것이라고 확신했다. 좋은 일만 하려고 할 때는 언제나 성공하는 법이다.

그는 우선 개종자의 신뢰를 얻는 일부터 시작했다. 그래서 자기가 베푸는 선행을 그에게 전혀 내세우지 않았고 조금도 성가시게 굴지 않았으며, 설교를 하는 일도 없었다. 언제나 청년의 수준에 맞추어 그와 동등해지려고 자신을 낮추었다. 내게는 근엄한 사람이 부랑자와 동료가 되고, 버릇없는 태도를 더 확실히 물리치기 위하여 미덕이 그것에 동참하는 모

나를 타락시킬 수도 있는 것이 도리어 역시 이런 식으로 나를 지켜 주었다. 내가 예전부터 갖고 있는 어린아이 같은 취향은 사라지기는커녕 또 다른 취향과 너무나 밀접히 결부되어서 그것을 관능에 의해 불타는 욕망으로부터 결코 떼어 놓을 수 없었다. 그리고 내 천성적인 수줍음에 결부된 이러한 어리석은 정념으로 인하여 여성들 옆에서는 항상 매우 소심해져서 감히 마음속에 있는 말을 모두 털어놓거나 하고 싶은 것을 다 할 수 없었다. 그런데 그런 종류의 향락은 ―내게 또 다른 향락은 맨 마지막 단계에 불과하다― 그것을 원하는 남자가 강제로 빼앗아 가질 수도 없고 그것을 제공하는 여자가 알아차릴 수도 없는 것이었다. 나는 내가 가장 사랑하는 여성들 곁에서 갈망을 갖고 있으면서도 아무 말도 하지 못하면서 이런 식으로 인생을 보냈다. 나는 감히 내 취향을 결코 떳떳하게 말하지 못하더라도 내게 그런 생각을 품게 하는 교제를 통해 이러한 취향을 달랬다. 오만한 애인에게 무릎을 꿇고 그녀의 명령에 복종하고 그녀에게 용서를 빌어야만 하는 것이 내게는 매우 달콤한 즐거움이었다. 그래서 강렬한 상상력이 내 피를 타오르게 하면 할수록 나는 주눅이 든 애인처럼 보였다. 누구나 알고 있듯이 이러한 연애법은 그렇게 신속한 진척을 보이지 않으며 그 상대가 된 여성들의 정조에 대단한 위협이 되지 않는다. 그래서 여인을 소유한 적은 정말 거의 없지만 그래도 내 나름대로 다시 말하면 상상을 통하여 많은 즐거움을 누렸다. 바로 이와 같이 내 관능은 소심한 기질과 공상적인 정신과 조화를 이루면서, 내가 좀 더 뻔뻔스러웠다면 아마 나를 다시없이 격렬한 육욕에 빠뜨렸을 바로 그 취향을 갖고 내게서 순결한 감정과 방정한 품행을 지켜 주었다"(『고백록』, 1권) ― 옮긴이.

습을 보는 것은 감동적인 광경이었다. 경솔한 청년이 사제에게 와서 어리석은 속내 이야기를 털어놓고 그의 옆에서 속마음을 토로하면, 사제는 그것을 모두 들어 주고 그를 편안하게 해 주었다. 나쁜 일에는 찬성하지 않으면서 모든 것에 관심을 보였다. 조심성 없이 비난하여 그가 수다 떠는 것을 막거나 그의 마음을 죄어들게 만드는 일은 절대로 없었다. 자기 말에 귀를 기울여 준다고 생각하면서 느끼는 기쁨 때문에 그 청년은 모든 일을 털어놓으면서 느끼는 기쁨도 더욱 커졌다. 이런 식으로 그는 뭔가를 고백한다는 생각도 없이 모든 것을 고백하게 되었다.

신부는 청년의 감정과 성격을 충분히 관찰한 후, 그가 나이에 비해 무지하지 않지만 꼭 알고 있어야 할 것들을 모두 잊어버렸다는 것, 사느라 어쩔 수 없이 빠져든 타락한 생활이 그의 내면에 있는 선악에 대한 올바른 감정을 모두 억눌러 버렸다는 것을 명확히 알게 되었다. 우둔한 것도 어느 정도에 이르면 영혼의 생명력을 제거하고 만다. 또한 먹고사는 일만 생각하는 사람에게는 내면의 목소리가 전혀 들리지 않는다. 눈앞에 닥친 이 정신의 죽음에서 그 불행한 청년을 지켜 주기 위하여, 신부는 그의 내면에 있는 자존심과 자존감을 일깨우는 것에서부터 시작했다. 신부는 청년에게 그의 재능을 유익하게 사용하면 좀 더 행복한 미래가 펼쳐지게 된다는 것을 보여 주었다. 다른 사람의 아름다운 행동을 들려줌으로써 그의 마음에 고귀한 정념을 되살렸다. 아름다운 행동을 한 사람들을 찬양하게 하면서, 그에게 자신도 그와 같은 일을 하고 싶다는 욕망을 되찾게 해 주었다. 그가 해 오던 무위도식의 생활에서 서서히 그 자신도 모르게 벗어나게 해 주기 위해 읽을 책들을 골라 주고 그것들을 발췌하도록 시켰고, 그 발췌한 글들이 필요한 척하여 그에게 감사라는 고귀한 감정을 북돋아 주었다. 그는 이 책들을 통해 간접적으로 청년을 가르쳤다. 그가 충분히 자신에 대한 존중심을 회복하게 만들어서, 그는 자신을 좋은 일을 할 수 없는 쓸모없는 사람으로 여기지 않고 또 스스로의 눈에도 형편없는 사람으로 비치는 것을 더 이상 원하지 않을 정도가 되었다.

한 가지 대수롭지 않은 일을 예로 보더라도, 이 자비로운 사람이 제자의 교육에 대해 아무 생각도 하지 않는 척하면서 그의 마음을 비천한 데서 고상한 데로 끌어올리기 위해 사용한 기법을 판단할 수 있을 것이다. 이 성직자의 정직함은 널리 인정받았고 그의 사리판단도 매우 믿을 만하다고 여겨져서, 많은 사람들이 시중의 부유한 사제들의 손보다 그의 손을 통해 적선하기를 좋아했다. 어느 날 누군가가 가난한 사람들에게 나누어 주라고 그에게 얼마간의 돈을 준 일이 있었다. 청년은 비열하게 자신도 가난한 사람이라고 주장하면서 그에게 돈을 요구했다. 그는 딱 잘라 거절했다. "우리는 형제이고 자네는 나의 가족이네. 그러니 나는 남이 맡긴 돈을 내가 쓰기 위해 건드릴 수는 없네." 그러고는 청년이 요구한 만큼의 돈을 자기 돈에서 내주었다. 이러한 종류의 가르침은 완전히 타락하지만 않았다면 청년들의 마음속에서 거의 잊히는 일이 없다.

3인칭으로 말하는 데 지친다. 그리고 이는 너무 지나치게 신경 쓰는 일이다. 친애하는 내 고향 분들이여, 사실 여러분은 이 불행한 도망자가 바로 나 자신임을 잘 알고 있다. 나는 감히 내 젊은 시절의 방탕을 고백할 정도로 나 자신이 그로부터 충분히 멀리 와 있다고 믿고 있다. 그리고 거기서 나를 구해 주신 분에게는 조금 부끄럽기는 하지만 그분의 은혜에 최소한이라도 경의를 표함이 정말 마땅하다.

무엇보다 나를 감동시킨 것은 존경할 만한 나의 스승의 사생활에서 위선 없는 미덕, 그저 약한 마음이 만들어 낸 것이 아닌 인정, 언제나 바르고 간결한 말씀, 그리고 그 말씀과 항상 일치하는 행동을 보는 것이었다. 나는 그가 자신의 도움을 받은 사람들이 저녁예배에 참여하는지, 고해를 자주 하는지, 정해진 날에 금식을 하는지, 육식을 금하고 있는지 신경을 쓰거나 이와 비슷한 다른 조건들을 ―그런데 이러한 조건들을 받아들이지 않으면 빈곤 때문에 죽는다 해도 독실한 신자들로부터 어떠한 도움도 기대할 수 없다― 그들에게 부과하는 것을 전혀 본 적이 없다.

이를 관찰하고 용기를 얻은 나는 새로운 개종자의 가식적인 열의를 그의 눈앞에서 과시하기는커녕 내 사고방식을 그에게 감추려 하지 않았는데, 이 때문에 그가 더 눈살을 찌푸리는 것은 보지 못했다. 때로는 이렇게 생각할 수도 있었을 것이다. '내가 선택한 종교에 대한 무관심을 그가 눈감아 주는 것은 내가 태어나면서부터 지닌 종교에 대해서도 똑같이 무관심하다는 것을 알고 그것을 고려했기 때문이다. 그는 내가 갖는 경멸이 더 이상 종파의 문제는 아니라는 것을 알고 있다.' 그러나 그가 가끔 로마 교회의 교리와 반대되는 교리에 찬성하거나 로마 교회의 온갖 의식을 별로 존중하지 않는 듯이 말하는 것을 들었을 때, 나는 어떻게 생각해야 좋았을까? 만약 그가 그리 대수롭지 않게 여기는 것 같은 그러한 관례에 그다지 충실하지 않다고 보았더라면, 나는 그를 위장한 신교도로 생각했을지도 모른다. 그러나 그가 아무도 보지 않는 데서도 대중 앞에서나 마찬가지로 어김없이 성직자로서의 의무를 이행하는 것을 보고, 나는 그 모순을 어떻게 생각해야 좋을지 더 이상 알 수 없었다. 과거에 그의 불행을 초래했던 결점을 ―그의 결점은 별로 잘 고쳐지지 않았다― 제외하면 그의 생활은 모범적이었고, 그의 품행은 나무랄 데 없었으며, 그의 말은 정직하고 분별이 있었다. 나는 그와 함께 더없이 친밀하게 생활하는 가운데 나날이 더 그를 존경하게 되었고, 그가 베푸는 너무도 많은 친절한 행동들이 내 마음을 완전히 사로잡았기 때문에, 이상한 불안감을 갖고 그가 어떠한 원칙으로 이렇게 독특한 삶의 일관성을 이룩했는지 알게 될 순간을 기다리고 있었다.

그 순간은 그리 빨리 찾아오지는 않았다. 그는 제자에게 마음을 털어놓기 전에 먼저 제자의 영혼에 뿌린 이성과 선량함의 씨앗을 싹트게 하려고 노력했다. 나의 마음속에서 없애기 가장 어려웠던 것은 오만하게도 사람을 혐오하는 마음이었으며, 세상의 부유한 자와 행복한 자에 대해 품은 어떤 앙심이었다. 마치 그들은 나의 희생으로 부유하고 행복하며, 그들이 누리는 이른바 행복이라는 것이 나의 행복을 가로채기라도 한 것처럼 말이다. 모욕에 반발하는 젊은 시절의 분별없는 허영심은 단지 화를 잘 내는 이러한 성질을 강화시켰을 뿐이었고, 나의 스승이 내 속에서 일깨우려고 노력했던 이기적인 자존심으로 인해 거만해진 나는 사람들을 훨씬 더 비천한 존재로 보고 그들에 대한 증오감에 한술 더 떠 경멸감까지 갖게 되었을 뿐이다.

그는 이러한 교만함을 직접 공격하지 않고 그것이 영혼의 냉혹함으로 바뀌지 않도록 방지했다. 그리고 자신에 대한 존중심을 잃지 않게 하면서도, 그러한 존중심 때문에 나의 이웃을 더 경멸하지 않게 만들었다. 헛된 겉모습을 항상 멀리하고 그것이 감추고 있는 실제적인 불행을 내게 보여 주면서, 나와 동류인 인간들의 잘못을 슬퍼하고 그들의 비참함을 측은해하고 그들을 시기하기보다 오히려 동정하도록 가르쳤다. 자신의 약점을 깊이 느낌으로써 인간들의 약점에 대한 동정심에 북받친 그는 도처에서 사람들이 자신의 악덕과 다른 사람들의 악덕의 희생물이 되고 있는 것을 보았다. 그리고 가난한 사람들이 부자들이 씌운 멍에 아래에서 신음하고, 부자들이 편견의 지배를 받으며 괴로워하는 것을 보았다. 그는 이렇게 말하곤 했다. "내 말을 믿게나. 우리가 갖는 환상은 우리에게 우리의 불행을 가려 주기는커녕 도리어 아무 가치도 없는 것에 가치를 부여하고, 환상이 없으면 느끼지 않을 수많은 거짓된 결핍감을 느끼게 하여 불행을 가중시키네. 영혼의 평화는 그것을 어지럽히는 것을 모두 무시하는 데 있네. 생명을 가장 소중히 여기는 사람은 인생을 가장 향유할 줄 모르는 사람이며, 가장 열렬히 행복을 바라는 사람은 언제나 가장 불행한 사람이라네."

"아! 얼마나 우울한 광경인가!" 나는 고통스럽게 외치곤 했다. "모든 것을 거부해야 한다면 도대체 우리는 무엇을 위해 태어났다는 말인가요? 그리고 행복조차 경멸해야 한다면 어느 누가 행복할 수 있을까요?" 어느 날 "그건 바로 나 자신이네"라고 그 사제는 대답했는데, 나는 그 어조에 충격을 받았다. "행복하다고요, 당신이! 그토록 박복하고, 그토록 가난하고, 추방당하여 박해받는 당신이 행복하다고요! 그래 당신은 행복해지기 위해서 무엇을 하셨단 말입니까?" "여보게, 내 자네에게 기꺼이 그것을 말해 주겠네" 하고 그는 말을 이었다.

그리고 사제는 나의 고백을 들었으므로 그도 내게 고백을 하고 싶다고 말했다. 그는 나를 품에 안으면서 말했다. "나는 내 마음속에 있는 감정을 모두 자네 가슴에 털어놓겠네. 있는 그대로의 나라고 할 수는 없겠으나 적어도 나 자신이 보고 있는 나의 모습을 자네는 보게 될 걸세. 자네가 나의 신앙 고백을 남김없이 모두 듣고 나서 내 영혼의 상태를 잘 알게 되면, 왜 내가 스스로를 행복하다고 평가하는지 알게 될 것이네. 그리고 자네도 나처럼 생각한다면 행복해지기 위해서 자네가 무엇을 해야 할지 알게 될 것이네. 그러나 이러한 고백은 잠깐 동안 하면 되는 일이 아니네. 인간의 운명과 인생의 진정한 가치에 대해 내가 생각하는 모든 것을 자네에게 설명하려면 시간이 좀 필요하네. 그러니 방해받지 않고 조용히 이런 이야기를 나눌 수 있는 편리한 시간과 장소를 찾도록 하세."

나는 간절히 그것을 들으려고 했다. 그 약속은 늦어 봐야 겨우 그다음 날 아침까지밖에 미루어지지 못했다. 그때는 여름이어서 우리는 동이 틀 무렵에 깨어났다. 그는 나를 데리고 시가지를 벗어나 높은 언덕으로 올라갔다. 그 아래로 포강이 흐르고 있었고, 강이 비옥한 강가를 적시면서 가로질러 흐르는 것이 보였다. 저 멀리 거대한 알프스산맥이 우뚝 솟아올라 그 풍경을 에워싸고 있었다. 떠오르는 햇살은 이미 평야를 스쳐 지나가며 나무와 언덕 그리고 집들의 그림자를 들판 위에 길게 드리운 채, 무수한 빛의 효과로 인간이 감동을 받으며 볼 수 있는 가장 아름다운 광경을 장식하고 있었다. 마치 자연이 우리의 이야기에 주제를 제공하려고 우리 눈앞에 그 장려함을 완전히 펼쳐 보이는 듯했다. 잠시 그런 풍경을 말없이 응시하던 그 평화로운 사람이 내게 다음과 같이 말을 시작한 것은 바로 그때였다.

◆━◆

사부아 보좌신부의 신앙 고백

여보게, 나한테서 학문적인 이야기나 심오한 추론을 기대하지 말게.

나는 위대한 철학자도 아니고 그럴 생각도 별로 없네. 그러나 나는 가끔 올바르게 판단할 때도 있고, 항상 진리를 사랑하고 있네. 나는 자네와 논쟁을 벌이고 싶지 않으며, 자네를 설득하려는 시도는 더더욱 하고 싶지 않네. 단순한 마음으로 내가 생각하는 바를 자네에게 설명하는 것으로 충분하네. 내가 말하는 동안 자네 마음의 소리에 귀를 기울여 보게. 그것이 내가 자네에게 요구하는 전부일세. 내가 잘못 생각할 때가 있더라도 그것은 선의에 의한 잘못이네. 나의 잘못이 죄가 되지 않기 위해서는 이것으로 충분하네. 자네가 마찬가지로 잘못 생각할 때도 거기에는 별로 잘못된 점이 없을 걸세. 만약 내가 올바르게 생각하는 것이라면, 이성은 우리에게 공통된 것이니 우리가 이성에 귀를 기울이는 것은 우리에게 똑같이 이롭네. 그러니 자네가 나하고 같은 생각을 갖지 말라는 법은 없을 것이네.

나는 가난한 농민의 자식으로 태어나 신분상으로는 땅을 갈 운명이었네. 그러나 사람들은 내가 성직을 통해 밥벌이하는 법을 배우는 것이 더 근사하다고 생각하고 내게 공부시킬 방법을 마련해 주었네. 확실히 내 부모나 나는 공부를 해서 선한 것, 참된 것, 유용한 것을 탐구하려는 생각은 거의 없었고, 그저 사제서품을 받기 위해 알아야 할 것을 찾을 생각뿐이었네. 나는 배우라 하는 것을 배우고 말하라 하는 것을 말했으며, 사람들이 원하는 대로 서원하고 신부가 되었네. 그러나 나는 곧 인간이 아니기를 약속하고 내가 지킬 수 있는 이상의 것을 약속했다는 사실을 깨달았지.

사람들은 우리에게 양심은 편견이 만들어 내는 것이라고 말하네. 그러나 나는 경험을 통해서 양심은 인간이 만든 모든 규칙들에 대항하여 굳건히 자연의 질서를 따른다는 것을 알고 있네. 사람들이 우리에게 이런저런 것들을 금지해 보았자 소용없는 일이라네. 질서정연한 자연이 우리에게 허용하는 일에 대해서는 우리를 꾸짖는 양심의 가책은 언제나 미미하며, 자연이 우리에게 명령하는 일이라면 말할 것도 없네. 오! 선량한 젊은이여, 자연은 자네의 관능에 아직 아무 말도 걸지 않았네. 자연의 목소리가 아직은 순진무구한, 행복한 상태에서 오랫동안 살기 바라네. 사람은 자연에 대항할 때보다 그것을 앞질러 갈 때 훨씬 더 자연을 위반하게 된다는 것을 잊지 말게. 굴복해도 죄가 되지 않는 때를 알기 위해서는 저항하는 법부터 배우기 시작해야 하네.

나는 젊은 시절부터 결혼을 최초의 그리고 가장 신성한 자연의 제도로서 존중해 왔네. 그 제도를 따를 권리를 스스로에게 박탈했던 나는 그것을 위배하지 않기로 결심했지. 왜냐하면 내가 속한 계급과 내가 한 공부에도 불구하고 나는 언제나 한결같이 소박한 생활을 영위해서 내 정신에는 원초적인 지혜의 빛이 고스란히 간직되어 있었기 때문이네. 세상의 격언들도 그 빛을 어둡게 만들지 못했고, 또 가난했기 때문에 악덕의 궤변을 늘어놓는 유혹들을 멀리할 수 있었네.

그런데 바로 이러한 결심이 나를 파멸시켰다네. 다른 사람의 결혼생활에 대한 나의 존중이 나의 잘못을 백일하에 드러냈고, 나는 추문에 대한 벌을 받아야만 했네. 체포되고 직무를 정지당하고 추방당한 나는 방탕한 생활 때문이라기보다 양심의 가책 때문에 희생되었네.[64] 그리고 나

---

64 루소는 가티에 신부의 불행에 대해 『고백록』에서 다음과 같이 회상한다.

"몇 년 후에 나는 그가 어떤 교구의 보좌신부로 있으면서 한 처녀를 임신시켰다는 말을 들었다. 그녀는 일찍이 그가 매우 다정한 마음으로 사랑했던 단 한 사람의 여성이었을 것이다. 규율이 몹시 엄격한 교구

는 불운과 더불어 일어난 비난의 소리를 들으면서, 처벌을 모면하기 위해서는 대개의 경우 더 큰 잘못을 저지를 수밖에 없다는 사실을 깨달아야 했네.

이러한 경험들이 거의 없을 때 생각이 깊은 사람은 당혹하게 되네. 우울한 관찰들을 통해 내가 정의와 정직 그리고 인간의 모든 의무에 대해 갖고 있던 관념들이 뒤집히는 것을 보면서, 나는 내가 받아들였던 견해들을 매일 하나씩 잃어 가고 있었네. 내게 남아 있던 견해들은 더 이상 스스로의 힘으로 지탱할 수 있는 통합된 체계를 이루기에는 충분치 못해서, 점차 나의 정신 속에서 원칙들의 명료함이 흐릿해지는 것을 느끼고 마침내는 더 이상 무엇을 생각해야 할지도 모르는 상태에 빠져, 지금 자네가 처해 있는 것과 똑같은 상태에 이르렀지. 다만 차이가 있다면 나의 불신은 나이가 들어 뒤늦게 생겨났기 때문에 더욱 고통스럽게 형성되었고 그것을 없애는 일도 더욱 어려웠을 것이라는 점이네.

나는 데카르트가 진리를 탐구하기 위해 요청한 불확실성과 의혹의 상태에 있었던 것이네. 이러한 상태가 지속된다면 그것은 그리 바람직한 일이 아니네. 왜냐하면 이 상태는 불안하고 괴롭기 때문이지. 우리를 이와 같은 상태에 머물게 하는 것은 악덕에 대한 관심이나 영혼의 게으름밖에 없다네. 나는 이러한 상태에 있는 것을 좋아할 만큼 심성이 타락하지는 않았네. 그리고 자기 운명보다 자기 자신에 더 만족하고 있는 때야

에서 이것은 엄청난 추문이었다. 관례에 따르자면 사제는 결혼한 여자들만 임신시켜야 한다. 그는 이 예법을 어겼기 때문에 감옥에 들어가 명예를 훼손당하고 추방되었다. 그가 후에 자신의 일들을 원상태로 회복시킬 수 있었는지 그 여부는 알지 못한다. 그러나 그의 불운에 대해 느낀 감정은 내 마음속 깊이 아로새겨져, 『에밀』을 쓸 때도 떠올랐다"(『고백록』, 3권) ― 옮긴이.

말로 반성하는 습관이 가장 잘 보존되는 법일세. 그러므로 나는 키도 나침반도 없이 폭풍우처럼 격렬한 정념에 몸을 맡긴 채 세상 평판의 바다 위를 떠돌아다니는, 그리고 진로를 몰라 어디서 와서 어디로 가는지도 모르는 경험 없는 안내자 이외에 다른 길잡이 없이 떠돌아다니는 인간들의 슬픈 운명을 성찰했네. 나는 이렇게 생각했네. '나는 진리를 사랑하고 진리를 찾고 있지만 그것을 분별할 수가 없다. 누군가 내게 진리를 보여준다면 나는 거기에 충실히 머물러 있겠다. 어째서 진리는 그것을 사랑하도록 만들어진 열의에 찬 마음에서 빠져나가려고만 하는 것인가?'

나는 종종 큰 불행을 맛본 적은 있지만, 이 혼란과 불안의 시기만큼 지속적으로 불쾌한 삶을 살았던 적은 결코 없었네. 그때는 끊임없이 의혹에서 의혹으로 헤매었고, 오랜 성찰에서 얻게 된 것이라고는 내 존재의 원인과 내 의무의 규율에 관한 불확실성과 혼돈 그리고 모순뿐이었네.

사람은 어떻게 체계적으로 또 진정으로 회의주의자가 될 수 있을까? 나는 그것을 이해하지 못하네. 그런 철학자들은 존재하지 않거나, 만약 존재한다면 인간들 중 가장 불행한 사람일 것이네. 우리가 필수적으로 알아야만 하는 것들에 대해 의구심을 갖는 것은 인간의 정신에 너무 가혹한 상태가 되네. 인간의 정신은 그것을 오랫동안 견디지 못하고 자신도 모르게 어떤 방식으로든 결정을 내리지. 인간의 정신은 아무것도 믿지 않는 것보다는 잘못 생각하는 편을 더 좋아하는 법이거든.

나를 한층 더 난처하게 했던 것은, 모든 것을 판정하고 어떠한 의혹도 용납하지 않는 가톨릭교회에서 태어났던 나로서는 단 하나라도 부정하면 그 나머지 전부를 부정하지 않을 수 없었는데, 그토록 많은 부조리한 결정을 받아들이기는 불가능했기 때문에 그렇지 않은 결정들도 멀리할 수밖에 없었다는 점이네. 사람들은 내게 모든 것을 믿으라고 말하면서 아무것도 믿지 못하게 만들었네. 그래서 나는 어디서 멈추어야 할지 더 이상 알 수 없었네.

나는 철학자들을 찾아 그들의 책을 훑어보고 그들의 다양한 견해를 검토해 보았네. 나는 철학자들 모두가 거만하고 단정적이고 독단적이어서 심지어 이른바 그들이 말하는 회의주의에서도 마찬가지고, 모르는 것이 없으면서도 아무것도 증명하지 못하고 서로 상대방을 비웃는 것을 보았네. 그런데 내게는 모든 철학자들에게 공통적인 바로 이 점에서만, 그러니까 상대방을 비웃을 때만 유일하게 그들 모두가 옳은 것처럼 보였네. 그들은 공격할 때는 의기양양하지만 자신을 옹호할 때는 힘이 없네. 그 논거들을 검토해 보면 그들은 단지 파괴하기 위한 논거들만 갖고 있을 뿐이네. 그들의 의견들을 표로 산정해 보면, 그들은 제각기 자기 의견 한 표밖에 갖고 있지 않은 셈이 되고, 오직 논쟁하는 데만 의견이 일치한다네. 나로서는 그들의 말에 귀 기울이는 것이 내가 처해 있는 불확실한 상태에서 빠져나오는 방법이 되지 못했지.

나는 사람들이 이토록 놀라울 만큼 다양한 의견들을 갖게 되는 으뜸가는 원인이 인간 정신의 불충분함이며, 오만함이 그에 버금가는 원인이라는 것을 알았네. 우리에게는 우주라는 거대한 기계를 측정하는 척도가 전혀 없으며 그 관계들을 산정할 수도 없네. 그래서 우리는 우주의 최초의 법칙도 또 그 궁극적 목적도 알지 못하는 것일세. 그리고 우리는 우리 자신에 대해서도 몰라서 자신의 본성과 활동 원리 또한 알지 못한다네. 또 우리는 인간이 단일한 존재인지 복합적 존재인지도 거의 알지 못하네. 어디서나 이해 불가능한 신비들이 우리를 에워싸고 있는데, 그것들은 감각의 영역을 넘어서는 곳에 있고, 우리는 그것들을 꿰뚫어 보기 위해 지성을 가졌다고 믿지만, 우리에게는 단지 상상력이 있을 뿐이네. 사람들은 각자 이 상상의 세계를 가로질러 가면서 자신이 옳다고 생각하는 길을 개척해 간다네. 자신이 가고 있는 길이 목적지에 이를 수 있는 길인지는 아무도 알 수 없네. 그렇지만 우리는 모든 것을 꿰뚫어 보기를 원하며 모든 것을 알기를 원하네. 그런데 단 한 가지 우리가 도무지 알지 못하는 것은 우리가 무엇을 알 수 없는지 모른다는 것이네. 우리는 누구든 존재하는 것을 알 수 없다고 고백하기보다 아무렇게나 생각을 결정해서 존재하지 않는 것을 믿기를 더 좋아하네. 한계를 파악할 수 없는 위대한 전체의 작은 일부분인 우리가, 이 위대한 전체를 만든 존재가 우리의 어리석은 논의에 그것을 내맡겨 두었다 해서, 건방지게도 이 전체가 그 자체로 무엇이며 그것과의 관계에서 우리는 또 무엇인가를 결정하려 드는 것이네.

철학자들이 진리를 발견할 수 있다 하더라도, 그들 중 누가 진리에 관심을 가지려 하겠는가? 철학자들은 저마다 자기 체계가 다른 사람의 체계보다 더 근거가 확실하지는 않다는 사실을 잘 알고 있네. 그럼에도 제각기 그 체계가 자신의 것이라는 이유로 그것을 주장하곤 하지. 옳고 그른 것을 알게 된다고 해도 다른 사람에 의해 발견된 진리보다 자신이 발견한 거짓말을 더 좋아하지 않는 철학자는 단 한 명도 없네. 철학자란 자신의 명성을 위해서라면 기꺼이 인류를 속이고도 남을 사람이네. 마음속 깊은 곳에 남보다 돋보이려는 목적 이외에 다른 목적을 품고 있는 철학자가 어디 있을까? 일반 대중들 위에 올라설 수만 있다면, 경쟁자들의 찬란한 명성을 능가할 수만 있다면, 그 이상 무엇을 더 바라겠는가? 그에게 중요한 것은 다른 사람들과 다르게 생각하는 것이네. 그는 신자들 사이에서는 무신론자로 자처하는데, 만약 무신론자들 사이에 있다면 아마도 신자로 자처할 것이네.

이러한 고찰에서 내가 끌어낸 최초의 성과는 나의 탐구를 나와 직접 관계가 있는 것으로 한정하는 것, 나머지 모든 것에 대해서는 완전히 무지 상태로 편안하게 있는 것, 그리고 그것을 아는 것이 내게 중요한 일이 아니면 의문을 품을 정도까지 관심을 기울이지 않는 법을 배운 것이네.

게다가 나는 철학자들이 나의 쓸데없는 의혹들에서 나를 해방시켜 주기는커녕, 나를 괴롭히고 있던 의혹들을 증폭시키기만 할 뿐 하나도 해소해 주지 못하리라는 사실을 깨달았네. 그래서 나는 다른 안내자를 선택하고 이렇게 생각했네. '내면의 빛에 물어보자. 그것은 철학자들이 그렇게 한 정도로 나를 혼란시키지는 않을 것이다. 그렇지 않더라도 적어도 나의 잘못은 내 스스로 저지른 잘못이 될 것이다. 철학자들의 거짓말을 믿고 따르기보다 나 자신의 환상을 쫓아가는 편이 내가 덜 타락하는 길이 될 것이다.'

그래서 태어난 이후 줄곧 나를 끌고 다니던 모든 견해들을 머릿속에 떠올리면서 나는 그것들 중 어떤 것도 즉시 확신을 줄 만큼 명백하지 않더라도 그것들이 다양한 정도의 신빙성을 갖고 있다는 것, 나는 그것들에 대해 내심 동의하거나 동의하지 않거나 하는데 그 정도가 각기 다르다는 것을 알았네. 이 최초의 관찰에 입각하여 나는 이 다양한 생각들을 모두 편견을 버린 상태에서 서로 비교함으로써 최초의 그리고 가장 평범한 생각이 또한 가장 단순하고 가장 합리적인 것이어서, 그것이 최후로 제안되기만 했어도 모든 사람의 동의를 얻는 데 충분했을 것이라는 사실을 알았네. 고대와 현대의 모든 철학자들을 생각해 보게. 그들은 힘, 우연, 운명, 필연, 원자, 생명계, 생물, 모든 종류의 유물론 등 그들의 이상한 체계들을 먼저 다 써 버렸네. 그리고 그들 모두가 세상을 떠난 뒤 등장하여 세계를 해명하고 마침내 존재들 중의 궁극존재, 사물들을 분배한 자를 알려 준 저 유명한 클라크[65]를 생각해 보게. 모두 얼마나 감탄하고 한목소리로 찬양하면서 이 새로운 체계를 받아들였는가! 그것은 참으로 위대하고 참으로 위안을 주며 참으로 숭고하다네. 또한 영혼을 고양하고 미덕에 근거를 부여하기에 너무도 적절하고, 동시에 너무나 감동적이고 분명하고 단순하며, 또 내가 보기에는 모든 다른 체계에서 발견되는 부조리한 것들과 비교할 때 이해 불가능한 것들을 인간의 정신에 훨씬 적게 제시하고 있는 체계이네. 나는 다음과 같이 생각했네. '어떤 체계에나 공통적으로 해결하기 힘든 반론들이 있다. 왜냐하면 인간의 정신은 매우 제한적이어서 그것들을 해결할 수 없기 때문이다. 그러므로 반론이 있다고 해서 그것이 특별히 어떤 학설을 반증하는 것은 아니다. 그러나 직접적인 근거들 사이에는 얼마나 큰 차이점이 있는가! 어떤 체계가 모든 것을 설명한다면, 그것이 다른 체계들보다 더 난점이 많지 않다고 할 때 다른 것들보다 우선적으로 채택되어야 하지 않겠는가?'

따라서 내 마음속에 철학이라고는 고작해야 진리에 대한 사랑을, 방법이라고는 고작해야 내가 헛되이 미묘한 논증을 하지 않아도 되는 쉽고 단순한 규칙을 갖고, 이러한 규칙에 입각해서 나와 관련된 지식들을 재검토했네. 그리고 진심으로 내가 동의를 거부할 수 없는 모든 지식들을

---

65 Samuel Clarke(1675-1729): 영국의 신학자 — 옮긴이.

자명한 것으로 받아들이고, 또 최초의 지식들과 필연적인 관계를 맺고 있는 것처럼 보이는 모든 지식들을 참된 것으로 받아들이며, 다른 모든 것들은 거부하지도 받아들이지도 않으면서 불확실한 채로 내버려 둔 채, 실천하는 데서 유용한 것이 하나도 없을 경우에는 그것을 밝히려고 안달하지 않겠다고 결심했네.

그런데 나는 누구인가? 나는 무슨 권리로 사물을 판단하며, 또 나의 판단을 결정하는 것은 무엇인가? 내가 받아들이는 인상들에 의해 내 판단이 어쩔 수 없이 끌려다닌다면, 나는 이러한 탐구 때문에 쓸데없이 고생만 하는 것이네. 왜냐하면 이러한 탐구는 도무지 이루어지지 않거나, 내가 이행할 생각이 없어도 저절로 이루어지거나 둘 중 하나이기 때문이지. 그러므로 우선 나 자신에게 시선을 돌려 내가 사용하고자 하는 도구를 알고, 어느 정도까지 그것을 신뢰하면서 사용할 수 있는지 알아야 하네.

나는 존재한다. 그리고 감각 기능을 갖고 있어서 영향을 받는다. 바로 이것이 내가 강렬하게 느끼는 최초의 진리이네. 나는 이것에 동의하지 않을 수 없네. 나는 내 존재에 대한 고유한 감정을 갖고 있는 것일까 아니면 단지 감각을 통해서만 나의 존재를 느끼는 것일까? 바로 이것이 내 첫 번째 의문인데, 현재로서는 나는 그것을 해결할 수 없네. 왜냐하면 직접적으로 혹은 기억을 통해 지속적으로 감각의 영향을 받고 있는 내가 어떻게 '자아'의 감정이 바로 이 감각 이외에 어떤 것인지, 그것이 감각으로부터 독립적일 수 있는지 알 수 있겠는가?

나의 감각은 나의 내부에서 일어나는 것이네. 왜냐하면 그것은 내게 내 존재를 느끼게 하는 것이기 때문이지. 그러나 내가 싫든 좋든 감각이 내게 작용하고 그 감각을 만들거나 없애는 것이 내 마음대로 되지 않는 것으로 봐서 그 원인은 나와 무관하네. 그러므로 나는 '나'라고 하는 내 내부의 감각이 내 외부에 있는 감각의 원인이나 대상과 동일한 것이 아니라는 사실을 명확히 이해하고 있네.

그렇기 때문에 단지 나만 존재하는 것이 아니라 나 이외의 존재들 즉 내 감각의 대상들도 존재하며, 그리고 이러한 대상들이 단지 관념들에 불과하다 해도 어쨌든 그러한 관념들이 '나'는 아니라는 것은 진실이네.

그런데 내가 내 외부에 있다고 느끼는 모든 것, 그리고 내 감각 기능에 작용하는 모든 것을 나는 물질이라고 부르네. 그리고 개별적인 존재로 통합되어 있다고 생각되는 물질의 부분 모두를 나는 물체라고 부르네. 그러므로 관념론자들과 유물론자들의 모든 논쟁은 내게 아무 의미도 없으며, 물체의 현상現象과 실재實在에 대해 그들이 구별하는 것은 환상이네.

여기서 나는 내 존재에 대해 확신하는 것과 마찬가지로 이미 우주의 존재에 대해 확신하게 된다네. 다음으로 나는 감각의 대상들에 대해 성찰하고, 내 안에서 그 대상들을 비교하는 능력을 발견하면서 내가 예전에는 갖고 있는 줄 몰랐던 능동적인 힘이 있다는 것을 느끼네.

지각하는 것은 느끼는 것이고 비교하는 것은 판단하는 것이네. 판단하는 것과 느끼는 것은 동일한 것이 아니네. 감각을 통해서 대상들은 자연 속에서 그런 것처럼 분리되고 고립된 것으로 내게 나타난다네. 비교를 통해서 나는 그 대상을 움직이고 이동시키네. 다시 말하면 그것들을 서로 겹쳐 놓고 그것들의 차이와 유사성에 관해서, 일반적으로 그것들이 맺는 모든 관계에 대해서 판단을 내리네. 내 생각에는 능동적이고 지적인 존재의 독특한 능력은 이 '~이다est'라는 말에 어떤 의미를 부여할 수 있다는 것이네. 대상들을 겹쳐 놓은 다음 판단을 내리는 이러한 지적 능력을 순전히 감각 능력만 갖는 존재에게서 찾는 것은 헛된 일이네. 나는 이러한 존재의 본성에서 지적 능력을 볼 수 없을 것이네. 이 수동적 존재는 각각의 대상을 따로따로 느낄 것이고, 심지어 통합된 전체 대상을 두 개로 이루어진 것으로 느낄 것이네. 그리고 하나를 또 다른 하나 위에 겹쳐 놓을 능력이 전혀 없으므로, 수동적 존재는 그것들을 결코 비교하지 못하고 조금도 판단하지 못할 것이네.

두 개의 대상을 동시에 본다는 것은 그것들의 관계를 보는 것도 아니고 그것들의 차이를 판단하는 것도 아니네. 여러 대상들을 서로 분리하여 지각하는 것은 그것들을 헤아리는 것이 아니네. 나는 큰 막대기와 작은 막대기를 비교하지도 않고, 그 하나가 또 다른 하나보다 더 작다고 판단하지 않으면서도, 동일한 순간에 큰 막대기에 대한 관념과 작은 막대기에 대한 관념을 가질 수 있네. 그것은 내가 손가락을 세지 않고도 내 손 전체를 한꺼번에 볼 수 있는 것과 마찬가지이네.[66] '좀 더 큰'이나 '좀 더 작은'이라는 비교의 관념이 '하나'나 '둘'과 같은 수의 관념과 마찬가지로 감각이 아닌 것은 확실하네. 비록 나의 정신이 감각을 계기로 삼아야만 그러한 관념을 만들어 내기는 하지만 말일세.

사람들은 감각 능력을 가진 존재는 감각들 사이의 차이점을 통하여 감각들을 서로 구별한다고 말하는데, 여기에는 설명이 필요하네. 감각들이 서로 다를 경우에 감각 능력을 가진 존재는 그 차이에 의해 그것들을 구

---

66 드 라 콩다민 씨(1701-1774, 프랑스의 과학자로 남미에서 지구의 형태와 크기를 측정하기 위해 관측을 했다 — 옮긴이)의 보고서에 따르면 기껏해야 셋까지밖에 셀 줄 모르던 민족이 있다고 한다. 그러나 이 민족 사람들은 손을 갖고 있었으므로 다섯까지도 셀 줄 모르는 상태에서도 종종 자신의 손가락을 지각했던 것이다.

별하네. 그런데 그 감각들이 유사할 경우에는 그것들을 각기 따로따로 느끼기 때문에 구별하지. 그렇지 않다면 어떻게 동시적인 감각 속에서 동등한 두 개의 대상을 구별할 것인가? 그럴 경우 감각 능력을 가진 존재는 필연적으로 이 두 대상을 혼동하여 동일한 것으로 보아야만 할 것이네. 특히 공간을 표상하는 감각은 전혀 연장延長되지 않는다고 주장하는 체계에서는 그래야 할 것이네.

비교할 두 감각이 지각되는 경우에, 그것들의 인상이 만들어지고 각각의 대상이 느껴지며 그 두 대상이 느껴지지만, 그렇다고 그것들의 관계가 느껴지는 것은 아닐세. 만약 그 관계에 대한 판단이 하나의 감각에 불과하고 일방적으로 대상으로부터 내게 오는 것이라면, 나의 판단은 결코 나를 잘못 생각하게 만들지 않을 것이네. 내게 느껴지는 것을 느끼는 것은 절대로 틀린 것이 아니니까 말일세.

그렇다면 그 두 막대기의 관계에 대해, 특히 그것들이 나란히 놓여 있지 않을 때 왜 나는 잘못 생각하는 것일까? 예를 들어 작은 막대기가 큰 막대기의 4분의 1에 불과한데도 어째서 나는 3분의 1이라고 말하는 걸까? 어째서 느낌인 이미지가 대상인 그 실물과 일치하지 않는 것일까? 그것은 내가 판단을 할 때는 능동적이 되어서 두 대상을 비교하는 활동이 틀리기 쉽고, 관계를 판단하는 나의 오성이 단지 대상만 제시하는 감각의 진실에 오류를 덧붙이기 때문이네.

여기에 덧붙여 자네가 생각해 본 적이 있었다면, 장담하건대 틀림없이 자네에게 충격을 줄 생각을 하나 말해 보겠네. 그것은 우리가 순전히 수동적으로 감각 기능을 사용한다면, 그것들 사이에는 어떠한 소통도 있을 수 없다는 것일세. 그러면 우리가 만지는 물체와 보는 대상이 동일한 것이라는 사실을 인식하기는 불가능할 것이네. 우리는 우리 외부에 있는 것들을 전혀 느끼지 못하든지 아니면 우리에게는 감각으로 느낄 수 있는 실체가 다섯 개 있든지 할 테고, 우리가 그 실체들의 동일성을 지각할 수 있는 방법은 전혀 없을 것이네.

감각들을 연결시키고 비교하는 내 정신의 이러한 능력에 어떤 명칭을 부여하든 상관없네. 주의, 성찰, 반성 또는 그 이외의 무엇이든 좋을 대로 불러도 괜찮네. 그러나 그러한 능력이 사물들 속에 있지 않고 내 안에 있다는 것, 비록 사물들이 내게 만드는 인상이 계기가 되어야만 내가 그 능력을 만들어 내기는 하지만, 그 능력을 만들어 내는 것이 오로지 나뿐이라는 것은 어쨌든 진실이네. 마음대로 느끼거나 느끼지 않거나 할 수는 없지만, 내가 느끼는 것을 더 검토하거나 덜 검토하는 것은 마음대로 할 수 있네.

그러므로 나는 단순히 감각 능력이 있는 수동적인 존재가 아니라 능동적이고 지적인 존재이며, 철학이 그것에 대해 무엇이라 말하든 상관없이, 생각하는 명예를 나의 권리로서 서슴없이 요구하는 바이네. 진리는 사물들 속에 있지 그것을 판단하는 내 정신에 있지 않다는 것, 그리고 내가 사물에 대해 내리는 판단에 내 것을 덜 보탤수록 확실히 더 진리에 가까워진다는 것, 나는 이 점들을 알고 있을 뿐이네. 이렇게 해서 이성보다는 감정에 의존한다는 나의 준칙이 이성 자체로써 확인되는 것이네.

말하자면 나 자신을 확인한 나는 나의 외부로 눈길을 돌리기 시작하고, 자신이 광대한 우주에 내던져져 길을 잃어버렸다고 생각하면서 일종의 전율을 느끼네. 마치 존재들이 서로와의 관계에서 또 나와의 관계에서 무엇인지는 아무것도 알지 못한 채 나 자신이 무한한 사물들 속에서 허우적거리고 있는 듯이 여긴다네. 나는 존재들을 연구하고 관찰하는데, 그것들을 비교할 수 있도록 내게 나타나는 최초의 대상은 바로 나 자신이네.

감각을 통해 내가 지각하는 모든 것은 물질이며, 그리고 나는 내게 물질을 지각하게 하고 물질과 분리될 수 없는 감각적 성질로부터 물질의 모든 본질적 속성을 추론하네. 나는 물질이 어떤 때는 운동 상태에 있고 어떤 때는 정지 상태에 있는 것을 보네.[67] 이로부터 나는 정지도 운동도 물질에 본질적인 것은 아니라는 결론을 이끌어 내었네. 그런데 운동은 일종의 작용이기 때문에 어떤 원인의 결과이고, 정지는 단지 그 원인의 결여에 불과하므로 아무것도 물질에 작용하지 않을 때 물질은 전혀 움직이지 않으며, 물질이 정지나 운동과 무관하다는 바로 그 사실에 의해 물질의 자연적 상태는 정지가 되네.

나는 물체에서 두 가지 종류의 운동을 지각하는데, 즉 전달된 운동과 자발적이거나 의지적인 운동이네. 전자의 경우 동인動因은 움직이는 물체 외부에 있으며, 후자의 경우 동인은 그 자체에 있네. 이로부터 나는 예를 들어 시계의 운동이 자발적이라는 결론을 내리지는 않겠네. 왜냐하면 태엽 외부에 있는 어떤 것도 태엽에 작용하지 않을 때, 그것은 원위치로 돌아가려 하지도 않고 시계태엽의 체인을 끌지도 않을 것이기 때문이네. 똑같은 이유로 나는 유체流體나 유체의 유동성을 만들어 내는 불에도

---

67 이러한 정지는 상대적인 것에 지나지 않는다고 해도 무방하다. 그러나 우리는 운동의 양이 많고 적음을 관찰하기 때문에 두 가지 극한들 가운데 하나인 정지를 매우 명백히 이해한다. 그리고 그것을 아주 잘 이해한 나머지 상대적인 것에 불과한 정지를 절대적인 것으로 간주하는 경향마저 보인다. 그런데 정지 상태에 있는 물질을 생각할 수 있다면, 운동이 물질의 본질에 속한다는 것은 진실이 아니다.

역시 자발성을 부여하지 않겠네.[68]

자네가 내게 동물들의 운동은 자발적이냐고 묻는다면, 나는 거기에 대해서는 아무것도 모르지만 유추해 보건대 그렇게 생각한다고 대답하겠네. 또 내가 자발적인 운동이 있다는 것을 도대체 어떻게 아느냐고 묻는다면, 나는 "내가 그것을 느끼기 때문에 안다"라고 대답하겠네. 내 팔을 움직이고 싶으면 나는 팔을 움직이네. 이 운동에는 내 의지 이외에 다른 직접적인 원인이 없네. 사람들이 내게서 이러한 느낌을 없애기 위해 따지려 해 봤자 헛일일 걸세. 이러한 감정은 어떤 자명한 이치보다 더 강력하므로 그것은 내가 존재하지 않는다는 것을 내게 증명하는 것과 마찬가지일 것이네.

만약 인간의 행동이나 지구상에서 일어나는 일에서 조금도 자발성이 없다면, 우리는 모든 운동의 최초 원인을 생각할 때 그 때문에 더욱 곤란해질 뿐일 걸세. 나로서는 물질의 자연적 상태는 정지해 있는 것이며 물질은 움직일 수 있는 어떤 힘도 스스로 갖고 있지 않다는 것을 상당히 확신하고 있어서, 어떤 물체가 운동 중인 것을 보면 나는 곧 그것이 살아 있는 물체이거나 이러한 운동이 외부에서 그 물체에게 전달되었다고 판단하네. 나의 정신은 유기적이지 않은 물질이 자발적으로 움직이거나 어떤 작용을 만들어 낸다는 생각에 동의하지 않네.

그러나 눈에 보이는 이 우주는 물질이며, 그것은 분산된 죽은 물질[69]로서, 전체적으로 통일성이나 조직 그리고 생명체의 부분들이 공유하는 감

---

68 화학자들은 연소(燃素, 신소 발견 전까지 가연성의 주요소로 여겨진 원소 — 옮긴이) 즉 불의 원소가 그것이 일부를 이루고 있는 혼합물 속에 흩어진 채 움직이지 않는 상태로 고여 있다가, 외부의 원인이 그것을 밖으로 추출하여 결합시킨 후 운동 상태에 두면 불로 변한다고 생각한다.

정이 전혀 없다네. 그 우주의 일부분인 우리가 전체 속에서 자신을 전혀 느끼지 못하는 것은 확실하니 말일세. 바로 이러한 우주가 운동하고 있는데, 규칙적이고 획일적이고 항구적인 법칙에 따르는 우주의 운동에는 인간이나 동물의 자발적인 운동에서 나타나는 그러한 자유는 없으므로 세계는 자기 스스로 움직이는 커다란 동물이 아닌 것이네.[70] 따라서 우주의 운동에는 우주와 무관한 어떤 외부적인 원인이 있네. 그런데 그것을 나는 지각하지 못하지만, 그러나 내심 확신이 있어 이러한 원인을 충분히 감지하게 된 나는 태양이 돌고 있는 것을 보면 태양을 밀고 있는 어떤 힘을 상상하지 않을 수 없고, 지구가 회전할 때면 그것을 회전시키고 있는 손을 느낀다고 생각하네.

내가 보편적인 법칙들을, 그것들이 물질과 맺고 있는 본질적 관계를 전혀 지각하지 못하는 보편적인 법칙들을 받아들여야만 한다면, 나는 무엇에서 도움을 받을 수 있을까? 이 법칙들은 실재적인 존재도 실체도 아니므로, 결국 내가 알지 못하는 어떤 다른 근거를 가지고 있는 것이네. 실험과 관찰을 통해 우리는 운동의 법칙들을 알게 되었는데, 이 법칙들은 원인을 증명하지 않은 채 결과만을 제시하네. 그렇기 때문에 이 법칙들은 세계의 체계와 우주의 운행을 설명하기에 충분하지 못하네. 데카르트는 주사위[71]와 같은 입방체를 가지고 하늘과 땅을 만들어 내었네.[72] 그

---

69 나는 살아 있는 분자라는 것을 이해하려고 모든 노력을 기울였지만 성공하지 못했다. 감각 기능이 없는데도 지각하는 물질의 개념을 나는 이해할 수 없는 모순된 것으로 보았다. 이러한 개념을 받아들이거나 거부하기 위해서는 우선 그것을 이해하는 것부터 시작해야 할 텐데, 고백하건대 내게는 그런 행운이 없는 것 같다.

70 '죽은 물질', '살아 있는 분자', '커다란 동물'이라는 개념은 디드로의 철학에서 인용된 것이다 — 옮긴이.

71 주사위라는 말은 볼테르가 데카르트의 사상에서 나타나는 물질의 미소한 분할을 비꼬기 위해서 사용

러나 회전운동의 도움을 받지 않고서는 이 주사위들에게 최초의 추진력을 부여할 수 없었고 원심력을 작동시킬 수도 없었네. 뉴턴은 인력의 법칙을 발견했지만, 인력만으로는 우주가 머지않아 움직이지 않는 하나의 덩어리로 변해 버릴 것이므로, 이러한 법칙에 추진력을 더하여 천체가 곡선을 그리도록 만들었네. 데카르트가 어떤 물리적 법칙에 의해 그가 말하는 소용돌이가 일어나게 되었는지 우리에게 말해 주었으면 좋겠네. 또한 뉴턴이 혹성을 그 궤도의 접선 위에 던졌던 손을 우리에게 보여 주었으면 하네.

운동의 최초 원인은 전혀 물질 속에 있지 않으며, 물질은 운동을 받아들이고 전달하지만 운동을 일으키지는 않네. 자연의 힘들의 작용과 반작용이 서로에게 작용하는 것을 관찰하면 할수록, 나는 결과들을 거쳐서 최초의 원인인 어떤 의지로 항상 거슬러 올라가야 한다는 것을 점점 더 많이 생각하게 되네. 원인들의 연쇄과정이 무한히 진행된다고 전제하는 것은 원인을 전혀 전제하지 않는 셈이기 때문이지. 한마디로 말해서 어떤 다른 운동에 의해서 생겨나지 않는 운동은 모두 자발적이고 의지적인 행위에서만 나올 수 있고, 생명 없는 물체는 운동에 의해서만 움직일 수 있으며, 의지가 없으면 진정한 의미의 활동은 전혀 존재하지 않네. 이것이야말로 나의 제1원리이네. 그러므로 나는 어떤 의지가 우주를 움직이고 자연에 생명력을 불어넣는다고 믿고 있네. 이것이야말로 나의 첫 번

한 표현이다 — 옮긴이.

72 데카르트의 와동설(渦動說)에 대한 언급인데 이 이론에 따르면 태양을 중심으로 에테르가 회전하고 행성들은 이 와동에 의해 마치 가벼운 물질이 소용돌이의 중심으로 끌리듯이 태양 쪽으로 끌리면서 회전한다고 한다 — 옮긴이.

째 교리 혹은 내 첫 번째 신조일세.

　의지는 어떻게 물질과 물체의 활동을 만들어 내는가? 그에 대해서는 아무것도 모르지만, 나는 내 안에서 의지가 그러한 활동을 만들어 내는 것을 느낀다네. 내가 움직이고 싶으면 나는 움직이고, 내가 내 몸을 움직이고 싶어 하면 내 몸은 움직이네. 그러나 생명이 없고 활동이 정지된 상태에 있는 물체가 스스로 움직이게 된다거나 운동을 일으킨다는 것은 이해할 수도 없고 그러한 예도 없네. 의지는 본성이 아니라 행위를 통해서 내게 알려지며, 나는 이러한 의지를 동인으로 인식하네. 그러나 운동을 만들어 내는 물질을 생각하는 것은 명백히 원인이 없는 결과를 생각하는 것이고, 그것은 완전히 아무것도 생각하지 않는 것과 같은 것이네.

　어떻게 내 감각이 내 영혼에 작용하는지 알지 못하는 것과 마찬가지로 어떻게 내 의지가 내 몸을 움직이는지도 나는 이해할 수 없네. 왜 이러한 신비들 중 후자가 전자보다 더 설명하기 쉬운 것처럼 보였는지도 모르겠네. 나로서는 내가 수동적이든 능동적이든 이 두 실체들의 결합 방법은 완전히 이해할 수 없는 것으로 보이네. 사람들이 이처럼 이해할 수 없는 것 자체에서 출발하여 두 개의 실체를 뒤섞어 버리는 것은 참으로 이상한 일이네. 마치 너무나 다른 두 성질의 작용이 두 주체 속에 있는 것보다 하나의 주체 속에 있으면 그 작용들이 더 잘 설명되기라도 하는 것처럼 말일세.

　내가 지금 막 정립한 신조는 모호한 것이 사실이지만, 어쨌든 어떤 의미를 제시해 주며 이성이나 관찰에 어긋나는 것은 하나도 없네. 유물론에 대해서도 같은 말을 할 수 있을까? 만약 운동이 물질에 본질적인 것이라면, 그것은 물질에서 분리될 수 없고 항상 같은 정도로 물질 속에 있을 것이므로, 물질의 각 부분에 언제나 동일하게 존재할 것이고 다른 것에 전달될 수 없어 증감될 수도 없을 것이며, 정지 상태에 있는 물질이란 생각조차 하지 못할 것이 분명하지 않은가? 누군가 운동은 물질에 본질적인 것은 아니지만 필연적인 것이라고 내게 말한다면, 그것은 말로 나를 속이려 드는 것이네. 그런데 그 말이 조금만 더 의미를 가진다면 그것은 쉽사리 반박당할 것일세. 왜냐하면 물질의 운동이 물질 자체에서 생긴다면 운동은 물질에 본질적인 것이고, 그렇지 않고 운동이 외부적 원인에서 생기는 것이라면 동인이 물질에 작용하는 한에 있어서만 운동은 물질에 필연적인 것이기 때문이네. 그렇다면 우리는 최초의 난관으로 되돌아가는 셈일세.

보편적이고 추상적인 관념들은 인간이 저지르는 가장 큰 오류들의 원천이네. 형이상학의 알아듣지 못할 전문용어는 단 하나의 진리도 발견하게 한 적이 없고 철학을 부조리한 말들로 가득 채워 두어서, 거기서 거창한 단어들을 제거하자마자 사람들은 곧 그 부조리한 말에 부끄러움을 갖게 되네. 나의 벗이여, 사람들이 자네에게 자연 전체에 퍼져 있는 맹목적인 힘에 대해 말할 때 그들이 자네의 정신에 어떤 진정한 개념을 전달하는지 내게 말해 주게나. 사람들은 '보편적인 힘'이니 '필연적 운동'이니 하는 막연한 용어로 무엇인가를 말한다고 생각하지만, 사실 그들은 전혀 아무 말도 하고 있지 않는 것이나 마찬가지이네. 운동이라는 개념은 어떤 장소에서 다른 장소로 이동한다는 관념 이외에 아무것도 아니고, 어떤 방향이 없으면 운동은 전혀 존재하지 않네. 왜냐하면 개별적 존재가 동시에 모든 방향으로 움직일 수는 없을 것이기 때문이네. 그렇다면 물질은 반드시 어느 방향으로 움직이는가? 물체를 이루는 물질 전체가 동일한 운동을 하는가, 아니면 각 원자가 각기 고유한 운동을 하는가? 첫 번째 생각에 따른다면, 우주 전체는 분할될 수 없는 고체 덩어리를 이루어야 하네. 두 번째 생각에 따르면 두 원자가 결합하는 일은 결코 가능하지 않기 때문에, 우주 전체는 오로지 결합력이 없는 분산된 유체流體만을 형성해야 하네. 물질 전체에 공통된 운동이 있다면 이 운동은 어떤 방향으로 이루어지겠는가? 직선으로? 위 또는 아래로? 오른쪽 아니면 왼쪽으로? 반대로 물질의 분자들 각각이 특정한 방향을 갖는다면, 이 모든 방향들의 원인과 모든 차이들의 원인은 무엇일까? 물질의 원자나 분자 하나하나가 자기의 중심 주변을 회전할 뿐이라면, 결코 아무것도 자기 자리를 이탈하지 않을 것이며 운동의 전달도 전혀 이루어지지 않을 것이네. 게다가 심지어 이 회전운동도 어떤 방향이 정해져 있어야 할 것이네. 물질에 추상적으로 운동을 부여하는 것은 아무 의미도 없는 말을 하는 것이고, 물질에 일정한 운동을 부여하는 것은 그 운동을 결정하는 원인을 전제하는 것이네. 내가 개별적인 힘들을 증가시킬수록, 나는 그것들을 지배하는 공통된 동인은 찾지 못한 채 설명해야 할 더 많은 새로운 원인들을 갖게 되네. 원소들의 우연한 협력에서 어떤 질서가 생긴다는 생각은 고사하고, 심지어 원소들이 투쟁한다는 생각조차 할 수 없네. 그리고 우주의 조화보다 우주의 혼돈을 더 이해할 수 없네. 나는 세계라는 기제가 인간 정신으로 이해되지 않을 수 있다는 사실을 이해하네. 그런데 누군가 일단 그것을 설명하려 든다면, 그는 사람들이 이해할 수 있는 말을 해야 할 것이네.

움직이는 물질이 내게 의지를 보여 준다면, 일정한 법칙들에 따라 움직이는 물질은 내게 지성을 보여 주네. 이것이 나의 두 번째 신조일세.

행동하고 비교하고 선택하는 것은 사유하는 능동적 존재의 활동이므로 이러한 존재는 존재하네. "그것이 어디에 있는지 보입니까?" 하고 자네는 내게 물을 걸세. 그것은 회전하는 천체에, 우리를 비춰 주고 있는 태양에, 나 자신 안에, 그뿐만 아니라 풀을 뜯는 양이나 하늘을 나는 새, 떨어지는 돌이나 바람에 날리는 나뭇잎 속에도 있네.

세계의 목적을 알지는 못하지만 나는 세계의 질서에 대해 판단할 수 있네. 왜냐하면 이 질서에 대해 판단하려면 부분들을 비교하고, 그 부분들의 협력과 관계를 연구하고, 그것들의 조화를 알아차리는 것으로 충분하기 때문이네. 나는 왜 우주가 존재하는지는 알지 못하지만, 우주가 어떻게 변화하는지 보지 않으려야 보지 않을 수 없으며, 우주를 구성하고 있는 존재들이 서로 돕고 있는 내밀한 조화를 지각하지 않으려야 지각하지 않을 수가 없네. 나는 마치 처음으로 뚜껑이 열린 시계를 보고, 이 기계의 사용법도 모르고 과거에 문자판을 본 적이 없는데도, 제작물에 감탄을 금치 못하는 사람과 같네. 그는 이렇게 말할 걸세. "나는 이 전체가 어디에 쓰이는지는 모른다. 그러나 나는 각각의 부속이 또 다른 부속들을 위해 만들어졌다는 것은 알고 있다. 나는 제작자가 만든 제작물의 세세한 부분들을 보고 그를 찬양한다. 그리고 나는 톱니바퀴들이 모두 오로지 공통의 목적을 위해 일치 협력하여 작동한다고 진정으로 확신한다. 비록 내가 그 목적을 지각하는 것은 불가능하다 해도 그렇다."

개개의 목적, 수단, 모든 종류의 질서정연한 관계들을 비교해 보고, 그러고 나서 내면의 감정에 귀를 기울이자. 건강한 정신이라면 어떻게 그 감정의 증언을 거부하겠는가? 편견에 사로잡힌 눈이 아니라면, 어떻게 감지할 수 있는 우주의 질서가 최고의 지성을 드러내 보여 주는 것을 보지 못할 수 있겠는가? 존재들이 조화를 이루고 각각의 부분이 다른 부분들의 보존을 위해 훌륭히 협력한다는 사실을 무시하려면 얼마나 많은 궤변을 늘어놓아야 할 것인가? 조합組合이니 우연이니 하는 말을 하고 싶으면 실컷 해도 좋네. 자네가 나를 설득할 수 없다면 내 입을 다물게 하는 것이 자네에게 무슨 소용이 있겠는가? 내 뜻에 반하여 항상 자네의 말을 반박하려는 어쩔 수 없는 감정을 어떻게 자네가 내게서 없앨 수 있겠는가? 만약 유기체가 일정한 형태를 취하기 전에 수많은 방식으로 우연히 결합되었다면, 그래서 처음에는 입이 없는 위, 머리 없는 다리, 팔 없는 손 같은 모든 종류의 불완전한 기관들이 만들어졌다가 자신을 유지할 수 없어 소멸해 버렸다면, 어째서 시험 삼아 만들어진 이 미완의 산물들이 더 이상 우리의 눈에 띄지 않으며, 어째서 자연은 처음에는 따르지 않았던 법칙을 결국 스스로 받아들이기에 이르렀는가? 나는 어떤 일이 발생 가능한 경우라면 그 일이 일어난다는 사실에 조금도 놀라지 않을 것이네. 그리고 어떤 사건이 일어날 확률이 여간해서는 없다 하더라도, 그것이 시도되는 횟수로써 상쇄될 수 있다는 것도 인정하네. 그러나 만약 누군가 아무렇게나 뿌려진 인쇄 활자들이 완벽하게 배열되어 『아이네이스』[73]를 이루었다고 내게 말한다면, 나는 그 거짓말을 확인하러 가겠다고 한 발짝도 움직이지 않을 것이네. 사람들이 "당신은 시도되는 횟수를 잊으셨습니까?"라고 말할지도 모르겠네. 그러나 그 조합을 사실과 똑같이 만들어 내려면 얼마나 많은 시도를 가정해야 하겠는가? 단 한 번의 시도만 있었다고 보는 나로서는 거기서 만들어진 것이 결코 우연의 결과가

---

73 로마 민족의 시조인 아이네이스를 노래한 베르길리우스의 서사시 — 옮긴이.

아니라고 장담하네. 그리고 조합이나 우연은 오로지 혼합된 원소들과 같은 성질의 산물만 낳을 뿐이고, 유기체나 생명은 결코 원자들의 집합에서 생겨나지 않으며, 혼합물을 조합하는 화학자는 도가니 속에서 그 혼합물이 느끼고 생각하게 만들지는 못할 것이라는 것을 덧붙여 말해 두는 것이 좋겠네.[74]

　나는 니우벤티트[75]를 읽고 놀랐네. 아니 거의 분노를 느꼈네. 이 사람은 어떻게 창조자의 지혜를 보여 주는 자연의 경이로운 현상들을 한 권의 책으로 만들 생각을 할 수 있었을까? 그의 책이 세계만큼 크다 할지라도 그는 자신의 주제를 남김없이 다 다루지는 못했을 것이네. 그리고 세부적인 것들을 다루려 하자마자 전체의 조화와 일치라는 가장 위대한 경이로움은 빠져나가고 마네. 살아 있는 유기체의 발생이라는 것 하나만 놓고 보더라도, 그것은 인간의 정신으로 이해할 수 없는 수수께끼일세. 각양각색의 종種들이 서로 뒤섞이지 않도록 하기 위해 자연이 그것들 사이에 쳐 놓은 넘을 수 없는 장벽이야말로 결정적으로 명백하게 자연의 의도를 보여 주고 있네. 자연은 질서를 확립하는 것에 만족하지 않고, 어떤 것도 그것을 혼란하게 만들 수 없도록 확실한 조치를 취해 둔 것이네.

74　증거가 없다면, 인간의 괴상한 생각이 그 정도에까지 이를 수 있다고 생각할 수 있겠는가? 아마투스 루스타누스(1510-1568. 물리학자이자 철학자 — 옮긴이)는 제2의 프로메테우스인 카밀루스가 연금술로 만들어 낸 엄지손가락만 한 작은 인간이 시험관 속에 갇혀 있는 것을 본 적이 있다고 주장했다. 파라셀수스(1493-1541. 스위스의 의사이자 연금술사 — 옮긴이)는 『사물의 본성에 대하여』에서 이 작은 인간들을 만드는 법을 가르치고 있으며 피그미족, 목신(牧神), 반수신(半獸神), 요정은 화학에 의해 만들어졌다고 주장한다. 이러한 사실들이 가능함을 입증하기 위해서는 유기물질이 불의 열기에 견디며 그 분자들이 반사로(反射爐) 속에서도 생명을 유지할 수 있다는 것을 주장하는 것 이외에 앞으로 해야 할 또 다른 일이 남아 있는지 사실 잘 모르겠다.

75　Bernard Nieuwentyt(1654-1718): 네덜란드의 의사로 그가 쓴 『자연의 경이로움으로 증명되는 신의 존재』는 대단한 성공을 거두었고 루소도 젊은 시절에 그 책을 읽었다 — 옮긴이.

어떤 점에서 우주에는 다른 모든 존재들의 공통되는 중심으로 볼 수 없는 존재란 없네. 그리고 이것을 중심으로 존재들 모두가 질서를 이루어, 모든 것이 서로에 대해 수단이자 목적이 되는 것이네. 정신은 이 무한한 관계들 속에서 당황하여 갈피를 잡지 못하지만, 그 관계들 중 어느 하나도 그 전체 안에서 뒤섞이거나 길을 잃지 않네. 우연히 움직여지는 물질의 맹목적인 체제로부터 이러한 조화 전체를 끌어내려면 얼마나 많은 부조리한 가정이 필요할 것인가! 이 위대한 전체를 이루는 모든 부분들의 관계에서 명백히 드러나는 통일된 의도를 부정하는 사람들은 자신들의 횡설수설을 추상이니 배열이니 일반법칙이니 하는 상징적인 용어로 감추려 하지만 그래도 소용이 없네. 그들이 어떻게 하든, 나로서는 거기에 질서를 부여하는 어떤 지성을 생각하지 않고 그토록 변함없는 질서를 유지하는 존재들의 체계를 이해한다는 것이 불가능하네. 수동적이고 생명이 없는 물질이 느낌을 가진 살아 있는 존재들을 만들어 낼 수 있었고, 맹목적인 필연성이 지성을 갖춘 존재들을 만들어 낼 수 있었으며, 사유하지 않는 것이 사유하는 존재들을 만들어 낼 수 있었다고 믿는 것은 나로서는 불가능하네.

그러므로 나는 세계가 강력하고 현명한 어떤 의지에 의해 다스려진다고 믿네. 나는 그것을 보네. 아니 본다기보다 느끼네. 그리고 그것을 아는 것이 내게는 중요하네. 그런데 바로 이 세계는 영속적인 것인가 아니면 창조된 것인가? 만물의 원리는 유일한가, 아니면 두 개 또는 여러 개의 원리가 있는가? 그리고 그 본성은 무엇인가? 나는 그에 대해 아무것도 모르지만, 상관없네. 이러한 지식들에 흥미를 가짐에 따라 나는 그것들을 얻기 위해 노력할 것이네. 그때까지 나는 자존심을 상하게 할 수는 있어도 나의 행동에 무익하고 나의 이성을 능가하는 쓸데없는 문제들은 포기하겠네.

내가 내 견해를 가르치려는 것이 아니라 단지 진술하고 있다는 것을 항상 잊지 말기 바라네. 물질이 영속적인 것이든 창조된 것이든, 수동적인 원리가 있든 없든, 어쨌든 전체란 하나이고 유일한 지성을 드러내 보여 준다는 것은 확실하네. 왜냐하면 동일한 체계 속에서 질서가 잡혀 있지 않은 것, 그리고 확립된 질서 속에 들어 있는 모든 것을 보존한다는 동일한 목적에 협력하지 않는 것은 하나도 볼 수 없기 때문이지. 의지를 갖고 또 힘을 가진 이러한 존재, 스스로 능동적인 이 존재, 그것이 무엇이든 결국 우주를 움직이고 만물에 질서를 부여하는 이러한 존재를 나는 신이라 부르네. 나는 이 이름에 지성이니 힘이니 의지니 하는 관념들을 한데 묶어 결부시키고, 또 그것의 필연적 귀결인 선성善性의 관념을 결부시키네. 그러나 그렇다고 해서 내가 이 명칭을 부여한 존재를 더 잘 알게 되는 것은 아니네. 내 감각과 이해력은 똑같이 그것을 파악하지 못하여 나는 그것을 생각하면 할수록 더욱 혼동을 일으키게 되네. 나는 그것이 존재하고, 그것이 스스로 존재한다는 것을 매우 명확히 알고 있네. 그리고 내 존재가 그것의 존재에 종속되어 있음을, 또 내가 알고 있는 모든 것들도 완전히 같은 경우라는 것을 알고 있네. 나는 모든 곳에서, 그가 만든 것들에서 신을 지각하네. 나는 내 안에서 신을 느끼고 내 주위의 어디에서나 신을 보고 있네. 그러나 내가 신을 그 자체로 관조하려고 하자마자, 신이 어디에 있으며 신은 무엇이며 그 실체는 무엇인지 탐구하려고 하자마자, 신은 내게서 빠져나가고 나의 혼란한 정신은 더 이상 아무것도 지각하지 못하네.

나는 내가 부족하다는 것을 통감하기 때문에, 신이 나와 맺고 있는 관계에서 생겨나는 감정 때문에 어쩔 수 없는 경우만 제외하고 결코 신의 본성에 대해 추론하지 않을 것이네. 이러한 추론은 항상 무모한 법이어서, 현명한 인간이라면 그런 추론에 빠져들 때마다 불안에 떨며 자신이 그것을 파고들기에 적합하지 않음을 확신하네. 왜냐하면 신성에 대한 최대의 모독은 신성에 대해 전혀 생각하지 않는 것이 아니라 잘못 생각하는 것이기 때문이네.

신의 속성들 중 내게 신의 존재를 알려 주는 것들을 발견한 후, 나는 다시 나 자신에게로 돌아와 신이 다스리는 그리고 내가 검토할 수 있는 사물의 질서 속에서 내가 어떤 지위를 차지하고 있는지 탐색하고 있네. 나는 내가 속한 種으로 볼 때 명백하게 최고의 지위에 있는 것이라고 생각하네. 왜냐하면 나를 둘러싼 물체들은 오직 물리적 운동량으로 내 뜻에 반하여 내게 작용을 가하지만, 나는 내 의지와 그것을 실현하기 위한 능력의 범위 안에 있는 도구들을 사용하여 나를 둘러싼 물체들에 작용을 가하고 또 내 의지대로 물체들의 활동에 동참하거나 동참하지 않을 수 있다는 점에서, 그 물체들 중 어떤 것보다 더 많은 힘을 가지고 있는 셈이기 때문이네. 또 나는 나의 지성에 의해 모든 것을 세심하게 조사할 수 있는 유일한 존재이네. 이 세상에서 인간을 제외하고 어떤 존재가 다른 모든 것을 관찰할 줄 알고, 그것들의 운동과 결과를 측정하고 계산하고 예측할 줄 아는가? 말하자면 보편적인 존재의 느낌을 개인적인 자기 존재의 느낌에 결부시킬 줄 알겠는가? 내가 모든 것을 자신과 결부시킬 줄 아는 유일한 존재라면 모든 것이 나를 위해 만들어졌다고 생각한들 그것이 그리 터무니없는 일이겠는가?

그러므로 인간이 자신이 살고 있는 지상의 왕이라는 말은 사실이네. 왜냐하면 그는 모든 동물들을 길들이고 자신의 솜씨로 자연의 원소들을 이용할 뿐만 아니라 지상에서 오직 그만이 그것들을 활용할 줄 알기 때문이지. 게다가 자신이 가까이 다가갈 수 없는 천체까지도 관조에 의해 자기 것으로 삼기 때문이네. 이 지상에서 불을 사용할 줄 알고 태양에 감탄할 줄 아는 또 다른 동물이 있다면 내게 보여 주기 바라네. 뭐라고! 내가 존재들과 존재들의 관계를 관찰하고 인식할 수 있으며, 질서와 아름다움 그리고 미덕이 무엇인지 느낄 수 있고, 우주를 관조하고 그것을 다스리는 손의 존재에까지 자신을 고양시킬 수 있으며, 선을 사랑하고 그것을 행할 수 있는데도, 내가 자신을 짐승과 비교한다는 말인가? 비천한 영혼이여, 너를 짐승과 동류로 만드는 것은 한심스러운 너의 철학이다. 더 정확히 말하면, 네가 아무리 너 자신의 품위를 떨어뜨리려 해도 소용이 없다. 너의 타고난 재능이 네가 세운 원칙들에 불리한 증언을 하고, 너의 호의적인 마음이 너의 신조를 부인하며, 네가 능력을 잘못 사용한다 해도 오히려 그것조차 네 능력의 탁월함을 증명해 준다.

지지해야 할 체계를 전혀 갖고 있지 않은 나, 또 어떤 당파의 열광에도 휩쓸리지 않고 분파의 우두머리가 되는 명예도 바라지 않으며 신이 나를 놓아둔 자리에 만족하고 있는 소박하고 진실한 인간인 나로서는 신 다음으로 내가 속한 인류보다 더 좋은 것을 알지 못하네. 그러니 만약 사물들의 질서 속에서 내 자리를 선택해야만 한다면, 인간이라는 것 이외에 무엇을 선택할 수 있겠는가?

이러한 성찰은 나를 교만하게 만들기보다 감동시킨다네. 왜냐하면 이 상태는 내 선택에 의한 것이 전혀 아니며 아직 존재하지도 않았던 나라는 존재의 공덕 덕택도 아니었기 때문이네. 내가 이처럼 뛰어난 존재임을 볼 때, 이렇게 명예로운 자리를 내가 차지하고 있다는 데 대해 어찌 기뻐하지 않을 수 있으며 나를 그 자리에 앉혀 준 손을 어찌 찬양하지 않을 수 있겠는가? 처음으로 나 자신을 돌아볼 때 내 마음속에서는 내가 속한 인류를 만든 창조자에 대한 감사와 축복의 감정이 생겨나며, 이러한 감정에서 자비로운 신성에 대한 최초의 존경심이 생겨난다네. 나는 지고한 힘을 찬양하고 그것의 선행에 감동을 받네. 다른 사람이 내게 이렇게 예찬하라고 가르칠 필요가 없네. 그것은 자연 자체가 내게 부과하는 것이기 때문일세. 우리를 보호해 주는 것을 존경하고 우리가 잘되기를 바라는 것을 사랑하는 것이 자기애의 자연적 귀결이 아니겠는가?

그러나 다음으로 인류 안에서 내가 차지하는 개인적인 자리를 알기 위해서 각양각색의 신분과 그 신분을 구성하는 사람들을 고려해 본다면, 나는 어떻게 되는가? 정말 가관이다! 내가 관찰했던 질서는 어디에 있는가? 자연이 보여 주는 장면은 내게 질서와 균형만 제시한 반면, 인류가 보여 주는 장면은 혼란과 무질서밖에 제시하지 않는다니! 자연의 구성 요소들 사이에서는 조화가 지배하지만, 인간들은 혼돈 속에 있다니! 동물들은 행복한데, 그들의 왕만 혼자 비참하다니! 오, 지혜여, 그대의 법칙은 어디에 있는가? 오, 섭리여, 그대는 세계를 이런 방식으로 다스리는가? 자비로운 존재여, 그대의 권능은 어떻게 되었는가? 나는 지상에서 악을 보고 있네.

친애하는 벗이여, 이렇게 우울한 성찰과 이 명백한 모순에서 그때까지 나의 탐구에서 전혀 찾을 수 없었던 영혼의 숭고한 관념이 나의 정신 속에서 형성되었다는 것을 자네는 믿을 수 있겠는가? 인간의 본성에 대해 깊이 생각하면서 나는 거기서 서로 다른 두 개의 원리를 발견했다고 생각했네. 하나는 인간을 영원한 진리에 대한 탐구로, 정의와 정신적인 미에 대한 사랑으로, 그에 대한 관조가 현자의 기쁨이 되는 지적인 세계의 영역으로 고양시키네. 그리고 다른 하나는 인간을 비천하게 자기에게로 끌어내려 감각의 지배를 받도록 굴복시키고 그 도구인 정념의 노예로 만들어서, 이 정념으로 첫 번째 원리에서 생겨난 감정이 인간에게 고취시키는 것 모두를 방해하네. 나는 내가 이처럼 상반된 두 가지 움직임에 끌려다니며 갈등을 겪고 있다고 느끼면서 생각했네. '아니다. 인간은 단일하지 않다. 나는 원하면서도 원하지 않으며, 노예이면서 동시에 자유롭다고 느낀다. 나는 선을 알고 그것을 사랑하면서도 악을 행한다. 나는 이성에 귀를 기울일 때는 능동적이 되며, 정념에 끌려다닐 때는 수동적이 된다. 그리고 내가 굴복할 때 무엇보다도 견딜 수 없는 괴로움은 내가 저항할 수도 있었는데, 하는 느낌이다.'

젊은이여, 믿고 들어 주게나. 나는 언제나 내가 믿는 바대로 말하겠네. 양심이 편견의 소산이라면, 아마 내가 틀렸을 것이며 어떤 도덕도 전혀 증명되지 않을 것이네. 그러나 무엇보다 자신을 더 사랑하는 성향이 인간에게 자연스러운 것이라 하더라도, 최초의 정의감이 인간의 마음에 선천적으로 부여된 것이라면 인간을 바꾸어 단일한 존재로 만들려는 사람은 이 모순을 제거해야 하네. 그러면 나는 이제 단 하나의 실체만 인정하겠네.

자네는 내가 이 '실체'라는 말로 일반적으로 본래의 어떤 성질을 갖는 존재를 의미하며, 이 근원적인 성질에서 모든 특수한 변형이나 이차적인 변형은 제외된다는 점에 주의하게. 결국 우리가 알고 있는 본래의 성질들이 모두 동일한 하나의 존재로 모일 수 있다면, 우리는 하나의 실체만 받아들여야 하네. 그러나 서로서로 배제하는 성질들이 있다면, 그렇게 서로 배제할 수 있을 만큼의 여러 실체들이 있는 셈이 되네. 이 점에 대해 곰곰이 생각해 보게. 그러나 나로서는 로크가 뭐라고 말하든, 물질이 연장延長되고 분할 가능한 것으로 알고 있다면 물질은 사유할 수 없다고 확신할 수 있네. 어떤 철학자가 내게 와서 나무가 느끼고 바위가 생각한다고 말하면서,[76] 교묘한 논리로 나를 난처하게 만들려 해도 헛일이네. 나는 그를 단지 기만적인 궤변가로 볼 수밖에 없네. 그는 인간에게 영혼을 부여하기보다 돌멩이에 감정을 부여하기를 더 원하기 때문이네.

　어떤 귀머거리가 있는데 귀로 소리를 들어 본 적이 없어서 소리의 존

76　내가 보기에는 현대의 철학은 바위가 생각한다고 말하는 것이 아니라 반대로 인간이 조금도 생각하지 않는다는 것을 발견한 것 같다. 현대의 철학은 이제 자연에서 감수성이 있는 존재 이외에는 인정하지 않으며, 그것이 인간과 돌 사이에서 발견하는 차이라고는 고작해야 인간은 감각을 가진 감수성 있는 존재이고 돌은 감각이 없는 감수성 있는 존재라는 것이다. 그러나 모든 물질이 느끼는 것이 사실이라면, 감각 능력을 가진 통일체 혹은 개인의 자아는 어디에 있다고 생각할 것인가? 그것은 물질을 구성하는 각각의 분자 속에 있을까 아니면 집합체에 있을까? 또 이 통일체를 유체나 고체 혹은 혼합체나 원소 속에 둘 것인가? 자연에는 개별적인 것들밖에 없다고 말한다. 그러나 이 개별적인 것들이란 무엇인가? 돌은 개체인가 아니면 개체들이 모여서 이룬 집합체인가? 돌은 감각 능력이 있는 하나의 존재인가 아니면 그것을 이루는 모래알만큼의 감각 능력을 가진 존재들을 내포하고 있는가? 만약 최소 요소인 각각의 원자가 감각 능력이 있는 존재라면, 한 존재가 다른 존재 안에서 자신을 느끼고 그 결과 두 '자아'가 하나로 합쳐지는 이 내적인 소통을 나는 어떻게 이해할 것인가? 인력은 우리가 아직 그 비밀을 모르는 자연 법칙이다. 그러나 우리는 적어도 질량에 따라 작용하는 인력에는 연장(延長)이나 분할(分割)과 양립 불가한 것은 아무것도 없다고 이해한다. 여러분은 감정에 대해서도 똑같이 생각하는가? 감각이 있는 부분들은 연장을 갖고 있지만 감수성이 있는 존재는 분할될 수 없는 하나이다. 그것은 나누어지지 않으며, 전체가 아니면 무(無)이다. 그러므로 감수성이 있는 존재는 물체가 아니다. 나는 우리 시대의 유물론자들이 그것을 어떻게 이해하고 있는지는 모르지만, 그들에게 사유를 부인하게 만들었던 바로 그 동일한 어려움들이 마찬가지로 감정을 부인하게 만들었으리라고 생각한다. 이왕 한 발을 내딛은 이상 왜 또 다음 발을 내딛지 않는지 나는 모르겠다. 그렇다고 그들이 더 손해 볼 일이 있겠는가? 그리고 그들이 생각하지 않는다는 것을 확신하는 이상, 감히 어떻게 자신들이 느낀다고 주장하고 있는가?

재를 부정한다고 해 보세. 내가 그의 눈앞에 현악기를 하나 놓고, 숨겨 둔 다른 악기로 동조음을 울리게 한다. 귀머거리는 현이 진동하는 것을 본다. 내가 "현을 진동하게 만드는 것이 소리입니다"라고 그에게 말한다. 그러면 그는 "전혀 그렇지 않습니다"라고 대답한다. "현이 진동하는 원인은 현 그 자체에 있습니다. 그렇게 진동하는 것은 모든 물체에 공통된 속성입니다." 내가 다시 말을 받는다. "그렇다면 내게 다른 물체에서 이런 진동을 보여 주십시오. 아니면 적어도 이 현에서 그 원인을 보여 주시든지." 귀머거리는 반박한다. "나는 그렇게 할 수 없습니다. 그러나 내가 이 현이 어떻게 진동하는지 모른다 해서, 왜 내가 당신이 말하는 그 소리라는 것으로 그것을 설명해야 합니까? 나는 그 소리라는 것을 전혀 짐작도 못 하는데요. 그것은 모호한 사실을 더 모호한 원인으로 설명하는 것입니다. 당신이 말하는 소리를 내가 느낄 수 있게 해 주십시오. 아니면 나는 소리라는 것은 존재하지 않는다고 말하겠습니다."

사유와 인간 정신의 본성을 고찰하면 할수록 나는 유물론자들의 추론이 이 귀머거리의 추론과 비슷하다는 생각이 더 많이 드네. 사실 유물론자들은 무시해 버리기 어려운 어조로 다음과 같이 그들에게 외쳐 대는 내면의 목소리를 듣지 못하는 귀머거리와 같네. "기계는 생각이 전혀 없다. 왜냐하면 반성을 일으키는 운동이나 형상이 없기 때문이다. 네 안에 있는 어떤 것이 자기를 묶어 놓은 사슬들을 끊으려고 애를 쓰고 있다. 공간은 너에게 맞는 척도가 아니며, 우주 전체도 너에게는 충분히 크지 않다. 너의 감정, 너의 욕망, 너의 불안, 심지어 너의 오만함까지도 네가 그 속에 묶여 있다고 느끼는 그 협소한 육체와 다른 원리를 갖고 있다."

어떤 물질적인 존재도 자기 힘으로 행동하지 못하지만, 나는 내 힘으로 능동적으로 행동하네. 사람들이 이를 두고 나와 논쟁해 보았자 소용 없네. 나는 그것을 느끼네. 그리고 내게 말을 거는 이러한 감정은 그것에 반대하는 이성보다 더 강하네. 내게는 육체가 있고, 다른 물체들이 그 육체에 작용하며 육체는 다른 물체들에 작용하네. 이러한 상호작용은 의심의 여지가 없네. 그러나 내 의지는 내 감각에 예속되어 있지 않아서, 나는 동의하든지 저항하고 굴복하든지 이기든지 할 것이네. 그리고 내 안에서 나는 내가 하기 원했던 것을 할 때와 정념에 굴복만 하고 있을 때를 완벽하게 느끼네. 내게 의욕은 항상 있지만 그것을 실천하는 힘은 언제나 있는 것은 아니네. 유혹에 넘어갈 경우 나는 외부 대상들의 충동에 따라 움직이지만, 이러한 약점을 자책할 때 나는 오로지 내 의지의 소리만 듣네. 나는 내 악덕 때문에 노예가 되고 내 양심의 가책으로 인해 자유로워지네. 내가 자유롭다는 감정이 내게서 사라지는 것은 오로지 내가 타락하여 마침내 영혼의 목소리가 육체의 법칙에 항의하는 것을 막아 버릴 때뿐이네.

나는 오로지 내 의지를 느낌으로써 의지라는 것을 알게 되네. 그렇다고 내가 오성을 더 잘 알고 있는 것도 아니네. 누가 내게 내 의지를 결정하는 원인이 어떤 것이냐고 물으면, 이번에는 내 쪽에서 그 사람에게 내 판단을 결정하는 원인이 어떤 것이냐고 반문하겠네. 왜냐하면 이 두 원인이 결국에는 하나임이 명백하기 때문일세. 그리고 인간이 판단에서 능동적이고, 인간의 오성이란 단지 비교하고 판단하는 능력에 불과하다는 것을 제대로 이해한다면, 인간의 자유도 그것과 비슷한 혹은 그것에서 파생한 능력에 불과하다는 사실을 알게 될 것이네. 인간은 진실이라 판단했기 때문에 선을 선택하며, 틀리게 판단할 때 잘못된 선택을 하지. 인간의 의지를 결정하는 원인은 대체 어떤 것인가? 그것은 그의 판단이네. 그러면 판단을 결정하는 원인은 어떤 것인가? 그것은 그의 지적인 능력이고 그의 판단력이네. 결정하는 원인은 인간 그 자체에 있어서, 그것을 넘어서면 나는 더 이상 아무것도 이해하지 못하네.

확실히 나는 마음대로 내 자신에게 좋은 것을 원하지 않을 수 있는 것도 아니고, 마음대로 내게 나쁜 것을 원할 수 있는 것도 아니네. 그러나 나의 자유는, 나와 무관한 것이 나를 결정하는 것이 아니라 내가 내게 적합한 것이나 그렇다고 판단되는 것밖에 원할 수 없다는 바로 그 사실에 있네. 그러니 내가 마음대로 나 아닌 다른 사람이 될 수 없다고 해서 나 자신의 주인이 아니라고 할 수 있겠는가?

모든 행동의 원리는 자유로운 존재의 의지에 있네. 그 이상으로 더 거슬러 올라갈 수는 없을 것이네. 아무 의미가 없는 것은 자유라는 말이 아니라 필연성이라는 말일세. 능동적 원리에서 생겨나지 않은 행동이나 결과를 가정하는 것은 진실로 원인 없는 결과를 가정하는 것이고 순환논법에 빠지는 것이네. 최초의 충동이 존재하지 않거나 모든 최초의 충동에 선행하는 원인이 전혀 없거나 둘 중의 하나인데, 자유가 없다면 진정한 의미의 의지도 결코 없네. 그러므로 인간은 행동에 있어 자유로우며, 또 그러한 존재로서 비물질적인 실체에게서 생명을 받은 것이네. 이것이 나의 세 번째 신조일세. 내가 계속해서 또 다른 신조들을 모두 나열하지 않겠지만, 자네는 이 기본적인 세 가지 신조로부터 그것들을 쉽게 끌어낼 수 있을 것이네.

인간이 능동적이고 자유롭다면, 그는 스스로 행동하네. 그가 자유롭게 행하는 모든 것은 질서정연한 섭리의 체계에 전혀 속하지 않으며, 섭리 탓으로 돌릴 수도 없네. 신은 인간이 신에게서 부여받은 자유를 잘못 사용하여 악을 행하는 것을 조금도 원하지 않지만, 인간이 악을 행하지 못하게 막지도 않네. 이는 그토록 나약한 존재에서 나오는 악이 그가 보기에 아무것도 아니기 때문이기도 하고, 신이 그것을 막으면 인간의 자유를 침해하지 않을 수 없고 또 그의 본성을 타락시킴으로써 더 큰 악을 행하지 않을 수 없기 때문이기도 하네. 신이 인간을 자유롭게 만든 것은 인간이 스스로의 선택으로 악이 아니라 선을 행하게 하기 위해서이네. 신은 인간이 신에게서 부여받은 여러 능력들을 사용하면서 이러한 선택을 할 수 있도록 만들었네. 그러나 신은 인간의 힘을 매우 제한해 두어서 그가 인간에게 맡긴 자유를 남용한다 하더라도 그것이 보편적인 질서를 어지럽힐 수는 없네. 인간이 행하는 악은 자신에게로 되돌아갈 뿐 세계의 체계를 조금도 변화시키지 못하며, 설사 인류가 원치 않더라도 인류 자체가 보존되는 것을 어쩌지 못하네. 인류가 악을 행하는 것을 신이 막지 않는다고 불평하는 것은, 신이 인류에게 뛰어난 본성을 갖게 하고 그의 행동에 도덕성을 부여하여 고귀하게 만들고, 그에게 미덕에 대한 권리를 주었다고 불평하는 것이네. 최고의 즐거움은 자기 자신에게 만족하는 데 있네. 우리가 이 지상에 태어나 자유를 부여받고, 정념의 유혹을 받고서도 양심에 의해 자제하는 것은 바로 이러한 만족을 누릴 만한 자격을 갖기 위해서네. 설사 신의 능력이라 하더라도 우리를 위해 할 수 있는 것이 더 이상 무엇이 있을까? 신이 우리의 본성에 모순을 부여하고, 악을 행할 능력을 갖지 못한 사람에게 잘했다고 상을 줄 수 있었을까? 뭐라고! 인간이 사악해지는 것을 막기 위해서 인간을 본능에 제한시켜 짐승으로 만들어야 했다고? 그렇지 않네. 내 영혼의 신이여, 내가 당신처럼 자유롭고 선하고 행복할 수 있도록 당신의 형상을 본떠 내 영혼을 만든 것에 대하여 나는 결코 당신을 비난하지 않겠습니다.

　우리가 불행하고 사악하게 되는 것은 우리의 능력을 잘못 사용하기 때문이네. 우리의 슬픔이나 근심, 괴로움은 바로 우리에게서 생겨나며, 정신적인 고통은 말할 것도 없이 우리가 만드는 것이지만, 육체적인 고통도 우리가 그것을 민감하게 느끼게 하는 우리의 악습이 아니라면 아무것도 아닐 것이네. 자연이 우리가 욕구를 느낄 수 있게 하는 것은 우리의 생명을 보존하기 위해서가 아닌가? 육체의 고통은 몸에 탈이 났다는 표시이고 그에 대비하라는 경고가 아닌가? 죽음은… 악인들은 자기 자신의 삶과 우리의 생명에 독을 타는 것이 아닌가? 어느 누가 언제까지나 살기를 원하겠는가? 죽음은 여러분이 스스로에게 만든 병을 치유하는 치료제이네. 자연은 여러분이 언제까지나 괴로워하지 않기를 바랐던 것이네. 원시적인 단순한 삶을 살고 있는 사람은 정말로 병에 잘 걸리지 않는다! 그는 정념이 없는 것과 마찬가지로 거의 병이라는 것을 모르고 살며, 죽음을 미리 생각하지도 않고 예감하지도 않네. 그가 죽음을 예감할 때는 비참한 상태 때문에 죽음을 원하게 되며, 그때부터 죽음은 더 이상 그에게 나쁜 것이 아니네. 만약 우리가 우리 자신인 것에 만족한다면, 우리는 전혀 우리의 운명을 한탄할 필요가 없을 것이네. 그러나 우리는 공상적인 행복을 구하려고 수많은 현실적인 고통을 감수하네. 약간의 괴로움을 견딜 줄 모르는 사람은 더 많이 괴로워할 각오를 해야 하네. 사람들은 무절제한 생활로 몸을 해치면 약으로 건강을 회복시키려고 하네. 지금 느끼고 있는 고통에 두려움의 고통을 덧붙이는 것이네. 죽음을 미리 내다보는 것은 죽음을 끔찍한 것으로 만들고 또 죽음을 재촉하네. 사람은 죽음을 피하려 하면 할수록 더욱더 그것을 예감하게 되고, 자연을 위배하면서 자초한 고통들에 대해 자연에 불평하며 평생에 걸쳐 공포로 죽어가네.

인간이여, 더 이상 악을 만든 자를 찾지 말라. 그 장본인은 바로 너 자신이다. 네가 만든 악과 네가 괴로워하는 악 이외에 또 다른 악은 전혀 존재하지 않으며, 그 둘은 모두 너에게서 생겨나는 것이다. 보편적인 악은 오직 무질서 속에서만 존재할 수 있는데, 나는 세계의 체계 속에서 조금도 모순이 없는 질서를 보네. 개별적인 악은 괴로워하는 존재의 감정 속에만 있고, 이러한 감정은 인간이 자연에게서 받은 것이 아니라 스스로에게 부과한 것이네. 거의 반성적으로 사유해 본 적이 없어서 과거의 추억도 미래에 대한 예견도 갖고 있지 않은 사람이라면 누구든 고통이 거의 영향을 미치지 못하네. 우리의 불길한 진보를 걷어치우고, 우리의 오류와 악덕을 걷어치우고, 인간이 만들어 낸 것을 걷어치우면 모든 것이 좋아질 것이네.

모든 것이 좋은 곳에서는 어떤 부정도 없네. 정의는 선과 분리될 수 없고, 그러므로 선은 어떤 무한한 힘의 필연적인 결과이며, 스스로를 느끼는 모든 존재에 본질적인 자기애의 필연적인 결과이네. 모든 것을 할 수 있는 자는 이를테면 다른 존재하는 것들의 존재와 더불어 자신의 존재를 확장하네. 생산하고 보존하는 것은 힘의 지속적인 행위이며, 그 힘은 존재하지 않는 것에 대해서는 전혀 작용하지 않기 때문에, 신은 죽은 자들의 신이 아니네. 신은 스스로를 훼손하지 않고서는 파괴자나 악인이 될 수 없을 걸세. 모든 것을 할 수 있는 이는 좋은 것만 원할 수밖에 없으니.[77] 그러므로 최고로 선한 존재는 최고로 강한 힘을 가지고 있기 때문에 또한 가장 정의로울 것이네. 그렇지 않으면 신은 자기모순에 빠지게 될 걸세. 왜냐하면 질서를 만들어 내는 질서에 대한 사랑이 '선'이라 불리며, 질서를 보존하는 질서에 대한 사랑이 '정의'라 불리기 때문이네.

사람들에 따르면 신은 자신이 만든 피조물들에 대해 아무런 의무도 없다고 하네. 그러나 나는 신이 피조물들에 대하여 그들에게 존재를 부여하면서 약속했던 모든 것을 이행할 의무가 신에게 있다고 생각하네. 그런데 신이 피조물인 인간에게 선의 관념을 부여하여 인간이 그것을 필요하다고 느끼게 하는 것은 그들에게 선을 약속하는 것이네. 내가 나의 내면으로 되돌아갈수록 또 내 마음에 물어볼수록, 나는 내 영혼에 쓰인 "정의로워라, 그러면 너는 행복하게 될 것이다"라는 말을 읽게 되네. 그렇지만 현재의 상황을 보면 전혀 그렇지 않네. 악인은 번영을 구가하고 정의로운 사람은 억압받는 상태에 있네. 또 이러한 기대가 배반당했을 때 얼마나 격심한 분노가 우리 안에서 일어나는지 보게. 양심은 자신을 만든 창조자에게 항의하고 불평하며, 그에게 "당신이 나를 속였다"라고 울부짖네.

"내가 너를 속였다고? 경솔한 자여! 누가 너에게 그렇게 말했느냐? 네 영혼이 없어졌다는 말인가? 네가 존재하지 않게 되었는가? 오, 브루투스여,[78] 오, 나의 아들이여! 생명을 끊음으로써 너의 고귀한 생명을 더럽히

---

77 고대인들은 최고의 신을 '최대의 최선(Optimus Maximus)'이라고 불렀는데, 이는 매우 옳은 말이다. 그러나 그의 선은 그의 힘에서 나오는 만큼, '최선의 최대(Maximus Optimus)'라고 했다면, 더 정확한 말이 되었을 것이다. 신은 위대하기 때문에 선하다.

78 Brutus Junius(기원전 85-기원전 42): 소(小) 카토의 조카로서 카이사르의 양자로 들어간 그는 카시우스와 공모하여 카이사르를 암살하는 데 성공했다. 그 후 옥타비아누스와 안토니우스는 카이사르의 복수를 위해 군사를 일으켰고, 브루투스는 필리피 전투에서 패했다. 그는 "미덕이여, 너는 한갓 말에 지나지 않는다"라고 말하며, 카이사르를 찔렀던 그 칼로 자살했다 — 옮긴이.

지 말라. 너의 희망과 영광을 너의 육체와 함께 필리피의 들판에 버려서
는 안 된다. 너는 곧 너의 미덕에 대한 보상을 받을 텐데 '왜 미덕은 아무
것도 아니다'라고 말하는가? 너는 자신이 곧 죽을 것이라고 생각한다. 아
니다. 너는 곧 살게 될 것이다. 내가 너에게 약속했던 모든 것을 이행하
는 것은 바로 그때이다."

참을성 없는 인간들이 불평하는 말을 들으면, 인간들이 공덕을 쌓기
전에 그들에게 보상을 해 주어 그들의 미덕을 미리 보상할 의무라도 신
에게 있는 것 같네. 아! 우선 선량한 인간이 되자. 그러면 우리는 행복해
질 것이네. 승리에 앞서 상을 요구하거나 일하기도 전에 품삯을 요구하
지 말자. "우리의 신성한 경기에서 승리한 사람에게 월계관을 씌워 주는
것은 경주하는 길에서가 아니다. 그것은 경주로를 다 달리고 난 뒤이다"
라고 플루타르코스는 말했네.

영혼이 비물질적이라면 영혼은 육체가 죽은 후에도 살아남을 수 있
네. 그리고 영혼이 육체가 죽은 뒤에도 살아남을 수 있다면 신의 섭리는
올바른 것으로 인정되네. 영혼의 비물질성에 대해 이 세상에서 악인이
구가하는 승리와 정의로운 사람이 당하는 억압 이외에 다른 증거가 없다
할지라도, 이것만으로도 나는 그것을 의심할 수 없을 것이네. 우주의 조
화 속에 있는 너무도 거슬리는 불협화음 때문에 나는 그것을 해결하기
위해 노력하지 않을 수 없었네. 나는 '우리에게서 모든 것이 생명과 함께
끝나는 것은 아니다. 모든 것은 죽을 때 질서로 되돌아간다'고 생각할 걸
세. "인간이 가진 지각 능력이 모두 없어졌을 때 인간은 어디에 있는가?"
라고 스스로에게 물어보면서 사실 나는 난처함을 느낄 수도 있네. 그러
나 이러한 질문은 내가 두 가지 실체를 인정하자마자 더 이상 곤란한 문

제가 아니게 되네. 내가 육체적인 삶을 사는 동안 내 감각을 통하지 않고는 아무것도 지각할 수 없기 때문에, 감각 기능에 종속되지 않는 것이 내 이해 범위를 벗어난다는 사실은 매우 단순명료하네. 육체와 영혼의 결합이 깨질 때, 내 생각에 육체는 소멸되고 영혼은 보존될 수 있네. 육체가 파괴된다고 해서 어째서 그것이 영혼의 파괴를 초래하는 걸까? 오히려 그 반대네. 그것들은 본성이 매우 다르기 때문에 결합해 있을 때는 무리한 상태에 있는 것이며, 이 결합이 풀어지면 둘 다 그들의 자연적 상태로 되돌아가네. 생명을 가진 능동적인 실체가 생명이 없는 수동적인 실체를 움직이기 위해 사용했던 모든 힘을 되찾게 되는 것이네. 아, 슬프다! 나는 내가 지닌 악덕 때문에 그것을 너무나 절감하고 있는데, 인간은 살아 있는 동안 반밖에 사는 것이 아니며 영혼의 삶은 육체가 죽을 때에야 비로소 시작된다네.

그러나 영혼의 삶은 어떤 것일까? 영혼은 그 본성으로 보아 불멸일까? 내 한정된 이해력은 무한한 것은 아무것도 이해하지 못하네. 무한이라 불리는 것은 모두 내가 이해할 수 있는 범위를 벗어나네. 내가 이해할 수 없는 것에 대하여 내가 무엇을 부정하고 무엇을 긍정할 수 있겠으며, 또 어떤 추론을 할 수 있겠는가? 나는 질서를 유지하기에는 충분할 만큼 영혼이 육체가 죽은 뒤에도 살아남는다고 생각하네. 그러나 그것이 영원히 지속될 정도로 충분할지 누가 알겠는가? 어쨌든 나는 육체가 어떻게 쇠퇴하고 각 부분이 분해되어 소멸하는지 알고 있지만, 생각하는 존재가 그렇게 소멸해 버린다는 것은 이해할 수 없네. 그리고 그 존재가 어떻게 죽을 수 있는지 상상하지 못하기 때문에 나는 그것이 죽을 수 없다고 추측하네. 이러한 추측이 나를 위로하고 또 조금도 상식에 어긋나는 점이 없는 이상, 내가 이것에 의지하는 것을 두려워할 까닭이 어디 있겠는가?

나는 내 영혼을 느끼네. 그리고 나는 감정과 사유를 통해 영혼을 알고 있네. 나는 영혼이 있다는 것을 알고 있지만 그 본질이 어떤 것인지는 알지 못하네. 나는 내가 갖지 않은 관념에 관하여 추론할 수 없네. 내가 제대로 알고 있는 것은 '자아'의 동일성이 기억에 의해서만 지속되며, 사실상 동일한 존재가 되려면 나는 과거에 내가 그러했음을 기억해야 한다는 점이네. 그런데 내가 죽은 뒤에도 살아 있던 동안 내가 어떤 존재였는지 기억할 수 있으려면, 또한 내가 느꼈던 것 결국 내가 했던 일도 기억해야 하네. 나는 이러한 기억이 언젠가 착한 사람들에게는 복이 되고 나쁜 사람들에게는 고통이 되리라는 것을 믿어 의심치 않네. 이 세상에서는 무수히 많은 격렬한 정념들이 내면의 감정을 흡수하고 양심의 가책을 현혹시키네. 미덕을 실천함으로써 생기는 굴욕이나 불행은 미덕이 지닌 모든 매력을 느끼지 못하게 하네. 그러나 육체와 감각이 우리에게 갖게 하는 환상에서 해방되어 지고한 존재와 그로부터 흘러나오는 영원한 진리를 관조하면서 즐거움을 느끼게 될 때, 질서의 아름다움이 영혼의 모든 힘을 사로잡게 될 때, 또 우리가 전에 했던 일과 전에 하지 않으면 안 되었던 일을 비교하는 데만 오로지 전념하게 될 때, 그때야말로 양심의 소리가 그 힘과 지배력을 회복할 것이네. 그리고 그때야말로 자기 자신의 만족에서 생겨나는 순수한 쾌락과 스스로의 품위를 떨어뜨렸던 것에 대한 쓰디쓴 회한이 고갈되지 않는 감정을 통해 사람들이 저마다 스스로에게 마련한 운명을 구별 지을 것이네. 오, 내 친애하는 벗이여, 행복과 괴로움의 또 다른 원천들이 있는지 내게 묻지 말게. 나는 그것을 모르네. 그러나 내가 생각하는 것만으로도 나는 충분히 이 세상에서의 삶에 대한 위안을 얻고 또 다른 저세상의 삶에 대해 희망을 가질 수 있네. 나는 착한 사람들이 보상받을 것이라고 말하는 것이 전혀 아니네. 선량한 사람이라면 자신의 본성에 따라 사는 것 이외에 다른 어떤 행복을 기대할 수 있겠는가? 그러나 나는 그들이 행복해질 것이라고 말하겠네. 왜냐하면 그들을 만든 창조자, 즉 모든 정의의 창조자는 그들을 느낄 수 있는 존재로 만들었지만 괴로움만 느끼도록 만든 것은 아니기 때문이네. 또한 그들은 지상에서 자신의 자유를 잘못 사용하지 않았으므로 그들의 잘못으로 자신에게 부과된 소임을 저버린 것은 아니기 때문이네. 그럼에도 불구하고 그들은 이 세상의 삶에서 고통받았으므로 저세상의 삶에서는 보상을 받을 것이네. 이러한 생각은 인간의 공적보다 오히려 나로서는 신의 본질과 분리될 수 없는 것으로 여겨지는 선성의 개념에 근거를 두고 있네. 나는 질서의 법칙들이 지켜지고 신은 그 자신에 대해 변함이 없다고 가정하고 있을 뿐이네.[79]

또한 악인들의 고통이 영원한지 내게 묻지 말게. 나는 그 또한 알지 못하며, 무익한 문제들을 해결하겠다는 헛된 호기심도 전혀 없네. 나쁜 사람들은 어떻게 될 것인가, 이 문제가 나와 무슨 상관이 있겠는가? 나는 그들의 운명에 별로 관심이 없네. 그러나 나로서는 그들이 끝없는 고통을 받는 형벌에 처해진다는 것은 믿기 어렵네. 만약 지고한 정의가 보복을 한다면, 이 세상의 삶에서부터 보복할 것이네. 여러 국민들이여, 여러분과 여러분의 과오가 정의의 집행자네. 지고한 정의는 여러분이 스스

---

79 우리를 위함이 아니오라, 우리를 위함이 아니오라, 주님이시여,
오직 그대의 이름을 위하여, 오직 그대 자신의 영광을 위하여,
오, 신이시여! 우리를 부활하게 하소서!(「시편」, 115.)

로에게 행하는 악을 이용하여 그 악을 초래한 죄를 벌하고 있네. 여러분이 잘못된 번영을 구가하는 가운데, 복수심에 불타는 정념이 여러분의 죄를 처벌하는 곳은 만족할 줄 몰라서 선망과 탐욕과 야망으로 괴로움을 당하는 바로 여러분의 마음속이네. 지옥을 찾으러 저세상에 갈 필요가 어디에 있는가? 지옥은 이미 이 세상의 삶에서 나쁜 사람들의 마음속에 있네.

우리의 덧없는 욕구가 끝나고 우리의 분별없는 욕망이 끝나는 데서 또한 우리의 정념과 죄도 끝나게 마련이네. 순수한 정신이 어떻게 사악할 수 있겠는가? 아무것도 필요하지 않다면 어째서 나쁜 사람이 되겠는가? 인간의 저속한 육체적 감각이 없어지고, 정신의 모든 행복은 존재들을 관조하는 데 있다면 정신은 오로지 선밖에 바랄 줄 모를 것이네. 그리고 사악해지지 않는 사람이라면 누구든 언제까지나 불행할 수는 없을 것이네. 나는 굳이 이를 선택하려고 노력하지는 않았지만, 이것이 내가 기질적으로 믿고 싶어 하는 것이네. 오, 관대하고 선한 존재여! 당신의 법이 어떤 것이든 나는 그것을 경배합니다. 당신이 나쁜 사람들에게 벌을 준다면, 나는 당신의 정의 앞에서 나의 무력한 이성을 버리겠습니다. 그러나 이 불행한 사람들의 양심의 가책이 시간이 흐름에 따라 사라지고 그들의 고통이 끝나게 된다면, 우리들 모두가 언젠가는 똑같이 평화를 맞이한다면 나는 당신을 찬미할 것입니다. 나쁜 사람도 우리의 형제가 아닌가? 나도 몇 번이나 그런 자가 되고 싶은 유혹을 받았는지 모르네. 그도 또한 자신의 비참함에서 해방되어 비참함에 수반되는 악의를 버리고 나처럼 행복했으면 하네. 그의 행복은 나의 질투를 불러일으키기는커녕 오히려 나의 행복을 증대시킬 뿐이네.

바로 이와 같이 신이 만든 것들 안에서 신을 관조하고 또 신의 속성들 중 내가 알아야 하는 속성들을 통해 신을 연구하면서, 나는 내가 이 무한 한 존재에 관해 품고 있던 관념을, 처음에는 불완전하고 한정되어 있었 던 그 관념을 점차 확대하고 증대시켜 나가기에 이르렀네. 그러나 이러 한 관념이 더 고귀하고 위대한 것이 되면, 그만큼 인간의 이성에는 적합 하지 않게 되네. 정신으로 영원한 빛을 향해 가까이 다가감에 따라 나는 그 빛에 눈이 어두워지고 혼란에 빠지네. 그리하여 그 빛을 상상하는 데 내게 도움을 주었던 모든 지상의 관념을 버리지 않을 수 없게 되네. 신은 이제 형태를 지닌, 지각될 수 있는 존재가 아니네. 세계를 다스리는 지고 한 지성은 더 이상 세계 그 자체가 아니네. 그의 본질을 이해하려고 나의 정신을 고양시키고 혹사시켜도 보지만 헛일이네. 나는 바로 그 지고한 지성이 생명체들을 다스리는 살아 있는 능동적인 실체에 생명과 능동성 을 부여하는 것이라고 생각하네. 나는 내 영혼은 영적이고 신은 일종의 영靈이라고 말하는 소리를 들으면, 마치 신과 내 영혼이 동일한 본성을 갖기라도 한 것처럼 신의 본질을 깎아내리는 것에 대해 분개하네. 마치 신이 절대적인 유일한 존재도 아니고, 진정으로 능동적이고 느끼고 사유 하고 스스로 의지를 갖는 유일한 존재도 아니며, 우리가 그로부터 사유, 감정, 능동성, 의지, 자유 그리고 존재를 부여받는 유일한 존재가 아닌 것처럼 말일세. 우리는 오로지 신이 우리가 자유롭기를 원하기 때문에 자유로우며, 설명할 수 없는 그의 실체가 우리의 영혼과 맺고 있는 관계 는 우리의 영혼이 우리의 육체와 맺고 있는 관계와 동일하네. 그가 물질 과 물체와 정신과 세계를 창조했는지에 대해서 나는 전혀 알지 못하네. 창조라는 개념은 나를 혼동케 하고 내 이해력의 범위를 벗어나네. 나는 내가 이해할 수 있는 정도로만 그것을 믿고 있네. 그러나 나는 신이 우주와 존재하는 모든 것에 형태를 부여하였으며, 모든 것을 만들고 모든 것에 질서를 부여했다는 것은 알고 있네. 틀림없이 신은 영원하네. 그러나 나의 정신이 영원이라는 개념을 파악할 수 있겠는가? 내가 왜 개념을 수반하지 않는 공허한 말에 만족해야 하는가? 내가 이해하는 것은 그가 만물에 앞서 존재하고, 만물들이 존속하는 한 존재할 것이며, 모든 것이 언젠가 끝이 나더라도 그 종말 이후에도 존재하게 되리라는 것이네. 내가 이해하지도 못하는 어떤 존재가 다른 존재들에게 존재를 부여한다는 것은 모호하고 이해할 수 없을 뿐이네. 그러나 존재와 무가 저절로 서로 바뀐다는 것은 분명한 모순이며 명백한 부조리이네.

신은 지성적이네. 그런데 그는 어떻게 지성적인가? 인간은 추론할 때 지성적이지만 지고한 지성은 추론할 필요가 없네. 지고한 지성에게는 전제도 귀결도 없으며, 심지어 명제命題조차 필요 없네. 신의 지성은 순수하게 직관적이어서, 존재하는 모든 것과 존재할 수 있는 모든 것을 똑같이 보고 있네. 그리고 모든 진리는 신의 지성에, 모든 장소가 단 하나의 점이고 모든 시간이 단 하나의 순간인 것처럼, 단 하나의 관념에 불과하네. 인간의 힘은 도구를 통해 작용하지만, 신의 힘은 스스로 작용하네. 신은 원함으로써 행동할 수 있으며, 그의 의지가 능력을 창조하네. 신은 선이네. 어떤 것도 이보다 더 명백한 것은 없네. 그러나 인간의 선성善性이 자기 동류인 인간들에 대한 사랑이라면, 신의 선성은 질서에 대한 사랑이네. 왜냐하면 신의 존재를 유지하고 각 부분을 전체와 연결시키는 것은 바로 질서를 통해서이기 때문이네. 신은 정의롭다는 것을 나는 확신하네. 그것은 신의 선성에서 비롯된 결과이므로 인간의 부정은 인간이 만들어 낸 것이지 신이 만들어 내는 것이 아니네. 철학자들이 보기에 섭리의 반증이 되는 도덕적인 무질서가 내가 보기에는 섭리를 증명하고 있을 뿐이네. 그러나 인간의 정의가 각자의 것을 각자에게 돌려주는 것이라면, 신의 정의는 신이 각자에게 준 것에 대해 각자에게 책임을 묻는 것이네.

만약 내가 전혀 몰랐던 이러한 속성들을 계속 발견하게 된다면, 그것은 어쩔 수 없는 귀결에 따른 것이고 내 이성의 올바른 사용에 따른 것이네. 그러나 나는 그 속성들을 이해하지 못한 채 그것들을 주장하기 때문에 사실상 그것은 아무것도 주장하지 않는 셈이 되네. 내가 '신은 이러한 것이고, 나는 이렇게 느끼고 있고, 나는 스스로에게 신을 증명하고 있다'고 생각한들 소용이 없네. 그렇다고 내가 어떻게 신이 그럴 수 있는지 더 잘 이해하는 것은 아니기 때문이네.

결국 내가 신의 무한한 본질을 관조하려고 노력하면 할수록, 나는 점점 더 그것을 이해하지 못하게 되는 것이네. 그러나 신의 무한한 본질은 존재하며, 그것으로 내게는 충분하네. 그것을 이해하지 못할수록 나는 더 그것을 경배하네. 나는 겸손해져서 그에게 말하네. "존재들 중의 존재여, 나는 당신이 존재하기 때문에 존재합니다. 끊임없이 당신에 대해 명상하는 것은 나의 원천으로 나를 끌어올리는 것입니다. 나의 이성을 가장 합당하게 사용하는 방법은 당신 앞에서 사라지는 것입니다. 당신의 위대함에 압도된 나 자신을 느끼는 것은 내 정신의 법열法悅이며, 내 나약함의 매혹입니다."

이와 같이 감각적 대상들에게서 오는 인상으로부터, 또 내가 타고난 지적 능력을 통해 원인들을 판단할 수 있게 해 주는 내적인 감정으로부터 반드시 알아야 할 가장 중요한 진리들을 이끌어 낸 후, 이제 내게 남은 일은 내 처신을 위해 그것들로부터 어떤 준칙들을 이끌어 낼 것인지, 또 나를 지상에 있게 한 분의 의도에 따라 지상에서 내가 맡은 소임을 다 하려면 어떤 규칙들을 스스로에게 부과해야 할 것인지 탐구하는 것이네. 항상 나 자신의 방법을 따르는 나는 고상한 철학의 원리에서 그 규칙들을 끌어내지 않고, 그것들이 자연에 의해 지울 수 없는 문자로 내 마음속에 쓰여 있음을 보네. 나는 내가 하고 싶은 일에 대해 스스로에게 묻기만 하면 되네. 내가 좋다고 느끼는 것은 모두 좋은 것이고 나쁘다고 느끼는 것은 모두 나쁜 것이네. 모든 결의론자決疑論者들[80] 중 가장 훌륭한 자는 양심이네. 사람들은 양심과 흥정할 때에만 미묘한 추론을 동원하네. 무엇보다도 먼저 배려해야 할 것은 자기 자신이네. 그러나 내면의 목소리는 타인에게 해를 끼쳐 가면서 자신에게 득이 되는 일을 할 때 우리가 나쁜 일을 하고 있는 것이라고 얼마나 여러 번 우리에게 속삭이는가! 우리는 자연의 충동을 따르고 있다고 믿지만 사실은 그것에 거역하고 있는 것이네. 자연이 우리의 감각에 말하는 것은 귀 기울여 들으면서, 우리의 마음에 속삭이는 것은 무시하는 것이네. 그리하여 능동적인 존재는 복종하고 수동적인 존재가 명령을 내린다네. 양심은 영혼의 목소리이고, 정념은 육체의 목소리이네. 이 두 개의 어휘가 자주 서로 모순된다고 해서 놀랄 일이겠는가? 그러면 어떤 말을 들어야 할 것인가? 이성은 너무나 자주 우리를 속이기 때문에 우리는 얼마든지 이성을 거부할 권리를 갖고

---

80 윤리와 종교의 일반적 원리를 특정한 구체적 인간 행위에 적용하여 어떤 행동이 좋고 나쁜 것인지 그 해결을 모색하는 신학자들을 말한다. 이들 중 많은 이들이 도덕에 있어서 매우 느슨한 의견을 제시했는데, 일반적으로 예수회의 적대자들이 예수회원들을 결의론자라고 비판했다 — 옮긴이.

있는 셈이네. 그러나 양심은 결코 속이지 않기 때문에 인간의 참된 안내자이네. 영혼에 대해 양심은 육체에 대해 본능과 같은 것이네.[81] 그것을 따르는 사람은 자연에 복종하는 것이며, 결코 길을 헤맬 걱정이 없네.

내가 그의 말을 중단시키려는 것을 보고 나의 은인은 이렇게 말을 이었다. "이 점이 중요하네. 내가 이 점을 좀 더 상세히 규명할 수 있도록 참아 주게."

우리 행위의 도덕성은 모두 우리 자신이 그것에 대해 내리는 판단에

---

81 현대의 철학은 자신이 설명하는 것만 인정하기 때문에, 획득한 지식이 전혀 없더라도 동물을 어떤 목적으로 인도하는 것처럼 보이는, 본능이라 불리는 모호한 능력을 인정하려 하지 않는다. 우리 시대의 가장 현명한 철학자들 중 한 사람에 따르면 본능이란 반성을 통해 획득되었지만 반성을 결여하고 있는 습관에 지나지 않는다. 그가 그 발달을 설명하고 있는 방식으로부터 우리는 아이들이 어른들보다 더 많이 반성하고 있다는 결론을 내려야 하는데, 이는 검토할 만한 가치가 충분히 있는 기묘한 역설이다. 여기서 이에 대한 논쟁을 벌이지는 말자. 다만 나는 다음과 같은 것들을 무엇이라고 명명해야 하는지 묻겠다. 내가 키우는 개가 자기가 먹지도 않는 두더지와 싸움을 할 때 보이는 열성, 그 개가 가끔은 몇 시간 내내 두더지를 노릴 때가 있는데 그때 보이는 참을성, 또 결코 사냥을 가르쳐 준 것도 아니고 거기에 두더지가 있다고 가르쳐 준 것도 아닌데 그 녀석이 두더지를 잡아서 두더지가 벗어나려고 안간힘을 쓰는 동안 땅 밖으로 끌어낸 다음 그것을 죽이고 그곳에 버려둘 때 보이는 솜씨, 이러한 것들에 어떤 이름을 붙여 주어야 하는가? 또 하나 물어볼 것이 있는데, 이것이 더욱 중요하다. 바로 내가 그 개를 처음 위협했을 때, 왜 그 녀석은 땅 위에 벌렁 누워 발을 구부리고 내 마음을 감동시키기에 가장 적당한 애원하는 자세를 취했을까? 만약 그 녀석이 나의 마음을 누그러뜨리지 못해서 내가 녀석을 그런 상태에서 때렸다면, 그 녀석은 이제 그 자세로 있지 않으려고 매우 조심했을 것이다. 뭐라고! 이제 갓 태어난 아주 어린 강아지가 벌써 도덕적인 관념을 획득하여, 인자함이나 관대함이 어떤 것인지 알고 있다고? 어떤 지식을 획득했기에 그 녀석은 이런 식으로 내 처분에 자신을 맡기면서 나를 달랠 생각을 했겠는가? 이 세상의 개들은 모두 동일한 상황에서 거의 같은 짓을 하게 마련이다. 나는 여기서 누구나 확인할 수 있는 것이 아니면 아무것도 말하지 않는다. 그토록 경멸하는 투로 본능을 부인하는 철학자들이 감각 그리고 우리가 감각을 통해 획득하는 지식의 작용만으로 이 현상을 기꺼이 설명해 주었으면 한다. 또한 상식적인 사람들이 모두 충분히 만족할 수 있도록 그것을 설명해 주었으면 한다. 그러면 나는 더 이상 할 말이 없을 것이며, 본능에 관해 더 이상 말하지 않을 것이다.

있네. 좋은 일이 정말 좋은 일이 되려면, 그것은 우리의 행위에서와 마찬가지로 우리의 마음속에서도 좋은 일이어야 하며, 정의에 대한 최고의 보상은 정의를 실천하고 있다고 느끼는 것이네. 도덕적인 선이 우리의 본성에 적합하다면, 인간은 선량한 한에서만 건전한 정신을 가진 반듯한 인간일 수 있을 것이네. 만약 그렇지 못하고 인간이 본래 사악하다면, 그는 타락하지 않고는 선량할 수 없으며 그에게 선량함이란 자연에 반하는 악덕일 뿐이네. 먹잇감의 목을 물어뜯어 죽이도록 태어난 늑대처럼 자기 동료에게 해를 끼치기 위해 태어났으면서도 인정 있는 사람이 있다면, 그는 동정심 많은 늑대만큼 타락한 동물일 것이며 덕행만이 우리에게 양심의 가책을 남길 것이네.

오! 젊은 친구여, 우리 자신의 내면으로 돌아가자! 개인적인 이익은 제쳐 두고 우리의 성향이 우리를 어디로 이끄는지 살펴보자. 타인의 고통 또는 타인의 행복을 볼 때, 어떤 광경이 우리를 더 즐겁게 하는가? 선행과 악행 중 어느 것을 실행할 때 우리의 마음이 더 흐뭇하며, 어떤 것이 행동한 뒤에 우리에게 더 즐거운 인상을 남기는가? 자네는 연극을 볼 때 누구에게 관심을 갖는가? 끔찍한 죄에서 기쁨을 느끼는가? 죄지은 자가 벌 받는 것을 보고 눈물을 흘리는가? 그들은 우리의 이득을 제외하고 모든 것은 우리와 무관하다고 말하네. 그러나 반대로 우정이나 인정의 감미로움은 고통 속에 있는 우리를 위로하네. 심지어 우리가 즐거울 때조차 그 즐거움을 함께 나눌 사람이 없다면, 우리는 너무나 고독하고 비참할 것이네. 인간의 마음속에 도덕적인 것이 전혀 없다면, 영웅적인 행위에 대한 열광적인 찬미, 위대한 영혼의 소유자들에 대한 황홀한 사랑은 어디서부터 오는 것일까? 미덕에 대한 이러한 열광이 우리의 개인적인 이익과 무슨 관계가 있단 말인가? 왜 나는 승리를 자랑하는 카이사르보다 차라리 자기 배를 가른 카토이기를 원하는 것일까?[82] 우리 마음에서 아름다운 것에 대한 사랑을 제거하면 인생의 모든 매력을 없애게 될 것이네. 자신의 좁은 영혼 안에서 비천한 정념으로 이처럼 감미로운 감정을 억누른 사람, 자신의 내부에 지나치게 집중되어 마침내 자신밖에 사랑하지 않게 된 사람에게는 더 이상 정념이 없으며, 얼어붙은 그의 마음은 더 이상 기쁨으로 설레지 않네. 감미로운 감동에 눈시울을 적시는 일도 결코 없네. 그는 이제 아무것도 즐길 수 없고, 이 불행한 인간은 더 이상 아무것도 느끼지 못해 이제 살아 있다고도 할 수 없네. 그는 이미 죽은 것이네.

그러나 이 지상에 악인의 수가 아무리 많다 하더라도, 자신의 이익 이외에 올바르고 선한 것 모두에 무감각해진 시체 같은 영혼의 소유자는 별로 없네. 사람들이 부정不正을 좋아하는 것은 거기서 이익을 보는 한에서만 그렇네. 그 밖의 모든 경우에는 죄 없는 사람들이 보호받기를 원하네. 길에서 폭력 사태나 부정한 행위를 보면 곧 분노와 분개의 감정이 마음 깊숙한 곳에서 일어나 괴롭힘을 당하고 있는 사람을 편들고 싶은 생각을 하게 되네. 그러나 더 강력한 의무가 우리를 저지하는데, 법률은 결백함을 지킬 권리를 우리에게서 박탈하네. 반대로 어떤 인자한 행위나 관대한 행위를 발견할 때 얼마나 감탄과 사랑으로 충만해지는가! 어느 누가 '나도 저렇게 했으면 좋을 텐데'라고 생각하지 않겠는가? 이천 년 전

---

82 카토는 카이사르 군대의 공격이 있기 전, 비굴하게 항복하지 않기 위해 칼로 자신의 배를 갈라 자결했다 — 옮긴이.

에 어떤 사람이 악인이었는지 정의로웠는지는 분명 우리와 관계없는 일이네. 그렇지만 우리는 고대의 역사를 보면서 그 모든 일이 오늘 일어나고 있는 것처럼 똑같이 관심을 느끼네. 카틸리나[83]의 범죄가 나와 무슨 상관이 있는가? 내가 그의 희생물이 될까 두려워하는 걸까? 그렇다면 나는 어째서 그가 나의 동시대인인 것처럼 공포를 느끼는가? 우리가 악인을 미워하는 것은 단지 그들이 우리를 해치기 때문이 아니라 그들이 악인이기 때문이네. 우리는 행복하기를 원할 뿐만 아니라 다른 사람의 행복도 원하네. 그리고 다른 사람의 행복이 우리의 행복에 아무런 지장을 주지 않으면, 그것은 우리의 행복을 증대시키네. 결국 사람은 자기도 모르게 불행한 사람들에게 동정심을 갖고, 그들의 불행을 목격할 때도 그 때문에 괴로워하네. 아무리 극악무도한 사람이라도 이러한 성향을 완전히 잃어버릴 수는 없을 것이네. 그래서 이 성향 때문에 그들이 자기 자신과 모순되는 경우가 종종 생기는 것이네. 행인의 옷을 벗기는 도적이 헐벗은 가난한 사람에게 옷을 입혀 주기도 하고, 아무리 잔인한 살인자라도 정신을 잃고 쓰러져 있는 사람을 부축해 주기도 하는 것이네.

사람들은 숨겨진 죄를 은밀히 벌하고 또 그토록 자주 그 죄들을 백일하에 밝히는 양심의 가책에 대해 말하네. 아! 우리 가운데 이 성가신 목소리를 들어 본 적이 없는 사람이 어디 있겠는가? 우리는 경험으로 말하고 있네. 그리고 우리에게 그토록 많은 괴로움을 안겨 주는 저 저항할 수

---

83 Lucius Sergius Catilina(기원전 108?-기원전 62): 로마의 오래된 귀족 가문 출신으로 키케로가 집정관으로 선출되자 그를 암살하고 무력으로 정권을 장악하려고 했다. 키케로는 이 음모를 사전에 알게 되어, 카틸리나를 탄핵하며 그의 처벌을 주장했다. 카탈리나는 갈리아로 도망가던 중 죽임을 당했다 — 옮긴이.

없는 감정을 억누르고 싶을 것이네. 자연에 따르자. 그러면 우리는 자연이 얼마나 부드럽게 우리를 지도하는지 알게 될 것이네. 또 자연에 귀를 기울인 뒤에 스스로 선하다고 확신하는 데서 얼마나 큰 매력을 발견하는지! 악인은 자신을 두려워하고 자신을 피한다네. 그는 자기 자신의 밖으로 뛰쳐나가 즐거워한다네. 그는 주변에 불안한 눈초리를 던지고 자기를 기쁘게 할 대상을 찾네. 신랄한 빈정거림이나 남을 모욕하는 조소가 없다면 그는 늘 우울할 것이네. 조롱하는 웃음이 그의 유일한 즐거움이네. 이와 반대로 정의로운 사람의 평온함은 내면적이네. 그의 웃음은 전혀 악의가 없는 즐거운 웃음이며, 그는 그것의 원천을 자신 안에 지니고 있네. 그는 혼자 있어도 사람들과 함께 있을 때와 마찬가지로 즐거워하며, 자기 주변의 사람들에게서 만족감을 끌어내는 것이 아니라, 오히려 그들에게 만족감을 나누어 주네.

세계의 모든 국민들에게 시선을 돌려서 모든 역사를 훑어보게나. 비인간적이고 이상한 많은 종교들에도 불구하고, 놀랄 만큼 다양한 풍습과 특색들에도 불구하고, 자네는 모든 곳에서 정의와 성실함에 대한 관념, 또 선과 악에 대한 개념이 동일한 것을 알게 될 것이네. 고대의 이교는 이 세상에서 범죄자로 처벌받았을 가증스러운 신들을 만들어 냈고, 그 신들은 끔찍한 죄를 저지르거나 정념을 만족시키는 것만을 최고의 행복으로 보여 주었네. 그러나 악덕이 신성한 권위로 무장하고 하늘나라에서 내려온다 한들 소용이 없었네. 왜냐하면 도덕적 본능이 그것을 인간의 마음에서 내몰았기 때문이네. 사람들은 주피터의 방탕함을 찬양하면서도 크세노크라테스[84]의 금욕을 찬미했네. 그리고 정숙한 루크레티아[85]는 음란한 비너스를 숭배했네. 또 그 용감한 로마인은 공포의 신에게 제물을 바치고 아버지를 불구로 만든 신[86]에게 기도를 올렸지만, 아버지의 손에 불평 없이 죽었네. 가장 경멸받을 만한 신들을 가장 위대한 인간들이 받들었던 것이네. 모든 신들의 목소리보다 더 강력한 자연의 신성한 목소리는 지상에서 존경받았으며, 죄악을 죄인들과 함께 하늘로 쫓아 보내는 것처럼 보였네.

그러므로 인간의 영혼에는 정의와 미덕의 생득적인 원리가 있어서, 우리의 준칙에도 불구하고 우리는 그것에 따라 자신의 행동과 다른 사람의 행동을 좋다 나쁘다 판단하고 있네. 바로 이 원리에 나는 양심이라는 이름을 부여하네.

그러나 양심이라는 말에 자칭 현자라는 사람들이 아우성치는 소리가 도처에서 들려오는 것 같네. "그것은 어린 시절의 오류이며 교육에서 나온 편견이다!"라고 그들은 한목소리로 외치네. "인간의 정신에는 경험을 통해 들어오는 것 외에 아무것도 없다. 그리고 우리는 무엇이든 오로지 습득된 관념에 의거하여 판단을 할 수 있다." 더 나아가 그들은 모든 국민들이 분명하게 그리고 보편적으로 동의하는 것마저 거부하고, 사람들의 판단이 분명히 일치함에도 불구하고 그것에 반대하며 암흑 속에서 모호하고 그들만 아는 일례를 찾으려 드네. 마치 자연의 모든 성향이 한 국민의 타락으로 소멸되고, 또 기형奇形이라도 나타나면 더 이상 그 종種은

---

84 Xenocrates(기원전 396-기원전 314): 그리스의 철학자로 플라톤의 제자였는데 그의 제자들이 빼어난 미녀로 그를 유혹하려 했으나 허사였다고 한다 — 옮긴이.
85 Lucretia(?-509?): 로마의 귀부인으로 폭군 타르퀴니우스의 아들에게 능욕당한 후 자살했다고 하는데, 이 사건은 로마의 왕정을 전복하고 공화정을 세우는 혁명의 계기가 되었다 — 옮긴이.
86 로마 신화에 등장하는 사투르누스(크로노스)는 아버지 넬리아누스(우라노스)를 불구로 만들었다. 그런데 루소는 여기서 주피터를 사투르누스와 혼동하고 있다 — 옮긴이.

존재하지 않는 것처럼 말일세. 그러나 회의주의자인 몽테뉴가 세계의 한 구석에서 정의의 개념에 배치되는 관습을 발굴하기 위하여 고생한다 한들 그에게 무슨 소용이 있단 말인가? 또 몽테뉴는 가장 유명한 작가들의 권위를 인정하지 않고 도리어 더할 나위 없이 수상쩍은 여행자들을 신뢰하는데, 이 또한 그에게 무슨 소용이 있는가? 우리가 모르는 국지적 원인에 근거를 둔 불확실하고 이상한 몇몇 풍습이 모든 국민들의 일치점—그들은 다른 모든 점에서는 대립하지만 이 한 점에서만 일치한다—에서 귀납적으로 도출된 일반적 결론을 파기시킬 수 있는가? 오, 몽테뉴여! 솔직하고 진실하다고 자부하는 그대라면, 진지하고 진실해져라. 철학자가 과연 그럴 수 있는지 모르겠지만 말이다. 그리고 내게 말해 주기 바란다. 이 세상에서 약속을 지키고 인자하고 친절하고 관대한 것이 죄가 되는 나라가 세상 어디에 있는지, 선한 사람이 경멸받고 신의 없는 사람이 존경받는 나라가 어디 있는지를 말이다.

사람들이 말하기를 사람은 누구나 자신의 이익을 위해 공공의 이익에 협력한다고 하네. 그러나 의로운 사람이 자신에게 손해가 되더라도 공공의 이익에 협력하는 것은 도대체 무슨 까닭인가? 자신의 이익을 위하여 죽으러 간다는 것이 도대체 말이 되는가? 아마 누구나 자신의 이익을 위해서만 행동할 것이네. 그러나 도덕적인 선이 존재하지 않아서 그것을 고려해야 할 필요가 없다면, 사람들은 개개인의 이익으로 악인들의 행동 이외에 다른 것은 결코 설명하지 못하게 될 것이네. 심지어 사람이 그 이상을 하려고 시도해서는 안 될 것이라는 생각마저 드네. 미덕에서 비롯된 행동 때문에 당황하는 철학, 그러한 행동에서 미덕을 배제한 동기나 저열한 의도를 날조하지 않고서는 궁지에서 빠져나오지 못하는 철학, 소크라테스를 멸시해야 하고 레굴루스[87]를 중상모략해야만 하는 철학, 그런 것들은 너무나 가증스러운 철학일 것이네. 만약 이러한 학설이 우리 사이에 싹틀 수 있다 하더라도, 자연의 목소리는 이성의 목소리와 마찬가지로 끊임없이 그것에 반대하는 목소리를 내어, 그 지지자들 중 단 한 사람이라도 진심으로 그런 말을 한다는 변명을 하도록 내버려 두지 않을 것이네.

나는 여기서 형이상학적 논의를 시작할 의도는 없네. 그것은 나나 자네의 능력을 넘어서는 것이며 또 사실상 아무 도움도 되지 않네. 내가 이미 자네에게 말한 바와 같이 자네와 철학을 논하려 했던 것이 아니라 자네가 자신의 마음에 질문하는 것을 도와주고 싶었을 뿐이네. 설령 모든 철학자들이 내가 틀렸음을 증명한다 할지라도 자네가 나를 옳다고 느낀다면 나는 더 이상 바랄 게 없네.

그러기 위해서는 단지 자네로 하여금 우리가 습득한 관념과 자연적인 감정을 구별할 수 있도록 만들기만 하면 되네. 왜냐하면 우리는 인식하기 이전에 느끼기 때문이지. 그리고 우리는 우리에게 좋은 것을 원하고 우리에게 나쁜 것을 피하는 법을 배운 적이 없으면서도 이러한 의지를 자연에게서 물려받은 것과 마찬가지로, 선을 사랑하고 악을 미워하는 감정 또한 자기애만큼이나 우리에게 자연적이네. 양심의 작용은 판단이 아니라 감정이네. 우리가 갖는 관념 모두가 외부로부터 우리에게 온 것이라 하더라도, 그 관념들을 평가하는 감정은 우리 내부에 있네. 그리고 우

---

87 Marcus Atilius Regulus(?-기원전 250?): 로마의 정치가이자 장군으로 자신의 생명보다 국가를 중시했다 — 옮긴이.

리가 추구하거나 피해야 할 사물들과 우리 사이에 존재하는 조화와 부조화를 아는 것은 오로지 이 감정을 통해서네.

우리에게서 존재한다는 것은 느끼는 것이네. 우리의 감성은 의심할 여지 없이 지성에 선행하며, 우리는 관념에 앞서 감정을 갖네.[88] 우리 존재의 원인이 무엇이든, 그 원인은 우리의 본성에 적합한 감정을 우리에게 부여함으로써 우리를 보존하게끔 배려했네. 우리는 적어도 이러한 감정이 생득적인 것임을 부인하지 못할 것이네. 개인에게서 이러한 감정은 자기애, 고통에 대한 두려움, 죽음에 대한 공포, 안락함에 대한 욕망이네. 그러나 누구도 의심할 수 없는 것처럼 인간이 본성상 사회적이라면 또는 적어도 그렇게 만들어져 있다면, 그는 인류와 관계있는 다른 생득적 감정을 통해서만 사회적일 수 있을 것이네. 왜냐하면 육체적인 욕구만 생각할 때, 그것은 확실히 인간들을 가까이 모으는 대신 분산시킬 것이기 때문이네. 그런데 양심의 추진력이 생겨나는 것은 자기 자신과 자신의 동류인 인류에 대한 이와 같은 이중적 관계에 의해 형성되는 도덕적 체계로부터이네. 선을 아는 것이 선을 사랑하는 것은 아니네. 인간에게는 선에 대한 생득적인 지식이 없지만, 인간의 이성이 선을 그에게 알려 주기만 하면 곧, 그의 양심은 선을 사랑하도록 그를 인도하네. 이것이야말로 생득적인 감정이네.

나의 벗이여, 그러므로 나는 이성 자체로부터 독립한 양심의 직접적

---

88 어떤 측면에서는 관념이 감정이고, 감정이 관념이다. 이 두 명칭은 우리를 그 대상과 그것의 영향을 받는 우리 자신에게 집중시키는 지각 모두에 적합하다. 오로지 이러한 영향의 순서만이 그 영향에 적합한 명칭을 결정한다. 우리가 대상에 전념하여 반성에 의해서만 우리 자신을 생각할 때 그것은 관념이다. 반대로 우리가 받은 인상이 우리의 최초의 주의를 자극하고, 우리가 반성에 의해서만 그 인상의 원인이 되는 대상을 생각할 때, 그것은 감정이다.

인 원리를 인간 본성의 결과를 통해 설명하는 것이 불가능하다고 생각하지 않네. 그리고 그것이 불가능하다 하더라도, 어쨌든 그것은 필요하지 않을 것이네. 왜냐하면 인류 전체가 받아들이고 인정한 이러한 원리를 부정하는 사람들은 그 원리가 존재하지 않는다는 것을 증명하는 것이 아니라 그렇게 주장하는 것으로 그치기 때문이네. 그런데 우리가 그 원리가 존재한다고 주장할 때 우리는 그들 못지않게 근거를 가지며, 게다가 우리에게는 내면적인 증거와 스스로를 위해 증언하는 양심의 소리가 있네. 판단력의 최초의 빛이 우리를 눈부시게 하여 처음에는 눈에 비친 대상들을 뒤섞어 버리더라도, 우리의 약한 눈이 다시 열리고 회복되기를 기다리자. 그러면 우리는 곧 그 동일한 대상들을 자연이 처음에 우리에게 보여 준 그대로 이성의 빛으로 다시 보게 될 것이네. 아니 차라리 더 단순해지고 잘난 척을 하지 말자. 그리하여 우리 자신 안에서 보는 최초의 감정에 만족하도록 하자. 왜냐하면 학문이 우리를 조금도 현혹하지 않았다면, 그것은 우리를 항상 최초의 감정으로 돌아가게 하기 때문이네.

양심! 양심! 신성한 본능, 불멸의 천상의 소리여. 무지하고 유한하지만 지성적이고 자유로운 존재의 확실한 안내자, 오류를 범하지 않는 선악의 심판자, 인간을 신과 같이 만드는 그대야말로 인간의 본성을 우월하게 만들고 그의 행동을 도덕적으로 만든다. 그대가 없다면, 나는 규칙 없는 판단력과 원칙 없는 이성의 도움을 받아 잘못에서 잘못으로 방황하는 비참한 특권 이외에, 짐승보다 높은 곳으로 나를 고양시켜 주는 어떠한 것도 내 안에서 느끼지 못할 것이다.

다행스럽게도 우리는 철학이라는 무시무시한 장치 일체에서 해방되었네. 우리는 학자가 되지 않아도 인간일 수 있네. 평생을 도덕 연구에 바칠 필요도 없이, 우리는 별다른 수고를 들이지 않고 세상의 평판이라는 거대한 미로 속에서 우리를 더 확실하게 인도해 주는 안내자를 두고 있네. 그러나 이러한 안내자가 있다는 것만으로 충분하지는 않네. 그를 알아보고 따를 줄 알아야 하네. 그는 모든 사람들의 마음에 말을 거는데, 도대체 그 말을 듣는 사람이 왜 그토록 적은 것일까? 아! 그 이유는 그가 우리에게 자연의 언어로 말하기 때문인데, 모든 것이 우리가 그 언어를 잊어버리게 만들었던 것이네. 양심은 소심해서 안식과 평화를 사랑한다네. 세상과 소란은 양심을 겁먹게 하고, 사람들이 양심의 근원으로 삼는 편견이야말로 양심의 가장 잔인한 적이어서 양심은 편견을 만나면 피하거나 입을 다물어 버리네. 편견의 떠들썩한 소리는 양심의 소리를 짓눌러서 들리지 않게 막아 버린다네. 광신은 감히 양심의 목소리를 흉내 내고 그 이름으로 죄악을 부추기네. 양심은 너무나 퇴짜를 많이 맞아서 마침내 용기가 꺾여 더 이상 우리에게 말을 걸지도 않고 더 이상 우리에게 대답하지도 않네. 이렇게 오랫동안 양심을 무시하다 보면, 그것을 몰아내기 힘들었던 것처럼 다시 불러들이기도 어렵게 되네.

　이러한 탐구를 하는 동안 나는 내 안에서 열의가 식는 것을 느끼면서 얼마나 자주 용기가 꺾였던가! 슬픔과 권태가 나의 최초의 명상에 독을 쏟아부어 내가 그것을 견딜 수 없게 만든 적이 한두 번이 아니었네. 나의 메마른 마음은 진리를 사랑하는 데 미지근하고 풀 죽은 열의밖에 쏟지 못했네. 나는 마음속으로 이렇게 말하곤 했네. '왜 존재하지도 않은 것을 찾으려고 고민하는 것일까? 도덕적인 선은 단지 환상에 불과하다. 감각의 쾌락 이외에 좋은 것은 아무것도 없다.' 오, 사람이 영혼의 즐거움에 대한 취향을 한번 잃게 되면, 그것을 회복하기는 얼마나 어려운지! 하물며 그러한 취향을 결코 가져 본 적 없는 사람에게 그것을 갖기란 더 어려운 일이 아니겠는가! 만약 그에 대한 추억으로 자신에게 만족하고 또 살아 보았다는 사실에 큰 기쁨을 느끼는 그런 일을 자기 전 생애에 걸쳐 해 본 적이 없을 정도로 비참한 사람이 존재한다면, 그런 사람은 결코 자기 자신을 알 수 없을 것이며 어떤 선이 자신의 본성에 적합한지 느끼지 못하기 때문에 어쩔 수 없이 악인으로 남게 되어 영원히 불행할 것이네. 그런데 자네는 좋은 일을 하고 싶다는 마음을 한 번도 먹어 본 적이 없을 정도로 그렇게 타락한 인간이 이 세상에 단 한 사람이라도 있다고 생각하는가? 좋은 일을 하고 싶다는 마음이 드는 것은 너무나 자연스럽고 감미로워서 그것에 늘 저항하기란 불가능하네. 그리고 그것이 한번 기쁨을 만들어 내면, 그것을 추억하는 것만으로도 계속해서 그런 마음을 불러 일으키기에 충분하네. 그런데 유감스럽게도 처음에는 그 마음을 충족시키기가 힘드네. 사람들은 자기 마음의 성향을 거부할 수많은 이유를 갖고 있다네. 그릇된 조심성이 그것을 인간의 '자아'의 한계 안에 가두어 놓기 때문에 그 한계를 감연히 넘어서기 위해서는 용기를 내어 수없이 노력해야 하네. 좋은 일을 하면서 기뻐하는 것은 예전에 좋은 일을 해 보았던 것에 대한 상이며, 이 상은 그것을 받을 자격을 갖춘 뒤에야 얻어지는 것이네. 어떤 것도 미덕보다 더 사랑스럽지는 않네. 그러나 미덕이 사랑스럽다고 생각하기 위해서는 미덕을 즐겨야 하네. 사람들이 미덕을 껴안으려고 하면 그것은 신화에 나오는 프로테우스[89]와 같아서 처음에는 수

---

89 변신을 잘하는 바다의 신 — 옮긴이.

없이 무서운 형태를 취하지만, 끝까지 붙잡고 놓지 않는 사람들에게만은 결국 본모습으로 나타나기 마련이네.

공동의 이익을 위하라고 말하는 내 자연적인 감정과 모든 것을 나 자신과 결부시키는 이성 사이에서 끊임없이 갈등을 겪은 나는, 새로운 빛이 내 마음을 밝게 비추지 않았더라면, 또 내 생각을 굳혀 준 진리가 다시 내 행동을 확고부동하게 만들어 나를 나 자신과 일치시켜 주지 않았더라면, 악을 행하면서도 선을 사랑하여 항상 나 자신과 모순된 채 평생 동안 계속 선악 사이에서 갈팡질팡했을 것이네. 사람들은 이성만으로 미덕을 확립시키려 하는데 그것은 소용없는 일이네. 미덕에 어떤 견고한 토대를 부여할 수 있겠는가? 미덕은 질서에 대한 사랑이라고 말하네. 그러나 도대체 이러한 사랑이 내 안에서 안락에 대한 사랑을 이겨 낼 수 있고 또 이겨 내야만 하는가? 사람들이 질서에 대한 사랑을 더 좋아할 수 있는 분명하고도 충분한 이유를 내게 말해 주었으면 하네. 사실상 그들이 말하는 이른바 원리라는 것은 순전히 말장난에 불과한데, 왜냐하면 나로서는 질서를 다른 뜻으로 해석하면서 악덕이 질서에 대한 사랑이라고도 말할 수 있기 때문이네. 감정과 지성이 있는 곳이라면 어디에나 어떤 도덕적인 질서가 있게 마련이네. 차이점이라면 선인은 전체와의 관계 속에서 자신에게 질서를 부여하는데, 악인은 자신과 관련해서 모든 것에 질서를 부여한다는 것이네. 악인은 스스로 만물의 중심이 되고, 선인은 자신의 반지름을 재고 원주圓周에 자리 잡네. 그래서 선인은 신이라고 하는 공통의 중심과 관련하여, 또 피조물들이라고 하는 동심원同心圓들과 관련하여 자기 자리를 부여받네. 신이 존재하지 않는다면 이성적으로 생각하는 것은 악인밖에 없고 선인은 분별없는 자에 불과할 것이네.

오, 이보게! 세상 평판이 공허하다는 것을 철저히 고찰하고 정념의 쓰디쓴 맛을 본 뒤에 지혜의 길, 이 세상 삶의 노고에 대한 보상 그리고 이미 단념했던 행복의 원천이 그렇게나 자기 가까이 있다는 것을 마침내 알게 되었을 때, 사람들이 얼마나 무거운 짐을 덜게 되는지 자네가 언젠가는 느낄 수 있었으면 좋겠네. 인간들의 부정 때문에 내 마음에서 거의 지워졌던 자연의 법칙에 입각한 모든 의무들이 영원한 정의의 이름으로 다시 내 마음에 쓰인다네. 영원한 정의는 그 의무들을 내게 부과하고 내가 그것을 이행하는 것을 보네. 나는 이제 나를 위대한 존재의 작품이며 그의 도구라고 느끼네. 그 위대한 존재는 선을 바라고 선을 행하고 내 의지를 그의 의지에 일치시켜 나의 자유를 바르게 사용하게 함으로써 나의 선을 이룰 것이네. 나는 그가 세운 질서에 복종하면서 언젠가는 내 스스로 그 질서를 향유하고 거기서 나의 지복을 찾을 것이라고 확신하네. 왜냐하면 모든 것이 선인 체계 속에 자신의 자리가 정해져 있다고 느끼는 것보다 감미로운 행복은 없을 것이기 때문이네. 고통에 시달리면서도 나는 그것이 일시적이고 또 전혀 내가 아닌 육체로부터 오는 것이라고 생각하면서 인내심을 갖고 그 고통을 견디어 내고 있네. 내가 좋은 일을 하고 있을 때 보는 사람이 없더라도 나는 누군가 그것을 보고 있다는 것을 알고 있으며, 나는 내세를 위해서 이 세상에서의 내 행동을 기록하고 있네. 불의로 고통을 겪고 있을 때 나는 마음속으로 생각하네. '모든 것을 다스리는 정의로운 존재는 내게 그것을 충분히 보상해 줄 수 있을 것이다. 내 육체가 필요로 하는 것들이 부족하기 때문에 또 내 인생이 비참하기 때문에 나는 죽음에 대한 생각을 좀 더 쉽게 견딜 수 있다. 모든 것을 떠나야만 할 때 끊어야 할 인연이 그만큼 더 적어질 것이다.'

어째서 나의 영혼은 나의 감각에 복종하고, 영혼을 굴복시키고 구속하는 이 육체에 묶여 있는 것일까? 그것에 대해 나는 아무것도 모르네. 나는 신의 의지를 따른 것일까? 그러나 나는 무모하지 않게 조심스러운 추측을 해 볼 수 있네. 나는 이렇게 생각하네. 만약 인간의 정신이 자유롭고 순수한 채 있었더라면 질서가 확립된 것을 보게 될 것이고, 그것을 어지럽힌다 하더라도 이익을 볼 일은 전혀 없을 텐데, 그렇다면 인간의 정신이 그 질서를 사랑하고 질서를 따르는 것이 무슨 공적이 될 것인가? 인간은 행복할 것이다. 그것은 확실하다. 그러나 그 행복에는 최고 단계의 행복 즉 미덕의 영광과 자기 자신이 선하다는 확신이 결여되어 있을 것이다. 그는 그저 천사 같을 것이다. 그런데 유덕한 인간은 분명 그 이상의 존재일 것이다. 이해할 수는 없지만 영혼이 소멸될 운명에 처해 있는 신체에 강력한 유대로 결합되어 있기 때문에, 신체의 보존에 대한 배려가 영혼으로 하여금 모든 것을 신체에 결합시키도록 이끌고 보편적인 질서에 반하는 욕심을 영혼에게 불어넣기도 하지만, 그럼에도 불구하고 영혼은 보편적인 질서를 알 수 있고 사랑할 수 있다. 바로 그때서야 자신의 자유를 선용하는 것이 공적이자 보상이 되며, 영혼은 자신의 세속적인 정념을 물리치고 최초의 의지를 관철함으로써 변치 않는 행복을 준비하는 것이다.

이 세상을 사는 동안 우리가 처해 있는 비속한 상태에서조차 우리의 최초의 성향이 모두 정당한 것이라면, 그리고 우리의 악덕 모두가 우리 자신에게서 생겨나는 것이라면 우리는 어째서 그 악덕의 지배를 받고 있다고 불평하는가? 우리는 스스로에게 악을 자행하고 우리를 공격하라고 적들을 부추기면서, 왜 그것에 대해 만물의 창조자에게 불평하는가? 아!

인간을 타락시키지 말자. 그러면 힘들이지 않고 언제나 선할 것이며, 회한 없이 항상 행복할 것이다. 어쩔 수 없이 죄를 지었다고 말하는 죄인들은 악인일 뿐만 아니라 거짓말쟁이이다. 그들이 한탄하는 나약함은 스스로 만들어 낸 것이고, 그들의 최초의 타락은 그들의 의지에서 나온 것이며, 유혹에 빠지고 싶었기 때문에 마침내 자신도 모르게 그 유혹에 굴복하여 스스로 유혹을 저항할 수 없는 것으로 만드는 것임을 그들은 어떻게 보지 못하는가? 이제는 사악하고 나약한 사람이 되지 않으려 해도 그것이 그들 마음대로 되지 않을 것이다. 그러나 과거에는 그렇게 되지 않는 것이 그들의 뜻에 달려 있었다. 오, 우리가 아직 아무런 습관도 들지 않았을 때, 또 우리의 정신이 깨어나기 시작할 때, 정신이 모르고 있는 것들을 평가해 볼 수 있도록 정신이 알아야만 하는 대상들에 몰두하게 할 줄 알았다면, 우리는 심지어 이 세상에서 사는 동안에도 쉽게 자기 자신과 정념을 다스릴 수 있었을 것이다. 그리고 우리가 다른 사람들의 눈에 돋보이기 위해서가 아니라 본성에 따라 선하고 현명해지기 위해, 또 우리의 의무를 실천하면서 행복해지기 위해 진지하게 자신을 계발한다면 그 역시 같은 결과를 가져다줄 것이다! 이러한 공부는 지루하고 고통스러워 보이네. 왜냐하면 우리는 이미 악덕에 의해 타락하고 난 뒤에야 또 이미 정념에 사로잡히고 난 뒤에야 그런 생각을 하기 때문이네. 우리는 선악을 알기 전에 우리의 판단과 평가를 결정해 버리네. 그러고 나서 우리는 이 잘못된 척도로 모든 것을 측정하기 때문에 어떤 것에도 올바른 가치를 부여하지 못하네.

아직 자유로우나 격렬하고 조급하며 자신이 알지도 못하는 행복을 열망하는 마음이 호기심 많은 의심에 사로잡혀 행복을 찾아다니다가, 관능에 속아 마침내 행복의 헛된 환영에 사로잡혀 전혀 행복이 있지 않은 곳에서 그것을 찾았다고 생각하는 그런 나이가 있네. 이러한 환상들이 내 경우에는 너무 오랫동안 계속되었네. 아! 슬프게도 나는 그것들을 너무 늦게야 알았고, 그래서 그것들을 완전히 없앨 수 없었네. 그 환상들은 그것의 원인이 되는 소멸하게 될 육체가 유지되는 한 지속될 것이네. 그러나 적어도 그 환상들이 아무리 나를 유혹하려 해도 더 이상 나는 속지 않네. 나는 그것들의 본모습을 알고 있어서, 그것들을 따르면서도 경멸하네. 거기서 내 행복의 대상을 보기는커녕 행복의 장애물을 보네. 나는 육체의 구속에서 해방되어 모순도 분열도 없는 '내'가 될 때를, 행복하기 위해 오로지 나밖에 필요하지 않을 순간을 열망하고 있네. 하지만 그때를 기다리면서 나는 이미 이 세상의 삶에서부터 행복하네. 왜냐하면 나는 이 세상 삶의 모든 불행을 그리 대수롭게 여기지 않을 뿐더러 이 세상 삶을 거의 나의 존재와 무관한 것으로 간주하기 때문이며, 내가 이 세상 삶에서 끌어낼 수 있는 진정한 선은 모두 내게 달려 있기 때문이네.

이러한 행복과 힘과 자유의 상태로 가능한 한 미리 나를 끌어올리기 위해 나는 숭고한 관조를 연습하고 있네. 나는 우주의 질서에 대해 명상하네. 그것은 헛된 체계로 우주의 질서를 설명하기 위해서가 아니라 그 질서를 끊임없이 찬미하고 그 속에서 나를 느끼게 만드는 지혜로운 창조자를 찬양하기 위함이네. 나는 그와 대화를 나누고 그의 신성한 본질이 내 모든 능력에 배어들게 하네. 나는 그의 친절에 감동하고 그가 내린 선물에 진심으로 감사드리지만, 신에게 기도하지 않네. 내가 그에게 무엇을 요구할 것인가? 그가 나를 위해 상황의 흐름을 바꾸어 주기를, 혹은 나를 위해 기적을 행해 주기를 바랄 것인가? 그의 지혜로 확립되고 그의 섭리로 유지되는 이 질서를 내가 무엇보다 사랑하는데, 내가 이 질서가 나 때문에 혼들리기를 바라겠는가? 그렇지 않네. 이러한 무모한 기도는 이루어지기보다는 오히려 처벌받아 마땅할 것이네. 나는 또한 그에게 선을 행할 능력도 요구하지 않네. 왜 그가 이미 내게 준 것을 그에게 다시 요구하겠는가? 그는 내게 선을 사랑하도록 양심을, 그것을 알 수 있도록 이성을, 그것을 선택하도록 자유를 부여하지 않았는가? 내가 악을 행한다면 나는 변명의 여지가 없네. 내가 그것을 원하기 때문에 행하는 것이네. 나의 의지를 바꿔 달라고 그에게 요구하는 것은 그가 내게 요구하는 것을 반대로 그에게 요구하는 꼴이네. 그것은 내가 할 일을 그에게 시키고 보수는 내가 받기를 바라는 셈이네. 내 상태에 만족하지 않는 것은 더 이상 인간이기를 원하지 않는 것이고, 존재하지 않는 다른 것을 원하는 것이며, 무질서와 악을 원하는 것이네. 정의와 진리의 원천이며 인자하고 선한 신이시여! 당신을 신뢰하고 있는 내 마음이 마지막으로 기원하는 것은 당신의 의지가 이루어지는 것입니다. 당신의 의지에 내 의지를 결합시킴으로써 당신이 하시는 일을 실행하며 당신의 선의에 복종합니다. 나는 그에 따르는 보상인 최고의 지복을 미리 함께 누리고 있다고 믿습니다.

정당하게 내 스스로를 경계하면서 내가 그에게 요구하는, 아니 더 정확히 말해서 내가 그의 정의로부터 기대하는 것이 하나 있다면 그것은 내가 길을 잃을 때 또 내가 저지르는 잘못이 위험할 때 그 잘못을 바로잡아 달라는 것이네. 나는 내 마음이 진실하다고 해서 절대로 잘못을 범하지 않는다고 생각하지는 않네. 내게 가장 진실하게 보이는 나의 생각이 어쩌면 죄다 거짓일지도 모르네. 자신의 생각에 집착하지 않는 사람이 어디 있겠는가? 또 모든 면에서 같은 의견을 가진 사람이 몇이나 되겠는가? 비록 나를 속이는 환상이 내게서 비롯된다 하더라도, 나의 환상을 바로잡아 줄 수 있는 것은 오직 신밖에 없네. 나는 진리에 도달하기 위해 내가 할 수 있던 일을 한 것이지만, 그 원천은 너무도 높은 곳에 있네. 더 멀리 나아갈 힘이 내게 없다면, 내게 무슨 죄가 있을 수 있는가? 이제는 진리가 내게 가까이 와 주어야만 하네.

　그 선량한 성직자는 열성을 다해 말했다. 그는 감동했고 나도 마찬가지였다. 나는 신과 같은 오르페우스[90]가 처음으로 신들을 찬양하는 노래를 부르면서 사람들에게 신을 경배하는 법을 가르쳐 주는 소리를 듣는 것만 같았다. 그럼에도 그에게 제기해야 할 반론이 많았지만 나는 하나도 하지 못했다. 왜냐하면 그 반론들은 근거가 있다기보다 곤란한 것들이었고, 확신은 그의 편에 있었기 때문이다. 그는 자신의 양심에 입각해 내게 말했고, 그에 따라 나의 양심이 그가 한 말을 확인해 주는 것 같았다.

　나는 그에게 말했다. "당신이 지금 저에게 설명해 주신 견해들은 당신이 믿고 있다고 말씀하시는 것보다 당신이 모른다고 고백하시는 것 때문에 저에게 더 새롭게 보입니다. 제가 거기서 보는 것은 거의 유신론이나 자연 종교입니다. 기독교 신자들은 그것을 무신론 또는 무종교와 섞어 버리려고 하지만 그것들과는 완전히 상반된 교리입니다. 그러나 현재의 나의 신앙 상태로 당신의 생각을 받아들이려면 내려가기보다 올라가야

90　고대 그리스의 전설에 등장하는 유명한 악사로 그의 노래와 리라 연주는 초목과 짐승들까지 감동시켰다고 한다 — 옮긴이.

하겠습니다. 그리고 당신만큼 현명하지 않으면 당신이 계신 바로 그 지점에 머물러 있기가 어렵다고 생각합니다. 그러나 적어도 당신처럼 성실하기 위해 저는 제 마음에 물어보고자 합니다. 당신의 예를 본받아 저를 인도해야 할 것은 내면의 감정입니다. 그 내면의 감정을 오랫동안 침묵하게 만든 뒤에 다시 불러내는 것이 순식간에 되는 일이 아니라는 것은 바로 당신께서 제게 가르치신 바 있습니다. 저는 당신의 말씀을 마음속에 담아 두었는데, 이제 그것에 대해 깊이 생각해 보아야 하겠습니다. 충분히 생각해 본 뒤에 당신과 마찬가지로 확신을 가지게 된다면, 당신은 제가 최종적으로 받아들이는 전도사가 될 것이며 저는 죽을 때까지 당신이 개종시킨 신도가 될 것입니다. 그렇지만 계속해서 제게 가르침을 주십시오. 당신은 제가 알아야만 하는 것을 반밖에 말씀해 주시지 않았습니다. 제게 계시와 성경 그리고 그 난해한 교리에 대하여 말씀해 주십시오. 저는 어릴 때부터 그 교리를 이해할 수도 믿을 수도 없었고, 그것을 받아들여야 할지 거부해야 할지도 몰라서 나이가 들수록 더 갈피를 잡지 못하고 있습니다."

"알겠네, 여보게" 하고 그는 나를 껴안으며 말했다. "내가 생각하고 있는 것을 모두 자네에게 털어놓겠네. 자네에게 내 마음을 반만 열어 보이고 싶지는 않네. 그러나 내가 아무런 거리낌 없이 말해도 괜찮으려면 자네가 그것을 원한다고 말해 줄 필요가 있었네. 지금까지는 자네에게 유용할 것이라고 생각하는 것, 내가 내심 확신하고 있는 것 이외에는 아무런 말도 하지 않았네. 내가 이제부터 검토해야 할 것은 상당히 다른 이야기이네. 나는 거기서 당혹스러움과 신비함과 애매함만 보고 그것이 불확실하다고 여기며 의심만 하고 있네. 나는 뭔가 결정을 내릴 때 떨지 않을 수 없다네. 그리고 자네에게 내 의견이라기보다 오히려 내가 갖는 의혹을 말하는 것이네. 만약 자네의 견해가 더 확고하다면 나는 내 견해를 자네에게 설명해야 할까 망설였을 것이네. 그러나 지금 자네가 처한 상태에서는 나처럼 생각하는 것이 더 나을 걸세.[91] 그리고 내 이야기에는 이성의 권위만 부여하기 바라네. 내가 잘못 생각하고 있는 것은 아닌지 모르겠네. 사람은 토론할 때 때때로 단정적인 말투를 취하지 않기가 어려운 법이라네. 그러나 여기서 내가 단정적으로 말하는 것은 모두 의심하는 이유에 불과하다는 것을 잊지 말게나. 자네 스스로 진리를 찾아야 하네. 나로서는 자네에게 진실함밖에 약속할 것이 없네."

자네는 내가 한 설명에서 자연 종교만 보고 있네. 그 이외에 다른 종교가 필요하다는 것은 매우 이상한 일이네. 내가 어디서부터 그 필요성을 인정해야 할까? 신이 내 정신에 부여하는 지성의 빛에 따라 또 내 마음에 불어넣는 감정에 따라 신을 섬기면서, 내가 무슨 죄를 지을 수 있단 말인가? 나의 능력을 선용한다 하더라도 현실에서 시행되는 교리가 없이는 인간에게 유용하고 인간을 만든 창조자에게 영예로운 어떤 순수한 도덕이나 신조를 끌어낼 수 없다면, 그런 도덕이나 신조를 현실에서 시행되는 교리에서 끌어낼 수 있을까? 신의 영광을 위하여, 사회의 행복을 위하여, 그리고 내 자신의 이익을 위하여 자연법의 의무에 무엇을 첨가할 수 있는지 내게 제시해 달라. 그리고 자네는 나의 신앙에서 나오지 않은 어떤 새로운 신앙으로부터 어떤 미덕을 만들어 내겠는가? 신성에 대한 가

---

91 내 생각으로는 바로 이것이 그 선량한 보좌신부가 현재 대중에게 말할 수 있을 만한 것이다.

장 위대한 관념들은 오직 이성을 통해 우리에게 생겨나네. 자연의 광경을 보라. 그리고 내면의 소리를 들어 보라. 신은 우리 눈과 우리 양심과 우리 판단력에 모든 것을 다 말해 두지 않았는가? 인간들이 우리에게 더 이상 무엇을 말할 것인가? 그들이 말하는 계시는 신에게 인간의 정념을 부여하면서 신의 품위를 떨어뜨리고 있을 뿐이네. 나는 특정한 교리들이 위대한 존재의 개념들을 밝히기는커녕 그것들을 뒤죽박죽으로 만들고, 그것들을 고귀하게 만들기는커녕 천박하게 만들고, 위대한 존재를 둘러싸고 있는 이해할 수 없는 신비들에 부조리한 모순들을 덧붙이는 것을 보네. 또한 그러한 교리들이 인간을 거만하고 편협하고 잔인하게 만들어 지상에 평화를 세우기는커녕 칼과 불을 가져오고 있는 것이 보이네. 이 모든 것이 무슨 소용이 있는지 자문해 보지만 어떤 답을 제시해야 할지 모르겠네. 나는 거기서 인간들의 죄악과 인류의 비참함밖에는 보지 못하네.

사람들은 신이 원했던 섬김의 방식을 사람들에게 가르치기 위해 계시가 필요했다고 말하네. 그 증거로 인간들이 제정한 이상한 종교 의식들의 다양성을 제시하는데, 사람들은 그 다양성 자체가 계시의 환상에서 비롯되었다는 사실은 보지 못하네. 여러 민족들이 신에게 말을 시킬 생각을 하자마자 즉시 각 민족은 저마다 자기네 방식대로 신에게 말을 시키고 자기네가 원하는 것을 말하게 했네. 만약 사람들이 신이 인간의 마음에 말하는 것만 들었더라면, 이 세상에는 오로지 단 하나의 종교밖에 없었을 것이네.

동일한 형태의 종교 의식이 필요했네. 나는 정말 그것을 원하네. 그러나 그것을 제정하기 위해 신의 권능을 모조리 동원해야 할 만큼 도대체 그 문제가 그렇게 중요했단 말인가? 종교 의식과 종교를 결코 혼동하지 말자. 신이 우리에게 요구하는 경배는 마음의 경배이네. 그리고 그 경배가 진실할 때 그것은 모두 동일하네. 성직자가 어떤 형태의 복장을 입는지, 어떤 순서로 말하는지, 제단에서 어떤 동작을 하는지, 그가 어떻게 매번 무릎을 꿇는지, 신이 그런 것들에 대단한 관심을 갖고 있다고 상상하는 것은 매우 어리석고도 무의미한 생각이네. 벗이여, 되도록 허리를 꼿꼿이 펴고 있도록 하라. 그래도 역시 자네는 충분히 지면 가까이에 있을 것이네. 신은 정신적으로 그리고 진실하게 숭배받기를 원하고 있네. 이는 모든 종교, 모든 나라, 모든 인간의 의무이네. 외면적인 의식에 대해, 질서를 바로 세우기 위해 그것이 똑같아야 한다고 말한다면 그것은 순전히 질서 유지의 문제이기 때문에, 그 때문이라면 계시는 전혀 필요하지 않을 것이네.

그런데 내가 이러한 생각부터 시작한 것은 아니네. 교육을 받으면서 생겨나는 편견과 언제나 인간을 자기 영역 이상으로 끌어올리려는 위험한 자존심에 끌려다니며, 나의 허약한 이해력을 위대한 존재로까지 고양시키지 못했기 때문에, 그를 내게 맞춰 끌어내리려고 노력했네. 신이 신의 본성과 나의 본성 사이에 설정해 둔 무한히 먼 관계를 좁히고 있었던 것이네. 나는 더욱 직접적인 소통을, 더욱 개별적인 가르침을 원했네. 그리고 신을 인간과 비슷하게 만드는 것으로 만족하지 않고 동류인 인간들 사이에서 나만 특혜를 받기 위해 초자연적인 깨달음을 원했고, 독점적인 신앙을 원했으며, 신이 다른 사람들에게 말해 주지 않았던 것을 또는 나는 알아듣는데 다른 사람들은 알아듣지 못할 것을 내게 말해 주시기를 원하고 있었네.

나는 내가 도달한 지점을 모든 종교인들이 더 계몽된 신앙에 이르기 위해 출발하는 공통 지점으로 간주하면서, 자연 종교의 교리를 모든 종교들의 기본 요소로만 생각했네. 나는 이 지상에 군림하면서 서로가 서로를 거짓이고 오류라 비방하는 다양한 종파들을 생각해 보았네. 나는 "어느 것이 옳습니까?"라고 물어보았네. 각 종파는 "내 종파가 옳습니다"라고 내게 대답했네. 종파들은 저마다 "나만이 그리고 내 종파 사람들만이 올바르게 생각하고 있으며 다른 사람들은 모두 오류에 빠져 있습니다"라고 말했네. "그런데 당신은 당신의 종파가 옳은지 어떻게 아십니까?" "신이 그렇게 말씀하셨습니다."[92] "그렇다면 신이 그렇게 말씀하셨다고 누가 말했습니까?" "그걸 잘 알고 있는 나의 지도자가 그렇게 말했습니다. 나의 지도자가 그렇게 믿으라고 하여 나는 그렇게 믿고 있습니다. 그가 내게 자기와 다른 말을 하는 사람들은 모두 거짓말을 하고 있다고 단언하여, 나는 그런 사람들의 말을 듣지 않습니다."

"대체 무슨 말인가!" 나는 생각해 보았네. 진리는 하나가 아닌가? 이 나라에서 옳은 것이 당신 나라에서는 틀린 것이 될 수 있는가? 올바른 길

---

92 한 선량하고 현명한 성직자가 이렇게 말했다.

"모든 사람들은 (그리고 모든 사람들이 이러한 전문용어를 사용하여) 인간이나 어떤 피조물이 아니라 신으로부터 자신들의 종교를 받아 그것을 믿는다고 말한다. 그러나 아무것도 미화하거나 감추지 않고 솔직히 말하면, 그것은 사실이 아니다. 종교들이란 누가 뭐라고 하건 인간의 손과 수단을 통해 얻어진 것이다. 첫째, 종교들이 세상에 받아들여진 방식 그리고 여전히 매일같이 각 개인에게 받아들여지고 있는 방식이 그 증거이다. 민족과 나라와 장소가 종교를 부과한다. 사람은 그가 태어나고 자란 장소가 받아들인 종교에 소속된다. 우리는 우리가 인간임을 알기 전에 할례를 받거나 세례를 받거나, 유대교도가 되거나 마호메트교도가 되거나 기독교 신자가 된다. 종교는 우리가 선택하고 선정하는 것이 아니다. 다음으로 생활과 풍습이 종교와 도무지 일치하지 않는다는 것이 그 증거이다. 인간적이고 아주 사소한 계기로 사람들이 그 종교의 가르침을 거역하는 것 또한 그 증거이다"[샤롱(1541-1603, 프랑스의 신학자이자 모럴리스트로 몽테뉴와 깊은 우정을 나누었다 — 옮긴이), 『지혜에 관하여』, 2권 5장, 257쪽, 보르도 판, 1601].

콩동의 유덕한 신학 교수의 진지한 신앙 고백이 사부아 보좌신부의 신앙 고백과 크게 다르지 않았다는 것은 거의 분명한 사실인 것 같다.

을 따르는 사람의 방법과 길을 잃고 헤매는 사람의 방법이 같다면, 한쪽이 다른 쪽에 비해 어떤 장점을 더 갖거나 어떤 잘못이 더 있을 수 있는가? 그들의 선택은 우연의 결과인데, 그것을 그들 탓으로 돌리는 것은 부당하다. 그것은 이 나라에서 태어났다고 상을 주거나 저 나라에서 태어났다고 벌을 주는 것이기 때문이다. 신이 우리를 이런 식으로 심판한다고 함부로 말하는 것은 신의 정의를 모독하는 것이다.

모든 종교들이 올바르고 신의 마음에 들든지, 그것이 아니라 신이 인간에게 명하는 종교가 하나 있고 그것을 무시할 때 신이 인간을 벌한다고 하면 신은 그 종교를 참다운 유일한 종교로 구분하고 알려질 수 있도록 확실하고도 명료한 어떤 표시를 해 두든지 했을 것이다. 이러한 표시는 어느 시대나 또 어느 장소에나 공통된 것으로서 어른이든 어린아이든, 학식이 있든 없든, 유럽 사람이든 인디언이든 아프리카 사람이든 야만인이든 모든 사람들에게 똑같이 느껴질 것이다. 만약 지상에 단 하나의 종교만 있어서 그것을 믿지 않으면 영원히 처벌을 받는다고 가정하고, 정직한 의지를 가졌는데도 그 종교의 확실성에 강한 인상을 받지 못한 사람이 이 세상 어딘가에 단 한 명이라도 있다면, 이 종교의 신은 폭군들 중에서도 가장 잔혹한 폭군일 것이다.

그런데 우리는 진지하게 진리를 찾고 있는가? 그렇다면 출생에 의한 권리나 아버지나 종교 지도자의 권위 따위를 일체 인정하지 말고, 그들이 우리가 어렸을 때부터 가르쳐 주었던 것을 모두 양심과 이성에 의해 다시 검토하자. 그들이 내게 "너의 이성을 복종시켜야 한다"라고 외쳐 보았자 소용이 없다. 나를 속이는 인간도 그런 말을 할 수 있으니, 내게는 내 이성을 복종시킬 근거가 필요하다.

우주를 자세히 탐구하고 나의 능력을 올바르게 사용함으로써 내 힘으로 획득할 수 있는 신학이래야 내가 앞서 자네에게 설명했던 것이 고작이네. 그 이상의 것을 알기 위해서는 특별한 수단들을 사용해야 하네. 이러한 수단들이 인간의 권위일 수는 없을 것인데, 왜냐하면 어떤 인간도 나와 다른 종種에 속해 있지 않으므로 어떤 사람이 자연히 아는 것은 나역시 알 수 있으며, 또한 다른 사람도 나와 마찬가지로 잘못 생각할 수있기 때문이네. 내가 어떤 사람이 말하는 것을 믿을 때는 그가 그것을 말하기 때문이 아니라 그가 그것을 입증하기 때문이네. 따라서 누군가 입증을 한다면 그것은 사실 나의 이성이 입증하는 것일 뿐이며, 진리를 인식할 수 있도록 신이 내게 준 자연적 방법에 아무것도 첨가하지 않는 것이네.

진리의 전도사여, 그러므로 당신이 내게 무슨 말을 하더라도 나는 늘그것을 판단할 수 있지 않습니까? "신이 직접 말씀하신 것이니, 그 계시에 귀를 기울여라." 그것은 별개의 문제네. "신이 말씀하셨다!" 그것은 확실히 엄청난 말이네. 그런데 신은 누구에게 말했는가? "신이 사람들에게말씀하셨다." 그렇다면 나는 왜 아무것도 듣지 못했는가? "신은 그 말씀을 당신에게 전하라고 다른 사람들에게 그 임무를 맡겼다." 옳거니! 신이 말씀하신 것을 내게 와서 말해 주는 것은 다른 사람들이다. 내가 신의말씀을 직접 들었다면 더 좋았을 텐데. 그렇다고 해서 신이 더 수고스러울 리도 만무하고, 나는 유혹으로부터 안전했을 것이다. "신은 자신이 보낸 사자使者들의 사명을 명백히 표시함으로써 그 유혹에서 당신을 지켜주신다. 어떤 방식으로? 기적을 통해서이다." 그러면 그 기적들은 어디에 있는가? "책에 있다." 그렇다면 그 책들을 만든 것은 누구인가? "사람들이다." 그러면 누가 그 기적들을 보았는가? "그것을 증언하고 있는 사람들이다." 뭐라고! 여전히 사람들의 증언 아닌가! 언제나 다른 사람들이 전했던 것을 내게 전하고 있지 않은가! 얼마나 많은 사람들이 신과 나 사이에 있는 것인가! 어쨌든 보자. 탐구하고 비교하고 확인하자. 오, 만약 신이 내게 이러한 일을 모두 면제해 주었더라면, 그렇다고 해서 내가 덜 정성을 갖고 신을 섬겼을까?

벗이여, 내가 얼마나 무서운 논쟁에 끼어들었는지 한번 생각해 보게. 아주 먼 옛날로 거슬러 올라가 세계 모든 나라에서 제시되고 있는 예언과 계시와 사실과 종교의 모든 유적들을 검토하고 평가하고 대조하면서 그것들이 발생한 시대와 장소, 그것들과 관련된 장본인들과 그 계기들을 확정하려면 얼마나 해박한 지식이 내게 필요하겠는가! 또 진짜 자료를 허위 자료와 구분하기 위하여, 반론을 답변과 비교하고 번역을 원문과 비교하기 위하여, 증인들의 공정성과 양식과 지식을 판단하기 위하여, 사람들이 삭제하거나 첨가하거나 옮기거나 바꾸거나 변조한 것이 하나도 없는지 알기 위하여, 여전히 남아 있는 모순들을 제거하기 위하여, 반대자들에게 반증으로 내세워진 사실들에서 반대자들이 침묵하고 있다면 그 침묵이 어떤 비중을 갖는지 판단하기 위하여 —그러니까 이와 같은 주장이 반대자들에게 알려져 있는지, 그들이 대답해 줄 만큼 그것을 중요하게 여겼는지, 우리의 서적들이 그들에게 입수될 수 있을 만큼 충분히 보급되어 있었는지, 우리 사이에서도 그들의 서적을 유포시켜 그들이 시도했던 가장 강력한 반론을 있는 그대로 받아들일 만큼 우리에게 성의가 있었는지 판단하기 위하여,— 나는 얼마나 정확한 고증을 필요로 하는가.

이와 같은 모든 유적들이 다 이론의 여지 없이 확실한 것으로 인정되면, 이어서 그것들을 만들어 낸 장본인들의 임무를 증명하는 일로 넘어가야 하네. 어떤 예언이 기적 없이는 이루어질 수 없는지 판단하려면 우연의 법칙과 어떤 일이 일어날 수 있는 확률을 잘 알아야 하네. 원어原語에서 무엇이 예언이고 무엇이 단지 연설의 수사에 불과한지 구별하려면 원어의 특징을 잘 알아야 하네. 교활한 인간이 어느 정도까지 소박한 사람들의 눈을 속이고 심지어 식견 있는 사람들까지 뒤흔들어 놓는지 말할 수 있으려면, 어떤 사실이 자연의 질서 속에 포함되고 어떤 다른 사실들이 그렇지 않은지 잘 알아야 하네. 기적이 그저 믿기 위해서뿐만 아니라 의심하면 벌을 받을 정도가 되기 위해서는, 기적이란 어떤 종류의 것이어야 하며 어떤 진실성을 가져야 하는지 탐구해야 하네. 또한 진짜 기적과 가짜 기적의 증거들을 비교하고 그것들을 구별하는 확실한 법칙을 발견해야 하네. 마지막으로 어째서 신이, 마치 인간의 맹신을 즐기고 인간을 납득시키는 참된 수단을 고의로 회피하는 것처럼, 스스로의 말을 증명하기 위하여 그 자체로 그렇게나 많은 증명을 요구하는 방법을 채택하는지 말해야 하네.

존엄한 신이 한 인간을 자신의 신성한 의지를 대변하는 사람으로 만들 만큼 그렇게 자신을 낮추었다고 가정해 보자. 그렇다 하더라도 그 인간이 신의 대변자가 되었다는 사실을 인류 전체에 알리지도 않고 인류 전체가 그 대리자의 목소리에 복종하도록 요구하는 것이 합리적이며 올바른가? 신임장이라고 해 봐야 확실치 않은 소수의 사람들 앞에서 주어진 특별한 표식 이외에는 없고, 나머지 사람들은 모두 그에 관해 소문으로밖에는 아무것도 알지 못한다면 그것을 어찌 공정하다고 하겠는가? 세계의 모든 나라에 걸쳐서 만약 민중이나 소박한 사람들이 보았다는 기적을 모두 진실로 간주한다면, 모든 종파는 제각기 올바를 것이며, 자연적인 사건들보다 기적이 더 많아질 것이다. 그리고 모든 기적들 중 최대의 기적은 광신자가 박해받는 곳에서 기적 같은 것은 전혀 일어나지 않았다는 사실일 것이다. 자연을 다스리는 현명한 손길을 가장 잘 보여 주는 것은 자연의 변함없는 질서이다. 만약 예외가 많이 생긴다면 나는 더 이상 기적을 어떻게 생각해야 할지 모를 것이다. 그리고 나는 신을 너무 믿기 때문에 그에게 별로 어울리지 않는 그토록 많은 기적들을 믿지 않는다.

누군가 와서 우리에게 다음과 같이 말한다고 하자. "죽음을 면할 수 없는 인간들이여, 나는 그대들에게 저 높은 곳에 계신 신의 의지를 알리노라. 내 목소리를 듣고 나를 보내신 분을 알아보라. 나는 태양에게 그 궤도를 바꾸라고, 별들에게 그 배치를 바꾸라고, 산에게 평평해지라고, 바다에게 산처럼 높이 일어서라고, 대지에게 다른 모습을 가지라고 명령하노라." 이러한 기적을 보고 그 누가 자연의 주인을 당장 인정하지 않겠는가! 그러나 자연은 사기꾼들의 말을 전혀 들으려 하지 않네. 그들의 기적은 길거리나 사막이나 방 안에서 이루어지네. 그들이 이미 무엇이든 다 믿으려 드는 소수의 구경꾼들을 쉽사리 속이는 곳은 바로 그러한 곳이네. 어떤 기적을 신뢰할 수 있는 것으로 만들기 위해 몇 사람의 목격자가 필요한지 감히 누가 내게 말해 줄 것인가? 당신들의 교리를 증명하기 위하여 당신들이 행하는 기적이 그 자체로 증명될 필요가 있다면, 그것이 무슨 역할을 하겠는가? 이는 그런 것을 하나도 행하지 않는 것과 마찬가지가 아닌가.

마지막으로 계시된 교리에서 가장 중요하게 검토할 것이 남아 있네.

왜냐하면 신이 이 세상에서 기적을 행한다고 말하는 사람들이 악마도 때로는 그 기적을 흉내 낸다고 주장하는 이상, 아무리 확실히 증명된 기적이 있다 해도, 우리가 전보다 앞으로 더 나간 것이 없기 때문이지. 모세가 신의 특별한 명령에 따라 행한 바와 똑같은 징조들을 파라오의 마술사들이 모세 바로 앞에서 해 보였으니, 모세가 없는 자리에서 그들이 같은 자격으로 같은 권위를 주장해도 무방했던 것은 아닐까?[93] 그러므로 기적을 통해 교리를 증명한 뒤에는 교리로 기적을 증명해야 하네.[94] 그렇지 않으면 악마의 소행을 신의 업적으로 간주할 우려가 있기 때문이네. 여러분은 이러한 순환논법에 대해 어떻게 생각하는가?

만일 이 교리가 신에게서 온 것이라면 그것은 신성한 성격을 지니고

---

[93] 『출애굽기』를 보면 모세와 그의 형 아론은 파라오와 신하들 앞에서 지팡이를 던져 뱀을 만들었는데, 이집트의 마술사들도 같은 재주를 부렸다. 그런데 아론의 지팡이가 그들의 지팡이를 삼켜 버렸다. 이집트의 마술사들은 물을 피로 만드는 재앙 등 몇 가지 재앙을 따라 할 수 있었지만, 먼지를 모기로 만드는 재앙부터 따라 할 수 없었다고 한다 — 옮긴이.

[94] 이것은 성서의 수많은 곳에 명시되어 있다. 특히 『신명기』 13장에는 다음과 같이 적혀 있다. "만약 어떤 예언자가 다른 나라의 신을 알리면서 기적으로 자신의 말을 확증하고 그가 예언한 일이 일어난다면, 그에게 경의를 표하지 말고 그를 죽여야 한다." 그러므로 이교도들이 그들에게 다른 나라의 신을 알리고 그들의 사명을 예언과 기적으로 증명하던 사도들을 죽였을 때, 그 이교도들을 반박할 확고한 근거가 있는지 모르겠다. 또한 그런 근거가 있다면 그들은 즉시 그것을 우리에게 반론으로 역이용할 수 있을 것이다. 이런 경우에 어떻게 하겠는가? 방법은 단 하나, 기적들을 버리고 추론으로 돌아가는 것이다. 기적 따위에 의존하지 않는 것이 차라리 더 나았을 것이다. 이것이야말로 가장 단순한 상식인데, 사람들은 기껏 아주 미묘하고 난해한 구별만 해 대는 탓에 오히려 그것을 모호하게 만들고 있다. 기독교에 미묘하고 난해한 구별이라니! 그러면 도대체 예수 그리스도가 소박한 사람들에게 하늘의 왕국을 약속한 것이 잘못이었다는 말인가? 예수의 교리를 듣고 그에 대한 믿음을 배우기 위해 그토록 풍부한 지성이 필요하다면, 예수가 그의 강론들 중에서도 가장 아름다운 강론을 어리석은 군중을 축복하는 것으로 시작하는 것이 잘못이었단 말인가? 내가 복종해야 한다는 것을 여러분이 내게 증명한다면, 모든 것이 다 해결될 것이다. 그러나 그것을 내게 증명하기 위해서는 여러분이 내 수준에 맞추어야 한다. 여러분의 추론을 변변치 못한 사람의 능력에 맞추어야 하는 것이다. 그렇지 않으면 나는 더 이상 여러분을 여러분 주인의 진정한 제자로 인정하지 않을 것이다. 여러분이 내게 알려주는 것은 그의 교리가 아니다.

있어야 하네. 즉 그 교리는 신에 대한 추론이 우리의 정신 속에 제시하는 혼란한 관념들을 명백히 밝혀 주어야 할 뿐만 아니라, 또한 우리에게 하나의 종교 의식, 하나의 도덕 그리고 우리가 그것들을 통해서만 신의 본질을 이해하는 속성들에 부합하는 준칙들을 제시해야 하는 것이네. 그러므로 만약 그 교리가 우리에게 부조리하고 도리에 맞지 않는 것만 가르치고, 우리에게 동류인 인간들에 대한 혐오감과 우리 자신에 대한 공포심만 불어넣는다면, 또 그 교리가 우리에게 화를 잘 내고 질투심과 복수심이 강하고 불공평하고 인간을 미워하는 신, 항상 벼락을 내려 파괴할 준비가 되어 있고 언제나 고통과 징벌을 언급하면서 심지어는 죄 없는 사람들까지도 벌주는 것을 자랑삼는 전쟁과 전투의 신만 묘사한다면, 나는 그 무서운 신에게 조금도 마음이 끌리지 않을 것이며 자연 종교를 버리고 그 종교를 받아들이지도 않을 것이네. 잘 알다시피, 필연적으로 어느 편이든 선택해야 할 것이기 때문이지. 나는 그 종파의 사람들에게 말하겠네. "당신들의 신은 우리의 신이 아니오. 처음부터 자신을 위해 단 하나의 민족만 선택하고 나머지 인류는 배제하는 그런 신은 인간 모두의 아버지가 아니오. 자기가 만든 피조물들 중 최대 다수가 영원한 형벌을 받도록 정해 둔 그런 신은 나의 이성이 내게 제시해 주는 자비롭고 선한 신이 아니오."

교의에 관하여, 자연 종교는 그것은 분명하고 명쾌하며 그 명료함으로 강한 인상을 주는 것이어야 한다고 말하네. 자연 종교가 불충분하다면, 그것은 자연 종교가 우리에게 가르치는 위대한 진리들 속에 남겨 둔 모호함 때문이네. 그 진리들을 인간의 정신이 느낄 수 있도록 우리에게 가르치고, 그것들을 인간의 정신 수준에 맞추어 정신이 그것들을 믿도록 이해시키는 것이 계시가 할 일이네. 신앙이란 이해력에 의해 확실해지고 확고해지는 법일세. 모든 종교들 중에서 가장 훌륭한 것은 가장 명징한 종교임이 틀림없네. 내게 종교를 전도한다면서 그것을 신비나 모순으로 가득 채우는 사람은 바로 그런 짓으로 종교에 대한 불신을 내게 가르치는 셈이네. 내가 숭배하는 신은 결코 몽매한 암흑의 신이 아니며, 신이 내게 이해력을 준 것은 내가 그것을 사용하지 못하게 하려는 것이 아니네. 나의 이성을 복종하게 만들라고 말하는 것은 이성을 만든 분을 모독하는 일이네. 진리의 사자使者는 나의 이성을 짓밟지 않고 오히려 그것을 밝혀 주네.

우리는 인간의 권위 일체를 제외시켰는데, 이러한 권위가 없다면 나는 한 인간이 다른 인간에게 불합리한 교리를 설교하면서 어떻게 그에게 교리를 납득시킬 수 있는지 알 수 없을 것이네. 잠시 동안 다음 두 사람에게 논쟁을 시켜 보자. 그리고 그들이 그 두 파派가 늘 사용하는 신랄한 말로 서로 무슨 말을 나눌 수 있을지 연구해 보도록 하자.

계시를 받은 사람: 이성은 당신에게 전체는 부분보다 크다고 가르친다. 그러나 나는 신의 이름으로 전체보다 큰 것이 부분이라고 당신에게 가르친다.

추론하는 사람: 감히 신이 자가당착에 빠져 있다고 말하다니, 그렇게 말하는 당신은 도대체 누구인가? 이성을 통해 영원한 진리를 가르치는 신과 신의 이름으로 우리에게 부조리한 것을 알려 주는 당신 중 내가 누구를 우선 믿을 것인가?

계시를 받은 사람: 나를 믿어라. 나의 가르침이 더욱 실증적이고, 또

나는 당신에게 나를 보내신 분이 그분이라는 사실을 당신이 반박할 수 없도록 곧 증명할 것이기 때문이다.

추론하는 사람: 뭐라고? 신에게 불리한 증언을 하도록 당신을 보낸 것이 신이라는 것을 당신이 내게 증명해 보겠다고? 신이 내게 부여한 이해력이 아니라 그대의 입을 통해 신이 내게 말하는 것이 더 확실하다는 것을, 어떤 종류의 증거를 들어 나를 설득시키려 하는가?

계시를 받은 사람: 신이 당신에게 준 이해력이라고? 허영심 많고 하찮은 인간이여! 당신 이전에도 죄를 짓고 타락한 자신의 이성 속에서 길을 잃고 헤매는 불신자들 중 당신과 같은 사람들이 많았다.

추론하는 사람: 신이 보낸 인간이여, 당신이야말로 오만함을 자신이 맡은 사명의 증거로 내세우는 사기꾼들 중 처음이 아닐 것 같은데.

계시를 받은 사람: 뭐라고! 철학자들도 욕을 하는가?

추론하는 사람: 가끔. 성자들이 철학자들에게 먼저 그 본보기를 보일 때는.

계시를 받은 사람: 오! 나야말로 신의 이름을 걸고 말하기 때문에 욕을 할 권리가 있다.

추론하는 사람: 특권을 휘두르기 전에 당신에게 그럴 자격이 있는지 제시하는 것이 좋을 듯한데.

계시를 받은 사람: 나의 자격은 확실하다. 천지가 나를 위하여 증언하리라. 제발 나의 추론을 잘 들어 주기 바란다.

추론하는 사람: 당신의 추론이라고! 농담이겠지. 나의 이성이 나를 속

인다고 가르치는 것은 나의 이성이 당신을 위해 나한테 해 줄 말을 반박하는 것이 아닌가? 이성을 거부하려는 사람은 이성을 사용하지 않고 설득시켜야 한다. 당신이 추론으로 나를 설득했다면, 당신이 하는 말에 나를 복종시키는 것이 죄짓고 타락한 나의 이성인지 아닌지 내가 어떻게 알 수 있는가? 게다가 증거나 증명이라는 것으로 자명한 이치를 타파해야 한다고 말하는데, 자명한 이치보다 더 명백한 어떤 증거나 증명을 당신이 사용할 수 있는가? 부분이 전체보다 더 크다는 것을 믿을 수 있다면, 올바른 삼단논법이 거짓이라는 것도 똑같이 믿을 수 있을 것이다.

계시를 받은 사람: 거기에는 엄청난 차이가 있다! 나의 증거는 반박할 여지가 없다. 그것은 초자연적인 영역에 속하기 때문이다.

추론하는 사람: 초자연적이라고! 그 말은 무엇을 의미하는가? 그 말을 이해할 수 없다.

계시를 받은 사람: 자연의 질서에서 생겨나는 변화, 예언, 기적, 온갖 종류의 이적들을 말한다.

추론하는 사람: 이적과 기적이라! 나는 그런 것은 도무지 본 일이 없다.

계시를 받은 사람: 당신을 대신해서 다른 사람들이 그것을 보았다. 구름 떼처럼 많은 증인들과 많은 민족들의 증언이…

추론하는 사람: 그 민족들의 증언이 초자연적인 영역에 속하는가?

계시를 받은 사람: 그렇지 않다. 그러나 그 증언들이 일치한다면 그것은 반박할 여지 없이 확실한 것이다.

추론하는 사람: 이성의 원칙보다 더 확실한 것은 없으며, 사람들의 증언에 의거해서 부조리한 것을 정당화할 수는 없다. 다시 한번 초

자연적인 증거들을 검토해 보자. 왜냐하면 인류 전체가 증언한다고 해서 그것이 초자연적인 증거는 아니기 때문이다.

계시를 받은 사람: 오, 냉담한 마음이여! 은총은 당신에게 아무런 말씀도 하시지 않는구나.

추론하는 사람: 그것은 내 잘못이 아니다. 왜냐하면 당신 말에 따르면 은총을 구하기 위해서는 이미 은총을 받았어야 했기 때문이다. 그러므로 은총 대신 당신이 내게 말을 시작해 보라.

계시를 받은 사람: 아, 내가 지금 하고 있는 것이 바로 그것인데, 당신은 내 말을 듣지 않는다. 당신은 예언을 어떻게 생각하는가?

추론하는 사람: 먼저 말하건대, 나는 기적을 본 일이 없는 것처럼 예언을 들은 적도 없다. 그에 덧붙여서 어떤 예언도 내게는 권위를 가질 수 없으리라는 점을 말해 둔다.

계시를 받은 사람: 악마의 추종자여! 어째서 예언이 당신에게는 권위를 갖지 못하는가?

추론하는 사람: 왜냐하면 예언이 권위를 갖기 위해서는 세 가지가 필요한데 그것들이 일치하기는 불가능하기 때문이다. 즉 내가 그 예언을 들은 증인이어야 하고, 그 사건을 본 증인이어야 하고, 사건과 예언이 우연히 일치한 것이 아니라는 점이 증명되어야 한다. 왜냐하면 그 예언이 기하학의 공리보다 더 정확하고 명백하고 명쾌하였다 할지라도, 되는대로 말한 예언의 명백함이 그 실현을 불가능하게 만드는 것이 아닌 이상, 그 예언이 설령 실현된다 하더라도 그것은 엄밀하게 말해서 그것을 예언한 사람에게 유리한 아무런 증명도 되지 않기 때문이다.

그러므로 당신이 말하는 이른바 초자연적인 증명이니 기적이니 예언이니 하는 것이 결국 어떻게 되는지 보라. 그것은 다른 사람의 믿음에 의거하여 이 모든 것을 믿고, 우리의 이성에 말하는 신의 권위를 사람들의 권위에 복종시키는 꼴이 된다. 만약 나의 정신이 이해하는 영원한 진리가 무엇인가로부터 침해당할 수 있다면, 내게는 더 이상 어떤 종류의 확실성도 없을 것이고, 당신이 내게 신의 이름으로 말한다는 것을 확신하기는커녕 신이 존재한다는 확신조차 갖지 못하게 될 것이다.

이렇게 난해한 점들이 많은데, 이것이 다가 아니네. 서로 추방하고 배척하는 많은 종교들 중에서 올바른 종교가 하나 있다고 가정한다면, 단 하나만이 올바른 것이 되네. 그런데 그것을 알려면 한 가지 종교를 검토하는 것으로 충분하지 않으며 모든 종교들을 검토해야 하네. 그리고 어떤 주제든 들어 보지도 않고 비난해서는 안 되네.[95] 반론들을 증거들과 비교해야 하고, 각자가 다른 사람들에게 무엇을 반대하는지 또 어떻게 대답하는지 알아야 하네. 어떤 생각이 증명된 것처럼 보일수록, 더더욱 어떤 근거로 그렇게 생각하지 않는 사람들이 많이 있는지 연구해 보아야

---

95 플루타르코스는 스토아 철학자들이 주장한 이상한 역설들 가운데 특히 이상한 것이 대심(對審) 판결에서 양쪽의 주장을 듣는 것이 무익하다는 주장이었다고 전한다. 스토아 철학자들은 그 이유를 다음과 같이 말했다. "첫 번째 사람은 자신이 말한 것을 입증했거나 입증하지 못했다. 그가 그것을 입증했다면 상황이 종결된 것이므로 상대편 당사자는 유죄선고를 받아야 한다. 반면 그가 그것을 입증하지 못했다면 그가 잘못한 것이므로, 그의 청구는 기각되어야 한다." 나는 배타적인 계시를 받아들이는 모든 사람들이 택하는 방법이 이러한 스토아 철학자들의 방법과 대단히 유사하다고 생각한다. 그토록 많은 종파들이 저마다 자기 혼자만 옳다고 주장하는 즉시, 그 종파들 중 하나를 선택하려면 모든 종파들의 말을 들어보아야 한다. 그렇지 않다면 그 사람은 옳지 않다.

하네. 반대파의 논거를 알기 위해 자기 종파의 박사들의 말을 들어 보는 것으로 충분하다고 생각하는 것은 참으로 단순하기 짝이 없는 생각이네. 진실하다고 자부하는 신학자들이 어디에 있는가? 반대편의 논거를 반박하기 위해서 그것을 약화시키는 일부터 시작하지 않는 신학자들이 어디에 있는가? 저마다 자기 종파 내에서는 훌륭하네. 그러나 자기들 편에서는 자신의 논거를 자랑삼는 사람도 다른 종파 사람들 사이에서는 바로 그 같은 논거에 의해 완전히 어리석은 자가 될 것이네. 책을 통해 배우고 싶다고? 얼마만큼의 학식이 필요하며, 얼마나 많은 언어를 배워야 하며, 얼마나 많은 서가를 훑어보아야 하며, 또 얼마나 엄청난 독서를 해야 하는가! 그리고 내 선택을 누가 지도해 줄 것인가? 한 나라 안에서 반대파의 매우 훌륭한 서적들을 발견하기란 어려운 일일 것이네. 하물며 모든 종파의 서적들에 대해서는 말할 것도 없네. 설령 그런 책들을 찾는다 해도 그것들은 당장에 반박당하고 말 것이네. 그 자리에 없는 사람은 언제나 틀린 사람이기 마련이고, 잘못된 논거라도 확신을 갖고 말하면 그것은 덤덤하게 진술되는 올바른 근거를 쉽게 압도하는 법일세. 게다가 흔히 책보다 더 사람을 속이는 것은 없으며, 그것을 쓴 사람의 생각을 책보다 더 충실히 표현하지 못하는 것도 없네. 보쉬에[96]의 책에 의거해서 가톨릭 신앙을 판단하려고 했다면, 우리들과 함께 살아 본 뒤에는 그게 잘못이라는 것을 알게 될 걸세. 자네도 알고 있듯이 신교도들에게 대답하기 위해 사용되는 교리는 민중에게 가르치는 교리와 전혀 다르며, 보쉬

---

96 Jacques-Bénigne Bossuet(1627-1704): 프랑스의 신학자이자 설교가로 그의 설교는 문학적으로 높이 평가받는다 — 옮긴이.

에의 책은 주일 설교의 가르침과 조금도 같지 않으니. 어떤 종교를 잘 판단하기 위해서는 그 종파 사람들이 쓴 책으로 연구해서는 안 되고, 그 사람들이 사는 곳에 가서 그것을 배워야 하네. 이는 매우 다른 일이네. 종파들은 각기 자기 나름의 전통과 의미와 풍습과 편견을 가지고 있는데, 이것들이 그 신앙의 기풍을 이루기 때문에 그 종교를 판단하기 위해서는 그것들을 그 종교와 결부시켜야 하네.

책이라고는 전혀 인쇄하지도 않고 우리의 책을 읽지도 않는 대민족大民族들이 얼마나 많은가! 그 민족들이 어떻게 우리의 견해를 판단할 것인가? 또 우리는 어떻게 그들의 의견을 판단할 것인가? 우리는 그들을 비웃고, 그들은 우리를 경멸하네. 그리고 우리 쪽 여행자들은 그들을 웃음거리로 삼고 있으나, 그들도 우리나라를 여행한다면 틀림없이 우리를 웃음거리로 삼을 걸세. 진리를 설파하기 위해서 오직 진리를 아는 데만 주력하는 진리의 벗인 분별 있는 사람들, 성실한 사람들, 정직한 사람들, 그와 같은 사람들이 없는 나라가 어디에 있겠는가? 그런데도 저마다 자신의 종교에서만 진리를 보고 다른 국민들의 종교는 부조리하다고 생각하네. 요컨대 이러한 외국의 신앙들은 우리에게 보이는 것처럼 그렇게 괴상하지 않으며, 우리가 우리의 종교에서 발견하는 근거는 어떤 것도 증명하지 못하네.

유럽에는 주요한 종교가 세 개 있네. 하나는 단 하나의 계시만 인정하고,[97] 다른 하나는 두 가지 계시를 인정하며,[98] 다른 또 하나는 세 가지 계

---

[97] 유대교는 여호와 하느님의 계시만 인정하고 예수의 계시를 인정하지 않는다 — 옮긴이.
[98] 기독교는 하느님의 계시와 예수의 계시를 인정한다 — 옮긴이.

시를 인정하네.[99] 저마다 다른 두 종교를 미워하고 저주하며, 그것들이 맹목적이고 냉혹하고 완고하고 거짓이라고 비난하네. 공정한 사람이라면 우선 그것들이 제시하는 증거를 충분히 검토하고 그들의 논거를 잘 듣고 난 뒤가 아니라면 그것들에 대해 감히 판단을 내리지 않을 것이네. 유일한 계시만 인정하는 종교는 가장 오래된 것으로서, 가장 확신에 차 있네. 세 가지 계시를 인정하는 종교는 가장 최근의 것으로, 가장 일관성이 있어 보이고, 두 가지 계시를 인정하고 세 번째 계시를 부인하는 종교는 가장 훌륭한 것일지는 모르겠지만, 확실히 자신에 반하는 온갖 편견을 갖고 있어서 그 모순이 확연히 두드러지네.

이 세 가지 계시에서 경전들은 그것을 추종하는 국민들이 알지 못하는 그런 언어로 쓰여 있네. 유대인들은 이미 히브리어를 알지 못하며,[100] 기독교 신자들은 히브리어와 그리스어를 알지 못하고,[101] 터키인들과 페르시아인들은 아랍어를 알지 못하고,[102] 오늘날의 아랍인들조차도 이미 마호메트 시대의 말을 쓰지 않네. 항상 사람들이 전혀 알지 못하는 말로 그들을 가르치는 것은 참으로 어리석은 방법이 아닌가? 사람들은 그 책들이 번역되어 있다고 말할 것이네. 정말 훌륭한 대답이지만, 그러나 그 책들이 충실히 번역되어 있다고, 아니 심지어 그 번역이 가능한 것인지 누가 내게 보증할 것인가? 그리고 어차피 신이 사람들에게 말하려고 하는 것이라면 어째서 번역자를 필요로 한단 말인가?

---

99 이슬람교는 하느님의 계시와 예수의 계시 그리고 마호메트의 계시를 인정한다 ─ 옮긴이.
100 『구약성서』는 히브리어로 쓰여 있다 ─ 옮긴이.
101 『신약성서』는 그리스어로 쓰여 있다 ─ 옮긴이.
102 『코란』은 아랍어로 쓰여 있다 ─ 옮긴이.

모든 인간이 알아야 하는 것이 책 속에 담겨 있다는 것도, 그런 책들을 이해하지 못하거나 그런 책들을 이해하는 사람들의 말도 이해하지 못하는 사람이 본의 아닌 무지 때문에 처벌받는다는 것도 나는 결코 이해하지 못하겠네. 언제나 책이다! 무슨 미친 짓인가! 유럽에는 책이 넘쳐 나기 때문에 유럽인들은 책을 없어서는 안 될 것으로 간주하면서, 지구상의 4분의 3이나 되는 지역의 사람들이 책을 전혀 본 적도 없다는 사실은 생각조차 못 하기 때문이네. 모든 책들은 사람들이 쓴 것이 아닌가? 그렇다면 어째서 인간은 자신의 의무를 알기 위해 책을 필요로 한단 말인가? 이 책들이 만들어지기 전에 도대체 인간은 자기의 의무를 알기 위해 어떤 수단을 가졌던 것일까? 인간은 스스로 자신의 의무를 알게 되든지 아니면 그것을 몰라도 되든지 둘 중 하나일세.

우리 가톨릭 신자들은 가톨릭교회의 권위를 크게 떠들어 대네. 그러나 이러한 권위를 확립하기 위해, 다른 종파들이 그들의 교리를 직접 확립하기 위해 필요한 만큼의 증거들을 거창하게 열거할 필요가 있다면, 가톨릭 신자들이 거기에서 얻는 것은 무엇일까? 가톨릭교회가 가톨릭교회에 결정권이 있다고 결정하네. 이렇게 훌륭하게 증명된 권위가 놀랍지 않은가? 거기서 빠져나와 우리가 나누는 모든 토론들에 다시 들어오시라.

여러분은 유대교가 기독교 신자들에 반대하여 내세운 주장을 면밀하게 검토하는 노력을 기울였던 기독교인들을 많이 알고 있는가? 몇몇 사람들이 유대교에 대해 무엇인가를 알았다면 그것은 기독교인들이 쓴 책을 통해서이다. 반대자들의 논리를 연구하는 정말 좋은 방법이다! 그러나 어떻게 할 것인가? 만약 누군가 우리 사회에서 공공연히 유대교를 조장하는 책을 출판한다면, 우리는 그 저자와 간행인과 서점을 처벌할 것이다.[103] 언제나 옳다고 자처하기 위해서는 이런 단속이 편리하고 확실하다. 감히 말도 못 하는 사람들을 논박하는 것은 즐거운 일일 테니.

우리 가운데 유대인과 대화할 수 있는 사람들도 그다지 더 앞서 있지 않다. 그 불행한 사람들은 자신들이 우리의 처분에 달려 있다고 느낀다. 그들에게 가해지는 압박은 그들을 겁먹게 만든다. 그들은 기독교 신자들이 기독교의 박애 정신과는 별 상관 없이 옳지 못한 일이나 잔인한 행위를 저지른다는 것을 알고 있다. 그들이 무슨 말이라도 하면 우리한테 신성 모독이라는 소리를 듣는 위험에 처하게 될 테니 감히 무슨 말을 하겠는가? 인간은 욕심이 있어야 열의를 가질 수 있다. 그런데 그들은 정의롭기에는 너무 부유하다. 정말 박식하고 정말 분별 있는 사람은 언제나 가장 신중한 법이다. 파렴치한 사람을 하나 매수하여 그를 개종시키고 그의 종파를 비방하도록 만들라. 당신들에게 아첨하기 위하여 굴복하는 몇몇 비열한 고물장수들에게 말을 하도록 시켜라. 그러면 당신들은 무지하고 비겁한 유대인들에게 이길 수 있겠지만, 유대교의 박사들은 당신들의 어리석음을 남몰래 비웃을 것이다. 그러나 당신들은 그들이 자신이 안전하다고 느끼는 장소에서도 그들을 그렇게 쉽사리 이길 것이라고 생각하는가? 소르본[104]에서 메시아에 대한 예언들이 예수 그리스도와 결부되어

103 알려진 수많은 사실들 중에서 설명할 필요조차 없는 사실이 하나 있다. 16세기에 가톨릭 신학자들은 유대인의 서적들을 가리지 않고 모조리 분서 처분했는데, 저명한 학자 로이힐린(1455-1522, 독일의 인문학자 — 옮긴이)은 이 사건에 대해 문의를 받고, 기독교에 반대하는 내용이 전혀 없는 서적과 종교와 무관한 문제를 다루고 있는 서적은 보호할 수도 있다는 견해를 가졌다는 이유 하나만으로 목숨을 잃을 뻔한 끔찍한 일을 당했다.

104 파리 대학 신학부 — 옮긴이.

있다는 것은 대낮에 해를 보듯이 명백하다. 그러나 암스테르담의 유대교율법 교사들 사이에서는 그것이 예수 그리스도와 조금도 관계가 없다는 것이 마찬가지로 명명백백하다. 나는 유대인들이 아무 위험 없이 말하고 논의할 수 있는 자유로운 국가와 학교와 대학을 갖지 못한 상태에서, 유대인들의 논거를 제대로 들어 보았다고는 결코 생각하지 못할 것이다. 반대의 경우가 되어야 비로소 우리는 그들이 무슨 말을 할지 알 수 있을 것이다.

콘스탄티노플에서, 터키인들은 자신들의 논리를 주장하지만 우리는 감히 우리의 논리를 주장하지 못한다. 거기서는 우리가 굽실거릴 차례이다. 우리가 유대인들에게 그들이 믿지도 않는 예수 그리스도에 대한 존경심을 요구하듯이, 마찬가지로 터키인들도 우리가 전혀 믿지 않는 마호메트에 대하여 존경심을 갖도록 우리에게 요구한다면, 터키인들의 잘못인가, 우리가 옳은 것인가? 어떤 공정한 원칙에 의거하여 우리는 이 문제를 해결할 것인가?

인류의 3분의 2는 유대교 신자도 아니고 마호메트 신자도 아니고 기독교 신자도 아니다. 또 모세나 예수 그리스도 혹은 마호메트에 대해 말하는 것을 들어 본 적도 없는 사람이 몇 백만 명에 이르는지 모른다. 사람들은 그것을 부정하고 우리 선교사들이 도처에 가 있다고 주장한다. 말하기는 쉽다. 그러나 선교사들이 아직도 알려지지 않은, 오늘날까지도 유럽인들이 한 번도 가 보지 못한 아프리카의 오지에 가 있는가? 그들이 육지 한가운데 있는 타타르 지방에 가서 말을 타고 유목민들 뒤를 따라다니고 있는가? 그들에게 접근한 외국인도 없고, 그들은 교황에 대해 말하는 것을 듣기는커녕 라마교의 법왕조차 거의 알지 못한다. 우리의 선교사들은 광대한 아메리카 대륙에 가는가? 그곳에 살고 있는 민족들 모두는 아직 다른 세계의 국민들이 자신들의 세계에 발을 들여놓고 있다는 사실을 알지도 못하고 있다. 또 우리의 선교사들은 일본에 가 있는가? 그들은 자신들의 책동 때문에 일본에서 영구히 추방당했고, 그들의 선임자들은 새로운 세대들에게 일본 제국을 서서히 점령하기 위해 위선적인 열의를 갖고 그곳에 온 교활한 음모가로만 알려져 있다. 또 그들은 아시아의 군주들이 거느리는 후궁들의 규방으로 가서 수천 명의 가련한 여자 노예들에게 복음을 전하고 있는가? 이 지역 여성들이 도대체 무슨 일을 했다고 어떤 선교사도 그녀들에게 신앙을 전할 수 없단 말인가? 그녀들이 집 안에 갇혀 살았다고 해서 모두 지옥에 가겠는가?

전 세계에 널리 복음이 전파되고 있는 것이 사실이라 하더라도 사람들이 거기서 무슨 덕을 볼 것인가? 선교사가 처음 어느 나라에 찾아오기 전날 밤에도, 그 나라에서 선교사의 말을 듣지 못하고 죽은 사람이 분명 있을 것이다. 그렇다면 우리가 그 사람을 어떻게 할지 내게 말해 달라. 예수 그리스도의 가르침을 한 번도 들어 보지 못한 사람이 전 세계에 단 한 명밖에 없다 하더라도, 이 항변은 인류의 4분의 1에 대해서나 그 단 한 사람에 대해서나 똑같이 유효할 것이다.

복음을 전하는 사람들이 먼 나라의 국민들에게 자신의 말을 이해시켰다면, 그들에게 어떤 말을 했기에 사람들이 그 말만으로 그것을 합리적으로 받아들일 수 있어서 더 이상 엄밀한 검증을 요구하지 않았을까? 당신들은 세계의 반대편에 있는, 나는 알지도 못하는 어느 작은 도시에서 이천 년 전 태어났다가 죽은 어떤 신을 내게 전도하면서, 그 신비를 믿지 않는 사람들은 모두 지옥에 떨어질 거라고 말하고 있다. 내가 전혀 모르는 어떤 사람의 권위 하나만으로 그렇게 쉽사리 믿기에는 매우 이상한 일이지 않은가. 어째서 당신들의 신은 내가 꼭 알기를 바라는 사건들을 그렇게 멀리 떨어진 곳에서 일으켰는가? 지구의 반대편에서 일어난 일을 모른다고 해서 그것이 죄가 되는가? 지구의 다른 반구에 헤브라이라는 민족이 있고 예루살렘이라는 도시가 있다는 사실을 짐작이나 할 수 있겠는가? 그것은 달에서 일어나는 일을 내가 알아야 한다는 것과 마찬가지 아닌가. 당신들은 내게 가르쳐 주러 왔다고 말한다. 그러나 어째서 당신들은 그것을 나의 아버지에게 가르쳐 주러 오지 않았는가? 어째서 여러분은 그 선량한 노인이 그에 대해 아무것도 알지 못했다고 해서 그분을 지옥에 떨어뜨리는가? 그분은 선량하고 친절하며 진리만 추구하셨는데, 당신들의 게으름 때문에 그분이 영원히 벌을 받아야 한단 말인가? 정직하라. 그리고 내 입장에 있어 보라. 당신들이 내게 말하는 믿을 수 없는 것들을 당신들의 증언에만 의거하여 내가 모두 믿어야 한단 말인가. 그리고 그 많은 부당한 행위들을 당신들이 전도하는 정의로운 신과 일치시켜야 한단 말인가. 이 나라에서는 들어 본 적도 없는 불가사의한 일들이 그렇게 많이 일어난 그 먼 나라를 내가 볼 수 있도록 제발 나를 보내 주기 바란다. 내가 예루살렘이라는 도시의 주민들이 왜 신을 강도 취급했는지 가서 알아보겠다. 당신들은 그들이 그를 신으로 인정하지 않았기 때문이라고 말할 텐가? 그러면 당신들 말고 그에 관한 말을 하는 것을 들은 적이 없는 나로서는 도대체 어떻게 해야 하는가? 당신들은 그들이 벌을 받아서 사방으로 흩어졌고 압제에 시달리며 노예가 되었다고, 그래서 이제는 그들 중 아무도 예루살렘에 가까이 가지 못한다고 덧붙여 말한다. 확실히 그들은 그 모든 일을 당해도 쌌다. 그런데 오늘날의 주민들은 옛 주민들이 신을 죽인 데 대해 뭐라고 말하는가? 그들은 그것을 부인하고 그들 역시 신을 신으로 인정하지 않는다. 그렇다면 옛 주민들의 자손을 그대로 남겨 둔 것과 무엇이 다르겠는가.

뭐라고! 신이 죽은 바로 그 도시에서도 옛 주민이나 새로운 주민이나 그 신을 전혀 인정하지 않았는데, 당신들이 이천 년이나 지나 거기서 이만 리 떨어진 곳에서 태어난 내가 그 신을 인정하기를 바라는가! 당신들은 성서라고 부르지만 나는 도무지 이해하지 못하는 이 책을 믿기 전까지, 당신들 말고 다른 사람을 통해 이 책이 언제 누구에 의해 만들어졌는지, 그것이 어떻게 보존되었는지, 어떻게 그것이 당신들에게 전해졌는지, 또 당신들이 내게 가르치는 것 전부를 당신들만큼 잘 알고 있음에도 불구하고 그것을 배척하는 사람들이 자기 나라에서 그 논거로 무슨 말을 하는지 내가 알아야 한다고 생각하지 않는가? 당신들은 내가 모든 것을 검토해 보려면 유럽과 아시아 그리고 팔레스타인에 반드시 가 봐야 한다는 것을 잘 알고 있다. 그러기 전에는 미치지 않고서야 당신들의 말을 들을 수 없을 것이다.

나는 이 말이 합리적이라고 생각한다. 그뿐만 아니라 분별 있는 사람이라면 누구든 이 경우에 이렇게 말해야 하며, 증거들을 검토하기 전에 서둘러 그를 가르치고 그에게 세례를 주려는 선교사를 아주 멀리 내쫓아야 한다고 주장한다. 이러한 반론은 기독교만이 아니라 기독교에 맞설 만큼 혹은 그 이상의 힘을 가진 모든 계시 종교에 불리하게 적용된다. 이로부터 다음과 같은 결론이 나온다. 그것은 진정한 종교가 하나밖에 없어서 모든 사람이 그것을 믿지 않으면 지옥에 떨어져 그 종교를 따르지 않을 수 없다면, 모든 종교들을 연구하고 철저히 규명하고 비교하고 그 종교들이 설립되어 있는 나라들을 돌아다니는 데 평생을 바쳐야 한다는 것이다. 누구도 인간의 으뜸가는 의무에서 면제될 수 없으며, 누구도 자신을 다른 사람의 판단에 맡길 권리는 없다. 자기의 노동이 아니라면 생계를 이어 나가지 못하는 기술자, 글을 읽을 줄 모르는 농부, 몸이 약하고 수줍은 아가씨, 침대에서 거의 일어나지도 못하는 병자 등 모두가 예외 없이 연구하고 성찰하고 토론하고 여행하고 세계를 순례해야 한다. 그렇게 되면 일정한 곳에 정착하고 사는 국민은 더 이상 없게 될 것이다. 그리고 세계의 사람들이 따르는 각양각색의 종교를 자기 스스로 검증하고 비교하고 검토하기 위하여 막대한 비용을 들여 가면서 또 오랜 여독으로 기진맥진하면서 돌아다니는 순례자들로 지구 전체가 뒤덮일 것이다. 그때는 수공업이고 기술이고 인문학이고 모든 사회적 직업들은 끝장이다. 종교에 관한 연구 말고 다른 연구는 더 이상 존재할 수 없을 것이다. 더할 나위 없이 건강이 좋고 자기 시간을 최대한 활용하고 자신의 이성을 가장 잘 사용하고 가장 오래 산 사람만 간신히 노년에 들어서야 어떻게 처신해야 할지 알게 될 것이다. 그리고 죽기 전에 어떤 종교를 갖고 살았어야 했는지 알게 된다면, 그것만 해도 대단한 일일 것이다.

당신들이 이러한 방법을 완화하여 인간들의 권위에 조금이라도 빌미를 준다면, 그 순간 당신들은 그 권위에게 모든 것을 내어 주게 된다. 만약 그 기독교 신자의 아들이 깊게 그리고 공정하게 검토하지도 않고 아버지의 종교를 따르는 것이 잘하는 일이라면, 마찬가지로 터키인의 아들도 아버지의 종교를 따르는 것이 어째서 나쁜 일이 되겠는가? 세상 모든 편협한 사람들이여, 이 점에 대하여 분별 있는 사람을 만족시킬 수 있는 대답을 할 수 있으면 해 달라.

이러한 논리 때문에 괴로워하는 어떤 사람들은 자신의 야만스러운 교리를 포기하느니 신을 부당한 존재로 만들고 그들 아버지의 죄를 물어 죄 없는 사람들을 벌하는 편을 선택한다. 또 다른 사람들은 극복할 수 없는 무지 상태에서도 도덕적으로 훌륭하게 살았을 사람에게는 그가 누구든 그를 가르치도록 친절하게 천사를 보냄으로써 궁지에서 벗어난다. 천사, 얼마나 멋진 창작인가! 그들은 자신들이 만든 장치에 우리를 예속시키는 데 만족하지 않고 신도 그것을 사용하지 않을 수 없게 만든다.

저마다 자기 의견을 고집하면서 인류의 나머지 사람들을 제외하고 자기만 옳다고 믿을 때 그 교만함과 불관용이 어떤 부조리에 이르게 되는지 보게. 내가 숭배하고 지금 자네에게 전도하는 이 평화의 신을 증인으로 삼아, 내가 수행한 탐구가 모두 성실했다고 맹세하네. 그러나 그 탐구가 성공하지 못했고 또 영원히 성공할 수 없으리라는 것을 알고는, 또 내가 닻을 내릴 기슭조차 보이지 않는 대양에 잠겨 있음을 보고는, 나는 다시 되돌아와 나의 신앙을 내가 가진 기본적 관념의 범위 내로 좁혔네. 나는 신이 내게 그토록 박식할 것을 명령하고, 그렇지 않으면 나를 지옥에 떨어뜨린다고는 결코 믿을 수 없었네. 그래서 나는 모든 책들을 덮어 버렸네. 모든 사람들 눈앞에 펼쳐져 있는 단 한 권의 책이 있으니, 그것은 바로 자연이라는 책이네. 바로 이 위대하고 숭고한 책 속에서 나는 그 책을 만든 신성한 작가를 섬기고 숭배하는 법을 배우네. 이 책을 읽지 않는 사람은 누구도 용서받을 수 없네. 왜냐하면 이 책은 어떤 정신도 이해할 수 있는 언어로 모든 사람들에게 말을 하기 때문이네. 내가 무인도에서 태어났다 해도, 나 이외의 다른 사람을 아무도 보지 못했다 해도, 또 옛날에 세상 한구석에서 어떤 일이 일어났는지 결코 배운 적이 없었다 해도, 내 이성을 훈련하고 도야하여 신이 내게 준 직접적인 능력을 잘 사용한다면, 나는 내 스스로 신을 알고 신을 사랑하고 그가 하는 일을 사랑하며 그가 원하는 선을 원하고 그의 뜻에 따를 수 있도록 지상에서 내 모든 의무를 다하는 법을 배울 것이네. 인간들이 가진 지식 전부래야 내게 그 이상 무엇을 가르쳐 주겠는가?

계시에 관해 말하면, 만약 내가 더 뛰어난 추론가이든지 또는 더 훌륭한 교육을 받았더라면 아마 나도 계시를 인정하는 행운을 가진 사람들이 느끼는 계시의 진실성과 유용성을 느꼈을지도 모르겠네. 그러나 나는 계시에 유리한 반박할 수 없는 증거를 보면서 그와 동시에 계시에 불리한 해결될 수 없는 반론도 본다네. 찬성하고 반대하는 확고한 이유들이 너무 많아 어느 쪽으로 마음을 정해야 할지 몰라서 나는 계시를 인정하지도 부정하지도 않네. 단지 계시를 인정해야 하는 의무만 거부할 뿐. 왜냐하면 이른바 이 의무는 신의 정의와 양립하지 않기 때문이며, 또 그로써 구원에 장애가 되는 것을 제거하기는커녕 오히려 장애를 증가시켜 인류의 태반에게 그것을 넘어설 수 없게 만들어 온 것 같기 때문이네. 이를 제외하면 나는 이 점과 관련하여 아직 공손한 회의에 머물러 있네. 나는 내가 절대로 과오를 저지르지 않는다고 생각할 만큼 자만심을 갖고 있지 않네. 내게는 미결로 보이는 것을 다른 사람이 해결했을 수도 있네. 나는 나를 위해 이치를 따지는 것이지 그들을 위해서 이치를 따지는 것이 아닐세. 나는 그들을 비난하지도 않고 따라 하지도 않네. 그들의 판단이 내 판단보다 더 나을 수도 있지만, 내가 그들처럼 판단하지 않는다고 해서 내게 잘못이 있는 것은 아니네.

내가 성서의 장엄함에 경탄하고 내 마음이 복음의 거룩함에 감동한다는 것 역시 자네에게 고백하네. 허식에 가득 찬 철학자들의 책을 보게. 그것들을 성서와 비교해 보면 얼마나 하찮은가! 그토록 숭고한 동시에 단순한 책이 인간의 작품일 수 있는가? 그 책에서 이야기되고 있는 사람이 단지 한 사람의 인간에 불과할 수 있겠는가? 그것이 광신자나 당파적인 야심가의 말투란 말인가? 그의 품행은 얼마나 온화하고 순수한가! 그의 가르침은 얼마나 감동적이고 우아한가! 그의 규율에는 말할 수 없는 고상함이 들어 있지 않은가! 그의 말씀에 들어 있는 그 심원한 지혜, 그의 대답에 들어 있는 재치와 섬세함과 공정함은 또 어떠한가! 그리고 자신의 정념에 대한 그 엄청난 자제력! 나약하지도 그렇다고 과시하지도 않으면서 행동하고 괴로워하고 또 죽을 줄 아는 그런 인간이 어디 있으며, 그런 현자가 또 어디에 있는가? 플라톤이 죄의 치욕을 모두 뒤집어쓴, 미덕의 모든 가치에 합당한 상상의 의인을 묘사했을 때,[105] 그는 예수 그리스도를 그대로 묘사하고 있었네. 그 유사함이 하도 놀라워서 교부들도 모두 그것을 느꼈을 정도였고, 그것을 잘못 알기란 불가능하네. 그러나 소프로니코스[106]의 아들을 감히 마리아의 아들과 비교하려면 얼마만한 편견을 가져야 하고 무분별해야 하는가? 양자 사이에는 엄청난 차이가 있네! 소크라테스는 고통도 없이 치욕도 당하지 않고 죽어 가면서 최후까지 자신의 인격을 유유히 지켰네. 그리고 이 평온한 죽음이 그의 생애를 영광스럽게 만들지 않았다면, 소크라테스가 아무리 훌륭한 정신을 가졌다 하더라도 사람들은 과연 그가 궤변가와 다를 바가 있는지 의심했

---

105 플라톤의 『국가』 참조 — 옮긴이.
106 소크라테스의 아버지 — 옮긴이.

을 것이네. 사람들은 그가 윤리를 창안했다고 말하지만, 그보다 앞서 그것을 실천한 다른 사람들이 있었으며, 소크라테스는 단지 그들이 행했던 것을 말로 옮기고, 그들이 보인 예를 교훈으로 옮긴 데 불과했네. 소크라테스가 정의가 무엇인지 말하기 이전에 아리스티데스는 정의로웠네. 소크라테스가 조국에 대한 사랑을 의무로 만들기 전에 레오니다스[107]는 조국을 위해 죽었네. 스파르타는 소크라테스가 절제를 찬미하기 전에 절제하였고, 그가 미덕을 정의하기 이전에도 그리스에는 유덕한 사람이 많았네. 그러나 예수는 오로지 그만이 교훈과 모범을 보인 그 숭고하고 순수한 윤리를 자기 나라의 어디에서 얻었던가?[108] 가장 격양된 광신의 한복판에서 가장 드높은 지혜의 소리가 들렸으며, 가장 영웅적인 미덕의 소박함이 모든 민족들 중 가장 비천한 민족을 영광스럽게 만들었네. 친구들과 평온하게 철학을 논하면서 죽어 간 소크라테스의 죽음은 사람들이 소망할 수 있는 가장 기분 좋은 죽음이네. 민족 전체에게서 욕설과 비웃음과 저주를 들으며 고통 속에 숨져 간 예수의 죽음은 사람들이 두려워할 수 있는 가장 무서운 죽음이네. 소크라테스는 독이 든 잔을 잡고 그에게 독배를 내밀면서 울고 있는 사람을 축복하였네. 예수는 참혹한 처형이 한창 진행되는 중에도 악착을 떠는 사형집행인들을 위해 기도했네. 그렇다네. 소크라테스의 생애와 죽음이 현자의 그것이라면, 예수의 생애와 죽음은 신의 그것이네. 우리는 복음의 이야기가 제멋대로 꾸며진 것

---

107 Leonidas(?-기원전 480): 스파르타의 왕으로 페르시아군에 맞서 스파르타군 삼백 명과 테스피스인 칠백 명을 이끌고 테르모필레를 사수하다 장렬히 전사했다. 스파르타에서 애국심과 규율의 모범으로 여겨졌다 — 옮긴이.
108 산상수훈에서 그 자신이 모세의 윤리와 자신의 윤리를 대조하는 것을 보라(「마태복음」, 5장 21절 이하).

이라고 말할 것인가? 벗이여, 사람들은 이런 식으로 꾸며 대지는 않네. 그리고 아무도 의심하지 않는 소크라테스의 사적이 예수의 사적보다 더 확실한 것도 아니네. 사실상 그것은 어려운 문제를 완전히 해결하지 않고 뒤로 미루는 것일세. 뜻이 맞는 몇몇 사람들이 그 책을 만들었다는 것은 어떤 한 사람이 주제를 제공했다는 것 이상으로 있을 수 없는 일일 것이네. 유대인 작가들은 결코 이런 어조와 윤리를 발견하지 못했을 것이네. 그리고 복음서는 정말 위대하고 매우 감동적이고 그 누구도 결코 모방할 수 없는 진리의 성격을 지니고 있어서, 그 책을 창작한 사람이 있다면 그 책의 주인공보다 그가 더 놀라운 사람일 것이네. 이 모든 것에도 불구하고 복음서는 믿을 수 없는 것과 이성에 반하는 것 그리고 분별 있는 사람은 누구든 생각할 수도 받아들일 수도 없는 것들로 가득 차 있네. 이러한 온갖 모순 속에서 어떻게 해야 할까? 언제나 겸허하고 신중할 것이며, 거부할 수도 이해할 수도 없는 것은 묵묵히 존중하고, 진리를 아는 유일한 위대한 존재 앞에서 겸손해지게.

바로 이것이 내가 머물게 되었던 본의 아닌 회의주의였네. 그러나 나는 이러한 회의주의가 조금도 괴롭지 않네. 왜냐하면 그것은 실천의 본질적인 점들에까지 적용되지 않으며, 나는 내 의무의 원칙들에 대해서는 매우 확고하기 때문이네. 나는 소박한 마음으로 신을 섬기고 있네. 나는 오로지 내 행동에서 중요한 것만 알고자 하며, 행동과 도덕에 영향을 주지 않는, 그러나 많은 사람들이 그 때문에 괴로워하는 교리에 대해서는 나는 조금도 걱정하지 않네. 나는 모든 개개의 종교를 유익한 제도라고 생각하네. 그것들은 제각각 자기 나라에서 공적인 의식을 통해 신을 경배하는 일괄된 방식을 정해 두고 있으며, 그 모든 것들이 그곳의 풍토나 정부 형태 그리고 민족성 속에서 또는 시간과 장소에 따라, 어떤 것을 다른 것보다 선호하게 만드는 또 다른 지역적 원인 속에서 저마다의 근거를 가질 수 있기 때문이네. 나는 사람들이 종교 안에서 신을 적절하게 섬긴다면 그 종교들은 모두 좋은 것이라고 생각하네. 본질적인 신앙은 마음의 신앙으로, 신은 마음에서부터 경외감이 진실하다면 그것이 어떤 형식을 띠고 그에게 바쳐지든 그것을 물리치지 않네. 내가 공언한 형식대로 교회에 봉사하라는 부름을 받았던 나는 명령받은 임무들을 가능한 한 정확하게 수행하고 있네. 그런데 어떤 점에서든 내가 그것을 일부러 게을리한다면 내 양심이 나를 나무랄 것이네. 오랫동안 성무 집행정지를 당한 뒤 자네도 알다시피 나는 멜라레드 씨[109]의 신임을 받아 다시 나의 직무에 종사하라는 허락을 얻어 생활에 도움을 받았네. 나는 예전에는 건성으로 미사를 올렸네. 사람이란 아무리 중요한 일이라도 너무 자주 하다 보면 마침내는 건성으로 하게 되는 법이지. 그러나 새로운 원칙을 세운 뒤부터 나는 좀 더 경건한 마음으로 미사를 집전하고 있네. 나는 지고한 존재의 위엄과 그의 실재하심과 또 인간의 창조주와 관련된 것을 거의 이해하지 못하는 인간 정신의 불완전성을 절감하고 있네. 나는 정해진 형식에 따라 민중의 소원을 신에게 전달하는 것이라고 생각하면서, 조심스럽게 모든 의식儀式을 수행하네. 주의를 기울여 낭송하며 아무리 사소한 말이나 의식도 절대 빠뜨리지 않으려고 몰두하네. 봉헌의 시간이 다가오면 교회와 성사의 숭고함에 필요한 모든 규정에 따라 봉헌을 수행

---

109 사르데냐 왕의 국무장관으로 그의 아이들의 가정교사인 갬 신부는 앞에서 말한 것처럼 사부아 보좌 신부의 모델들 중 한 사람이다 — 옮긴이.

하기 위해 묵상하고, 지고한 지성 앞에서 나의 이성을 없애기 위해 노력하네. 나는 마음속으로 중얼거리네. '무한한 권능을 측정하려는 너는 누구인가?' 나는 경건한 마음으로 성사 때 쓰는 말을 하며, 그 말을 위해 내게 있는 믿음 전부를 바치네. 그 이해할 수 없는 신비가 무엇이든, 나는 예전에 마음속에서 그 신비를 모독했다 하여 심판의 날에 벌을 받을까 봐 두려워하지 않네.

　말석이기는 하지만 성직의 영광을 얻은 나는 그 숭고한 의무를 수행하기에 적합하지 않은 일은 결코 행하지도 않고 말하지도 않을 것이네. 나는 항상 사람들에게 미덕을 설교할 것이며, 항상 그들이 올바르게 행동하도록 권고할 것이며, 내가 할 수 있는 한 그들에게 모범이 될 것이네. 그들에게 종교를 사랑스럽게 만드는 것은 내 소관이 아닐 것이고, 진정으로 유용한 그리고 모든 사람들이 믿어야만 하는 교리 안에서 그들의 신앙을 확고하게 만드는 것도 내 소관이 아닐 것이네. 그러나 신이시여, 내가 그들에게 불관용의 잔인한 교리를 설교하게 하지는 마옵소서. 결코 내가 그들에게 이웃을 미워하고, 다른 사람들에게 "너희들은 지옥에 떨어질 것이다"라고 말하도록 이끌지 않게 하소서.[110] 만약 내가 사람들의 이목을 끄는 더 높은 자리에 있다면 이런 유보적인 태도는 문제를 초래할 수도 있을 것이지만, 나는 지극히 낮은 자리에 있어서 크게 두려워할 것도 없고, 지금보다 더 아래로 떨어질 가능성도 거의 없네. 어떠한 일이

110　자기 나라의 종교를 따르고 사랑할 의무는 불관용의 교리처럼 올바른 도덕에 반하는 교리에까지 적용되는 것은 아니다. 사람들을 서로 싸우도록 무장시키고 그들 모두를 인류의 적으로 만드는 것이 바로 이 무서운 교리이다. 세속적인 관용과 신학적인 관용을 구별하는 것은 유치하고 무의미하다. 이두 가지 관용은 분리될 수 없어서 그중 하나를 인정하지 않으면 다른 하나도 인정할 수 없다. 천사들조차 그들이 신의 적으로 간주하는 사람들과 평화롭게 살지 못할 것이다.

일어난다 해도 나는 신의 정의를 모독하는 짓은 조금도 하지 않을 것이고, 성령에 반하여 거짓말을 하는 일도 전혀 없을 것이네.

나는 오랫동안 주임사제가 되는 명예를 갈망했네. 나는 지금도 그것을 바라고 있지만 더 이상 기대는 하지 않네. 친애하는 벗이여, 나는 사제가 되는 것보다 더 훌륭한 일은 아무것도 없다고 생각하네. 훌륭한 사제란 마치 훌륭한 위정자가 정의를 집행하는 사람인 것처럼 선을 집행하는 사람이네. 사제란 결코 나쁜 일을 할 필요가 없네. 언제나 자기 힘으로 좋은 일을 할 수는 없지만 좋은 일을 하도록 권할 때 언제나 자기 직무를 다하는 셈이며, 사람들이 자신을 존경하게 만들 수 있으면 대체로 선을 성취하는 것이 되네. 오, 만약 언젠가 내가 고향 산간에서 선량한 사람들이 사는 가난한 교구를 담당해야 한다면, 나는 정말 행복할 걸세. 왜냐하면 나는 교구민들을 행복하게 만들 것이기 때문이네. 그들을 부자로 만들지는 못하더라도 그들의 가난을 함께 나눌 것이고, 궁핍보다 더 견디기 어려운, 궁핍으로 인한 불명예와 경멸을 없애 줄 것이네. 그들이 화목과 평등을 사랑하게 만들 것인데, 그것은 대개 비참함을 잊게 해 주고 언제나 비참함을 견딜 수 있게 해 준다네. 내가 어느 점에서나 그들보다 나을 것이 없지만 그러면서도 만족하게 살아가는 것을 본다면, 그들은 자신들의 운명을 감수하고 나처럼 만족하게 사는 법을 배우게 될 걸세. 강론에서는 교회의 정신보다 복음서의 정신에 충실할 것이네. 복음서에서는 교리가 단순하고 도덕이 숭고하며 종교적인 의례에 대한 언급은 거의 없고 자비로운 행동에 대한 말이 많이 나와 있네. 나는 그들에게 무엇을 해야 하는지 가르치기에 앞서 언제나 내가 그것을 실천하려고 노력하며, 그들에게 말하는 모든 것이 내가 생각하고 있는 것이라는 사실을 그들이 잘 알 수 있게 할 것이네. 만약 내 이웃이나 내 교구에 신교도가 있다 하더라도 나는 기독교의 자비와 관련된 모든 점에서 그들과 내 진짜 교구민들 사이에 조금도 차별을 두지 않을 것이네. 나는 그들 모두가 똑같이 서로 사랑하고 형제처럼 생각하며 모든 종교를 존중하고 각자 자기 종교 안에서 평화롭게 살 수 있도록 이끌 것이네. 나는 어떤 사람에게 그가 태어날 때부터 가진 종교를 버리라고 부추기는 것은 악을 행하라고, 결국 자신에게 나쁜 일을 하라고 부추기는 것과 마찬가지라고 생각하고 있네. 더 큰 깨달음을 기다리면서 공공의 질서를 지키도록 하자. 어느 나라에서나 법률을 존중하고 그 법률이 규정하고 있는 신앙을 뒤흔들지 말고 시민들을 불복종으로 이끌지 말자. 왜냐하면 우리는 그들이 자신의 의견을 버리고 남의 의견을 따르는 것이 좋은 일인지 아닌지 전혀 알지 못하지만, 법률을 지키지 않는 것이 나쁜 일이라는 것은 매우 확실히 알기 때문이네.

젊은 벗이여, 나는 내 신앙을 내 입으로 방금 자네에게 고백했네. 그것은 신이 내 마음에서 읽어 내는 그대로일세. 자네는 내가 이러한 고백을 한 최초의 사람이며, 어쩌면 앞으로도 내가 이러한 고백을 할 유일한 사람일 것이네. 사람들 사이에 다소라도 올바른 신앙이 남아 있는 한, 소박한 사람들이 해결할 수 없는 그리고 그들의 의혹을 해소시키지 못하고 걱정하게 만드는 곤란한 문제들로 평온한 영혼을 뒤흔들어서는 안 되며, 그들의 신앙을 불안하게 만들어서도 안 되네. 그러나 일단 모든 것이 흔들리게 되었을 때는 곁가지를 희생시키더라도 원줄기는 보존해야 하네. 내가 전에 보았던 자네의 양심이 그때의 상태처럼 흔들리고 위태롭고 거의 꺼져 가고 있다면 양심은 강화되고 각성되어야 하네. 그리고 영원한 진리의 기초 위에 양심을 재건하기 위해서는 그것이 아직도 의지하려 드는 흔들리는 기둥을 송두리째 뽑아 버려야만 하네.

　자네는 지금 중대한 시기에 놓여 있네. 이 시기는 정신이 확실성에 눈을 뜨고, 심성에는 형식과 성격이 부여되며, 평생 동안 선을 행할지 악을 행할지 마음을 결정할 때이네. 이후에는 알맹이가 굳어 버려서 새로운 인상에도 더 이상 영향을 받지 못하니, 젊은이여, 아직 변화의 여지가 있는 자네의 영혼에 진리의 도장을 받아 두게. 내게 좀 더 확신이 있다면 자네한테 독단적이고 단정적인 말투로 말했을 것이지만, 나는 아는 것도 없고 잘못을 범하기 쉬운 인간이라, 그런 내가 무엇을 할 수 있겠는가? 나는 자네에게 내 마음을 모두 털어놓았네. 내가 확실하다고 생각하는 것은 확실한 것으로 자네에게 제시했고, 내가 품은 의혹은 의혹으로, 내가 가진 견해는 견해로 제시했네. 내가 의심하는 것은 왜 의심하는지 믿는 것은 왜 믿는지 그 이유를 말했네. 이제는 자네가 판단할 차례이네. 자네는 성급하게 서두르지 않았네. 그러한 신중함은 현명한 것이고, 그 때문에 나는 자네를 좋게 생각하고 있네. 먼저 자네의 양심이 빛을 구하고 싶어 하는 상태에 있게 하라. 자기 자신에 대해 진지하라. 내 견해들 중 자네가 납득한 것은 자네 것으로 삼고 그 나머지는 버리게. 자네는 아직 악덕에 의해 그다지 타락하지 않은 상태이니 선택을 잘못할 위험은 없네. 나는 자네에게 우리끼리 그에 관해 토론을 해 보자고 제안하고 싶지만, 사람은 논쟁을 하면 곧 흥분하고, 그리고 허영심과 고집이 거기에 개입하여 더 이상 진실함이란 존재하지 않게 되네. 절대로 논쟁을 하지 말라. 왜냐하면 사람이란 논쟁을 통해 자기 자신에게도 남들에게도 깨우침을 주지 못하기 때문이네. 나는 오랜 세월 깊이 생각한 뒤에야 비로소 내 입장을 결정했네. 나는 지금도 그것을 지키고 있는데, 내 양심은 편안하고 내 마음은 만족스럽네. 내 견해를 재검토하고 싶어도 진리에 대한 더 순수한 사랑을 갖고 그 일에 임하지 않을 것이고, 이미 예전처럼 활발하지 못한 내 정신이 전만큼 진리를 알 수도 없을 것이네. 나는 지금의 내 모습으로 남아 있겠네. 명상에 대한 취미가 모르는 사이에 일종의 무익한 정념으로 바뀌어 내 의무를 실행하는 열의를 식힐까 두렵고, 또 초기의 회의주의에 다시 빠져들어 거기서 헤어 나올 힘을 되찾지 못할까 두렵기 때문이네. 내 인생의 반 이상이 흘러갔고, 내게는 이제 나머지 인생을 유익하게 활용하여 내 덕행으로 잘못을 씻을 시간밖에 없네. 내가 잘못했다 하더라도 그것은 본의가 아닐세. 내 마음속을 꿰뚫어 읽는 존재는 내가 나 자신의 무분별함을 좋아하지 않는다는 것을 잘 알고 있네. 내 스스로의 깨달음으로 거기서 빠져나올 수 없기 때문에, 거기서 벗어날 수 있는 남은 유일한 방법은 올바르게 사는 것이네. 신이 심지어 돌을 갖고도 아브라함에게 자손을 만들어 줄 수 있다면,[111] 어떤 인간이라도 그럴 자격이 있을 때는 깨우침을 받기를 희망할 권리가 있네.

내 성찰이 자네를 내가 생각하는 것처럼 생각하게 이끈다면, 또 내 생각이 자네 생각이 되어 우리가 똑같은 신앙 고백을 하게 된다면, 자네에게 이런 충고를 하겠네. 이제 더 이상 자네의 삶을 빈곤과 절망에서 비롯된 유혹에 내맡기지 말게. 이제 이방인들의 뜻에 수치스럽게 끌려다니는 삶을 살아가지 말고, 동냥으로 받은 비열한 빵은 먹지 말게. 자네의 조국

---

111 참조. "속으로 아브라함이 우리 조상이라고 생각하지 말라. 내가 너희에게 이르노니 하느님이 능히 이 돌들로도 아브라함의 자손이 되게 하리라"(『신약성서』, 「마태복음」). — 옮긴이.

으로 돌아가서 자네 선조들의 종교를 되찾아 성심성의껏 그 종교를 따르고 다시는 그것을 버리지 말게나. 그 종교는 매우 단순하고 매우 신성하네. 나는 지상에 있는 모든 종교들 중에서 그것이 가장 순수한 도덕을 가지고 이성理性에 가장 잘 부합하는 종교라고 생각하네. 여비는 걱정 말고. 마련할 수 있을 것이네. 창피스러운 귀향이라 느끼는 잘못된 부끄러움 역시 염려하지 말게나. 잘못했을 때는 얼굴을 붉혀야 하지만 잘못을 고치려 할 때는 그럴 필요가 없네. 자네는 아직 모든 것을 용서받을 나이네. 하지만 죄를 짓고 더 이상 처벌을 면할 수 있는 나이는 아니네. 자네가 양심의 소리를 들으려 한다면, 그 소리에 수많은 쓸데없는 장애물들이 사라질 것이네. 자네는 우리가 놓여 있는 불확실한 상태에서, 우리가 태어날 때 갖게 된 종교 이외의 종교를 갖는 것이 용서할 수 없는 오만이며 자기가 가진 종교를 진심을 다해 실천하지 않는 것이 잘못임을 깨닫게 될 것이네. 우리가 길을 잃고 방황하면, 지고하신 심판자의 법정에 설 때 커다란 면책사유를 상실하게 될 것이네. 심판자이신 신은 우리가 감히 스스로 선택한 잘못보다는 차라리 우리가 잘못 배운 잘못을 용서해 주시지 않겠는가?

내 아들아, 언제나 자네의 영혼이 신이 계시기를 바라는 상태로 둔다면 자네는 결코 신의 존재를 의심치 않을 것이네. 게다가 자네가 어떤 입장을 취하게 되든지 다음의 사실을 염두에 두게나. 종교의 참된 의무는 인간의 제도에 종속되지 않으며, 올바른 심성이야말로 신의 참된 신전이며, 어느 나라 어느 종파에서든 무엇보다 신을 사랑하고 자기 이웃을 자신처럼 사랑하는 것이 율법의 골자라는 것을, 또 도덕의 의무가 면제되는 종교란 없으며, 그 의무를 제외하고 진짜 본질적인 의무는 없으며, 내면의 신앙이 그 의무들 중에서도 으뜸가는 것이며, 신앙 없이는 어떤 진정한 미덕도 존재하지 않는다는 것을.

자연을 설명한다는 구실 아래 사람들의 마음에 괴로운 교리의 씨를 뿌리는 자들을 피하라. 그들이 겉으로 드러내는 회의주의는 그들이 반대하는 적수들의 확신에 찬 어조보다 백 배는 더 단정적이고 독단적이네. 그들은 오만하게도 자기들만 식견이 풍부하고 진실하고 정직하다는 구실을 대고, 우리에게 덮어놓고 자신들의 단정적인 결정을 강요하고, 자기들의 상상 속에서 구성한 뭔지도 모를 체계를 우리에게 사물의 참된 원리라고 제시하려 하네. 또한 사람들이 존중하는 모든 것을 뒤집어엎고 때려 부수고 짓밟음으로써, 괴로워하는 사람들에게서 그들의 불행에 마지막 위안이 될 수 있는 것을 빼앗고, 세도가와 부자들에게서 유일하게 그들의 정념을 구속할 수 있는 것을 제거하네. 그들은 사람의 마음속에서 죄에 대한 양심의 가책과 미덕이 줄 수 있는 희망을 송두리째 뽑아 버리면서도, 한술 더 떠 인류의 은인이라고 거들먹거리네. 그들은 진리가 결코 인간에게 해로운 것이 아니라고 말하네. 나도 그렇게 생각하지만, 내 생각에 그것이야말로 그들이 가르치는 것이 진리가 아니라는 명백한 증거이네.[112]

112 두 파가 갖가지 궤변으로 서로를 공격하고 있어서 그 모든 궤변을 지적하려 드는 것은 엄청나고 무모한 계획일 것이다. 눈에 띄는 대로 궤변 몇 개를 지적하는 것만으로도 이미 큰일이다. 철학자 파에서 가장 상습적인 궤변들 중 하나는 훌륭한 철학자들로 구성된 국민과 나쁜 기독교 신자들로 구성된 국민이 있다고 가정하고 이 둘을 비교하는 것이다. 마치 진정한 철학자들로 구성된 국민이 진정한 기독교 신자로 구성된 국민보다 더 만들기 쉬운 것처럼 말이다. 개개인들 중에서 진정한 철학자와 진정한 기독교 신자 중 어느 편을 찾기가 더 쉬운지는 모르겠다. 그러나 국민들이 문제가 되자마자, 우리 국민이 철학 없이 종교를 남용하는 것과 마찬가지로 종교 없이 철학을 남용하는 국민들이 있음을 가정해야 한다는 사실은 잘 알고 있다. 그리고 내 생각에 바로 이 점이 이 문제의 국면을 상당히 바꾸

는 것 같다.

벨(1647-1706. 프랑스의 철학자로 종교에 대한 합리적인 이해 방법을 채택하여 권위를 비판하고 자유로운 검토의 정신과 사상의 자유를 정당화했다 — 옮긴이)은 광신이 무신론보다 훨씬 더 해롭다는 것을 훌륭하게 증명했으며, 여기에는 이론의 여지가 없다. 그러나 그가 말하려 하지 않았지만 그것 못지않게 진실한 것이 있는데, 그것은 광신이 설령 피비린내 나는 잔혹한 것일지라도 인간의 마음을 고양시키고 죽음을 무시하게 만들고 인간의 마음에 놀라운 추동력을 주는 위대하고 강력한 정념이어서, 그것을 올바르게만 인도하면 그로부터 더없이 숭고한 미덕을 끌어낼 수 있다는 것이다. 반면에 무신론자 혹은 일반적으로 말해 추론적이고 철학적인 정신의 소유자는 인간의 영혼을 삶에 집착하게 만들고 나약하게 만들어 타락시키고 모든 정념을 비천한 개인적인 이기심, 비열한 인간의 '자아'에 집중시켜 모든 사회의 참된 기초를 야금야금 무너뜨린다. 왜냐하면 개인들의 사리사욕이 갖는 공통성은 대수롭지 않은 것이어서, 사리사욕들끼리 대립되는 측면을 결코 상쇄시키지 못할 것이기 때문이다. 무신론이 인간에게 피를 흘리게 하지 않는 것은 평화에 대한 사랑 때문이라기보다 선에 대한 무관심 때문이다. 자칭 현자라는 사람들은 서재에 가만히 있을 수만 있으면 매사가 어찌 되든 아무것도 문제 삼지 않는다. 그들의 원칙은 사람들을 서로 죽이게 만들지는 않지만, 인구를 늘리는 풍습을 파괴하고, 사람들을 인류에서 떼어 놓으며, 그들의 모든 애정을 미덕과 인구 증가에 치명적인 은밀한 이기주의로 축소시킴으로써 사람들이 태어나는 것을 막는다. 철학적인 무관심은 전제정치 치하에 있는 국가의 조용함과 비슷하다. 그것은 죽음의 조용함이며, 전쟁보다 더 파괴적이다.

이처럼 광신은 오늘날 철학적인 정신이라 불리는 것보다 그 직접적인 결과에서는 더 유해하지만 후속 결과에서는 훨씬 더 해가 적다. 게다가 책 속에 그럴듯한 준칙들을 늘어놓기는 쉽다. 그러나 문제는 그 준칙들이 학설과 잘 결부되어 있는지, 학설에서 필연적으로 파생된 것인지 아는 것인데, 이는 지금까지 명백히 입증된 것으로 보이지 않는다. 또 알아야 할 것이 남아 있는데, 그것은 철학이 편안히 왕좌에 앉아서 인간들이 갖는 허영심, 사리사욕, 야심, 하찮은 정념을 잘 다스릴 수 있는지, 또 철학이 손에 펜을 든 채 우리에게 자랑하는 그렇게 다정한 인류애를 실천할 것인지의 문제이다.

원칙적으로 철학은 종교가 훨씬 더 잘 수행하고 있는 어떠한 선도 행할 수 없는 반면, 종교는 철학이 행할 수 없는 많은 선행을 실천하고 있다.

실천적인 측면에서는 상황이 다르지만 검토할 필요가 있다. 사람이 어떤 종교를 갖고 있다고 해도 모든 점에서 철저하게 자기 종교를 따르는 사람은 없다. 이것은 사실이다. 대부분의 사람은 거의 종교를 갖고 있지 않으며, 또 자신이 가진 종교를 전혀 따르지도 않는다. 이것 또한 사실이다. 그러나 어쨌든 어떤 사람들은 하나의 종교를 갖고 있으며 적어도 부분적으로는 그것을 따르고, 종교적인 동기가 종종 그들에게 나쁜 짓을 하지 못하게 막기도 한다. 또 종교적인 동기가 아니었다면 전혀 있을 수 없었을 덕행과 칭찬할 만한 행동을 그들에게서 이끌어 내고 있음은 의심할 여지 없는 사실이다.

어떤 사제가 기탁금을 받은 사실을 부인한다면, 어떤 바보가 그에게 기탁금을 맡겼다는 것 이외에 어떤 결론이 나오겠는가? 파스칼이 그것을 부인했다면 그것은 파스칼이 위선자였음을 증명할지는 몰라도, 그 이상 아무것도 증명하지 못할 것이다. 그러나 어떻게 성직자가… 종교를 이용하여 장사하는 사람들에게 도대체 종교가 있는 것인가? 다른 곳에서도 그렇지만 사제들 사이에서 행해지는 모든 범죄들은 종교가 무용함을 증명하는 것이 아니라, 단지 종교를 가진 사람이 극소수임을 증명하고 있다. 현대에 들어서 우리 정부들이 더할 나위 없이 확고한 권위를 갖게 되고, 또 격변이 덜 일어나게 된 것은 의심할 것도 없이 기독교의 덕택이다. 기독교가 정부 자체를 덜 잔혹하게 만들었다. 이는 현대의 정부들과 고대의 정부들을 비교해 보면 사실로 입증된다. 사람들이 종교의 본질을 더욱 잘 알면서 광신은 배제되고 기독교의 풍습도 더욱 온화해졌다. 그러나 이러한 변화는 전혀 문예(文藝)의 소산이 아니다. 왜냐하면 문예가 빛을 발한 곳 어디서도 그 때문에 인류애가 더 존중받은 것은 아니었기 때문이다. 아테네인들, 이집트인들, 로마의 황제들, 중국인들의 잔인성이 이를 입증한다. 반면 복음서는 얼마나 많은 자비로운 실천들을 낳았는가! 고해 덕분에 가톨릭 신도들 사이에서 얼마나 많은 명예회복과 손해배상이 이루어졌는가! 영성체의 시기가 다가오면 우리에게서 얼마나 많은 화해와 보시가 이루어지는가! 헤브라이인들의 오십년절(성경에 따르면 헤브라이인들은 오십 년마다 땅을 평등하게 재분배했다고 한다 — 옮긴이)은 찬탈자들의 탐욕을 억제하여 정말이지 많은 빈곤을 방지하지 않았는가! 법률로 정한 형제애가 전 국민을 하나로 묶어 두었기 때문에 그들의 나라에서는 한 명의 거지도 보이지 않았다. 수없이 많은 종교재단이 있는 터키인들의 나라에서도 거지는 보이지 않는다. 그들은 종교적인 원칙에 따라 자신들의 신앙의 적들마저 환대한다.

샤르댕(1643-1712, 인도와 페르시아를 여행한 프랑스의 여행가 — 옮긴이)의 말에 따르면 "마호메트 교도들은 만인의 부활에 뒤이은 심판 뒤에 모든 사람들의 몸이 풀 세르호(Poul-Serrho)라고 불리는 다리를 건너간다. 그런데 그 다리는 영원히 타는 불길 위에 놓인 다리이고, 그들의 말에 따르면 제3의 최후의 심판, 진정한 최후의 심판이라고 불릴 수 있는 다리이다. 왜냐하면 바로 거기서 착한 사람과 악한 사람이 구분될 것이기 때문이다 등등"이라고 한다.

이어서 샤르댕은 말한다. "페르시아인은 이 다리를 대단히 좋게 생각하고 있다. 어떤 사람이 부정한 행위를 당하고 괴로워하면서도 어떻게도 또 언제까지나 보복을 할 수 없을 때, 그의 마지막 위안은 이렇게 말하는 것이다. '좋다. 살아 계신 신에 의해 최후의 날에 너는 내게 그것을 두 배로 갚아야 할 것이다. 그 전에 나를 만족시키지 않으면 너는 풀 세르호 다리를 절대로 건너지 못할 것이다. 나는 네 웃옷자락을 붙잡고 늘어지고 네 다리에 매달릴 것이다.' 나는 훌륭한 사람들, 온갖 종류의 직업을 가진 사람들을 많이 보았다. 그들은 이 무서운 다리를 지나갈 때 이처럼 비난의 외침을 듣게 될까 봐 두려워 자신에게 항의하고 불평하는 사람들에게 용서를 간청하곤 했다. 이러한 일이 바로 나에게도 수백 번은 일어났다. 지체 높은 사람들이 나를 성가시게 해서 내가 원하는 바와 다르게 일을 처리할 수밖에 없었던 적이 종종 있었는데, 그들은 잠시 뒤 그 때문에 생긴 불쾌감이 가셨을 것이라고 생각이 들 때쯤 내게 찾아와서 이렇게 말하곤 했던 것이다. '부탁하네. 하랄 베콘 안토치스라.' 이 말은 '나를 위해 이 일을 합법적이거나 정당한 것으로 만들어 주시오'라는 뜻이다. 심지어 어떤 사람들은 내가 자신을 용서하도록 선물을 주거나 도움을 주기도 하면서, 내가 진심으로 그를 용서했다고 선포하기도 했다. 그렇게 한 이유는 자기가 괴롭힌 사람들에게 마지막 보상을 해 주지 않으면 지옥의 다리를 건널 수 없다는 믿음 이외에 다른 것이 아니다"(제7권. 12절판. 50쪽).

이 다리에 대한 믿음이 그토록 많은 불공정한 일들을 바로잡는다면, 이것이 그런 일들을 결코 예방하지는 못한다고 생각할 수 있겠는가? 만약 페르시아인들에게 죽은 뒤에 압제에 신음하는 사람들을 위해 압제자들에게 복수하는 풀 세르호는 물론이고 그와 비슷한 것도 전혀 없다고 설득함으로써 그러한 생각을 없애 버린다면, 그것은 압제자들을 매우 편하게 만들어 줄 것이다. 그들에게 불행한 사람들을 위로하는 수고를 덜게 해 줄 것이 분명하지 않은가? 그러므로 이러한 학설이 해롭지 않다는 것은 거짓이며 진실이 아닐 것이다.

철학자여, 그대의 도덕률은 매우 그럴듯하다. 그러나 제발 그 도덕률의 처벌 규정을 내게 보여 달라. 잠시 허튼소리를 멈추고 그대가 풀 세르호 대신에 무엇을 내놓을지 내게 분명하게 말해 달라.

선량한 젊은이여, 교만하지 말고 성실하고 진실하길 바라네. 그리고 무지한 상태로 있을 줄 알아야 한다네. 그러면 자네는 다른 사람들을 속이지 않게 될 것이네. 언젠가 자네의 재능이 빛을 발해 사람들에게 말을 할 만한 지위에 있게 되면, 반드시 양심에 따라서 말해야 하네. 그들이 자네에게 갈채를 보내는지 그렇지 않은지에 신경 쓰지 말기 바라네. 지식의 남용은 불신앙을 낳게 되네. 학자라는 자들은 모두 일반인의 견해를 경멸하고, 각자 자기만의 견해를 가지려고 하는 법이네. 맹목적인 신앙심이 광신으로 귀결되는 것처럼 거만한 철학은 신앙 없는 자유사상으로 귀결된다네. 이러한 극단은 피해야 하네. 진리를 향한 길 혹은 자네의 소박한 마음에서 진리로 여겨지는 것을 향한 길에 언제나 굳건히 서 있게나. 결코 허영심이나 나약함 때문에 그 길에서 벗어나서는 안 되네. 철학자들이 있는 곳에서는 감연히 신을 고백하고, 신앙의 자유를 용납하지 않는 사람들이 있는 곳에서는 감연히 인류애를 설교하게나. 아마 자네 편은 오직 자네 혼자일 것이네. 그러나 자네는 자신의 내면에 사람들의 증언을 필요로 하지 않는 증거를 하나 지니게 될 것이네. 그들이 자네를 좋아하든 미워하든, 자네가 쓴 것을 읽든 경멸하든 그런 것은 아무 상관이 없네. 진실을 말하고 선을 행하게. 인간에게 중요한 것은 이 지상에서 자신의 의무를 다하는 것이라네. 그리고 자신의 이익을 생각하지 않을 때야말로 자신을 위해 일하는 것이라네. 친구여, 개인적인 이익은 우리를 속인다네. 우리를 기만하지 않는 것은 오직 정의에 대한 희망밖에 없다네.

내가 이 글을 옮겨 적은 것은 종교적인 문제에 관해서 사람들이 따라야 하는 견해의 규준으로 이 글을 제시하기 위해서가 아니다. 내가 정립하려고 노력한 방법에서 조금도 멀어지지 않으면서 제자와 이치를 논할 수 있는 방법의 한 예로 이 글을 제시하기 위해서이다. 우리가 사람들의 권위나 우리가 태어난 나라의 편견을 전혀 인정하지 않는 한, 자연의 교육 안에서 이성의 빛만으로 자연 종교보다 더 멀리 나갈 수 없다. 그리고 내가 에밀과 함께하는 것은 여기까지이다. 그가 다른 종교를 선택한다면 나는 그 점에서 더 이상 그의 안내자가 될 권리를 갖지 못한다. 그것을 선택하는 것은 오직 그의 몫이다.

우리는 자연과 협력해서 작업하고 있다. 그리고 자연이 육체적 존재로서 인간을 형성하는 동안 우리는 정신적 존재로서 인간을 만들려고 노력한다. 그러나 우리의 진행 과정이 같은 것은 아니다. 신체는 이미 건장하고 튼튼한데 영혼은 아직도 무기력하고 나약하다. 그리고 인간의 기술이 무엇이든 할 수 있다 해도, 육체의 욕망은 언제나 이성을 앞지른다. 우리는 인간이 가능한 한 언제나 하나의 통일된 존재가 될 수 있도록, 육체적 욕망을 억누르고 이성을 북돋우는 데 우리의 모든 배려를 기울였다. 우리는 본성을 발달시킴으로써 막 생겨나기 시작하는 그의 감성을 속였고, 이성을 개발함으로써 감성을 규제해 왔다. 지적인 대상이 감각적인 대상의 인상을 완화시켰다. 사물의 원리로 거슬러 올라감으로써 우리는 그를 감각의 지배에서 벗어나게 했다. 자연의 연구에서 그것을 창조한 존재의 탐구로 거슬러 올라가는 것은 단순했다.

여기까지 온 지금, 우리는 우리의 제자에 대해 얼마나 새로운 영향력을 갖게 되었는가! 그의 마음을 움직일 새로운 수단을 얼마나 많이 갖게 되었는가! 이제야 비로소 그는 착한 마음을 갖고, 사람들의 눈길이 미치지 않더라도 그리고 법이 강요하지 않더라도 선을 행하고, 신과 자신 사이의 관계에서 올바르게 처신하고, 심지어 자신의 생명을 희생시켜서라도 의무를 다하고, 자기 마음에 미덕을 품는 것, 바로 이 모든 것에 자신의 진정한 이익이 있음을 알게 된다. 사람은 누구나 질서에 대한 사랑보다 언제나 자기애를 앞세우지만, 미덕을 지니는 것은 질서에 대한 사랑을 위해서일 뿐만 아니라 그의 존재를 만든 신에 대한 사랑을 위해서이다. 그런데 그 사랑이 바로 자기애와 하나로 합쳐진다. 왜냐하면 결국 그 사랑은 이 세상에서 삶을 훌륭하게 살아 낸 뒤, 내세에서 올바른 양심이 주는 평화와 지고한 존재에 대한 관조가 그에게 허락하는 영속적인 행복을 향유하기 위한 것이기 때문이다. 거기서 벗어나면 나는 이제 인간들 속에서 부정과 위선과 거짓밖에 보지 못한다. 경쟁을 벌이는 와중에는 필연적으로 어떤 것보다 우세한 사리사욕이 그들 각자에게 악덕을 미덕의 가면으로 장식하는 법을 가르친다. 다른 사람들은 모두 그들의 행복을 희생하고서라도 나의 행복을 만들어 주어야 하고, 모든 것은 나만을 따라야 하고, 내가 한순간의 고통이나 굶주림을 면하기 위해 필요하다면 인류 전체가 고통과 불행 속에서 죽어야 한다. 이것이 입으로는 이치를 따지면서 신을 믿지 않는 사람들 모두의 속셈이다. 그렇다. 나는 평생 이렇게 주장하리라. 마음속으로는 신이 존재하지 않는다고 믿으면서 겉으로 다르게 말하는 사람은 그가 누구이든 거짓말쟁이거나 정신 나간 사람이다.

독자여. 내가 무슨 짓을 해도 나는 여러분과 내가 나의 에밀을 결코 같은 모습으로 보지 않으리라는 것을 잘 알고 있다. 여러분은 항상 그를 여러분의 청년들과 비슷하다고 상상한다. 항상 경솔하고 극성스럽고 변덕스럽고 결코 그 무엇에도 마음을 붙이지 못한 채 축제와 오락거리를 찾아 이리저리 전전하는 그런 청년들 말이다. 여러분은 격하고 팔팔하고 성 잘 내고 성미 급한 청년을, 인생에서 가장 혈기가 끓어오르는 시기의 청년을 내가 명상가나 철학자 혹은 진짜 신학자로 만들고 있는 것을 보면서 비웃을 것이다. 여러분은 이렇게 말할 것이다. "이 몽상가는 언제나 자기의 환상을 뒤쫓고 있다. 자신의 방식대로 키운 제자를 우리에게 제시하면서, 그를 단지 교육할 뿐만 아니라 창조하여 자기 머릿속에서 끌어내고 있다. 그리고 언제나 자연을 따른다고 믿고 있지만 매 순간 자연에서 멀어지고 있다." 나로서는 내 제자와 여러분의 제자들을 비교해 볼 때 그들이 가질 수 있는 공통점이 거의 보이지 않는다. 너무나 다르게 길러져서, 에밀이 여러분의 제자와 어떤 점에서 닮았다면 그것이 오히려 거의 기적이다. 그는 여러분의 제자들이 청년기에 갖는 완전한 자유를 어린 시절에 충분히 누리면서 지냈기 때문에, 청년기에 이르러 여러분의 제자가 어렸을 때 지켜야 했던 규칙을 갖기 시작한다. 이 규칙들은 여러분의 제자들에게는 징벌이어서 그들은 그것을 혐오하고 거기서 교사가 행해 온 오랜 압제밖에 보지 못한다. 그래서 모든 종류의 멍에를 떨쳐 버리고 난 뒤에야 비로소 어린 시절에서 벗어났다고 생각한다.[113] 쇠사슬에서 풀려난 죄수가 사지를 뻗어 움직이고 구부렸다 폈다 하는 것처럼, 그들은 그제야 사람들이 그들을 붙들어 둔 오랜 구속에 대해 보상을 받는 것이다.

---

113 어린 시절을 벗어나고 있는 아이들만큼 그 시절을 경멸적으로 보는 사람도 없다. 불평등이 심하지 않아서 사람들이 각자 항상 자기보다 신분이 낮은 사람과 혼동될까 두려워하는 나라에서 신분의 차이가 더 가식적으로 지켜지는 것처럼 말이다.

반대로 에밀은 어른이 되어 싹트기 시작하는 이성의 구속에 스스로 복종하는 것을 자랑으로 삼는다. 이미 다 자란 그의 신체는 더 이상 똑같은 운동을 필요로 하지 않아서 자연스럽게 움직임을 멈추기 시작하는 반면, 반쯤 발달한 그의 정신은 이제 자유롭게 발달하기 위해 노력한다. 그리하여 여러분의 학생들에게 철이 드는 시기는 방종의 시기이지만, 나의 학생에게는 그것이 이성적으로 사고하는 시기가 된다.

여러분은 이 점에서 양자 중 어느 편이 자연의 질서에 더 잘 부합하는지 알고 싶은가? 그렇다면 자연의 질서에서 더 멀리 떨어져 있는 청년들과 더 가까이 있는 청년들의 차이를 살펴보기 바란다. 시골에 있는 젊은이들을 관찰하고 그들이 여러분의 젊은이들과 마찬가지로 극성스러운지 살펴보라. 르보 씨[114]는 다음과 같이 말했다. "야만인들의 어린 시절을 보면 항상 활동적이고 신체를 움직이는 갖가지 놀이로 소일하는 것을 볼 수 있다. 그러나 그들은 청년기에 도달하자마자 조용해지고 몽상에 잠기게 된다. 그들은 진지한 놀이나 도박 이외의 것에는 거의 열중하지 않는다."[115] 에밀은 젊은 농부나 젊은 미개인들처럼 완전히 자유롭게 키워져서 그들과 마찬가지로 자라면서 변화하고 활동을 멈출 것이다. 단지 차이점이 있다면, 그는 오로지 놀이를 하거나 먹기 위해 움직이는 대신 자신의 일과 놀이를 통해 생각하는 법을 배웠다는 점이다. 그리하여 이 과정을 거쳐 지금의 도달 지점에 이르렀을 때, 그는 내가 그를 이끌어 가려는 길로 나설 준비가 완전히 갖추어진 상태에 있게 되는 것이다. 내가 그

114 Claude Le Beau(1704?-1779?): 프랑스의 역사가이자 여행가이며 법관 — 옮긴이.
115 『고등법원 법관 르보 씨의 모험담』, 제2권, 70쪽.

에게 제시하는 성찰의 주제는 그의 호기심을 자극한다. 왜냐하면 그것은 그 자체로 훌륭하고 그에게는 아주 새로우며 또 그가 그것을 이해할 수 있기 때문이다. 반대로 여러분의 무미건조한 수업, 긴 설교, 끝없는 교리 문답에 싫증이 나 참을 수 없어진 여러분의 젊은이들이 그들에게 우울하기만 했던 정신의 사용이나, 그들을 끊임없이 짓눌렀던 무거운 교훈이나, 그들의 즐거움의 적이 되어 버린 창조주에 대한 사색을 어떻게 싫어하지 않겠는가? 그들은 이 모든 것에 대해 혐오감과 불쾌감과 권태감을 품었다. 구속 때문에 그것을 싫어하게 된 것이다. 그들이 자유로워지기 시작한 이상, 이후로 그들이 그것에 몰두하는 것이 가능할까? 그들의 마음에 들 만한 새로운 것이 그들에게 필요한 것이지, 아이들에게 말하는 그런 것은 이제 전혀 그들에게 필요하지 않다. 그것은 나의 학생에게도 마찬가지이다. 그가 어른이 되었으니 나는 어른에게 말하는 것처럼 그에게 말하고 새로운 것들만 말해 준다. 에밀은 그것들이 자기 취향에 맞다고 생각할 것이다. 정확히 그 이유는 바로 그것들이 다른 청년들을 지루하게 만들기 때문이다.

바로 이것이 내가 이성을 위해 자연의 진행을 늦추면서 그가 이중으로 시간을 벌 수 있게 해 주는 방법이다. 그러나 내가 정말로 그 진행을 늦춘 것인가? 아니다. 나는 단지 상상력이 그것을 촉진시키지 못하게 했을 뿐이다. 나는 청년이 다른 곳에서 받는 조기 수업을 다른 종류의 수업으로 균형을 맞춰 준 것이다. 우리 교육의 급한 물살이 그를 휩쓸어 가는 동안 다른 교육을 통해 그를 반대 방향으로 끌어당기는 것은 그를 제자리에서 떼어 놓는 것이 아니라 그를 제자리에 있도록 붙잡아 주는 것이다.

마침내 자연의 진정한 시기가 찾아온다. 또 그것은 찾아와야만 한다. 인간은 죽게 되어 있는 이상 종種이 지속되고 세계의 질서가 유지되도록 번식을 해야만 한다. 앞서 말했던 것과 같은 징후들에 의해서 위기를 예감할 때, 그 즉시 여러분은 그에게 사용하던 여러분의 예전 말투를 영원히 버려야만 한다. 그는 여러분의 제자이지만 더 이상 여러분의 학생은 아니다. 그는 여러분의 친구이자 한 사람의 성인이므로 이후에는 그를 그렇게 대해야 한다.

"뭐라고! 내게 권위가 가장 필요할 때 그것을 포기해야 한다고? 성인이 된 학생이 어떻게 행동해야 할지 전혀 모르고 가장 심각한 일탈을 저지를 때 그를 내버려 두어야 한단 말인가? 나의 권리를 행사하는 일이 그에게 가장 필요한 시점에서, 그것을 포기해야만 한단 말인가?" 여러분의 권리라! 누가 여러분에게 그것을 포기하라고 말하는가? 여러분의 권리는 이제야말로 비로소 그에게 효력을 발휘하기 시작한다. 지금까지 여러분은 힘이나 계략을 쓰지 않고는 그 권리에서 아무것도 얻지 못했다. 그는 권위나 의무의 규칙을 전혀 몰랐다. 여러분에게 복종하게 하려면 그를 강제하거나 속여야만 했다. 그러나 여러분이 얼마나 많은 새로운 사슬로 그의 마음을 묶어 놓았는지 보라. 이성, 우정, 감사, 수많은 애정들이 그로서는 무시할 수 없는 말투로 그에게 말하고 있다. 아직까지는 악덕이 그가 그 소리를 외면하게 만들지 못했다. 그는 아직 자연의 정념밖에 느끼지 못한다. 모든 정념들 중 으뜸은 자기애인데, 이 자기애가 그를 여러분에게 맡기고 있다. 또한 습관이 그를 여러분의 손에 맡기고 있다. 한순간의 격정으로 그가 여러분의 손에서 벗어난다 하더라도, 그는 곧 후회하고 여러분에게 되돌아온다. 그를 여러분에게 묶어 두는 감정이 유일하게 영속적인 것이다. 다른 모든 것들은 다 지나가 버리고 서로를 지워 버린다. 그를 타락시키지 말라, 그러면 그는 언제나 순종할 것이다. 이미 삐뚤어졌을 때, 그때서야 그는 비로소 반항하기 시작한다.

만약 갓 생겨나기 시작한 그의 욕망에 여러분이 정면으로 맞서서 그가 느끼는 이 새로운 욕구를 어리석게도 죄악시하려 들면, 그가 오랫동안 여러분이 하는 말을 듣지 않으리라는 것은 나도 충분히 인정한다. 여러분이 내 방식을 버린다면, 그 즉시 나는 여러분에게 더 이상 아무런 책임도 없다. 여러분이 자연의 대리자라는 사실을 항상 생각하고, 결코 자연의 적이 되지 말아야 한다.

그런데 어떤 태도를 취해야 할 것인가? 사람들은 여기서 그의 자연적 성향을 조장하며 그의 비위를 맞추는 사람이 되거나 또는 그것에 맞서 싸워 그를 억압하는 폭군이 되거나 양자택일만 예상한다. 그런데 어느 편이나 다 매우 위험한 결과를 초래하기 때문에 선택에 주저하지 않을 수 없다.

이런 어려움을 해결하기 위해 제안되는 첫 번째 방법은 그를 서둘러 결혼시키는 것이다. 이것은 이론의 여지 없이 가장 확실하고 가장 자연스러운 방법이다. 그러나 나는 그것이 최선의 것인지, 또 가장 유익한 것인지는 의심스럽다. 내 나름의 이유는 다음에 말하겠다. 어쨌든 나도 결혼적령기에 있는 청년들을 결혼시켜야 한다는 것은 일단 인정한다. 그러나 그들에게 이 시기는 아직 때가 되기도 전에 찾아오는데, 그 시기를 앞당기는 것은 바로 우리이다. 그들이 성숙해질 때까지 이 시기를 연장시켜야만 한다.

만약 그들의 성향에 귀 기울이고 그 지시를 따르기만 해야 한다면, 이는 당장이라도 쉽게 이루어질 것이다. 그러나 자연의 권리와 우리의 사회적인 규칙들 사이에는 너무나 많은 모순이 있어서 이것들을 조정하려면 끊임없이 왜곡하고 얼버무려야만 한다. 사회에서 사는 인간이 완전히 인위적이 되는 것을 막기 위해서는 많은 기술을 사용해야만 하는 것이다.

앞서 설명한 이유에 입각하여 나는 내가 제시한 방법이나 또는 그와 비슷한 다른 방법들을 통해 적어도 스무 살까지는 욕망에 대해 무지하고 관능이 순수한 상태를 연장시킬 수 있다고 생각한다. 이것은 정말 틀림없는 사실이어서, 게르만족이 사는 곳에서는 그 나이가 되기 전에 동정童貞을 잃은 사람의 명예는 그로 인해 손상되었다. 저술가들은 그 민족의 체격이 건장하고 아이를 많이 낳는 이유가 청년 시절의 금욕 덕분이라고 말하는데, 이는 일리 있는 말이다.

이 시기는 훨씬 더 연장될 수도 있는데, 불과 수 세기 전만 해도 프랑스에서도 이는 더없이 흔한 일이었다. 잘 알려진 예들 중 하나가 몽테뉴의 아버지의 예인데, 튼튼하고 체격이 좋은 데다 신중하고 진실한 남자였던 그는 오랫동안 이탈리아 전쟁에서 종군한 다음 서른세 살에 동정인 채 결혼했다고 맹세했다. 그리고 우리는 그의 아들이 쓴 책에서 아버지가 예순 살이 넘어서도 계속 얼마나 건장하고 쾌활했는지 알 수 있다. 이와 반대되는 견해가 인류 일반에 대한 지식보다 우리의 풍습과 편견에서 나오는 것은 확실하다.

그러므로 나는 우리 청년들의 예는 제외시킬 수 있다. 그 예는 우리의 젊은이들처럼 키워지지 않은 젊은이들에 대해서는 아무것도 입증하지 못하기 때문이다. 이 점에 대해 사람이 앞당기거나 늦추거나 할 수 없는 정해진 기한이 자연에는 없다고 여기면서, 나는 내 배려 덕분에 에밀이 그때까지 원초적으로 순진무구한 상태에 머물러 있다고 가정하더라도 그것이 자연의 법칙에서 벗어나지는 않을 것이라고 생각한다. 그러나 나는 이 행복한 시기도 막 끝나려 하고 있다는 것을 안다. 그는 계속 증가하는 위험들에 둘러싸여 내가 무슨 짓을 해도 곧 나의 손에서 벗어날 것이다. 기회가 오기만 하면, 그리고 그 기회는 곧 올 텐데, 그는 관능의 맹목적인 본능을 따를 것이고 틀림없이 파멸할 것이다. 나는 인간들의 품행에 대해 너무도 많이 성찰한 덕에 이 최초의 계기가 이후 그의 나머지 인생에 미치는 저항할 수 없는 영향력을 보지 않을 수 없다. 내가 이를 숨기고 아무것도 알지 못하는 척하면, 그는 나의 약점을 이용한다. 나를 속이고 있다고 믿으면서 나를 경멸하고, 나는 그의 파멸의 공범자가 된다. 내가 그를 올바르게 선도하려고 하면 때는 이미 늦어 그는 더 이상 내 말을 듣지 않는다. 그에게 나는 불편하고 가증스럽고 견딜 수 없는 존재가 된다. 그는 머지않아 나를 쫓아내게 될 것이다. 그러므로 내가 취해야 할 합리적인 해결책은 이제 단 하나밖에 없다. 그것은 그가 스스로 자신의 행동에 대해 책임지게 하고, 적어도 잘못에서 생겨나는 뜻밖의 사고로부터 그를 보호하고, 그에게 자신을 둘러싸고 있는 위험을 숨김없이 보여 주는 것이다. 지금까지 나는 그의 무지로 그를 제어했지만 이제는 바로 그의 깨달음으로 그를 제어해야만 한다.

이 새로운 가르침은 중요하다. 문제를 처음부터 다시 짚어 보는 것이 좋겠다. 지금이야말로 이를테면 그에게 회계 보고를 하고, 그의 시간과 내 시간의 사용법을 제시해야 할 순간이다. 그리고 그는 어떤 사람이고 나는 어떤 사람인지, 나는 무엇을 했고 그는 무엇을 했는지, 우리는 서로 상대방에게 무엇을 빚지고 있는지, 그의 모든 도덕적인 관계, 그가 맺은 모든 계약, 또 사람들이 그와 맺은 모든 계약, 그가 그의 능력이 발달하는 과정에서 어느 지점까지 도달해 있는지, 앞으로 어떤 길을 가야만 하는지, 그 길을 가면서 부딪치게 될 난관, 그 난관을 극복할 수 있는 방법, 어떤 일에서 내가 아직 그를 도울 수 있는지, 이후 어떤 일에서 그가 혼자 스스로를 도울 수 있는지, 그리고 마지막으로 그가 경계 지점에 있다는 것, 그를 둘러싸고 있는 새로운 위험, 막 싹트기 시작한 그의 욕망을 따르기 전에 주의 깊게 스스로 경계하라고 권해야만 하는 온갖 타당한 이유를 그에게 분명히 말해 줄 순간이다.

성인을 지도하기 위해서는, 어린아이를 지도하기 위해 여러분이 했던 모든 일과 반대되는 일을 해야 한다고 생각하라. 여러분이 그에게 그토록 오랫동안 또 그토록 조심스럽게 감추어 온 위험한 비밀을 주저 말고 가르쳐 주어라. 어쨌든 그가 그것을 알아야만 하는 이상 그것을 다른 사람에게서 혹은 자기 스스로 배우지 않고 여러분에게서만 배우는 것이 중요하다. 이제부터 그는 어차피 싸우지 않을 수 없으므로 기습공격을 받지 않도록 그 적에 대해 알아야 한다.

어떻게 그렇게 되었는지는 모르지만, 이 문제에 대해 해박한 것처럼 보이는 청년들이 결코 아무 탈 없이 그 문제에 관한 박사가 된 것은 아니다. 조심성 없는 가르침은 정숙한 목적을 가질 수 없기 때문에, 최소한 그런 가르침을 받은 사람들의 상상력을 더럽히고, 그런 가르침을 주는 사람들의 악덕에 그들도 쉽게 물들게 만든다. 이것이 전부가 아니다. 하인들은 이런 식으로 아이의 정신에 슬그머니 끼어들어 아이의 신용을 얻고 아이가 자신의 가정교사를 침울하고 거북스러운 인물로 생각하도록 만든다. 그들이 즐겨 꺼내는 은밀한 화제들 중의 하나는 교사를 욕하는 것이다. 학생이 이 정도까지 되면 선생은 물러나도 좋다. 더 이상 어떤 유익한 일도 할 수 없기 때문이다.

그런데 어린아이는 어째서 속마음을 털어놓을 수 있는 특별한 이야기 상대를 고르는 걸까? 그것은 늘 그를 지도하는 사람들의 강제적인 구속 때문이다. 만약 아이가 그들을 피할 필요가 없다면, 왜 그들을 피하겠는 가? 그들에게 불평할 것이 없다면 왜 그들에 대해 불평을 해 대겠는가? 그들이 자연스럽게 아이가 속내를 털어놓는 첫 번째 이야기 상대가 된 다. 아이가 부랴부랴 그들에게 자신의 생각을 말하러 오는 것을 보면, 그 가 자기 생각을 그들에게 말할 때까지는 겨우 생각을 반 정도 한 상태였 다고 여기는 것이 보인다. 아이가 여러분한테 설교나 꾸지람을 듣는 것 을 두려워하지 않으면 여러분에게 언제나 무엇이든 다 말할 것이라는 것 을 고려하라. 또 그가 여러분에게 말하지 않는 것이 없다는 것을 다른 사 람들이 확실히 알고 있으면, 아이가 여러분에게 함구해야 할 말을 사람 들이 감히 아이에게 털어놓지 않으리라는 것도 고려하라.

내 방식에 대해 스스로 가장 믿음직스러워하는 부분은, 가능한 한 정 확하게 그 결과를 따라가다 보면 내 학생의 삶의 어떤 상황이든 모두 내 게 그에 대한 유쾌한 이미지를 남긴다는 점이다. 격한 성향에 사로잡혀 서 그가 자신을 제지하는 손에 저항하고 발버둥 치며 내 손아귀에서 빠 져나가기 시작하는 순간조차, 나는 동요하고 흥분하는 그에게서 여전 히 처음의 단순성을 다시 보게 된다. 그의 신체와 마찬가지로 순수한 그 의 마음은 악덕을 모르는 것 이상으로 가식을 모른다. 그는 비난과 경멸 을 받은 적이 없기에 조금도 비겁하게 되지 않았고, 야비한 두려움이 없었기에 자신을 가장하는 일은 결코 배운 적이 없다. 그는 천진무구해서 거리끼는 마음이라고는 전혀 없으며, 조심성 없이 천진난만하다. 사람을 속이는 것이 무엇에 소용되는지 아직 모른다. 그의 영혼이 움직일 때면 언제나 그의 입과 눈이 그것을 말해 주며, 그가 느끼는 감정을 그 자신이 알기도 전에 내가 먼저 알게 되는 일도 종종 있다.

이처럼 그가 자유로이 자신의 영혼을 내게 열어 보이고, 또 그가 느끼는 것을 즐겁게 내게 말해 주는 동안에는 아무런 걱정이 없다. 위험은 아직 임박하지 않았다. 그러나 그가 더 수줍어하고 조심성을 더 보이고, 그와 이야기를 나눌 때 처음으로 그가 부끄러워 당황하는 모습을 보이면, 이미 본능이 발달하고 이미 악의 개념이 결부되기 시작한 것이다. 이제는 한시도 지체할 수 없다. 내가 서둘러 알려 주지 않으면 그는 곧 나도 모르게 그것을 알게 될 것이다.

내 생각을 받아들이면서도, 여기서 문제가 되는 것은 단지 청년과 나눈 대화들 중 아무렇게나 하나 뽑은 사례에 불과하며, 모든 것이 그것으로 끝났다고 생각할 독자들이 한두 명이 아닐 것이다. 오! 사람의 마음은 그런 식으로 지배되는 것이 아니다! 말할 시기를 준비하지 않았으면 말하는 내용은 아무런 의미가 없다. 씨를 뿌리기 전에 땅을 갈아야만 한다. 미덕의 씨는 여간해서 싹트기 어렵다. 미덕이 뿌리를 내리도록 만들기 위해서는 오랜 준비가 필요하다. 설교를 가장 쓸모없는 것으로 만드는 것들 중 하나는 가리지 않고 모든 사람들에게 일률적으로 설교하는 것이다. 어떻게 기질도 다양하고, 재능, 기분, 나이, 성性, 신분, 의견이 너무도 다른 그 많은 청중에게 똑같은 설교가 적합하다고 생각할 수 있겠는가? 모든 사람들을 앞에 두고 설교를 할 때, 그 설교가 마음에 든다고 할 사람은 단 두 명도 없을 것이다. 그리고 우리의 감정은 모두 그리 항구성을 갖지 못하기 때문에 개개인의 일생에서 똑같은 이야기가 동일한 인상을 만드는 순간은 아마 두 번도 없을 것이다. 타오르는 관능 때문에 판단력을 잃고 의지가 구속당할 때, 이때가 지혜의 엄숙한 가르침에 귀를 기울여야 할 시기인지 아닌지 판단해야 한다. 그러므로 철이 드는 시기라도, 우선 여러분이 청년에게 그것을 알아들을 수 있게 하기 전까지는 결코 그들에게 이치를 따져 이야기하지 말라. 어떤 이야기가 소용이 없을 때는 대부분 제자들의 잘못보다 선생들의 잘못 때문에 그렇다. 현학자와 교사는 거의 똑같은 말을 한다. 그러나 현학자가 툭하면 아무 때나 그런 말을 한다면, 교사는 효과가 확실하다고 생각할 때만 그런 말을 한다.

자는 동안에 돌아다니는 몽유병자는 잠든 채로 절벽 끝을 걷다가도 갑자기 잠에서 깨어나면 절벽 아래로 떨어질 것이다. 이와 마찬가지로 무지라는 잠에 빠져 있는 나의 에밀은 그가 전혀 보지 못하는 위험들은 비껴간다. 내가 갑자기 그를 잠에서 깨우면 그는 끝장이다. 우선 그를 절벽에서 가급적 멀리 떼어 놓자. 그다음에 그를 깨워서 절벽을 더 멀리서 보여 주도록 하자.

독서, 고독, 한가로움, 집에만 틀어박혀 있는 무기력한 생활, 여자들과 또래 젊은이들을 사귀는 것, 이런 것들이 그의 나이에 헤쳐 가기 위험한 길이며, 그를 끊임없이 위험으로 끌어들인다. 나는 다른 감각적인 대상들로 그의 관능을 속이고, 정기精氣에 다른 방향을 제시하면서 그것이 막 취하기 시작한 방향을 바꾸어 놓는다. 또한 그의 신체에 고된 노동을 시킴으로써 그를 사로잡는 상상력의 활동을 억누른다. 팔이 한창 일을 하고 있을 때 상상력은 휴식을 취한다. 몸이 아주 지치면 마음은 불타오르지 않는다. 가장 신속하고 손쉬운 예방은 그를 위험한 장소에서 떼어 놓는 것이다. 나는 우선 그를 도시 밖으로, 또 그를 유혹할 수 있는 것에서 멀리 떨어진 곳으로 데리고 간다. 그러나 그것으로 충분하지 않다. 인적이 없는 어떤 곳에 간들 또 황량한 어떤 안식처로 간들 그는 자기를 쫓아다니는 이미지들에서 벗어나지 못할 것이다. 위험한 대상에 대한 기억 또한 멀리하게 하지 않는다면, 그를 모든 것에서 떼어 놓는 방법을 찾지 못한다면, 그가 자신을 잊어버리게 하지 못한다면, 위험한 대상을 멀리 떼어 두는 것만으로는 어림도 없다. 그렇다면 차라리 그를 그가 있는 곳에 내버려 두는 편이 더 나았다.

에밀은 직업을 하나 익혔다. 그러나 그 직업은 지금 우리가 의지할 수 있는 수단이 못 된다. 그는 농사를 좋아하고 그 일을 잘 알고 있다. 그러나 우리에게는 농사만으로 충분하지 않다. 그가 알고 있는 그 일은 습관적인 활동이 되어서, 그는 열심히 일을 하고 있으면서도 아무 일도 하지 않는 것 같다. 그는 속으로는 전혀 다른 생각을 하고 있다. 머리와 팔이 따로 움직인다. 그에게는 새로운 일, 그 새로움이 그에게 흥미를 일으키고 그를 즐겁게 하고 숨 쉴 틈조차 주지 않고 그의 정신을 집중시키고 그를 훈련시키는, 즉 그가 열중하고 몰두할 수 있는 새로운 소일거리가 필요하다. 그런데 내가 보기에 이 조건들을 모두 구비하고 있는 유일한 일은 사냥이다. 사냥이 해롭지 않은 즐거움이 될 때가 있다면 그리고 남자에게 적합한 때가 있다면, 지금이 바로 그것에 의지해야 할 때이다. 에밀은 사냥을 잘하기 위해 필요한 모든 것을 갖추고 있다. 그는 건장하고 솜씨가 좋고 참을성이 많고 지칠 줄 모른다. 그는 필시 이 운동에 취미를 갖게 될 것이다. 그는 그 나이에 갖는 모든 정념을 거기에 쏟을 것이다. 사냥을 통해 적어도 한동안은 안일한 생활에서 생겨나는 위험한 성향들을 잊을 것이다. 사냥은 신체만이 아니라 마음까지 강하게 단련시킨다. 사냥을 하면 피와 잔인한 일에 익숙하게 된다. 사람들은 다이애나[116]를 사랑의 적으로 삼았는데, 이 비유는 대단히 적절하다. 사랑의 우수는 달콤한 휴식 속에서만 생겨나고, 운동의 격렬함은 사랑의 감정을 억누른다. 숲이나 전원에서 사랑을 하는 사람과 사냥을 하는 사람은 서로 너무 다른 감정을 갖고 있어서, 동일한 대상에 대해 완전히 다른 이미지를 품는다. 시원한 나무 그늘, 작은 숲, 연인의 감미로운 은신처가 사냥꾼에게는 사슴이 풀을 뜯는 곳, 짐승이 숨어드는 우거진 숲, 짐승이 몸을 숨기는 잡목림일 뿐이다. 연인에게는 꾀꼬리 소리와 새의 지저귐만 들리는 곳에서, 사냥꾼은 뿔피리나 개 짖는 소리를 연상한다. 한쪽이 숲의 요정이나 물의 요정만 마음속에 그리고 있을 때, 다른 쪽은 사냥개를 돌보는 말 탄 하인이나 사냥개 무리 또는 말들만 생각한다. 여러분은 이 두 부류의 사람들과 함께 시골을 산책하면, 그들이 하는 말이 서로 다른 것을 듣고서, 그들에게는 대지가 같은 모습으로 보이지 않으며 그들이 구하는 즐거움이 서로 다른 것과 마찬가지로 그들의 사고방식 또한 다르다는 것을 금방 알아차릴 것이다.

나는 이러한 취향들이 어떻게 통합되는지, 또 사람들이 결국 어떻게든 모든 것을 할 시간을 낸다는 것을 알고 있다. 그러나 청년의 정념들은 이런 식으로 나뉘지 않는다. 그가 좋아하는 소일거리를 하나만 주어 보라. 그러면 그 나머지 모든 것은 곧 잊혀질 것이다. 욕망의 다양성은 지식

116 달의 여신이자 사냥의 여신 — 옮긴이.

의 다양성에서 생겨나며, 사람이 제일 먼저 알게 되는 즐거움은 오랫동안 그가 추구하는 유일한 즐거움이 된다. 나는 에밀이 젊은 시절을 몽땅 짐승을 죽이는 일로 소일하기를 원하지 않으며, 이런 잔인한 정념을 모든 점에서 정당화할 생각도 없다. 나는 그것이 더 위험한 정념을 일시적으로 유예시키는 데 상당한 도움이 되어서, 내가 그 위험한 정념에 대해 말할 때 에밀이 내 말을 침착하게 들어 그를 자극하지 않은 채 그 정념을 묘사할 시간을 가질 수만 있다면 그것으로 충분하다.

인생에는 결코 잊히지 않는 시기들이 있다. 내가 지금 말하고 있는 교육의 시기가 에밀에게 그런 시기이다. 이 시기는 그의 남은 삶에 영향을 미칠 것이다. 그러므로 이것이 그의 기억에서 사라지지 않도록 기억 속에 새겨지도록 노력하자. 우리 시대의 잘못 중의 하나는 마치 인간이 정신만으로 이루어진 것처럼, 지나치게 간결한 이성을 사용하는 것이다. 상상력에 호소하는 표징의 언어를 소홀히 함으로써, 사람들은 언어들 중 가장 힘찬 언어를 잃어버렸다. 말이 주는 인상은 언제나 약하다. 그리고 귀보다 눈을 통해서 훨씬 더 잘 마음을 파고들 수 있다. 모든 것을 추론에 맡기려 함으로써, 우리는 가르침을 말에만 그치고 행동으로는 아무것도 보여 주지 않았다. 이성 혼자서는 조금도 활동적이지 않다. 이성은 가끔 제동을 걸기는 하지만 여간해서는 부추기지 않으며, 위대한 일을 한 적도 없다. 항상 따지기만 하는 것은 소인배들의 편집증이다. 강한 영혼의 소유자들은 완전히 다른 언어를 가지고 있다. 사람을 설득하고 사람을 움직이게 하는 것은 바로 이러한 언어이다.

내가 보는 바로는, 현대에 와서 사람들은 힘과 이익에 의해서가 아니면 더 이상 서로에게 영향을 주지 못하는 반면, 고대인은 표징의 언어를 소홀히 하지 않았기 때문에 설득과 영혼의 감동에 의해 훨씬 더 많이 움직였다. 모든 협정은 엄숙하게 이루어져서 그것을 지키지 않는 것이 더 어려웠다. 권력이 확립되기 전에는 신들이 인류의 사법관이었다. 바로 그들 앞에서 개인들은 조약과 동맹 관계를 맺고 약속을 공언했다. 지표면은 그 기록이 보존되는 책이었다. 이 기록 때문에 신성시되어 미개인들이 존경한 바위와 나무 그리고 돌무더기들은 모든 사람들의 눈앞에 계속해서 펼쳐지는 책장이었다. 서약의 우물, 살아 있는 자와 선지자의 우물, 망브레의 해묵은 떡갈나무,[117] 증인의 돌무더기, 이것들이야말로 계약의 신성함을 말해 주는 조야하지만 엄숙한 기념물이었다. 그 누구도 감히 불경한 손으로 그 기념물을 손상시키려 하지 못했을 것이다. 그리고 사람들의 신용은 오늘날 아무리 엄격하다 해도 쓸모없는 법률이 보증하는 것보다 이 말 없는 증인의 보증에 의해 더 확실했다.

통치에서는 왕권의 엄숙한 장식들이 백성들에게 강한 인상을 주었다. 위엄의 상징인 왕좌, 왕홀王笏, 자줏빛 곤룡포, 왕관, 왕이 이마에 두른 띠는 그들에게 신성한 물건들이었다. 백성들의 존경을 받는 이 표징들은 그것들로 치장하고 나타나는 사람을 존엄한 존재로 만들었다. 병사가 없어도 위협을 가하지 않아도, 그의 말이 떨어지기 무섭게 백성들은 그에게 복종했다. 이러한 표징들을 없애려 하는 지금,[118] 그 무시의 결과로 어

---

117 창세기에 따르면 아브라함은 망브레 떡갈나무 아래 천막을 치고 제단을 설치하였다고 한다 — 옮긴이.
118 로마의 성직자들은 이것을 참으로 교묘하게 보존해 왔다. 그리고 이를 모범으로 삼아 몇몇 공화국들이, 그중에서도 베네치아 공화국이 그렇게 했다. 그래서 베네치아 정부는 국가가 몰락했음에도 불구하고 옛날의 위엄을 표시하는 외관으로 아직까지 국민의 전적인 사랑과 숭배를 누리고 있다. 그리고 삼중관(三重冠)으로 장식한 교황을 제외하고는 국왕이나 전제군주나 이 세상의 어떤 사람도 베네치아의 총독만큼 존경받지 못할 것이다. 그는 권력과 권위는 없지만 화려한 의식을 통해 또 여성용 머리 장식이 달린 총독 모자로 치장함으로써 신성시된다. 부첸타우로(돛도 돛대도 없는 화려한 갤리선의 일종

떤 일이 일어나고 있는가? 모두의 마음속에서 왕의 위엄은 사라지고, 국왕들은 이제 군대의 힘을 통해서만 복종을 얻어 내며, 백성들의 존경은 단지 징벌을 두려워하는 데서만 생겨난다. 국왕들은 더 이상 왕관을 쓸 필요도 없고, 고관들은 고위직을 나타내는 표지물들을 부착할 필요도 없지만, 명령을 실행시키기 위해서는 십만의 상비군을 두어야 한다. 이는 그들에게 어쩌면 훨씬 더 근사하게 보일지 모르지만, 이런 교환이 결국 그들에게 이익으로 돌아가지 않으리라는 것은 쉽게 알 수 있다.

고대인들이 웅변으로 해낸 일은 엄청나다. 그런데 이 웅변이 단지 잘 늘어놓은 미사여구로만 된 것은 아니었다. 연설가가 최소한의 말로 이야기했을 때보다 웅변이 더 큰 효과를 낸 적은 결코 없었다. 가장 생생하게 전해지는 것은 말이 아니라 표징에 의해 표현되었다. 사람들은 그것을 말로 하지 않고 보여 주었다. 눈앞에 제시되는 대상은 상상력을 일으키고 호기심을 자극하며 앞으로 말하려는 것에 대한 기대감으로 정신을 사로잡는다. 그리고 종종 그 대상 하나만으로도 모든 말이 전달된다. 양귀비 봉우리를 자르는 트라시불로스와 타르퀴니우스,[119] 총애하는 신하의 입에 자기 도장을 찍은 알렉산드로스 대왕,[120] 제논 앞에서 걸어가

으로 베네치아의 총독은 매년 예수 승천일에 그 배에서 금반지를 바다로 던졌는데, 이는 그가 바다와 결혼한다는 것을 상징한다. 이 의식은 베네치아가 1797년 캄포포르미오 조약에 의해 오스트리아의 지배 아래 들어가면서 없어졌다 — 옮긴이) 의식은 어리석은 사람들에게는 그토록 웃음거리가 되지만, 베네치아의 하층민은 그 의식 때문에 자신의 피를 아낌없이 뿌리면서까지 그 전제적인 정부를 유지하려 들 것이다.

119 트라시불로스(기원전 6세기 밀레토스의 독재자)는 코린토스의 독재자인 페리안드로스가 코린토스를 지배하는 데 조언을 달라고 보낸 사신에게 타르퀴니우스(기원전 6세기 로마의 일곱 번째 왕이자 마지막 왕이며 독재자로 유명하다)가 양귀비 봉우리를 쳐서 잘랐던 것처럼 위로 솟아 나온 밀 이삭을 쳐서 자르라고 했다고 한다. 사신이 돌아와 페리안드로스에게 이 말을 전하니 그는 이를 다른 사람들보다 뛰어난 시민들을 제거하라는 뜻으로 해석했다고 한다 — 옮긴이.

120 알렉산드로스 대왕은 비밀을 엄수하라고 헤고기스티온의 입에 자신의 도장을 찍었다고 한다 — 옮긴이.

는 디오게네스,[121] 이들이 긴 연설을 했더라면 이보다 더 말을 잘할 수 있었겠는가? 어떤 장황한 말이 똑같은 생각을 이만큼 잘 표현할 수 있었겠는가? 군대를 이끌고 스키타이에 들어간 다리우스는 스키타이족의 왕으로부터 새 한 마리, 개구리 한 마리, 생쥐 한 마리, 그리고 화살 다섯 개를 받았다.[122] 사자使者는 왕의 선물을 바치고 아무 말 없이 돌아가 버렸다. 오늘날 같으면 그 사람은 미친 사람으로 보였을 것이다. 그러나 이 무서운 열변은 바로 이해되었고, 다리우스는 될 수 있는 한 서둘러 부랴부랴 자기 나라로 돌아갔다. 이러한 표징들을 한 장의 편지로 대신했다면, 그 글이 위협적일수록 그만큼 겁을 덜 주었을 것이다. 그것은 그저 허세에 불과했을 것이고, 다리우스는 그것을 보고 비웃어 버렸을 것이다.

로마인들이 표징의 언어에 얼마나 주의를 기울였는지 모른다. 연령에 따라 혹은 신분에 따라 달라지는 갖가지 의복, 시민들이 입는 헐렁한 겉옷, 전쟁할 때 입는 짧은 외투, 귀족 자제들이 입는 가장자리에 자주색 띠를 두른 흰옷, 세습 귀족의 자제들이 목에 걸었던 금으로 만든 작은 공, 원로원 의원들이 입는 자줏빛 띠가 달린 제복, 고관용 의자, 고관의 행렬을 선도하는 위병衛兵, 위병이 들고 다니는 도끼, 고관의 권위를 상징하는 도끼 둘레에 엮은 채찍 다발, 금이나 풀이나 나뭇잎으로 만든 영관榮冠, 소규모의 개선 축하행사, 개선식, 이 모든 것이 그들 사이에서 외적인 과시이고 상징이고 의식이었다. 그리고 모든 것이 시민들의 마음에

---

121 디오게네스는 날아가는 화살은 움직이지 않는다는 역설로 운동의 실재성을 부인한 제논의 학설을 논박하기 위해 그의 앞에서 걸었다고 한다 — 옮긴이.

122 그가 의미하는 것은 다음과 같다. "당신이 새가 되어 하늘로 날아오르지 않는다면, 생쥐가 되어 땅 밑으로 숨지 않는다면, 개구리가 되어 늪 속으로 뛰어들지 않는다면 나를 피하지 못하고 이 화살에 죽을 것이다." 이 일화는 헤로도토스의 『역사』 4권에 나온다 — 옮긴이.

강한 인상을 주었다. 국민이 이런 장소보다 저런 장소에 모이는 것, 카피 토리움 언덕[123]이 국민에게 보이느냐 보이지 않느냐 하는 것, 국민이 원로원 쪽을 향해 있느냐 향해 있지 않느냐 하는 것, 되도록 이날이 아니라 저 날에 토의하는 것, 이런 것들이 국가의 중대사였다. 고발당한 사람들과 출마자들은 옷을 갈아입었다. 전사들은 무훈을 자랑하지 않고 자신이 입은 상처를 보여 주었다. 카이사르가 죽었을 때, 오늘날의 연설가라면 국민의 마음을 감동시키려고 웅변술의 온갖 상투적인 말들을 총동원하여 그의 상처며 피며 시체에 대해 비장한 묘사를 했을 것이라 생각한다. 그러나 안토니우스는 웅변가였음에도 불구하고 그런 말은 조금도 하지 않았다. 그는 시신을 가져오게 했다. 이 얼마나 대단한 웅변술인가!

그런데 다른 여담을 할 때도 그렇지만, 이 여담을 하면서 나도 모르게 나의 주제에서 멀리 벗어나 버렸다. 게다가 너무 자주 주제에서 벗어나기 때문에 이야기가 길어지면 독자들이 참을 수 없을 것이다. 다시 주제로 돌아가자.

젊은이들과는 절대로 무미건조하게 이치를 따지려 들지 말라. 그에게 이성을 느낄 수 있게 하려면 이성에 살을 붙이는 것이 좋다. 정신의 언어를 이해시키기 위해서는 그것이 그의 마음을 거쳐 가게 만들어라. 되풀이 말하지만 냉정한 논리는 우리의 견해를 결정할 수는 있겠지만 우리의 행동을 결정하지는 못한다. 우리를 믿게 할 수는 있겠지만 행동하게 만들 수는 없다. 사람들은 무엇을 생각해야 하는지는 상세히 가르쳐 주지만 무엇을 실천해야 하는지는 그렇지 못하다. 이것이 모든 사람들에게

---

123 로마의 일곱 언덕의 하나로 그 언덕 위에 주피터 신전이 있다 ― 옮긴이.

해당된다면, 아직 감각에 둘러싸여서 상상하는 정도밖에 생각하지 않는 젊은이에게는 더군다나 그렇다.

그러므로 나는 심지어 내가 말했던 그 준비가 된 후에도, 갑자기 에밀의 방에 가서 내가 가르치고 싶은 주제에 대해 부담스럽게 이야기를 늘어놓는 일은 삼갈 것이다. 나는 그의 상상력을 자극하는 것부터 시작할 것이다. 내가 그에게 남기고 싶어 하는 인상에 가장 유리한 시간과 장소 그리고 대상들을 선택할 것이다. 말하자면 자연 전체를 우리가 나누는 대화의 증인으로 부를 것이다. 자연을 창조한 영원한 존재를 내 말의 진실의 증인으로, 에밀과 나의 심판자로 삼을 것이다. 나는 우리가 있는 장소, 우리를 둘러싸고 있는 바위와 숲, 산들을 그의 약속과 내 약속의 기념물로 지정할 것이다. 나는 내 눈과 어조와 몸짓 속에 내가 그에게 불어넣었으면 하는 감동과 열의를 집어넣을 것이다. 그러면 내가 그에게 말할 때 그는 내 말에 귀를 기울일 것이고, 내가 감동할 때 그도 감동을 받을 것이다. 내가 내 의무의 신성함을 깊이 느낌으로써, 그에게 자신의 의무를 더욱 존중하게 할 것이다. 이미지와 비유로 추론의 힘에 활력을 부여할 것이다. 장황하게 무미건조한 훈계를 늘어놓지 않고, 넘쳐흐르는 감정으로 유려하게 말할 것이다. 나의 논거는 근엄하고 장중하겠지만, 나의 마음은 아무리 말을 해도 충분하지 않을 것이다. 바로 그때야말로 내가 그를 위해서 해 온 것 모두를 그에게 보여 주면서, 그것을 마치 나 자신을 위해 한 일인 것처럼 보여 줄 때이다. 그는 나의 다정한 애정 속에서 내가 왜 그렇게 온갖 정성을 기울였는지 보게 될 것이다. 내 말투가 갑자기 바뀌면서, 그가 얼마나 놀라고 마음의 동요를 겪을지! 이전에는 언제나 그의 이익에 대해 말하면서 그의 영혼을 축소시켰다면, 앞으로 내가 그에게 말할 것은 바로 나의 이익에 관한 것뿐이지만, 나는 한층 더 그를 감동시킬 것이다. 나는 그의 젊은 가슴을 우정과 아량 그리고 감사의 모든 감정으로 타오르게 만들 것이다. 이러한 감정들은 내가 이미 싹을 틔워 둔 것으로, 그것들을 키우는 일은 참으로 즐겁다. 나는 그를 품에 안고 감동의 눈물을 흘릴 것이다. 나는 그에게 이렇게 말할 것이다. "자네는 나의 소중한 사람이며 내 자식이고 내 작품이네. 나는 바로 자네의 행복에서 나의 행복을 기대하네. 자네가 나의 희망을 배반한다면, 자네는 내 인생에서 이십 년을 훔치는 것이고 내 노년을 불행하게 만드는 것이 되네." 그렇게 청년이 귀 기울여 듣게 만들고 자기가 들은 말을 잊지 않고 가슴속 깊이 새기게 만드는 것이다.

지금까지 나는 교사가 어려운 경우에 부딪쳤을 때 자기 제자를 어떻게 가르쳐야 하는지 예들을 제시하려고 노력했다. 그리고 나는 이 경우에도 마찬가지로 그렇게 하려고 노력했지만, 수차례에 걸쳐 시도를 해 본 뒤 지금은 단념한 상태이다. 왜냐하면 프랑스어는 너무 겉멋을 부리는 언어여서, 몇몇 주제의 경우 처음 교육할 때 필요한 천진난만한 어투가 책에서 나오면 그것을 감당하지 못하기 때문이다.

사람들은 프랑스어가 언어들 중 가장 정숙한 언어라고 한다.[124] 그러나 나로서는 프랑스어가 가장 추잡스럽다고 생각한다. 왜냐하면 어떤 언어의 정숙함이란 추잡한 표현법을 조심스럽게 피하는 데 있는 것이 아니라 아예 그런 표현법을 갖고 있지 않는 데 있다고 여기기 때문이다. 사실 그것을 피하기 위해서는 그것에 대해 생각해 봐야만 하는데, 모든 면에서

---

124 이런 말을 한 사람은 『시학』의 저자인 부알로이다 — 옮긴이.

프랑스어만큼 순수하게 말하기 어려운 언어도 없다. 저자가 추잡스러운 의미를 피하는 데 능숙하다면, 독자는 항상 저자보다 더 능숙하게 그런 의미를 찾기 때문에 모든 것에 대해서 눈살을 찌푸리고 질겁한다. 불순한 귀를 통과하는데 어떻게 그 더러움에 물들지 않겠는가? 반대로 예의가 바른 민족은 모든 사물에 대해 정확한 용어들을 갖고 있으며, 이 용어들은 항상 올바르게 사용되기 때문에 언제나 올바르다. 성서의 언어보다 더 정숙한 언어를 상상하기는 불가능한데, 그 이유는 바로 거기서는 모든 것이 소박하게 말해지기 때문이다. 똑같은 말이라도 추잡하게 만들려면 그것을 프랑스어로 옮기기만 하면 된다. 내가 나의 에밀에게 해야 할 말은 모두 그가 듣기에 올바르고 정숙할 것이다. 그러나 읽으면서 그렇게 생각할 수 있으려면 에밀의 마음과 마찬가지로 순수한 마음을 가져야 할 것이다.

말의 진정한 순수함과 악덕의 거짓된 세련됨에 대한 고찰은 이 주제에서 출발하여 우리가 이르게 될 도덕에 대한 대화에서 유익한 것이 될 수 있다고 생각한다. 왜냐하면 그는 올바른 언어를 배우면서 또한 품위 있는 언어를 배워야 하는데, 왜 이 두 언어가 그렇게 다른지 그 이유를 그가 알아야 하기 때문이다. 어쨌든 내가 주장하는 바는 다음과 같다. 아직 그 시기가 오기도 전에 공허한 교훈들을 청년의 귀에 못이 박히도록 귀찮게 되풀이해 말해서 정작 그가 적절한 연령에 도달하였을 때는 그 교훈들을 비웃게 만드는 대신, 이쪽 말이 이해될 때를 기다리고 준비하고 그때에 가서 그들에게 자연의 법칙을 자연의 진실 그대로 보여 주자. 그리고 그 법칙을 위배함으로써 잘못을 저지른 사람들이 겪는 육체적 정신적 해악을 통해 바로 그 자연의 법칙이 가하는 처벌을 보여 주자. 생식 행위라는 놀라운 신비에 대해 그에게 말해 주면서, 자연의 창조자가 그 행위에 부여하는 매력의 관념에 그것을 감미로운 것으로 만드는 한 사람에게 한정된 애착의 관념, 생식 행위를 둘러싸고 있는 그리고 그 행위의 목적을 완성시킴으로써 그 매력을 배가시키는 정조와 수줍음의 의무라는 관념을 결부시키자. 그에게 결혼을 단지 가장 감미로운 교제만이 아니라 모든 계약들 중에서 가장 신성하고 파기하기 어려운 것으로 묘사함으로써, 그처럼 신성한 결합이 모두로부터 존경받을 만한 이유와 감히 그 순수함을 더럽히려는 사람은 누구든 증오와 저주를 받게 되는 이유를 모두 강력하게 말해 주자. 방탕이 무섭다는 것, 방탕으로 인해 어리석은 바보가 된다는 것, 최초의 타락이 서서히 내리막길을 타고 전반적인 타락에 이르러 마침내 방탕에 빠진 사람을 파멸로 이끈다는 사실에 대해 인상적이고도 진실하게 그에게 묘사해 보이자. 내가 말하거니와, 건강, 힘, 용기, 미덕, 사랑까지 포함하여 인간의 모든 진정한 선이 어떻게 순결함의 취향에서 기인하는지 그에게 명확하게 보여 준다면, 그때 우리는 이 순결함을 그에게 바람직하고 소중한 것으로 만들어, 순결함을 보존할 수 있도록 그에게 제공되는 수단에 그의 정신이 고분고분 따르는 것을 보게 될 것이라고 단언한다. 왜냐하면 사람들은 순결함을 보존하는 한은 그것을 존중하는데, 그것을 잃고 나면 그때 비로소 그것을 경멸하기 때문이다.

악을 지향하는 성향은 억제할 수 없는 것이라느니, 악에 굴복하는 습관을 가진 다음에야 비로소 그 성향을 마음대로 억제할 수 있다느니 하는 말들은 전혀 진실이 아니다. 아울레리우스 빅토르[125]는 사랑에 눈먼

---

125 Aurelius Victor(320?~390?): 로마의 역사가 — 옮긴이.

여러 남자들이 클레오파트라와 하룻밤을 보내기 위하여 기꺼이 자신의 목숨을 바쳤다고 말하는데, 이와 같은 희생도 정념에 취해 있을 때는 불가능하지 않다. 그러나 아무리 열광적이고 아무리 관능을 지배하지 못하는 사람이 있다 하더라도, 형벌 장치를 보고 십오 분 뒤면 고통 속에서 죽어 갈 것이라는 확신을 가진다면 그 순간부터 그는 유혹을 물리칠 뿐만 아니라 심지어 유혹에 저항하는 것도 그리 힘들지 않을 것이다. 유혹에 수반되는 무시무시한 이미지가 곧 그를 유혹으로부터 떼어 놓을 것이다. 그리고 유혹은 매번 거절당하면 진저리가 나서 다시 찾아오지 않을 것이다. 우리의 약점을 만드는 것은 오로지 미지근한 우리의 의지이다. 그리고 사람은 자기가 강력히 원하는 것을 할 때는 항상 강한 법이다. '의지가 있으면 난관은 없다.' 오! 우리가 생명을 사랑하는 만큼 악덕을 미워한다면, 우리는 맛있는 요리에 들어 있는 치명적인 독약에 손을 대지 않는 것만큼이나 쉽게 매혹적인 죄와 절연할 수 있을 것이다.

이 문제에 대해 청년들에게 주는 모든 가르침이 성공하지 못한다면 그것은 이 가르침들이 그 나이에 적절치 않고, 또 이성理性을 좋아하게끔 만드는 형태를 이성에 부여하는 것이 어느 나이에든 중요하다는 것을 어째서 사람들은 보지 못한단 말인가? 필요하면 그에게 심각하게 말하라. 그러나 여러분이 그에게 말하는 것은 항상 그가 여러분의 말에 귀 기울이지 않을 수 없는 매력을 갖게 하라. 그의 욕망을 냉담하게 잘라 내려 하지도 말고, 그의 상상력을 억누르지도 말고, 상상력이 괴물들을 낳지 않게끔 상상력을 지도하라. 그에게 사랑에 대해, 여인들에 대해 그리고 쾌락에 대해 말해 주어라. 그가 여러분의 말 속에서 청춘인 그의 마음을 즐겁게 해 주는 매력을 발견할 수 있게 하라. 그가 속내 이야기를 털어놓는 상대가 되기 위해서는 아무것도 아끼지 말라. 이와 같은 자격을 지닐 때만 비로소 여러분은 진정 그의 스승이 될 것이다. 그때는 여러분의 대화가 그를 지루하게 할까 봐 걱정할 필요가 더 이상 없다. 그는 여러분이 바라는 이상으로 여러분으로 하여금 말을 하게 만들 것이다.

이러한 준칙들에 입각하여 내가 필요한 모든 대비를 할 줄 알고, 나의 에밀에게 그가 나이를 먹어 감에 따라 도달한 상황에 합당한 이야기를 해 줄 수 있다면, 그는 자진해서 내가 그를 인도하고자 하는 지점으로 와서 기꺼이 나의 보호를 받을 것이며, 자신을 둘러싸고 있는 위험을 보고 깜짝 놀라 그 나이에 볼 수 있는 온갖 열의를 다해 이렇게 말하리라는 것을 한시도 의심하지 않는다. "오, 저의 벗, 저의 보호자, 저의 스승이시여. 당신의 권위를 되찾으십시오. 당신의 권위가 저에게 가장 필요한 이 순간에 그것을 버리려고 하시다니요. 지금까지는 그저 제가 약해서 권위를 가지셨지만, 앞으로는 제가 원해서 당신이 권위를 가지실 것입니다. 그 때문에 저에게 그 권위는 더욱 신성한 것이 될 것입니다. 저를 포위하고 있는 모든 적들에게서 저를 지켜 주시고, 특히 저를 배신하는 제 안에 있는 적들로부터 저를 지켜 주십시오. 당신의 작품인 제가 당신에게 언제까지나 합당한 사람이 되도록 저를 돌보아 주십시오. 당신의 법칙에 복종하기를 원합니다. 언제까지나 그러겠습니다. 이것이 변치 않는 저의 의지입니다. 제가 언제든 혹시 당신에게 복종하지 않더라도 그것은 제 본의가 아닐 것입니다. 그러니 의지에 반해 행동하게 만드는 저의 정념으로부터 저를 보호하시어 자유롭게 만들어 주십시오. 제가 정념의 노예가 되는 것을 막아 주십시오. 그리고 제가 관능에 복종하지 않고 이성에 따르면서 나 자신의 주인이 되도록 강제해 주십시오."

여러분이 제자를 이 지점까지 이끌고 왔다 하더라도(그가 이 지점에 이르지 못했다면 그것은 당신의 잘못일 것이다), 그의 말을 너무 경솔하게 곧이 곧대로 받아들이지 않게 주의하라. 여러분의 절대적 권위가 언제라도 그에게 너무 가혹하게 여겨지면, 그는 여러분이 술수를 부려 그 권위를 얻어 냈다고 비난하면서 거기서 벗어날 권리가 자신에게 있다고 믿을까 봐 염려되기 때문이다. 그런 때야말로 신중함과 근엄함이 적격이다. 그리고 여러분이 그런 어조를 취하는 것을 그가 처음 보는 만큼, 그는 여러분에게 더 경외감을 갖게 될 것이다.

그러니 여러분은 그에게 다음과 같이 말하라. "젊은이여, 자네는 경솔하게도 지키기 어려운 약속을 하고 있네. 그런 약속을 할 권리를 가지려면 그것을 잘 알아야만 할 것이네. 자네는 관능이 얼마나 폭발적인 힘을 갖고 쾌락의 매력을 미끼 삼아 자네 같은 청년들을 악덕의 구렁텅이 속으로 밀어 넣는지 잘 모르네. 자네의 영혼은 조금도 비천하지 않다네. 그것은 나도 잘 알고 있다네. 자네는 결코 약속을 어기지 않겠지만, 아마도 자네가 약속한 것에 대하여 수없이 후회할 것이네. 그리고 자네를 사랑하는 사람이 자네를 위협하는 해악으로부터 자네를 구하기 위해 자네의 마음을 몹시 아프게 할 수밖에 없을 때, 자네는 그를 수없이 저주할 것이네. 세이렌의 노래에 마음이 흔들린 오디세우스가 뱃사람들에게 자기를 묶은 사슬을 풀라고 외쳤던 것처럼,[126] 자네는 쾌락의 매력에 유혹되어 자네를 구속하는 속박에서 벗어나고 싶어 할 것이네. 자네는 불만을 터

126 세이렌은 아름다운 노래로 뱃사공들을 홀려 죽게 했다는 반인반어 요정이다. 오디세우스는 유혹을 이겨 내기 위해 뱃사공들에게는 귀막이로 귀를 막게 하고 자기는 기둥에 묶인 채 그 노래를 들었다 ― 옮긴이.

트리며 나를 괴롭힐 것이고, 내가 더없는 애정으로 자네를 보살필 때 자네는 내가 횡포를 부린다고 비난할 것이네. 오로지 자네를 행복하게 만들 생각만 하는데도 나는 오히려 자네의 미움을 받게 될 것이네. 오, 나의 에밀이여! 내가 너에게 미운 사람이 된다면 나는 그 괴로움을 결코 견디지 못할 것이네. 아무리 너의 행복을 위해서라 할지라도 그런 대가를 치러야 한다면 그건 너무도 큰 희생이네. 선량한 젊은이여, 자네는 내게 복종할 것을 약속함으로써 내가 자네를 인도하고 나 자신은 잊은 채 자네에게 헌신할 것을 강요하고, 자네의 불평불만을 듣지 않고 끊임없이 자네의 욕망과 내 욕망을 통제하도록 강제하고 있다는 것을 모른단 말인가? 자네는 자네가 쓴 멍에보다 더 가혹한 멍에를 내게 씌우고 있는 것이네. 우리 둘 다 그 멍에를 짊어지기에 앞서 우리의 능력을 생각해 보기로 하세. 여유를 갖고, 내게도 그것에 대해 생각할 시간을 주기 바라네. 그리고 약속하는 데 가장 더딘 사람이 언제나 가장 충실하게 그 약속을 지키는 사람이라는 것을 명심해야 하네.”

여러분 자신도 여러분이 한 약속에 대해 까다로워질수록 그것을 실행하기가 더 용이해진다는 것을 알아야 한다. 젊은이는 자신도 많은 것을 약속하지만 여러분이야말로 훨씬 더 많은 것을 약속하고 있다는 것을 알아야 한다. 그 순간이 오면, 말하자면 그가 계약에 서명하고 난 뒤에는 말투를 바꾸어야 한다. 여러분이 준엄하게 말했던 만큼, 당신의 지배력에 그 정도의 부드러움을 곁들여야 한다. 그에게 다음과 같이 말하라. “젊은 벗이여, 자네에게 경험은 모자라지만 내가 노력한 결과 이성이 모자라지는 않네. 자네는 이제 내가 하는 행동의 동기들을 어디서나 볼 수가 있네. 그러기 위해 자네는 침착해지기를 기다리기만 하면 된다네. 언제나 먼저 복종하고 그다음에 내가 내린 명령에 대한 해명을 요구하게나. 나는 자네가 내 말을 이해할 수 있는 상태가 되면 즉시 자네에게 그 이유를 설명할 준비가 되어 있을 것이네. 그리고 나는 자네를 자네와 나의 심판자로 삼는 것에 대해 걱정하지 않겠네. 자네는 순종을 약속하고, 나는 오로지 자네를 행복한 사람으로 만들기 위해서만 자네의 순종을 활용할 것이라고 약속하네. 나는 자네가 지금까지 즐겨 온 삶을 내 약속의 보증으로 삼겠네. 만약 자네가 또래의 사람들 중 자네만큼 즐거운 인생을 살아온 사람을 누구라도 본다면, 나는 더 이상 자네에게 아무것도 약속하지 않겠네."

나의 권위를 확립한 다음, 내 첫 관심사는 그 권위를 반드시 사용해야 할 경우를 만들지 않는 것이 될 것이다. 점점 더 그의 신뢰를 얻기 위해서, 또 그가 자기 마음을 털어놓을 수 있는 상대가 되고 그의 즐거움을 좌우하는 사람이 되기 위해서라면 나는 어떤 일도 서슴지 않을 것이다. 그 나이에 나타나는 성향을 억제하기보다 그것을 지도하는 사람이 되기 위해 그 성향들을 살펴볼 것이다. 그의 생각을 지도하기 위해 그 생각을 이해할 것이고, 현재를 희생시키면서 그에게 멀리 떨어진 행복을 찾아주는 짓은 전혀 하지 않을 것이다. 나는 그가 한 번만 행복하기를 바라지 않는다. 내가 바라는 것은 가능하다면 그가 언제나 행복한 것이다.

청년을 관능의 함정으로부터 보호할 수 있게 그를 현명하게 인도하고자 하는 사람들은 그에게 사랑에 대한 두려움을 갖게 만든다. 그리고 그 나이에 사랑에 대해 생각한다고 거리낌 없이 그를 심하게 책망할 것이다. 마치 사랑이 늙은이들을 위해 있는 것처럼 말이다. 마음이 거짓이라고 부인하는 이 기만적인 교훈들 전부는 조금도 설득력이 없다. 더 확실한 본능에 의해 인도되는 젊은이는 이 엉터리 훈계에 동의하는 척하면서 그것을 남몰래 비웃고, 그것을 무의미하게 만들 순간만 기다린다. 이 모든 것은 자연에 반한다. 나는 정반대의 길을 따라가면서 동일한 목적에 더 확실하게 도달할 것이다. 나는 그가 갈망하는 달콤한 감정을 그의 마음속에서 부추길까 조금도 걱정하지 않을 것이고, 오히려 그것을 인생 최고의 행복으로 묘사할 것이다. 그것이 사실이기 때문이다. 나는 그에게 그것을 설명하면서 그가 거기에 몰두하기를 원한다. 나는 그가 마음과 마음의 결합이 관능의 매력에 얼마나 매력을 더해 주는지 느끼게 함으로써 그에게 방탕에 대한 혐오감을 불러일으키고, 그를 사랑을 느끼는 동시에 현명한 사람으로 만들 것이다.

젊은이에게서 싹트기 시작하는 욕망 속에서 그저 이성의 가르침을 가로막는 장애물만 보는 것은 정말 편협한 생각이 아닐 수 없다. 나는 거기서 청년을 이성의 가르침에 순종하게 만드는 진정한 방법을 본다. 정념을 통해서만 정념을 잡을 수 있다. 정념이 갖는 강력한 영향력은 바로 그 영향력을 통해 통제해야 한다. 그리고 언제나 자연 그 자체에서 자연을 규제하는 데 적합한 도구를 얻어야 한다.

언제나 혼자 있는 것은 에밀에게 맞지 않다. 사회의 일원으로서 그는 사회적인 의무를 수행해야 한다. 사람들과 함께 살도록 되어 있는 그는 사람들을 알아야 한다. 그는 보편적인 인간은 알고 있는데, 이제는 개개인을 알아야 한다. 그는 세상에서 사람들이 무슨 일을 하는지 알고 있는데, 앞으로는 사람들이 어떻게 사는지도 알아야 한다. 그는 이미 이 거대한 무대에 숨겨진 장치들의 작용을 모두 알고 있지만, 지금이야말로 이 무대의 외관을 보여 주어야 할 때이다. 그는 이제 거기에 경솔한 청년의 어리석은 찬사를 보내지 않고 공정한 정신의 분별력을 갖다 댈 것이다. 어쩌면 그의 정념이 그를 미혹시킬 수도 있을 것이다. 정념이 거기에 빠진 사람들을 미혹시키지 않을 때가 있는가? 그러나 적어도 그는 다른 사람들의 정념에 속는 일은 없을 것이다. 그는 정념을 바라볼 때, 남들이 보여 주는 본보기에 마음이 사로잡히거나 그들의 편견에 혹하지 않고 현자의 눈으로 그것을 볼 것이다.

학문 연구에 적합한 시기가 있는 것처럼 세상의 관습을 제대로 파악하는 데도 시기가 있다. 이러한 관습을 너무 젊은 나이에 배운 사람은 누구든 일생 동안 깊은 생각 없이 아무렇게나 그것을 추종한다. 그래서 능숙하게 관습을 따르면서도 자신이 무엇을 하고 있는지 결코 제대로 알지 못한다. 그러나 관습을 배우면서 그 근거를 아는 사람은 분별력이 더 커져서, 더 올바르고 기품 있게 관습을 따르게 된다. 모든 일에 대해 아무것도 모르는 열두 살 어린아이를 내게 맡기면 그 아이가 열다섯 살이 될 때, 여러분이 초기부터 교육한 아이만큼 박식하게 만들어 여러분에게 돌려보낼 것이다. 차이가 있다면 여러분이 맡은 아이가 갖는 지식은 단지 그의 기억 속에 있겠지만, 내가 맡은 아이의 지식은 그의 판단 속에 있다는 것이다. 마찬가지 방식으로 스무 살의 젊은이를 사교계에 보내 보라. 그는 지도만 잘 받으면 일 년 뒤에 어린 시절부터 그곳에서 자란 젊은이보다 더 사랑스럽고 더 적절하게 예의를 갖춘 사람이 될 것이다. 왜냐하면 이 젊은이는 이 관례를 구성하는, 나이와 신분과 성에 따라 사람을 대하는 모든 방식의 이유를 알 수 있기 때문에 그 방식들을 원리로 환원하고 예견치 못한 경우라도 그것들을 확대 적용할 수 있기 때문이다. 반면 다른 청년은 규칙이래야 고작 자신의 습관적 행동밖에 없기 때문에 거기서 벗어나자마자 이내 당황한다.

프랑스의 젊은 숙녀들은 모두 결혼하기 전까지 수녀원 부속 기숙학교에서 교육을 받으며 자라난다. 그렇다고 결혼할 때 그녀들이 자신에게 그토록 생소한 예절을 익히는 데 힘이 들 것이라고 생각하는가? 그리고 어린 시절부터 사교계에 집어넣지 않았기 때문에, 파리의 여성들이 어색하고 당황한 태도를 보이고 사교계의 관습을 모른다고 비난을 받을까? 이 편견은 사교계 사람들 자신들에게서 나온 것이다. 그들은 그 하찮은 수완보다 더 중요한 것은 아무것도 모르기 때문에 그것을 획득하려면 일찍 시작할수록 더 좋다는 그릇된 생각을 갖고 있다.

지나치게 기다려서는 안 된다는 것도 옳다. 젊은 시절 내내 상류 사회에서 멀리 떨어져 지낸 사람은 누구나 이후 평생 동안 상류 사회에서 어쩔 줄 모르고 어색한 태도를 취하고 언제나 화제에서 빗나가는 말을 꺼내고, 어설프고 서투른 예절을 취한다. 그리고 그곳의 생활이 습관이 되었을 때도, 더 이상 그 어색함과 서투름이 고쳐지지 않고 그것을 없애려고 노력을 해도 또 다른 웃음거리가 될 뿐이다. 모든 종류의 가르침에는 그것을 알아야만 하는 나름대로의 적당한 시기가 있으며, 피해야만 하는 나름대로의 위험이 있다. 특히 이런 가르침에서는 그 위험들이 한데 결집되어 있다. 그러나 나 또한 내 제자를 그것들로부터 보호하기 위한 대비 없이 위험에 처하게 하지는 않는다.

나의 방법이 동일한 목적 아래 모든 계획을 완수하고, 또 곤란한 점을 피하면서 동시에 다른 곤란한 점을 예방하게 될 때, 나는 그 방법이 유용하고 내가 옳다고 판단한다. 그리고 지금 여기서 내가 그 방법을 따라 세우려는 대책들이 바로 그런 것이라고 나는 믿고 있다. 내가 제자를 엄격하고 딱딱하게 대하려고 하면 나는 그의 신뢰를 잃고 또 그는 곧 나를 피할 것이다. 그러나 내가 친절하고 너그럽고 잘못을 눈감아 주려 한다면, 그가 나의 보호 아래 있다는 것이 그에게 무슨 소용이 있는가? 나는 그저 제자의 방탕함을 용납하고 내 양심을 희생하여 그의 양심을 편하게 해 주는 것뿐이다. 내가 오로지 그를 가르친다는 계획만 갖고 그를 사교계에 데려간다면, 그는 내가 원하는 것 이상으로 배울 것이다. 내가 끝까지 그를 사교계에서 멀리 떨어져 있게 하면, 그가 내게서 무엇을 배우겠는가? 아마 모든 것을 배우겠지만, 자신과 동류인 인간들과 함께 살 줄 아는, 인간과 시민에게 가장 필요한 기술은 제외될 것이다. 내가 이런 보살핌에 너무 먼 장래의 유익함을 제시한다면, 그것은 그에게 아무 가치도 없는 것이 될 것이다. 그는 오로지 현재만 중시하기 때문이다. 그렇다고 내가 그에게 오락거리만 제공하는 것으로 만족한다면, 그에게 내가 무슨 도움이 되겠는가? 그는 해이해져서 아무것도 배우지 못할 것이다.

그런 일들은 모두 안 된다. 나의 대책만이 모든 것에 대비하고 있다. 나는 젊은이에게 이렇게 말한다. "자네의 마음은 반려자를 필요로 하고 있네. 자네에게 맞는 반려자를 찾으러 가세. 우리는 아마 그 여인을 쉽게 찾지는 못할 것이네. 진정한 미덕은 언제나 드물기 마련이네. 그러나 서두르지도 말고 물러서지도 말게. 아마도 그런 여인은 있을 것이고, 우리는 결국 그런 여인을 아니면 적어도 그와 가장 비슷한 여인을 찾게 될 것이네." 이처럼 그의 마음에 쏙 드는 계획을 세우고 그를 사교계로 안내한다. 그에게 그 이상의 무슨 말이 필요하겠는가? 여러분은 내가 이미 할 일을 다 했다고 생각하지 않는가?

내가 그와 맺어 주려는 연인의 모습을 묘사함으로써, 그가 내 말에 귀를 기울이게 만들 수 있을지, 또 그가 사랑해야 할 자질들을 그에게 유쾌하고 소중한 것이 되게 할 수 있을지, 또 그의 모든 감정이 추구해야 할 것은 추구하도록 또 피해야 할 것은 피하도록 만들 수 있을지 한번 상상해 보라. 그가 미지의 상대와 미리 사랑에 빠지게 만들지 못한다면, 나는 가장 무능한 사람임에 틀림없다. 내가 그에게 그려 보일 대상이 상상의 인물이라도 상관없다. 그 상상의 대상 때문에 그가 자신을 유혹할 대상들에게 혐오감을 갖는 것으로 충분하기 때문이다. 그가 어디서나 비교를 해 보고 자신에게 강한 인상을 준 현실의 대상들보다 자신의 환상을 더 좋아하게 만들기만 하면 그것으로 충분하다. 그런데 과연 진정한 사랑이란 무엇인가? 그것은 환상, 허구, 착각이 아닌가? 사람은 자기 스스로 만드는 이미지를 그것을 적용하는 대상보다 한층 더 사랑한다. 만약 사람이 자신이 사랑하는 대상을 정확히 있는 그대로 본다면, 이 지상에서 이미 사랑이란 존재하지 않을 것이다. 더 이상 사랑하지 않게 되면, 사랑을 받았던 사람은 예전과 다름없으나 이제는 같은 사람으로 보이지 않는다. 환상의 베일이 벗겨지면 사랑은 사라진다. 그러므로 나는 상상의 대상을 제공함으로써 마음껏 비교시킬 수 있으며, 현실의 대상에서 생겨나는 환상을 쉽게 방지할 수 있다.

그렇다고 해서 젊은이에게 현실적으로 존재할 수 없는 완벽한 모델을 그려 주어 그를 속이자는 것은 결코 아니다. 다만 그에게 알맞고 그의 마음에 들고 그의 결점을 고치는 데 도움이 될 수 있도록 연인의 결점들을 택할 것이다. 그에게 묘사하는 대상이 실제로 있다고 거짓 주장을 함으로써 그에게 거짓말하는 것 또한 원치 않는다. 그러나 그 이미지가 그의 마음에 든다면 그는 곧 실물을 원하게 될 것이다. 실제로 있었으면 하는 염원에서 있을지도 모른다는 추정으로 옮겨 가기는 쉽다. 매우 감각적인 필치로 상상의 대상에 더 그럴듯한 진실감을 부여할 보기 좋은 묘사 몇 개만 곁들이면 된다. 나는 그녀에게 이름까지 붙여 주고 싶다. 나는 웃으면서 말할 것이다. "자네 미래의 연인을 소피라고 부르세. 소피는 행운이 따를 이름이네. 자네가 선택하는 여인의 이름이 그런 이름이 아니라도 그녀는 적어도 그 이름에 합당한 여인일 것이네. 미리 그 이름에 경의를 표해도 좋겠지." 이렇게 세부적인 묘사를 모두 한 뒤에 긍정도 부정도 하지 않고 그럴듯한 구실을 내세워 발을 빼면 그의 추측은 확신으로 바뀌어 간다. 그는 이미 정해진 아내에 대해 사람들이 그에게 숨기고 있다고 믿을 것이다. 그리고 때가 되면 그녀를 보게 될 것이라 생각할 것이다. 일단 여기까지 오고 그에게 보여 주어야 할 특징들을 잘 선택했다면, 남은 일은 어려울 것이 하나도 없고 거의 아무 위험 없이 그를 사교계에 내보낼 수 있다. 그를 관능으로부터 지켜 줄 수만 있으면 그의 마음은 안전하다.

그러나 그가 사랑할 만한 존재로 내가 만들어 준 모델을 그가 의인화하든 하지 않든, 그 모델이 훌륭하게 만들어졌다면 그는 실제로 그 대상이 현실에 있기라도 한 것처럼 그와 닮은 모든 것에 애착을 느낄 것이고 그와 닮지 않은 모든 것에 반감을 갖게 될 것이다. 그의 일신이 처하게 될 위험으로부터 마음을 지키기 위해서, 그의 상상력을 통해 그의 관능을 억누르기 위해서, 그리고 특히 젊은이에게서 정숙함을 고스란히 빼앗는 방법만 써서 그에게 예절 교육을 시키고는 엄청나게 비싼 수업료를 지불케 하는 그런 여성들로부터 그를 떼어 놓는 데 이 얼마나 유리한 방법인가. 소피는 아주 얌전하다. 그러니 그가 이런 여성들의 추근거림을 어떤 눈으로 보겠는가? 소피는 정말 소박하다. 그러니 그가 이런 여자들의 자태를 어찌 좋아하겠는가? 그가 생각하는 것과 눈앞에 보이는 것이 너무 동떨어져 있어서 그가 보고 있는 것은 절대로 그에게 위험이 될 수 없다.

어린아이들의 지도에 대해 말하는 사람들은 누구나 똑같은 편견과 똑같은 준칙을 따른다. 왜냐하면 이들은 관찰도 잘 못하고 생각은 훨씬 더 잘 못하기 때문이다. 청년들의 탈선은 기질이나 관능에서 시작하는 것이 아니라 세상 평판에서부터 시작한다. 만약 여기서 학교 교육을 받는 소년들이나 수녀원 부속 기숙학교 교육을 받는 소녀들을 다루고 있다 하더라도, 이는 그들에게도 진실임을 보여 줄 수 있을 것이다. 왜냐하면 이들이 받아들이는 최초의 가르침이자 결실로 맺어지는 유일한 가르침은 악덕의 가르침이기 때문이다. 그들을 타락시키는 것은 자연이 아니라 다른 사람들이 보이는 본보기이다. 학교와 수녀원 부속 기숙학교 기숙생들의 나쁜 품행을 방치해 두면, 그들의 나쁜 품행을 고칠 방법은 영원히 없을 것이다. 나는 단지 가정교육에 관해서만 말하겠다. 시골 아버지 집에서 현명하게 키워진 한 청년을 예로 들어 보자. 그가 파리에 도착하는 순간, 또는 사교계에 발을 들여놓는 순간에 그를 관찰해 보라. 여러분은 그가 올바른 것들에 대해 바르게 생각하고, 건전한 이성과 건전한 의지도 가졌음을 보게 될 것이다. 여러분은 그가 악덕에 대해서는 경멸을, 방탕에 대해서는 두려움을 갖고 있다는 것을 알게 될 것이다. 창녀라는 말을 듣기만 해도 순진한 마음에서 우러나는 분노를 그의 눈에서 보게 될 것이다. 설사 그가 그 불행한 여인들의 효용을 알고 그 필요성을 느낀다 할지라도, 나는 그녀들의 음울한 거처에 혼자 들어갈 결심을 할 수 있는 사람은 한 명도 없을 것이라고 주장한다.

그로부터 육 개월 후, 그 젊은이를 다시 한번 살펴보기 바란다. 여러분은 이미 그를 알아보지 못할 것이다. 난잡한 이야기며 거만한 어조로 내뱉는 처세훈이며 거리낌 없는 태도 때문에 아마 그를 다른 사람으로 착각할 것이다. 자기가 처음에는 순진했다고 농담할 때나, 사람들이 그에게 그의 순진함을 생각나게 하여 부끄러워할 때, 그 농담과 부끄러움이 그가 바로 그 젊은이고 그가 그 때문에 얼굴을 붉히고 있음을 나타내지 않는다면 말이다. 오, 그는 얼마 되지 않은 기간에 얼마나 훈련을 받은 것인가! 이토록 큰 갑작스러운 변화가 어디서 비롯된 것일까? 관능의 욕구가 발달해서? 그의 관능의 욕구야 부모님 집에서도 마찬가지로 발달하지 않았겠는가? 그러나 분명 그는 부모님 집에서는 이런 말투와 의견을 갖지 않았을 것이다. 처음으로 맛보는 관능의 즐거움에서 생겨난 것일까? 그와 완전히 반대이다. 관능의 즐거움에 빠져들 때 사람은 겁을 먹고 불안하여 대낮처럼 밝은 곳과 시끄러운 곳을 피하는 법이다. 최초의 관능적 쾌락은 언제나 신비로우며, 수치심이 그 묘미를 돋우고 그것을 감춘다. 최초의 연인은 그를 뻔뻔스럽게 만드는 것이 아니라 소심하게 만든다. 완전히 새로운 상태에 푹 빠져 버린 청년은 그것을 맛보기 위해 완전히 몰두하고 그것을 잃지 않을까 염려한다. 그가 떠들어 댄다면, 그는 관능적인 쾌락을 즐기는 것도 사랑에 빠진 것도 아니다. 그가 떠벌리는 한 그는 아직 쾌락을 누린 적이 없는 것이다.

이러한 차이들은 사고방식이 달라진 데서만 생겨난다. 그의 마음은 아직도 한결같지만 그의 생각은 변했다. 그의 감정이 변질되는 것은 더디기는 하지만 달라진 사고방식 때문에 결국 변질될 것이고, 그때서야 비로소 그는 정말로 타락할 것이다. 그가 사교계에 발을 들여놓는 순간, 그는 거기서 최초의 교육과 완전히 반대되는 두 번째 교육을 받을 것이다. 그리고 그 교육을 통하여 그는 존중해 오던 것을 경멸하고 경멸하던 것을 존중하는 법을 배운다. 사람들은 그가 부모와 스승이 준 가르침은 현학적인 횡설수설로, 그들이 그에게 가르쳐 준 의무는 어른이 되면 무시해야 하는 유치한 도덕으로 간주하게끔 만든다. 그는 명예 때문에 행동을 바꾸지 않을 수 없다고 믿는다. 욕망이 없어도 여자를 유혹하게 되고, 수줍음 때문에 잘난 체하게 된다. 그는 나쁜 품행을 일삼기도 전에 훌륭한 품행을 비웃고, 방탕에 빠질 줄도 모르면서 방탕함을 자랑한다. 나는 스위스 근위대의 한 젊은 장교가 한 고백을 결코 잊지 못할 것이다. 그는 동료들의 떠들썩한 쾌락에 매우 짜증스러웠지만, 그들로부터 비웃음을 당할까 두려워 차마 그것을 거부하지 못했던 것이다. 그는 이렇게 말했다. "나는 이런 것을 연습합니다. 마치 마지못해 담배 피우는 연습을 하는 것과 같지요. 취미는 습관에서 오는 법입니다. 언제까지나 어린아이여서는 안 되니까요."

그렇기 때문에 사교계에 입문하는 청년은 관능보다 허영심으로부터 지켜 주어야 한다. 청년은 자신의 성향보다 다른 사람들의 성향에 굴복하는 일이 더 많으며, 사랑보다 자존심 때문에 방탕아들이 더 많이 생겨나기 때문이다.

상황이 이렇다면 물어보겠다. 자신의 품행과 소견과 원칙에 대한 모든 공격에 맞서 나의 제자보다 더 잘 무장된 사람이 이 세상에 또 있을까? 휩쓸어 가는 급류에 더 잘 저항할 수 있는 사람이 또 있을까? 실상 그는 어떤 유혹에든 방어할 자세가 되어 있지 않은가? 욕망이 그를 이성異

^性 쪽으로 끌고 간다 해도 그는 그곳에서 자신이 추구하는 것을 발견하지 못하고, 이미 선입견을 갖고 있는 그의 마음이 그를 제어한다. 관능이 그를 동요시키고 재촉한다 할지라도, 관능을 만족시킬 수 있는 것을 어디서 찾겠는가? 간통과 방탕에 대한 두려움 때문에 그는 창녀든 결혼한 여인이든 똑같이 멀리하는데, 청년들의 방탕함은 언제나 이 두 신분의 여인 중 하나에서 시작된다. 결혼할 숙녀는 애교를 부릴 수 있지만 뻔뻔하지는 않을 것이다. 그녀가 정숙하다는 생각이 들면 그녀와 결혼할 수도 있는 어떤 젊은 남자가 있다면, 그녀는 달려가 그 남자의 목에 매달리려고 하지 않을 것이다. 게다가 그녀에게는 그녀를 지켜 줄 누군가가 있을 것이다. 에밀의 경우에도 그는 완전히 혼자 방치되어 있지는 않을 것이다. 이 두 남녀에게는 적어도 최초의 욕망과 분리될 수 없는 두려움과 부끄러움이 감시인으로 딸려 있을 것이다. 그들은 단번에 매우 친숙한 관계로 넘어가지도 않을 것이며, 아무 방해도 받지 않고 차츰차츰 친숙한 관계에 이르게 될 시간도 없을 것이다. 이렇게 행동하지 않으려면, 그는 이미 동료들의 가르침을 받아들여서 자신의 조심성을 비웃고 또 그들을 흉내 내어 뻔뻔스러워지는 법을 배웠어야 한다. 그러나 에밀처럼 남을 흉내 내지 않는 사람이 이 세상 어디에 또 있을까? 편견을 조금도 갖지 않고 다른 사람들의 편견도 전혀 인정할 줄 모르는 사람은 그 누구보다 조롱하는 말투에 조종되는 일이 적다. 비웃는 자들에 맞서도록 그를 무장시키기 위해 나는 이십 년간 노력해 왔다. 그런 자들이 에밀을 속여 넘기려면 하루 이틀 가지고는 안 된다. 왜냐하면 그가 보기에 웃음거리가 된다는 것은 바보들이나 내세우는 핑계에 불과한데, 세상 평판에 초연한 것보다 더 조롱에 태연하게 만드는 것은 없기 때문이다. 그에게 필

요한 것은 빈정거림이 아니라 도리이다. 그리고 그가 그런 상태에 있는 한, 나는 분별없는 청년들이 그를 내게서 빼앗아 갈까 염려하지 않는다. 양심과 진리가 나의 편이다. 거기에 편견이 섞여 있다 하더라도 이십 년간의 애착 또한 무시할 수 없는 것이다. 사람들은 결코 그로 하여금 내가 헛된 가르침으로 그를 지겹게 만들었다고 믿게 만들지는 못할 것이다. 그리고 정의롭고 정이 많은 그의 마음속에서 충실하고 진실한 한 친구의 목소리는 이십 명의 유혹자들이 외치는 소리를 충분히 지워 버릴 수 있을 것이다. 그럴 경우 이들이 그를 속이고 있으며, 그를 어른으로 취급하는 척하면서 사실은 어린아이로 취급하고 있다는 사실을 그에게 보여 주기만 하면 된다. 그렇기 때문에 그가 자신을 어른으로 대하는 것은 바로 나라는 사실을 깨닫도록, 나는 이치를 따질 때 단순하고 신중하고 명료하도록 노력할 것이다. 나는 그에게 다음과 같이 말할 것이다. "자네도 알다시피 자네의 이익이 바로 나의 이익이기 때문에, 내가 말하는 것은 자네의 이익을 위해서네. 내게 다른 이해관계는 전혀 없네. 그런데 그 청년들은 무슨 이유로 자네를 설득하려 하겠는가? 그들은 자네를 유혹하고 싶은 것이네. 그들은 자네를 조금도 사랑하지 않으며, 자네에게 아무 관심도 없다네. 그들이 가진 동기라고는 고작 자네가 그들보다 나은 사람인 것을 보면서 느끼는 은근히 분한 마음이네. 그들은 자네를 자기들의 저속한 수준으로 끌어내리고, 오직 자네를 지배하기 위하여 자네가 남의 지배를 받고 있다고 비난하는 것이네. 그렇게 바꾼다고 해서 자네한테 뭔가 득이 있을 거라고 생각할 수 있겠는가? 대체 그들의 지혜가 그토록 탁월하고, 그들이 보이는 잠깐 동안의 애착이 내 애착보다 더 강하단 말인가? 그들의 빈정거림을 어느 정도 존중하려면 그들의 권위를 존중할 수 있어야 할 것이네. 그들의 준칙을 우리의 준칙보다 더 나은 것으로 만드는 어떤 경험이 그들에게 있는가? 그들은 그저 다른 경솔한 사람들을 모방했을 뿐이네. 그리고 이번에는 자신을 보고 다른 사람이 모방해 주기를 바라는 것이네. 그들은 자기 아버지들이 갖는 편견을 극복하기 위해서 동료들의 편견에 굴복하는 것이네. 나는 그런 짓을 하는 것이 그들에게 무슨 득이 되는지 전혀 모르겠네. 그러나 나는 그들이 여기서 분명 두 개의 큰 이득을 잃었다는 것은 알고 있네. 그것은 사랑과 진심으로 조언하는 아버지의 애정에서 비롯되는 이익과, 아는 것을 판단할 수 있게 해 주는 경험에서 비롯되는 이익이네. 왜냐하면 아버지들은 아이인 적이 있었으나 아이들은 아버지인 적이 없기 때문이네.

그런데 자네는 그들이 적어도 자신들의 어리석은 원칙에 있어서 진실하다고 생각하는가? 사랑하는 에밀이여, 그것마저도 그렇지가 않다네. 그들은 자네를 속이기 위해 자신들을 속이고 있는 것이네. 그들은 자기 자신과도 의견이 일치하지 않는다네. 그들의 마음은 끊임없이 스스로를 반박하고 그들의 입은 종종 자신과 어긋나는 말을 한다네. 그들 가운데 성실한 것을 조롱하는 사람이라도 자기 아내가 그와 같은 생각을 가진다면 절망할 것이네. 또 어떤 사람은 품행에 대한 이런 무관심을 아직 있지도 않은 부인의 품행에까지 밀고 나가거나, 또는 불명예의 극치를 이루도록 이미 맞아들인 부인의 품행에 대해서도 밀어붙일 것이네. 그러나 한 걸음 더 나아가서 그의 어머니에 대해서도 그에게 말해 보게나. 그리고 그가 간통으로 생긴 자식이고 음란한 생활을 한 여인의 아들이며 어떤 가문의 성을 부당하게 쓰고 있고 정당한 상속자에게서 그 가문의 유산을 훔치고 있다는 소문이 나도 그것을 기꺼이 받아들일 것인지, 마지막으로 그가 사생아 취급을 받아도 인내하며 가만히 있을지 지켜보게나. 그들 중 어느 누가 남의 딸에게 덮어씌운 불명예를 자신의 딸에게도 돌려주기를 바라겠는가? 만약 그가 자네에게 부과하려 애쓰는 모든 원칙들을 자네가 실제로 그에게 적용한다면, 자네를 죽이려 들지 않을 사람은 단 한 명도 없을 것이네. 바로 이런 식으로 그들은 마침내 자신의 자가당착을 드러내고, 그들 중 누구도 자신이 말하는 것을 믿지 않는다는 것을 사람들이 알게 되는 걸세. 사랑하는 에밀, 이것이 도리이네. 그들에게도 그들 나름의 논리가 있다면, 그것을 신중하게 검토하고 비교하게나. 만약 내가 그들처럼 경멸과 조롱을 하려 든다면, 자네는 그들이 나와 마찬가지로 또는 그 이상으로 웃음거리가 되는 것을 보게 될 것이네. 그러나 나는 진지한 검토를 두려워하지 않는다네. 비웃는 자들의 승리는 오래 지속되지 못하는 법이네. 진리는 남을 것이고, 그들의 어리석은 웃음은 사라지고 말 것이니."

여러분은 스무 살의 에밀이 어떻게 순종할 수 있는지 상상도 못할 것이다. 우리는 정말 생각하는 방식이 다르다! 나로서는 그가 어떻게 열 살 때 순종할 수 있었는지 이해가 안 될 정도다. 내가 그 나이의 에밀에게 어떤 영향력을 가질 수 있었겠는가? 그 영향력을 마련하기 위해서 내게 십오 년간의 배려가 필요했다. 그 무렵 나는 그를 교육했던 것이 아니라 그에게 교육받을 준비를 시켰던 것이다. 지금에서야 그는 순종할 정도로 충분히 교육을 받은 상태에 있다. 그는 우정의 목소리를 알아듣고 이성에 복종할 줄 안다. 사실 나는 그에게 겉으로 보기에만 자율을 허용하고 있다. 그렇지만 그가 내게 지금보다 더 복종한 적은 결코 없었다. 왜냐하면 지금 그는 스스로 복종을 원해서 복종하고 있기 때문이다. 내가 그의 의지를 지배하지 못했을 동안에는 그의 신체를 지배한 데 불과했다. 나는 그에게서 한 걸음도 떨어진 적이 없다. 지금은 가끔 그를 혼자 내버려 둔다. 왜냐하면 언제나 나는 그를 지배하고 있기 때문이다. 그의 곁을 떠날 때, 나는 그를 껴안으며 안심할 수 있다는 듯 이렇게 말한다. "에밀, 나는 이제 자네를 나의 친구에게 맡기네. 나는 자네를 그의 정직한 마음에 넘겨주는 것이네. 내게 자네를 책임질 사람은 바로 그 사람이네."

이전까지 전혀 변질된 적이 없었던 건전한 애정을 타락시키거나 또는 이성의 최초의 빛에서 직접 끌어낸 원칙들을 지워 버린다는 것은 잠깐 동안에 되는 일이 아니다. 설령 내가 없는 사이에 거기서 어떤 변화가 일어난다 해도, 나는 그렇게 오랫동안 자리를 비우지는 않을 것이다. 그리고 그는 내게 자신의 언행을 충분히 잘 감출 줄 모르기 때문에, 나는 나쁜 일이 일어나기 전에 그 위험을 알아차리고 늦지 않게 그것에 대비할 수 있을 것이다. 사람이란 단숨에 타락하지 않는 것처럼 감추는 법도 단번에 배우지 못한다. 그리고 일찍이 이러한 기술에 서툰 사람이 있다면, 에밀이 바로 그런 사람이다. 그는 지금까지 사는 동안 단 한 번도 이 기술을 사용할 기회가 없었기 때문이다.

이와 같은 그리고 이와 유사한 배려로 나는 그가 이상한 대상들이나 저속한 처세훈으로부터 매우 잘 보호받고 있다고 믿고 있으므로, 나로서는 그가 자기 방이나 정원에 혼자 있으면서 그 나이의 불안에 빠져 있는 것보다 파리의 가장 좋지 않은 모임의 한복판에 있는 것이 더 나을 것 같다. 우리가 무슨 수를 쓰든지, 청년을 공격할 수 있는 모든 적들 중에서 피할 수 없는 유일한 적, 가장 위험한 적은 바로 그 자신이다. 그렇지만 이 적은 우리가 실수만 하지 않는다면 위험하지 않다. 왜냐하면 내가 수없이 말했던 바와 같이 오로지 상상력에 의해서만 관능이 눈을 뜨게 되기 때문이다. 관능의 욕구는 본래 조금도 육체적인 욕구가 아니기 때문에, 그것을 진정한 욕구라고 하는 것은 옳지 않다. 만약 음란한 대상이 결코 우리의 눈에 띄지 않았더라면, 또 어떤 추잡한 생각이 결코 우리의 정신 속에 들어오지 않았더라면, 아마도 이 욕구는 결코 우리에게 느껴지지 않았을 것이다. 그 결과 우리는 유혹도 받지 않고, 그래서 노력도 공덕도 없이 순결한 상태로 남았을 것이다. 사람들은 몇몇 상황이나 어떤 광경들이 어떻게 암암리에 젊은이들의 피가 끓어오르게 자극하는지 모른다. 청년들 자신도 그 최초의 불안의 원인을 알아내지 못하는데, 그것은 가라앉히기가 쉽지 않고 지체 없이 다시 생겨난다. 나는 이와 같은 중대한 위기 그리고 그 위기의 근인近因과 원인遠因에 대해 깊이 생각하면 할수록, 사람이 살고 있지 않은 곳에서 책도 교육도 여자도 없이 홀로 자란 사람은 몇 살이 되든지 동정童貞인 채 죽을 것이라는 확신을 갖게 된다.

그러나 여기서 문제가 되는 것은 이런 종류의 야만인이 아니다. 한 인간을 그와 동류인 인간들 사이에서 그리고 사회를 위하여 교육하면서, 언제까지나 그를 이처럼 유익한 무지 상태 속에서 키운다는 것은 가능한 일도 아니고 심지어 적절한 일도 아니다. 그리고 지혜와 관련하여 가장 나쁜 것은 반만 아는 것이다. 우리에게 강한 인상을 준 대상들에 대한 추억과 우리가 획득한 관념은 우리가 세상에서 멀리 떨어져 있어도 우리를 따라와 우리의 뜻과 관계없이 그 대상들 자체보다 유혹적인 이미지들로 은신처를 채운다. 그리하여 고독은 은신처에서 항상 혼자 있는 사람에게는 유익한 만큼이나, 그곳에 그런 유혹적인 이미지를 가지고 온 사람에게는 해로운 것이 된다.

그러므로 젊은이를 세심하게 지켜보라. 그는 다른 모든 것에 대해서 자신을 지킬 수 있겠지만, 그를 자기 자신으로부터 지켜 주어야 할 사람은 바로 여러분이다. 그를 낮이고 밤이고 혼자 내버려 두지 말라. 최소한 그를 그의 침실에서 자게 하라. 그가 졸려서 어쩔 줄 모를 때에야 비로소 그를 침대에 들게 하고, 잠에서 깨어나면 곧바로 침대에서 나오게 하라. 여러분이 더 이상 본능만 따르지 않게 되면 그 즉시 본능을 경계하라. 본능은 홀로 작용하는 동안에는 좋지만, 그것이 인간의 제도와 섞여 들기 무섭게 의심스러워진다. 그렇다고 본능을 없애서는 안 되고 그것을 통제해야 한다. 그런데 그것은 아마 본능을 없애는 것보다 더 어려울 것이다. 본능이 여러분의 제자에게 관능을 속이는 법을, 관능을 만족시키는 기회를 보충하는 법을 가르친다면 그것은 매우 위험한 일이 될 것이다. 그가 일단 이 위험한 보완책[127]을 알게 되면 끝장이다. 그때부터 그의 육체와

---

127 자위행위를 말한다. 루소 자신도 열여섯 살부터 열여덟 살까지의 삶을 기술하는 『고백록』 3권에서 이러한 쾌락을 그 당시 알았다고 말한다.

"내가 이탈리아에서 돌아왔을 때는 거기에 갔을 때와 완전히 같은 상태로 돌아온 것은 아니었다. 그러나 내 나이에 다른 사람이었다면 아마 결코 나 같은 상태로 돌아오지는 않았을 것이다. 나는 거기서 정신적인 순결은 아니지만 육체적인 동정(童貞)은 잃지 않고 돌아왔다. 나이가 들어 성숙해지는 것이 느껴졌다. 나의 충족되지 않는 관능적 욕구가 마침내 나타났고, 극히 무의식적인 그 최초의 사정(射精)으로 인하여 나는 건강에 대해 두려움을 갖게 되었다. 그런데 그것이야말로 내가 그때까지 순진하게 살았다는 사실을 다른 어떤 것보다도 더욱 잘 보여 준다. 나는 곧 두려움에서 벗어나, 자연에는 어긋나지만 건강과 활력과 때로는 생명까지 희생해 가면서 나 같은 기질의 젊은이들을 여러 가지 방탕한 행위들로부터 구해 주는 그 위험한 보완책을 배웠다. 부끄러움과 수줍음을 타는 사람들이 매우 편리하다고 생각하는 이러한 나쁜 버릇은 게다가 강렬한 상상력을 가진 사람들에게 커다란 매력을 갖는데, 그것은 말하자면 모든 여성들을 자기 마음 내키는 대로 할 수 있으며, 자신을 유혹하는 미녀를 그녀의 동의를 얻을 필요 없이 자신의 쾌락에 봉사하도록 만드는 것이다. 나는 해악을 초래하는 이러한 이점에 유혹되어 자연이 내 안에서 회복시켜 놓았던 그리고 내가 잘 만들어지도록 시간적 여유를 주었던 내 건강한 체질을 애써 망쳐 버렸다"(『고백록』, 3권) ― 옮긴이.

마음은 항상 무기력해질 것이고, 그는 청년이 빠져나올 수 없는 가장 해로운 그 습관의 참담한 결과를 무덤까지 가져가게 될 것이다. 아마 차라리 그 편이 더 나을는지 모른다… 불타는 관능의 욕구가 폭발하여 그것을 물리칠 수 없을 때, 사랑하는 에밀이여, 나는 너를 동정한다. 그러나 나는 한순간도 주저하지 않을 것이다. 나는 자연의 목적이 배반당하는 일을 참지 않을 것이다. 만약 어떤 압제자가 너를 지배하여야 한다면, 나는 되도록 앞으로 내가 너를 그 지배에서 구해 낼 수 있는 그런 압제자에게 너를 넘겨주겠다. 어떻게 되든 내게는 너를 네 자신으로부터 떼어 놓는 것보다 여성들에게서 떼어 놓는 것이 더욱 쉬울 것이다.

신체는 이십 세까지 성장한다. 그래서 신체는 모든 자양분을 필요로 한다. 그때 성욕의 절제는 자연의 질서에 합치한다. 그래서 그것을 위반할 때는 대개 자신의 체질을 해치는 법이다. 이십 세 이후부터 성욕의 절제는 일종의 도덕적 의무이다. 그것은 자기 자신을 다스리고 언제나 욕망을 지배하는 방법을 배우는 데 중요하다. 그러나 도덕적인 의무에는 변형과 예외와 규칙들이 있다. 인간의 약점 때문에 양자택일이 불가피하다면 두 개의 악에서 더 작은 악을 택하자. 여하튼 악덕에 물드느니 잘못을 저지르는 편이 차라리 낫다.

지금 이야기하고 있는 것은 이제 내 제자에 대해서가 아니라 여러분의 제자에 대해서라는 사실을 잊지 말기 바란다. 여러분이 끓어오르도록 방치해 둔 정념이 이제는 여러분을 지배하는가? 그렇다면 그의 정념이 승리했음을 그에게 감추지 말고, 솔직하게 정념에 굴복하라. 여러분이 그에게 승리를 있는 그대로 보여 준다면, 그는 그것을 뽐내기보다 오히려 부끄러워할 것이다. 그리고 그는 방황하는 동안 그를 인도할 권리를 여러분에게 남겨 둘 것이므로, 적어도 여러분은 그가 파멸을 피하게 할 수는 있을 것이다. 제자는 나쁜 일은 말할 것도 없고, 선생이 알지 못하고 원하지 않는 일이라면 어떤 일도 하지 않는 것이 중요하다. 그리고 만약 교사가 제자에게 속거나 교사가 모르는 사이에 어떤 잘못이 저질러진다면, 그보다는 교사가 잘못을 허용하고 자신이 잘못을 저지른 것이 되는 편이 백배 낫다. 어떤 일에 대해서는 눈을 감아야 한다고 믿는 사람은 곧 모든 것에 대해 눈을 감지 않을 수 없게 된다. 그리고 최초로 묵인된 잘못은 또 다른 잘못을 초래한다. 그리고 이러한 일이 계속되면 그것은 결국 모든 질서를 무너뜨리고 모든 법을 무시하기에 이른다.

내가 앞서 반박했던 그리고 소인배들은 결코 버리지 않을 또 다른 잘못은 언제나 교사의 위엄을 가장하고 제자의 마음속에서 완벽한 인간으로 보이고 싶어 하는 것이다. 이 방법은 거꾸로 된 것이다. 그들은 자기 권위를 공고히 하려다가 오히려 그것을 무너뜨리는 셈이다. 다른 사람에게 자신의 말을 듣게 만들려면 듣는 사람의 입장에 서야 하고, 인간의 마음에 호소할 줄 알려면 인간이 되어야 한다는 것을 어째서 모르는가? 이렇게 완벽한 사람들은 하나같이 사람들을 감동시키지도 못하고 설득시키지도 못한다. 사람들은 언제나 그들이 느끼지 않는 정념을 비난하는 것은 매우 쉬운 일이라고 생각한다. 여러분이 제자의 약점을 고쳐 주고 싶다면, 그에게 여러분의 약점을 보여 주라. 그가 겪는 것과 똑같은 싸움이 여러분의 내면에서도 벌어지고 있음을 알려 주고, 여러분을 본받아서 자신을 이기는 법을 배우게 하라. 그리고 그가 다른 학생들처럼 이런 말을 못 하게 해야 한다. "이 늙은이들은 이제 젊지 않은 것이 분해서 청년들을 늙은이 취급하려 한다. 또한 자신들의 욕망이 모두 사그라진 상태라서 우리의 욕망을 죄악시한다."

몽테뉴는 어느 날 랑제의 영주에게 독일과 협상하면서 국왕을 위해 몇 번이나 술에 취해 봤느냐고 물었다고 한다. 나도 젊은이를 가르치는 교사라면 그에게 자기가 맡은 제자를 위해 유곽에 몇 번이나 출입해 보았는지 기꺼이 물어보고 싶다. 몇 번이나? 내가 실수하고 있다. 처음 한 번으로 그 방탕아가 또다시 그곳에 가고 싶은 욕망을 영원히 버리지 않는다면, 그가 후회와 수치심을 안고 돌아오지 않는다면, 그가 당신의 가슴에 안겨 눈물을 펑펑 쏟지 않는다면, 여러분은 당장 그의 곁을 떠나라. 그가 정말 끔찍한 괴물이든지 아니면 여러분이 정말 바보이든지 둘 중 하나이다. 여러분은 그에게 아무짝에도 쓸모가 없을 것이다. 그러나 한심하기도 하고 위험하기도 한 이 극단적인 수단은 우리의 교육과는 전혀 상관이 없으니 넘어가기로 하자.

천성이 훌륭한 젊은이를 이 시대의 추잡한 풍습에 내놓기 전에 얼마나 많은 조심성이 필요한지 모른다. 이렇게 조심하는 것은 힘들기는 하지만 반드시 필요하다. 이를 태만히 하는 데서 모든 청년들의 타락이 비롯된다. 젊은 시절의 난잡한 생활 때문에 인간은 타락하고 오늘날 우리가 보게 되는 그런 존재가 되고 만 것이다. 악덕을 저지를 때조차 비열하고 비겁한 그들은 단지 왜소한 영혼만을 가졌을 뿐인데, 그 이유는 쇠약해진 육체가 일찍부터 손상되었기 때문이다. 그들에게는 움직이는 데 필요한 활력조차 충분히 남아 있지 않다. 그들의 생각이 예민한 것은 그들의 정신에 훌륭한 품성이 없다는 것을 나타낸다. 그들은 위대하고 고상한 어떤 것도 느낄 줄 모른다. 그들에게는 솔직함도 없고 기백도 없다. 매사에 비열하고 치사하게 나쁜 짓을 일삼는 그들은 그저 경박하고 교활하고 위선적일 뿐이어서, 이름을 떨치는 악당이 될 만한 용기조차 없다. 청춘의 방탕이 만들어 내는 경멸적인 인간이 바로 이와 같다. 만약 그들 가운데 절도를 유지하고 절제할 줄 알며, 그들 사이에 있으면서도 그들의 품행에 감염되지 않고 자신의 마음과 피와 품행을 지킬 수 있는 사람이 단 한 명이라도 있다면, 그는 서른 살이 되었을 때 저 버러지 같은 사람들을 제압하고, 자기 자신의 주인으로 남기 위해서 치른 고생보다 훨씬 적은 고생으로 그들의 주인이 될 것이다.

가문이나 재산이 에밀에게 별로 소용이 없다 하더라도 그가 원하기만 한다면 그런 사람이 될 것이다. 그러나 에밀은 가문이나 재산이 있는 사람들을 너무나 경멸하기 때문에 그들을 노예로 삼으려 들지도 않을 것이다. 사교계에서 두각을 나타내기 위해서가 아니라 사교계를 알기 위해서 그리고 그곳에서 자신에게 걸맞은 동반자를 찾기 위해서 지금 사교계에 입문하고 그런 사람들에게 둘러싸여 있게 된 그를 한번 보기로 하자.

그가 어떤 신분으로 태어났든지 또 어떤 모임에 처음 들어가든지 그의 첫 출발은 수수하고 남의 눈에 띄지 않을 것이다. 제발 그가 그런 곳에서 두각을 나타낼 정도로 불행하지 않기를 바란다. 그가 지니고 있는 장점은 첫눈에 사람들의 눈길을 끄는 그런 장점이 아니다. 그는 그런 장점을 가지지도 않았고 그런 것을 갖기도 원하지 않는다. 그는 사람들의 판단에 별로 가치를 두지 않기 때문에 그들의 편견도 중요하게 생각하지 않으며, 남들이 그를 알기도 전에 그를 평가해 주기를 바라지도 않는다. 사람들 앞에 나설 때 그의 태도는 소극적이지도 거만하지도 않으며 자연스럽고 진실하다. 그는 거북함이나 꾸밈을 모르고, 모임 한가운데 있어도 아무도 보는 사람 없이 혼자 있을 때와 마찬가지이다. 그렇다고 그가 무례하고 건방지고 누구도 정중하게 대하지 않는 사람일까? 완전히 그 반대이다. 그는 혼자 있을 때도 다른 사람들을 무시하지 않는데, 그들과 함께 살면서 왜 그들을 무시한단 말인가? 그는 자신보다 다른 사람을 우선하는 태도를 보이지 않는다. 그 이유는 그가 자신보다 다른 사람들을 우선시하는 마음을 갖고 있지 않기 때문이다. 그렇다고 그들에게 무관심을 보이지도 않는데, 그는 무관심한 것과는 거리가 멀기 때문이다. 그는 예의범절을 차리는 관례적인 방식은 모르지만 인류애에는 관심이 있다. 그는 어떤 사람이라도 괴로워하는 것을 보고 싶어 하지 않는다. 그는 다른 사람에게 가식적으로 자기 자리를 양보하지 않지만, 그 사람이 무시당하는 것을 보고 그런 무관심 때문에 그가 자존심이 상했다고 판단할 때는 친절한 마음으로 기꺼이 자리를 양보할 것이다. 왜냐하면 내가 지도하는 젊은이에게는 다른 사람이 어쩔 수 없이 서 있는 것을 보기보다 자신이 자발적으로 서 있는 것이 덜 괴로운 일이기 때문이다.

에밀은 일반적으로 사람들을 존경하지는 않더라도, 그들을 동정하고 측은히 여기기 때문에 그들에게 경멸을 표하는 일은 결코 없을 것이다. 그는 사람들에게 실질적인 행복을 맛보게 할 수는 없기 때문에 그들이 만족하고 있는 평판에 입각한 행복을 그들에게 남겨 둔다. 그것은 아무런 대가도 없이 그들에게서 그 행복을 빼앗아 이전보다 그들을 더 불행하게 만들지도 모른다는 우려 때문이다. 그러므로 그는 논쟁이나 반박을 전혀 좋아하지 않는다. 그는 또한 비위를 맞추거나 아첨하지도 않는다. 그는 누구의 의견도 반박하지 않으면서 자신의 의견을 말한다. 왜냐하면 그는 무엇보다도 자유를 사랑하며, 솔직함이야말로 자유의 가장 아름다운 권리들 중의 하나이기 때문이다.

그는 남들이 자신에게 관심을 두는 것을 거의 바라지 않기 때문에 별로 말을 하지 않는다. 마찬가지 이유로 그는 유익한 것만 말한다. 그렇지 않다면 그가 무엇 때문에 말을 하려 하겠는가? 에밀은 너무 많이 배워서 결코 수다쟁이가 될 수는 없다. 지나친 수다는, 나중에 말하겠지만, 재치를 자랑하는 데서 생기거나 하찮은 일에 가치를 부여하고 어리석게도 남도 자기와 마찬가지로 그것을 중요하게 생각한다고 여기는 데서 비롯되는 것이 틀림없다. 모든 것에 참다운 가치를 부여할 만큼 사물에 대한 지식을 충분히 가진 사람이라면 결코 너무 많은 말을 하지 않는다. 왜냐하면 그는 상대방이 그에게 기울이는 관심과 그가 하는 말에 상대방이 가질 수 있는 흥미를 평가할 줄 알기 때문이다. 일반적으로 별로 알지 못하는 사람이 말을 많이 하고, 많이 알고 있는 사람은 말을 별로 하지 않는다. 무식한 사람이야말로 자신이 알고 있는 것이 모두 중요하다고 생각하고 그것을 모든 사람에게 말한다는 것은 말할 나위도 없다. 그러나 배운 사람이라면 자신의 풍부한 지식을 쉽사리 공개하지 않는다. 그는 할 말이 너무도 많겠지만, 자기가 말을 한 다음에도 할 말이 더 많다는 것을 알고 있다. 그래서 그는 입을 다문다.

에밀은 다른 사람들의 방식과 충돌하기는커녕 오히려 웬만큼 기꺼이 그것을 따른다. 그것은 관례를 잘 알고 있는 것처럼 보이거나 세련된 사람의 태도를 가장하기 위해서가 아니라 반대로 사람들이 그를 남들과 구별을 둘까 두려워하기 때문이며 자신이 남의 눈에 띄는 것을 피하기 위해서이다. 그는 사람들이 자신에게 주목하지 않을 때보다 더 마음이 편할 때가 없다.

사교계에 나가면서 사교계의 예의범절을 전혀 모른다 할지라도, 그는 그 때문에 소심해지거나 두려워하지 않는다. 남의 눈을 피할 경우 그것은 당혹스러워서가 아니라, 잘 보기 위해서는 남의 눈에 띄지 않아야 하기 때문이다. 그는 사람들이 그에 대해 어떻게 생각하는지 불안해하는 일이 거의 없으며, 웃음거리가 되지 않을까 조금도 두려워하지 않는다. 따라서 언제나 침착하고 냉정하여, 수줍어서 마음이 흔들리는 일은 없다. 남들이 그를 보건 말건 그는 항상 최선을 다해 자신이 하는 일을 행한다. 그리고 다른 사람들을 잘 관찰하기 위하여, 자신에게 전념하는 한편 세상 평판의 노예한테서는 볼 수 없는 여유를 갖고 관례를 이해한다. 그가 세상의 관습을 별로 중요시하지 않는다는 바로 그 이유 때문에 오히려 그것을 더 잘 익힌다고 말할 수 있겠다.

그렇다고 해서 여러분이 그의 태도에 대해 잘못 생각하지 않기 바란다. 그리고 그의 태도를 여러분의 매력적인 청년들의 태도와 비교하려고도 하지 말라. 그는 당당하지만 거만하지 않다. 그의 태도는 자유롭지만 건방지지 않다. 방자한 모습은 오직 노예에게서나 보이는 것으로, 독립적인 사람에게는 부자연스러운 가식은 전혀 없다. 나는 마음에 긍지를 품은 사람이 그것을 태도로 드러내 보이는 것을 본 적이 없다. 이러한 꾸밈은 오직 그렇게 해야만 사람을 압도할 수 있는 천박하고 거만한 영혼의 소유자들에게 훨씬 적합한 것이다. 책에서 읽었는데, 어떤 외국인이 어느 날 유명한 마르셀의 접견실에서 자신을 소개하자 마르셀이 그에게 어느 나라 사람이냐고 물었다고 한다. 그 외국인은 "나는 영국인입니다"라고 대답했다. 그 무용가는 "당신이 영국인이라고요?"라고 반박한다. "시민들이 국정에도 참여하고 그들이 주권의 일부를 이루는[128] 그 섬나라가 당신의 나라라니요. 그럴 리가 없습니다, 선생님. 그 아래로 숙인 얼굴, 그 소심한 눈초리, 그 자신 없는 걸음걸이로 봐서 독일 선거후選擧侯 밑에 있는 어떤 직함을 가진 노예로밖에 보이지 않습니다."[129]

나는 이 판단이 한 인간의 성격과 그 외관 사이의 진정한 관계에 대해 탁월한 지식을 제시해 주는지는 잘 모르겠다. 무용 선생이라는 명예를 갖지 못한 나로서는 정반대로 생각했을 것이다. 나는 다음과 같이 말했을 것이다. "이 영국인은 궁신宮臣이 아니군요. 나는 궁신이 얼굴을 숙이고 자신 없는 걸음걸이로 걷는다는 말을 들은 적이 없습니다. 무용가의 집에서는 소심한 사람이라도 하원에서는 분명 소심하지 않을 수 있을 것입니다." 그 마르셀 씨는 분명 자기 나라 사람을 모두 로마인으로 볼 것이 틀림없다.

사람은 남을 사랑할 때 자기도 사랑받기를 원한다. 에밀은 사람들을 사랑한다. 따라서 자신도 남의 마음에 들기를 바란다. 하물며 그가 여자들의 마음에 들기를 바라는 것은 말할 것도 없다. 그의 나이와 품행, 그의 계획, 이 모든 것이 일치하여 그의 마음에 이 같은 욕망을 북돋아 주고 있다. 내가 그의 품행을 말하는 것은 그것이 여기서 크게 작용하기 때문이다. 품행이 반듯한 남자들은 진정으로 여성을 숭배하는 사람이다. 그런 남자들은 다른 남자들과 달리 여성의 환심을 사려는 어떤 놀리는

---

128 이는 마치 도시국가의 구성원이 아닌 시민이 있고, 시민으로서 주권에 참여하지 않았던 시민이 있다는 식이다. 그러나 프랑스인들은 일찍이 골 지방(로마의 속주가 되기 이전 프랑스 지역의 옛 지명 — 옮긴이)의 도시국가들의 구성원에서 비롯된 시민이라는 존경할 만한 이름을 부당하게 가로채는 것이 적당하다고 판단하여, 거기서 더 이상 아무것도 이해하지 못할 정도로 그 관념을 왜곡했다. 최근 『신(新)엘로이즈』를 비난하면서 내게 어리석은 의견을 많이 적어 보낸 어떤 사람이 자신의 서명을 '팽뵈프(프랑스 서부의 소도시 — 옮긴이)의 시민'이라는 칭호로 장식하고서는, 나한테 멋진 농담을 던졌다고 믿었다.

129 이 일화는 엘베시우스의 『정신론』에서 인용된 것이다. 여기서 마르셀은 독일 출신의 무용 선생이다 — 옮긴이.

듯한 말투를 쓰지 않는다. 그들은 더 진실하고 더 다정하며 마음에서 솟아나는 정념을 갖고 있다. 나는 젊은 여성의 주위에 있는 십만 명의 방탕아들 가운데 품행이 반듯하고 본능을 억제할 줄 아는 남자를 한 명 정도는 가려낼 것이다. 너무나 풋풋한 관능의 욕구를 갖고 있으면서도 또 거기에 저항해야 할 이유가 매우 많은 에밀이 어떻게 될지 판단해 보기 바란다. 여성들의 곁에서 그가 때로는 수줍어하고 당황하리라고 생각한다. 그러나 그 당혹감은 틀림없이 그녀들의 기분을 상하게 하지 않을 것이다. 게다가 아무리 교태를 부리지 않는 여성이라도 그의 당혹감을 재미있어하고 그를 더 당황하게 만드는 기술을 갖는 것은 정말 너무나 흔한 일이다. 또한 그의 정념은 신분에 따라 표현 방식이 현저하게 바뀔 것이다. 기혼 부인들 곁에선 더욱 신중하고 공손할 것이며, 미혼 여성들 곁에선 더 생기를 띠고 다정할 것이다. 자신이 찾는 대상을 결코 잊지 않고, 그 대상을 찾는 일을 환기시켜 주는 여성에게 언제나 최대의 관심을 나타낸다.

자연의 질서, 더 나아가 사회의 올바른 질서에 근거하여 존경하는 모든 것에 대해 에밀보다 더 깍듯한 사람은 없을 것이다. 그러나 자연의 질서에 대한 존경이 사회의 올바른 질서에 대한 존경보다 항상 우선할 것이다. 그는 제 또래의 고관보다는 자기보다 연장자를 더 존경할 것이다. 그런데 그는 대개 속해 있는 모임에서 가장 나이가 어린 층에 들기 때문에 항상 가장 겸손한 사람들 중 하나일 것이다. 그러나 이는 공손하게 보이려는 허영심 때문이 아니라 이성에 입각한 자연스런 감정에 의해서이다. 그는 같이 있는 사람들을 즐겁게 해 주기 위해 현명한 사람보다 더 큰 소리로 떠들고 연장자의 말씀을 가로막는 건방진 청년처럼 무례하게 처신하지는 않을 것이다. 어느 늙은 귀족이 루이 15세로부터 그의 시대와 지금 이 시대 중 어느 쪽이 더 좋으냐는 질문을 받고 "폐하, 저는 노인을 존경하면서 젊은 시절을 보냈지만, 지금은 아이들을 존경하면서 노년을 보내야 합니다"라고 대답했다고 한다. 그렇지만 에밀은 이 답변을 당연한 것으로 받아들이지 않을 것이다.

다정하고 감성이 풍부한 영혼을 가졌지만 그 무엇도 세상 평판이 부여하는 가치에 따라 평가하지 않는 에밀은 다른 사람들의 마음에 들기를 바랄지언정 그들에게서 존경받았으면 하는 바람은 별로 없을 것이다. 그러므로 그는 정중하기보다 다정할 것이고, 뽐내는 태도나 허영심이 없을 것이며, 천 번의 찬사보다 단 한 번의 애정 표시에 더 감동을 받을 것이다. 바로 똑같은 이유로 그는 태도나 몸가짐을 소홀히 하지 않을 것이며, 더 나아가 몸치장에도 신경을 쓸 수 있을 텐데, 그것은 취향이 고상한 사람으로 보이기 위해서가 아니라 자신의 모습으로 호감을 주기 위해서이다. 그는 금테 액자에 의존하는 일 따위는 전혀 하지 않을 것이며,[130] 부의 표시가 그의 몸단장을 더럽히는 일도 결코 없을 것이다.

여러분은 이 모든 일이 내가 훈계를 늘어놓아서 그런 것이 아니라 단지 그의 초기 교육의 한 가지 결과일 뿐임을 알 것이다. 사람들은 마치 이 예법을 익힐 나이가 되어도 그것을 자연스레 익히지 못하는 것처럼, 그리고 그 기본적인 법칙을 구해야 하는 곳이 올바른 마음이 아닌 것처럼 우리에게 사교계의 이러한 예법을 대단한 비밀처럼 숨긴다. 진정한

---

130 2권에서 말한 것처럼, 그림을 잘 못 그리는 동안은 주목을 끌기 위해서 그림을 금테 액자에 넣어 장식하지만 잘 그리게 되면 검은 액자에 넣어서 장식한다 — 옮긴이.

예절은 사람들에게 호의를 표시하는 데 있다. 호의는 호의가 있을 때에 쉽게 드러난다. 호의를 갖지 않은 사람에 대해서만 어쩔 수 없이 허울뿐인 호의를 기교로 만들어 가르친다.

"관습적인 예절의 가장 불행한 결과는 그것이 모방하는 미덕이 없어도 통용될 수 있는 기교를 가르친다는 것이다. 교육을 통해 인정과 친절을 우리에게 불어넣어 주면, 우리는 예절을 갖추게 되든지 아니면 더 이상 예절이란 것이 필요 없게 될 것이다.

우리가 우아한 태도로 보여 주는 예절을 갖지 않을 때, 성실한 인간이자 시민을 보여 주는 예절을 갖게 될 것이다. 그리고 우리는 표리부동함에 의지할 필요가 없을 것이다.

남의 마음에 들기 위해 교활해지는 대신 그저 선량하기만 하면 충분할 것이다. 다른 사람들의 약점에 아첨하기 위해 거짓을 지어내는 대신 관대하기만 하면 될 것이다.

우리가 다른 사람들을 대할 때 이와 같은 태도를 취한다면, 그들도 그로 인해 교만해지지 않을 것이며 타락하지도 않을 것이다. 그에 대해 단지 감사할 따름이고 그로 인해 더 훌륭하게 될 것이다."[131]

여기서 뒤클로 씨가 요구하는 그런 종류의 예절을 형성시킬 수 있는 교육이 있다면, 그것은 바로 내가 지금까지 계획하고 있는 교육이다.

그렇지만 에밀이 남들과 매우 다른 준칙을 갖고 있어서 결코 세상 사람들과 같지 않을 것이라는 점은 나도 인정한다. 신이 보호하시어 그는 절대로 그렇게 되지 않을 것이다! 그러나 그가 다른 사람들과 다르다고

---

131 샤를 피노 뒤클로(Charles Pinot Duclos, 1704-1772)의 『현대의 풍습에 대한 관찰』에서 인용 — 옮긴이.

해서 성가신 사람이나 우스꽝스러운 사람이 되지는 않을 것이다. 차이는 현저하지만 사람을 불편하게 하지 않는다. 이렇게 말해도 좋다면, 에밀은 사랑스러운 이방인이 될 것이다. 사람들은 처음에는 "그는 앞으로 교양을 쌓을 것이다"라고 말하면서 그의 독특함을 용서해 줄 것이다. 그 다음에는 그의 태도에 완전히 익숙해질 것이다. 그리고 그의 태도가 바뀌지 않는 것을 보고 "그는 원래 그런 사람이다"라고 말하면서 또다시 그의 태도를 용서할 것이다.

에밀은 상냥한 사람으로서 환대받지는 않겠지만 사람들은 왠지 모르게 그를 좋아하게 될 것이다. 아무도 그의 재치를 칭찬하지는 않겠지만 사람들은 기꺼이 그를 재치 있는 사람들 사이에서 심판자로 삼을 것이다. 그의 정신은 명석하고 한도를 넘지 않을 것이며, 그는 올바른 감각과 건전한 판단력을 가질 것이다. 결코 새로운 사상을 추종하지 않기 때문에 재치를 자랑할 줄도 모를 것이다. 나는 그로 하여금 인간에게 이롭고 진정 유익한 사상은 모두 애초부터 알려진 것들이며 그것만이 어느 시대에나 유일하고 진정한 사회적 유대를 이루게 한다는 것, 또한 뛰어난 정신을 가진 자들에게 남은 일이라고는 인류에게 유해하고 불길한 사상을 통해 유명해지는 것밖에 없다는 것을 깨닫게 해 주었기 때문이다. 남의 칭송을 받는 이러한 방법은 거의 그의 마음을 움직이지 못한다. 그는 인생의 행복을 어디서 찾아야 할지, 또 어떤 면에서 남의 행복에 기여할 수 있는지 알고 있다. 그의 지식의 범위는 유익한 것을 넘어서지 않는다. 그가 걷는 길은 좁고 매우 표시가 잘되어 있다. 그는 그 길에서 조금도 벗어나고 싶어 하지 않기 때문에 그 길을 따라가는 사람들과 계속 섞여 있으며, 길에서 벗어나거나 두각을 나타내기를 바라지 않는다. 에밀은 양식 있는 사람으로서 다른 것이 되기를 원하지 않는다. 사람들이 그를 그런 사람이라는 구실로 모욕하려 해도 소용이 없을 것이다. 그는 언제나 그것을 영광으로 여길 것이다.

사람들의 마음에 들고 싶은 욕망이 더는 그를 남의 의견에 완전히 무관심하게 있도록 내버려 두지 않더라도, 그는 남의 의견에서 그 자신과 직접 관련된 것만 취할 것이고, 유행과 편견 이외에 아무런 규칙도 없는 자의적인 평가 따위는 조금도 개의치 않을 것이다. 그는 자기가 하는 일 모두를 잘하려는, 나아가 다른 사람보다 더 잘하고 싶어 하는 자존심을 가질 것이다. 달리기에서는 가장 날렵하고, 씨름에서는 가장 힘이 세고, 일에서는 가장 솜씨가 좋고, 기술을 요하는 놀이에서는 가장 재주가 있기를 원할 것이다. 그러나 그 자체로 명백하지 않고 다른 사람의 판단을 통해 확인될 필요가 있는 우월성, 이를테면 다른 사람보다 더 재치가 있다든지 말을 더 잘한다든지 더 학식이 있다든지 그런 우월성은 별로 추구하지 않을 것이다. 더구나 자기 자신과 전혀 관련되지 않은 우월성, 말하자면 남보다 더 좋은 가문의 출신이라든지 더 부자이고 더 신용이 높고 더 존경을 받는다고 평가받는다든지, 보다 호화로운 생활로 사람들을 압도하는 것과 같은 그런 우월성은 말할 것도 없다.

자신의 동류이기 때문에 사람들을 좋아하는 그는 자신과 가장 많이 닮은 사람들을 특히 좋아할 것이다. 그는 자신이 선량하다고 느낄 것이기 때문이다. 그리고 그는 도덕적인 문제에서 취향이 일치한다는 것으로 이러한 유사성을 판단하므로, 선량한 성격에 기인하는 모든 것에서 인정을 받는 데 매우 만족할 것이다. 그러나 그는 '사람들이 나를 인정해 주어서 기쁘다'고 생각하지 않을 것이다. 대신 그는 이렇게 생각할 것이다. '사람들이 내가 했던 착한 일을 인정해 주어서 기쁘다. 또한 나를 존중하는 사람들이 그 존중으로 자신들에게 영광을 돌리게 되니 기쁘다. 그들이 그렇게 올바르게 판단하는 한 그들의 존경을 얻는 것은 좋은 일일 것이다.'

예전에 역사 속에서 인간들의 정념을 통해 인간을 연구했던 것처럼 지금은 사교계에서 인간들의 풍습을 통해 인간을 연구함으로써, 그는 인간의 마음을 우쭐대게 만들거나 상하게 만드는 것에 대해 종종 깊이 생각할 필요가 생길 것이다. 이렇게 해서 그는 취향의 원리에 대해 철학적 사고를 해 보게 되는데, 이것이 바로 이 시기 동안 그에게 가장 적당한 공부이다.

취향에 대한 정의를 멀리서 찾을수록 더 방황하게 된다. 취향이란 가장 많은 사람들의 마음에 들거나 들지 않는 것을 판단하는 능력에 불과하다. 그것을 벗어나면 취향이 무엇인지 여러분은 더 이상 알지 못할 것이다. 그러나 그로부터 좋은 취향을 가진 사람이 그렇지 못한 사람보다 더 많다는 결론이 나오는 것은 아니다. 왜냐하면 대다수의 사람들이 개개의 대상에 대해 올바르게 판단함에도 불구하고, 모든 대상들에 대해 대다수의 사람들처럼 판단하는 사람은 별로 없기 때문이다. 그리고 가장 보편적인 취향들이 일치하여 좋은 취향을 이루기는 하지만, 좋은 취향을 가진 사람은 별로 없다. 가장 일반적인 용모의 특징들이 모여 아름다움을 이룬다 해도, 미인이 별로 없는 것과 마찬가지이다.

주의해야 할 것은 우리에게 그것이 유용하기 때문에 좋아한다든지 그것이 해롭기 때문에 싫어한다든지 하는 것은 여기서 문제가 안 된다는 점이다. 취향이란 이해관계가 없거나 기껏해야 즐거움과 관련된 것에 대해 표출되는 것이지, 우리의 필요와 관계된 것에 대해 나타나는 것이 아니다. 우리의 필요와 관계된 것을 판단하기 위해서라면 취향은 필요 없고 욕구만으로 충분하다. 바로 그 때문에 전적으로 취향이 내리는 결정은 매우 이해하기 어렵고, 또 매우 자의적으로 보인다. 왜냐하면 취향을 결정짓는 본능의 범위 밖에서 더는 그 결정의 이유를 보지 못하기 때문이다. 또한 정신적인 것에서 취향의 법칙과 물질적인 것에서 취향의 법칙을 구별해야 한다. 물질적인 것에서 취향의 원칙은 전혀 설명할 수 없는 것으로 보이지만, 모방과 관련된 모든 것에서는 정신적인 것이 포함되어 있다는 점을 주목할 필요가 있다.[132] 물질적인 것처럼 보이지만 실제로는 전혀 그렇지 않은 아름다움은 이렇게 설명될 수 있다. 덧붙여 말할 것은, 취향에는 지역과 관련된 법칙들이 있어서 그 때문에 많은 면에서 기후나 풍습, 정체政體나 제도상의 문제들에 종속된다는 것, 또 연령과 성 그리고 성격에 관련된 또 다른 법칙들이 있다는 것, 바로 이러한 의미에서 취향에 관해서는 논쟁을 벌이지 말아야 한다는 점이다.

취향은 모든 사람들에게 자연적이다. 그러나 모든 사람이 같은 정도로 취향을 갖지도 않으며, 또 그것이 모든 사람에게서 같은 정도로 발달하지도 않는다. 그리고 누구에게나 취향은 다양한 요인들에 의해 바뀌기 쉽다. 사람이 가질 수 있는 취향의 폭은 그가 받아들인 감성에 따라 다르며, 취향의 양식과 형태는 그가 살았던 집단들에 따라 다르다. 첫째, 비교를 많이 해 보려면 수많은 집단들 속에서 살아 보아야 한다. 둘째, 즐거움과 한가로움을 위한 집단들이 필요하다. 왜냐하면 사업상의 집단에

---

132 이것은 내 저작집에 실릴 「선율의 원리」(루소의 저서 『언어 기원론』에 실려 있다 — 옮긴이)에서 증명되어 있다.

서는 즐거움이 아니라 이익이 기준이 되기 때문이다. 셋째, 불평등이 너무 크지 않고 세상 평판의 영향력이 완화되어 있으며 허영심보다는 즐거움이 지배적인 집단이 필요하다. 왜냐하면 반대의 경우에는 유행이 취향을 억누르고, 사람들은 더 이상 마음에 드는 것이 아니라 자신을 특별하게 만들어 줄 것을 추구하기 때문이다.

이 마지막의 경우에 탁월한 취향이란 곧 최대 다수의 취향이라는 것은 더 이상 진실이 아니다. 왜? 그 목적이 바뀌기 때문이다. 그렇게 되면 일반 대중은 더 이상 자신의 판단을 갖지 않게 되며, 오직 자기보다 더 양식이 있다고 생각하는 사람들을 따라 판단하게 된다. 일반 대중은 좋은 것을 인정하는 것이 아니라 그 사람들이 인정한 것만 인정한다. 언제 어느 때나 사람들이 저마다 자기 자신의 생각을 가질 수 있게 하라. 그러면 그 자체로 가장 유쾌한 것이 항상 대다수의 찬성을 얻을 것이다.

인간은 그들의 작업에서 모방에 의하지 않고서는 아름다운 것을 아무것도 생산하지 못한다. 취향의 진정한 모델들은 모두 자연 속에 있다. 우리가 자연이라는 스승에서 멀어지면 멀어질수록 우리의 그림은 점점 더 왜곡된다. 바로 그때 우리는 우리가 좋아하는 대상에서 모델을 이끌어내는데, 변덕과 권위에 종속된 공상적인 아름다움은 더 이상 우리를 이끄는 사람들의 마음에 드는 것 이외에 아무것도 아니다.

그런데 우리를 이끄는 사람들이란 예술가, 고관대작, 부자들이다. 그리고 바로 그런 사람들이 따르는 것은 그들의 이익 또는 허영심이다. 부자들은 자신의 부를 과시하기 위하여 또 다른 사람들은 그 부를 이용하기 위하여 앞다투어 새로운 소비 수단을 찾아다닌다. 이로써 엄청난 사치가 지배력을 확립하고, 쉽사리 손에 넣기 어려운 값비싼 것들을 선호하게 만든다. 그렇게 되면 이른바 아름다움이란 자연을 모방하기는커녕 자연에 거역함으로써 아름다움이 된다. 바로 이런 방식으로 사치와 나쁜 취향은 불가분의 관계를 맺는다. 취향이 사치스러운 모든 경우에 그것은 언제나 잘못된 취향이다.

취향이 좋든 나쁘든 그것이 뚜렷해지는 것은 무엇보다 남녀 교제에서 이다. 취향의 육성은 이러한 교제의 목표에 필연적으로 따르는 결과들 중 하나다. 그러나 쉽게 즐길 수가 있어서 환심을 사고 싶은 욕망이 시들 해지면, 취향은 타락하는 법이다. 이것이야말로 왜 좋은 취향은 좋은 풍 습에서 기인하는가라는 질문에 대한 더없이 명백한 또 하나의 해명이라 고 생각한다.

물질적인 것이나 감각적인 판단과 관련된 것에서는 여성의 취향을 참조하고, 정신적인 것이나 이해력과 더 관련된 것에서는 남성의 취향 을 참조하라. 여성들이 본래의 본분을 지키고 있을 때는 스스로의 능력 을 벗어나지 않는 일들로 만족하고 언제나 바르게 판단할 것이다. 그러 나 여성들이 문학의 심판관을 자처하고 책을 평가하기 시작하고 어떻게 해서든 책을 만들기 시작한 이후로, 그녀들은 더 이상 어떤 것도 잘 알 지 못하게 되었다. 자신이 쓴 작품에 대해 박식한 여성들에게 의견을 물 어보는 작가는 그릇된 조언을 받으리라는 사실을 확실히 알고 있다. 자 기 복장에 대해 그녀들의 의견을 물어보는 바람둥이 남자들은 항상 우스 꽝스럽게 옷을 입게 된다. 나는 머지않아 여성의 진정한 재능, 그 재능을 살리는 방법, 그래서 여성의 결정에 귀를 기울여야만 하는 일들에 대해 말할 기회가 있을 것이다.

바로 이런 것들이, 에밀의 상황에서 그리고 그가 전념하고 있는 연구에서 그와 무관하지 않은 문제에 관해 에밀과 함께 이치를 따져 볼 때, 내가 원칙으로 설정하려고 하는 기본적인 고찰들이다. 그런데 어느 누가 이러한 문제와 무관하겠는가? 사람들에게 유쾌하거나 불쾌한 것을 안다는 것은 도움을 필요로 하는 사람에게 필요할 뿐만 아니라 도움이 되기를 바라는 사람에게도 필요하다. 사람들에게 봉사를 하려면 그들의 마음에 드는 일도 중요하다. 그리고 글 쓰는 기술도 진리에 귀를 기울이게 하기 위해 사용되는 경우에는 결코 쓸데없는 공부가 아니다.

만약 제자의 취향을 길러 주기 위해서 취향이 이제 막 형성되기 시작한 나라와 이미 쇠퇴한 것으로 보이는 나라 중 선택해야 한다면, 나는 순서를 거꾸로 따를 것이다. 다시 말해 그가 뒤의 나라부터 순회를 시작하여 앞의 나라에서 순회를 마치게 할 것이다. 그 이유를 들자면, 취향은 대다수의 사람들이 알아차리지 못하는 것을 민감하게 느끼게 만드는 지나친 섬세함 때문에 타락하기 때문이다. 이 섬세함에서 논쟁적인 정신이 생겨난다. 왜냐하면 사람들이 대상을 미세하게 만들수록 대상은 증가하게 되고, 이 미세함은 직감을 더 섬세하게 만드는 동시에 더 합치점이 없게 만들기 때문이다. 그래서 사람들의 수만큼 많은 취향이 형성된다. 그리고 선호에 관한 논쟁을 벌이면서 철학과 지식이 확대된다. 바로 이런 식으로 사람들은 생각하는 법을 배운다. 교제 범위가 넓은 사람이 아니라면 섬세한 관찰을 할 기회는 거의 없다. 왜냐하면 그것은 다른 모든 관찰들이 행해진 뒤에야 사람들의 눈길을 끌고, 많은 사람들과의 교제에 그다지 익숙하지 않은 사람들은 교제를 하면서 대략적인 특징을 관찰하는 데 주의력을 다 써 버리기 때문이다. 현재 문명화된 곳 중에서 파리보다 일반적인 취향이 더 나쁜 곳은 아마 이 세상에 없을 것이다. 그럼에도 불구하고 탁월한 취향이 키워지는 곳도 바로 이 수도인데, 파리에서 교육받은 적이 없는 저자가 쓴 책으로 유럽에서 호평을 받는 것은 별로 없다. 그렇다고 파리에서 만들어지는 책들을 읽어 보는 것으로 충분하다고 생각하는 사람들은 잘못 생각하는 것이다. 사람들은 저자들이 쓴 책보다 그들과의 대화에서 훨씬 더 많이 배운다. 그리고 저자 자신도 사람들이 그에게서 많은 것을 배울 수 있는 그런 사람들이 아니다. 사교의 정신이야말로 사고력을 발전시키고 시야를 가능한 한 멀리까지 확장시켜 준다. 여러분에게 재능의 기미가 약간이라도 보이면, 파리에 가서 일 년만 지내 보라. 머지않아 여러분은 여러분이 될 수 있는 전부가 되든지 아니면 아무것도 아니게 될 것이다.

나쁜 취향이 지배적인 곳에서는 생각하는 법을 배울 수 있다. 그렇지만 나쁜 취향을 가진 사람들처럼 생각해서는 안 된다. 그러나 그런 사람들과 너무 오랫동안 같이 있다 보면, 그들과 같은 생각을 하지 않기란 매우 어려운 일이다. 그들의 배려를 통해 판단의 도구를 완벽히 다듬어야 하지만 그것을 그들처럼 사용하는 것은 피해야 한다. 나는 에밀의 판단력을 손상시킬 정도로 다듬는 것은 삼갈 것이다. 그리고 그가 인간들의 갖가지 취향을 의식하고 비교할 수 있을 만큼 충분히 섬세한 직관을 가지게 되면, 나는 그를 오로지 더욱 단순한 대상들에게로 다시 데리고 와서 그의 취향을 고정시킬 것이다.

나는 또한 그의 순수하고 건전한 취향을 보호하기 위하여 더 멀리서부터 손을 댈 것이다. 정신을 빼놓는 소란 속에서도 나는 그와 함께 나눌 유익한 대화를 마련할 것이고, 그 대화를 항상 그의 마음에 드는 대상으로 이끌고 가 그것이 그에게 교육적이면서도 즐거울 수 있도록 신경을 쓸 것이다. 이제부터야말로 독서의 시기로서, 재미있는 책들을 읽을 시기이다. 그리고 이야기를 분석하는 법을 그에게 가르칠 시기이며, 웅변과 화법의 모든 아름다움을 민감하게 느낄 수 있도록 만드는 시기이다. 외국어를 외국어 자체를 위해 배우는 것은 그리 대단치 않은 일이다. 외국어의 용도는 사람들이 생각하는 만큼 그렇게 중요하지 않다. 그러나 외국어 공부는 일반 문법에 대한 연구로 이끈다. 프랑스어를 알기 위해서는 라틴어를 공부해야 한다. 말하는 기술의 규칙을 이해하기 위해서는 두 언어를 서로 연구하고 비교해야 하는 것이다.

게다가 바로 마음에 호소하는 소박한 취향이 있는데, 그것은 고대인들의 저술에서만 볼 수 있다. 웅변, 시, 또는 모든 종류의 문학에서 그는 고대인들이 역사에서와 마찬가지로 사실을 풍부하게 다루면서도 판단은 삼가는 것도 또 발견할 것이다. 오늘날의 작가들은 반대로 조금밖에 말하지 않으면서 판단을 많이 내린다. 끊임없이 그들의 판단을 우리에게 법칙으로 제시하는 것은 우리의 판단력을 키우는 방법이 될 수 없다. 이 두 가지 취향의 차이는 모든 유적에서 그리고 묘비에서도 느껴진다. 오늘날의 묘비는 찬사로 뒤덮여 있지만, 고대인의 묘비에는 사실이 기록되어 있었다.

걸음을 멈추어라, 지나가는 이여, 그대 발밑에 영웅이 있다.[133]

---

133 로렌 지방 출신의 장군 프랑수아 드 메르시(François de Mercy)의 묘비명으로, 그는 독일을 위해 싸우다가 1645년 노르틀링겐 전투에서 죽었다 ─ 옮긴이.

설사 이와 같은 묘비명을 고대의 유적에서 발견했다 하더라도 나는 당장 그것이 현대의 것이라고 짐작했을 것이다. 왜냐하면 오늘날 우리에게 영웅만큼 흔해 빠진 것도 없기 때문이다. 그러나 고대인들에게 영웅은 드물었다. 그들은 어떤 이가 영웅이라고 말하는 대신 그가 한 사람의 영웅이 되기 위하여 이룬 행적을 말했을 것이다. 지금 말한 영웅의 묘비명에 유약한 사르다나팔로스[134]의 묘비명을 비교해 보라.

나는 타르수스와 안키알레스를 하루에 건설했다.
그리고 지금은 죽었다.

여러분이 생각하기에 어떤 것이 더 많은 말을 전달하는가? 우리의 과장된 묘비명 문체는 왜소한 인간들을 부풀리기에 적당할 뿐이다. 고대인들은 인간을 실물 그대로 보여 주었으며, 사람들은 그것이 인간이라는 것을 알고 있었다. 크세노폰은 '1만 명의 퇴각' 때 모반으로 살해당한 몇몇 전사들의 유덕함을 기리면서 다음과 같이 말했다. "그들은 전쟁에서나 우정에서나 나무랄 데 없이 훌륭하게 죽어 갔다." 그것이 전부이다. 그러나 그토록 짧고 간단한 찬사를 읽고, 작가의 마음이 얼마나 감동했을지 생각해 보라. 이 찬사가 황홀하다고 생각하지 않는 사람에겐 화가 있으라!

테르모필레[135]의 대리석 묘비에서는 다음과 같이 새겨진 말을 읽을 수

---

134 Sardanapalos: 아시리아의 마지막 왕으로 전설적인 인물이다. 그리스 작가들에 의해 유약하고 사치스러운 독재자로 묘사되었다 — 옮긴이.
135 그리스에 있는 협로의 지명이다. 기원전 480년 스파르타 왕인 레오니다스 1세가 페르시아의 군대에

있었다.

> 지나가는 이여, 스파르타에 가서 말하라. 신성한 국법에 따르기 위하여
> 우리는 여기에서 죽었노라고.

이 비문을 작성한 것이 비명碑銘 아카데미[136]가 아니라는 것은 확실히 알 수 있다.

말에 별로 가치를 두지 않는 나의 제자가 이와 같은 차이에 우선적으로 주의를 기울이지 않는다면, 그리고 그 차이가 그가 읽을 책을 선택하는 데 영향을 미치지 않는다면, 내가 잘못 생각한 것이다. 그는 데모스테네스[137]의 힘찬 웅변에 이끌려서 "이 사람은 웅변가다"라고 말할 것이다. 그러나 키케로를 읽으면 "이 사람은 변호사다"라고 말할 것이다.

고대인은 최초의 사람이어서 가장 자연에 가까운 사람들이며, 그들의 재능이 남에게서 온 것이 아니라 그들의 것이라는 이유 하나만으로, 일반적으로 에밀은 현대인의 책보다 고대인들의 책에 더 흥미를 가질 것이다. 그에 대해 라 모트[138]와 테라송 신부[139]가 무슨 소리를 했든지 간에,

---

격렬히 항전하다가 삼백여 명의 스파르타 군사들과 함께 산화한 곳으로 유명하다 ─ 옮긴이.

136 〈비명과 문예 아카데미〉는 사학, 고고학, 문헌학을 연구하는 학회로 1663년 콜베르에 의해 창설되었다 ─ 옮긴이.

137 Demosthenes(기원전 384-기원전 322): 고대 그리스의 정치웅변가로 마케도니아를 반대하는 운동을 펼쳤다 ─ 옮긴이.

138 Antoine Houdar de La Motte(1672-1731): 프랑스의 작가이자 극작가로 신구논쟁에서 근대파의 편을 들었다 ─ 옮긴이.

139 Jean Terrasson(1670-1750): 성직자이자 문학가로 신구논쟁에서 근대파의 쪽에 섰다. 그는 데카르트 덕분에 과학과 철학이 인간 정신을 발전시켜 18세기의 시인들이 고대 그리스의 시인들을 훨씬 능가한다고 주장했다 ─ 옮긴이.

인류에게서 이성의 실제적 진보라 할 것은 없다. 왜냐하면 한편에서 얻는 것이 있으면 다른 편에서는 잃는 것이 있고, 모든 정신은 동일한 지점에서 출발하며, 다른 사람들이 생각한 바를 알기 위해 시간을 들이는 만큼 스스로 생각하는 법을 배울 시간은 잃게 되므로, 지식을 많이 획득할수록 그만큼 정신의 활력은 떨어지기 때문이다. 우리의 정신은 우리의 팔과 같다. 도구를 갖고는 무슨 일이든지 할 수 있도록 훈련되어 있지만, 그 자체로는 아무것도 아니니 말이다. 퐁트넬[140]은 고대인과 현대인에 관한 이러한 논쟁 모두가 옛날의 나무가 오늘날의 나무보다 더 큰지 아닌지 알려는 문제로 귀착한다고 말했다. 만약 농경 방법이 달라졌다면, 이런 질문을 하는 것이 터무니없는 일은 아닐 것이다.[141]

나는 이렇게 그를 순수한 문학의 원천에까지 거슬러 올라가게 만든 후에, 오늘날의 편집자들이 모여 있는 저수지의 하수구 격인 신문, 번역물, 사전을 그에게 보여 준다. 그는 그것들을 모두 한번 힐끗 쳐다보고는 내던져 버리고 두 번 다시 그것을 돌아보지 않을 것이다. 나는 그를 재미있

---

140 Bernard Le Bovier de Fontenelle(1657-1757): 프랑스의 자유사상가로 과학 사상을 보급한 계몽주의의 선구자 — 옮긴이.

141 고대인과 현대인 중 누가 더 우월한가라는 문제는 17세기 후반에 격렬한 논쟁을 불러일으켰다. 1687년 페로는 아카데미 회의에서 루이 14세의 세기가 로마의 아우구스투스 시대를 능가한다는 주장을 담은 「루이 대왕의 세기」를 낭독했는데, 부알로는 이를 고대민족들에 대한 모독이라고 판단하고 격렬한 비난의 풍자시로 이에 응수했다. 많은 작가들과 지식인들이 근대파와 고대파로 나뉘어 설전을 벌였다. 1694년 부알로와 페로의 화해로 신구논쟁은 결말이 난 듯 보였으나, 이 두 진영의 불화는 너무나 뿌리가 깊어서 신구논쟁 이후 새로운 갈등을 불러일으켰다. 1699년 그리스어 학자 다시에 부인이 「일리아스」의 산문 번역을 출판했다. 근대파에 속한 라 모트는 이 작품이 지겹고 결함투성이라고 생각하여 24편을 12편으로 줄였다. 다시에 부인은 소책자 「취미가 타락하는 원인」을 통해 이에 항의했고, 라 모트는 다시 「비평에 관한 성찰」로 응수했다. 테라송 신부는 「호메로스의 일리아스에 관한 비평론」을 써 근대파 편에 섰다. 근대파인 퐁트넬은 1688년에, 여기서 루소가 인용하는 내용으로 시작하는 「신구잡론」을 썼다. 신구논쟁은 결국 근대파의 승리로 끝났다 — 옮긴이.

게 해 주려고 아카데미에서 나도는 쓸데없이 잡다한 수다를 들려준다. 그리고 아카데미를 구성하는 회원들이 단체를 이루고 있는 것보다 혼자 있는 편이 언제나 더 낫다는 사실에 주목하게 한다. 그리하여 그는 모든 훌륭한 제도들의 효용성에 관한 결론을 스스로 이끌어 낼 것이다.

풍속을 연구하기 위해서가 아니라 취향을 연구할 수 있도록 나는 에밀을 공연에 데려갈 것이다. 왜냐하면 성찰할 줄 아는 사람들에게 취향이 제 모습을 드러내는 곳은 바로 이곳이기 때문이다. 나는 그에게 교훈이나 도덕은 잊으라고 말할 것인데, 그것들을 배워야 하는 곳은 이곳이 아니기 때문이다. 연극은 진리를 위해 만들어진 것이 아니다. 그것은 사람을 즐겁고 재미있게 해 주기 위해서 만들어진 것이다. 사람들을 즐겁게 해 주고 흥미롭게 사람들의 마음을 끄는 기술을 이보다 더 잘 가르치는 학교는 없다. 연극의 연구는 시의 연구로 이끈다. 연극과 시는 동일한 목적을 갖는다. 그가 조금이라도 시에 취향을 갖는다면, 얼마나 즐겁게 시인의 언어인 그리스어와 라틴어와 이탈리아어에 전념하겠는가! 이 공부들은 그에게 구속 없는 재밋거리가 될 것이고, 공부는 이 재미를 최대한 활용하기만 하면 될 것이다. 마음을 감동시키는 모든 종류의 아름다움에 마법에 걸리듯 흥미를 느끼는 나이와 상황에 놓여 있는 그에게 이 공부들은 감미로운 일이 될 것이다. 한쪽에는 에밀이, 다른 한쪽에는 학교의 말썽쟁이가 『아이네이스』 4권이나 티불루스[142] 또는 플라톤의 『향연』을 읽고 있는 것을 상상해 보라. 얼마나 다른가! 말썽쟁이에게는 아무 영향도 미치지 않는 것에 에밀의 마음은 얼마나 감동하는가! 오 선량한 청

---

142 Albius Tibullus(기원전 48?-기원전 19?): 로마의 서정시인 — 옮긴이.

년이여! 멈추어라. 너의 독서를 잠시 중단하라. 나는 네가 지나치게 감동하고 있는 것을 본다. 나는 사랑의 언어가 너를 즐겁게 해 주기를 진정 바라지만, 그것이 너의 마음을 혼란스럽게 만드는 것은 원치 않는다. 다정다감한 사람이 되라. 또한 현명한 사람이 되라. 만약 네가 그 둘 중 하나만 된다면, 너는 아무것도 아니게 될 것이다. 그뿐만 아니라 그가 사어死語나 문학, 시에 뛰어나든 뛰어나지 않든 나와 별 상관이 없다. 그가 이 모든 것에 대해 전혀 모른다고 해도 그의 가치가 떨어지지는 않을 것이다. 그의 교육에서 중요한 것은 경쾌하고 재치 있는 이 모든 말들이 아니다.

모든 종류의 아름다움을 느끼고 사랑하는 법을 그에게 가르치는 나의 주된 목적은 그의 애정과 취향을 거기에 고정시키고, 그의 자연적인 욕구가 변질되는 것을 방지하며, 더 가까운 곳에서 찾아야만 하는 행복의 수단을 훗날 자신이 누리게 될 부에서 찾지 않게 하는 것이다. 나는 다른 곳에서 취향은 사소한 일을 잘 아는 기술에 불과하다고 말한 일이 있는데, 이는 지당한 말이다. 그러나 사소한 일들이 모여 그것이 인생의 즐거움을 좌우하는 이상 이와 같은 배려도 전혀 소용이 없지는 않다. 바로 이러한 배려를 통해서, 우리는 좋은 것들이 우리들에게 가질 수 있는 완전한 진실성 내에서, 우리 능력의 범위 내에 있는 좋은 것들로 인생을 채우는 법을 배운다. 내가 여기서 말하고 싶은 것은 결코 영혼의 올바른 성향에서 기인하는 도덕적인 선이 아니라, 그저 편견과 세상 평판은 제외된 관능과 실제적인 쾌락에 속하는 것이다.

나의 생각을 더 잘 전개시키기 위하여, 마음이 너무도 순수하고 건전해서 더 이상 아무에게도 기준이 될 수 없는 에밀을 잠깐 두고, 독자들의 품행과 더 가깝고 더욱 관심을 끌 수 있는 예를 하나 나 자신에게서 찾도록 허락해 주기 바란다.

직무를 수행하는 사람들의 본성을 바꾸어 그들을 더 좋게든 더 나쁘게든 개조하는 것처럼 보이는 그런 직무들이 있다. 겁쟁이도 나바르의 연대[143]에 들어가면 용감해진다. 사람이 단체정신을 습득하는 곳은 군대뿐만이 아니며, 그 효과가 언제나 좋게만 나타나는 것도 아니다. 나는 두려움에 떨면서 몇 번이나 다음과 같은 생각을 해 보았다. 만약 내가 오늘 불행하게도 어떤 나라에서 내가 생각하고 있는 것과 같은 그런 직무를 수행하게 된다면, 내일 나는 반드시 폭군, 공금을 횡령한 자, 민중의 파괴자, 군주에게 해로운 자, 신분상 인류 전체와 모든 정의와 모든 종류의 미덕의 적대자가 될 것이라고.

마찬가지로 내가 지금 부자라면, 나는 부자가 되기 위해 필요한 모든 일을 했을 것이다. 그리하여 나는 아마 지금 거만하고 천박하며 나 한 사람에 대해서는 민감하고 세심하지만 다른 모든 사람들에게는 냉혹하고 몰인정한 사람, 하층민의 불행을 경멸하는 눈으로 바라보는 구경꾼이 되어 있을 것이다. 왜냐하면 나는 내가 예전에 그 계급에 속했다는 사실을 남들이 잊어버리게 만들기 위하여 극빈자들을 하층민이라는 명칭으로만 부를 것이기 때문이다. 결국 나는 내 재산을 내가 유일하게 몰두하는 쾌락의 수단으로 삼을 것이다. 여기까지는 나도 다른 사람들과 마찬가지일 것이다.

---

143 1558년에 만들어진 연대로 훗날 앙리 4세가 될 나바르의 왕 앙리 휘하에 배속된 연대. '두려움을 모르는 나바르 연대'로 불렸다 ─ 옮긴이.

그러나 내가 그들과 많이 다르다고 생각되는 점이 있다면, 그것은 내가 거만하고 우쭐대기보다는 오히려 관능과 향락을 추구할 것이며, 과시하기 위한 사치보다는 나태한 사치에 훨씬 더 빠질 것이라는 점이다. 나는 내가 지닌 부를 지나치게 과시하는 것을 어느 정도 부끄럽게까지 여길 것이다. 그리고 나는 내가 호사를 과시하는 바람에 코가 납작해진 시샘 많은 사람이 자기 이웃들에게 "보게, 자기가 사기꾼이라는 것을 인정받지 못할까 봐 걱정이 태산인 저 사기꾼을" 하고 귓속말로 소곤대는 것을 언제나 보고 있다고 생각할 것이다.

대지를 뒤덮고 있는 무한히 풍부한 재화들 중에서 나는 가장 내 마음에 드는 것, 그리고 내가 내 것으로 가장 잘 삼을 수 있는 것을 구할 것이다. 그러기 위해서 내가 가진 부를 처음 사용한다면, 그것은 부를 갖고 얼마간의 여가와 자유를 사는 일이 될 것이다. 그리고 여기에 만약 건강이 돈으로 살 수 있는 것이라면 건강을 덧붙일 것이다. 그러나 건강은 절제에 의해서만 얻어지고 건강이 없으면 생활의 참된 기쁨도 없으므로, 나는 육체적 쾌락을 위해서라도 절제할 것이다.

나는 자연으로부터 받은 감각들을 즐겁게 해 주기 위해 언제나 가능한 한 자연 가까이 머물 것이다. 자연이 나의 즐거움에 적극적으로 기여할수록, 내 즐거움은 더욱 진실성을 갖게 될 것이라고 강하게 확신하면서 말이다. 모방할 대상을 선택할 때에 나는 항상 자연을 모델로 할 것이고, 욕구에서는 자연을 더 선호할 것이며, 취향에서는 언제나 자연과 의논할 것이고, 요리에서는 항상 자연이 가장 잘 조리해 둔 것으로 식탁에 오르기까지 사람의 손이 가장 덜 간 것을 원할 것이다. 나는 속임수로 요리를 변조하는 따위의 일이 일어나지 않도록 대비하고, 쾌락을 앉아서 기다리기보다 찾으러 나설 것이다. 나의 어리석고 거친 식탁 때문에 식당 지배인의 주머니를 채우는 일은 결코 없을 것이다. 그는 유해한 것을 물고기로 속여[144] 내게 비싼 값에 팔지 못할 것이다. 내 식탁은 근사한 쓰레기나 먼 나라에서 온 썩은 고기로 화려하게 뒤덮이지는 않을 것이다. 나는 관능적 쾌락을 만족시키기 위해서 노고를 아끼지 않을 것이다. 왜냐하면 그럴 때 노고는 그 자체가 일종의 쾌락이며, 그로부터 기대되는 쾌락을 증대시키기 때문이다. 만약 내가 이 세상 끝에 있는 요리를 맛보고 싶다면 나는 사람을 보내 그것을 가져오게 하기보다 차라리 아피키우스[145]처럼 그 요리를 찾아 그리로 갈 것이다. 아무리 훌륭한 고급 요리라 할지라도 그것과 함께 가져올 수 없는, 그리고 어떤 요리사도 그것에 부여하지 못하는 풍미 즉 그것을 만들어 낸 풍토의 기운이 언제나 빠져 있기 때문이다.

같은 이유로 나는 현재 자신이 있는 곳이 아닌 다른 곳에서만 즐거워져서 계절들을 반대로 만들고 또 기후와 계절을 어긋나게 만드는 사람들을 모방하지는 않을 것이다. 그들은 겨울에는 여름을 찾고 여름에는 겨울을 찾아서, 추위를 찾아 이탈리아에 가고 더위를 찾아 북극으로 가는 사람들이다. 그들은 계절의 혹독함을 피한다고 믿고 있지만, 오히려 자신을 보호하는 방법을 배운 적이 전혀 없는 지역에서 그 혹독함을 만나고 있다는 생각을 하지 못한다. 나라면 잠자코 있든지 그와 완전히 반대

---

144 '유해한 것' 또는 '독'은 프랑스어로 '푸아종(poison)'으로 발음되고 물고기는 '푸아송(poisson)'으로 발음된다. 유사한 발음을 이용한 일종의 말장난이다 — 옮긴이.

145 Apicius: 아우구스투스 시대 로마의 유명한 미식가로 가재 요리를 먹으러 아프리카까지 갔다고 전해진다 — 옮긴이.

되는 입장을 취할 것이다. 나는 계절에 따라 그 계절이 가진 유쾌함을 모두 얻고 싶고, 기후에 따라서 그 기후의 독특함 전부를 얻어 내고 싶다. 나는 아마도 다양한 즐거움과 습관을 가질 텐데, 그것들은 서로 조금도 비슷하지는 않지만 항상 자연에 합치될 것이다. 나는 나폴리에 가서 여름을 보낼 것이고 페테르부르크에 가서 겨울을 보낼 것이다. 때로는 타란토[146]의 서늘한 동굴에서 비스듬히 누워 기분 좋은 산들바람을 마시기도 할 것이고, 때로는 얼음 궁전의 조명 아래 무도회의 즐거움에 가쁜 숨을 몰아쉬면서 지쳐 있을 것이다.

나는 먹을 식사를 차리거나 머물 거처를 장식할 때도 아주 소박한 장식물로 계절의 변화를 모방하고 각각의 계절에서 그 계절이 제공하는 모든 감미로운 것들을 끌어내고 싶지, 이어지는 계절이 제공하는 감미로운 것들을 앞질러 사용하고 싶지는 않다. 이런 식으로 자연의 질서를 어지럽힌다면, 그리고 자연이 못마땅해하면서 마지못해 내놓은 산물들 그러니까 질도 좋지 않고 맛도 좋지 않아서 몸에 영양을 공급하지도 미각을 즐겁게 해 주지도 못하는 산물들을 자연으로부터 빼앗아 온다면, 그렇게 하느라 힘만 들지 거기에 취향이라고는 없다. 속성 재배한 과일이나 야채처럼 맛없는 것도 없다. 파리의 어떤 부자가 난로와 온실을 이용해 겨우 맛없는 야채나 과일을 일 년 내내 식탁에 올리는 데 마침내 성공했다 하더라도, 그것은 엄청난 비용을 들이지 않으면 안 되는 일이다. 얼음이 얼 때 버찌가 있고 한겨울에 호박 빛 멜론이 있다 해도, 갈증을 해소하기 위해 목을 축일 필요가 없을 때 그것을 맛본들 무슨 즐거움이 있겠는가?

146 이탈리아 남부에 위치한 해변 도시 — 옮긴이.

삼복더위에 텁텁한 밤이 정말 맛이 있을까? 그렇게 애를 쓰지 않아도 대지가 내게 제공하는 까치밥나무 열매나 딸기 그리고 갈증을 풀어 주는 과일보다 밤 굽는 냄비에서 나오는 밤을 내가 더 좋아할 리가 있겠는가? 정월에 속성 재배된 식물과 생기도 향기도 없는 꽃으로 벽난로를 뒤덮는 짓은 겨울을 아름답게 만든다기보다 오히려 봄을 욕되게 하는 것이다. 그런 일은 숲속에 가서 처음 핀 오랑캐꽃을 발견하거나 제일 먼저 싹튼 나무의 새싹을 주의 깊게 관찰하며 기쁨의 전율 속에서 "인간들이여, 그대들은 버림받지 않았다. 자연은 아직 살아 있다"라고 외치는 즐거움을 스스로에게서 빼앗는 것이다.

시중을 잘 받기 위해서 나는 하인들을 조금만 둘 것이다. 이는 전에도 말한 바 있지만, 한 번 더 말할 가치가 있다. 중산층에 속한 사람은 단 한 사람의 하인만 두어도, 공작이 주위에 있는 열 명의 신하로부터 받는 것보다 진실한 시중을 더 많이 받는다. 수없이 생각한 일이지만, 식탁에서 물잔이 내 곁에 있으면 마시고 싶을 때 즉시 물을 마신다. 반면에 만약 내가 국왕의 공식 만찬에 참석한다면, 스무 명가량의 사람들이 "마실 것 좀 주세요"라고 되풀이해 부탁한 뒤에야 겨우 갈증을 해소할 수 있을 것이다. 다른 사람을 시켜서 하는 일은 어떤 식으로 하든지 모두 잘되지 않는 법이다. 나는 가게에 사람을 보내지 않고 내가 직접 갈 것이다. 하인들이 나보다 먼저 가게 주인들과 교섭하지 못하도록, 더 확실하게 고르고 더 싸게 사기 위해 내가 직접 갈 것이다. 그리고 기분 좋게 운동을 하고 또 내 집 밖에서 무슨 일이 일어나는지 보기 위해 내가 직접 갈 것이다. 그것은 기분 전환도 되고 때로는 배움의 기회도 된다. 마지막으로 집 밖에 나가 보기 위해 직접 나설 것인데, 이것도 괜찮은 일이다. 권태는 너무 집 안에만 틀어박혀 있는 생활에서 생기기 시작한다. 자주 외출을 하면 거의 권태를 느끼지 않을 것이다. 문지기나 하인들은 별로 좋지 않은 통역꾼들이다. 나는 이런 자들을 언제나 나와 세상 다른 사람들 사이에 두고 싶지도 않고, 사람들의 접근을 두려워하기라도 하는 것처럼 항상 요란하게 마차 소리를 내면서 길을 다니고 싶지도 않다. 자신의 다리를 말[馬]로 쓰는 사람은 언제나 준비가 되어 있다. 말이 피곤해 있거나 아플 때 그는 누구보다 먼저 그 사실을 안다. 또 마부가 즐거운 시간을 보내고 싶어 할 때, 그런 사정 때문에 그는 집에 틀어박혀 있어야 하나 염려할 일도 없다. 길을 가다 수없이 만나는 교통 혼잡 때문에 초조해서 피가 마르거나, 날 수만 있다면 날아가고 싶은 때에도 꼼짝 못 하고 앞으로 나가지 못하는 일은 절대로 없을 것이다. 결국 아무도 우리 자신만큼 우리에게 소용이 되는 사람은 없으므로, 알렉산더 대왕보다 더 권력을 가졌고 크로이소스[147]보다 더 부자라 하더라도, 자신이 할 수 없는 일 이외에는 다른 사람의 봉사를 받는 일은 없어야 한다.

나는 궁전을 거처로 삼고 싶은 생각이 조금도 없다. 왜냐하면 궁전이라 해도 내가 사는 곳은 방 한 칸에 지나지 않을 테니까 말이다. 공동으로 쓰는 모든 방은 누구의 것도 아니다. 그리고 하인들이 각자 쓰는 방은 이웃 사람의 방이나 마찬가지로 나와 무관할 것이다. 동양 사람들은 굉장히 향락적임에도 불구하고 모두 간소한 집에서 간소한 가구를 놓고 산다. 그들은 인생을 여행으로 생각하고 자신이 사는 집을 일종의 여인숙으로 간주한다. 이런 이치는 영원히 살 계획을 세우고 있는 우리 같은 부

---

147 Kroisos(기원전 560?-기원전 546): 엄청난 부를 가졌던 리디아의 마지막 왕 — 옮긴이.

자들에게는 별로 통하지 않는다. 그러나 내게는 똑같은 효과를 낼 수 있을 것 같은 다른 논거가 있다. 내가 보기에는 한 장소에 그토록 호화로운 거처를 정하는 것은 다른 모든 장소에서 자기를 몰아내고 말하자면 스스로를 자기 궁전에 감금하는 것처럼 여겨진다. 세계는 정말 아름다운 궁전이다. 부자가 즐기고자 한다면 그에게 모자랄 것이 무엇이겠는가? "Ubi bene, ibi patria, 살기 좋은 곳이 조국이다." 이것이 그의 신조이다. 돈으로 무엇이든 할 수 있는 곳이 자기 집이고, 돈 궤짝이 지나갈 수 있는 곳이라면 마치 필리포스가 돈을 짊어진 노새가 들어갈 수 있는 요새라면 모두 자기 것으로 생각했던 것처럼 모두 다 자기 고향이다.[148] 그렇다면 어째서 그곳에서 절대 나가지 않을 것처럼 벽과 문으로 자신을 둘러싸고 있는가? 돌림병이나 전쟁 혹은 반란 때문에 어떤 장소에서 쫓겨나게 되면 나는 다른 곳으로 갈 텐데, 거기서 나는 내가 묵을 여관이 나보다 먼저 도착해 있는 것을 본다. 나를 위해 세계 도처에 묵을 곳이 만들어져 있는데, 왜 내가 묵을 곳을 직접 만들려고 애를 써야 한단 말인가? 살기도 바쁜데 어째서 오늘부터라도 당장 즐길 수 있는 향락을 그렇게 먼 곳에서 준비해야 한단 말인가? 끊임없이 자기 자신과 대립한다면 기분 좋은 생애를 보낼 수 없을 것이다. 이런 까닭으로 엠페도클레스[149]는 아그리젠토 사람들이 마치 하루밖에 살지 못할 것처럼 닥치는 대로 쾌락에 몰두하면서도 마치 절대로 죽지 않을 것처럼 집을 짓는다고 비난

---

148 플루타르코스의 『고대 제왕들의 유명한 이야기』에서 나온 일화이다. 필리포스 2세는 기원전 359년 마케도니아의 왕으로 등극했다. 그는 어떤 성을 수중에 넣으려고 정탐꾼들을 보냈는데 그들은 그 성이 난공불락의 요새라고 보고했다. 그 말을 듣고 왕은 황금을 실은 당나귀가 접근할 수 없을 정도로 성에 접근하는 것이 불가능하냐고 물었다고 한다 — 옮긴이.

149 Empedocles(기원전 490?~기원전 435?): 그리스의 철학자로 4원소론을 주장했다 — 옮긴이.

했던 것이다.

　게다가 그곳에 살게 할 사람도 별로 없고 그곳을 채울 물건은 더군다나 없는 나 같은 사람에게 그렇게 넓은 집이 무슨 소용이 있단 말인가? 나의 세간들은 나의 취향처럼 소박할 것이다. 나는 화랑도 서가도 갖지 않을 것이다. 특히 내가 독서를 좋아하고 그림에 정통하다면, 더욱 그럴 것이다. 왜냐하면 나는 그런 소장품들이 결코 완벽하지 못하다는 것, 그리고 거기서 무엇인가 부족한 것이 있다는 결함이 아예 아무것도 가지지 않은 것보다 더 안타까운 일임을 알게 될 것이기 때문이다. 이런 점에서 풍요함이 빈곤을 초래한다. 수집가라면 모두 이런 일을 경험했을 것이다. 수집에 대해 잘 아는 사람이라면 수집 같은 것은 결코 하지 않을 것이다. 사람이 자신을 위해 진열실을 사용할 줄 알면 다른 사람들에게 보이려는 진열실을 갖는 일은 거의 없다.

　도박은 결코 부자가 즐기는 오락이 아니라 할 일 없는 사람이 의지하는 수단이다. 그러나 나는 즐거움을 위해 할 일이 너무 많아서 그렇게 시간을 허비할 정도로 시간이 남아돌지는 않을 것이다. 나는 고독하고 가난하기 때문에 가끔 체스를 두는 것을 제외하고는 전혀 도박을 하지 않는데, 사실 체스도 과하다. 내가 만약 부자라면 도박은 더더구나 하지 않을 것이고, 한다 하더라도 극히 사소한 도박에 그칠 것이다. 그것은 불만을 가진 사람들을 보지 않기 위해서이며 나도 불만을 갖지 않기 위해서이다. 도박에 흥미를 가지는 것은 부유한 사람에게는 동기가 없으므로 양식 없는 사람이 아니라면 절대로 열광으로 바뀔 수 없다. 부자에게 도박에서 챙길 수 있는 이익은 도박에서 입을 수 있는 손해와 비교할 때 항상 대수롭지 않은 것으로 느껴진다. 결국은 딴 돈을 다 잃게 만드는 것이 보통의 도박 형태라는 것을 감안하면 일반적으로 도박은 따기보다는 잃게 마련이다. 잘 따져 보면 사람들은 온갖 종류의 위험이 자기에게 불리하게 작용하는 오락에 큰 애착을 가질 수는 없을 것이다. 자기한테 특별히 운이 따른다고 자랑하는 사람은 더 흥미진진한 대상들에서 그것을 시험해 볼 수 있으며, 가장 큰 도박보다 가장 작은 도박에서 특별히 운이 따르는 일이 눈에 덜 띄라는 법도 없다. 탐욕과 권태의 결과인 도박 취미는 공허한 정신과 마음에만 스며든다. 내 생각에 나는 이런 보완책이 없이도 지낼 수 있을 만큼 충분한 감정과 지식을 가진 것 같다. 사색하는 습관을 일시 정지시키고 그것을 따분한 숫자 조합 맞추는 데 쓰게 만드는 도박에 사색가들이 미치는 경우는 여간해서는 볼 수 없다. 그러므로 학문적 취향이 만들어 낸 좋은 점들 중의 하나, 아니 어쩌면 유일하게 좋은 점은 비천한 정념들을 약간은 진정시킨다는 것이다. 왜냐하면 사람들은 도박에 몰두하느니 도박의 효용성을 입증하는 연구를 더 하고 싶어 할 것이기 때문이다. 나는 노름꾼들이 있는 곳에서는 노름을 반대할 것이고, 그들에게서 돈을 따는 것보다는 그들이 돈을 잃는 것을 보고 그들을 놀리는 데서 더 즐거움을 느낄 것이다.

나는 사생활에서나 세상 사람들과의 교제에서나 똑같을 것이다. 나는 내 재산으로 어느 곳에서든 생활의 여유를 만들고 싶지, 결코 불평등을 느끼게 만들고 싶지는 않다. 반짝거리는 요란스러운 복장은 모든 점에서 불편하다. 사람들 사이에서 가능한 자유를 고스란히 간직하기 위해, 나는 어떤 계층의 사람들과 있든 내 자리에 있는 것처럼 보이면서 어떤 계층에서도 남들과 구별되지 않게 옷을 입겠다. 또한 나는 내 용모를 일부러 꾸미거나 바꾸지 않고 술집에서는 서민이 되고 팔레 루아얄[150]에서는 상류층 인사가 되겠다. 그렇게 함으로써 더 자유롭게 행동할 수 있는 나는 언제나 모든 계층이 누리는 즐거움을 내 것으로 삼을 것이다. 소맷부리에 수가 놓인 옷을 입은 사람은 거절하고 레이스를 단 사람만 맞이하는 여성들이 있다고 한다. 그렇다면 나는 다른 곳에 가서 하루를 보낼 것이다. 하지만 그 여성들이 젊고 예쁘다면, 나는 밤만이라도 그곳에서 보내기 위해 때로는 레이스를 부착할 수도 있을 것이다.

내 교제 관계의 유일한 유대는 상호 간의 애정, 취향의 일치, 성격의 합치일 것이다. 나는 부자로서가 아니라 인간으로서 거기에 전념할 것이다. 나는 교제의 매력이 이해관계에 따라 손상되는 것을 도저히 견딜 수 없을 것이다. 만약 부자가 되더라도 내게 얼마라도 인정이 남아 있다면 나는 봉사와 선행을 널리 베풀 것이다. 그러나 나는 주변에서 사교모임을 갖고 싶지 궁정宮廷을 두고 싶지는 않으며, 친구를 원하지 부하를 두고 싶지 않다. 나는 함께 회식하는 사람들의 후원자가 아니라 그들을 접대하는 집주인이 될 것이다. 독립과 평등으로 인해 내가 맺고 있는 교우관계에서는 천진한 호의가 고스란히 남아 있을 것이다. 그리고 의무나 이해관계가 쓸데없이 끼어들 여지가 없는 곳에서는 기쁨과 우정만 지배할 것이다.

친구나 애인은 돈으로 살 수 없다. 돈으로 여성을 손에 넣기란 쉬운 일이지만, 그런 방법으로는 어떤 여자의 연인도 결코 될 수 없다. 사랑은 돈으로 사고팔 수 있는 것이 아닐 뿐더러, 돈은 반드시 사랑을 사라지게

---

150 17세기에 지어진 건물들과 정원으로 이루어진 구역으로서, 주로 사업가들과 연인들이 찾는 장소였다 — 옮긴이.

만든다. 돈을 지불하는 남자는 그가 누구보다 사랑스러운 남자라 할지라도 돈을 지불한다는 그 한 가지 사실 때문에 오래 사랑받을 수는 없게 된다. 얼마 되지 않아서 그는 다른 남자 대신 돈을 지불하게 될 것이다. 아니 더 정확히 말하면 그 다른 남자가 그의 돈을 받게 될 것이다. 그리고 사욕과 방탕으로 이루어진 그래서 사랑도 명예도 진정한 기쁨도 없는 이 중관계에서, 탐욕스럽고 부정不貞하고 가련한 여자는 자기에게 돈을 지불하는 바보 같은 남자를 대할 때 하는 그런 대우를 돈을 받는 그 비열한 남자에게서 돌려받기 때문에, 결국 이 두 남자들에 대하여 주고받을 것이 없는 상태에 처하게 된다. 만약 그것이 거래가 아니라면 사랑하는 사람에게 인심을 후하게 베푸는 것은 기분 좋은 일이다. 나는 사랑을 손상시키지 않으면서 연인을 대하는 이러한 성향을 충족시킬 수 있는 방법을 한 가지 알고 있다. 그것은 모든 것을 그녀에게 주고 그다음부터는 그녀로부터 보살핌을 받는 것이다. 남은 문제는 이런 방법을 써도 괜찮을 그런 여성이 어디 있는가 하는 것이다.

"나는 라이스[151]를 소유하고 있지만 그녀는 나를 소유하지 못한다"라고 말한 자는 바보 같은 말을 했다.[152] 상호적이 아닌 소유는 아무런 의미도 없다. 그것은 기껏해야 성性의 소유에 불과하지, 그 개인을 소유한 것이 아니다. 그런데 사랑의 마음이 없는 곳에서, 어째서 그 나머지를 갖고 그렇게 야단법석을 떤단 말인가? 이것만큼 찾기 쉬운 것이 없는데도 말이다. 이 점에 대해서는 노새를 부리는 사람이 백만장자보다 더 행복에 가

---

151 Lais(?–기원전 340): 고대 그리스의 유명한 매춘부 — 옮긴이.
152 소크라테스의 제자로서 쾌락주의 철학을 주창했던 아리스티포스가 한 말이다 — 옮긴이.

까이 있다.

오! 만약 악덕의 자가당착이 충분히 전개될 수 있다면, 자신이 원하는 것을 얻었을 때 그는 그것이 자기 계산과 얼마나 동떨어져 있는지 보게 될 것이다! 순진무구한 여성을 타락시키고, 마땅히 보호했어야 할 젊은 여성을 자기를 위한 희생물로 만드는 저 비열한 탐욕은 무엇 때문인가? 이렇게 첫발을 내디디면 그녀는 불가피하게 죽을 때까지 벗어나지 못할 불행의 심연 속으로 끌려들어 가는데도 말이다. 그것은 난폭함, 허영심, 어리석음, 그릇된 생각일 뿐 그 이상 아무것도 아니다. 그때의 쾌락 자체도 자연이 아니라 세상 평판에 입각한 것인데, 그것은 자신에 대한 경멸에서 기인하기 때문에 가장 비열한 세상 평판이다. 자신을 가장 못난 인간이라고 느끼는 사람은 모든 사람과 비교되는 것을 두려워하고, 미움을 덜 받으려고 첫 남자가 되기를 바란다. 이처럼 짜릿한 상상의 매력을 갈망하는 탐욕스런 자들이 과연 여자들의 마음에 들 만큼 사랑스러운, 그리고 까다롭게 굴어도 더 쉽게 용서받을 수 있는 그런 젊은이일지 한번 보라. 전혀 그렇지 않다. 용모가 준수하고 재능이 있고 정이 많은 사람이라면 자기 애인의 경험을 별로 두려워하지 않을 것이다. 그런 사람은 정당한 확신을 갖고 자기 애인에게 이렇게 말한다. "그대는 쾌락을 알고 있지만 상관없습니다. 나의 사랑은 그대가 아직 경험한 적 없는 쾌락을 그대에게 약속합니다."

그러나 방탕한 생활로 닳아빠져서 매력도 없고 여성에 대한 배려도 없이 여성을 함부로 대하고 털끝만큼의 예의도 없는 늙은 호색꾼, 그래서 사랑스러운 남자에 대해 꽤 알고 있는 여성의 마음에 들지 못하고 또 그럴 자격도 없는 그런 남자는 순진한 젊은 여성을 만나면 경험으로 상대를 압도하고 그녀에게 최초의 관능의 열정을 안겨 줌으로써 자신의 결점을 모두 보완할 수 있다고 믿는다. 그의 최후의 희망은 뭔가 새로운 것으로 여성의 마음을 끄는 것이다. 이것이야말로 의심할 여지 없이 이러한 환상의 숨겨진 동기이다. 그러나 그가 틀렸다. 그가 자극하고 싶어 하는 욕망이 자연적인 것과 마찬가지로 그가 주는 혐오감도 자연적인 것이다. 그는 어리석은 기대에서도 마찬가지로 잘못 생각한 것이다. 자연은 잊지 않고 자연의 권리를 요구하기 때문이다. 매춘부라면 모두 이미 남성에게 몸을 내맡긴 경험이 있는 여성으로 자신의 뜻대로 선택하여 몸을 내어 준 적이 있기 때문에, 그녀는 이미 그가 두려워하는 비교를 하고 있었다. 그러므로 그는 상상적인 쾌락을 사는 것인데, 그렇다고 해서 미움을 덜 받는 것도 아니다.

내가 부자가 되어서 사람이 변한다 하더라도 한 가지 점에서만은 결코 변하지 않을 것이다. 설령 내가 좋은 품행이나 미덕을 모조리 잃었다 하더라도 최소한 어느 정도의 취향과 감각과 섬세함은 내게 남아 있을 텐데, 그 덕분에 나는 속아서 망상을 쫓아다니며 재산을 허비하거나, 젊은 여자들에게 배반당하고 조롱받는 일에 내 주머니와 인생을 탕진하는 일은 없을 것이다. 내가 젊다면 나는 청춘의 쾌락을 추구할 것이다. 그리고 그 쾌감을 고스란히 간직한 상태의 쾌락을 원하기 때문에 부자로서 돈을 써 가며 쾌락을 추구하지는 않을 것이다. 내가 지금의 상태 그대로 있다면, 상황은 또 다를 것이다. 나는 신중하게 내 나이의 쾌락에 만족할 것이다. 나는 내가 즐길 수 있는 취향을 찾을 것이며 이제는 고통밖에 될 수 없는 취향들은 버릴 것이다. 희끗희끗한 수염으로 젊은 여성들의 빈정거리는 경멸이나 받으면서 그녀들을 찾아가는 일은 결코 없을 것이다.

나의 역겨운 애무 때문에 그녀들이 구역질하는 것을 보거나, 나를 소재로 한 너무나 우스꽝스러운 이야깃거리를 그녀들에게 제공하거나, 그녀들이 늙은 원숭이의 추잡한 쾌락을 견딘 분풀이로 그 쾌락을 남에게 구체적으로 묘사하는 것을 상상하는 따위의 일은 나로서는 결코 견디지 못할 것이다. 만약 충분히 억제되지 않은 습관 때문에 오래전부터 지속된 욕망이 습관적인 욕구로 바뀐 것이라면, 나는 아마도 그것을 충족시킬 것이다. 그렇지만 너무 부끄러워 스스로 얼굴을 붉히면서 그렇게 할 것이다. 나는 욕구에서 정념을 제거하고, 가능한 한 내게 가장 좋은 상대를 얻어 그 정도로 만족할 것이다. 나는 더 이상 내 약점을 내 일거리로 삼지 않을 것이다. 그리고 무엇보다도 내 약점을 보는 상대는 단 한 사람뿐이기를 바란다. 그러한 쾌락이 없어져도 인생에는 또 다른 쾌락들이 남아 있다. 달아나는 쾌락을 쫓아 본들 헛일이며, 그런 짓을 하면 우리에게 남아 있는 쾌락마저 사라져 버린다. 세월의 흐름을 따라 취향을 바꾸도록 하자. 그리고 계절과 마찬가지로 나이도 더 이상 뒤바꾸려 하지 말자. 어느 시기에서나 오로지 자기 자신이어야만 한다. 그리고 절대로 자연에 맞서 싸워서는 안 된다. 그런 헛된 노력은 인생을 소모시키며, 우리가 인생을 올바르게 사용하는 것을 방해한다.

민중은 권태로워하는 일이 거의 없으며 그들의 생활은 활기차다. 그들의 오락은 다양하지 않으며 그 기회도 흔치 않다. 오랜 나날의 고역은 그들에게 며칠간의 축제를 흥겹게 즐기도록 만든다. 오랜 노동과 짧은 여가의 교대는 그 신분의 사람들이 누리는 즐거움에 양념 구실을 한다. 부자들의 큰 골칫거리는 권태이다. 많은 비용을 들여서 모아 둔 수많은 오락거리에 파묻혀 있으면서도, 또 앞다투어 그들의 비위를 맞추려는 수많은 사람들에 둘러싸여 있으면서도, 그들은 권태 때문에 녹초가 되고 미칠 지경이다. 그들은 권태를 벗어나려 애쓰면서 인생을 보내고 또 권태에 사로잡혀 인생을 보낸다. 그들은 견딜 수 없는 권태의 무게에 짓눌려 있다. 특히 무슨 일을 할 줄도 모르고 즐길 줄도 모르는 부인들은 우울증이라는 이름 아래 권태에 시달린다. 그녀들에게 권태는 일종의 무서운 병으로 변하여, 때로는 그녀들의 이성을 잃게 하고 마침내는 목숨까지 앗아 간다. 나는 파리의 아름다운 여성의 운명보다 더 끔찍한 운명을 알지 못한다. 그런데 그 여성에게 바싹 달라붙어 있는 싹싹한 애인의 운명은 더 끔찍하다. 그도 똑같이 유한有閑마담처럼 되어 이렇게 이중으로 자기 본래의 모습에서 멀어진다. 그리하여 염복이 많은 남자라는 허영심 때문에 인간이라는 피조물이 일찍이 경험한 바 없는 더없이 비참한 나날의 권태를 견딘다.

사치와 고상한 체하는 겉모습에서 생겨난 예절, 유행, 관습은 삶의 흐름을 매우 따분한 단조로움 속에 가두어 버린다. 다른 사람들의 눈에 보이기 위해 가지려는 즐거움은 모든 사람들에게 소용없는 것이다. 그것은 남들을 위해서나 자기를 위해서나 즐거움이 되지 못한다.[153] 세상 평판이 무엇보다 두려워하는 것은 웃음거리가 되는 일이다. 그런데 그것은 언제나 세상 평판을 따라다니면서 세상 평판을 괴롭히고 응징한다. 사람은 틀에 박힌 고정된 형식 때문이 아니면 결코 웃음거리가 되지 않는다. 자

---

153 사교계의 두 부인이 무척 재미있게 지내는 것처럼 보이려고 아침 다섯 시까지는 절대로 잠자리에 들지 않는다는 규칙을 세운다. 겨울의 혹한에도 하인들은 그녀들을 기다리면서 거리에서 밤을 새운다. 동상에 걸리지 않도록 매우 신경을 쓰면서 말이다. 어느 날 밤 아니 더 정확히 말하면 어느 날 아침, 하인은 그 두 사람이 너무 재미있어서 시간 가는 줄도 모르고 시간을 보낸다는 그 방으로 들어간다. 하인은 그녀들이 딱 단 둘뿐이고 각자 자기 안락의자에 파묻혀 잠자고 있는 광경을 보게 된다.

신의 상황이나 자신의 쾌락을 다양하게 변화시킬 줄 아는 사람은 어제의 인상을 오늘 바로 지워 버린다. 그런 사람은 사람들의 기억 속에서 없는 사람이나 마찬가지지만, 그 자신은 즐기고 있다. 왜냐하면 그는 매 순간 무슨 일에서나 온전한 전체로 존재하고 있기 때문이다. 이런 형식이야말로 내게 유일한 불변의 형식일 것이다. 나는 각각의 상황에서 다른 상황에는 신경 쓰지 않을 것이며, 하루하루를 어제나 내일과 독립된 날인 것처럼 그것 자체로서 받아들일 것이다. 서민과 함께 있을 때는 서민이 되는 것처럼 시골에서는 시골 사람이 되어서 내가 농사에 대해 이야기한다 하더라도 농부가 나를 비웃는 일은 없을 것이다. 나는 시골에 가서 나를 위한 도시를 건설한다거나 지방의 벽촌에 가서 내 방 앞에 튀일리 공원¹⁵⁴을 만드는 따위의 짓은 하지 않을 것이다. 나는 그늘이 잘 드리워진 어떤 쾌적한 언덕 기슭에 전원풍의 작은 집, 초록색 겉창이 달린 하얀 집을 한 채 가졌으면 한다. 초가지붕이 어떤 계절에나 가장 좋기는 하다. 그러나 내가 멋들어지게 선택할 것은 음침한 청석돌이 아닌 기와일 것이다. 왜냐하면 그것이 초가보다 더 깨끗하고 밝게 보이기 때문이기도 하고, 우리 고향에서는 집의 지붕을 다른 것으로 만들어 덮지 않아서 그 기와를 보며 어린 시절의 행복했던 시간을 조금이라도 회상할 수 있을 것이기 때문이다. 나는 안뜰을 가금 사육장으로 삼고, 마구간이 아니라 암소를 기르는 외양간을 두어 내가 매우 좋아하는 유제품을 얻을 것이다. 정원으로는 채소밭을 가꿀 것이며, 공원은 다음에 언급할 과수원과 비슷한 아름다운 과수원으로 조성할 것이다. 과일은 산책하는 사람들이 마음

154 루브르 궁정 옆에 위치한 파리의 유명한 공원 — 옮긴이.

대로 따 먹을 수 있게 하여, 과수원지기를 두고 그것들을 세거나 수확하게 하지 않을 것이다. 그리고 나는 돈을 아끼면서도 인심을 베풀어, 사람들이 감히 손도 대지 못하는 웅장한 과실수果實樹 담장을 다른 사람들의 눈앞에 과시하지 않을 것이다. 그런데 이런 사소한 낭비는 별로 비용이 들지 않을 것이다. 왜냐하면 나는 외딴 지방에 내 은둔처를 골랐을 텐데, 그 지방은 돈은 그리 흔하지 않으나 산물이 풍부하여 풍성함과 빈곤함이 공존하는 곳일 것이기 때문이다.

거기서 나는 많은 사람들이 드나드는 모임보다 훌륭한 사람들의 모임을 가질 것이다. 그곳에 모이는 남자들은 즐거움을 사랑하고 즐거움을 잘 알고 있는 남성들이며, 또 그곳에 모이는 여성들은 안락의자에서 일어나 들놀이에도 동참할 수 있고, 때로는 베틀 북이나 카드 대신에 낚싯대나 새를 잡는 끈끈이 장대 또는 건초용 갈퀴나 포도를 수확하는 바구니를 들 수도 있는 여성들이다. 그곳에서 도시의 모든 겉치레는 잊힐 것이고, 시골에서 시골 사람이 되어 버린 우리는 엄청나게 많은 다양한 오락에 몰두하면서 매일 저녁 내일은 무엇을 하고 놀지 그 걱정만 할 것이다. 운동과 활동적인 삶은 우리에게 새로운 식욕과 새로운 미각을 만들어 줄 것이다. 우리의 식사는 매번 잔치가 될 것인데, 거기서는 맛이 좋은 것보다 양이 많은 것이 사람들을 더 즐겁게 할 것이다. 쾌활함, 시골의 일거리들, 유쾌한 놀이야말로 세상에서 으뜸가는 요리사이다. 그리고 섬세하게 미각을 돋우는 양념 따위는 해가 뜨면서부터 숨 가쁘게 움직이는 사람들에게는 매우 가소로운 것이다. 식탁 차림에는 순서도 예법도 없다. 정원이든 배 안이든 나무 아래든 어디나 식당이 될 수 있을 것이다. 때로는 먼 곳에 있는 맑은 샘 근처, 싱그럽고 푸르른 풀밭 위, 오리

나무와 개암나무가 우거진 숲 아래로 즐거운 회식 참가자들의 긴 행렬이 노래를 부르며 잔치 요리를 운반할 것이다. 잔디밭은 식탁과 의자가 될 것이고, 샘물가는 음식을 차려 놓는 뷔페가 될 것이고, 디저트 과일은 나무에 걸려 있을 것이다. 요리는 순서 없이 나올 것이며, 왕성한 식욕 앞에서 격식을 차리지 않아도 무방할 것이다. 저마다 모두 거리낌 없이 남보다 먼저 자신을 생각하면서, 다른 사람들도 모두 똑같이 그렇게 생각하는 것을 좋게 생각할 것이다. 진심에서 우러나오는 그리고 절도를 지키는 이러한 친근감으로부터 무례함이나 거짓, 거북함을 수반하지 않는 익살맞은 다툼이 생겨날 수도 있다. 이러한 다툼은 예의범절보다 백 배는 더 매력적이고 사람들의 마음을 하나로 묶는 데 더 적합하다. 거기서는 우리의 이야기를 엿듣고, 우리의 태도를 나지막한 소리로 헐뜯고, 탐욕스러운 시선으로 우리가 먹는 음식물들을 세어 보거나, 우리에게 마실 음료를 기다리라 하고서는 재미있어 하거나, 식사시간이 너무 길어진다고 투덜거리는 성가신 시종도 없을 것이다. 우리가 우리의 주인으로 남을 수 있도록 우리 자신의 시중꾼이 될 것이고, 저마다 서로 모두로부터 시중을 받게 될 것이다. 시간은 지나가는 줄도 모르게 지나갈 것이고, 식사는 휴식이 되어 태양의 열기가 식지 않는 동안 지속될 것이다. 만약 농기구를 어깨에 메고 일터에서 돌아오는 농부가 우리 곁을 지나간다면, 나는 그가 좀 더 기운을 내서 자신의 불행을 짊어질 수 있도록 덕담 몇 마디와 맛있는 포도주를 몇 잔 그에게 건네면서 그의 마음을 즐겁게 해 줄 것이다. 그리고 나도 역시 내 마음 깊숙한 곳에서 어느 정도 감동을 느끼고 "나는 아직 인간이다"라고 남몰래 중얼거리면서 즐거워할 것이다.

만약 시골 잔치가 벌어져서 그 고장의 주민들이 모이게 되면, 나는 내 동료들과 함께 제일 먼저 그곳에 갈 것이다. 도시의 결혼식보다 한층 더 하늘의 축복을 받는 결혼식들이 내 이웃에서 거행된다면, 사람들은 내가 즐거움을 좋아하는 것을 알기 때문에 나를 초대할 것이다. 나는 그 선량한 사람들과 마찬가지로 그들에게 소박한 소정의 선물을 가지고 갈 것인데, 그 선물은 잔치에 기여하게 될 것이다. 그리고 나는 대신에 그곳에서 값을 헤아릴 수 없는 재화, 나와 같은 부류의 사람들에게는 거의 알려지지 않은 재산인 솔직함과 진정한 기쁨을 발견하게 될 것이다. 나는 그들의 긴 식탁 한쪽 끝에서 즐겁게 저녁을 먹을 것이다. 그리고 거기서 오래된 전원풍 노래의 후렴 부분을 따라 하며 합창을 할 것이고, 오페라 극장의 무도회에서 춤을 출 때보다 더 흔쾌하게 그들의 헛간에서 춤을 출 것이다.

사람들은 여기까지는 모두 멋지다고 내게 말할 것이다. 그러나 사냥은? 시골에서 사냥을 하지 않는다면 시골에서 산다고 할 수 있는가? 알겠다. 나는 소작지의 농가 한 채만 원했는데, 그것은 내 불찰이었다. 나는 스스로를 부자라고 가정하고 있으므로, 내게는 나만의 독점적인 쾌락, 파괴적인 쾌락이 필요하다. 이렇게 되면 문제는 전혀 달라진다. 내게는 토지와 산림과 감시인과 소작료가 필요하게 되며, 영주에게 걸맞은 예우와 특히 향香과 성수聖水가 필요하게 된다.

정말 좋다. 그러나 이 토지 부근에는 자기 권리에는 집착하면서 다른 사람들의 권리를 가로채려는 이웃들이 있을 것이다. 감시인들은 서로 말다툼을 벌일 것이고 아마 주인들도 그렇게 될 것이다. 적어도 말다툼과 싸움, 증오, 소송이 벌어질 것이다. 이것만으로도 벌써 그리 유쾌하지 못하다. 내 영지의 주민들은 내 산토끼들이 그들의 밀을 휘젓고 다니고 내 멧돼지들이 그들의 잠두콩을 망치는 것을 유쾌하게 보지는 않을 것이다. 그들의 일을 망치는 적들을 감히 죽이지는 못하겠지만, 하여간 모두 그 적을 자기 밭에서 쫓아내고 싶어 할 것이다. 하루 종일 밭을 간 후에도 밤새도록 밭을 지켜야 할 것이다. 그들은 맹견, 북, 나팔, 방울을 사용할 것이고, 이 소란이 나의 잠을 방해할 것이다. 나는 본의 아니게 가난한 사람들의 불행을 생각하면서 그 때문에 자신을 책망하지 않을 수 없을 것이다. 만약 내가 영광스럽게도 군주라면 이 모든 일들에 그리 충격받지 않았을 것이다. 그러나 갑자기 출세하여 부자가 된 지 얼마 되지 않은 나로서는 아직 얼마라도 서민의 마음을 가지고 있을 것이다.

그뿐만이 아니다. 풍부한 사냥감은 사냥꾼들을 유혹할 것이고, 나는 곧 밀렵꾼들을 처벌해야 할 것이다. 그렇게 되면 내게는 감옥, 간수, 경관, 도형선 같은 것들이 필요하게 될 텐데, 내게는 이것들 모두가 아주 잔인하게 보인다. 저 불쌍한 사람들의 아내들이 찾아와 내 집 문 앞을 둘러싸고 울고불고하면서 나를 성가시게 할 것이다. 나는 그녀들을 몰아내고 혼내 주어야 할 것이다. 밀렵을 하지는 않았지만 내 사냥감 때문에 수확을 망치게 된 불쌍한 사람들은 그들대로 찾아와 항의할 것이다. 한쪽은 사냥감을 죽였다는 이유로 처벌받을 것이며, 또 다른 한쪽은 사냥감을 살려 주었기 때문에 파산할 것이다. 얼마나 서글픈 양자택일인가! 사방에서 비참한 일만 보이고 탄식하는 소리만 들릴 것이다. 내 생각에 그렇게 되면 거의 발에 채일 정도로 많은 자고새나 산토끼를 마음대로 살상하는 즐거움이 매우 방해를 받을 것이 틀림없다.

여러분의 즐거움에서 그들의 고통을 제거하고 싶다면, 즐거움을 독점하지 말아야 한다. 여러분이 사람들과 같이 즐거움을 나누면 나눌수록, 항상 즐거움을 더 순수하게 맛볼 것이다. 그러므로 나는 앞서 말한 것과 같은 짓은 일체 하지 않을 것이다. 그러나 취미는 바꾸지 않고 훨씬 비용이 적게 든다고 여겨지는 즐거움만 취할 것이다. 나는 모든 사람이 자유롭게 사냥할 수 있어서 나도 불편 없이 사냥을 즐길 수 있는 고장에 나의 시골 거처를 정할 것이다. 사냥감은 더 적겠지만, 그것을 찾는 데 기술이 더 필요해지고 그것을 잡았을 때 즐거움은 더욱 클 것이다. 나는 첫 번째 자고새가 날아오를 때 나의 아버지가 느꼈던 심장의 고동을, 그리고 온종일 찾아다니던 산토끼를 발견했을 때 아버지가 가졌던 열렬한 기쁨을 회상할 것이다. 그렇다. 나는 단언할 수 있다. 아버지는 혼자서 개를 데리고 총과 사냥망태기와 화약통과 자신이 잡은 작은 노획물을 지고 저녁 때 돌아오시곤 했는데, 피로로 기진맥진해 있고 가시에 찢겼지만 사냥터를 규방으로 아는 여러분의 사냥꾼들보다는 자신이 보낸 하루에 더 만족하셨다고. 좋은 말을 탄 여러분의 사냥꾼들 뒤에는 탄알을 잰 스무 자루의 총이 따라다니고, 그들은 총을 바꾸어 주변에다 대고 쏘고 죽이기만 할 뿐, 거기에는 기술도 명예도 없고 운동도 거의 없다. 그러므로 토지를 감시하거나 밀렵꾼을 벌하거나 가난한 사람을 괴롭힐 필요가 없을 때, 기쁨은 줄어들지 않고 불편만 제거된다. 바로 이것이 내 선택의 확고한 한 이유이다. 무엇을 하든지 사람들을 끝없이 괴롭히기만 한다면 자기도 역시 그들이 주는 불편함을 감수하지 않을 수 없으며, 오랫동안 계속되는 백성의 저주는 조만간 사냥감을 씁쓸한 것으로 만들 것이다.

다시 한번 말해 두지만 즐거움을 독점하면 즐거움은 사라지는 법이다. 진정한 기쁨은 민중과 함께 나누는 기쁨이다. 자기 혼자만 가지려는 기쁨은 이내 사라지기 마련이다. 내 공원 둘레에 담을 쌓아 올려 내게 공원이 음산한 출입 금지구역이 된다면, 나는 많은 비용을 들여 산책의 즐거움을 스스로 없애 버린 것밖에 되지 않는다. 어쩔 수 없이 산책의 즐거움을 찾아 먼 곳까지 가야 하는 내 꼴을 보라. 소유권이라는 마물魔物은 그것이 접촉하는 모든 것을 오염시킨다. 부자는 어디서나 주인이 되고 싶어 하지만 자신이 주인이 아닌 곳에서만 기분이 좋아진다. 그래서 그는 항상 자신에게서 도피하지 않으면 안 되는 것이다. 그 점에서 나는 부자가 된다 해도 내가 가난하던 시절에 하던 일을 그대로 할 것이다. 이제 나의 재산으로 부자인 것보다 다른 사람들의 재산으로 더 부자인 나는 주변에 내 마음에 드는 것들이 있으면 그것들을 모두 수중에 넣는다. 나보다 더 철저한 정복자는 없다. 심지어 제후들의 권리까지 침해한다. 나는 둘레를 막아 놓지만 않았으면 내 마음에 드는 땅을 모조리 접수한다. 나는 그 땅에 이름을 붙이고, 하나는 나의 공원으로 또 하나는 나의 테라스로 만들어 그 주인이 될 것이다. 그때부터 나는 그곳에서 아무 제약 없이 산책하고, 소유권을 유지하기 위하여 그곳을 종종 돌아볼 것이다. 그곳을 많이 걸어 다녀서 마음껏 지면을 닳게 만든다. 그리고 내가 이렇게 가로챈 토지의 정식 소유자가 그 땅에서 번 돈으로부터 끌어내는 효용이 내가 그의 토지에서 끌어내는 효용보다 더 크다고 누구도 나를 설득하지 못할 것이다. 사람들이 도랑을 파거나 울타리를 쳐서 내 기분이 상하는 일이 있어도 상관없다. 나는 내 공원을 어깨에 메고 그것을 다른 곳에 가져다 내려놓을 것이다. 그런 부지가 근처에 없는 것도 아니고, 내 안식처가 없어지려면 오랜 시간이 걸릴 텐데 그동안은 내 이웃들을 약탈해야 할 것이다.

이상은 즐거운 여가를 선택하기 위해 필요한 참된 취향에 대한 일종의 시론試論이다. 어떤 정신을 가져야 즐길 수가 있는지 보라. 그 나머지 것은 모두 환상과 망상 그리고 어리석은 허영심에 불과하다. 이 규칙에서 벗어나는 사람은 누구든 그가 아무리 부자라 해도, 돈을 더러운 곳에 낭비하면서 절대로 인생의 가치를 알지 못할 것이다.

아마 사람들은 내게 다음과 같이 반박할 것이다. "그런 즐거움은 모든 사람이 손에 넣을 수 있는 것인데, 그것을 맛보기 위해 부자가 될 필요는 없다." 이것이야말로 바로 내가 하고 싶었던 말이다. 우리는 즐거움을 갖기 원하면 그것을 가질 수 있다. 세상 평판, 이 하나가 모든 것을 어렵게 만들고 우리 앞에서 행복을 쫓아 버린다. 그리고 행복한 것이 행복한 것처럼 보이는 것보다 백 배는 더 쉽다. 취향이 고상하고 정말로 향락적인 사람에게는 부 같은 것은 필요하지 않다. 자유롭고 자신을 통제할 수 있으면 그에게는 그것으로 충분하다. 건강을 누리고 생활에 필요한 것에 부족함이 없는 사람이면 누구든 세상 평판에 입각한 행복을 마음속에서 제거해 버린다면 충분히 부유하다. 이것이 호라티우스[155]의 '황금의 중용'이다. 금고를 가진 사람들이여, 그러니 당신들의 부를 어떤 다른 용도에 쓸지 찾아보라. 즐거움을 위해서라면 부는 아무 소용이 없기 때문이다. 에밀은 이 모든 것을 나보다 더 잘 알지는 못한다. 그러나 그는 더 순수하고 더 건강한 마음을 갖고 있어서 그것을 훨씬 더 잘 느낄 것이고, 그가 세상에서 관찰하는 모든 것들이 계속해서 그것을 확인시켜 줄 것이다.

---

155 Quintus Horatius Flaccus(기원전 65-기원전 8): 고대 로마 공화정 말기의 시인 — 옮긴이.

이렇게 시간을 보내면서 우리는 계속 소피를 찾고 있다. 그녀는 도무지 보이지 않는다. 그러나 사실 그녀를 그렇게 빨리 발견하지 않는 것이 중요했다. 그래서 나는 그녀가 없는 것이 확실한 곳에서 에밀과 함께 그녀를 찾았다.[156]

마침내 시기가 임박했다. 이제야말로 진심으로 그녀를 찾을 때이다. 에밀이 다른 여성을 소피로 착각하여 그 여성을 자기 사람으로 만들면, 그가 자기 실수를 너무 늦게 알아차릴 염려가 있기 때문이다. 그럼 파리여, 잘 있어라! 유명한 도시, 소음과 매연과 진창의 도시여. 이곳에서 여성들은 더 이상 명예를 믿지 않고 남성들은 더 이상 미덕을 믿지 않는다. 파리여, 잘 있어라. 우리는 사랑을, 행복을, 순결함을 찾고 있다. 그러므로 우리는 너와 멀리 떨어져 있으면 있을수록 좋을 것이다.

---

156 "누가 유덕한 아내를 찾을까? 그녀는 먼 곳에 있다. 세상 끝에서 오는 그녀는 그만한 가치를 가질 것이다"(「잠언」, 31장 10절).

제5권

이제 우리는 청년기의 마지막 단계에 도달했다. 그러나 아직 그 결말에 이른 것은 아니다.

에밀 같은 성인 남성이 독신으로 남아 있는 것은 바람직하지 못하다. 그에게 배필을 얻어 주겠다고 약속했으니 그렇게 해 주어야 한다. 소피가 바로 그의 반려자이다. 그녀의 거처는 어디인가? 어디 가서 그녀를 찾을 것인가? 그녀를 찾기 위해서는 그녀에 대해 알아보아야 할 것이다. 우선 어떤 사람인지 알고 나면 우리는 그녀가 사는 곳을 더 잘 짐작할 수 있을 것이다. 그리고 우리가 그녀를 찾아낸다 하더라도 그걸로 일이 다 된 것은 아닐 것이다. 로크는 "우리 도련님이 결혼할 준비가 다 되었으니, 이제 우리는 그를 아내 곁에 남겨 두고 떠날 때가 되었다"라고 쓰고 거기서 책을 마무리했다. 귀족 자제의 교육을 맡는 영예를 누리지는 못하는 나로서는, 이 점에서 로크를 따라 하지 않을 것이다.

소피 혹은 여자

에밀이 남자이니 소피는 여자여야 한다. 즉 소피는 물질적 정신적 질서 속에서 자신의 역할을 다할 수 있도록 자신의 종種과 성性의 체질에 적합한 모든 것을 지니고 있어야 한다는 말이다. 따라서 먼저 그녀의 성과 남성의 성의 차이점과 일치점을 살펴보자.

성과 관계없는 모든 점에서 여성은 남성과 동일하다. 여성은 똑같은 신체 기관, 똑같은 욕구, 똑같은 능력을 가졌다. 남녀는 신체가 동일하게 구성되어 있고 신체의 각 부분도 동일하며, 그것들 각각의 작용도 동일하고 생김새들 또한 유사하다. 어느 면으로 보나 남녀 사이에는 정도의 차이가 있을 뿐이다.

성에 관련된 모든 점에서 남녀는 모든 것에서 유사하면서도 다르다. 남녀를 비교하기 어려운 것은 남녀의 체질에서 성의 차이에서 기인한 것과 그렇지 않은 것을 분간해 내기가 어렵기 때문이다. 비교해부학에 의거하거나 혹은 단순히 관찰만 해 보아도 둘 사이에는 성과 아무 관련 없어 보이는 일반적인 차이점들이 발견된다. 그러나 그 차이점들은 어떤 관련이 있는지 우리가 알 수 없어서 그렇지 사실은 성과 관련된 것들이다. 그 관련성이 어디까지 확장될 수 있는지는 모르지만 우리가 확실히 알 수 있는 것은 둘 사이의 모든 공통점은 종에 속하고 모든 차이는 성에 속한다는 사실이다. 이 두 가지 관점에서 보았을 때 남녀 사이에는 너무나 많은 공통점과 차이점들이 발견되어서, 두 존재를 그토록 다르게 만들었으면서 또 그렇게 닮은 모습으로 만들 수 있었다는 사실은 어쩌면 자연의 경이로움 중 하나라고 할 수 있다.

이러한 유사점과 차이점들은 정신적인 것에도 영향을 미친다. 이러한 추론은 명료하고 또 우리의 경험과도 일치하는 것이어서, 어느 성이 우월하다느니 평등하다느니 하는 논쟁이 부질없음을 잘 드러내 준다. 남녀는 각각 제 갈 길에 따라 자연이 정한 목적지를 향해 가는데도, 마치 남녀가 서로 다르기보다는 서로 닮았더라면 더 완벽한 것처럼 말이다. 그러나 둘은 공통점에서 평등하고 차이점에서 서로 우열을 가릴 수 없다. 완전한 여성과 완전한 남성은 서로 생김새가 닮지 않았듯이 정신에서도 비슷하지 않으며, 완성이라는 것에는 더하고 덜할 것이 없다.

남녀가 서로 결합할 때에 각자는 공동의 목적을 향해 똑같이 협력하지만 그 방식은 서로 다르다. 바로 이 방법의 차이로부터 양자의 정신적 관계에서 첫 번째 뚜렷한 차이점이 생겨난다. 한쪽은 능동적이며 강해야 하고 다른 한쪽은 수동적이고 약해야 한다. 한쪽은 반드시 관계를 원하고 또 할 수 있어야 한다. 그에 비해 다른 한쪽은 별로 저항하지 않기만 하면 된다.

이러한 원칙이 세워지면, 여성은 특별히 남성의 마음에 들도록 만들어졌다는 결론이 나온다. 남성도 자기 나름으로 여성의 마음에 들어야 하지만, 그래야 한다는 필요성은 좀 덜 직접적이다. 남성의 가치는 그의 힘에 있다. 남성은 그가 강하다는 것만으로 상대의 마음에 든다. 물론 이 경우에 그것은 사랑의 법칙이 아니라, 사랑 이전에 자연의 법칙이다.

이처럼 여성이 남성의 마음에 들고 그에게 복종하도록 만들어졌다면, 남성을 도발하기보다 남성의 마음에 드는 존재가 되어야 한다. 여성의 적극성은 여성이 갖는 매력에 있다. 그 매력을 갖고 여성은 남성이 자신의 힘을 발견하고 그것을 사용하도록 만들어야 한다. 남성의 힘을 북돋우는 가장 확실한 기술은 저항함으로써 그 힘이 필요해지게 만드는 것이다. 그렇게 하면 욕망에 자존심이 더해져서 남성은 여성이 쟁취하게 만드는 승리를 거두게 된다. 이로부터 공격과 방어, 남성의 대담함과 여성의 소심함, 그리고 마지막으로 강자를 굴복시키기 위해 자연이 약자에게 마련해 둔 무기인 절제와 수줍음이 생겨난다. 자연이 양쪽 모두에게 똑같이 주도적으로 접근하게 지시해 두었다고, 그래서 어느 쪽이든 먼저 욕망을 품은 쪽이 먼저 상대에게 그걸 표현해야 한다고 그 누가 생각할 수 있겠는가? 얼마나 엉뚱한 판단착오인가! 남녀에게 너무나 다른 결과를 가져오는 그 일에 양쪽이 똑같은 대담성을 갖고 덤벼든다는 것이 자연스러운가? 말하자면 공동 출자분에서 그토록 격차가 큰데, 만약 남성이 자연으로부터 부여받은 절제를 여성이 조심성을 통해 획득하지 못한다면, 머지않아 남녀 모두 파멸을 맞이하게 될 것이다. 그리하여 인류는 자신의 보존을 위해 마련된 바로 그 수단 때문에 멸종하게 될 것이라는 사실을 왜 알지 못하는가? 여성은 남성의 관능을 쉽게 부추길 수 있으며 또 그들 마음속 저 밑바닥에서 거의 꺼져 버린 욕정의 불씨를 능히 되살려 낼 수 있기에, 만약 철학이 이런 관례를 지상의 어느 불행한 나라에 도입한다면, 특히 그곳이 남성보다 여성이 더 많이 태어나는 더운 지방이라면, 남성은 여성에게 시달려서 결국 여성의 희생물이 되어 자신을 지키지도 못한 채 모조리 죽음으로 내몰릴 것이다.

동물의 암컷들에게는 이런 수줍음이 없는데, 그로부터 어떤 결과가 빚어지는가? 여성들에게는 수줍음이 무한한 욕망을 제어하는 역할을 하는데, 동물의 암컷들은 과연 무한한 욕망을 느낄까? 암컷들은 욕구가 있을 때만 욕망이 생기며 욕구가 채워지면 욕망은 멎는다. 그러면 이제 암컷들은 수컷을 내숭[1] 때문이 아니라 정말로 밀쳐 낸다. 즉 아우구스투스 황

---

1   짐짓 내숭을 떠는 거절은 거의 모든 여성들에게 심지어 동물들에서조차 공통된 것이다. 또 기꺼이 몸을 내어 주고 싶을 때조차 그렇다는 사실은 이미 지적한 바 있다. 여성들의 책략을 한 번이라도 관찰한 적이 있는 사람이라면, 이 사실을 부정하지 못한다.

제의 딸[2]과는 정반대로 행동하는 것이다. 배에 짐이 가득 실리면 더 이상 손님을 받지 않는다. 심지어 설사 뱃속에 아이가 없을 때도, 암컷들이 호의를 베푸는 시간은 짧으며 금방 지나가 버린다. 본능이 암컷들을 부추기면서 또 저지하는 것이다. 그러나 여성에게서 정숙함을 없애 버린다면, 이 거부 본능을 대체할 것을 도대체 어디서 찾을 것인가? 여성이 더 이상 남성에게 관심을 갖지 않게 되기를 기다리는 것은 곧 남성이 더 이상 아무 쓸모도 없어지기를 기다리는 것과 같다.

지고한 존재인 신은 모든 면에서 인류에게 명예를 주고자 했다. 남성에게 무제한적인 성향들을 주면서 동시에 그것들을 규제할 규율도 부여하여 남성이 자유로우면서 자신을 통제할 수 있도록 한 것이다. 남성을 무절제한 정념들에 내맡기면서도 그것들을 다스릴 이성을 덧붙였다. 또한 신은 여성을 무한정한 욕망에 내맡기면서도 그것들을 억누를 수 있는 수줍음을 덧붙였다. 게다가 신은 사람들이 자신의 능력을 훌륭하게 사용했을 때는 거기에 실질적인 보상도 함께 제공하는데, 그 보상이란 올바른 것을 행동의 법칙으로 삼을 때 얻게 되는 올바른 것에 대한 취향이다. 내가 보기에 이 모든 것들이 동물의 본능에 상응한다.

그러므로 여성이 남성의 욕망을 공유하든 아니든, 그 욕망을 충족시키려 하든 아니든, 여성은 남성을 밀쳐 냄으로써 언제나 자신을 방어한다. 그렇지만 언제나 똑같은 정도의 힘으로 그렇게 하는 것은 아니라서 똑같이 성공하는 것도 아니다. 공격하는 사람이 승리하기 위해서는 공격받는

---

2   4권에서 이미 언급된 바 있듯이, 아우구스투스의 맏딸 율리아는 일찍 남편과 사별한 후 음탕한 생활에 빠져들어 그 때문에 유배당했다 — 옮긴이.

사람이 그것을 허락하든지 명령을 내리든지 해야 한다. 공격받는 측은 공격하는 측이 힘을 사용하지 않고는 못 배기게끔 만드는 능란한 수단들을 얼마나 많이 갖고 있는가! 모든 행위들 중 가장 자유롭고도 가장 달콤한 이 행위는 실제적인 폭력은 조금도 용인하지 않으며, 자연과 이성도 그것에 반대한다. 자연은 더 약한 여성에게도 그녀가 원할 때 저항하는 데 필요한 만큼의 힘을 부여했다는 점에서 폭력에 반대한다. 또한 실제적인 폭력은 모든 행위들 중 가장 야만적일 뿐만 아니라 이성의 목적에 가장 배치된다는 점에서 이성은 폭력에 반대한다. 그렇게 되면 남성은 상대 여성에게 선전포고를 하고, 그 여성에게 공격하는 자를 죽이고서라도 자신의 신체와 자유를 방어하는 권한을 부여하는 셈이 되기 때문이다. 또한 여성 혼자서 자신이 처한 상황을 판단하는 사람이 되어서, 만약 모든 남성이 아버지가 되는 권리를 부당하게 빼앗을 수 있다면 아이가 태어나도 그 아이에게 아버지는 없을 것이기 때문이다.

그러므로 남녀의 체질에서 오는 세 번째 귀결은 더 강한 남성이 겉보기에는 지배자이지만 사실은 더 약한 여성에게 의존하고 있다는 사실이다. 그것은 여성에게 아첨하는 하찮은 관습이나 보호자로서의 오만한 너그러움 때문이 아니라, 자연의 변하지 않는 법칙에 의해 그렇다. 남성이 욕망을 만족시키기보다 여성이 욕망을 부추기기가 더 쉽게 해 둔 자연은 남성이 어쩔 수 없이 여성의 뜻에 좌우되게 만들었으며, 남성이 강자의 지위를 유지하는 데 여성도 동의하게 만들기 위해 이번에는 남성이 여성의 마음에 들도록 노력하지 않을 수 없게 해 둔 것이다. 그래서 남성이 자신의 승리에서 맛볼 수 있는 가장 큰 달콤함은 자신의 힘에 여성의 연약함이 굴복하는 것인지 아니면 여성이 스스로 자신의 몸을 내주는 것인지 의심하는 데서 생긴다. 그리고 남성과 여성 사이에 이런 의심을 언제나 남겨 두는 것이 바로 여성이 일상적으로 쓰는 책략이다. 이러한 점에서 여성의 정신은 그 체질에 완벽하게 호응한다. 즉 자신의 연약함을 부끄러워하는 게 아니라 오히려 그것을 자랑으로 내세운다. 여성의 부드러운 근육에는 단단함이 없다. 여성은 아무리 가벼운 짐도 들어 올리지 못하는 척한다. 힘이 세면 오히려 부끄러워할 것이다. 왜 그럴까? 가냘프게 보이기 위해서만이 아니라 좀 더 약은 속셈이 있는데, 그것은 필요할 경우 언제라도 약해질 권리와 핑계를 미리 마련해 두는 것이다.

우리의 악덕이 가져온 지식의 진보 덕분에 우리는 이 점에 관해 과거의 견해들을 상당히 바꾸었다. 강간이 거의 필요 없어졌고, 남성들이 더 이상 강간이 있다고 믿지 않게 되면서 이제 사람들은 강간에 대해 거의 언급하지 않는다.[3] 반대로 고대 그리스나 유대에서는 이러한 견해들이 매우 일반적이었는데, 그것들은 자연의 단순성에 속하는 것이어서 방종의 경험에 의해서만 근절될 수 있었기 때문이다. 오늘날 강간행위가 입에 덜 오르내리는 것은 남성들이 절제를 더 잘할 수 있게 되어서가 아니라, 그들이 덜 고지식해졌기 때문이다. 또한 옛날 같으면 단순한 사람들이 믿었을 그런 하소연도 이제는 비웃음만 살 뿐이기 때문이다. 따라서 차라리 입을 다물고 있는 편이 더 낫다. 성서의 「신명기」에 나오는 한 율법에 따르면, 능욕을 당한 여자는 그 범죄가 도시에서 발생하였을 경우 능욕한 자와 함께 처벌받았지만 시골이나 인적이 뜸한 곳에서 발생했을

3 　연령과 힘의 불균형이 너무 심해서 실제로 강간이 발생할 수도 있을 것이다. 그러나 여기서는 자연의 질서에 따른 남녀의 상대적 상태를 다루고 있으므로, 나는 그러한 상태를 만들어 내는 일반적인 관계 속에서 양성을 고찰하고 있다.

경우에는 남자만 처벌받았다. 그 법에 의하면 "그 처녀가 외쳤으나 아무도 듣지 못했기 때문"이다. 이러한 관대한 해석은 처녀들에게 사람들이 많은 곳에서는 능욕을 당하지 말도록 가르쳤던 것이다.

이렇게 다양한 견해들이 풍속에 미치는 영향은 뚜렷하다. 오늘날 남성들이 여성들을 친절히 대하게 된 것이 바로 그 결과이다. 자신의 쾌락이 생각했던 것보다 더 여성의 의지에 달려 있음을 알게 된 남성들은 여성들의 의지를 사로잡으려 아첨하게 되었고, 그 아첨을 여성들은 충분히 보상해 주었던 것이다.

육체적인 것이 알지 못하는 사이에 어떻게 우리를 정신적인 것으로 이끌어 가는지, 남녀의 거친 결합에서 어떻게 조금씩 사랑의 감미로운 법칙들이 생겨나는지 보라. 지배권은 여성들에게 있다. 이는 남성들이 그것을 원했기 때문이 아니라 자연이 그렇게 원하기 때문이다. 지배권은 여성들이 소유하고 있는 것처럼 보이기 이전부터 이미 그녀들의 것이었다. 테스피오스[4]의 쉰 명의 딸들을 겁탈할 생각을 했던 헤라클레스도 옴팔레[5] 옆에서는 실을 잣지 않을 수 없었으며, 힘센 삼손도 델릴라[6]만큼 강하지 못했다. 이 지배권은 여성들의 것이다. 설령 여성들이 이 지배권을 남용한다 하더라도 그녀들에게서 그것을 빼앗을 수 없다. 만약 언젠

---

4 그리스 신화에 등장하는 테스피아이의 왕으로, 아르네오스의 딸 메가메데를 비롯하여 여러 명의 부인들 사이에서 쉰 명의 딸을 두었다. 헤라클레스가 테스피오스의 소 떼를 해친 사자를 맨손으로 때려죽이자 테스피오스는 헤라클레스를 환대하여 궁전에 머무르게 하고 딸들과 동침시켰는데, 헤라클레스는 하룻밤에 쉰 명의 딸들과 관계를 맺었다고 한다 ― 옮긴이.
5 그리스 신화에 등장하는 리디아의 여왕으로 헤라클레스는 그녀의 노예이자 애인이었다. 그는 여왕의 강요로 여자 옷을 입고 그녀의 발밑에서 양털을 자았다 ― 옮긴이.
6 구약성서 「판관기」에 나오는 블레셋 여인으로 초인적인 힘을 지닌 이스라엘 사람 삼손을 유혹하여 그의 힘이 머리카락에서 나온다는 비밀을 알아내고 그것을 블레셋 사람들에게 알려 주었다 ― 옮긴이.

가 빼앗길 수 있는 것이었다면 벌써 오래전에 빼앗겼을 것이다.

성의 결과를 놓고 말하자면, 남녀 사이에는 어떤 동등한 유사성도 없다. 수컷은 어느 순간에만 수컷이지만 암컷은 살아 있는 동안 내내 아니 적어도 젊은 시절 동안 내내 암컷이다. 모든 것이 그녀를 끊임없이 자신의 성으로 되돌아오게 만든다. 그리고 그 기능들을 잘 수행하기 위해서는 그에 적합한 체질이 요구된다. 임신 중에는 신중함이 필요하고 해산할 무렵에는 안정이 필요하다. 또한 아이에게 젖을 먹이는 동안은 집 안에 거주하며 안온한 생활을 하지 않으면 안 되고, 아이를 양육하기 위해 인내와 부드러움과 열성 그리고 그 무엇에도 지치지 않는 애정이 요구된다. 그녀는 아이들과 그 아버지를 연결하는 역할을 한다. 그녀만이 아버지로 하여금 아이들을 사랑하게 만들 수 있고 또 그들을 자기 자식으로 부를 수 있는 신뢰감을 그에게 불어넣어 줄 수 있다. 온 집안을 하나로 결속하여 유지시키려면 얼마나 많은 애정과 배려가 그녀에게 요구되는가! 그뿐만 아니라 이 모든 것들은 미덕이 아니라 취향이어야 한다. 그렇지 못하면 인류는 곧 소멸해 버릴 것이다.

남녀와 관련된 의무의 엄격함은 동일하지 않으며 동일할 수도 없다. 이 점에 대해 여성이, 남성이 여성에게 의무에서 부당한 불평등을 강요한다고 불평한다면 그건 잘못된 생각이다. 이 불평등은 전혀 인간이 만든 제도가 아니다. 아니면 적어도 그 불평등은 편견의 산물이 아니라 이성의 산물이다. 상대방에게 자식을 보증하는 쪽은 바로 자연이 아이를 맡겨 놓은 여성이다. 물론 어느 누구든 믿음을 저버리는 것은 허락되지 않는다. 여성에게 맡겨진 준엄한 의무들에 대한 유일한 보상을 자기 아내에게서 빼앗아 버리는 부정不貞한 남편은 부당하고 잔인한 남자이다.

그렇지만 부정한 아내는 훨씬 더 심각한 결과를 초래한다. 그녀는 가족을 해체하고 자연의 모든 관계들을 끊어 놓는다. 남자에게 다른 남자의 자식을 안겨 줌으로써 그녀는 남편과 자식을 속이고 부정에 배신을 더한다. 내가 알기로는 모든 혼란과 죄악이 여기서 비롯된다. 세상에서 가장 끔찍한 처지가 있다면, 그것은 바로 아내를 믿을 수 없어서 자기 마음이 느낄 수 있는 가장 달콤한 감정에 잠기지 못하고, 자식을 품에 안고 있으면서도 자신이 지금 다른 남자의 자식 즉 자신의 치욕의 증거물이자 진짜 자기 자식의 재산을 약탈할 새끼호랑이를 안고 있는 것은 아닌지 의심하는 불행한 아버지의 처지일 것이다. 이렇게 되면 가정이란 한 죄 많은 여인으로 인해 서로를 사랑하는 척 억지시늉을 하면서 서로에게 이를 가는 은밀한 적들의 집단이 아니고 무엇이겠는가?

그러므로 아내가 정숙하다는 것만 중요한 것이 아니라, 남편과 주위 사람들과 모든 사람들에 의해 그녀가 정숙하다는 판단을 받는 것 또한 중요하다. 그녀가 얌전하고 세심하며 조심성 있는 것도 중요하지만, 자신의 양심에서와 마찬가지로 다른 사람들의 눈에도 자신의 미덕을 입증하여야 한다. 그리고 아버지가 자식을 사랑하는 것이 중요하다면, 마찬가지로 그 자식의 어미를 존경하는 것도 중요하다. 바로 이런 이유들 때문에 겉으로 보이는 모습도 여성들의 의무에 속하게 되며, 정숙함 못지않게 명예와 평판도 그녀들에게는 반드시 필요한 것이 된다. 이 원칙들에서 남녀의 도덕적인 차이와 함께 의무와 예법의 새로운 동기가 도출되는데, 그것은 특히 여성에 대해서는 처신이나 예절이나 몸가짐에 최대한 세심한 주의를 기울일 것을 요구한다. 남녀가 평등하다느니 그 둘의 의무도 같은 것이라느니 막연히 주장하는 것은 헛된 과장에 빠지는 것으로, 이러한 문제에 답하지 못하는 한 그것은 아무 의미가 없다.

이처럼 근거가 확실한 일반법칙에 대한 반론으로 예외들을 제시하는 것이 이치에 맞는 추론 방법이겠는가? 그래서 여러분은 여성이 반드시 아이를 낳는 것은 아니라고 말하려는가! 그럴 수도 있다. 그렇지만 그녀들의 고유한 본분은 아이를 낳는 일이다. 뭐라고! 여성들이 방종한 생활을 하면서 거의 아이를 낳지 않는 대도시가 세상에 백여 개나 된다고 해서, 여러분은 여성의 본분이 아이를 낳지 않는 것이라고 우겨 댈 것인가! 여성이 더 소박하고 정숙하게 생활하는 먼 시골 지방들이 귀부인들의 불임을 보충해 주지 않는다면 여러분의 도시들은 어떻게 되겠는가! 아이를 네다섯 명 낳은 여자는 다산 축에 끼지도 못하는 지방들이 얼마나 많은가![7] 설령 이런저런 여자가 아이를 낳지 않는다고 그게 무슨 대수인가? 그래도 여전히 여성의 본분은 어머니가 아닌가? 그리고 보편적인 법칙에 의하여 자연과 함께 풍속이 이러한 본분을 배려해야 하는 것이 아닌가?

임신과 임신 사이에 사람들이 생각하는 만큼 긴 기간이 있다 해도, 여성이 그렇게 갑자기 그리고 번갈아 가며 생활 방식을 바꿀 수 있겠는가? 거기에는 위험과 재난이 따를 것이다. 오늘은 아이에게 젖을 먹이다가 내일은 무기를 든 전사가 되겠는가? 카멜레온이 몸 색깔을 바꾸듯이 여성이 기질과 취향을 바꾸겠는가? 집 안에 틀어박혀 살림만 하다가 갑자

---

7 그렇지 않으면 인류는 반드시 쇠퇴할 것이다. 우리의 종족이 보존되기 위해서는 결국 한 여성이 네 명 정도의 아이를 낳아야 한다. 왜냐하면 태어난 아이들 중 거의 절반은 아이를 낳을 수 있는 어른이 되기 전에 죽어서, 두 명은 살아남아 어머니와 아버지를 대신해야 하기 때문이다. 이만한 인구를 도시들이 채울 수 있을지 지켜보라.

기 집 밖으로 나가 노천의 거센 풍상, 험한 노동, 힘든 일, 전쟁의 위험 속으로 뛰어들겠는가? 어떤 때는 소심하다가[8] 어떤 때는 용감해지고, 또 어떤 때는 나약하다가도 강건해지겠는가? 젊은 남성조차 파리에서 자란 사람은 견뎌 내기 힘든 군복무를, 한 번도 햇볕에 나가 보지 않고 오래 걸을 줄도 모르는 여자들이, 그것도 오십 년 동안 안온한 생활만 해 오다가 견디어 낼 수 있겠는가? 남자들도 이제는 일을 그만두는 그 나이에 그 힘든 일을 해낼 수 있겠는가?

여자들이 별 고통 없이 해산하고 아이를 별다른 보살핌 없이 양육하는 나라들이 있다는 것은 나도 인정한다. 그러나 이런 나라에서는 남자들도 사시사철 반쯤 벌거벗고 지내고, 맹수들을 때려눕히고, 낚싯배를 무슨 배낭처럼 짊어지고 다니며, 칠팔천 리를 사냥 다니고, 맨땅에서 하늘을 보면서 자고, 엄청난 노역을 해내는가 하면, 먹지도 않고 몇 날 며칠을 견딘다. 여성들이 건장해지면 남성들은 훨씬 더 건장해지고, 남성들이 유약해지면 여성들은 그보다 더 약해진다. 양쪽 항이 균일하게 변하면 그 차이는 여전히 마찬가지이다.

플라톤은 『국가』에서 여성에게도 남성과 똑같은 훈련을 시킨다. 나도 그 점은 좋다고 생각한다. 그는 자신이 세운 정부에서 개별 가정家庭들을 제거한 후, 더 이상 여성들을 어떻게 해야 할지 몰라 여성을 남성으로 만들 수밖에 없었던 것이다. 이 대단한 천재는 만사를 안배하고 만사를 예측했다. 그는 아무도 그에게 제기할 생각조차 하지 않았던 반박에 미리 대비했지만, 정작 당장 자신에게 제기되는 반박은 잘 해결하지 못했다.

8   여성이 겁이 많은 것 또한 임신기간 중에 감수할 이중의 위험에 대비하기 위한 자연의 본능이다.

흔히 말하는 여성들의 공유에 관한 얘기가 아니다. 그에 대해 수없이 되풀이되어 온 비난은 비난하는 사람들이 플라톤을 도무지 읽지 않았다는 것을 말해 줄 뿐이다. 내가 말하고자 하는 것은, 도처에서 남녀를 혼동하여 같은 직책과 같은 일을 맡겨서 도저히 견딜 수 없는 폐해들을 반드시 유발하고야 마는 저 사회적 혼란에 대해서이다. 그리고 자연의 가장 감미로운 감정들을, 그것들 없이는 결코 유지될 수 없는 어떤 인위적인 한 가지 감정을 위해 희생시켜 파괴하려는 기도를 말하는 것이다. 마치 규범적인 관계들을 형성하는 데 자연적인 토대가 없어도 된다는 듯이, 가까운 사람들에 대한 사랑이 국가에 바쳐야 하는 사랑의 근본이 되지 않기라도 하는 듯이, 인간의 마음은 가정이라는 일종의 작은 조국을 통해서만 큰 조국에도 애착을 갖게 되는 것이 아니라는 듯이, 훌륭한 아들과 좋은 남편과 선량한 아버지가 훌륭한 시민이 되는 것이 아니라는 듯이 말이다.

성격에서나 기질에서나 남성과 여성은 동일하게 형성되어 있지 않고 또 그리되어서도 안 된다는 사실이 일단 증명되면, 곧이어 그들이 동일한 교육을 받으면 안 된다는 결론이 나온다. 자연이 정한 지침을 따라 둘은 서로 협력해서 활동하지만 똑같은 일을 해서는 안 된다. 목적은 같지만 그들이 하는 일들은 서로 다르며 따라서 그것들을 운영하는 취향 또한 다르다. 지금까지 우리는 자연적인 남성을 만들려고 노력해 왔는데, 우리의 작업을 미완으로 남겨 두어서는 안 되니 이제 이 남성에게 적합한 여성이 어떻게 형성되어야 하는지 보도록 하자.

여러분이 항상 옳은 길로 인도되기를 바란다면, 언제나 자연이 내리는 지시를 따르도록 하라. 여성을 특징짓는 모든 것들은 자연이 정해 준 것으로서 존중받아야 한다. 여러분은 늘 여성들이 우리에게는 없는 이런저런 결점들을 갖고 있다고 말한다. 그러나 여러분의 그 자부심은 여러분을 속이고 있다. 그것들은 여러분에게는 결점일지 모르지만 그녀들에게는 장점이다. 만약에 그녀들에게 그런 특성이 없다면 모든 것이 더 망쳐질 것이다. 흔히 말하는 여성의 결점들이 변질되는 것을 막아야 한다. 그러나 그것들을 없애지 않도록 조심해야 한다.

한편 여자들은 끊임없이 우리 남자들이 자신들을 교태나 부리는 내실 없는 존재로 키운다고, 남자들이 더 편히 지배자로 남기 위해 유치한 짓거리로 자신들을 얼렁뚱땅 속인다고 끊임없이 항변한다. 우리 남자들이 그녀들에게 비난하는 그 결점들을 우리 탓으로 돌리며 비난하는 것이다. 이 무슨 터무니없는 짓인가! 언제부터 딸들의 교육에 남성들이 관여했다는 말인가? 어머니들이 자기들 뜻대로 딸을 기르는 것을 누가 막는다는 말인가? 딸이 다닐 학교가 없다고? 저런! 제발 사내아이들을 위한 학교도 없었으면! 그렇다면 그들이 훨씬 더 분별 있고 올바르게 성장할 텐데! 누가 여러분의 딸에게 쓸데없는 짓에 시간을 허비하라고 강제로 시키기라도 하는가? 당신들을 본받아 인생의 절반을 몸치장하는 데 보내라고 누가 억지로 시키는가? 여러분이 마음대로 그녀들을 교육하고 또 교육받게 하는 것을 누가 방해라도 하는가? 그녀들이 예뻐서 남성의 마음에 든다고 하여, 그녀들이 애교를 떨어 우리 남성들을 호린다고 해서, 그녀들이 여러분에게 배운 기술로 우리의 호감을 사고 우리를 만족시킨다고 해서, 그녀들이 잘 차려입는 것을 우리 남성들이 좋아한다고 해서, 그녀들이 틈틈이 우리 남성들을 정복할 무기의 날을 세우도록 내버려 둔다 해서, 이 모든 것이 우리 남성들의 잘못이란 말인가? 뭐라고! 그녀들을 남자처럼 키워 볼 결심이라고! 그것은 남성들도 얼마든지 찬성이다. 그녀들이 남성들과 비슷해지면 비슷해질수록 남성을 지배할 수 없게 될 것이며, 그렇게 되면 정말로 남성들이 지배자가 될 것이다.

남녀에 공통된 모든 능력들이 남녀에게 똑같이 분배되어 있는 것은 아니다. 그렇지만 전체적으로 보면 그것들은 서로 보충한다. 여성은 여성으로서 가치를 더 갖고 남성으로서는 가치를 덜 갖는 법이다. 자신의 권리를 행사하는 모든 곳에서 그녀들은 우위에 선다. 반대로 여성이 우리 남성의 권리를 빼앗으려 드는 모든 곳에서 그녀들은 아무리 해 봐야 언제나 우리 아래에 있다. 몇몇 예외적인 경우를 내세워 우겨 대는 것 말고, 이 일반적인 진리에 반론을 펼 수는 없다. 그런데 그것은 여성의 환심을 사기 위해 여성 편을 드는 사람들의 한결같은 논법이다.

그러므로 그녀에게 남성의 자질들을 길러 주려 하면서 원래 여성에 속하는 자질들을 무시하는 것은 분명 여성에게 손해가 된다. 약은 여성들은 이를 잘 알고 있어서 여기에 절대로 속아 넘어가는 법이 없다. 그녀들은 우리가 가진 이점들을 가로채려 애쓰면서도 자신의 이점을 포기하지 않는다. 그러나 그러다 보면 가끔은 우리의 수준만큼 올라오기는커녕 자기들의 원래 수준에도 미치지 못하여 자신이 갖는 가치의 절반을 잃게 되는 일도 생긴다. 그것은 여성의 자질과 우리 남성의 자질이 서로 양립할 수 없어서 이도 저도 제대로 챙길 수 없기 때문이다. 현명한 어머니들이여, 나를 믿어 달라. 자연을 부인하기 위해 그대들의 딸을 신사로 만들지 말고 숙녀로 키워라. 그리고 그렇게 키워진 그녀는 그 때문에 자신을 위해서나 우리 남성을 위해서나 더 가치 있게 될 것임을 확신하라.

그렇다고 해서 그녀를 일자무식 상태에서 집안일에만 한정하여 교육

해야 한단 말인가? 남성은 배우자를 하녀로 삼을 것인가? 남성은 사람들의 교제가 줄 수 있는 가장 큰 매력을 그녀에게서 얻기를 포기할 것인가? 더 잘 순종하게 만들기 위해 그녀가 아무것도 느끼지도 알지도 못하게 막을 것인가? 그녀를 진정 꼭두각시로 만들 것인가? 아닐 것이다. 여성에게 그토록 상냥하고 섬세한 재능을 부여한 자연이 명한 것은 결코 그것이 아니다. 오히려 자연은 여성이 생각하고 판단하며 사랑하고 알기를 원한다. 여성이 자신의 얼굴만큼이나 자신의 정신도 가꾸기를 원한다. 이는 여성에게 없는 힘을 보충하고 우리 남성이 가진 힘을 잘 이끌라고 자연이 그녀들에게 부여하는 무기이다. 여성은 많은 것들을 배워야 하는데, 단 그녀들에게 적합한 것들만 배워야 한다.

내가 여성의 특정한 역할을 고려하거나, 여성의 자연적 성향을 관찰하거나, 아니면 여성의 의무에 대해 생각을 해 보면, 이 모든 것이 한목소리로 여성에게 합당한 교육의 형태가 어떤 것인지 나에게 가르쳐 준다. 여성과 남성은 서로를 위해서 만들어졌다. 그러나 그들이 서로 의존하는 정도는 동일하지 않다. 남성은 그들의 욕망 때문에 여성에게 의존한다. 그렇지만 여성은 그녀들의 욕망뿐 아니라 필요에 의해 남성에게 의존한다. 여성이 우리 남성들 없이 생존하기보다 우리 남성이 여성들 없이 생존하기가 더 쉬울 것이다. 그녀들이 생필품을 얻고 사는 형편이 원만하려면 우리 남성이 그것을 그녀들에게 마련해 주어야 하며, 또 우리가 그것을 그녀들에게 주기를 원해야 하고 또 그녀들이 그럴 만한 가치가 있다고 생각해야만 한다. 그녀들은 우리의 감정에 의존하며, 그녀들의 장점에 대한 우리의 평가에 의존하며, 그녀들의 매력과 미덕에 대한 우리의 존중에 의존한다. 자연의 법칙 자체에 의해서도 여성은 자신을 위해서나 자식들을 위해서나 남성의 판단에 좌우된다. 그녀들이 존경받을 만하다는 것만으로는 충분하지 못하다. 실제로 존경받아야 한다. 그녀들이 예쁘다는 것만으로는 안 된다. 그것이 남성들의 마음을 만족시켜야 한다. 그녀들이 현명한 것만으로는 충분하지 않고 사람들이 그렇다고 인정을 해야 한다. 여성들의 명예는 그녀들의 행동에만 있는 것이 아니라 그녀들에 대한 평판에도 있는 것이다. 그런 만큼 파렴치한 여인으로 여겨져도 괜찮다는 여자가 올바른 여자일 리 만무하다. 남성은 좋은 일을 할 때 자기 자신에게만 의존하며 그래서 남들의 평판을 무시할 수 있지만, 여성은 좋은 일을 할 때라도 의무의 절반만 이행하는 셈이며 사람들이 그녀에 대해 어떻게 생각하느냐가 그녀가 실제로 어떠한지보다 결코 그녀에게 덜 중요하지 않다. 그러므로 이러한 관점에서 여성의 교육 방식은 우리 남성들의 교육 방식과는 반대여야 한다는 결론이 나온다. 남성의 경우 세상 평판이 미덕의 무덤이지만, 여성에게는 그것이 미덕의 왕좌인 것이다.

아이들의 좋은 체질은 우선 어머니의 체질에 달려 있으며, 남성이 받는 첫 교육은 여성의 보살핌에 달려 있다. 그뿐만 아니라 그들의 품행, 정념, 취향, 즐거움 그리고 그들의 행복까지 여성들에게 달려 있다. 이처럼 여성이 받는 모든 교육은 남성들과 관련된 것이어야 한다. 남성들의 마음에 들고, 그들에게 도움이 되고, 그들의 애정과 칭송을 받으며, 그들이 어렸을 때는 키우고 크면 보살펴 주고, 그들에게 충고와 위로를 주며, 그들에게 삶이 즐겁고 감미로운 것이 되도록 해 주는 것, 바로 이런 것들이 언제나 변치 않는 여성의 의무이며 어릴 때부터 여성들에게 가르쳐야 할 것들이다. 이 원칙까지 거슬러 올라가지 않는 이상, 우리는 목적에서 멀어지는 것이 되며 여성들에게 무엇을 가르쳐 본들 그녀들의 행복에나 우리 남성들의 행복에 아무런 소용이 없을 것이다.

그러나 모든 여성들이 남성들의 마음에 들려 하고 또 응당 그래야 하지만, 유덕하고 진정으로 사랑할 만한 남성의 마음에 들려는 것과 남성의 명예뿐만 아니라 그들이 흉내 내는 여성의 명예도 함께 더럽히는 저 아첨꾼들의 마음에 들려 하는 것 사이에는 큰 차이가 있다. 자연도 이성도 여성으로 하여금 남성들에게서 여성스러운 점을 사랑하도록 이끌 수 없으며, 마찬가지로 여성은 남성의 행동거지를 취해서 남성이 자신을 사랑하게 만들려 해서도 안 된다.

그러니 여성이 자신의 얌전하고 차분한 태도를 버리고 저 경솔한 남성들의 모습을 따라 한다면, 이는 자신의 본분을 따르는 것이 아니라 포기하는 일이 된다. 그렇게 함으로써 남성들의 권리를 빼앗는다고 생각하겠지만 오히려 자신의 것을 잃게 될 뿐이다. 그녀들은 "이렇게 하지 않으면 우리는 전혀 남자들 마음에 들지 못할 거예요"라고 말하지만 그것은 거짓말이다. 정신이 나가지 않고서는 정신 나간 남자들을 사랑할 수 없다. 그런 남성들의 환심을 사고 싶은 욕망은 그런 일에 탐닉하는 여성의 취향을 드러낼 뿐이다. 만약 경박한 남성들이 주위에 없으면, 그런 여성은 서둘러 그런 남성들을 만들어 내려 들 것이다. 여성들의 경박함이 남성들 탓이기보다는, 남성들의 경박함이 여성들 탓인 경우가 더 많다. 진실한 남성을 사랑하고 그의 마음에 들려는 여자는 그에 걸맞은 방법들을 택한다. 여성에게는 본래 애교가 있지만, 그 애교 또한 목적에 따라 양상과 대상을 달리한다. 그 목적을 자연의 목적에 맞추면 여성은 자신에게 알맞은 교육을 받게 될 것이다.

여자아이들은 거의 태어나면서부터 몸치장을 좋아한다. 예쁘다는 것에 만족하지 않고 남들이 그렇게 봐 주기를 바란다. 이런 관심이 벌써 그녀들을 사로잡고 있다는 사실이 어린 모습에서 드러난다. 그리고 말귀를 겨우 알아들을 수 있게 되자마자, 사람들은 "남들이 너희를 어떻게 생각하겠니?"라는 말로 그녀들을 통제한다. 매우 경솔하게도 사내아이들에게도 똑같은 동기를 적용시켜 그것을 통해 동일한 지배력을 행사할 수 있을 거라고 생각한다면 어림없다. 구속만 받지 않는다면, 또 재미있는 일만 있으면 사내아이들은 남들이 자신을 어떻게 여길지 그런 것에는 거의 신경을 쓰지 않는다. 많은 시간과 노력을 기울인 뒤에야 그들을 그와 같은 규칙에 따르게 만들 수 있다.

이 첫 번째 가르침이 어디에서 비롯되었건, 그것은 여자아이들에게는 매우 좋은 것이다. 말하자면 육체가 영혼보다 먼저 태어나니, 첫 번째 교육은 육체에 대한 교육이어야 한다. 이 순서는 남녀에게 공통적이다. 그렇지만 이 교육의 목적은 남녀에게서 다르다. 즉 한쪽에서는 목적이 힘의 배양이며 다른 한쪽에서는 매력의 배양이다. 남성과 여성 각각에게 오로지 이 각각의 자질만 배양해야 한다는 것은 아니다. 단지 그 순서가 반대라는 말이다. 왜냐하면 여성들에게는 자신이 하는 모든 일을 우아하게 해내기 위한 만큼의 힘이 필요하며, 남성들에게는 모든 일을 쉽게 해내기 위한 만큼의 솜씨가 있어야 하기 때문이다.

남성의 연약함은 여성의 지나친 연약함에서 시작된다. 여성이 남성만큼 힘이 세어서는 안 되지만, 남성을 위해 또 여성에게서 태어날 남성이 튼튼하기 위해 여성 역시 튼튼해야 한다. 그런 점에서 수도원 기숙여학교는 기숙생들이 먹는 것은 조야하지만 많이 뛰고 달리는 활동을 하고 밖으로 나가서 또 정원에서 놀이를 한다는 점에서 여자아이들에게 부모의 집보다 더 바람직하다. 자기 집에서 여자아이는 맛있는 것을 먹을 수는 있지만, 언제나 칭찬을 받거나 꾸중을 듣거나 하면서 닫힌 방에서 어머니의 눈치를 보며 앉아 있고, 감히 일어서서 걷거나 말하거나 크게 숨도 쉬지 못하고 한순간도 마음대로 놀고 뛰고 달리고 소리치지 못해 그 나이에 자연스러운 활기를 발산하지 못한다. 언제나 위험한 문란함 아니면 잘못된 엄격함뿐이고 이성에 합치하는 것은 하나도 없다. 어린 몸과 마음이 이렇게 망가지는 것이다.

스파르타의 소녀들은 소년들처럼 전쟁놀이로 훈련을 했다. 이는 전장에 나가기 위해서가 아니라 나중에 전장의 고초를 견딜 수 있는 남자아이를 낳기 위해서였다. 나는 여기에 찬성하지 않는다. 국가에 병사들을 바치기 위해 어머니들이 총을 메거나 프로이센식 군사 훈련을 받을 필요는 없다. 그러나 이런 부문에서 대체로 그리스의 교육은 매우 적절한 것이었다. 처녀들은 대중 앞에 나서기도 했는데, 청년들과 섞이지 않고 그녀들끼리만 모여서 그렇게 했다. 모든 축제나 제사나 의식이 있을 때에는 어김없이 머리를 꽃으로 장식한 여러 무리의 상류층 시민의 딸들이 광주리나 꽃병이나 제물을 들고 나와 찬가를 부르고 합창가무단을 꾸리곤 했다. 그리스인들의 황폐해진 감각 앞에 이렇게 매력적인 광경을 펼쳐 보임으로써 그녀들은 그리스인들의 저속한 체육이 가져온 나쁜 효과를 보완해 주었던 것이다. 이 관습이 남성들의 마음에 어떤 인상을 심어 주었던 간에, 그것은 기분 좋고 절도 있으며 몸에 유익한 훈련을 통해 젊은 여성에게 좋은 체질을 형성해 주고 품행을 위태롭게 하지 않으면서 남을 즐겁게 해 주려는 변함없는 욕망을 통해 여성의 취향을 갈고닦는 아주 훌륭한 관습이었다.

　그러나 이 여성들도 결혼을 하면 대중 앞에 더 이상 나오지 않았다. 그녀들은 집 안에 머물면서 가사와 가족을 보살피는 데에 온 정성을 쏟았다. 바로 이것이 자연과 이성이 여성에게 정해 준 생활 방식이다. 바로 이런 어머니들에게서 세상에서 가장 건장하고 강인하고 체격이 좋은 남자들이 태어나는 것이다. 몇몇 섬에 대해서는 나쁜 평판이 있긴 하지만, 로마인들까지 포함하여 이 세상의 어느 민족에서도 고대 그리스만큼 여성들이 어질고 사랑스럽고 아름다움에 품행까지 겸비한 적이 없었다는 것은 변함없는 사실이다.

　잘 알다시피, 몸을 옥죄지 않는 넉넉한 옷은 그리스인들의 조각상에서 볼 수 있는 아름다운 균형을 남녀의 신체가 보존할 수 있도록 하는 데 상당 부분 기여했다. 그러나 우리들에게서는 자연이 변질되어 육체에 더 이상 균형을 부여하지 못하기 때문에, 아직도 과거의 균형미가 예술에서 모델로 사용되고 있다. 우리의 사지를 사방에서 옥죄는 고딕식 속박과 여기저기 잡다하게 동여매는 끈들이 그리스인들에게는 하나도 없었다. 우리의 여성들이 몸매를 드러낸다기보다 위장하기 위해 사용하는 코르셋 받침살의 동체를 그리스 여성들은 알지 못했던 것이다. 나로서는 영국에서 터무니없이 과도하게 그것을 남용한다면 종국에는 인류의 변질을 가져오지 않을 것이라고 생각하기가 어렵다. 그리고 이런 방법으로 매력을 추구하는 것은 악취미라고 말하지 않을 수 없다. 말벌처럼 두 동강이 난 여성의 몸을 보는 것은 전혀 유쾌한 일이 못 된다. 그것은 눈에 거슬리며 상상력을 피곤하게 만든다. 다른 모든 것과 마찬가지로 몸매의 날씬함에도 균형과 절도가 있으며 이를 벗어나면 그것은 오히려 결점이 된다. 이 결점은 옷을 벗었을 때 더욱 두드러질 것이다. 그런데 옷을 입었다고 어떻게 그런 결점이 아름다움이 될 수 있단 말인가!

여성들이 이처럼 자기 몸을 갑옷으로 옥죄려는 이유를 아무리 머리를 짜 보아도 알 수가 없다. 스무 살 여성의 몸이면 늘어진 가슴과 튀어나온 배가 매우 보기 싫으리라는 것은 나도 인정한다. 그러나 서른 살의 여성이라면 흉하지 않다. 그리고 우리 남성과 상관없이 언제 어느 때나 자연의 마음에 드는 존재가 되어야 하기에, 또 남성들의 눈이 그런 것에 결코 잘 속아 넘어가지 않기에, 어느 나이든 이러한 결점들은 마흔 먹은 여성이 어리석게도 아가씨인 척 꾸미는 것보다는 그래도 덜 보기 싫다.

자연을 거스르고 속박하는 모든 것은 악취미이다. 이 말은 몸을 치장하거나 정신을 장식하는 것 둘 다에 해당된다. 목숨과 건강, 이성 그리고 안락함이 앞서야 한다. 편안함 없이 아름다움은 없다. 섬세함이 곧 무기력은 아니다. 남의 마음에 들기 위해 병약해서는 안 된다. 사람이 고통스러워하면 동정심을 불러일으키지만, 쾌락과 욕망은 싱그러운 건강을 찾는다.

어린아이의 경우 남녀에게 공통되는 놀이가 많으며 또 당연히 그래야 한다. 커서도 마찬가지가 아닌가? 또한 그들은 남녀를 구분하는 각각의 고유한 취향들도 갖게 된다. 소년들은 움직임과 소란스런 소리를 뒤쫓아 다닌다. 북, 팽이, 장난감 마차 따위를 좋아한다. 소녀들은 거울, 보석, 장신구 그리고 특히 인형처럼 눈을 현혹시키는 것과 장식용품들을 더 좋아한다. 인형은 여성에게 특별한 즐거움을 준다. 여성의 소명에 따라 정해져 있는 여성의 취향이 바로 이런 것이다. 남의 마음에 드는 기술의 구체적인 양상은 몸치장하는 데에서 드러난다. 이것은 여자아이들이 그 기술에서 개발할 수 있는 전부이다.

여자아이가 어떻게 인형을 갖고 하루 종일을 보내는지 한번 보라. 끊임없이 인형의 치장을 바꾸고, 이 옷 저 옷을 수백 번도 더 입히고 벗기면서 계속 조화로운 몸치장을 찾아낸다. 잘되고 못되고는 중요하지 않다. 손놀림에 솜씨가 없고 아직 안목이 생기지 않았지만 이미 그 기본적인 성향은 잘 드러난다. 여기에 정신이 팔려 시간이 흘러가는 줄도 모른다. 몇 시간이 흘러 식사 때가 되어도 모른다. 음식보다는 몸치장에 더 굶주려 있는 것이다. 그렇지만 아이는 인형을 치장하지 자기 몸치장을 하고 있지는 않다고 여러분은 말할 것이다. 물론 그럴 것이다. 아이에게는 인형만 보일 뿐 자기 자신은 보이지 않는다. 스스로를 위해서는 아무것도 할 수가 없다. 아직 다 자라지도 않았고 재능도 힘도 없으며, 아직은 아무것도 아니어서 온통 인형에만 빠져 거기에 모든 멋을 쏟아 놓을 뿐이다. 그렇지만 언제까지나 인형만 멋지게 꾸미지 않을 것이다. 그녀는 언젠가는 스스로 인형이 될 때를 기다리고 있다.

바로 이런 식으로 뚜렷이 정해진 첫 취향이 나타난다. 여러분은 그것을 따라가며 잘 조절해 주기만 하면 된다. 소녀가 인형을 장식하고 소맷부리나 숄, 주름 장식, 레이스 등을 만드는 법을 진심으로 알고 싶어 한다는 것은 확실하다. 이 모든 일을 하면서 소녀가 남의 뜻에 의존하는 것이 너무 힘들어 차라리 모든 일을 자신의 솜씨로 해 보는 것이 더 편하게 느껴질 수 있게 하라. 이런 식으로 아이에게 행할 첫 수업의 동기가 자연스럽게 주어진다. 이는 그녀에게 힘든 일을 시키는 것이 아니라 오히려 친절을 베푸는 셈이다. 사실 거의 모든 소녀들은 읽고 쓰기를 배우는 것을 싫어한다. 그렇지만 바늘을 잡는 일이라면 언제나 기꺼이 배우려 든다. 나중에 어른이 될 때를 미리 상상하며 언젠가는 이 기술들이 자신의 몸을 치장하는 데 쓸모가 있으리라 생각하고 흐뭇해하는 것이다.

이렇게 첫 길이 열리면 그것을 따라가기는 쉽다. 즉 바느질, 자수, 레이스 뜨기는 저절로 따라온다. 그러나 벽걸이용 카펫을 짜는 기술은 그녀들의 마음에 썩 들지 않는다. 가구 작업도 그녀들과는 너무 거리가 멀다. 가구들은 자신의 몸과 전혀 상관이 없으며, 세상의 다른 평판들과 상관이 있다. 그리고 벽걸이용 카펫을 짜는 기술은 나이 든 여인들의 즐거움이어서, 소녀들은 거기에 그리 큰 즐거움을 느끼지 못한다.

이러한 자발적인 발전은 쉽게 데생에까지 이어질 것이다. 왜냐하면 이 기술은 멋지게 옷을 차려입는 기술과 무관하지 않기 때문이다. 그러나 나는 풍경화나 인물화까지 나아가는 것은 원치 않는다. 나뭇잎, 과일, 꽃 등의 그림이나, 옷 주름의 표현 이를테면 옷치장에 멋진 윤곽을 주는 데 도움이 되는 정도 그리고 자수를 할 때 마음에 드는 본이 없어서 스스로 하나 만들어 볼 때 도움이 되는 정도면 그녀들에게는 충분하다. 대체로 남성의 경우에도 공부를 실용적인 지식에 한정하는 것이 중요하지만, 여성에게는 더욱 그러하다. 왜냐하면 여성들의 생활은 힘은 덜 들지만 남성들을 뒷바라지하는 데 더 열성을 쏟으며 또 그래야 하므로, 또한 잡다한 일들로 시간을 지속적으로 내지 못하고 또 그래야 하므로, 여성들이 할 일을 제쳐 두고 특정 재능에 몰두하는 것은 허락되지 않기 때문이다.

익살꾼들이야 뭐라고 하든 양식良識은 남녀에게 공통된 것이다. 일반적으로 여자아이들이 남자아이들보다 더 순하긴 하나 여자아이들에게는 더 많은 위엄을 행사해야 한다. 이 점에 대해서는 곧 말하겠다. 그렇다고 해서 그녀들 스스로 쓸모가 무엇인지 알지 못하는 것들을 그녀들에게 요구해서는 안 된다. 어머니에게 필요한 기술은 자신이 딸에게 시키는 모든 일이 어떤 쓸모를 갖는지 그녀에게 보여 주는 것이다. 남자아이보다 여자아이의 지능이 더 빠르게 발달하는 만큼 그렇게 하기가 더 쉽다. 이 규칙을 따르면 우리는 온갖 한가로운 공부들—그런 공부들은 유익한 것은 하나도 가져다 주지 못하고 심지어 그 공부를 한 사람이 남들의 마음에 더 들게 되는 것도 아니다—뿐만 아니라, 그 나이에는 도무지 쓸모가 없고 나이가 들어서도 쓸모 있을 것 같지 않은 공부들 역시 우리 남성과 마찬가지로 여성에게서도 몰아낼 수 있다. 나는 남자아이에게도 억지로 읽기를 가르치는 것은 원하지 않는다. 하물며 여자아이에게 읽기가 어떤 쓸모가 있는지 알기 전에 그것을 가르치는 것은 말할 필요도 없다. 그런데 사람들이 여자아이에게 읽기의 쓸모를 보여 줄 때에도 아이의 생각보다 자기네 생각에 따라 하는 경우가 많다. 요컨대 여자아이가 그렇게 일찍 읽고 쓰는 걸 배울 필요가 도대체 어디에 있단 말인가? 당장 관리해야 할 살림이라도 있단 말인가? 이 불길한 공부를 선용하기는커녕 악용하지 않는 사람은 거의 없다. 그리고 여자아이들은 하나같이 호기심이 매우 많아서 언제고 그럴 기회가 있고 시간만 있으면 누가 시키지 않아도 스스로 배우게 될 것이다. 그녀들은 아마도 무엇보다 먼저 숫자를 배워야 할 것이다. 계산만큼 언제 어느 때나 뚜렷한 쓸모가 있고 오랜 연습이 필요하고 실수하기 쉬운 것도 없기 때문이다. 간식 시간에 산수 셈 하나를 푼 다음에야 체리를 먹게 한다면 여자아이는 곧 셈법을 모두 익히게 될 것이다.

　나는 읽기보다 쓰기를 먼저 배우고, 쓰는 것도 펜으로 쓰기에 앞서 바늘로 쓰기를 먼저 배운 어떤 여자아이를 알고 있다. 소녀는 모든 글자들 중 오로지 O 자만 쓰려 했다. 그녀는 끊임없이 크고 작은 O 자를, 다양한 크기로, O 자 안에 또 O 자를, 그리고 언제나 거꾸로 된 방향으로 그려 댔다. 그런데 불행하게도 어느 날 그녀는 이 유익한 연습을 하고 있는 자신의 모습이 거울에 비친 걸 보았다. 구부정한 자세가 보기에 흉하다는 걸 알고 그녀는 마치 미네르바 여신[9]처럼, 펜을 내팽개치고 다시는 O 자를 쓰지 않았다고 한다. 그녀의 남동생도 쓰기를 싫어하는 것은 마찬가지였는데, 글씨 쓸 때의 모습이 보기 싫어서가 아니라 갑갑해서 싫어했을 뿐이다. 소녀가 다시 글씨를 쓰게 만들기 위해서는 다른 꾀가 필요했다. 까다롭고 잘난 체하는 소녀는 자기 속옷을 여동생들이 입는 것을 싫어했는데, 예전에는 속옷에 표시를 해 주었으나 더 이상 표시를 해 주지 않았다. 할 수 없이 소녀는 자신이 직접 표시를 할 수밖에 없었다. 그다음 이야기는 충분히 짐작할 수 있을 것이다.

　여러분이 소녀들에게 시키는 일거리의 이유는 언제나 밝혀 주도록 하라. 그리고 항상 일을 시키라. 나태함과 불순종은 그녀들에게 가장 위험한, 그리고 일단 그런 습관이 붙으면 가장 치유하기 힘든 결점들이다. 소녀들은 항상 정신을 바짝 차리고 있어야 하며 부지런해야 한다. 그뿐만이 아니라 일찍부터 구속을 참아야 한다. 이것은 그녀들에게 불행일지는 모르지만 여성과 분리될 수 없는 것이어서, 만약 이 불행에서 그녀들이 풀려난다면 결단코 더 모진 불행을 겪게 될 뿐이다. 그녀들은 예절이라는 가장 끈질기고도 가장 모진 구속에 평생 묶이게 될 것이다. 우선 그

9　지혜의 여신 아테나로 자수를 관장하는 신이기도 하다 ― 옮긴이.

녀들을 속박에 익숙하도록 훈련시켜서 그것이 별것 아닌 것이 되게 만들고, 또 자신의 모든 변덕을 다스리도록 훈련시켜서 남들의 뜻에 따르게 만들어야 한다. 혹시 그녀들이 항상 일만 하고 싶어 한다면 때로는 억지로라도 아무 일도 하지 않게 해야 할 것이다. 주의 산만, 경박함, 변덕은 여성들의 타락한 그리고 좀체 고쳐지지 않는, 최초의 취향에서 쉽게 생겨나는 결함들이다. 이런 악습을 막기 위해서는 무엇보다도 그녀들에게 자신을 이겨 내는 법을 가르쳐라. 우리의 어리석은 사회 제도 안에서는 올바른 여성의 일생이란 자기 자신과의 끝없는 투쟁의 연속이다. 여성이 우리 남성에게 가져온 해악의 고통을 여성 자신이 함께 겪는 것은 당연하다.

소녀들이 자신의 일거리를 지겨워하거나 놀이에 탐닉하지 못하게 하라. 페늘롱[10]의 말처럼 한쪽에는 온갖 권태를 반대로 다른 한쪽에는 온갖 쾌락을 몰아넣는 저급한 교육에서는 사실 늘 그런 일들이 일어난다. 이 두 가지 폐단들 중 첫 번째 것은 앞서 말한 규칙만 따른다면 그리고 함께 있는 사람들이 싫어지지만 않는다면 생기지 않을 것이다. 어머니나 친구가 마음에 들면 그들 곁에서 소녀는 지루해하지 않고 하루 종일 일할 것이다. 재잘거리는 것만으로도 그녀가 당하는 모든 구속이 충분히 보상될 것이다. 그렇지만 그녀를 지도하는 여자가 못 견디게 싫으면 그녀의 눈앞에서 해야 할 모든 일들도 마찬가지로 싫어질 것이다. 세상의 그 누구보다 어머니와 함께 있는 것을 좋아하지 않는 여성이 나중에 훌륭한 여

---

10 François Fénelon(1651-1715): 성직자이자 철학자로서 그가 쓴 『텔레마크의 모험담』은 5권에서 에밀과 소피의 연애를 이끌어 가는 중요한 동기 역할을 한다 — 옮긴이.

성이 되기는 정말 힘들다. 그렇지만 소녀들의 거짓 없는 감정을 제대로 판단하기 위해서는 그녀들이 하는 말을 곧이곧대로 믿어서는 안 되며 그녀들을 잘 연구해야 한다. 왜냐하면 여자아이들은 속을 감추고 듣기 좋은 말만 하면서 일찍부터 자신을 감출 줄 알기 때문이다. 그리고 어머니를 사랑해야 한다고 명령해서도 안 된다. 애정이란 의무에서 나오는 것이 아니며, 또 강요는 이런 것에 유용하지 않다. 어머니가 딸의 원망을 살 행동만 하지 않는다면, 애착과 정성 그리고 습관만으로도 어머니를 사랑하게 될 것이다. 어머니가 딸에게 가하는 속박도 잘 조절되기만 하면, 이러한 애착을 약화시키기보다 오히려 강화시킬 것이다. 의존은 여성에게 자연스러운 것이어서, 딸들은 스스로 순종하게끔 태어났다고 느끼기 때문이다.

그녀들에게 자유가 거의 없다는 혹은 거의 없어야 한다는 바로 그 이유 때문에 그녀들은 자신에게 주어진 자유를 극단으로 밀고 나간다. 무엇에나 극단적인 그녀들은 남자아이들보다 더 놀이에 열중한다. 이것은 내가 말한 악습들 중 두 번째 것으로, 이처럼 놀이에 열중하는 것은 절제되어야 한다. 왜냐하면 그것은 여성들에게 특유한 여러 악덕들의 원인이 되기 때문이다. 그중 한 예가 오늘 열중했던 일을 내일이면 거들떠보지 않으려는 여성의 변덕스러운 열광 같은 것이다. 변덕스러운 취향은 그녀들에게 과도한 취향만큼 해로운데, 이 둘은 같은 근원에서 생겨난다. 그녀들에게 쾌활함, 웃음, 시끄러움, 장난기 섞인 놀이 등은 금하지 말라. 그러나 싫증이 나서 다른 것으로 옮겨 가지는 못하게 하라. 그녀들이 살아가면서 한순간이라도 아무 제약 없이 치닫게 내버려 두어서는 안 된다. 한창 놀이를 하다가도 중단하는 데, 그리고 투덜거리지 않고 다른 일들로 돌아가는 것에 익숙해지게 하라. 이 경우에도 습관으로 충분하다. 습관은 자연을 보완하는 것일 뿐이다.

이러한 습관적인 제약에서 온순함이 생긴다. 여성들에게 한평생 온순함이 필요한 것은 그녀들은 내내 한 남성에게 혹은 남성들의 판단에 매여 있고, 이 판단을 넘어서는 것이 절대로 허락되지 않기 때문이다. 여성의 가장 중요한 첫 번째 자질은 온순함이다. 대개의 경우 악덕을 일삼고 늘 결점투성이인 남성 같은 불완전한 존재에게 순종할 운명을 타고난 여성은 일찍부터 옳지 않은 일조차 참아 내는 법을 배워야 하며, 남편의 잘못을 불평하지 않고 견뎌 내는 법도 배워야 한다. 여성이 유순해야 하는 것은 남편을 위해서가 아니라 자신을 위해서이다. 아내들의 성질과 고집은 그녀 자신의 불행과 남편의 못된 행실을 키울 뿐이다. 남편들은 아내가 성질과 고집이라는 무기로 자신을 이겨 내지는 못한다는 사실을 알고 있다. 하늘은 잔소리꾼이 되라고 여성들을 그렇게 말솜씨 좋고 설득력 있게 만든 것이 아니다. 또 남성들에게 군림하라고 여성들을 그렇게 나약하게 만든 것도 아니며, 그 부드러운 목소리를 욕설이나 퍼부으라고 부여한 것도 아니다. 화를 내고 얼굴을 찌푸리라고 그렇게 고운 용모를 준 것이 아니다. 여성들은 화를 내면 제정신이 아니다. 그녀들이 불평하는 것은 대개 정당할 때가 많지만, 으르렁거리는 것은 언제나 잘못이다. 남성이나 여성이나 자신의 성에 합당한 태도를 유지해야 한다. 남편이 너무 순하면 아내를 버릇없게 만들 수 있다. 그렇지만 여성의 온순함은 남성이 괴물이 아닌 이상 그를 돌아오게 만들며, 조만간 그를 이기게 된다.

딸들은 언제나 순종해야 하지만, 어머니가 늘 엄한 것은 안 된다. 여자아이를 온순하게 만들자고 불행하게 해서는 안 되며, 겸손하게 만든답시고 바보가 되게 해서도 안 된다. 그보다는 차라리 불순종에 대한 처벌을 모면하기 위해서가 아니라 때로 복종을 면해 보려고 아이가 약간의 꾀를 부리는 것은 내버려 두어도 무방할 것이다. 그녀에게 의존이 힘든 것이 되게 하자는 말이 아니다. 그녀가 자기가 의존하고 있다는 것을 깨닫게 하는 것으로 충분하다. 꾀는 여성의 타고난 재능이다. 모든 타고난 성향들은 그 자체로는 선하고 옳은 것이라고 확신하는 나로서는 다른 모든 성향들과 마찬가지로 이 성향도 개발해 나가는 것에 반대하지 않는다. 다만 그것의 남용을 막으면 된다.

나는 이러한 관찰의 진실성 여부에 대한 판단은 선의의 관찰자 각자에게 맡기겠다. 그렇지만 나는 사람들이 이 점에 대해서 여성들 자체를 관찰하는 것은 바라지 않는다. 왜냐하면 우리의 거추장스런 제도들로 인해 어쩔 수 없이 그녀들의 정신이 예민하게 될 수 있기 때문이다. 나는 사람들이 소녀들을, 말하자면 태어난 지 얼마 안 된 어린 여자아이들을 관찰해 보기 바란다. 그리고 그녀들을 또래의 사내아이들과 비교해 보라. 만약 그렇게 해서 남자아이들이 여자아이들에 비해 둔하고 미련하고 어리석어 보이지 않는다면, 내 생각이 틀린 게 될 것이다. 여러분이 허락한다면 어린애처럼 완전히 순진한 한 가지 예만 들어 보겠다.

흔히들 어린아이가 식탁에서 아무것도 요구하지 못하게 금하는데, 이는 사람들이 교육에 쓸데없는 규범들을 덧붙이지 않으면 교육을 제대로 할 수 없다고 생각하기 때문이다. 그런데 이는 마치 아이에게 이런저런 음식 한 조각을 곧바로 주지 않아서 혹은 주기를 즉시 거절하지 않아서, 기대감에 부풀어 더 식욕이 맹렬해진 아이를 계속 죽도록 괴롭히는 것과 같다.[11] 이 규칙을 따르다가 식탁에서 없는 사람처럼 무시당하자 소금을 달라고 했던 한 소년의 잔꾀는 우리 모두 알고 있다. 겉으로 소금을 달라고 하면서 속으로는 넌지시 고기를 요구했다고 사람들이 그 소년에게 트집을 잡을 수도 있었다는 말은 하지 않겠다. 식탁에서의 소홀함이 하도 심해서, 설령 소년이 그 규칙을 공개적으로 어기고 배고프다는 말을 직접 했다 하더라도, 그것으로 사람들이 그에게 벌을 주었으리라고는 생각할 수 없다. 그렇지만 바로 내 눈앞에서 여섯 살 여자아이가 이보다 훨씬 더 어려운 상황에서 어떻게 했던가. 그 아이는 직접이든 간접이든 무언가를 요구하는 것이 금지되어 있었을 뿐 아니라, 식탁의 접시들에 놓인 음식을 다 먹어 보았으나 그녀가 제일 먹고 싶어 하는 단 한 가지 음식을 사람들이 잊고 그녀에게 가져다주지 않았던 터였고, 불순종은 더더욱 용납될 수 없는 상황이었다.

그래서 소녀는 말을 듣지 않는다는 꾸지람을 듣지 않고 사람들이 깜박 잊어버린 것을 일깨우기 위해, 손가락으로 모든 음식들을 하나하나 짚어 가면서 큰 소리로 말했다. "이건 먹어 보았고, 저것도 먹어 봤어." 그런데 그녀가 먹지 못한 음식을 두고는 눈에 띄게 짐짓 아무 말도 없이 지나쳤다. 그러자 누군가가 그것을 눈치채고 이렇게 말했다. "저것도 먹어 보았니?" 꼬마 식충이는 눈을 내리깔면서 조용히 "아! 아뇨" 하고 대답했다. 더 이상 말하지 않겠다. 자, 비교해 보라. 바로 이런 술책이 여자아이의 꾀이고, 앞서 말한 것이 사내아이의 꾀이다.

---

11 아이는 성가시게 구는 것이 이득이 된다고 느끼면 성가시게 군다. 그러나 맨 처음의 대답이 언제나 확고부동하면 절대로 같은 것으로 두 번 조르지 않을 것이다.

존재하는 것은 다 좋은 것이며 보편적인 법칙은 어느 하나 나쁜 것이 없다. 여성에게 주어진 이 특별난 재주는 여성이 힘을 덜 가진 것에 대한 매우 공정한 보충이다. 이것이 없다면 여성은 남성의 동반자가 아닌 노예가 될 것이다. 재능에서의 이러한 우위를 통해 여성은 남성과 동등한 지위를 유지하고, 또 그에게 순종하면서도 그를 지배한다. 우리 남성의 결점들, 여성의 소심함과 연약함 등 모든 것이 여성에게는 불리하다. 여성은 그 재주와 아름다움 빼고는 가진 것이 없다. 그러니 여성이 이 둘을 가꾸어 나가는 것이 당연하지 않겠는가? 그런데 아름다움은 보편적인 것이 아니다. 숱한 일들을 겪으며 망가지고 세월과 함께 사라지며 또 습관으로 그 효과가 없어진다. 재치만이 여성의 진정한 자산이다. 그것은 삶을 행복하게 만드는 데에는 아무 쓸모없는, 사교계에서나 높이 평가받는 어리석은 재치가 아니다. 여성의 원래 상황에 걸맞은 재치, 그러니까 남성의 상황과 남성 고유의 장점들을 활용할 줄 아는 그런 재치이다. 여성들의 이러한 재치가 우리 남성들에게도 얼마나 유익한 것인지, 남녀의 교제에 얼마나 큰 매력을 곁들여 주는지, 아이들의 혈기를 억누르는 데 얼마나 도움이 되는지, 난폭한 남편들을 얼마나 제어할 수 있는지, 만약 이것이 없다면 불화로 엉망이 될 살림을 얼마나 알뜰하게 유지시킬 수 있는지 사람들은 잘 모른다. 교활하고 못된 여자들이 이를 악용한다는 사실은 나도 잘 알고 있다. 그렇지만 악덕이 악용하지 않는 것이 무엇이 있는가? 간혹 악한 자들이 해롭게 이용한다고 해서 행복의 도구들을 부수어 버리지는 말자.

　　몸치장을 하고 화려하게 빛날 수는 있어도, 남들의 마음에 드는 것은 오로지 사람 그 자체에 의해서이다. 우리가 겉에 차려입은 것은 결코 우리 자신이 아니다. 너무 꾸민 나머지 흉해지기도 하는데, 여성을 가장 돋보이게 하는 것은 오히려 가장 수수한 옷일 때가 많다. 이 점에서 처녀들의 교육은 완전히 거꾸로 되고 있어서, 그녀들에게 상으로 장신구를 약속하고 지나친 치장을 좋아하게 만들고 있다. 여성들이 잔뜩 차려입으면 "참 예쁘구나!" 하고 말한다. 정반대로 그런 몸치장은 결점들을 감추기 위한 것에 지나지 않는다는 사실을, 아름다움의 진정한 힘은 바로 그 자체로 빛나는 것이라는 사실을 알게 해 주어야 한다. 유행을 좋아하는 것은 악취미이다. 왜냐하면 얼굴은 유행을 따라 변하지 않고 따라서 언제나 같은 모습인 그 얼굴에 한번 어울린 것은 항상 어울리기 마련이기 때문이다.

　처녀가 옷치장으로 젠체하는 것을 보면, 나는 그렇게 가식으로 꾸민 모습에 그리고 그걸 두고 사람들이 할지도 모를 생각 때문에 초조한 척하면서 말할 것이다. "저 모든 치장들이 그녀에게 지나쳐서 유감이군요. 그녀가 더 수수한 치장을 감당할 수 있었다고 생각하시죠? 그녀는 꽤 아름다워서 이것저것 장식하지 않아도 되지 않을까요?" 그러면 아마도 그녀는 맨 먼저 달려와서 그 장식들을 벗겨 달라고, 그러고 나서 또 판단해 달라고 부탁할 것이다. 이렇게만 되면 박수를 보낼 만하다. 나는 그녀가 가장 수수하게 차려입었을 때에만 그토록 칭찬할 것이다. 그녀가 몸치장을 단지 그 사람 자체의 아름다움을 위한 보충 정도로만 여긴다면, 그리고 그것을 남들의 마음에 들기 위해 뭔가 도움을 필요로 하고 있다는 무언의 자백으로 여긴다면, 그녀는 몸치장을 자랑스러워하지 않고 오히려 부끄러워할 것이다. 그리고 평소보다 더 치장을 많이 해서 사람들이 "참으로 아름답군요!"라고 말하는 소리를 듣는다면, 그녀는 분해서 얼굴이 붉어질 것이다.

게다가 치장이 필요한 용모가 있기는 하지만 반드시 호화로운 장식을 필요로 하는 용모란 없다. 값비싼 장식은 신분의 과시이지 그 사람 자체의 자부심은 아니며, 그것은 오직 편견의 소산일 뿐이다. 진정한 멋내기는 때로 꾸며진 것이기는 해도 결코 야단스럽지 않다. 유노[12]는 비너스[13]보다 더 화려하게 입었다. 몸치장을 잔뜩 한 헬레네[14]를 그리던 한 엉터리 화가에게 아펠레스는 "자넨 그녀를 미인으로 만들 수 없어서 부자로 만들고 있구먼" 하고 말했다. 나 역시 가장 화려한 치장을 한 대부분의 경우 그것이 여자가 못생겼다는 표시라는 사실을 알 수 있었다. 이보다 더 서투른 허영도 없을 것이다. 유행을 아랑곳하지 않는 안목 있는 처녀에게 리본과 얇은 베일, 모슬린과 꽃송이들을 주어 보라. 다이아몬드나 방울모양 술 혹은 레이스[15]가 없이도, 라 뒤샤[16]의 온갖 번쩍거리는 장식보다 백 배나 더 매력 있게 몸단장을 해낼 것이다.

한번 좋은 것은 늘 좋고 또 여성은 가능한 한 가장 잘 보여야 하므로, 몸단장에 밝은 여자들은 좋은 것들을 잘 골라서 그 옷을 계속 입는다. 날마다 바꿔 입지 않으니까 그녀들은 어떤 것으로 결정해야 할지 모르는 여자들보다 옷차림에 덜 매달리게 된다. 올바른 몸단장에 대한 진정한 관심은 거의 화장을 필요로 하지 않는다. 양가의 아가씨들은 좀체 화려

12 그리스 신화의 헤라와 동일시되는 로마의 여신으로 제신들의 왕 주피터의 부인이다 — 옮긴이.
13 그리스 신화에 나오는 아름다움으로 유명한 사랑의 여신 — 옮긴이.
14 스파르타의 왕 메넬라오스의 왕비로, 트로이의 왕자 파리스가 그녀를 유괴하여 트로이 전쟁이 일어났다 — 옮긴이.
15 레이스가 없어도 될 만큼 피부가 흰 여자들이 레이스를 걸치지 않으면 다른 여자들이 몹시 분해할 것이다. 유행은 거의 언제나 못생긴 여자들이 들여온다. 그러면 미인들은 어리석게도 그것을 따라 한다.
16 18세기 파리의 유명한 의상 디자이너 — 옮긴이.

한 화장을 하지 않는다. 공부와 일이 그녀들의 일과를 채운다. 그런데도 대체로 보면 그녀들은 입술을 붉게 바르지 않을 뿐, 귀부인들만큼 세심하게 차려입고 있으며 종종 더 뛰어난 취향을 보이기도 한다. 지나친 화장은 사람들이 생각하는 것처럼 허영심에서 비롯된다기보다 권태에서 비롯된다. 화장에 여섯 시간을 투자하는 여성도 화장을 마치면서, 자신이 삼십 분만 치장하는 여성보다 단장을 더 잘한 것은 아니라는 사실을 모르지 않는다. 그러나 화장이 그녀의 지루하고 긴 시간을 그만큼 잡아먹은 것만으로도 이득이 되며, 또 그렇게 자신을 즐기는 것이 만사 지루해하며 견디는 것보다는 나을 것이다. 화장이 아니었다면 정오부터 아홉 시까지 도대체 무엇으로 삶을 채운단 말인가? 여인들을 불러 모아 주위에 앉혀 놓고 그녀들을 짜증나게 만들 수 있다는 것만으로도 꽤 괜찮은 일이며, 또 그 시간대에만 볼 수 있는 남편과의 대면을 피할 수 있다는 것은 더욱 큰 이득이다. 그뿐인가? 상인들, 골동품상들, 시시한 신사들, 별 볼일 없는 작가들, 시, 노래, 팸플릿 등 온갖 것들이 다 몰려든다. 화장이 아니었으면 이것들을 어찌 다 끌어모을 수 있을까. 이렇게 함으로써 얻을 수 있는 실질적인 이득이 있다면, 그것은 옷을 차려입고 있을 때보다 좀 더 자신을 과시할 수 있는 구실이 마련된다는 것이다. 그렇지만 그 이득이 생각만큼 그리 큰 것은 아니며, 여성들이 화장을 해서 얻는 이득은 그녀들이 번지르르하게 말하는 것만큼 크지 않다. 그러니 어렵게 생각하지 말고 여성들에게 여성의 교육을 받게 하라. 즉 여성의 일들을 사랑하게 만들고, 겸손하게 만들며, 자기 살림을 보살필 줄 알게 하고, 집안일을 돌보게 하라. 그러면 호사스런 화장은 저절로 없어질 것이며, 그로서 그녀들은 더 훌륭한 취향을 갖추게 될 것이다.

소녀들이 자라면서 처음으로 알아차리게 되는 것은 자신만의 매력 없이는 이 모든 외양의 매력만으로 부족하다는 사실이다. 아름다움이란 타고난 것이어서 예뻐지겠다고 해서 되는 것도 아니고 또 아직 어려서 멋을 부릴 수도 없다. 그렇지만 벌써 자기가 취하는 동작들에 보기 좋은 맵시를 주려 하고, 듣기 좋은 억양으로 목소리를 내려 하며, 짐짓 태도를 꾸미려 하고, 사뿐사뿐 걷고 우아한 자세를 취하려 하며, 모든 것에서 자신에게 유리한 것을 고르려 한다. 목소리의 폭이 넓어지고 단단해지고 낭랑해지며, 두 팔이 발달하고, 거동에 틀이 잡히고, 어떻게 차려입든 남의 시선을 끄는 방법이 있음을 깨닫게 된다. 이때부터는 바느질과 솜씨만이 아니라 새로운 재능들이 나타나 이미 그것의 효용이 느껴진다.

나는 엄격한 교사들이 소녀들에게 노래도 춤도 그리고 사람들을 즐겁게 하는 어떤 재주도 가르치는 것을 원하지 않는다고 알고 있다. 내가 보기에 이는 우스꽝스럽다. 소녀들이 아니면 도대체 누구에게 그것들을 가르치라는 말인가? 사내아이들에게? 그런 재능들을 가져야 할 사람이 남성인가 여성인가? 그 교사들은 아무한테도 가르치면 안 된다고 말할 것이다. 속된 노래는 죄다 죄악이고 춤은 악마가 만든 것이어서 소녀들은 기도와 일 이외에 다른 즐거움을 가져서는 안 된다는 것이다. 열 살짜리 아이를 위한 것이라고 하기에는 정말 해괴한 즐거움 아닌가? 어린 시절을 신에게 기도하며 보내도록 강요당한 우리의 꼬마 성녀聖女들이, 자라서는 그와 정반대되는 일들로 젊은 시절을 보내지나 않을까, 그리고 결혼하면 처녀 적에 잃어버렸다고 생각하는 시간을 최대한 벌충하려 들게 되지 않을까 염려된다. 나는 그녀들의 성을 고려하는 것과 마찬가지로 그녀들의 나이도 고려하지 않으면 안 된다고 생각한다. 소녀가 자신의 할머니처럼 살아서야 되겠는가. 그녀는 생기 있고 발랄하고 쾌활해야 하며, 맘껏 노래 부르고 춤추어야 하며, 그 나이 때의 순수한 모든 즐거움들을 맛보아야 한다. 더욱 몸가짐을 신중하게 하고 얌전해져야 하는 때는 언제나 너무 일찍 다가오는 법이다.

그런데 이러한 변화 자체가 정말 꼭 필요한 것인가? 이것 역시 우리의 편견의 산물이 아닐까? 정숙한 아내들을 한심한 의무에 묶어 둠으로써, 결혼 생활에서 남자들을 즐겁게 해 줄 수 있는 모든 요소들이 없어지고 말았다. 집 안에 흐르는 침묵이 남성들을 밖으로 내몬다고 해서, 또는 그들이 그토록 내키지 않는 처지를 선택하고 싶어 하지 않는다고 해서 놀랄 필요는 없다. 기독교는 모든 의무들을 너무 과장한 나머지 그것들을 실천 불가능하고 유명무실한 것으로 만들고 있다. 또 그것은 여성들에게 노래와 춤과 세속의 모든 즐거움을 금지함으로써, 그녀들을 가정에서 무뚝뚝하고 잔소리나 하는 참아 내기 힘든 존재로 만든다. 결혼생활을 이렇게까지 엄격한 의무 아래에 두고 그 신성한 약속을 이렇게 무시하는 종교는 세상에 또 없다. 여성들이 사랑스러운 존재가 되는 것을 막기 위해 그 정도 짓을 해서 남편들을 무심하게 만들었다. 나는 "그래서는 안 될 것이다"라는 점을 충분히 수긍한다. 그렇지만 나는 기독교인들도 남자들인 이상 "그래야 했다"라고 말하겠다. 나는 젊은 알바니아 여인이 이스파한의 하렘[17]을 위해 남자들을 즐겁게 하는 재능을 개발하듯이, 젊은 영국 여인도 동일한 정성을 들여 장래 남편의 마음에 들 수 있는 기분 좋은 재능들을 개발하기 바란다. 남편들은 이 모든 재능들에 대해 별 관심

---

17 회교도의 처첩들이 사는 규방 — 옮긴이.

이 없다고 말할 것이다. 그 재능이 남편들을 위해 쓰이지 않고 자신에게 치욕을 안겨 줄 젊은 파렴치한들을 집 안에 끌어들이는 미끼로만 쓰인다면, 진짜 그럴 것이다. 그러나 귀엽고 어진 아내가 그러한 재능들을 갖추고 남편을 즐겁게 하는 데 사용한다면 그의 삶의 행복을 증진시킬 것이라고 생각하지 않는가? 또 지친 머리로 서재에서 나온 남편이 기분전환을 위해 집 밖으로 나가는 것을 막아 줄 것이라고 생각하지 않는가? 공동의 즐거움을 위해 각자 자기 몫을 보탤 줄 아는 그런 화목한 집안을 본 사람이 아무도 없다고? 말해 보라. 거기에 깃들어 있는 신뢰와 화목이, 거기서 맛보는 즐거움의 순수함과 달콤함이 집 밖의 저 소란스러운 쾌락을 넉넉히 메우고도 남지 않겠는가?

사람들은 그 기분 좋은 재능들을 지나치게 기교들로 축소시켰다. 그것들을 지나치게 일반화시켜 버린 것이다. 모든 것을 규칙과 훈계로 만들고, 어린 여자아이에게 즐거움과 발랄한 놀이에 지나지 않아야 할 것들을 매우 따분한 것들로 만들어 버린 것이다. 얼굴을 찌푸린 늙은 춤 교사나 노래 교사가 그저 깔깔대며 웃는 것밖에 모르는 여자아이들 앞에서서 자신의 시시한 지식을 그녀들에게 가르친답시고, 교리문답을 할 때보다 더 근엄하고 현학적인 어조로 말하는 것만큼 우스꽝스러운 것을 상상하지 못하겠다. 예를 들어 노래하는 재주는 악보에만 있는가? 음표를 하나도 모른다고 해서 유연하고 정확한 음을 낼 수도, 멋지게 노래를 부를 수도, 반주에 맞추어 노래를 부를 수도 없다는 말인가? 그리고 한 종류의 노래가 모든 목소리에 다 잘 어울리는가? 동일한 방법이 모든 정신에 똑같이 잘 적용되는가? 나로서는 같은 자세, 같은 발놀림, 같은 움직임, 같은 몸짓, 그리고 같은 춤이, 생기발랄하고 매력적이며 자그마한 키의 갈색 머리 소녀에게, 또 나른한 눈을 가진 키 큰 금발의 여자아이에게 똑같이 어울린다고는 도저히 믿을 수 없다. 그래서 만약 어떤 선생이 이 두 사람에게 똑같은 것을 가르치는 것을 본다면 나는 이렇게 말하겠다. "저 사람은 늘 하던 자기 방식을 따르고 있을 뿐, 자신의 기술에 대해 아무것도 아는 게 없다"라고.

소녀들에게 남자 선생이 좋을지 여자 선생이 좋을지 물어 오는데, 나로서는 잘 모르겠다. 그러나 나는 소녀들이 그 어느 쪽도 필요로 하지 않기를 정말 바란다. 그녀들이 배우고 싶은 것을 자유롭게 배웠으면 한다. 그리고 화려한 옷차림을 한 저 숱한 떠돌이 광대들이 우리의 거리를 쉴 새 없이 돌아다니는 꼴은 보지 않으면 좋겠다. 그들의 가르침이 소녀들에게 얼마나 유익한지는 몰라도, 그들과 상종한다는 것 자체가 소녀들에게 훨씬 더 해롭지 않다고 생각하기 힘들다. 그리고 그들이 쓰는 은어, 그들의 어조와 외모 등이 아이들에게 저 경박한 것들로 향하는 최초의 취향을 심어 주지 않을 것이라고 생각하기 힘들다. 경박한 것들은 떠돌이 광대들에게 매우 중요해서, 여학생들은 곧 그것을 본받아 자신의 유일한 소일거리로 삼게 될 것이다.

오직 재미가 목적인 예능에서는 모든 것이 아이의 선생이 될 수 있다. 아버지, 어머니, 오빠, 언니, 친구들, 여자 가정교사, 거울 그리고 특히 아이 자신의 취향 자체가 아이의 선생이다. 소녀들이 요청하기 전까지는 절대로 먼저 가르치려 들어서는 안 된다. 그리고 상을 받는 것을 임무로 만들어서도 안 된다. 특히 이런 종류의 학습에서는 잘해 보려 하는 것 자체가 이미 최초의 성공이 된다. 그런데 정규 수업이 꼭 필요하다 하더라도, 그 수업을 할 선생이 남자여야 하는지 여자여야 하는지 정하지는 않겠다. 남자 무용 선생이 어린 여학생의 희고 가녀린 손을 맞잡게 하고, 그녀에게 치마를 걷어 올리게, 눈을 치켜뜨게, 두 팔을 벌리게, 팔딱이는 가슴을 앞으로 내밀게 시켜야 할 필요가 있는지 나는 잘 모르겠다. 그렇지만 내가 확실히 알고 있는 것은 나라면 무슨 일이 있어도 그런 선생이 되고 싶지는 않다는 것이다.

솜씨와 재능에 의해 취향이 형성된다. 그리고 취향을 통해서 정신은 온갖 종류의 아름다움에 대한 관념들을, 그리고 마침내 그것들과 관련된 도덕적 관념들을 자기도 모르는 새 받아들이게 된다. 아마도 이 점이 예절과 올바름의 감정들이 사내아이보다 여자아이에게 먼저 스며들게 되는 이유들 중의 하나일 것이다. 여자 가정교사의 수업 방식에 대해, 그리고 인간 정신의 발달에 대해 심하게 오해하지 않고서야, 그처럼 조숙하게 형성된 감정들이 여자 가정교사의 덕분이라고 생각할 수는 없을 것이다. 말을 하는 재능은 남의 마음에 드는 기술들 중 으뜸가는 것이다. 습관을 통해 감각적으로 익숙해진 매력들에 새로운 매력을 더해 줄 수 있는 것도 오직 이 재능을 통해서이다. 육체에 활기를 넣어 줄 뿐만 아니라 육체를 이를테면 되살리는 것은 바로 정신이고, 정신이 용모에 생기와 변화를 주는 것은 연속적인 감정과 관념들을 통해서이며, 주의력이 흩어지지 않고 동일한 대상에 대해 변함없는 흥미를 한참 동안 유지시켜 주는 것도 정신이 불어넣는 말에 의해서이다. 내 생각에는 바로 이 모든 이유들로 인해서 여자아이들은 그토록 일찍부터 듣기 좋게 재잘거릴 줄 알게 되고 자신이 하는 말의 뜻을 채 파악하기 전에 거기에 억양을 넣고, 남자들은 심지어 소녀들이 남자들의 말을 이해하기 전에 이내 그녀들이 하는 말에 즐겨 귀를 기울인다. 남성들은 이 지성이 개화하는 첫 순간을 살피고, 감정이 꽃피는 첫 순간을 이런 식으로 알아챘다.

여성들의 혀는 유연하다. 그녀들은 남성들보다 더 일찍 더 쉽게 말하며 더 듣기 좋게 말한다. 여성들은 너무 말이 많다고 비난받기도 하는데, 오히려 그래야 한다. 나는 기꺼이 이 비난을 칭찬으로 바꾸고 싶다. 여성들의 입과 눈은 같은 일을 하며 또 동일한 동기에서 움직인다. 남성은 자기가 아는 것을 말하고, 여성은 남의 마음에 드는 것을 말한다. 말하기 위해서 한쪽은 지식을 필요로 하고 다른 한쪽은 취향을 필요로 한다. 한쪽이 하는 말의 주된 주제는 유용한 것들이며, 다른 한쪽이 하는 말의 주된 주제는 상대편의 마음을 즐겁게 해 주는 것들이다. 양쪽이 하는 말은 진실이라는 형식 말고 다른 공통의 형식을 가져서는 안 된다.

소녀들의 수다를 저지하려면, 사내아이들의 수다를 막을 때 하듯이 "그게 어디에 쓸모가 있니?"라고 딱딱하게 반문해서는 안 된다. 오히려 "그게 어떤 효과를 낼까?"라고 대답하기에 결코 더 쉽지 않은 질문을 던져야 한다. 아직 선악을 분별할 수 있는 나이가 되지 않은 초년기의 소녀들은 그 누구를 판단할 처지가 아니기에, 반드시 상대방에게 듣기 좋은 것만 말한다는 원칙을 스스로에게 부과해야 한다. 그런데 이 규칙을 실천하기가 더 힘들어지는 것은, 이 규칙 자체가 절대로 거짓말을 해서는 안 된다는 첫 번째 규칙에 언제나 종속되기 때문이다.

여기에는 또 다른 어려움들도 많이 있지만, 이는 나이가 더 들었을 때의 것들이다. 지금으로선 소녀들에게 상스럽지 않게 진실해야 한다는 것 말고는 진실하기 위해 힘들 것이 없다. 그런데 선천적으로 그녀들은 상스러운 것들을 싫어해서 교육을 통해 그녀들이 그런 것들을 피하게 가르치는 일은 어렵지 않다. 내가 보기에는 대체로, 교제에서 남성의 예절이 더 친절하다면 여성의 예절은 더 다정다감하다. 이 차이는 제도에서 오는 것이 아니라 선천적인 것이다. 남성은 상대방에게 좀 더 도움을 주려 하고 여성은 상대방을 좀 더 기분 좋게 해 주려 하는 듯하다. 그러므로 여성의 성격이 어떠하든, 여성의 예절은 우리 남성의 예절보다 거짓이 적다고 볼 수 있다. 여성의 예절은 여성의 본능이 연장된 것일 뿐이다. 그렇지만 어떤 남자가 예컨대 자기 이익보다 나의 이익을 더 위하는 척할 때, 그것을 어떻게 위장하든 나는 그가 거짓말하고 있음을 확실히 알 수 있다. 그러므로 예의가 바르다는 것은 여성에게는 거의 힘든 일이 아니며 따라서 소녀들은 예절을 배우기가 힘들지 않다. 최초의 가르침은 자연에서 오며 사람의 기술은 그것을 따라가기만 하면 된다. 그것이 어떤 형태로 나타나야 하는지는 우리의 관습에 따라 결정만 하면 된다. 그런데 여자들 사이에서 예절은 사정이 완전히 달라진다. 여자들끼리는 너무도 어색한 태도와 냉정한 정중함을 보여서, 서로 거북해하면서도 그걸 굳이 감추려 하지 않으며 거짓말을 할 때도 그것을 거의 숨기려 하지 않아서 진지해 보인다. 그렇지만 소녀들은 때로는 훨씬 더 솔직한 우정을 진심으로 주고받는다. 그 나이 때는 명랑함이 선한 본성을 대신하며, 소녀들은 자기 자신에 만족하여 모든 사람들에 대해서도 만족한다. 또한 그녀들은 확실히 남자들이 보는 앞에서 더 진심으로 서로 포옹을 하고 더 매력적으로 서로를 쓰다듬는다. 남성이 이러한 애정 표현을 ―여성들은 남성들이 이러한 애정 표현을 선망하게 만들 줄 안다― 상상하게 만들어 그들의 욕망을 탈 없이 자극하고 있다는 것에 흡족해하는 것이다.

남자아이에게도 주제넘은 질문을 못 하게 해야 하지만 여자아이에게는 더 금지해야 한다. 사람들이 비밀을 숨긴다는 것을 직감하는 그녀들의 예리함과 그것을 밝혀내는 그녀들의 수완을 생각하면, 그녀들의 호기심이 충족되거나 그녀들의 호기심을 잘 피해 내지 못했을 때 정말 또다른 심각한 결과가 빚어질 수도 있다. 그녀들의 질문을 받고만 있을 게 아니라 오히려 그녀들에게 질문을 많이 하는 편이, 그래서 그녀들이 수다를 떨도록 배려하는 편이 바람직할 것이다. 그렇게 그녀들을 자극해서 별 위험이 없는 동안에는, 쉽게 말하는 연습을 시키고 재빨리 대꾸할 수 있게 하고 정신과 혀를 풀어 주는 편이 좋다. 이런 대화들은 항상 즐거움으로 바뀌어서, 기술적으로 잘 준비되고 올바로 이끌어지기만 하면 그 나이에는 매우 재미있는 놀이가 된다. 또한 이런 대화들은 이렇듯 재미와 자부심을 미끼로 하여 남성은 어떤 자질들을 진정 높이 평가하는지 그리고 정숙한 여성의 명예와 행복이 어디에 있는지 가르쳐 줌으로써, 소녀들의 순진무구한 마음속에 그녀들이 살아가면서 얻게 될 도덕적 교훈들 중 가장 으뜸가는 그리고 아마도 가장 유용한 것들을 심어 줄 수 있을 것이다.

사내아이들도 종교에 대해 바른 개념을 가지기가 힘든데, 하물며 여자아이들이 그것을 이해하기는 더더욱 힘들다는 사실은 누구나 다 알고 있다. 바로 그 때문에 나는 종교에 대해 그녀들에게 더 일찍 말해 주고 싶다. 그녀들이 이 심오한 문제들을 놓고 체계적으로 논할 수 있게 될 날을 기다리자고 한다면, 아마도 영원히 그것에 대해 말할 수 없게 될지도 모른다. 여성의 이성은 실천적인 이성이다. 그래서 그 이성은 그녀들이 이미 알려진 목적에 도달하는 방법들을 더 능숙하게 찾아낼 수 있게 해 주긴 하겠지만, 목적 자체를 발견할 수 있게 하지는 못한다. 남녀의 친교 관계는 정말 놀라운 것이다. 이 친교에서 하나의 정신적 인격체가 생겨나는데, 여성이 그 눈이고 남성이 그 팔이다. 그런데 둘은 서로 매우 의존하고 있어서 여성은 무엇을 보아야 하는지 남성한테서 배우고 남성은 무엇을 해야 하는지 여성에게서 배운다. 만약 여성이 남성과 마찬가지로 원칙까지 거슬러 올라갈 수 있다면 그리고 남성이 여성처럼 사소한 일에도 신경을 쓸 수 있다면, 남성과 여성은 언제든 서로 의존할 필요가 없어져서 끝없는 불화 속에 살게 될 것이며 친교 또한 지속되지 못할 것이다. 그러나 둘의 조화 속에서 모든 것은 공동의 목적을 지향한다. 어느 쪽이 더 큰 몫을 하는지 알 수 없지만 각자 상대의 충동을 따르고 서로에게 복종하여 둘 다 서로의 지배자가 된다.

모든 여성들의 품행이 세상 평판에 예속된다는 바로 그 이유 때문에, 여성의 신앙은 권위에 예속되어 있다. 딸은 어머니의 종교를, 아내는 남편의 종교를 따라야 한다. 설령 그 종교가 잘못된 것이라 하더라도, 자연의 질서를 따른 어머니와 딸의 순종심이 하느님 앞에서 오류의 잘못을 씻어 줄 것이다. 그녀들은 스스로 판단을 할 수가 없기 때문에 아버지와 남편의 결정을 교회의 결정처럼 따라야 한다.

신앙의 원칙을 혼자 힘으로 도출해 내지 못하는 여성들은 자명한 이치와 이성의 법칙으로 자신의 신앙을 제한하지 못하고 수많은 외부적 충동에 끌려다녀서, 언제나 진리에 못 미치거나 아니면 지나쳐 간다. 여성들은 언제나 극단적이어서 불신자이거나 아니면 광신자이다. 지혜와 신앙심을 겸비한 여성은 전혀 찾아볼 수 없다. 이러한 폐단은 여성들의 과도한 성격에만 원인이 있는 것이 아니라 우리 남성들의 권위가 올바로 정립되지 못했기 때문이기도 하다. 남성들의 행실이 문란함으로 인해 그 권위가 무시되는가 하면, 뉘우침에 대한 두려움 때문에 권위가 폭압적이 되어, 그의 권위는 언제나 지나치지 않으면 모자라는 것이 되어 버린다.

권위가 여성들의 종교를 결정해야 하기 때문에, 여성에게는 믿음의 이유를 설명해 주는 것보다 무엇을 믿어야 하는지 분명히 보여 주는 것이 더 중요하다. 왜냐하면 모호한 관념들을 믿게 만드는 것이 광신의 시초인데, 터무니없는 것을 믿도록 강요하는 것은 광기로 이끌지 않으면 불신으로 이끌기 때문이다. 오늘날 우리의 교리문답이 불신이나 광신 둘 중 어느 쪽으로 더 밀고 가는지 잘 모르겠지만, 반드시 이 둘 중 하나로 몰고 간다는 사실은 잘 알고 있다.

우선 소녀들에게 종교를 가르치기 위해서는, 종교가 그녀들에게 우울하거나 따분한 대상이 되게 해서는 안 되며 힘든 일이나 의무가 되게 해서도 안 된다. 따라서 그녀들에게 종교와 관련된 그 어떤 것도, 기도문조차 외우게 하지 말라. 여러분은 앞에서 규칙적으로 기도만 올려라. 그렇다고 억지로 그녀들을 그 자리에 함께 있도록 할 필요도 없다. 그리고 예수 그리스도의 가르침대로 기도는 짧게 하라. 언제나 기도에 어울리는 조용하고 경건한 마음으로 기도하라. 우리의 말에 귀를 기울여 달라고 신에게 부탁할 때 우리도 그에게 말하고자 하는 것에 스스로 주의를 기울여야 한다는 사실을 명심하라.

소녀들이 자신의 종교를 일찍부터 아는 것은 그것을 제대로 아는 것만큼 또 특히 그것을 좋아하게 되는 것만큼 중요하지 않다. 여러분이 종교를 그녀들에게 번거로운 것이 되게 한다면, 그녀들에게 하느님을 늘 화만 내는 존재로 그려 보인다면, 그녀들에게 그분의 이름으로 온갖 힘든 의무들을 부과하고는 정작 여러분이 그것을 이행하는 것을 그녀들이 한 번도 볼 수가 없다면, 그녀들로서는 교리문답을 알고 기도하는 것이 소녀들만 하는 일이라는 생각 외에 무슨 생각을 더 할 수 있겠는가? 또 어서 빨리 커서 여러분처럼 이 모든 속박에서 벗어나려 하지 않겠는가? 본보기! 본보기! 본보기가 없이는 아이들 문제와 관련하여 어떤 점에서도 결코 성공을 거두지 못한다.

신앙 조목을 설명할 때는 문답식이 아니라 직접 가르쳐 주는 방식으로 하라. 소녀들은 남이 일러 준 것이 아니라 오직 자신의 생각대로만 대답해야 한다. 교리문답의 답들은 전부 반대로 되어 있어서 오히려 학생이 선생을 가르친다. 아이들은 자신이 전혀 이해하지 못하는 것도 설명하고 도저히 믿을 수 없는 것들에 대해서도 옳다고 대답하게 되어 있다. 그래서 아이들의 입에서 나오는 그런 대답들은 거짓이 아닐 수가 없다. 아무리 총명한 사람이라도 교리문답을 하면서 거짓말하지 않는 사람이 있다면 나에게 데려와 보라.

우리의 교리문답에서 첫째로 보이는 질문은 "누가 당신을 만들어 이 세상에 태어나게 했는가?"이다. 이 질문에 소녀는 분명 자기 엄마라고 생각하면서도 그것은 하느님이라고 주저 없이 말한다. 여기서 소녀가 아는 것은 자신이 거의 이해하지 못하는 물음에 전혀 이해하지 못하는 답을 하고 있다는 사실뿐이다.

아이들의 정신이 발달하는 과정을 잘 이해하는 사람이 그들을 위한 교리문답을 만들어 주었으면 좋겠다. 그러면 그것은 아마 지금까지 쓰인 책들 중 가장 유익한 것이 될 것이다. 그리고 내 생각이지만, 그것은 저자에게 적지 않은 명예를 안겨 줄 것이다. 확실한 것은 그 책이 제대로만 된다면 분명 우리의 것과 비슷하지 않으리라는 것이다.

이러한 교리문답은 단지 묻기만 하고 그 물음들에 아이가 대답을 배우지 않고도 스스로 대답하는 경우에만 좋은 것이 될 것이다. 물론 때로 아이가 질문을 해야 할 경우도 있을 것이다. 내가 말하고자 하는 것을 이해시키려면 일종의 본보기가 필요할 텐데, 그것을 쓰기에 내게 무엇이 부족한지 나는 잘 알고 있다. 그래도 지금 적어도 약간의 개념이나마 보여주겠다.

나는 교리문답의 첫 질문은 다음과 같이 시작해야 할 것이라고 생각한다.

보모: 어머니가 소녀였을 때를 기억하나요?

소녀: 아닙니다, 보모님.

보모: 왜 기억이 안 나요, 그렇게 기억력이 좋은데?

소녀: 그땐 제가 세상에 태어나지도 않았을 때잖아요.

보모: 그러니까 늘 살고 있었던 건 아니었군요.

소녀: 그럼요.

보모: 그러면 언제나 살아 있을까요?

소녀: 네.

보모: 당신은 어린가요 늙었나요?

소녀: 저는 어립니다.

보모: 그럼 당신의 할머니는 어린가요 늙었나요?

소녀: 늙었어요.

보모: 할머니도 어렸던 적이 있었을까요?

소녀: 네.

보모: 그런데 왜 지금은 어리지 않을까요?

소녀: 나이가 드셨으니까요.

보모: 당신도 할머니처럼 나이를 먹을까요?

소녀: 몰라요.[18]

보모: 작년에 입은 드레스는 어디 있나요?

소녀: 없애 버렸어요.

보모: 왜 없앴나요?

소녀: 너무 작아졌어요.

보모: 왜 그렇게 작아졌을까요?

소녀: 제가 자랐어요.

보모: 앞으로도 계속 자랄 것 같아요?

소녀: 암, 그럼요!

보모: 다 자란 아가씨들은 어떻게 될까요?

소녀: 부인이 되지요.

보모: 부인이 되면 어떻게 될까요?

소녀: 엄마가 되죠.

보모: 엄마들은 어떻게 되나요?

소녀: 할머니가 되지요.

보모: 그러니까 당신도 할머니가 되겠네요?

소녀: 엄마가 되고 그다음에는요.

보모: 늙은 사람들은 어떻게 될까요?

---

18 내가 "몰라요"라고 쓴 모든 대목에서 만약 소녀가 다르게 대답한다면 그 대답을 그대로 믿지 말고 조
심스럽게 그 이유를 설명하게 해야 할 것이다.

소녀: 몰라요.

보모: 할아버지는 어떻게 되었나요?

소녀: 돌아가셨어요.[19]

보모: 왜 돌아가셨을까요?

소녀: 늙어서요.

보모: 그러니까 늙은 사람들은 어떻게 될까요?

소녀: 죽어요.

보모: 그러면 아가씨도 늙으면…

소녀: (말을 가로채며) 오! 보모님, 난 죽기 싫어요.

보모: 죽고 싶어 하는 사람은 없어요. 그렇지만 누구나 다 죽습니다.

소녀: 뭐라고요? 그럼 엄마도 죽겠네요!

보모: 누구나처럼 그렇습니다. 여자들도 남자들처럼 늙고, 늙으면 죽는답니다.

소녀: 아주 천천히 늙으려면 어떻게 해야 되나요?

보모: 젊었을 때 착하게 살아야 합니다.

소녀: 보모님, 저는 언제나 착하게 살 겁니다.

보모: 그럼요. 그런데 언제까지 살 수 있다고 생각하나요?

소녀: 제가 늙으면, 정말로 늙으면…

보모: 그러면?

---

19 여자아이는 어른들이 이렇게 말하는 것을 들은 적이 있으니 이렇게 말할 것이다. 그렇지만 그녀가 죽음에 대해 얼마라도 제대로 알고 있는지 확인해 볼 필요가 있다. 왜냐하면 그 개념은 생각만큼 간단하지·않으며 또 아이들이 이해할 수 있는 것도 아니기 때문이다. 그들에게 그것을 어떻게 이해시킬 수 있을지 「아벨」이라는 짧은 시에서 한 예를 찾아볼 수 있다. 이 작품에서는 아이들과 대화하는 데 필요한 최대치의 부드러움과 소박함의 매력이 풍겨져 나온다.

소녀: 나이가 많아지면 정말 죽는다면서요.

보모: 그러니까 한 번은 죽겠지요?

소녀: 아! 그래요.

보모: 아가씨보다 먼저 산 사람이 누구지요?

소녀: 엄마하고 아버지요.

보모: 엄마와 아버지보다 먼저 살았던 사람은?

소녀: 엄마와 아버지의 부모님이요.

보모: 아가씨 다음에 살 사람은?

소녀: 저의 아이들이요.

보모: 그러면 그들을 이어 살 사람은?

소녀: 제 아이들의 아이들… 등등.

이렇게 계속 나가면 분명한 귀납에 의해, 모든 것에서와 마찬가지로 인류의 시작과 끝이 발견된다. 즉 더 이상 아버지와 어머니를 갖지 않은 아버지와 어머니를, 그리고 더 이상 아이가 없는 아이들을 만날 것이다.[20]

이런 종류의 질문들이 오랫동안 이어진 다음에야 비로소 교리문답의 첫 질문이 제대로 준비된다. 그렇지만 이로부터 말하자면 신의 본질에 대한 정의에 해당하는 두 번째 대답 사이에는 얼마나 커다란 비약이 있는가! 이 간격은 도대체 언제 메워질 수 있을까? 신은 정신이다! 정신이

---

20   설령 인간의 정신이 동의한다고 해도, 인류가 세대를 이어 가는 것에 영원의 개념을 적용할 수는 없을 것이다. 수적인 어떠한 연속도 현실화될 때에는 영원의 개념과 양립할 수 없다.

란 무엇인가? 내가 어른도 헤어 나오기 힘든 저 모호한 형이상학 속으로 아이의 정신을 끌어들이겠는가? 이런 질문들에 대답하는 것은 여자아이가 할 일이 아니다. 소녀가 할 일은 기껏해야 질문하는 것이다. 그러면 나는 간단히 이렇게 대답할 것이다. "하느님이 무엇이냐고 내게 물었느냐? 그것은 대답하기가 간단치 않구나. 하느님은 들을 수도 볼 수도 만질 수도 없단다. 오직 그분이 이루어 놓은 일을 통해서야 그분을 알 수 있을 뿐이지. 그가 어떤 분인지 알고 싶으면 그분이 이루어 놓은 것을 다 알 때까지 기다려라."

우리의 교리가 모두 같은 진리에서 나온 것들이라 하더라도 그렇다고 해서 그것들이 모두 똑같이 중요한 것은 아니다. 신의 영광이 만물에서 우리에게 드러나든 그렇지 않든 그것은 신의 영광과 전혀 상관이 없다. 그렇지만 신의 법칙이 모든 인간에게 부과하는, 자기 이웃과 자기 자신에 대한 의무를 누구나 잘 알고 이행하는 것은 인간 사회와 그 구성원들 각자에게 중요하다. 바로 이것이 우리가 끊임없이 서로에게 가르쳐야 할 것이며, 특히 부모가 자식에게 가르쳐야 하는 것이다. 한 처녀가 자신을 만든 창조주의 어머니인지, 그녀가 신을 낳았는지 아니면 단지 신이 합체된 한 인간을 낳았을 뿐인지, 성부와 성자의 실체가 동일한지 아니면 닮았을 뿐인지, 성령은 하나이신 성부와 성자 둘 중 하나에서 나오는지 아니면 그 둘 모두에게서 함께 나오는지 등, 겉으로만 본질적인 것으로 보이는 이 질문들에 판결을 내리는 것은, 내가 보기에 부활절을 그 달의 어느 날에 기념해야 하는지, 묵주신공을 바쳐야 하는지, 단식을 해야 하는지, 육식을 금해야 하는지, 교회에서 라틴어를 사용해야 하는지 아니면 프랑스어로 말해야 하는지, 그림들로 벽을 장식해야 하는지, 미사에 참석해야 하는지, 아내를 갖지 말아야 하는지 등을 아는 것보다 인류에게 더 중요하지 않다. 이런 것들에 대해서는 각자 마음대로 생각하라. 각자 어떻게 생각하든 남들과 아무 상관이 없지 않은가? 나로서도 전혀 관심이 없다. 오히려 나에게 그리고 내가 속한 모든 인류에게 중요한 것은 인간의 운명을 주재하는 분이 있어 우리 모두가 그의 자식들이고, 우리가 올바르게 살고 서로 사랑하며 친절하고 자비롭고 모든 사람에 대해 우리 적들과 그 적들의 적들에 대해서까지 우리의 약속을 지킬 것을 우리 모두에게 명하고 있다는 사실을 아는 것이다. 또한 이승의 삶의 눈에 보이는 행복은 아무것도 아니며, 이승의 삶 다음에는 또 다른 삶이 있어 거기서는 이 지고한 존재가 선인들에게는 상을 주고 악인들을 심판하리라는 사실을 아는 것이다. 바로 이 교리들, 이와 유사한 교리들이야말로 젊은이들에게 가르치고 모든 시민들에게 납득시켜 마땅한 것들이다. 아마도 이러한 교리들에 반박하는 자는 누구든 벌을 받아 마땅할 것이다. 그는 질서의 교란자이며 사회의 적이다. 이 교리들을 넘어서서 우리를 자신의 사사로운 견해에 예속시키려는 자 역시 비록 반대의 길을 따르지만 도착 지점은 동일하다. 즉 자기 나름의 질서를 세운답시고 평화를 어지럽히고, 무모한 자만심으로 스스로 신의 대변인을 자처함으로써 신의 이름으로 사람들의 존경과 숭배를 요구하며, 할 수만 있다면 신을 대신하여 자신이 신이 되어 버린다. 이런 자에게는 그의 편협함을 벌하지는 않더라도 신을 모독한 죄는 벌하여야 할 것이다.

그러므로 우리에게 의미 없는 말들에 불과한 저 모든 알 수 없는 이론들은 무시하라. 또 이상한 교리들도 모두 무시하라. 거기에 몰두하는 자들에게는 그들의 헛된 연구가 미덕을 대신하며, 그들은 그 때문에 선인이 되기보다는 광인이 될 뿐이다. 여러분의 아이들이 항상 도덕과 관련 있는 교리의 좁은 테두리를 벗어나지 않게 하라. 우리가 알아 두어 유익한 것은 선을 행하라고 가르치는 것밖에 없음을 아이들에게 잘 납득시켜라. 여러분의 딸들을 신학자나 이론가로 만들지 말며, 하늘의 일에 관해서는 인간의 지혜에 보탬이 되는 것들만 가르쳐라. 하느님이 늘 자신을 지켜보고 있다고 느끼도록, 하느님을 자신의 행동, 생각, 미덕, 기쁨의 증인으로 삼도록, 하느님이 선행을 사랑하는 이상 자랑하지 않고 선을 행하도록, 하느님이 선행을 보상하실 테니 불평하지 말고 고통을 참아 내도록, 마지막으로 하느님 앞에 설 때 그렇게 살아오기를 잘했다고 기뻐할 만한 그런 삶을 매일 살도록 그런 습관을 그녀들에게 붙여 줘라. 이것이 참된 종교이고, 악습에도 불경에도 광신에도 빠지지 않는 유일한 종교이다. 이보다 더 숭고한 종교가 있다면 마음대로 설파해 보라. 나로서는 이외에 다른 것들은 인정할 수 없다.

게다가 이성이 밝아지고 막 생겨나기 시작한 감성이 양심에게 말을 시키는 나이가 되기 전까지는, 주위 사람들이 선하다고 혹은 악하다고 정해 놓은 것이 곧 선이며 악이라고 소녀들에게 말해 주는 것이 좋다. 남들이 그녀에게 시키는 일은 좋은 것이고 금지하는 일은 나쁜 것이다. 그녀들은 그 이상을 알아서는 안 된다. 그래서 그녀들 곁에 있으면서 그녀들에게 권위를 가질 수 있는 사람을 잘 선택하는 것이 남자아이들의 경우보다 얼마나 더 중요한지 알 수 있다. 바야흐로 그녀들 스스로 사물을 판단하기 시작하는 때가 오고 있다. 이제 그녀들을 위한 교안教案을 바꾸어야 할 때가 되었다.

이 이야기는 지금까지 너무 많이 한 것 같다. 만약 우리가 여성들에게 일반적인 편견만 법칙으로 부여한다면 그녀들은 어떻게 되겠는가? 우리 남성을 지배하는 여성을, 그리고 우리가 타락시키지만 않았다면 우리를 명예롭게 만들어 줄 여성을 그렇게까지 격하시키지 말자. 온 인류에게는 세상 평판보다 우선시하는 하나의 규범이 있다. 다른 모든 규범들은 흔들리지 않는 이 규범과 방향이 일치해야 한다. 이 규범은 편견마저 심판한다. 사람들의 평가가 우리에게 권위를 갖는 것도 그 평가가 이 규범에 합치하는 한에서 그러하다.

내적 감정이 바로 그 규범이다. 지금까지 해 온 말을 다시 되풀이하지는 않겠다. 여성의 교육에 이 두 규범이 협력하지 않는다면, 그 교육은 언제나 불완전한 것이 되리라는 점만 지적해 두겠다. 세상 평판 없이 감정만으로는 훌륭한 품행을 세상의 명예로 장식해 주는 섬세한 영혼을 그녀들에게 제공하지 못할 것이고, 감정이 없는 세상 평판은 그녀들을 미덕 대신 허울만 내세우는 불성실하고 거짓된 여성으로 길러 낼 것이다.

그러므로 여성들에게는 두 길잡이 사이를 중재하는 능력 다시 말해 양심을 항상 바로잡아 주고 편견의 오류를 교정해 주는 능력을 기르는 것이 중요하다. 이 능력이 곧 이성이다. 그런데 이성이라는 말에 얼마나 많은 질문들이 쏟아지는가! 여성이 이치에 맞게 추론할 수 있는가? 여성이 이러한 능력을 계발하는 것이 요긴한 일인가? 이 능력을 제대로 잘 계발할 수나 있는가? 이 능력을 계발하는 것이 그녀들에게 부과된 직분들을 수행하는 데 유용한가? 이 능력을 계발하는 것이 여성에게 어울리는 소박함과 양립할 수 있는가?

이러한 질문들을 고찰하고 해결하는 방식은 매우 다양하며 또 극단에서 극단으로 치달아, 때로는 아내를 하녀들과 집 안에서 바느질하고 실잦는 일만 하게 함으로써 그녀를 그저 바깥주인이 부리는 하녀들의 우두머리로 만드는가 하면, 또 때로는 아내의 권리를 보장하는 데 그치지 않고 아내가 우리 남성들의 권리마저 가로채게 만든다. 왜냐하면 아내를 여성 고유의 장점들에서는 우리 남성보다 우위에 두고 나머지 모든 것에서는 우리와 동등하게 만드는 것이, 자연이 남편에게 준 우위를 아내에게 넘겨주는 일이 아니고 무엇이겠는가?

남성에게 그의 의무를 깨닫게 해 주는 이성은 그리 복합적이지 않은데, 여성에게 그녀의 의무를 깨닫게 해 주는 이성은 그보다도 훨씬 더 단순하다. 남편에 순종하고 충실해야 하며 아이들에게는 자애와 정성을 다해야 하는 그녀의 의무는 여성이라는 상황에서 오는 너무나도 자연스럽고 분명한 결과이다. 따라서 여성이 불성실하지 않고는 자신을 이끌어가는 내면의 감정에 동의하지 않을 수가 없으며, 아직 변질되지 않은 성향 속에서 그 의무를 무시할 수도 없다.

어떤 여성이 여성의 일들에만 묶여 있어 나머지 모든 것에 대해서는 아주 무지한 채 있다 하더라도, 나는 그녀를 무조건 나무라지 않겠다. 그러나 그러기 위해서는 대중의 풍속이 소박하고 건전하거나 아니면 아주 고립된 생활을 해야 할 것이다. 대도시의 타락한 남성들 틈바구니에서라면 이런 여성은 너무도 쉽게 유혹에 넘어가며, 또 종종 그녀의 미덕은 요행에 좌우될 뿐이다. 이 철학의 시대에 시련을 견뎌 낼 미덕이 있어야 하며, 남이 무슨 말을 할 수 있을지 또 그 말을 어떻게 받아들여야 할지 미리 알아 둘 필요가 있다.

게다가 남성들의 판단 아래에 놓여 있는 여성은 그들의 존경을 받을 수 있어야 한다. 특히 남편의 존경을 얻어 내야 한다. 남편이 자신의 용모만 사랑하게 할 것이 아니라 자신의 행동에도 동의하게 해야 한다. 남편이 자신을 선택한 것이 옳았음을 여러 사람들에게 보여 줌으로써 아내에게 돌아오는 명예로 남편이 존경받게 해 주어야 한다. 그런데 그녀가 우리의 제도를 알지 못하고 우리의 관습이나 예의범절에 대해 아무것도 모른다면, 사람들의 판단의 근거나 판단의 원인이 되는 정념에 대해 무지하다면 어떻게 이런 일들을 해 나갈 수 있겠는가? 자신의 양심과 동시에 남들의 견해에도 의존하면서부터는 여성은 이 둘을 비교하고 조정하는 법을 배워야 한다. 또 오로지 이 둘이 서로 어긋나는 경우에만 양심을 택하도록 배워야 한다. 자신에게 판정을 내리는 사람들의 판정관이 되어 그들을 따라야 할 경우와 거부해야 할 경우를 결정해야 하는 것이다. 그들의 편견을 거부하거나 받아들이기 전에, 여성은 그것을 신중히 검토하여 그 편견의 근원으로 거슬러 올라가 편견을 예방하는 법을 배우고, 그것들을 자신에게 유리한 것으로 만드는 법을 배워야 한다. 비난을 피하는 것이 의무에 저촉되지만 않는다면 여성은 비난을 사지 않게 조심해야 한다. 이 모든 것을 잘 해내려면 여성의 재치와 이성을 배양하지 않고는 안 된다.

　나는 늘 원칙으로 되돌아오는데, 그러면 그 원칙이 모든 어려운 문제들을 해결해 준다. 나는 존재하는 것을 연구하고 그 원인을 찾는다. 그리고 마침내 존재하는 것은 모두 다 좋다는 사실을 발견한다. 나는 주인과 주부가 둘 다 사람을 환대하는 개방된 집에 들어간다. 두 사람이 같은 교육을 받았고 똑같이 예의 바르고 똑같이 취향과 재치를 갖고 있으며, 두 사람 다 손님들을 잘 대접하여 누구든 흡족한 마음으로 돌아가게 하려는 열망이 그득하다. 남편은 매사에 신중을 기하고 어떤 배려도 게을리하지 않는다. 이리저리 왔다 갔다 하면서 둘러보고 수고가 이만저만이 아니다. 완벽한 배려를 실천하려 한다. 아내는 제자리에 앉아 있고 몇몇에 둘러싸여 있어서 나머지 사람들은 그녀에게 보이지 않는 것 같다. 그런데도 그녀는 주변에서 일어나는 일들을 모두 보고 있다. 그녀와 말을 나누지 못하고 돌아가는 사람은 하나도 없다. 모든 사람들의 관심을 끌 만한 일은 하나도 놓치지 않고, 누구에게도 듣기 거북한 말을 하는 일도 결코 없다. 질서가 조금도 흐트러지지 않으면서, 동석자들 중 신분이 제일 낮은 사람과 제일 높은 사람이 똑같이 융숭한 대접을 받는다. 식탁이 차려지고 모두 식탁에 둘러앉는다. 누가 누구와 뜻이 잘 맞는지 알고 있는 남편이 그에 따라 손님들의 자리를 지정할 것이다. 그런 부분을 모른다고 해서 아내가 실수하는 법은 없다. 그녀는 벌써 사람들의 눈이나 태도에서 누가 누구를 편하게 여기는지 읽어 둔 터라, 모두가 자신이 원하는 자리에 앉게 된다. 식사 중에 소홀한 대접을 받는 사람이 없다는 것은 말할 필요도 없다. 가장은 둘러보면서 아무도 소홀히 하지 않은 것이다. 아내는 누군가 먹고 싶어서 음식을 바라보면 그것을 알아채고 그 음식을 제공한다. 옆 사람과 이야기를 나누면서도 한쪽 눈으로 식탁을 살핀다. 시장하지 않아서 조금도 먹지 않는 사람과 서툴고 소심해서 감히 음식을 집어 오거나 집어 달라는 말을 못 하는 사람을 분간해 낸다. 식사를 마치면서 다들 그녀가 자신만 챙겨 주었다고 믿으며, 그녀는 음식 한 입 먹을 시간도 없었다고 생각한다. 그렇지만 사실은 그 누구보다 그녀가 더 많이 먹었다.

다들 떠나고 나면 그날 있었던 일들을 이야기한다. 남편은 자신이 들은 말이나 대화를 나눈 사람들이 한 말과 행동을 들려준다. 아내는 항상 그런 것들에 더 훤한 것은 아니지만, 대신 방 저쪽 끝에서 사람들이 낮은 소리로 속삭이던 말이 무엇인지는 알아차렸고, 또 누가 무슨 생각을 했으며 사람들의 이 말과 저 몸짓이 무엇과 관계가 있는지 알고 있었다. 어떤 의미심장한 행동이라도 나오면 그녀는 완전히 준비라도 해 놓은 듯이 즉각 해석을 했고, 그것은 거의 언제나 정확했다.

사교계의 여성은 재치가 있어서 손님을 환대하는 솜씨에서 뛰어나다. 바로 이러한 재치를 발휘하여 애교 있는 여성은 구애하는 여러 남자들을 모두 만족시키는 데 탁월한 솜씨를 발휘한다. 애교의 술책은 예의범절의 술책보다 더 섬세한 분별력을 요구한다. 왜냐하면 예의 바른 여성은 모든 사람들에게 예의 바르기만 하면 언제나 웬만큼 잘한 것이 되지만, 애교 부리는 여성은 어리석게도 남자들을 그렇게 다 똑같이 대했다가는 당장 지배력을 잃고 말 것이기 때문이다. 애인들 모두에게 잘하려다가는 모두 떨어져 나가게 만들고 말 것이다. 사교계에서 여성들이 모든 남성에 대해 취하는 태도는 남성 각자에게도 역시 마음에 든다. 제대로 대우만 받는다면 누구를 누구보다 더 좋게 대하는 것에 그리 신경 쓰지 않는다. 그러나 연애에 있어서는 독점적이지 않은 호의는 모욕이다. 민감한 남자라면 다른 모든 남자들과 똑같은 애정을 받는 것보다 혼자 냉대당하는 것이 백 배 더 낫다. 그에게 일어날 수 있는 최악의 일은 특별대우를 받지 못하는 것이다. 그러므로 애인을 여럿 두고 싶다면, 그 애인들 한 사람 한 사람에게 그 사람만 좋아한다고 납득시켜야 한다. 그것도 다른 애인들이 모두 보는 앞에서 그에게 그것을 납득시켜야 한다. 또 그가 보는 앞에서 다른 애인들에게도 마찬가지로 그녀가 자기만 좋아한다는 확신을 갖도록 만들어야 한다.

사람이 당황하면 어떻게 되는지 보고 싶은가? 그렇다면 한 남성이 동시에 은밀한 관계를 맺고 있는 두 여성 사이에 그 남성을 두고, 그가 얼마나 멍청한 표정을 짓고 있는지 관찰해 보라. 동일한 처지의 한 여성을 두 남성 사이에 두어 보라. 이런 경우가 앞의 경우보다 더 드물지 않을 것이다. 그러면 둘을 다 속여 넘겨 그들이 서로 상대편을 비웃게 만들고 마는 그녀의 솜씨에 감탄할 것이다. 만약 그녀가 두 사람에게 똑같은 믿음을 보여 주고 똑같이 친밀하게 대한다면 어찌 그들이 잠시나마 속아 넘어갈 수 있겠는가? 두 사람을 똑같이 대하는 것은 그들이 한 여성에 대해 똑같은 권리를 가졌음을 드러내는 셈이 되지 않겠는가? 자, 그녀는 얼마나 더 기막히게 해치우는가! 그들을 똑같이 대하기는커녕 차별을 두는 척한다. 너무나 능숙해서 다정하게 대하는 쪽은 그것이 애정인 줄 믿고 냉대받는 쪽은 그녀가 자기를 원망해서 그러는 줄 안다. 이런 식으로 저마다 흡족해하며 그녀가 자기만 생각하는 줄 알지만, 실은 그녀는 자기 자신밖에 생각하지 않은 것이다.

환심을 사려는 포괄적인 욕망 속에서 애교가 그 수단을 제시해 준다. 현명하게 사용되지 않은 변덕은 반감을 불러일으킬 뿐이지만, 변덕을 교묘하게 활용함으로써 여성은 그것을 노예들을 묶어 두는 가장 튼튼한 사슬로 삼는 것이다.

새 애인을 그물로 낚으려고
여자는 온갖 꾀를 부린다.
모든 남자에게, 매시간마다 얼굴을 달리하고,
때에 따라 태도와 모습이 바뀐다.[21]

여성이 지속적인 관찰을 통해 남성들의 마음속에서 순간순간 무슨 일이 일어나는지 알아채는 것이 아니라면, 이 모든 재주가 어디에서 생겨나겠는가? 그 관찰을 통해 여성은 자신이 눈치챈 숨은 움직임들 하나하나에 대해, 그것을 가라앉히거나 부추기는 데 필요한 힘을 가할 수 있게 되는 것이다. 그런데 이러한 재주를 배워서 알겠는가? 그렇지 않다. 여성들은 이를 타고난다. 여성이라면 누구나 그런 재주를 갖고 있지만, 남성이 그 재주를 같은 정도로 지니는 경우는 결코 없다. 그것은 여성만의 특성들 중의 하나이다. 재치, 통찰력, 세심한 관찰력, 이것이 여성들의 지혜이며 그것을 활용하는 솜씨가 바로 그녀들의 재능이다.

이것이 있는 그대로의 사실이며, 우리는 왜 그래야만 하는지 지금까지 살펴보았다. 흔히 사람들은 여성들은 진실하지 않다고 말하지만, 여성들은 후천적으로 그렇게 되는 것이다. 여성들에게 주어진 고유한 재능은 수완이지 불성실이 아니다. 여성의 진정한 성향에서 볼 때 그녀들은 거짓말을 할 때조차 진실하지 않은 것은 아니다. 말하고 있는 것이 입이 아닌데, 왜 그녀들의 입에서 본심을 들으려고 하는가? 그녀들의 눈, 안색, 호흡, 겁먹은 모습, 나약한 저항 등을 보도록 하라. 바로 이것들이 여러분에게 대답하라고 자연이 그들에게 준 언어다. 입은 언제나 아니라고 말한다. 또 그렇게 말해야 한다. 그렇지만 그 말에 들어가는 억양은 늘 같지 않으며, 거짓말을 할 줄 모른다. 남성처럼 욕구를 표현할 권리를 갖지 못했다고 해서 남성과 같은 욕구를 갖고 있지도 않단 말인가? 정당한 욕구를 가졌을 때조차 그녀들이 감히 쓰지 못하는 언어에 상응하는 또

---

21 타소(1544-1595. 이탈리아 르네상스 말기의 시인)의 『해방된 예루살렘』에서 인용 — 옮긴이.

다른 언어를 갖지 못한다면, 그녀들의 운명은 너무나도 가혹한 것이 될 것이다. 여성의 수줍음이 여성을 불행하게 만들어야만 하는가? 자기 마음의 자연스러운 성향들을 드러나지 않게 전달하는 재주가 있어야 하지 않겠는가? 자신이 주고 싶어 안달하는 것을 남성이 훔치도록 하기 위해 여성에게도 어떤 교묘한 재능이 필요하지 않겠는가! 그녀에게는 남성을 아랑곳하지 않는 척하면서 남성의 마음을 움직이는 방법을 배우는 것이 얼마나 중요한가! 갈라테이아의 사과와 그녀의 서투른 도망은 얼마나 매혹적인 이야기인가![22] 거기에 그녀가 무엇을 더 덧붙여야 하겠는가? 수양버들 사이로 자신을 따라오는 목동한테 가서 그를 유인하기 위해 도망친 거라고 대놓고 말하겠는가? 그렇게 말한다면 그녀는 거짓말을 하는 셈이 될 것이다. 왜냐하면 그때는 더 이상 유인을 못 하게 될 것이므로. 여성은 조신하면 조신할수록, 남편에게도 더 재간을 부려야 한다. 그렇다. 나는 애교도 한도만 지키면 겸손하고 진실한 것이 되어서, 그것을 정숙함의 법칙으로 삼을 수 있다고 주장한다.

나의 적들 중 한 사람이 미덕은 하나라고 말했는데, 매우 옳은 말이다. 미덕을 조각내어 이건 취하고 저건 버리고 할 수는 없다. 미덕을 사랑한다면, 그것은 미덕을 온전한 전체로 사랑하는 것이다. 가져서는 안 될 감정에 대해서는 가능하다면 마음을 닫아야 하지만, 입은 언제나 닫아야 한다. 도덕적인 진실은 있는 그대로의 그 무엇이 아니라 좋은 그 무엇이다. 나쁜 것은 있어서도 안 되겠지만 자백해서도 안 된다. 특히 그 자백

---

22 베르길리우스의 『전원시』에 나오는 이야기로, 갈라테이아는 아키스라는 양치기 청년을 사랑한다. 그러나 질투에 눈먼 폴리페모스가 바위를 던져 아키스를 죽이고 슬픔에 잠긴 갈라테이아는 아키스를 강물로 변신시킨다 — 옮긴이.

이, 그것이 없었더라면 생기지 않았을 결과를 가져올 경우에는 더욱 그렇다. 가령 내가 물건을 훔치고 싶어져서 그걸 다른 사람에게 말하고 그렇게 그를 공범자가 되라고 유혹한다면, 내 마음의 유혹을 그에게 말하는 것 자체가 이미 유혹에 굴복한 것이 되지 않겠는가? 왜 여러분은 수줍음이 여성들을 거짓말쟁이로 만든다고 말하는가? 수줍음을 가장 많이 잃어버린 여성이 그렇지 않은 여성보다 더 진실하단 말인가? 터무니없는 말이다. 그런 여성들이 천 배는 더 거짓말쟁이이다. 모두가 지니고 있지만 음모와 거짓의 도움을 받을 때에만 지배력을 갖는 악덕이 아니고는 그렇게까지 타락하지 않는다.[23] 그와는 반대로 아직 부끄러움을 알아서 자기 잘못에 우쭐대지 않는 여성들, 자신에게 욕망을 불어넣는 남성들에게조차 그 욕망을 감출 줄 알아서 자백을 받아 내기 매우 힘든 여성들이야말로 가장 진실하고 가장 성실하며 모든 약속을 가장 한결같이 지키는 여성들이고, 대체로 가장 믿을 수 있는 여성들이다.

이러한 고찰에 대한 잘 알려진 예외로 들 수 있었던 여성으로는 나는 랑클로 양[24]밖에 알지 못한다. 그래서 랑클로 양은 기적으로 통하기도 했다. 사람들은 여성의 미덕을 멸시한 그녀가 우리 남성이 갖는 미덕을 지

23　어떤 문제에 관해 자기 태도를 솔직하게 밝히는 여자들은 그 솔직함을 통해 자신을 내세우려 해서, 그 외에는 자기들에게 존경할 만한 점이 아무것도 없다고 주장한다는 것을 나는 알고 있다. 그렇지만 나는 그녀들이 멍청한 남자들 말고 아무에게도 자기주장을 납득시킨 적이 없다는 사실도 잘 알고 있다. 여자들을 위한 가장 큰 제동장치가 벗겨지면 무엇이 남아서 그녀들을 제지할 것인가? 그녀들에게 고유한 명예를 버리고 나면 어떤 명예를 존중할 수 있을 것인가? 자기네 정념을 한번 편안하게 풀어놓고 나면 그녀들은 더 이상 그 정념에 전혀 저항하려 하지 않는다. "여성이 수줍음을 잃으면 거짓말할 일이 없어질 것이다." 이 말을 한 작가보다 남자든 여자든 사람의 마음을 더 잘 이해한 작가가 있었을까?

24　Mademoiselle de L'Enclos(1620-1705): 뛰어난 재기와 미모로 유명했던 사교계 여성으로서, 남성과 여성에게 요구되는 자질의 불공평한 분배를 비판하고 스스로 남성이 되기로 선언했다고 한다 — 옮긴이.

녔다고 말한다. 그리하여 그녀의 솔직함, 올곧음, 신뢰할 수 있는 교제, 충실한 우정 등을 칭찬한다. 끝으로 그녀의 명예를 빈틈없이 완벽하게 묘사하려는 사람들은 그녀가 남장을 했었다고도 말한다. 좋다. 하지만 아무리 그녀의 명성이 높았다 하더라도 나는 이런 부류의 인간을 애인은 커녕 친구로 삼을 생각조차 없었을 것이다.

이 모든 것은 겉으로 보이는 것만큼 서로 상관없는 일이 아니다. 여성의 수줍음을 표리부동으로 잘못 이해하고 그것을 놀려 댐으로써, 요즘 철학의 원칙들이 어디를 지향하고 있는지는 나도 알고 있다. 또한 이러한 철학의 가장 확실한 효과가 우리 세기의 여성들에게 얼마 안 남아 있는 정숙의 관념마저 없애 버리는 것임을 나는 알고 있다.

이러한 고찰에 입각하여 나는 일반적으로 어떤 종류의 교양이 여성들의 머리에 적합한지, 또 여성들의 생각을 어려서부터 어떤 대상들로 이끌어야 하는지 결정할 수 있다고 생각한다.

이미 말한 바 있지만, 여성의 임무란 수행하기는 어렵지만 알아보기는 쉽다. 여성이 맨 먼저 배워야 할 것은 자신의 이득을 위해서라도 여성의 의무를 사랑하는 법이다. 이것이 그 의무들을 수월하게 만들어 주는 유일한 방법이다. 어떤 처지에 있든 또 어떤 나이이든 각기 나름의 의무가 있다. 자신의 의무를 사랑하기만 하면 곧 그것을 알아보게 된다. 여성의 처지에 있음을 자랑스러워하라. 그러면 하늘이 당신을 어떤 지위에 두든 여러분은 반드시 미덕을 갖춘 여성이 될 것이다. 가장 중요한 것은 자연이 만들어 준 그대로 존재하는 것이다. 여성들은 언제나 지나치게 남성들이 그랬으면 하고 바라는 대로 된다.

추상적이고 사변적인 진리들이나, 학문적인 원리와 공리公理의 탐구

같이 관념들을 일반화시키는 경향이 있는 것들은 모두 여성의 소관이 아니다. 여성의 공부는 모두 실천과 관련되어야 한다. 남성이 발견한 원리들을 적용하는 것이 여성이 할 일이고, 남성이 원리를 확립하게끔 이끌어 주는 관찰을 하는 것이 여성의 일이다. 여성의 의무와 직접 관련이 없는 일에 관해서는, 그녀들의 성찰은 모두 남성들을 연구하는 것이나 취미만을 목적으로 하는 즐거운 지식들을 지향해야 한다. 왜냐하면 창의적인 일이란 여성의 능력을 넘어서기 때문이다. 여성은 정밀한 학문에서 성공을 거둘 만한 정확성과 주의력을 갖추고 있지 않다. 자연의 지식에 대해 말하자면, 남녀 양성 중에서 좀 더 활동적이고 활력이 있어서 가장 많은 대상물들을 보는 쪽이, 힘이 더 세서 힘을 더 많이 발휘하는 쪽이 감각 능력이 있는 생물들의 관계와 자연의 법칙들을 판단해야만 한다. 나약할 뿐만 아니라 바깥에서는 아무것도 보지 못하는 여성은 자신의 나약함을 보충하는 데 이용할 수 있는 원동력을 평가하고 판단하는데, 이 원동력이 바로 남성의 정념이다. 여성의 역학力學은 우리 남성의 역학보다 더 강력해서 그 모든 지렛대들을 수단 삼아 인간의 마음을 뒤흔든다. 여성은 스스로 할 수는 없지만 자신에게 필요하거나 기분 좋은 일을 우리 남성에게 시키는 재능을 가져야 한다. 따라서 여성은 남성의 정신을 철저히 연구해야 한다. 일반적인 남성의 정신을 추상적으로 연구하는 것이 아니라 주위 남자들의 정신을, 법에 의해서건 세상 평판에 의해서건 자신이 매여 있는 남자들의 정신을 연구해야 한다. 남성들의 느낌을 그의 말, 행동, 시선, 몸짓을 통해 간파하는 법을 배워야 한다. 자신의 말, 행동, 시선, 몸짓을 통해 그런 기색조차 없이 자기 마음에 드는 느낌들을 남성에게 불어넣을 줄 알아야 한다. 인간의 정신에 관해서는 남성이 여성보다 더 철학적으로 잘 따진다. 그러나 사람들의 마음은 여성이 그들보다 더 잘 들여다볼 것이다. 이를테면 실험적인 도덕을 발견하는 것은 여성이 할 일이고, 그것을 체계화하는 것은 우리 남성이 할 일이다. 여성에게는 재치가 남성에게는 재능이 더 많아서, 여성은 관찰하고 남성은 추리한다. 이 협력의 결과로 인간의 정신이 스스로 얻을 수 있는 가장 밝은 지식과 가장 완벽한 학문이, 한마디로 말해서 자기 자신과 타인에 대한, 인류의 능력이 닿는 한에서는 가장 확실한 인식이 생겨난다. 바로 이런 식으로 인간의 기술은 자연이 제공한 도구를 완성시키려고 끊임없이 노력할 수 있게 되는 것이다.

사교계는 여성들의 교본이다. 이 교본을 제대로 읽지 못한다면 그것은 그녀들의 잘못이거나, 아니면 그녀들이 어떤 정념에 눈이 멀어 있는 것이다. 그렇지만 진정한 주부는 사교계 여성이 되기는커녕 수녀원의 수녀 못지않게 자신의 집에만 틀어박혀 지낸다. 그러니 시집보낼 젊은 여성들에게는, 마치 수녀원에 보낼 젊은 여성에게 하듯이 혹은 해 주어야 하듯이, 그렇게 해 주어야 할 것이다. 그리고 그녀들이 알지 못하는 쾌락들의 거짓된 모습이 언젠가는 다가와서 그녀들의 마음을 방황하게 만들고 은거생활에서 맛보는 행복을 어지럽힐까 염려되는 만큼, 그 쾌락들을 그녀들에게 보여 준 다음에는 그녀들이 쾌락을 단념하고 포기하게 만들어야 할 것이다. 프랑스에서 처녀들은 수녀원에서 살고, 아내들은 사교계를 찾아다닌다. 과거에는 정반대였다. 이미 말한 대로 처녀들에게는 숱한 놀이와 대중적인 축제가 있었다. 아내들은 집 안에 틀어박혀 살았다. 이 관습이 좀 더 합리적이어서 풍습이 더 잘 유지되었다. 시집보낼 처녀들에게는 일종의 교태가 허용되었고 재미있는 놀이가 그녀들의 큰 관심거리였다. 반면 아내들은 돌보아야 할 다른 집안일들이 있고, 더 이상 남편감을 구해야 할 일도 없다. 그런데 그녀들은 이러한 개혁에서 이득을 볼 일이 없을 텐데, 딱하게도 모범을 보여 준다. 어머니들이여, 적어도 딸들을 당신의 동료로 삼아라. 올바른 감각과 정직한 마음을 딸들에게 심어 주고, 그들에게 순결한 눈으로 바라볼 수 있는 것은 아무것도 숨기지 말라. 무도회, 잔치, 게임 그리고 연극까지, 잘못 보면 무분별한 젊은이를 매혹하는 것 모두가 건강한 눈에는 위험 없이 제공될 수 있다. 그녀들이 야단스러운 쾌락들을 제대로 보면 볼수록 그녀들은 일찌감치 거기에 싫증을 낼 것이다.

　나를 반박하는 아우성이 터져 나오는 것 같다. 어떤 처녀가 그 위험한 본보기에 저항할 수 있겠는가? 사교계를 보기가 무섭게 모든 처녀들의 머리는 돌고 만다. 소녀들 중 단 한 명도 사교계를 떠나려 하지 않는다는 말이다. 그럴 수 있다. 그런데 그 허위에 찬 장면을 보여 주기 전에 여러분은 그것을 보더라도 동요하지 않게끔 딸들에게 제대로 마음의 준비를 시켰는가? 그것이 재현하고 있는 대상들을 제대로 알려 주었는가? 그것들을 있는 그대로 잘 묘사해 보여 주었는가? 허영이 만들어 낼 환상에 대비해 그녀들을 제대로 무장시켰는가? 이런 야단법석 속에서는 발견되지 않는 진정한 기쁨에 대한 취향을 젊은 마음속에 불어넣었는가? 그녀들을 혼란스럽게 하는 가짜 취향들로부터 그녀들을 지켜 주기 위해 여러분은 어떤 대비책을 마련해 두었는가? 여러분은 그녀들의 머릿속에 대중들의 편견에 맞설 만한 그 무엇을 심어 주기는커녕 그것을 북돋우기만 하지 않았던가! 그녀들이 발견할 온갖 시시한 재미들을 미리 좋아하게 만들어 둔 셈이다. 또한 자신이 그런 것에 빠져들어 딸들도 그것을 좋아하게 만들었다. 사교계에 발을 들여놓는 소녀들에게 선생이라고는 어머니밖에 없는데, 딸보다 더 머리가 돌아 있기 일쑤인 어머니는 자신이 보는 것과 다른 방식으로 딸들에게 대상들을 보여 줄 수가 없다. 이성 자체보다 더 강력한 어머니의 본보기가 딸들의 눈에 그 대상들을 정당화시켜 주기 때문에 어머니의 권위는 딸에게 반박의 여지 없는 하나의 구실이 된다. 내가 어머니들이 자기 딸을 사교계로 인도하기를 바라는 것은, 그녀가 딸에게 사교계를 있는 그대로 보여 주는 것을 전제하고 하는 말이다.

악덕은 훨씬 더 일찍 시작된다. 수녀원 부속 기숙학교는 진정 교태를 가르치는 학교이다. 내가 말한 정숙한 교태가 아니라, 여성들에게 온갖 괴벽을 만들어 주고 더없이 엉뚱한 어린 멋쟁이들을 만들어 내는 교태의 학교인 것이다. 그곳을 나와 단번에 소란스러운 사교계에 입문하는 소녀들은 즉시 제자리에 온 것처럼 느낀다. 그런 곳에서 살게끔 교육을 받아 왔으니 그곳에서 편안함을 느낀다 하여 놀랄 것도 없다. 편견을 관찰로 착각한 것은 아닌지 두려움도 있지만, 내가 하고 싶은 말을 해 보자면, 내가 보기에는 대체로 가톨릭 국가보다 프로테스탄트 국가에서 가족 간의 애착이나 훌륭한 아내, 다정한 어머니가 더 많은 것 같다. 이것이 사실이라면 이 차이가 부분적으로 수녀원 부속 기숙학교 교육에서 비롯되었다는 것은 의심할 여지가 없다.

평온한 가정생활을 좋아하기 위해서는 그것을 알아야 한다. 그 감미로움을 어릴 때부터 느껴 왔어야 하는 것이다. 자신의 집에 흥미를 갖게 되는 것은 부모의 집에서만 가능하며, 어머니가 키우지 않은 모든 여성은 자식 키우는 일을 좋아하지 않을 것이다. 불행하게도 대도시에서는 개인 교육이 사라지고 말았다. 대도시에서는 사교계가 너무도 보편화되어 있고 또 뒤얽혀 있어서 머물 만한 은신처가 남아 있지 않으며, 자신의 집에서도 사람들에 둘러싸여 있을 정도이다. 모두 함께 살다 보니 이제 가정은 없어지고 자기 부모도 알아보기 힘들다. 부모를 남처럼 바라보고, 가정의 소박한 풍속은 그것의 매력을 이루던 다정한 친근함과 함께 사라지고 있다. 그리하여 이 시대의 쾌락들과 그것을 지배하는 규범들에 대한 취향을 젖먹이 때부터 익히는 것이다.

처녀들의 행동거지를 보고 그녀들과 결혼하는 얼간이들을 찾아내기 위해 소녀들에게는 허울뿐인 제약이 가해진다. 그런데 이런 처녀들을 잠시만 살펴보라. 어색한 태도 속에 가슴을 태우는 욕정을 제대로 감추지 못하고, 어머니를 닮고 싶다는 불같은 욕망이 이미 그 눈에 엿보인다. 그녀들이 탐내는 것은 남편이 아니라 결혼생활의 방종이다. 남편 없이도 지낼 수 있는 방편들이 그렇게 많은데 남편이 왜 필요하겠는가? 남편은 다만 그 방편들을 숨기기 위해 필요할 뿐이다.[25] 얼굴은 얌전하나 가슴 속에는 방종이 도사리고 있다. 이 거짓 얌전 자체가 그 징표이다. 되도록 일찍 그런 얌전함을 떨쳐 내기 위해서만 얌전한 체하고 있는 것이다. 파리와 런던의 여성들이여, 제발 나를 용서해 주기 바란다. 기적이 없는 곳은 없지만 나는 그런 것을 전혀 알지 못한다. 여러분 중의 단 한 사람만이라도 정말로 정숙한 마음을 가졌다면, 나는 우리 교육 기관들에 대해 아무것도 알지 못하는 셈이다.

이 모든 갖가지 교육들은 한결같이 소녀들을 상류 사회가 즐기는 쾌락

---

25 남자가 걷는 젊은 날의 길은 현자도 알지 못하는 네 가지 일 중의 하나였다. 다섯째는 바람난 아내의 파렴치이다. "그녀는 음식을 먹고 입을 닦은 뒤 말한다. 나는 나쁜 짓은 하지 않았어요"(「잠언」, 30장 2절).

들에 대한 취향에, 또 이 취향에서 바로 생겨나는 정념들에 빠트린다. 대도시에서는 태어나면서부터 타락이 시작되고, 작은 도시에서는 철이 들면서부터 시작된다. 시골 풍속의 바람직한 순박함을 경멸하도록 배운 시골 소녀들은 서둘러 파리에 와서 우리의 타락한 풍습에 젖어 든다. 재능이라는 미명하에 치장된 악덕들이 그녀들이 파리를 여행하는 유일한 목표이며, 파리에 와서는 자신이 이곳 여성들의 고상한 방종과 멀리 동떨어져 있는 것에 수치스러워하며, 이내 자신도 수도 파리의 매우 여성스러운 여성이 되고 만다. 여러분은 악이 어디서 시작된다고 생각하는가? 악이 계획되는 곳인가 아니면 악이 완성되는 곳인가?

나는 지각 있는 어머니가 딸을 시골에서 파리로 데려와, 남들에게는 해롭기 짝이 없는 저 광경들을 보여 주는 것을 원하지 않는다. 그러나 설령 그렇다 하더라도, 그 딸이 그릇된 교육을 받지 않았다면 그녀에게 그 광경들도 별로 위험하지 않을 것이다. 올바른 것에 대한 취향과 감각과 사랑을 가졌다면, 그런 광경들도 거기에 쉽게 매료되는 자들에게 그런 만큼 그리 매력적으로 보이지 않는다. 파리에서는 시골에서 올라오자마자 파리 사람 흉내를 내어 반년 정도 인기를 끌다가 남은 생애 동안 놀림감으로 전락하는 철부지 소녀들이 종종 눈에 띈다. 그러나 이런 소란에 싫증이 나서 남들이 부러워하는 운명과 자기 운명을 비교해 본 다음 자신의 운명에 만족한 채 시골로 되돌아가는 여성들을 누가 주목하겠는가? 마음만 먹으면 파리에 정착할 수 있는 애처가 남편을 따라 파리에 온 젊은 여성들이 오히려 남편을 단념시키고 올 때보다 더 기꺼운 마음으로 되돌아가는 것을, 그래서 떠나기 전날에 다정스럽게 다음과 같이 말하는 것을 나는 얼마나 많이 보아 왔는지! "여보! 우리 시골집으로 돌아가요,

거기서 사는 것이 이곳 궁정보다 더 행복해요!" 우상 앞에 무릎을 꿇은 적도 없고 그런 무분별한 종교를 무시하는 선량한 사람들이 아직 얼마나 남아 있는지는 아무도 모른다. 법석을 떠는 자들은 어리석은 여성들밖에 없다. 현명한 여성들은 파문을 일으키지 않는다.

전반적인 타락과 보편적인 편견에도 불구하고, 또 잘못된 여성 교육에도 불구하고, 아직도 확고한 판단력을 간직한 여성이 더러 있다면, 또한 알맞은 교육을 통해 그 판단력이 길러진다면 아니 더 정확히 말해서 그 판단력이 잘못된 교육에 의해 변질되지 않는다면, 상황이 어떻게 될까? 언제나 중요한 것은 자연적 감정을 간직하거나 복원시키는 것이기 때문이다. 그렇다고 해서 여러분의 지루한 설교로 소녀들을 지겹게 만들거나, 딱딱한 훈계를 늘어놓으라는 말이 아니다. 남성에게나 여성에게나 훈계는 교육 전부를 죽이는 것이다. 따분한 잔소리는 잔소리하는 사람들과 그들이 하는 말 모두를 미워하게 만드는 데만 소용이 있다. 처녀들에게 말을 할 때는 자기네 의무를 두려워하게 만들거나 자연이 부과한 속박을 가중시켜서는 안 된다. 의무를 설명해 줄 때는 명확하고 알기 쉽게 하되, 그것을 이행할 때는 괴롭다는 생각을 갖지 않게 하라. 불만스러운 태도도, 교만한 태도도 보이지 말라. 마음으로 들어가야 하는 것은 다 마음에서 나오기 마련이다. 그들의 도덕 교리문답은 종교 교리문답만큼이나 짧고 분명해야 하지만, 그만큼 엄격해서는 안 된다. 바로 그 의무들 안에서 자신의 기쁨의 원천과 권리의 토대를 밝혀서 보여 주어야 한다. 사랑받기 위해 사랑하는 것이, 행복해지기 위해 상냥해지는 것이, 복종을 받기 위해 존경할 만한 사람이 되는 것이, 명예를 얻기 위해 자기 명예를 지키는 것이 그토록 힘든 일인가? 이러한 권리들은 얼마나 근사한

가! 얼마나 존경할 만한가! 여성이 그것들을 활용할 줄만 안다면, 그것들은 남성의 마음에 얼마나 소중한 것이 되겠는가! 이를 즐기기 위해 세월도 늙음도 기다릴 필요가 없다. 여성의 지배력은 여성의 미덕과 함께 시작된다. 여성은 매력이 피어나자마자 벌써 그 부드러운 성격으로 지배력을 갖게 되고 자신의 정숙함을 위엄 있는 것으로 만든다. 아름답다고 하여 자신이 여성이라는 점과 어리다는 점을 잊지는 않아서 수줍음으로 남의 관심을 끌고 모든 사람을 존경함으로써 스스로 존경받을 줄 아는 열여섯 살의 소녀 앞에서라면, 태도가 조심스럽고 말에 성실함이 엿보이며 말수가 적고 남의 말을 귀담아듣는 귀엽고 현명한 소녀 앞에서라면, 아무리 미련하고 목석같은 남자라도 콧대를 꺾고 더 친절한 태도를 취하지 않겠는가?

이러한 표시들은 외면적인 것이지만 결코 사소하지 않다. 그것들은 단지 감각들의 매력에만 근거를 둔 것이 아니라, 우리 모두가 갖고 있는 내면적 감정 즉 여성은 남성이 가진 자질의 자연적 심판자라는 내면적 감정을 바탕으로 하고 있기 때문이다. 누가 여성들에게 무시당하기를 바라는가? 그런 사람은 아무도 없다. 여성을 사랑하고 싶은 마음이 없어진 남성마저도 그렇다. 여성에게 이토록 가혹한 진실을 말하고 있는 나 역시 그녀들의 판단에 무관심하리라고 생각하는가? 그렇지 않다. 종종 여성보다도 더 여성스러운 독자들이여, 여러분의 호평보다 그녀들의 좋은 평가가 내게 더 소중하다. 여성들의 품행은 경멸하지만 나는 그녀들의 공정함은 여전히 존경하고 싶다. 그녀들이 나를 존경하게 만들 수만 있다면, 나는 그녀들이 나를 미워해도 상관없다.

이러한 힘을 써먹을 줄만 안다면, 그것으로 얼마나 많은 큰일들을 해 내겠는가! 여성이 지배력을 잃어 그녀의 판단이 남성에게 아무런 영향도 미치지 못하게 된 시대는 저주받을지어다! 바로 이것이 타락의 마지막 단계이다. 미풍양속을 가졌던 국민들은 모두 여성을 존경했었다. 스파르타를 보라, 게르만인들을 보라, 로마를 보라. 일찍이 지구상에 명예와 미덕이 본거지를 가져 본 적이 있다면 바로 그 본거지라고 할 수 있는 로마를. 로마에서는 여성들이 위대한 장군들의 무훈을 찬양하고 조국의 아버지들을 위해 공석에서 울었으며, 그녀들의 축원이나 애도가 국가의 가장 위엄 있는 판단으로 인정받았다. 로마에서는 위대한 혁명들이 여성들에게서 비롯되었다. 한 여인 때문에 로마는 자유를 얻었고,[26] 한 여인 때문에 평민들이 집정관 자격을 얻었으며,[27] 한 여인으로 인해 십대관十大官의 압제가 종식되었으며,[28] 여인들 때문에 포위당했던 로마는 한 추방자의 손에서 구원받을 수 있었다.[29] 프랑스의 호색한들이여, 빈정거리는 여러분의 눈에 가소로워 보일 이러한 행렬이 지나가는 것을 보았다면 여러분은 뭐라고 말했겠는가? 야유를 퍼부으며 뒤따라갔을 것이다. 우리는

26 미모와 정절로 유명한 루크레티아는 로마 왕의 아들인 타르퀴니우스 섹스투스에게 겁탈당해 자살했다. 그녀의 복수를 위해 브루투스는 기원전 509년 민중을 궐기시켜 타르퀴니우스를 몰아냈고, 이로부터 로마의 공화정이 시작되었다 — 옮긴이.

27 기원전 367년에 로마제국의 황제인 리키니우스(Valerius Licinianus Licinius)는 집정관 두 명 가운데 한 명을 평민으로 선출하는 법을 정했는데, 이 조치는 그의 아내가 제안한 것이라 전해지고 있다 — 옮긴이.

28 기원전 5세기, 고대 로마의 재판관 아피우스 클라우디우스는 백인대장의 딸에 반해 유혹하려 하나 잘되지 않자 그녀를 강제로 차지하려고 음모를 꾸민다. 그러자 그녀의 아버지는 딸의 순결을 지키기 위해 딸을 죽이고, 이에 격분한 민중이 봉기를 일으켜 아피우스 클라우디우스와 함께 재판관들을 몰아냈다 — 옮긴이.

29 유배당한 고대 로마의 장군 코리올라누스(Gaius Marcius Coriolanus)가 볼스키족(族)의 우두머리가 되어 기원전 491년 로마를 포위했을 때, 그의 어머니 베투리아가 그의 진영으로 찾아가 간곡히 청원하여 포위를 풀게 했다 — 옮긴이.

같은 대상을 얼마나 다른 눈으로 보고 있는가! 어쩌면 우리 모두가 옳을 지도 모른다. 그 행렬을 프랑스의 아름다운 귀부인들로 만들어 보라. 이보다 더 추한 행렬을 나는 알지 못한다. 그런데 그것을 로마의 여성들로 구성해 보라. 그러면 여러분은 모두 볼스키족의 눈과 코리올라누스의 마음을 갖게 될 것이다.

나는 한술 더 떠서 말하겠다. 미덕은 자연의 다른 권리들 못지않게 사랑에도 호의적이어서, 애인의 권위가 아내나 어머니의 권위보다 못하지 않다고 나는 주장한다. 열정 없이 진정한 사랑은 없으며, 현실이든 가공이든 늘 상상 속에 존재하는 완벽한 대상이 없다면 열정도 없다. 그 완벽함이 이제는 아무것도 아닌 것이 되고 말아 자신이 사랑하는 이에게서 감각적인 쾌락의 대상밖에 보지 못하는 애인들이 무엇에 열정을 불태우겠는가? 아니다. 이런 식으로 영혼은 뜨거워지지 않으며, 애인의 열광과 정념의 마력을 만들어 내는 저 숭고한 열정 속에 빠져들지 못한다. 사랑에서 모든 것이 환상에 불과하다는 것은 나도 인정한다. 그러나 사랑이 우리에게 부추기는 감정들은 실재하는 것으로, 그것은 사랑이 우리로 하여금 사랑하게 만드는 진정한 아름다움에 대한 감정들이다. 이 아름다움은 결코 우리가 사랑하는 대상 속에 있지 않으며, 우리의 착각이 만들어 낸 산물이다. 그렇다! 그러나 그게 무슨 상관인가? 그렇다고 해서 이 가공의 모델을 위해 자신의 온갖 비속한 감정들을 덜 포기하는 것은 아니지 않은가? 그렇다고 해서 지극히 사랑하는 사람이 가졌다고 믿는 미덕들에 마음이 감동을 덜 받는 것도 아니지 않은가? 또 인간의 자아에 깃든 저열함에서 덜 벗어나는 것도 아니지 않은가? 진실한 애인이라면 사랑하는 여자를 위해 자기 목숨이라도 바칠 용의가 없는 사람이 어디 있으며, 그처럼 죽으려 드는 사람의 마음속에 비속한 관능적 정념이 들어 있겠는가? 우리가 옛날 편력기사들을 비웃는다면, 그것은 그들은 사랑을 알았고 우리는 이제 난봉밖에 알지 못하기 때문일 것이다. 이러한 기사도 소설의 격언들이 웃음거리가 되기 시작했을 때, 이러한 변화는 이성의 산물이기보다 악습의 소산이었다.

어느 시대에나 자연의 관계들이 뒤바뀌는 일은 결코 없어서 거기서 생겨나는 적절함이나 부적절함은 늘 동일하다. 근거도 없이 이성의 이름을 가져다 빌려 쓴 편견들은 겉모습밖에 바뀌지 않는다. 자신을 다스린다는 것은 설령 그것이 터무니없는 세상 평판을 따르기 위한 것이라 할지라도 언제나 위대하고 훌륭한 일이 될 것이다. 또한 명예의 참된 동기들은 자신의 처지에서 삶의 행복을 찾을 줄 아는 분별 있는 모든 여성들을 언제나 감동시킬 것이다. 정숙함은 마음속에 고귀한 그 무엇을 지닌 아름다운 여성에게 특히 감미로운 미덕이 되게 마련이다. 온 세상이 자신의 발밑에 있는 것을 보면서 그녀는 모두에게 그리고 자기 자신에게 승리를 거둔다. 그녀는 모두가 경의를 표하러 올 왕좌를 자신의 마음속에 쌓아올리고 있는 것이다. 남녀 할 것 없이 그녀에게 보이는 애정이나 시샘에 찬 그러나 언제나 존경을 담은 감정, 모든 사람들이 그녀에게 바치는 존경과 그녀의 자존감이 그녀에게 잠시 동안의 싸움을 명예라는 공물로 끊임없이 보상해 준다. 상실감은 일시적이지만 그 대가는 영원하다. 아름다움과 결합한 미덕의 자부심은 고귀한 영혼에게 얼마나 큰 기쁨인가? 기사도 소설의 여주인공을 현실로 만들면, 그녀는 라이스나 클레오파트라보다 더 그윽한 쾌락을 맛볼 것이고, 아름다움이 가신 뒤에도 명예와 기쁨은 여전히 남을 것이다. 말하자면 그녀만이 과거를 즐기는 법을 알게 될 것이다.

　의무가 크고 힘든 것일수록, 그것의 근거가 되는 이유도 더 뚜렷하고 확고한 것이어야 한다. 가장 중요한 주제들에 관해 소녀들에게 경건한 말들로 귀에 못이 박히도록 일러 주고도 그녀들을 납득시키지 못하는 수가 있다. 자기 생각과 조금도 합치하지 않는 그런 말을 듣고 소녀들이 속으로 그것을 무시하는 데서 쉽게 자기 성향에 굴복하는 경향이 생겨난다. 이는 자기 성향에 저항할 이유가 사물 자체에서 도출되지 않았기 때문이다. 얌전하고 독실하게 길러진 소녀는 아마도 유혹에 대항할 강력한 무기를 가졌을 텐데도, 오로지 알아들을 수 없는 기도로 마음만을 아니 차라리 귀만 살찌워 왔기 때문에 영락없이 자신을 유혹하는 능숙한 첫 남자의 먹이가 되고 만다. 젊고 아름다운 여성은 결코 자신의 신체를 경멸하는 일이 없을 것이고, 자신의 아름다움 때문에 저지르게 되는 엄청난 죄에 대해 진심으로 상심하는 일도 없을 것이다. 또한 탐욕의 대상이 된 것을 하느님 앞에서 진심으로 슬퍼하며 울지도 않을 것이고, 자신이 느끼는 저 달콤한 감정이 사탄의 간계라고 내심으로 생각할 수도 없을 것이다. 그녀가 마음으로 수긍할 수 있는 그리고 바로 그녀 자신을 위한 다른 이유들을 일러 주도록 하라. 왜냐하면 앞서 말한 이유들은 먹혀들지 않을 것이기 때문이다. 사람들이 대부분 그렇게 하듯이 그녀의 머리에 서로 상반되는 생각들을 집어넣으면, 즉 그녀의 육체와 매력을 죄악에 더럽혀진 것으로 격하시켜 그녀에게 모욕을 준 후 곧바로, 그토록 경멸할 만한 것으로 만들어 버린 그 육체를 예수 그리스도의 성전이라 존경하게 한다면 그것은 훨씬 더 나쁠 것이다. 지나치게 숭고하거나 지나치게 비천한 생각들은 똑같이 불충분해서 서로 합치될 수가 없다. 각자의 성性과 나이에 알맞은 이유가 필요하다. 의무에 대한 고찰은 우리가 그것을 완수할 수 있도록 이끄는 동기들이 거기에 덧붙여지는 한에서만 힘을 갖는다.

마지못해 잘못을 저지르지 않는 여자는 이미 잘못을 저지른 셈이다.[30]

이렇게 엄정한 판단을 내리는 자가 오비디우스[31]라고는 짐작이 가지 않을 것이다.

요컨대 처녀들에게 좋은 품행을 사랑하게 만들고 싶은가? 그렇다면 끊임없이 "현명해져라"라고만 말하지 말고, 그렇게 되는 데서 얻는 커다란 이득이 무엇인지 그녀들에게 일러 주도록 하라. 또한 현명함이 가져다주는 대가 전부를 깨닫게 하면 현명함을 사랑하게 만들 수 있을 것이다. 먼 훗날에 그 이득을 취하는 것으로는 충분하지 못하다. 그들에게 그것을 당장, 그 나이에 맺는 온갖 관계 속에서, 또 그들 애인의 성격을 통해 보여 주도록 하라. 유덕한 남성, 훌륭한 남성을 그녀들에게 묘사해 보여 주라. 그런 남성을 알아보고 사랑하는 법을, 그녀들 자신을 위해 그를 사랑하는 법을 가르쳐 주라. 친구이든 아내이든 애인이든, 그런 남성만이 그녀들을 행복하게 해 줄 수 있다는 사실을 증명해 보이도록 하라. 이성으로 미덕을 이끌어야 한다. 여성의 지배력과 모든 특권은 비단 자신의 훌륭한 행실이나 품행만이 아니라 남성의 훌륭한 행실이나 품행에서도 말미암는다는 것을, 그녀들이 천하고 비열한 사람에 대해서는 별

---

30 오비디우스의 『사랑』에서 인용 — 옮긴이.
31 Publius Naso Ovidius(기원전 43-17): 사랑의 즐거움을 노래한 고대 로마의 시인으로 대표작은 서사시 『사랑』과 『변신』이다 — 옮긴이.

로 영향력이 없다는 것을, 그리고 남성이란 오로지 미덕을 섬길 줄 아는 그만큼만 애인도 섬길 줄 안다는 점을 깨닫게 해 주어야 한다. 그럴 때에 비로소 여러분이 묘사해 보여 주는 우리 시대의 풍속에 그녀들이 진정 싫증을 느끼게 만들 수 있을 것이라고 확신해도 좋다. 유행만 따르는 사람들을 보여 주어 그들을 멸시하게 할 수 있을 것이고, 그들의 원칙에 대한 반감과 그들의 감정에 대한 혐오감과 그들의 헛된 감언이설에 대한 경멸감을 품게 할 것이며, 좀 더 고상한 야심 즉 위대하고 강한 영혼을 지배하겠다는 야심, 남성들을 지배하겠다던 스파르타 여성들의 야심을 품게 만들 수 있을 것이다. 애인을 교태로 유혹하고 애교로만 붙잡아 둘 줄 아는 무모하고 뻔뻔스럽고 모사꾼인 여자는 속되고 하찮은 일들에서는 애인을 종처럼 부리지만, 중요하고 심각한 일에서는 그들에게 권위를 갖지 못한다. 그러나 정숙하면서도 귀엽고 현명한 여성, 애인이 자신을 존경하지 않고는 못 배기게 만드는 여성, 조심성과 겸손을 갖춘 여성, 한마디로 말해서 존경으로 사랑을 지탱해 나가는 여성은 손짓 하나로 그들을 세계의 끝으로, 싸움터로, 명예의 마당으로, 죽음으로, 마음 내키는 곳 어디에나 보낼 수 있다. 내가 보기에 이러한 지배력은 훌륭한 것으로서 애써 얻을 만한 값어치가 충분히 있다.[32]

---

32 브랑톰이 말하기를, 프랑수아 1세 때 수다쟁이 애인을 가진 한 젊은 여성이 애인에게 기간을 정하지 않은 채 결코 말하지 말 것을 명했다고 한다. 그 애인이 2년을 꼬박 이를 충실하게 지켰더니 나중에는 사람들이 그가 병 때문에 벙어리가 되었다고 생각했다. 하루는 어느 모임에서, 연애가 남몰래 진행되던 때라 그 사람의 애인으로 알려져 있지 않던 그 여인이, 당장에 그의 병을 고쳐 놓겠다고 장담을 하고는, "자, 말해요" 이 한마디로 그를 고쳐 놓았다. 이러한 사랑에는 대견하고 위대한 어떤 것이 있지 않은가? 피타고라스의 철학이 그렇게 야단스럽게 떠들어 댔지만 이 이상의 무엇을 했던가? 설령 여인이 가능한 모든 상을 주어 보답한다 하더라도, 오늘날 어떤 여인이 단 하루라도 이런 침묵을 남자에게 기대할 수 있겠는가?

바로 이런 취지에 따라 소피는 자신의 취향을 거스르기보다 오히려 그것에 순종하고 또 고생보다는 정성을 더 들인 교육을 받았다. 이제는 내가 에밀에게 그려 보인 그녀의 초상에 따라, 또 에밀 스스로 자신을 행복하게 해 줄 아내를 상상한 모습에 따라 그녀의 됨됨이에 대해 말해 보기로 하자.

내가 비범한 천재들을 다루고 있지 않다는 것은 아무리 되풀이 말해도 지나치지 않을 것이다. 에밀은 비범한 사람이 아니다. 소피 역시 비범하지 않다. 에밀은 남성이고 소피는 여성이며, 이것이 그들이 내세울 수 있는 전부이다. 우리 사회에서 판치고 있는 성의 혼돈 속에서 자기 성을 온전히 간직하고 있다는 것은 거의 일종의 기적이다.

소피는 태생이 좋고 천성이 착하다. 마음이 아주 민감하고 이 극도의 감수성 때문에 때로는 통제하기 힘든 상상력이 발동되기도 한다. 그녀는 정확하다기보다 예리한 정신, 싹싹하면서도 변덕스러운 기질, 수수하지만 귀여운 얼굴, 재치를 짐작하게 해 주는 그리고 정직해 보이는 외모를 갖고 있다. 누구나 그녀에게 접근하기는 쉽지만, 그녀와 헤어질 때는 반드시 감동을 받는다. 그녀에게 없는 장점들을 지닌 여성들도 있다. 그녀가 지닌 장점을 더 많이 가진 여성들도 있다. 그러나 바람직한 성격을 이루도록 그 장점들이 이보다 더 잘 조화를 이룬 여성은 없다. 그녀는 자신의 결점까지도 활용할 줄 아는데, 그녀가 만약 더 완벽했더라면 사람들의 마음에는 훨씬 덜 들었을 것이다.

소피는 미인은 아니지만 그녀 곁에서 남성들은 미인들을 잊게 되고, 미인들도 스스로에게 불만을 품게 된다. 언뜻 보기에는 별로 예쁘지 않지만 볼수록 더 예쁘다. 숱한 여자들이 잃는 데서 그녀는 얻고, 얻은 것은 잃는 법이 없다. 소피보다 더 고운 눈, 더 예쁜 입, 더 당당한 풍채를 가진 여인은 있을 수 있다. 그러나 더 좋은 몸맵시, 더 아름다운 얼굴빛, 더 흰 손, 더 귀여운 발, 더 다정한 시선, 더 인상적인 얼굴을 가진 여인은 없을 것이다. 그녀는 사람들을 현혹시키지 않고도 관심을 끌고 매혹시키는데, 아무도 그 까닭을 말로 설명하지 못할 것이다.

소피는 몸치장을 좋아하고 또 그것에 밝다. 소피의 어머니에게는 딸 이외에 다른 침모가 없다. 소피는 돋보이게 차려입을 만한 충분한 안목이 있지만 화려한 옷은 싫어한다. 그녀의 옷차림에는 언제나 우아함과 어우러진 단순함이 엿보인다. 사람들의 눈에 띄는 화려한 것을 좋아하지 않고 조화로운 차림을 좋아한다. 유행하는 색이 어떤 색인지는 모르지만, 자신에게 어울리는 색들은 놀랍도록 잘 알고 있다. 가장 멋 부리지 않고 차려입은 듯이 보이는데도 그녀보다 더 세련된 몸단장을 한 젊은 여성은 없다. 어느 한 조각도 아무렇게나 고른 것이 없는데도 기교를 부린 구석은 보이지 않는다. 보기에는 아주 수수하지만 실제로는 매우 멋진 몸치장이다. 자신의 매력을 드러내지 않고 감추지만, 감추면서도 남들이 상상하게 만들 줄을 안다. 사람들은 그녀를 보고 얌전하고 현명한 처녀라고들 한다. 그런데 그녀 곁에 있는 동안은 눈과 마음이 그녀의 용모 전체에 쏠려 그녀에게서 눈을 뗄 수가 없다. 그 수수한 옷차림 전체가 마치 상상으로 그것을 하나하나 벗겨 내도록 그 자리에 있는 듯하다.

소피에게는 타고난 재능들이 있다. 소피 스스로 그것들을 깨닫고 있어서 등한히 한 적이 없다. 그러나 많은 수단을 동원하여 그 재능들을 가꿀 형편은 아니어서 그녀는 고운 목소리로 정확하고 멋있게 노래하도록, 작은 발이 자유자재로 가볍고 우아하게 걷도록 그리고 어떤 경우에도 어색하거나 서투르지 않게 인사할 수 있도록 훈련을 받는 것에 만족했다. 더구나 노래 선생으로는 아버지, 춤 선생으로는 어머니밖에 없었고, 이웃에 사는 오르간 연주자가 클라브생으로 반주 연습을 약간 가르쳐 준 뒤로 혼자서 그것을 연습했다. 처음에는 검은 건반 위에서 자기 손이 돋보이게 할 생각뿐이었다. 다음에는 클라브생의 날카롭고 딱딱한 소리가 목소리를 더욱 부드럽게 만들어 준다는 것을 발견하고 차츰 화음에 민감해졌다. 자라면서 마침내 표현의 매력을 깨달아 음악을 그 자체로 사랑하기 시작했다. 그런데 이는 재능이라기보다 취미다. 그녀는 악보를 보고 곡을 연주하는 법은 전혀 알지 못하기 때문이다.

소피가 가장 잘 아는 것은 그리고 그녀에게 가장 공들여 배우게 한 것은 여성의 일들이다. 자신의 옷을 재단해 바느질하는 것 같은, 다른 사람은 생각지도 못할 그런 일들이다. 바느질이라면 할 줄 모르는 것이 없고 즐겁게 한다. 무엇보다 좋아하는 일은 레이스 뜨기인데, 이보다 더 자세를 보기 좋게 하고 손가락을 더 우아하고 경쾌하게 훈련시키는 일이 없기 때문이다. 또한 살림살이의 온갖 자질구레한 일들에도 몰두해 왔다. 부엌이나 찬방에도 환하다. 식료품의 값도 잘 알고 있고 그 품질에도 밝다. 가계부도 제법 잘 적을 줄 알아서, 어머니의 급사장 노릇을 하고 있다. 언젠가 주부가 될 그녀는 부모의 집을 관리하면서 자신의 집을 관리하는 법도 배우고 있다. 하녀들 일을 대신할 수 있어서 늘 기꺼이 그렇게 한다. 사람은 자기 자신이 해낼 줄 아는 일만 남에게 제대로 시킬 수 있다. 그래서 어머니는 소피에게 이런 일거리들을 주는 것이다. 소피는 거기까지는 모른다. 그녀의 첫 번째 의무는 딸로서의 의무이며, 지금으로서 그녀가 이행하려는 의무는 이것뿐이다. 그녀는 오로지 어머니를 도와 그녀의 수고를 약간 덜어 주겠다는 생각만 한다. 그런데 그 의무들을 모두 한결같이 기쁜 마음으로 하고 있지 않은 것도 사실이다. 예컨대 그녀는 비록 먹는 것을 즐기기는 하나 부엌일을 좋아하지는 않는다. 거기에는 뭔가 그녀를 역겹게 하는 구석이 있다. 부엌이 충분히 깨끗하다고 생각하는 일은 결코 없다. 이 점에서 그녀는 극도로 까다로우며, 이 지나친 까다로움은 그녀의 결점들 중 하나가 되고 말았다. 소맷부리를 더럽히느니 차라리 저녁 식사를 모두 불에 굽거나 익히는 음식으로 준비할 것이다. 같은 이유로 정원을 둘러보려 하는 일도 결코 없다. 두엄을 보기만 해도 냄새가 나는 것처럼 느껴지기 때문이다.

이 결점은 어머니의 가르침에서 비롯된 것이다. 어머니는 여성의 으뜸가는 의무들 중 하나가 청결함이라고 생각한다. 그것은 자연이 부과한, 면제받을 수 없는 특별한 의무이기 때문이다. 이 세상에 지저분한 여성보다 더 혐오감을 주는 것도 없으며, 그런 여성을 싫어하는 남편에게는 결코 잘못이 없다. 그녀는 딸에게 어려서부터 이 청결의 의무를 너무나 강조해 왔다. 자신의 몸과 옷가지, 방, 일, 몸단장에서 청결을 강력히 요구해 왔기 때문에, 버릇이 되어 버린 이 모든 세심함에 꽤 많은 시간이 들어갈 뿐 아니라 나머지 시간까지도 지배할 정도이다. 그 결과 자신이 하는 일을 제대로 하는 것은 뒷전이고, 언제나 그것을 깨끗이 하는 일이 우선이 된다.

그렇다고 해서 이 모든 것이 헛된 겉치레나 나약함으로 변질되는 일은 전혀 없었다. 사치스런 세련과는 아무 상관이 없다. 그녀 방에는 그냥 물 말고 다른 것이 들어간 적이 없었다. 그녀는 꽃향기 외에 다른 향기를 알지 못하므로, 그녀의 남편은 아내의 입김보다 더 기분 좋은 향기를 맡을 일은 없을 것이다. 그러나 외모에 관심을 쏟는다고 해서 생활과 시간을 더 고귀한 일들에 할애해야 한다는 사실을 망각하지는 않는다. 그녀는 마음을 더럽힐 정도로 과도하게 몸을 청결하게 하는 것은 알지 못하며 오히려 그것을 경멸한다. 소피는 깨끗한 정도를 훨씬 뛰어넘어서 순결하다.

소피가 식탐이 있다는 것은 이미 말했다. 태어나면서부터 그랬지만 습관을 들여서 절제하게 되었고 지금은 미덕으로 절제하고 있다. 여자아이들의 경우는 어느 정도까지 식탐을 이용해서 지도할 수 있는 남자아이들과 사정이 다르다. 이 성향은 여성에게는 결코 대수롭지 않은 것이 아니어서 그냥 내버려 두는 것은 몹시 위험하다. 어려서 엄마 방에 혼자 드나들던 꼬마 소피는 언제나 빈손으로 나오지 않았고, 단 과자나 봉봉사탕의 유혹을 꿋꿋이 참아 내지 못했다. 어머니가 그녀를 현장에서 붙잡아서 꾸짖고 벌주고 굶기기까지 했다. 그러다가 결국 봉봉사탕 때문에 이가 상하고 너무 많이 먹으면 뚱뚱해진다는 것을 소피에게 납득시키는 데 성공했다. 소피는 이렇게 해서 버릇을 고쳤다. 또한 자라면서 다른 취미들을 갖게 되었고, 그로 인해 식탐 같은 천한 욕심에서는 벗어났다. 남성들과 마찬가지로 여성들도 마음이 피어날 때가 되면, 군것질은 더 이상 대단한 악습이 못 된다. 소피는 여성스러운 취향을 간직해 왔다. 우유 제품과 달달한 것들을 좋아하고, 과자나 앙트르메[33]를 좋아하지만 고기는 별로 좋아하지 않는다. 포도주도 독한 술도 맛본 적이 없다. 게다가 모두 골고루 아주 조금씩 먹는다. 우리 남성들보다는 힘든 일이 적은 여

---

33 프랑스 요리에서 정식과 디저트 사이에 먹는 가벼운 단 음식 — 옮긴이.

성은 기운을 회복해야 할 필요도 적다. 소피는 무엇이나 맛난 것을 좋아하고 그 맛을 즐길 줄도 안다. 그렇지만 맛없는 음식도 참고 먹을 줄 알아서 맛이 없다고 해서 괴로워하지는 않는다.

소피의 재치는 번득이지는 않지만 유쾌하고, 깊지는 않으나 야무지며, 결코 남보다 과하거나 부족하지 않기 때문에 남의 입에 오르내리는 일이 없다. 여성들이 재치를 연마하는 것에 대해 우리가 알고 있는 바에 비추어 그녀의 재치는 비록 많이 다듬어지지는 않았더라도, 언제나 자신에게 말을 건넨 사람들을 즐겁게 해 주는 재치이다. 그녀의 재치는 독서에 의해 형성된 것이 아니라, 오로지 아버지 어머니와의 대화와 자기 자신의 성찰, 그리고 그녀가 본 몇 명 되지 않는 사람들에 대한 관찰을 통해서만 형성된 것이다. 소피는 천성이 명랑하여 어릴 때는 익살스럽기까지 했다. 그러나 어머니는 차츰차츰 딸의 가벼운 태도를 차분하게 만들려고 신경을 썼는데, 이는 너무 갑작스러운 변화가 있으면 변화가 필요하게 된 계기를 곧 알게 될까 봐 염려했기 때문이다. 그래서 소피는 그럴 나이가 되기도 전에 얌전하고 조심성 있는 태도를 가지게 되었고, 그럴 나이가 된 지금에 와서는 변화의 이유를 말해 주지 않은 채 그런 태도를 취하는 것보다 자신이 익힌 태도를 간직하기가 훨씬 더 수월하다. 그녀가 때로는 어릴 때의 버릇이 남아 있어서 생기발랄해졌다가도 곧 자기 자신으로 되돌아와 입을 다물고 시선을 내리면서 얼굴이 빨개지는 것을 보는 것은 재미있는 일이다. 이 두 시기 사이의 과도기는 두 시기를 모두 조금씩은 닮게 마련이다.

소피는 감수성이 너무나 풍부해서 언제나 한결같은 기분을 유지할 수는 없지만, 성격이 매우 부드러워 그녀의 감수성이 남들을 크게 성가시게 하지는 않는다. 그 때문에 고통받는 것은 그녀 자신뿐이다. 그녀의 기분을 상하게 할 말을 한마디라도 해 보라. 그녀는 토라지지는 않지만 가슴이 터질 지경이다. 그녀는 어디 가서 울고 싶어 그 자리를 빠져나가려고 애쓴다. 그녀가 울고 있는 중에 아버지나 어머니가 그녀를 불러 한마디라도 건네면, 곧 눈물을 슬쩍 훔치고 흐느낌을 애써 억누르고는 돌아와 다시 놀고 또 웃곤 한다.

또한 그녀는 변덕이 아주 없지는 않다. 좀 심하게 화가 나면 그것이 반항으로 바뀌어 곧잘 제정신을 잃는다. 그러나 그녀에게 제정신으로 돌아올 시간을 주면 잘못을 뉘우치는 그 태도 때문에 그녀의 잘못은 그녀에게 거의 장점이 될 정도이다. 벌을 받을 때는 순하고 고분고분해서 그녀가 창피해하는 것이 벌보다는 잘못 자체 때문이라는 것을 알게 된다. 아무런 말을 하지 않아도 그녀는 스스로 잘못을 사죄하기를 잊는 법이 없고, 게다가 너무도 솔직하게 기꺼운 마음으로 그렇게 하기 때문에 오래 탓할 수 없을 정도이다. 용서를 구하기 위해서라면 가장 미천한 하인 앞에서도 거리낌 없이 사과의 표시로 땅에 입맞춤할 것이고, 용서받자마자 드러나는 그녀의 기쁨과 포옹은 그녀의 어진 마음이 얼마나 무거운 짐에서 벗어났는지 보여 준다. 한마디로 말해서 그녀는 남들의 잘못을 참을성 있게 견뎌 주고, 자신의 잘못은 기꺼이 바로잡는 것이다. 우리가 망쳐 놓기 전에 여성의 사랑스러운 천성이란 이런 것이었다. 여성은 남성에게 순종하도록, 남성의 부당함까지 견뎌 내도록 태어났다. 여러분은 결코 남자아이들을 이와 똑같이 만들 수 없을 것이다. 남자아이들은 내면의 감정이 들끓어서 마음속으로 부당함에 대든다. 자연은 그들이 부당함을 보고도 참도록 만들어 두지 않은 것이다.

물러설 줄 모르는 펠레우스의 아들의 무시무시한 분노.[34]

    소피에게는 종교가 있지만, 그것은 합리적이고 소박한 종교로서 교리가 거의 없고 예배 의식은 더더욱 없다. 더 정확히 말해서 기본적인 실천으로 도덕만 실천하는 그녀는 선을 행함으로써 하느님을 섬기는 데 자신의 생활을 고스란히 바치는 셈이다. 그녀의 부모는 이 문제와 관련하여 그녀에게 가르침을 줄 때 언제나 이렇게 말함으로써 딸에게 공손히 순종하는 습관을 갖게 했다. "애야, 이런 지식은 네 나이에는 맞지가 않아. 때가 오면 네 남편이 그것을 가르쳐 줄 것이다." 또한 그들은 신앙심에 대한 긴 설교 대신 스스로 본보기를 보임으로써 종교를 가르치는 데 만족했다. 이 본보기는 딸의 마음속에 새겨질 것이다.

    소피는 미덕을 사랑한다. 이 사랑이 그녀의 으뜸가는 정열이 되어 있다. 미덕만큼 아름다운 것은 아무것도 없기에 그녀는 그것을 사랑한다. 미덕이 여성의 명예가 되고, 그녀의 눈에 유덕한 여성은 거의 천사처럼 보이기 때문에 미덕을 사랑하는 것이다. 그녀는 미덕을 진정한 행복에 이르는 유일한 길로서 사랑하는 것이고, 파렴치한 여자의 삶에서는 비참함과 자포자기와 불행과 불명예와 치욕밖에 보이지 않기 때문에 미덕을 사랑하는 것이다. 그리고 마지막으로 미덕이 그녀의 존경스러운 아버지와 다정하고 훌륭한 어머니에게도 소중한 것이어서 미덕을 사랑한다. 자신들의 미덕에 행복해하는 것으로는 만족하지 않는 그녀의 부모는 딸의 미덕에도 만족할 수 있기를 기대하며, 그녀 자신의 으뜸가는 행복도 부

---

34 호라티우스, 「서정 단시」에서 인용된 것으로 펠레우스의 아들은 아킬레우스를 말한다 — 옮긴이.

모를 행복하게 해 드리겠다는 희망이다. 이러한 감정 모두가 그녀의 영혼을 고양시키고 그녀의 모든 사소한 성향들을 그토록 고귀한 정열에 굴복시키는 열의를 그녀에게 불어넣어 준다. 소피는 마지막 숨을 거둘 때까지 순결하고 정숙할 것이다. 그녀는 그것을 영혼 깊은 곳에서 맹세했고, 그 서약을 지키기가 얼마나 힘든지 이미 깨달았을 때 그것을 맹세했다. 관능이 그녀를 지배하게 되어 있었다면 틀림없이 그 약속을 취소했을 시기에 그녀는 그렇게 맹세한 것이다.

기질은 냉정하면서도 허영심 때문에 아양을 떨고, 남의 마음을 흡족하게 하기보다 화려하기를 바라고, 재미는 구해도 기쁨은 구하지 않는 그런 귀여운 프랑스 여인이 되는 행운은 소피에게 없다. 사랑하고픈 욕구만이 그녀의 가슴을 태우며, 그 욕구는 축제할 때 따라와 그녀의 마음을 어지럽히고 뒤흔들어 놓는다. 그녀는 과거의 쾌활함을 잃었다. 흥겨운 놀이들도 이제 그녀에게 맞지 않는다. 따분한 고독을 겁내기는커녕 오히려 그것을 찾아 나선다. 고독 속에서 그녀는 고독을 달콤한 것으로 만들어 줄 남자를 생각한다. 관심 없는 남자들은 모두 그녀에게 귀찮기만 하고, 그녀에게 필요한 것은 한 무리의 추종자들이 아니라 한 사람의 애인이다. 그녀는 하루도 못 가서 다음 날에는 야유로 변해 버리는, 유행을 따르는 사람들의 칭송을 듣기보다 성실한 한 남성의 마음에만 들기를, 그것도 변함없이 늘 그렇게 되기를 더욱 바라는 것이다.

여성은 남성보다 판단력이 더 일찍 형성된다. 거의 어려서부터 방어적인 입장에 놓여 있고, 지켜 나가기 힘든 것을 맡고 있는 여성이 남성보다 선과 악을 필연적으로 더 일찍 알게 되기 때문이다. 기질적으로 모든 점에서 조숙한 소피는 같은 나이의 다른 처녀들보다도 판단력도 더 일찍 형성되었다. 이는 별로 이상할 것이 없다. 성숙의 정도는 같은 시기라도 어디서나 다 같지는 않다.

소피는 여성과 남성의 의무와 권리에 대해 배웠다. 그녀는 남성의 결점과 여성의 악덕을 알고 있으며, 그와 반대되는 장점과 미덕도 알아서 그 모든 것을 가슴 깊이 새겨 놓았다. 정숙한 여성에 대해 그녀가 품고 있는 관념보다 더 고귀한 관념은 아무도 가질 수 없지만, 그녀가 그러한 관념에 질리는 일은 결코 없다. 다만 성실한 남성, 유덕한 남성을 생각하면 더 흐뭇해지고, 자신이 그러한 남성을 위해 태어났고 그러한 남성과 어울리며, 그 남성에게서 받을 행복에 자신이 보답할 수 있다고 느낀다. 또한 자신이 그런 남성을 꼭 알아볼 수 있을 것이라고 느낀다. 그런 남성을 찾아내기만 하면 되는 것이다.

남성이 여성의 가치에 대한 타고난 심판자이듯이, 여성은 남성의 가치에 대한 타고난 심판자이다. 이는 양쪽의 권리이며, 양쪽 모두 그 사실을 모르지 않는다. 소피는 이 권리를 알고 있고 행사하기도 하지만, 자신의 어린 나이나 미숙함 그리고 처지에 맞는 겸허함을 갖고 그렇게 한다. 자신의 능력이 미치는 것들에 대해서만 판단할 뿐, 그것이 어떤 유익한 교훈을 발전시키는 데 도움이 될 때가 아니면 판단하지 않는다. 자리에 없는 사람에 대해서는 더할 나위 없이 신중을 기해 말하고, 그 사람이 여성일 때는 더구나 그렇다. 여성들이 헐뜯고 조롱하게 되는 것은 여성에 대한 말을 할 때라고 그녀는 생각한다. 남성에 대해 말하는 것에 만족하는 한 그녀들은 공정하기만 하다. 그래서 소피는 거기서 그친다. 여성에 대해서는 자신이 알고 있는 좋은 점을 알리기 위해서가 아니라면 말하는 법이 없으며, 그것을 같은 여성에게 돌려야 할 명예로 믿고 있다. 그녀가 알릴 만한 좋은 일을 도무지 알지 못하는 여성들에 대해서는 결코 말하지 않는데, 이 점은 수긍이 간다.

소피는 사교계의 예의범절을 별로 알지 못한다. 그러나 싹싹하고 세심해서 그녀가 하는 모든 일에서 매력이 풍겨 난다. 천성을 잘 타고난 것이 재주가 많은 것보다 그녀에게는 더 도움이 된다. 그녀에게는 자기 자신만의 예법이 있는데, 그것은 형식에 얽매이지 않고 유행에 따르지 않아서 유행 따라 바뀌지 않으며, 그 무엇도 관습에 따라 하지 않고 남의 마음에 들고 싶은 진실한 욕망에서 생겨나기 때문에 남의 환심을 산다. 사람들이 흔히 하는 인사말은 전혀 알지 못하며, 짐짓 꾸며 댄 인사말을 생각해 내는 일도 결코 없다. "대단히 감사합니다", "무한한 영광으로 생각합니다", "그러시지 않아도 됩니다" 따위의 말은 하지 않는다. 말을 꾸밀 생각은 더더욱 하지 않는다. 친절이나 격식을 차리는 인사말에는 몸을 숙여 인사하거나 "고맙습니다"라는 간단한 말로 답례한다. 그런데 이 말이 그녀의 입에서 나오면 전혀 다른 말처럼 들린다. 진심 어린 배려에 대해서는 마음이 말하도록 두는데, 그럴 때 그 마음이 찾아내는 말은 인사치레가 아니다. 가령 그녀는 이 방에서 저 방으로 옮겨 갈 때 부축해 주고 싶은 육십대 노인의 팔에 자기 손을 내미는 식의, 말하자면 프랑스식 격식 때문에 허례에 속박된 적이 결코 없다. 사향 냄새를 풍기며 환심을 사려 드는 남자가 그런 엉뚱한 서비스라도 하려 들면, 그녀는 친절하게 내미는 그의 팔을 계단에 남겨 두고 자신은 절름발이가 아니라고 말하면서 깡충 뛰어 방으로 들어가 버린다. 사실 그녀는 키가 크지는 않지만 굽 높은 구두를 바란 적이 없다. 그런 구두가 없어도 될 만큼 발이 작아서이다.

그녀는 비단 여성만이 아니라 결혼한 남성이나 자기보다 훨씬 나이 많은 남성에 대해서도 말이 적고 공손하다. 지시에 복종하기 위해서가 아니라면 그들 윗자리를 결코 받아들이는 일이 없을 것이고, 할 수만 있으면 당장 아래에 있는 자신의 자리로 돌아갈 것이다. 왜냐하면 그들에게 무엇보다도 존경받아 마땅한 지혜가 있다고 여기는 만큼, 나이의 권리가 여성의 권리에 앞선다는 것을 그녀는 알고 있기 때문이다.

같은 나이의 청년들에 대해서는 사정이 달라진다. 그들을 제압하려면 완전히 다른 태도가 필요한데, 그녀는 자신에게 알맞은 겸손한 태도를 버리지 않고도 그런 태도를 취할 줄 안다. 그들 자신이 겸손하고 신중하면, 그녀는 그들에 대해 어릴 적 사랑스런 친밀함을 기꺼이 간직해 갈 것이다. 순진무구함으로 가득 찬 그들의 대화는 익살맞지만 예의 바를 것이다. 이야기가 진지해지면 그녀는 그것이 유익한 것이기를 바란다. 이야기가 시시해지면 그녀는 당장 그만두게 할 것이다. 왜냐하면 그녀는 아첨하기 위한 허튼소리를 여성에 대한 아주 큰 무례로 여기고 특히 멸시하기 때문이다. 그녀는 자신이 찾고 있는 남성이 그런 허튼소리를 하지 않는다는 것을 잘 알고 있어서, 마음속에 새겨 둔 그런 성격의 남성에게 걸맞지 않은 말을 다른 남자에게서 듣게 되면 대체로 결코 참지 않는다. 여성의 권리에 대한 그녀의 높은 평가, 그녀의 감정의 순수함에서 비롯되는 영혼의 긍지, 그녀가 자신에게서 느끼고 스스로에게도 자신을 존경받을 만하게 만드는 그 미덕의 힘 때문에 그녀는 자신을 즐겁게 해 주겠다며 다정한 체하는 이야기를 들으면 분개하지 않을 수 없다. 그런 말을 들으면 드러내 놓고 화를 내는 것이 아니라, 빈정거리는 투로 칭찬을 하여 상대편을 당황하게 만들거나 전혀 예기치 못한 쌀쌀한 어조로 그것을 받아넘긴다. 언변이 좋은 포이보스[35]가 상냥한 말을 그녀에게 늘어놓고 그녀의 재치, 아름다움, 멋에 대하여 그리고 그녀의 환심을 사는 행복이 얼마나 가치 있는지 재치 있는 말로 그녀를 칭찬하면, 그녀는 그의 말을 가로막으면서 이렇게 공손히 말할 것이다. "그런 것은 제가 당신보다 더 잘 알고 있는 것 같은데 어쩌지요? 우리에게 해 줄 더 재미있는 이야기가 없으시면 이쯤에서 대화를 그만해도 될 것 같군요." 정중한 인사를 곁들이고 이어 그에게서 스무 걸음 떨어진 곳에 멀찌감치 가 있는 것쯤은 그녀에게는 아무 일도 아니다. 이만큼 다루기 힘든 정신의 소유자와 함께 오랫동안 객설을 늘어놓기가 쉬운 일일지, 여러분의 저 아첨꾼들에게 물어보라.

그렇지만 남이 진심으로 자기에 대해 호의를 갖고 하는 말이라는 생각이 들기만 하면, 그녀는 칭찬 듣는 것을 그다지 싫어하지 않는다. 그녀의 장점에 감동한 것으로 보이려면 우선 그녀의 장점부터 밝혀서 보여 주어야 한다. 존경에서 비롯된 칭찬은 그녀의 도도한 마음을 만족시킬 수 있지만, 감언이설의 빈정거림은 모두 다 언제나 반감을 산다. 소피는 어릿광대의 잔재주를 훈련시키는 데는 적임자가 아니다.

매우 성숙한 판단력을 지니고 모든 점에서 스무 살 처녀처럼 잘 자란 열다섯 살의 소피는 부모한테서도 아이 취급을 받는 일은 결코 없을 것이다. 딸에게서 청춘의 최초 불안을 알아채기가 무섭게 그녀의 부모는 불안이 더 진전되기 전에 서둘러 이에 대비하여 다정하면서도 사리분별

---

35 아폴로의 별명으로, 거창한 용어로 말을 하려다가 알아듣지도 못할 횡설수설만 해 대는 사람을 빗대어 하는 말 — 옮긴이.

에 맞는 이야기를 딸에게 들려줄 텐데, 그것은 소피의 나이와 성격에도 맞는 이야기이다. 그녀의 성격이 내가 짐작하는 대로라면, 그녀의 아버지가 대체로 다음과 같은 말을 왜 해 주지 않겠는가?

"소피야, 너도 이제 다 큰 처녀가 되었구나. 이렇게 자란 것은 언제까지나 처녀로 있으라고 그런 것은 아니다. 우리는 네가 행복하기를 바라고 있다. 우리가 그걸 바라는 것은 바로 우리 자신을 위해서이다. 왜냐하면 우리의 행복이 네 행복에 달려 있기 때문이다. 성실한 젊은 여성의 행복이란 성실한 남성을 행복하게 해 주는 일이다. 그러니 너도 결혼을 염두에 두어야 한다. 일찍부터 생각해 두어야 한다. 왜냐하면 일생의 운명이 결혼에 달려 있고, 그 생각을 할 시간은 아무리 많아도 결코 넉넉하다고 할 수는 없으니 말이다.

좋은 아내를 선택하는 것도 그렇지만, 좋은 남편을 선택하는 것보다 더 어려운 일도 없다. 소피야, 너는 바로 그 보기 드문 아내가 될 것이고, 또 우리 일생의 명예이자 우리 노년의 행복이 될 것이다. 그런데 네가 아무리 훌륭한 재능을 지녔다 하더라도, 이 세상에 너보다 더 나은 남성이 없지는 않단다. 너를 얻고 그것을 자랑으로 삼지 않을 남성은 하나도 없겠지만, 너를 더욱 자랑스럽게 만들 남성도 많을 것이다. 숱한 남성들 중에서 네게 어울리는 남성을 찾아내어, 그를 알아보고 너를 그에게 알리는 것이 중요하단다.

결혼의 가장 큰 행복은 너무도 많은 합치점들에 달려 있어서, 그것들을 모두 끌어모으려고 드는 것은 어리석은 짓이다. 먼저 가장 중요한 합치점들을 확인해야만 한다. 다른 것들도 있으면 더 좋겠지만, 없어도 상관없다. 완전한 행복이란 이 세상에 없지만, 가장 큰 불행이면서 언제나 피할 수 있는 불행은 자신의 잘못으로 불행해지는 것이다.

자연스럽게 합치되는 것들이 있고 제도에 의해 합치하는 것들이 있으며, 세상 평판에만 기인하는 것들이 있다. 부모는 나중 두 종류의 합치점의 심판자이고, 첫 번째 것을 판단할 수 있는 사람은 자식이다. 아버지의 권위로 성사된 결혼에서는 오로지 제도와 세상 평판에 기인한 합치점들만 따르게 된다. 그리하여 결혼은 사람들이 아니라 신분과 재산이 하게된다. 그런데 이런 것들은 모두 바뀔 수 있는 것이고, 사람만이 언제까지나 남아서 어디나 함께 같이 다닌다. 운명과 무관하게 결혼이 행복하거나 불행해질 수 있는 것은 오로지 사람 관계에 의해서만 그러하다.

네 어머니는 집안이 좋았고 나는 부자였다. 우리 부모가 우리를 맺어주도록 이끌었던 동기는 이것들뿐이었다. 나는 내 재산을 잃었고 네 어머니는 귀족의 이름을 잃었다. 자기 집안에서 잊혀진 지금, 지체 높은 신분으로 태어났다는 것이 어머니에게 무슨 소용이 있겠니? 어려운 일이 있을 때는 우리 두 사람의 마음이 합치한다는 것이 매사에 우리에게 위로가 되곤 했다. 우리 둘의 취향이 일치하여 우리는 이 은신처를 선택했다. 가난하지만 우리는 여기서 행복하게 살고 있고, 서로가 모든 것을 대신해 주고 있다. 소피는 우리 둘에게 공동의 보배란다. 이 보배를 주고 나머지를 다 앗아 간 하늘에 우리는 감사하고 있다. 소피야, 섭리가 우리를 어디로 인도해 왔는지 보아라! 우리를 결혼시킨 합치점들은 사라져 버렸지만, 우리가 행복한 것은 오직 사람들이 전혀 고려하지 않았던 합치점들 때문이다.

부부는 서로 잘 맞아야 한다. 서로의 애정이 부부를 묶어 주는 최초의 끈이어야 한다. 그들의 눈과 마음이 그들을 안내하는 최초의 길잡이가 되어야 한다. 왜냐하면 하나로 맺어진 그들의 으뜸가는 의무는 서로 사랑하는 것이고 또 사랑하거나 사랑하지 않는 것은 우리에게 달린 일이 아니기 때문에, 사랑의 의무에는 결합하기에 앞서 먼저 서로 사랑하는 것부터 시작해야 한다는 또 다른 의무가 반드시 따르게 되어 있기 때문이다. 이것이야말로 아무도 없앨 수 없는 자연의 권리이다. 저 많은 사회의 법률들로 이 권리를 방해한 자들은 결혼의 행복이나 시민들의 미풍양속보다 허울뿐인 질서를 더 중히 여긴 것이다. 소피야, 너도 알겠지만 우리는 난해한 윤리를 네게 설교하는 것이 아니란다. 우리의 목적은 단지 네가 자신의 뜻대로 하고 남편을 선택하도록 그 일을 네게 맡기겠다는 것뿐이다.

우리가 네게 전적인 자유를 주는 이유들을 밝혔으니, 이제는 그 자유를 네가 현명하게 활용해야 할 이유도 말해 주는 것이 옳겠다. 얘야, 너는 착하고 사리분별이 있을 뿐만 아니라 곧은 마음과 신앙심을 지녔으며 정숙한 여성에게 어울리는 재능도 가졌고 매력 또한 없지 않다. 그렇지만 너는 가난하다. 네게는 가장 존경받을 만한 재산이 있지만 세상 사람들이 가장 존중하는 재산은 없기 때문이다. 그러니 네가 얻을 수 있는 것만 바라고, 너의 야망을 너 자신이나 우리의 판단이 아니라 사람들의 견해에 맞추도록 해라. 인간적 가치가 서로 같아야 한다는 것만 문제가 되면 나는 네 기대치를 어느 정도에서 제한해야 할지 모르겠다. 그러나 기대를 너의 처지 이상으로 높이지 말고, 너의 처지가 아주 열악하다는 사실을 잊지 말기 바란다. 네게 합당한 남자라면 이러한 불평등을 장애로 여기지 않겠지만, 그래도 너는 그가 생각하지 않을 것도 생각해야만 한다. 소피는 어머니를 본받아서 반드시 너를 자랑으로 여길 집안에만 들어가야 한다. 너는 우리가 부유했던 시절을 본 적이 없다. 우리가 가난할 때 태어났기 때문이지. 너는 우리의 가난을 즐겁게 만들어 주었고 지금도 고통 없이 그 가난을 같이하고 있다. 내 말을 믿어라, 소피야, 재산을 추구하지 말거라. 우리는 거기서 우리를 해방시켜 주신 하늘에 감사하고 있으니. 우리는 부를 잃고 난 다음에야 비로소 행복을 맛보았단다.

너는 너무도 사랑스러워서 누구의 마음에나 들 것이다. 그리고 너는 가난하기는 하지만 성실한 남자가 너 때문에 난처해질 만큼 가난하지는 않다. 사방에서 구혼을 받을 것이고, 너에게 어울리지 않는 사람들의 구혼을 받게 될지도 모른다. 그들이 있는 그대로 자신을 보여 준다면 너는 그들의 가치를 제대로 평가할 것이고, 아무리 호사스럽게 자기를 과시해도 너를 오래 속이지는 못할 것이다. 그런데 비록 네가 건전한 판단력을 갖고 있어서 가치에 대해 밝다 하더라도, 경험이 모자라기 때문에 사람들이 어느 정도까지 가면을 쓸 수 있는지는 잘 모른다. 능숙한 사기꾼이 네 취미를 조사한 뒤 너를 유혹할 수도 있고, 자신에게 전혀 없는 미덕을 네게 꾸며 보일 수도 있단다. 소피야, 그런 자는 네가 알아채기도 전에 너를 망쳐 놓을 것이고, 네가 잘못을 깨달았을 때는 돌이킬 수가 없어 눈물을 흘릴 수밖에 없게 된다. 온갖 덫 중에서도 가장 위험한 것, 이성도 피하지 못하는 유일한 덫은 관능의 덫이다. 네가 혹시 불행히도 그 덫에 걸려든다면, 환상이나 망상밖엔 보지 못하게 될 것이다. 네 눈은 멀고 판단은 흐려질 것이며, 의지 또한 약해져 착각마저 네게는 소중한 것으로 여겨질 것이다. 설사 그 착각을 깨닫는다 해도 거기서 벗어날 생각조차 못 하게 될 것이다. 소피야, 나는 너를 네 이성에게 맡기는 것이지 네 마음의 성향에 맡기는 것이 아니다. 네가 냉정을 유지하는 한은 네 자신을 판단하는 사람으로 있어야 한다. 그러나 네가 사랑하게 되거든 곧 너를 보살피는 일을 어머니에게 넘기도록 해라.

너에게 경의를 표하고 우리 사이에 자연의 질서를 회복시킬 협약을 하나 네게 제안하겠다. 부모는 딸의 신랑감을 고르면서 딸과는 형식적인 상의밖에 하지 않는다. 이것이 보통의 관습이다. 우리는 정반대로·해 보자. 네가 고르고 우리가 상담을 받기로 하자. 소피야, 너의 권리를 행사하여라. 자유롭고 현명하게 권리를 행사해라. 네게 어울리는 남편은 네가 선택해야지 우리가 선택해서는 안 된다. 다만 합치점들에 대해 네가 잘못 생각하고 있지나 않은지, 네가 무엇을 원하는지 알지 못해 네가 원하는 것과 다른 일을 하고 있지나 않은지 판단하는 것은 우리가 할 일이다. 출신, 재산, 신분, 세상 평판은 우리에게 아무런 이유도 되지 못할 것이다. 사람됨이 네 마음에 들고 성격이 너와 맞는 성실한 남자를 선택하길 바란다. 다른 점에서 그가 어떠하든 우리는 그를 사위로 받아들일 것이다. 두 팔이 있어 일할 수 있고 품행이 단정하고 자기 가족을 사랑하기만 한다면, 그의 재산은 언제나 충분할 것이다. 미덕으로 자기 신분을 높이기만 한다면, 그의 신분은 언제나 충분히 높은 것이 될 것이다. 온 세상이 우리를 비난한다 하더라도 그것이 무슨 상관이겠느냐? 우리는 세상의 동의를 구하지 않는다. 너의 행복이면 우리에게는 족하다."

독자들이여, 이런 이야기가 여러분의 방식대로 기른 딸들에게 어떤 인상을 주게 될지는 나도 모르겠다. 소피의 경우, 말로 대답하지 않을지도 모른다. 부끄러움과 감동 때문에 그녀는 쉽사리 자신을 표현하지 못할 것이다. 그러나 이 이야기가 그녀의 마음속에 새겨져서 평생 남으리라는 것을, 또 사람의 어떤 결심에 기대를 걸 수 있다면 그것은 바로 이 이야기로 인해 그녀가 하게 될 결심, 즉 부모의 존경을 받을 만한 딸이 되겠다는 결심이라는 것을 나는 믿어 의심치 않는다.

최악의 경우를 상정해 보자. 그녀가 쉽게 사랑에 불타는 기질 때문에 오랜 기다림을 힘거워한다고 해 보자. 그렇더라도 나는 그녀의 판단력, 지식, 안목, 섬세함 그리고 특히 어릴 때 그녀의 마음에 길러진 감정들이 격렬한 관능에 맞서 그것을 이겨 내거나 아니면 적어도 오래 저항하기에 충분한 억제력을 행사할 것이라고 말하겠다. 그녀는 부모를 상심시키고 형편없는 남성과 결혼해 어울리지 않는 불행한 결혼을 무릅쓰기보다 차라리 자기 처지의 순교자로 죽을 것이다. 그녀에게 부여된 자유는 그녀의 영혼을 한층 더 고양시키고, 남편을 선택할 때도 오히려 그녀를 더 까다롭게 만든다. 이탈리아 여성의 기질, 영국 여성의 감수성과 아울러 그녀는 자기 마음과 관능을 억제할 수 있는 스페인 여성의 자존심을 갖고 있다. 스페인 여성은 애인을 구할 때조차 자신에게 어울린다고 생각하는 애인을 쉽게 구하지 않는다.

올바른 것들에 대한 사랑이 영혼에 얼마나 활기를 불어넣을 수 있는지, 또 진심으로 미덕을 갖추고자 할 때 자기 안에서 얼마나 큰 힘을 발견할 수 있는지 깨닫는 일은 누구에게나 가능한 것이 아니다. 위대한 것을 모두 망상으로 보는 사람들, 그들의 속되고 천한 이성으로는 광기에까지 이를 수 있는 미덕의 추구가 인간의 정념에 어떤 영향을 미치는지 결코 알지 못할 그런 사람들이 있다. 이런 사람들에게는 실례를 들어 가며 말을 해야 한다. 만일 그 실례마저 끝내 부인한다면 어쩔 도리가 없다. 내가 그들에게 소피는 결코 상상의 존재가 아니며, 그 이름만 내가 만들어 낸 것이지 그녀의 교육과 품행과 성격과 용모까지 실제로 존재했다고, 또 그녀에 대한 기억으로 지금도 어느 성실한 가족이 모두 눈물을 흘리고 있다고 말해도 그들은 틀림없이 아무것도 믿으려 하지 않을 것이다. 그러나 요컨대, 소피를 너무도 닮아서 이 이야기가 바로 그 소피의 이야기라 해도 놀랄 만한 사람이 없을 정도인 어떤 처녀의 이야기를, 내가 사실대로 끝맺는다고 해서 내게 무슨 위험이 있겠는가? 남이 믿든지 믿지 않든지 상관없다. 원한다면 내가 이야기를 꾸며 낸 것이라 해도 좋겠지만, 그래도 여전히 나는 내 방법을 설명한 셈이 될 테고 그렇게 나의 목적을 향해 나아갈 것이다.

그 처녀는 내가 소피에게 부여한 기질 외에도 소피라는 이름에 합당한 모든 자질들을 갖고 있으므로 나는 그 이름을 그냥 두겠다. 내가 앞서 인용했던 대화를 나눈 뒤 그녀의 부모는 자신들이 살던 작은 마을에서 혼처가 나타나지 않으리라고 생각하고, 딸을 도시에 사는 숙모 집에 보내어 한겨울을 나게 하면서 숙모에게만 여행의 목적을 몰래 알려 주었다. 왜냐하면 자존심이 강한 소피는 자신을 극복할 수 있다는 높은 자부심을 마음속 깊이 품고 있어서, 아무리 남편이 필요하다 해도 제 발로 찾아 나서겠다고 결심하기보다 차라리 미혼인 채 죽겠다고 할 것이기 때문이다.

부모의 의견을 따르기 위해, 숙모는 그녀를 여러 집에 소개하고 모임이나 축제에도 데려가 그녀에게 사교계를 보여 주었다. 아니 더 정확히 말해서 그녀를 사교계에 보여 주었다. 왜냐하면 소피는 사교계의 온갖 떠들썩함에 별로 관심이 없었기 때문이다. 그런데도 그녀가 단정하고 겸손해 보이는 괜찮은 얼굴의 젊은 남성들을 굳이 피하지 않았다는 사실이 눈에 띄었다. 그녀는 조심성 속에서도 청년들의 마음을 끌어당기는 애교와 비슷한 어떤 재기를 갖고 있었다. 그런데 그들과 두세 번 이야기를 나누어 본 뒤에는 그들을 싫어했다. 그리고 이내 남의 찬사를 받아들이는 것처럼 보이는 그 권위적 태도를, 더 겸손한 언행과 더 쌀쌀맞은 예절로 대체했다. 언제나 세심한 그녀는 더 이상 그들에게 조금이라도 그녀에게 애쓸 기회를 주지 않았다. 그들의 애인이 되고 싶지 않았던 것은 말할 것도 없다.

감성이 예민한 마음의 소유자들은 떠들썩한 쾌락을 좋아한 적이 없으며, 아무것도 느끼지 못해서 산만하고 무분별한 생활이 삶을 즐기는 일이라고 믿고 있는 사람들의 저 헛되고 무익한 행복을 좋아해 본 적도 일찍이 없다. 자신이 구하던 것을 발견하지 못하자 희망을 버린 소피는 도시가 싫어졌다. 그녀는 부모를 극진히 사랑하고 있었는데, 그들을 대신해 줄 아무것도, 그들을 잊게 해 줄 만한 것도 전혀 없었다. 그래서 돌아오기로 예정된 날짜보다 훨씬 전에 그녀는 부모에게로 돌아왔다.

부모 슬하에서 다시 자신이 하던 일을 맡아 하는 그녀의 행동거지는 여전했지만 그녀의 기분이 달라진 것이 눈에 보였다. 그녀는 정신을 놓은 듯하고 안절부절못하고 쓸쓸히 생각에 잠기기도 하고 숨어서 몰래 울기도 했다. 처음에는 누구를 사랑하고 있어서 그것을 부끄러워하고 있는 줄로만 알았다. 그런 것이냐고 말을 하자 그녀는 아니라고 대답했다. 그녀는 자신의 마음을 움직일 만한 사람을 아무도 만나 본 적이 없다고 반박했고, 또 그것은 거짓이 아니었다.

그런데도 그녀의 시름은 계속 깊어져서 건강이 나빠지기 시작했다. 이러한 변화에 불안해진 어머니가 마침내 그 원인을 알아내야겠다고 마음먹었다. 그녀는 딸을 따로 불러, 어머니의 애정에서만 나올 수 있는 마음에 스며드는 말씨와 거역할 수 없는 애무로 그녀를 달래 보았다. "얘야, 내 뱃속에 있었고 지금도 늘 내 가슴속에 품고 있는 내 딸아, 네 가슴의 비밀을 내 마음에 옮겨 놓고 털어놓으렴. 엄마도 알 수 없는 비밀이 도대체 무엇이니? 네 괴로움을 누가 동정하겠니? 누가 그걸 함께 나누어 가지겠니? 네 아버지와 나 말고 누가 그걸 덮어 주려 하겠니? 오! 얘야, 네 고통을 알지도 못한 채 너의 고통 때문에 내가 죽어도 좋다는 말이냐?"

소녀는 고민을 어머니에게 감추기는커녕, 위로하고 이야기 상대가 되어 주는 어머니가 있어서 더 이상 바랄 게 없었다. 그러나 부끄러움이 그녀의 말을 막았고, 정숙한 그녀로서는 자신과 너무나 어울리지 않는 이 상태를 설명할 말을 찾아내지 못하고, 저도 모르게 자신의 관능을 어지럽히는 감정의 설렘만을 내비칠 뿐이었다. 결국은 딸의 부끄러움 자체가 어머니에게는 실마리가 되어서, 어머니는 딸에게서 창피스러운 자백을 끌어냈다. 부당한 꾸지람으로 딸을 상심시키는 대신 그녀는 딸을 위로하고 동정하고 딸을 위해 울어 주었다. 오로지 딸의 미덕 때문에 그토록 깊어진 병을 잘못이라고 나무라기에는 어머니는 너무나 현명했다. 그런데 그토록 고치기 쉽고 정당한 병을 왜 공연히 견뎌 내야 하는가? 자신에게 주어진 자유를 그녀는 왜 행사하지 않았던가? 왜 신랑감을 맞아들이지 않고, 고르지도 않았던가? 자신의 운명이 자신에게만 달려 있다는 것, 또 적절하지 않은 선택을 할 리가 없으니 자신이 어떤 선택을 하든지 동의를 얻으리라는 것을 그녀는 알고 있지 않던가? 도시로 보내 주었건만 그녀는 그곳에 머물고 싶어 하지 않았다. 혼처가 더러 나타났지만 그녀는 다 물리쳤다. 도대체 그녀는 무엇을 기다리고 있었던가? 무엇을 바랐던가? 얼마나 설명하기 어려운 모순인가!

대답은 간단했다. 젊음을 위한 일시적인 도움이 문제라면 선택은 곧 이루어졌겠지만, 평생을 같이할 주인은 선택하기가 그리 쉽지 않았다. 그리고 이 두 가지 선택이 분리될 수 없는 만큼 아무래도 기다려야만 하는데, 평생을 같이 지내고 싶은 남성을 찾아내기 전에 젊음을 잃고 마는 일도 흔히 있다. 소피의 경우가 그랬다. 애인이 필요했지만 그 애인은 남편이기도 해야 했다. 그녀의 마음과 딱 맞는 마음으로 말하자면, 애인도 거의 남편 못지않게 찾아내기 힘들었던 것이다. 화려한 청년들은 모두 그녀와 나이만 어울렸을 뿐 다른 점에서는 늘 미흡했다. 그들의 얄팍한 재치, 허영심, 횡설수설, 절도 없는 품행, 시시한 흉내 내기에 그녀는 진저리가 났다. 그녀는 인간을 찾았으나 원숭이들밖에 찾아내지 못했고, 영혼을 찾았으나 그것을 전혀 발견하지 못했다.

그녀는 어머니에게 말했다. "저는 너무나도 불행해요! 사랑을 해야겠는데, 제 마음에 드는 사람은 하나도 보이질 않거든요. 저의 관능에 이끌리는 사람들을 제 마음은 모조리 물리쳐요. 저의 욕망을 부추기지 않는 사람은 하나도 없지만 그 욕망을 억눌러 버리지 않는 사람도 하나도 없어요. 존경이 따르지 않는 호감은 오래갈 수가 없어요. 아! 엄마의 소피에게 필요한 것은 그런 남성이 아니랍니다! 훌륭하고 멋진 모델이 제 마음에 너무 깊이 새겨져 있어요. 그 모델밖에 사랑할 수가 없고 그 모델만 행복하게 만들 수 있고 그 모델과 단둘이서만 행복해질 수 있어요. 차라리 끊임없이 속을 태우고 싸우는 것이 나아요. 제가 사랑하지 않아 불행하게 만들 사람 곁에서 절망하기보다 차라리 불행하더라도 자유로운 몸으로 죽는 게 낫지요. 살아 있으면서 괴로워만 할 바엔 차라리 죽어 없어져 버리는 게 나아요."

이 엉뚱한 말에 놀란 어머니는 이 말들이 너무도 이상해서 무슨 비밀이 있을 거라고 짐작하지 않을 수 없었다. 소피는 겉멋을 부리지도 터무니없는 짓을 하지도 않았다. 어떻게 어려서부터 무엇보다 같이 살아야 할 사람들에게 만족하고, 해야 할 일을 자진해서 하는 것 이외에 다른 아무것도 배우지 않은 그녀와 이 지나친 까다로움이 어울릴 수 있었던가? 그녀가 그토록 매혹되어 말끝마다 되풀이하기 일쑤이던 바람직한 남성상 때문에 어머니는 그 변덕에는 자신이 아직 모르는 다른 근거가 있다고, 소피가 모든 것을 다 말하지 않았다고 짐작했다. 남모를 괴로움에 짓눌린 가엾은 숙녀는 마음을 털어놓고 싶다는 생각뿐이었다. 어머니는 재촉하고 딸은 망설이다가, 마침내 그녀는 항복하고 아무 말 없이 나가더니 잠시 후 책을 들고 돌아온다. "이 가엾은 딸을 동정해 주세요. 이 슬픔에는 치료약이 없어서 눈물이 마를 줄을 모르네요. 원인을 알고 싶으신가요. 아! 바로 이거예요" 하고 말하며 그녀는 그 책을 책상 위로 던진다. 어머니는 책을 집어 들고 펼쳐 본다. 그것은 『텔레마크의 모험』[36]이었다. 어머니는 처음에는 이 수수께끼를 도무지 이해하지 못했다. 자꾸 묻고 애매한 답들을 들은 끝에 마침내 어머니는 딸이 에우카리스[37]의 연적이라는 사실을 알게 된다.[38] 그 놀라움은 쉽사리 짐작이 갈 것이다.

---

36 프랑스의 사상가 페늘롱이 자신이 교육을 맡고 있던 왕손 부르고뉴 공을 위해 쓴 소설로 1699년에 출간되었다. 호메로스의 『오디세이아』의 후일담이라는 형식을 취해 오디세우스와 페넬로페의 아들 텔레마크가 아버지를 찾아 여행을 떠나는 것으로 이야기는 시작한다. 그는 도중 멘토르라는 노인으로 변신한 미네르바의 인도를 받아 가며 여러 나라를 돌아다닌다. 주인공이 방문하는 신화 속의 나라를 차례로 이야기하면서 자연스럽게 작가는 자신의 정치·사회사상을 표출하며, 행복과 결부된 평화를 찬양하고. 시민의 미덕을 갖춘 국민들이 모여 사는 이상적 도시국가 살렌툼을 통해 유토피아적 이상향을 꿈꾼다 — 옮긴이.

37 에우카리스는 『텔레마크의 모험』에 나오는 텔레마크의 애인이다 — 옮긴이.

소피는 텔레마크를 사랑하고 있었고, 그것도 그 무엇으로도 가라앉히지 못할 정열로 사랑하고 있었다. 아버지와 어머니는 딸의 과도한 열애를 알게 되자 그것을 웃어넘기고 이치에 맞게 그녀를 제정신으로 돌아오게 하리라 생각했다. 그러나 그것은 잘못된 생각이었다. 이치는 그들 편만은 아니었다. 소피에게도 논리가 있어 그녀도 그것을 내세울 줄 알았다. 몇 번이나 그녀는 부모에게 반박하기 위해 부모 자신의 논법을 사용함으로써, 또 불행은 모두 부모 자신들이 만들었으며 자기를 이 시대의 남성에 맞게 키우지 않고, 자신이 남편의 사고방식을 받아들이든지 아니면 자신의 사고방식을 남편에게 부과하든지 해야만 한다는 것을 부모에게 지적함으로써 그들이 입을 다물 수밖에 없게 만들었다. 아울러 첫 번째 방법은 부모가 자신을 길러 준 방식 때문에 불가능한 것이 되고 말았으니, 두 번째 방법이 바로 자신이 찾던 방법이라는 점을 납득시켰다. 그녀는 이렇게 말했다. "제가 가진 준칙들을 신봉하거나 그것을 따를 수 있는 남자를 제게 주세요, 그러면 저는 그 사람과 결혼하겠습니다. 그런데 그때까지는 저를 나무라지 마세요. 저를 가엾이 여겨 주세요. 저는 불행한 것이지 미치지는 않았어요. 마음이 의지에 달려 있던가요? 아버지께서 직접 그렇게 말씀하시지 않았나요? 있지도 않은 사람을 제가 사랑한다고 해서 그게 제 잘못인가요? 저는 환상에 빠진 사람이 아닙니다. 왕자를 바라지도 않고 텔레마크를 찾고 있는 것도 아니에요. 그가 가공의 인물에 지나지 않는다는 것은 저도 알고 있으니까요. 그를 닮은 누군가를

---

38 이는 앞서 루소가, 소피와 너무나 닮아서 그녀 자신의 이야기라고 해도 될 어떤 젊은 여성의 이야기라고 말한 대목을 상기시킨다. 그녀는 텔레마크를 너무 사랑한 나머지 거의 미쳐서 죽은 여성인데, 여기서 루소는 그 둘을 동일시하고 있다 — 옮긴이.

찾고 있는 거예요. 제가 그의 마음과 이토록 비슷한 마음을 가졌다고 느끼는데, 어째서 그런 누군가가 있을 수 없단 말인가요? 아니에요, 이런 식으로 인류의 명예를 깎아내리지 말고, 사랑스럽고 유덕한 남자란 망상에 지나지 않는다고 생각진 말았으면 해요. 그런 사람은 존재하고 살아 있으며 아마 저를 찾고 있을 거예요. 저는 스스로를 사랑할 줄 아는 영혼을 찾고 있어요. 그런데 그는 누구일까요? 어디 있을까요? 저는 모릅니다. 제가 만난 사람들 중에는 없었어요. 앞으로 만날 사람들 중에도 분명 없을 거예요. 오, 어머니! 왜 제가 이토록 미덕을 너무나 좋아하게 만드셨나요? 제가 미덕밖에 좋아할 수 없다면, 그 잘못은 저보다도 어머니에게 있습니다."

내가 이 슬픈 이야기를 파국으로 몰고 가겠는가? 그 파국에 앞서는 오랜 언쟁을 말하겠는가? 초조해져서 처음의 부드러운 애정이 엄격함으로 바뀌고야 마는 어머니를 그려 보이겠는가? 애초의 약속을 잊고 누구보다 정숙한 딸을 미치광이 취급하는 역정 난 아버지를 보여 주겠는가? 아니면 환상 때문에 학대를 받아 더 자신의 환상에 집착하고, 그 때문에 부모가 결혼시켜야겠다고 생각하고 있는 그때 천천히 죽음 쪽으로 걸어가서 무덤으로 내려가는 가엾은 젊은 여성을 묘사하겠는가? 아니다. 그런 비통한 주제들은 피하겠다. 이 시대의 풍습에서 생겨난 편견에도 불구하고 올바르고 아름다운 것에 대한 열정은 남성들 못지않게 여성들과도 무관하지 않으며, 자연의 지도를 받으면 우리 남성과 마찬가지로 여성에게서도 얻어 낼 수 없는 것은 하나도 없다는 사실을, 내게는 충분히 인상적으로 보이는 한 실례를 통해 보여 주려고 그렇게 지나치게 나갈 필요는 없다.

여기서 누군가 나를 가로막고 묻는다. 지나친 욕망들을 억누르기 위해 우리에게 이토록 고생을 시키는 것이 바로 자연이냐고? 나는 아니라고 대답하겠다. 그리고 또한 우리에게 그토록 많은 욕망들을 부여한 것도 자연은 아니라고 대답하겠다. 그런데 자연이 아닌 것은 모두 다 자연에 어긋난다. 나는 그것을 수백 번이나 증명했다.

우리 에밀에게 그의 소피를 돌려주자. 이 사랑스러운 여인을 다시 살려 내서 덜 예민한 상상력과 더 행복한 운명을 그녀에게 주도록 하자. 나는 평범한 여성을 그려 보고 싶었는데, 그녀의 영혼을 너무 고양시키려다가 그만 그녀의 이성을 어지럽히고 말았다. 나 자신이 길을 잃었던 것이다. 다시 돌아가자. 소피는 평범한 영혼에 좋은 천성을 가졌을 뿐이다. 그녀가 남들보다 더 가진 것은 모두 그녀가 받은 교육의 산물이다.

나는 이 책에서, 내가 말했던 좋은 것들 중에서 각자의 능력이 닿는 것을 선택하는 일은 각자에게 맡겨 두고, 가능한 것이라면 무엇이든 모두 다 말하겠다고 마음먹었다. 처음부터 나는 에밀의 짝을 일찌감치 만들어 그들을 서로에게 적합하도록 함께 교육시킬 생각이었다. 그러나 깊이 생각해 본 끝에 나는 너무 이른 이 모든 준비가 적절치 않으며, 이 결합이 자연의 질서에 맞는지 또 이 결합을 이루기에 적합한 관계가 그들 사이에 있는지 알기도 전에 두 아이를 결합시키는 것이 불합리한 일임을 깨달았다. 원시 상태에서 자연스러운 것과 사회 상태에서 자연스러운 것을 혼동해서는 안 된다. 최초의 상태에서는 남성과 여성이 아직 원시적이고 공통된 생존 형태만 갖고 있어서 모든 여성들은 모든 남성들에게 맞도록 되어 있다. 그러나 사회 상태에서는 남성과 여성의 성격이 사회 제도에 의해 개발되고, 그 정신도 교육뿐 아니라 천성과 교육의 —잘되었든 잘못되었든― 질서정연한 협력을 통해 고유의 정해진 형태를 부여받았기 때문에, 모든 면에서 서로 잘 맞는지 알기 위해서는 아니면 최소한 가장 합치점이 많은 선택을 하려면 서로를 서로에게 보여 주지 않고 짝지어 줄 수 없게 되고 말았다.

문제는 사회 상태가 성격들을 개발시키면서 신분을 구분 짓는데, 이 두 차원이 서로 전혀 비슷하지 않아서 사회적 신분들을 구별하면 할수록 성격들을 더 혼동하게 된다는 사실이다. 이로부터 어울리지 않는 결혼이 생겨나고 거기서 말미암은 온갖 혼란이 빚어진다. 그래서 그 명백한 결과로 사람들이 평등에서 멀어지면 멀어질수록 자연의 감정 또한 변질된다는 사실을 알게 된다. 신분이 높은 사람과 낮은 사람의 격차가 커질수록 부부의 유대는 더 약해진다. 또한 부자와 가난한 사람들이 많아질수록 아버지와 남편은 적어진다. 주인도 노예도 더 이상 가족을 갖지 못하고 어느 쪽이나 다 자기 신분만 바라본다.

여러분은 그 폐단을 예방하고 행복한 결혼을 시키고 싶은가? 그렇다면 편견을 없애고 인간의 제도를 잊게 하라. 그리고 자연에게 자문을 구하도록 하라. 주어진 조건 아래에서만 서로 맞아서 그 조건이 바뀌면 더 이상 맞지 않게 될 그런 사람들을 결합시키지 말고, 어떤 상황에 처하든 어떤 나라에 살든 어떤 신분으로 떨어지게 되든 서로 잘 맞을 사람들을 결합시켜야 한다. 이는 결혼에서 관습적인 관계는 아무래도 좋다는 말이 아니라, 자연적인 관계의 영향이 관습적인 관계의 영향을 훨씬 능가하기 때문에 일생의 운명을 결정짓는 것은 자연적인 관계의 영향뿐이라는 말이다. 또한 취향과 기질, 감정, 성격이 아주 잘 맞을 때, 현명한 아버지라면, 그가 왕이든 군주이든, 주저 없이 모든 면에서 아들과 잘 맞는 그런 여성을 ─설령 그녀가 명예롭지 못한 가문에서 태어났거나 형리刑吏의 딸이라 하더라도─ 아들에게 주지 않을 수 없을 것이라는 말이다. 그렇다, 훌륭히 결합된 부부에게 상상할 수 있는 온갖 불행이 닥친다 하더라도, 그들은 마음의 불화로 오염된 지상의 온갖 행운들 속에서 누릴 수 있는 행복 이상의 참된 행복을 함께 눈물을 흘리면서 느낄 것이라고 나는 주장한다.

따라서 나의 에밀에게 어려서부터 신붓감을 정해 두는 대신, 그에게 맞는 여성이 어떤 여성인지 알게 되기를 기다렸다. 그렇게 미리 마련해 두는 일은 내가 아니라 자연이 할 일이다. 내가 할 일은 자연이 한 선택을 찾아내는 것이다. 내가 아버지의 일이 아니라 내 일이라고 말하는 것은, 자기 아들을 내게 맡김으로써 그가 자신의 지위를 내게 넘겨주어서 그 권리를 내 권리로 대체했기 때문이다. 에밀의 진짜 아버지는 나이며, 그를 어른으로 만든 것도 나다. 내가 내 뜻대로 에밀을 자신의 선택에 따라, 다시 말하면 나의 선택에 따라 결혼시킬 권한이 없었다면 나는 그의 교육을 맡지 않았을 것이다. 한 인간을 행복하게 만들기 위해 치르는 희생을 보상해 줄 수 있는 것은 오로지 행복한 인간을 만드는 기쁨뿐이다.

그렇다고 에밀의 아내를 찾아내기 위해 내가 에밀에게 그녀를 찾아내는 의무를 부과할 수 있을 때까지 기다렸다고 생각하지는 마시라. 찾는 시늉을 한 것은 그가 자신에게 맞는 여성의 가치를 깨달을 수 있도록 여성을 알 기회를 그에게 주기 위한 구실에 불과하다. 이미 오래전에 소피를 찾아냈다. 아마 에밀도 이미 그녀를 보았을 것이다. 하지만 그는 때가 되어야만 그녀를 알아볼 것이다.

신분이 같다는 것은 결혼에 필수적이지는 않더라도, 이 평등이 다른 합치점들에 덧붙여지는 경우 거기에 새로운 가치를 부여한다. 이는 어떤 합치점과도 비교할 바가 아니지만, 모든 것이 동등할 때는 고려의 대상이 된다.

사람은 군주가 아닌 한 모든 계층에서 아내를 구할 수 없다. 왜냐하면 자신에게 편견이 없다 하더라도, 다른 사람들에게서는 편견을 발견할 것이기 때문이다. 어떤 여성이 자신과 너무나 잘 어울린다 하더라도, 이런 이유로 그녀를 얻지는 못할 것이다. 그래서 분별 있는 아버지가 며느릿 감을 찾는 데 지침이 되어 줄 신중한 준칙들이 있다. 그는 제자에게 자신의 신분보다 높은 자리를 잡아 주려고 해서는 안 된다. 왜냐하면 그런 일은 그의 소관이 아니기 때문이다. 설령 그렇게 할 수 있다 하더라도 그것을 원해서는 안 될 것이다. 신분 같은 것이 청년에게, 적어도 나의 제자에게 무슨 상관이란 말인가? 더구나 신분이 높아지면 그는 평생 동안 시달릴 수많은 현실적인 불행에 빠질 위험이 있다. 귀족 신분이나 돈과 같은 다른 성질의 재산을 벌충하려 하지 말라는 점도 말해 두겠다. 왜냐하면 이 두 가지는 각각 상대편에게 가치를 덧붙여 주기보다 나쁜 쪽으로 변질시키기 때문에, 게다가 사람들이 이 두 사항을 평가할 때 의견이 일치하는 일은 절대로 없기 때문에, 마지막으로 각자 자신이 내놓은 밑천을 더 우월한 것이라 두둔함으로써 양가兩家에 흔히는 부부 사이에 불화를 일으키기 때문이다.

또한 남성이 자기보다 신분이 높은 여성과 결혼하느냐 혹은 낮은 여성과 결혼하느냐 하는 것은 결혼의 차원에서 보자면 매우 다른 일이다. 첫 번째 경우는 이치에 완전히 반대된다. 그러나 두 번째 경우는 그보다는 이치에 맞다. 가족은 가장을 통해서만 사회와 연계되므로 가족 전체의 신분을 결정짓는 것은 가장의 신분이다. 자기보다 더 낮은 신분의 여성과 결합할 때 그 자신은 신분이 낮아지지 않고 자기 아내의 신분은 높아진다. 반대로 신분이 높은 여성을 택하면 자기 신분은 올라가지 않고 아내의 신분은 낮아진다. 따라서 첫 번째 경우에는 이득은 있고 손해는 없지만, 두 번째 경우에는 이득은 없이 손해만 있게 된다. 게다가 여성이 남성에게 복종하는 것은 자연의 질서에 속한다. 그러므로 남성이 자기보다 신분이 낮은 여성을 택할 때는 자연의 질서와 사회의 질서가 일치하면서 만사가 순조롭다. 그러나 자기보다 신분이 높은 여성과 결합한 남성은 자신의 권리를 손상시켜 경멸을 당하든지, 감사하는 마음을 훼손하여 배은망덕한 사람이 되든지 양자택일할 상황에 놓이게 되어 그와 정반대가 된다. 그럴 때 아내는 권위를 요구함으로써 가장을 마음대로 다루는 폭군이 된다. 노예가 된 주인이란 인간들 중에서도 가장 우스꽝스럽고 가장 비참한 존재이다. 아시아의 왕들이 혼인관계를 맺음으로써 영예와 고통을 동시에 주는 불행한 총신들의 모습이 바로 그렇다. 사람들이 말하기를 이들은 자기 아내와 함께 자기 위해 침대 발치부터가 아니면 감히 잠자리에 들지 못한다고 한다.

내가 여성은 남성을 지배할 수 있는 타고난 재능을 가졌다고 말한 것을 기억하고 있는 많은 독자들이 여기서 내가 모순을 보이고 있다고 비난할 것이라 짐작한다. 그렇지만 그들의 생각이 틀렸다. 명령할 권리를 가로채는 것과 명령하는 사람을 지배하는 것 사이에는 상당한 차이가 있다. 여성이 갖는 지배력은 부드러움과 능수능란함과 호의에서 나오는 지배력이다. 그녀의 명령은 애무이고 그녀의 위협은 눈물이다. 여성은 국가를 다스리는 재상처럼, 자신이 하고자 하는 것을 남편이 자신에게 명령하게 하면서 집안을 다스려야 한다. 이런 의미에서 가장 훌륭한 가정이란 아내에게 가장 많은 권위가 부여된 가정임이 확실하다. 하지만 아내가 가장의 목소리를 무시하고 그의 권리를 찬탈하여 자신이 직접 명령을 내리려고 들면, 이러한 무질서에서 오직 비참함과 추문과 불명예만 생겨날 것이다.

동등한 신분과 자기보다 낮은 신분 중 선택이 남아 있지만, 후자의 경우에도 역시 어느 정도 제한이 가해져야 한다고 생각한다. 왜냐하면 점잖은 남자를 행복하게 만들 수 있는 아내를 최하층민에서 찾아내기란 힘든 일이기 때문이다. 다시 말해 상층 사회보다 하층 사회의 사람들이 행실이 더 나쁘기 때문이 아니라, 그들에게는 아름다움과 올바름에 대한 관념이 별로 없고, 또 다른 신분들의 부정을 보고 그들은 자신들의 악덕을 정당한 것이라고 생각하기 때문이다.

인간은 저절로는 생각을 거의 하지 못한다. 생각한다는 것은 다른 모든 것과 마찬가지로, 심지어 그것들보다 훨씬 더 힘들게 배우는 기술이다. 나는 남녀 양성에게서 실제로 두 계층만 구별되는 것으로 알고 있다. 하나는 생각하는 사람들의 계층이고 다른 하나는 생각하지 않는 사람들의 계층이다. 이 차이는 거의 대부분 교육에 의해서만 생겨난다. 이 두 계층 중 첫 번째에 속하는 남성은 두 번째 계층의 여성과 결합해서는 안 된다. 왜냐하면 아내가 있는데도 혼자서 생각할 수밖에 없다면 친교의 가장 큰 매력이 없어지기 때문이다. 일생을 온통 먹고살기 위해 일하는 것으로 보내는 사람들은 자신의 노동이나 이득에 대한 관념 외에 다른 관념을 갖지 못해서 정신이 모두 팔 끝에만 있는 듯하다. 이러한 무지가 성실성이나 품성에 해를 미치지는 않는다. 오히려 대개 도움을 주기까지

한다. 자신의 의무를 깊이 생각한 나머지 의무를 저버리고 마침내 실천 대신 알아들을 수 없는 전문용어만 늘어놓게 되는 일이 흔히 있다. 양심 이야말로 가장 훌륭한 식견을 갖춘 철학자이다. 선량한 사람이 되기 위해 키케로의 『의무론』을 알아야 할 필요는 없으며, 세상에서 가장 정숙한 여성은 아마도 정숙함이 무엇인지 가장 잘 모르는 여성일 것이다. 그렇다 하더라도 교양 있는 정신만이 교제를 즐겁게 해 준다는 것은 여전히 사실이어서, 집에 있기 좋아하는 가장의 경우 집 안에서 자기 생각에 갇혀 있을 수밖에 없고 그 누구에게도 이해받지 못한다는 것은 유감스러운 일이다.

더구나 생각하는 습관이라곤 전혀 없는 여성이 자기 자식들을 어떻게 키우겠는가? 자식들에게 무엇이 적합한지 어떻게 분간하겠는가? 자신이 알지 못하는 덕목을, 자신은 짐작도 못 하는 가치를 갖추도록 어떻게 자식들을 준비시킬 수 있겠는가? 그저 자식들을 어르거나 위협해서 건방지지 않으면 소심하게 만들 줄밖에 모를 것이다. 그녀는 자식들을 약삭빠른 원숭이나 경솔한 개구쟁이로 만들 뿐, 훌륭한 지성의 소유자나 사랑스러운 아이로 만들지는 못할 것이다.

그러므로 교육을 받은 남성이 교육받지 못한 여성, 따라서 교육을 받을 수 없는 신분의 여성을 아내로 삼는 것은 적절치 못하다. 그러나 나는 내 집에 문학 비평회를 차리고 좌장 노릇을 할 유식하고 재치를 부리는 여성보다 교양 없이 자란 소박한 여성을 백 배는 더 좋아할 것이다. 재치를 부리는 아내는 남편, 아이들, 친구들, 하인들 할 것 없이 모든 사람의 골칫거리이다. 그런 여성은 자신의 훌륭한 재능을 드높이느라 아내로서 자신의 의무를 모두 경멸하고 랑클로 양이 하듯이 항상 남자 노릇부터 먼저 하려고 든다. 밖에서는 항상 웃음거리가 되고 마땅히 비난을 받는다. 사람이란 자기 신분에서 벗어나면 반드시 그렇게 되게 마련이고, 그렇다고 자신이 바라는 남성의 신분도 결코 되지 못하기 때문이다. 뛰어난 재능을 가진 이런 여성들은 바보들만 속일 수 있다. 사람들은 그녀들이 작업을 할 때 펜이나 붓을 잡아 주는 예술가나 친구가 누구인지 항상 알고 있다. 그녀들에게 고견을 은밀히 일러 주는 사려 깊은 문인이 누구인지도 알려져 있다. 이런 속임수는 모두 숙녀에게 어울리는 것이 아니다. 설사 그녀에게 진정한 재능이 있다 하더라도 그녀의 자만이 그 가치를 떨어뜨릴 것이다. 그녀의 품위는 알려지지 않는 데 있고, 그녀의 영광은 남편의 존경에 있다. 또한 그녀의 기쁨은 가족의 행복에 있다. 독자여, 나는 여러분을 믿고 따르겠다. 솔직히 말해 보라. 어떤 여성의 방에 들어갈 때 그녀에게 더 호감을 갖고 더 존경심을 갖고 접근하게 되는 경우는 어떤 때일까? 그녀가 아이들의 옷에 둘러싸여 여성의 일, 살림살이에 몰두하고 있는 것을 볼 때인가 아니면 온갖 종류의 책자들과 온갖 색깔로 채색된 종이쪽지들에 둘러싸여 화장대에서 시나 쓰고 있는 그녀를 발견할 때인가? 이 땅에 분별 있는 남자들만 있게 되면, 문학소녀들은 모두 평생 처녀로 남게 될 것이다.

·

> 갈라여, 너는 궁금해한다, 내가 왜 너에게 장가들고 싶어 하지 않느냐고?
> 네가 고상한 말만 하는 여자이기 때문이다.[39]

---

39 1세기 스페인 출신으로 라틴어로 시를 쓴 마르티알리스(Marcus Valerius Martialis)의 『풍자시』. ― 옮긴이.

이러한 것들을 고려한 다음에 용모를 고려해야 한다. 그것은 가장 먼저 눈에 띄지만 가장 나중에 고려해야 하는 것이다. 그렇다고 해서 용모를 아무것도 아니라고 생각해서는 안 된다. 내가 보기에 결혼에 있어서 뛰어난 미모는 구해야 할 것이라기보다 피해야 할 것인 듯하다. 미모란 소유하고 나면 즉시 퇴색하고 만다. 6주만 지나면 미모는 그녀를 소유한 자에게 더 이상 아무것도 아닌 것이 되지만, 미모가 지속되는 한 그 위험은 지속된다. 아름다운 아내가 천사가 아닌 이상 그 남편은 남자들 중에서 가장 불행한 사람이며, 설령 천사라 하더라도 남편이 끊임없이 적들에 둘러싸이게 되는 것을 그녀가 어떻게 막을 것인가? 극도의 아름다움보다는 혐오스럽지만 않다면 차라리 극도의 추함을 나는 택할 것이다. 왜냐하면 얼마 지나지 않아 양쪽 모두 남편에게는 아무것도 아니게 되어, 아름다움은 불편한 것이 되고 추함은 이로운 것이 되기 때문이다. 하지만 혐오감을 일으킬 만큼 못생긴 것은 가장 큰 불행이다. 이런 느낌은 지워지기는커녕 끊임없이 커져서 증오로 바뀌기 때문이다. 그와 같은 결혼은 바로 지옥이다. 이렇게 맺어지느니 차라리 죽는 편이 나을 것이다.

아름다움까지 포함하여 모든 면에서 중용을 원하도록 하라. 사랑을 불러일으키지는 않더라도 호감을 주는 유쾌하고 상냥한 얼굴을 선택해야 한다. 그런 얼굴은 남편에게 해로울 것이 없고, 그것이 갖는 유리함은 두 사람 모두에게 이득이 된다. 우아한 매력은 아름다움처럼 퇴색하지 않는다. 그것은 생명력이 있어서 끊임없이 되살아나며, 매력적인 얌전한 아내는 결혼한 지 삼십 년이 지나도 신혼 첫날인 것처럼 남편의 마음을 흡족하게 한다.

이러한 고찰들을 통해 나는 소피를 선택하기로 결심했다. 에밀과 마찬가지로 자연의 제자인 그녀는 다른 어떤 여성보다 에밀과 어울리게 되어 있다. 그녀는 그 남자의 아내가 될 것이다. 그녀는 가문이나 재능에서는 그와 동등하고 재산에서는 그보다 못하다. 그녀는 첫눈에 반할 정도는 아니지만, 하루하루 갈수록 더 마음에 들게 된다. 그녀의 가장 큰 매력은 오로지 점차적으로만 발휘되고 친밀한 교제를 통해서만 한껏 펼쳐져서, 그녀의 남편은 이 세상 그 누구보다 그것을 더 잘 느끼게 될 것이다. 그녀가 받은 교육은 뛰어나지는 않지만 소홀한 것도 아니다. 공부는 하지 않았어도 취향이 있고, 예술은 익히지 못했지만 재능이 있으며, 지식은 없어도 판단력이 있다. 그녀의 정신은 아는 것이 없어도 배울 수 있도록 바탕이 잘 가꾸어져 있어서, 수확하기 위해 씨앗만 기다리는 잘 준비된 토지와도 같다. 책이라고는 바렘[40]의 책과 우연히 손에 잡힌 『텔레마크』 외에는 읽은 적이 없다. 하지만 『텔레마크』에 열광할 수 있는 소녀가 감정 없는 마음과 섬세하지 않은 정신을 가졌겠는가? 오, 사랑스러운 무지여! 그녀를 가르치게 될 사람은 행복할지니! 그녀는 결코 남편의 선생이 되지 않고 제자가 될 것이다. 남편을 자신의 취향에 따르게 하려 하지 않고 자신이 남편의 취향을 갖게 될 것이다. 남편에게는 그녀가 유식한 여자인 것보다 더 나을 것이다. 남편은 그녀에게 모든 것을 가르치는 기쁨을 맛볼 것이다. 마침내 그들이 서로 만날 때가 되었다. 둘이 가까워지도록 애써 보자.

우리는 서글픈 마음으로 생각에 잠긴 채 파리를 떠난다. 이 수다스러운 곳은 우리가 머물 중심지가 아니다. 에밀은 이 거대한 도시를 경멸의

---

40 Barrême(1640-1703): 가정 관리에 대한 책을 쓴 저자이다 — 옮긴이.

시선으로 훑어보고 화가 나서 말한다. "헛되이 찾아다니면서 얼마나 많은 날들을 낭비했는지! 아! 내 마음의 아내가 있는 곳은 여기가 아닙니다. 선생님, 당신은 그것을 잘 알고 계셨지요. 하기야 나의 시간이 선생님에게는 대수롭지 않을 테고, 나의 고통이 선생님을 별로 괴롭히지도 않겠지요." 나는 그를 물끄러미 바라보고 담담하게 그에게 말한다. "에밀, 자네는 지금 자네가 말한 것을 그대로 믿고 있는가?" 그는 즉시 당황하여 내 목에 매달리며 대답 없이 자신의 팔로 나를 껴안는다. 이것이 그가 잘못했을 때 언제나 하는 대답이다.

우리는 진짜 편력기사라도 된 양 들판을 지나간다. 그들처럼 모험을 찾아 나선 것은 아니다. 반대로 우리는 파리를 떠나면서 모험을 피해 간다. 그러나 그들의 고르지 않은 방랑의 걸음걸이를 제법 흉내 내어 때로는 속보로 때로는 걸음을 늦추어 앞으로 나아간다. 나의 실천 방식을 따라오다 보면 마침내 그 취지를 이해하게 될 것이다. 아직도 관습 때문에 선입견을 가진 독자가 있어, 우리가 둘 다 사방이 닫힌 마차의 편안한 의자에 앉아 졸거나, 아무것도 보거나 관찰하지 않은 채 걸어가면서 출발과 도착 사이의 시간을 무의미한 것으로 만들거나, 시간을 아끼려고 서두르면서 시간을 낭비하리라 짐작할 것으로는 생각하지 않는다.

사람들은 인생이 짧다고 하지만, 내가 보기에는 사람들이 그렇게 만들려고 애를 쓰는 듯하다. 시간을 이용할 줄 몰라서 시간이 빨리 간다고 한탄하지만, 내가 보기에는 시간이 사람들 뜻에 맞추어 너무 느리게 흘러가는 듯하다. 사람들은 언제나 오로지 자신이 지향하는 목표로 생각이 가득차서 자신과 목표 사이의 간격을 애석해하며 바라본다. 누구는 내일이 되기를, 누구는 다음 달이 되기를, 또 누구는 십 년 후가 되기를 바란다. 아무도 현재에 만족하지 않으면서 모두 다 현재가 너무 느리게 간다고 생각한다. 그들이 시간이 너무 빨리 지나간다고 한탄할 때는 거짓말을 하고 있는 것이다. 그들은 시간을 빨리 가게 할 힘이 있다면 기꺼이 그 값을 치를 것이다. 그들은 일생을 소모하는 데 자신의 재산을 기꺼이 바칠 것이다. 만약 사람들이 부담스러웠던 시간들에 싫증이 나서, 또 기대하는 순간까지 그 사이 시간들에 조바심이 나서 마음대로 그 시간을 버릴 수만 있다면, 그가 보낸 세월을 얼마 안 되는 시간으로 단축시키지 않을 사람은 하나도 없을 것이다. 파리에서 베르사유로, 베르사유에서 파리로, 도시에서 시골로, 시골에서 도시로, 이 동네에서 저 동네로 옮겨 다니느라 일생의 절반을 보내는 사람은 이런 식으로 자기 시간을 허비하는 비결을 갖고 있지 않다면 시간을 주체할 줄 몰라 매우 당황할 것이고, 일부러 지금 하고 있는 일에서 물러나 다른 일을 찾는 데 몰두한다. 그는 거기에 시간을 더 들이지만 그 시간을 달리 어떻게 해야 할지는 알지 못할 것이므로 그 시간을 벌었다고 생각한다. 아니면 정반대로 달리기 위해 달리고, 마차를 타고 다시 똑같이 되돌아가는 것 외에 다른 목적도 없이 그저 마차를 타고 온다. 인간들이여, 계속 멈추지 않고 자연을 비방할 것인가? 인생이 여러분이 바라는 만큼 짧지 않은데, 왜 인생이 짧다고 한탄하는가? 시간이 흘러가기를 바라지 않을 정도로 욕망을 절제할 줄 아는 사람이 여러분 가운데 하나라도 있다면, 그 사람은 인생이 너무 짧다고 여기지는 않을 것이다. 산다는 것과 즐긴다는 것은 그에게 똑같은 것이어서, 설령 젊어서 죽는다 하더라도 반드시 자기 생을 만끽한 채 죽을 것이다.

　나의 교육 방법이 갖는 이득이 이것뿐이라 하더라도, 이것만으로도 다른 어떤 방법보다 내 방법을 더 좋아해야 할 것이다. 나는 에밀에게 무엇을 욕망하거나 기다리라고 가르치지 않고 즐기라고 가르쳤다. 그는 현재를 벗어나는 욕망을 품을 때에도 시간이 느린 것에 괴로워할 만큼 성급하게 굴지 않는다. 그는 단지 무엇을 바라는 기쁨만이 아니라 바라는 대상을 향해 가는 기쁨도 즐길 것이며, 그의 정념들은 너무도 절제되어 있어 언제나 미래보다 현재에 머물 것이다.

따라서 우리는 파발꾼이 아니라 나그네로서 여행하고 있다. 우리는 시작과 끝만이 아니라 그 둘을 가르는 간격도 생각한다. 우리에게는 여행 자체가 하나의 기쁨이다. 우리는 꽉 막힌 작은 감옥에 갇힌 죄수처럼 우울하게 앉은 채 여행하지 않는다. 여성들처럼 가만히 앉아 무기력하게 여행하지 않는다. 우리는 야외의 공기도, 주위 사물들의 광경도, 마음이 내킬 때 그것들을 마음대로 바라보는 편의도 놓치지 않는다. 에밀은 결코 마차 안으로 들어가 앉은 적이 없고, 급하지 않으면 마차로 달려가는 일은 거의 없다. 그런데 에밀이 무슨 일로 급하겠는가? 단 한 가지, 삶을 즐기는 일뿐이다. 거기에 할 수 있을 때 착한 일을 하는 것을 덧붙일까? 그렇다. 왜냐하면 그것도 삶을 즐기는 일이기 때문이다.

나는 말을 타고 가는 것보다 더 유쾌한 여행 방법을 딱 하나 알고 있다. 그것은 걷는 것이다. 자신이 원할 때 출발하고 마음대로 멈추고 내키는 만큼 많이 또는 적게 걷는다. 그 고장 전체를 관찰하고, 오른쪽으로 왼쪽으로 방향을 바꾸고, 우리의 마음에 드는 모든 것을 살펴보며 전망 좋은 모든 곳에서 멈추어 선다. 강이 보이면? 강을 따라간다. 우거진 숲이 보이면? 그 그늘 아래로 걸어간다. 동굴이 보이면? 그 안으로 들어가 본다. 채석장? 광석들을 살펴본다. 마음에 드는 어느 곳에나 나는 머문다. 지겨워지면 곧 그곳을 떠난다. 말이나 마부에 매이지 않는다. 나는 잘 닦여진 길도 편안한 길도 고를 필요가 없고 사람이 다닐 수 있는 곳이면 어디든지 지나간다. 사람이 볼 수 있는 것은 다 보고, 나 자신에게만 매여 있는 나는 사람이 누릴 수 있는 자유를 모두 다 누린다. 날씨가 나빠 멈추어야 하거나 지겨워지면 그제야 말을 탄다. 또 피곤해지면… 그러나 에밀은 거의 지치는 법이 없다. 건장한데 왜 지치겠는가? 그는 서두르지도 않는다. 발길을 멈춘다 하더라도 어떻게 지겨워질 수 있겠는가? 도처에 즐길 것들이 있다. 그는 어느 장인의 집에 들어가 일을 한다. 다리를 쉬게 하려고 팔을 쓰는 것이다.

걸어서 여행하는 것은 탈레스나 플라톤, 피타고라스처럼 여행하는 것이다. 철학자라면 어떻게 이와 다른 방법으로 여행할 결심을 하는지, 그가 밟고 지나가도록 대지가 그의 눈앞에 아낌없이 펼쳐 준 풍성한 것들을 살펴보지 않을 수 있는지 나로서는 거의 이해하기가 힘들다. 조금이라도 농사일을 좋아한다면, 자신이 지나가는 곳의 기후에서만 생산되는 특산물과 그것을 경작하는 방법을 알고 싶어 하지 않을 사람이 어디 있겠는가? 박물학에 조금이라도 취미가 있다면 누구라도 어떤 지대를 지나칠 때면 그 지대를 살펴보고, 바위를 지나칠 때면 그 귀퉁이를 잘라 보고, 산을 지나칠 때면 식물 채집을 하고, 돌무더기를 지나칠 때는 화석을 찾아보려 하지 않겠는가? 여러분의 규방 철학자들은 서재에서 박물학을 연구한다. 그들은 잡동사니들을 갖고 있고 그 명칭들은 알지만, 자연에 대해서는 아무것도 모르고 있다. 그러나 에밀의 서재는 왕들의 서재보다 더 풍성하다. 지구 전체가 그의 서재이다. 거기서는 모든 사물이 다 제자리에 있다. 그곳을 관리하는 박물학자가 모든 것을 매우 훌륭하게 정리해 두었다. 도방통[41]도 이보다 더 잘하지는 못했을 것이다.

이처럼 유쾌하게 여행하는 방법을 통해 얼마나 많은 여러 가지 즐거움들을 거두어들이는가! 몸이 더 튼튼해지고 기분이 좋아지는 것은 말할 것도 없다. 나는 근사하고 편안한 마차를 타고 여행하는 사람들이 생각에 잠겨 우울해하고 투덜거리거나 괴로워하는 반면, 보행자들은 언제나 유쾌하고 경쾌하며 매사에 만족해하는 것을 늘 보아 왔다. 숙소가 가까워지면 마음은 얼마나 즐거워지는가! 대충 차린 식사도 얼마나 맛있어 보이는가! 식탁에서 얼마나 즐겁게 휴식을 취하는가! 불편한 침대에서도 얼마나 단잠을 자게 되는가! 도착하는 것만 바란다면 마차에 앉아 달려갈 수도 있다. 하지만 여행을 하고 싶다면 걸어서 여행해야 한다.

내가 생각하는 방법으로 오백 리를 가기 전에 소피가 잊히지 않는다면, 내가 능란하지 못하든지 에밀이 별로 호기심이 없든지 둘 중 하나임에 틀림없다. 왜냐하면 그 정도 기본적인 지식을 갖추고 있는 그가 지식을 더 얻고 싶은 마음을 갖지 않기는 어렵기 때문이다. 사람은 교육을 받은 정도에 따라 호기심을 갖게 마련이다. 그는 배우고 싶은 생각이 더 들만큼 딱 그 정도로 알고 있는 것이다.

어쨌든 한 대상이 또 다른 대상을 끌어오면서 우리는 계속 앞으로 나아간다. 나는 우리의 첫 번째 여정을 멀리 잡았는데, 그런 구실을 찾기는 쉽다. 파리를 떠나온 이상 멀리 아내를 찾으러 가야 하는 것이다.

어느 날 도무지 길을 찾을 수 없는 계곡과 산속에서 평상시보다 더 심하게 길을 잃고 헤맨 우리는 더 이상 갈 길을 찾아내지 못하고 있었다. 그래도 별로 개의치 않는다. 도달하기만 하면 어떤 길이든 다 좋다. 하지

---

41 Louis Jean-Marie d'Aubgenton(1716-1800): 박물학자인 뷔퐁의 제자들 중 한 사람 — 옮긴이.

만 배가 고프면 어디든 도착해야만 한다. 다행히 한 농부를 만나 그가 우리를 자신의 초가집으로 데리고 간다. 우리는 그가 대접한 빈약한 식사를 왕성한 식욕으로 먹어 치운다. 너무도 지치고 시장해 있는 우리를 보고 그가 이렇게 말한다. "어진 하느님이 당신들을 언덕 저 너머로 인도해 주셨더라면 대접을 더 잘 받으셨을 텐데!… 평안한 집을, 자비로우신 분들을, 정말 친절한 분들을 만나셨을 텐데!… 그분들은 나보다 마음이 더 착하지는 않지만 더 부자입니다 … 하기야 전에는 훨씬 더 부자였다고 하던데 … 지금도 가난하지는 않지요, 다행히도 말입니다. 온 고장이 그들에게 남아 있는 재산 덕을 보고 있지요."

착한 사람들이라는 말에 에밀의 마음이 밝아진다. 그는 나를 바라보면서 이렇게 말한다. "선생님, 이웃에게 칭송을 받는 그 집에 가 봐요. 그들을 만나면 몹시 기쁠 거예요. 그들도 아마 우리를 만나면 몹시 기뻐할 겁니다. 그들이 우리를 반갑게 맞아 주리라 믿어요. 그들이 우리의 친구라면 우리도 그들의 친구가 되겠지요."

우리는 그 집으로 가는 길을 자세히 듣고 출발하지만 숲속에서 길을 잃는다. 가는 도중에 비가 쏟아져 길이 늦어졌지만 멈추지는 않는다. 마침내 다시 길을 찾아서 저녁 무렵에 일러 준 그 집에 도착한다. 마을이 그 집을 둘러싸고 있었는데 소박하기는 하지만 그 집만 번듯하다. 우리는 자기소개를 하고 우리를 묵을 수 있게 해 달라고 부탁한다. 우리는 주인의 인도를 받는다. 주인은 우리에게 이것저것 묻기는 하지만 매우 공손하다. 우리 여행의 목적은 말하지 않고 이렇게 빙 돌아가게 된 이유를 설명한다. 그는 예전에 부유했던 덕택에 사람들의 태도를 보고 신분을 쉽게 알아보는 안목을 간직하고 있었다. 상류 사회에서 살아 본 사람은 누구나 이 점에서 틀리는 일이 거의 없다. 우리의 태도가 통행허가증 역할을 해서 우리는 집 안에 받아들여진다.

우리는 아주 작지만 깨끗하고 안락한 거처로 안내되고, 그곳에 불이 지펴진다. 거기에는 속옷과 옷가지들, 그리고 우리에게 필요한 것들이 모두 다 있다. "오!" 에밀이 깜짝 놀라서 말한다. "우리를 기다리고 있었던 것 같아요! 과연, 그 농부의 말이 딱 맞는데요! 얼마나 대단한 배려와 친절과 선견지명인가요! 그것도 모르는 사람들한테! 마치 호메로스 시대에 온 것 같아요!" "이 모든 것을 잘 느껴 보게" 하고 내가 말한다. "하지만 놀라지는 말게. 낯선 사람들이 드문 곳에서는 어디서나 환영받게 되어 있네. 자주 손님을 맞이할 필요가 없다는 사실보다 더 손님을 환대하게 만드는 것도 없다네. 환대가 소홀해지는 것은 손님들이 몰려들기 때문이지. 호메로스 시대에는 여행하는 사람들이 거의 없었기 때문에 여행자들은 어디서나 환영을 받았네. 아마도 우리가 일 년을 통틀어 여기에 온 유일한 나그네일 것이네." "상관없어요." 에밀이 이어서 말한다. "손님들 없이 지낼 줄 알고 언제나 손님을 환영한다는 것 자체가 칭찬할 만한 일이지요."

우리는 옷을 말리고 옷매무새를 고친 다음 그 집의 주인을 다시 만나러 간다. 그는 우리를 자기 아내에게 소개한다. 그녀는 예의가 바를 뿐만 아니라 호의를 갖고 우리를 맞이한다. 에밀에게 눈길을 보내는 영광도 베푼다. 지금 그녀와 같은 입장에 있는 어머니라면 대개 에밀 또래의 남자가 집에 들어오는 것을 불안하게, 아니면 최소한 호기심을 갖고 보는 법이다.

우리에 대한 애정으로 서둘러 저녁식사를 준비시킨다. 식당에 들어서면서 우리는 다섯 벌의 식기를 본다. 우리가 자리에 앉고도 한 좌석이 비어 있다. 한 처녀가 들어와 대단히 공손하게 절을 하고 말없이 얌전하게 자리에 앉는다. 배가 고파서 또 대답할 말을 찾느라 부심하는 에밀은 그녀에게 인사한 뒤 몇 마디 말을 건네고 음식을 먹기 시작한다. 목적지까지 아직 멀다고 생각하는 만큼 여행의 주된 목적도 지금 그의 생각에서는 멀어져 있다. 대화는 길 잃은 우리 나그네들에 관한 이야기로 이어졌다. "손님," 하고 주인이 에밀에게 말한다. "당신은 사랑스럽고 현명한 젊은이 같군요. 그래서 나는 지치고 흠뻑 젖은 채 여기에 온 당신과 당신의 선생님이 칼립소섬에 도착한 텔레마크와 멘토르처럼 여겨집니다." "우리가 여기서 칼립소의 환대를 발견하고 있는 것은 사실입니다" 하고 에밀이 대답한다. 그의 멘토르가 덧붙여 말한다. "그리고 에우카리스의 매력도요." 그런데 에밀은 『오디세이아』는 알지만 『텔레마크』를 읽은 적은 없다. 그래서 에우카리스가 무엇인지 알지 못한다. 그 처녀 쪽에서는 눈시울까지 빨개져 접시로 눈을 떨구고 감히 숨조차 쉬지 못하는 것이 보인다. 그녀가 당황하는 것을 알아챈 어머니가 아버지에게 눈짓을 하자 아버지는 화제를 바꾼다. 자신의 은둔생활에 대해 말하다가, 어느새 자신을 이런 생활 속에 가둔 사건들에 관한 이야기로 빠져든다. 일생 동안 겪은 불행, 아내의 지조, 그들의 결합에서 찾아낸 위안, 은거지에서 보내는 안락하고 평화로운 생활 등, 그러나 딸에 대해서는 여전히 한마디 말이 없다. 이 모든 것이 흥미 없이 듣지 못할 유쾌하고도 감동적인 이야기이다. 감동을 받은 에밀은 이야기를 듣느라 먹는 것도 중단한다. 마침내 더없이 성실한 남편이 더욱 기쁘게 더없이 품위 있는 아내의 애정에 대한 이야기를 자세히 펼쳐 놓자, 젊은 나그네는 자기도 모르게 잡고 있던 남편의 손을 더 힘주어 쥐고 다른 손으로 아내의 손을 잡고는 감격하여 그 위로 몸을 숙이고 눈물로 손을 적신다. 청년의 순진한 격정이 모두를 감동시키지만, 그의 착한 마음의 표시에 누구보다 민감한 딸은 필로크테테스[42]의 불행에 슬퍼하는 텔레마크를 보는 것 같다고 생각한다. 그녀는 그의 얼굴을 더 잘 살펴보려고 남몰래 그에게 눈길을 돌린다. 그녀는 에밀에게서 그런 비교에 어긋날 만한 것은 아무것도 찾지 못한다. 그의 편안한 태도에는 거만하지 않은 자유로움이 있다. 그의 태도는 활발하면서도 경솔하지 않다. 그의 감수성이 시선을 더욱 부드럽게, 표정을 더욱 감동적으로 만든다. 그가 눈물을 흘리는 것을 보고 딸도 하마터면 같이 눈물을 흘릴 뻔했다. 너무도 그럴듯한 핑계가 있었지만, 은밀한 부끄러움이 그녀를 제지한다. 그녀는 마치 자기 가족을 위해 눈물을 흘리는 것이 나쁜 일이기라도 한 것처럼 당장이라도 쏟아져 나올 것만 같은 눈물을 자책한다.

식사가 시작될 때부터 계속해서 그녀를 지켜보던 어머니가 그녀가 난처해하는 것을 보고 심부름을 보내 그 상황을 모면하게 해 준다. 잠시 뒤에 딸이 돌아오지만 제대로 안정이 되지 않아 혼란스러워 하는 것이 누가 보아도 분명하게 드러난다. 어머니가 다정하게 말한다. "소피야, 앉아 보렴. 네 부모의 불행을 계속 슬퍼할 거니? 우리의 불행을 위로해 주는 것이 바로 너란다. 그러니 우리보다 더 상심하지 말거라."

이 소피라는 이름에 에밀이 몸을 떠는 것을 여러분도 보았으리라. 너

---

42 루소는 『텔레마크의 모험』에 나오는 필로클레스를 그리스 신화에 나오는 필로크테테스와 혼동하고 있다. 필로클레스는 현자이며 충신으로 간신의 모함을 받아 암살당할 뻔했으나, 왕이 멘토르의 깨우침으로 진실을 알게 된 뒤 다시 왕의 신임을 회복한다 ― 옮긴이.

무도 정다운 이름에 충격을 받은 에밀은 깜짝 놀라며, 감히 그 이름을 지 닌 여성에게 갈망하는 눈길을 보낸다. 소피, 오, 소피! 내 마음이 찾고 있 는 사람이 바로 그대인가? 내 마음이 갈구하고 있는 사람이 바로 그대인 가? 그는 그녀를 살펴보고, 일종의 두려움과 의구심 같은 것을 품은 채 그녀를 바라본다. 그가 마음속에 그렸던 바로 그 얼굴은 아니다. 지금 그 가 보고 있는 얼굴이 더 나은지 아닌지는 알 수가 없다. 그는 얼굴 윤곽 을 하나하나 뜯어보고 동작과 몸짓도 살펴보지만, 모든 점에서 온갖 해 석이 뒤섞여 뒤죽박죽이다. 그녀가 단 한 마디라도 해 준다면 그는 생애 의 절반이라도 내줄 것이다. 불안하고 혼란스러운 그가 나를 바라본다. 그의 눈이 나에게 백 가지 질문과 백 가지 비난을 동시에 퍼붓고 있다. 그의 시선 하나하나가 내게 말하는 듯하다. "때를 놓치기 전에 나를 이끌 어 주세요. 내 마음이 굴복하여 판단을 그르치게 되면 저는 살아 있는 동 안 거기서 회복되지 못할 것입니다."

에밀은 세상에서 자신을 가장 가장할 줄 모르는 인간이다. 일생 중 가 장 혼란스러운 시기에 놓여 있는 그가 자신을 지켜보는 네 사람의 목격 자들 사이에서 어떻게 자신의 감정을 숨길 수 있겠는가? 그중에서 겉보 기에 가장 딴 데 정신을 팔고 있는 듯 보이는 사람이 사실은 가장 세심하 게 주의를 기울이고 있다. 그의 혼란은 소피의 날카로운 눈을 피하지 못 한다. 더구나 에밀의 눈은 소피가 그 대상임을 그녀에게 가르쳐 주고도 남는다. 그녀는 이 불안이 아직은 사랑에서 오는 것이 아님을 알지만, 무 슨 상관인가? 그는 그녀에게 관심을 가졌고, 그것이면 충분하다. 만일 그 가 그녀 생각을 하면서 아무렇지도 않다면, 그녀는 정말 불행할 것이다.

어머니들은 자신의 딸과 같은 눈을 가졌으면서 게다가 경험이 있다.

소피의 어머니는 우리의 계획이 성공하여 미소를 짓는다. 그녀는 두 젊은이의 마음을 읽고 있다. 그녀는 이 새로운 텔레마크의 마음을 붙잡을 때가 되었다고 본다. 그리하여 딸에게 말을 시킨다. 그녀의 딸은 타고난 부드러움을 갖고 수줍은 어조로 대답하는데, 이는 효과를 더 높일 뿐이다. 처음 듣는 그 목소리에 에밀은 항복하고 만다. 그녀는 소피다! 이제 그는 더 이상 의심하지 않는다. 설령 소피가 아니라 하더라도 취소하기에 너무 늦었다.

바로 그때 이 황홀한 처녀의 매력이 에밀의 마음에 봇물처럼 흘러들어가고, 에밀은 그녀가 취하도록 따르는 독주를 천천히 마시기 시작한다. 그는 더 이상 아무 말도 아무 대답도 하지 않고, 소피만 보고 소피의 말만 듣는다. 그녀가 한마디라도 하면 에밀도 입을 연다. 그녀가 눈을 아래로 숙이면 그도 눈을 아래로 숙인다. 그녀가 숨을 내쉬는 것을 보면 그도 한숨을 내쉰다. 소피의 영혼이 그에게 생기를 불어넣는 것처럼 보인다. 잠깐 사이에 그의 영혼이 얼마나 달라졌는가! 이제는 소피가 떨 차례가 아니라 에밀이 떨 차례이다. 자유여, 순진함이여, 솔직함이여, 잘 가거라! 혼란에 빠져 당황하고 겁에 질린 에밀은 다른 사람이 자신을 바라보는 것을 보게 될까 봐 두려워 감히 더 이상 주변을 바라보지 못한다. 자기 마음이 훤히 들여다보이는 것이 부끄러워 남의 눈에 띄지 않고 마음껏 그녀를 바라볼 수 있도록, 자신이 모든 사람의 눈에 보이지 않기를 바란다. 반대로 소피는 에밀의 두려움에 안심한다. 그녀는 자신의 승리를 보고 그것을 즐기고 있다.

그녀는 속으로는 기뻐하면서도 겉으로는 내색하지 않는다.[43]

그녀의 태도는 바뀌지 않았다. 그러나 겸손한 자태와 아래로 떨구어진 시선에도 불구하고, 그녀의 다정한 마음은 기쁨에 설레면서 텔레마크를 찾아냈다고 그녀에게 말하고 있다.

내가 여기서 어쩌면 너무도 순진하고 소박한 그들의 천진한 사랑 이야기를 늘어놓는다 하더라도, 여러분이 그 자질구레한 일들을 하찮은 장난으로 여긴다면 그것은 잘못일 것이다. 사람들은 한 남자와 한 여자의 첫 번째 만남이 두 사람의 인생에 미치는 영향을 충분히 고려하지 않는다. 연애나 연애에 버금가는 애정의 인상만큼 강렬한 첫인상은 세월의 흐름 속에서 그 연쇄반응이 눈에 띄지는 않지만 죽을 때까지 작용을 멈추지 않는 오랜 효력을 지니고 있다는 것을 사람들은 알지 못한다. 사람들은 교육론에서 아이들의 황당무계한 의무들에 관해 현학적이고 쓸데없는 장광설을 늘어놓으면서도, 교육 전체에서 가장 중요하고 가장 어려운 부분 말하자면 어린아이에서 어른의 상태로 넘어가는 통로 구실을 하는 위기에 관해서는 단 한 마디도 하지 않는다. 만약 내가 이 교육론을 유익한 것이 되게 할 수 있다면, 그것은 무엇보다 다른 모든 사람들이 빠트린 이 중요한 부분에 대해 속속들이 상술했기 때문일 것이다. 또한 이런 시도에서 헛된 신중성 때문에 물러서거나 말의 어려움 때문에 겁을 먹는 일이 없었기 때문이기도 할 것이다. 내가 해야 할 바를 말했다면 나는 내가 해야 할 말을 한 것이며, 설령 내가 소설 한 편을 쓴 것이라 해도 그리 상관없다. 그것이 인간 본성에 관한 소설이라면 그것은 충분히 훌륭한 소설일 것이다. 이 글에만 그런 소설이 들어 있다고 해서 그것이 나의 잘못

---

43 타소의 『해방된 예루살렘』에서 인용 — 옮긴이.

이겠는가? 바로 그것이 인류의 역사가 되어야 하지 않겠는가? 인류를 타락시키는 여러분, 내 책을 소설로 만드는 것은 바로 여러분이다.

이 첫 번째 고려를 뒷받침하는 또 다른 고려는 여기서 다루고 있는 사람이 어려서부터 두려움, 탐욕, 질투, 자존심 그리고 일반교육이 수단으로 삼는 온갖 정념에 빠져들던 그런 젊은이가 아니라, 이것이 첫사랑일 뿐만 아니라 온갖 종류의 정념 중에서도 그가 최초로 느껴 보는 정념인 그런 젊은이라는 사실이다. 또한 그가 일생 동안 강렬하게 체험할 이 정념, 아마도 유일할 이 정념에 그가 앞으로 지니게 될 성격의 최종적인 형태가 달려 있다는 사실이다. 그의 사고방식과 감정 그리고 취향은 일관된 정념에 의해 결정되어 더 이상 변질을 허용하지 않는 확고부동함을 얻게될 것이다.

에밀과 내가 그렇게 저녁을 보내고 맞은 밤을 줄곧 잠만 자며 보내지 못했으리라는 것은 짐작할 것이다. 도대체 무슨 일인가! 이름이 일치한다는 것 하나만으로도 현명한 사람이 이토록 영향을 받는단 말인가? 세상에 소피가 하나밖에 없을까? 이름이 같으면 모두 마음도 닮은 것인가? 그가 만나게 될 모든 소피들이 다 그의 소피인가? 말도 못 붙여 본 이 낯선 여인에게 이렇게 열중하다니 그가 미친 것인가? 기다려라, 젊은이여. 제대로 살펴보고 관찰하라. 자네는 아직 자신이 지금 누구의 집에 와 있는지조차 알지 못하는데, 자네 말을 들으면 벌써 자네 집에 와 있는 듯하다.

지금은 훈계할 때가 아니다. 훈계가 귀에 들어오지 않는다. 그것은 젊은이에게 자기 애정을 정당화하고 싶은 욕망을 일으킴으로써 소피에 대한 새로운 관심만 불어넣어 준다. 이름의 일치, 그가 우연이라고 생각하는 이런 만남, 나의 신중함까지도 그의 격렬함을 부추길 뿐이다. 소피는 그가 보기에 이미 너무도 존경할 만해서 그는 나도 그녀를 좋아하게 만들 수 있다고 확신하고 있다.

나는 아침에 에밀이 비록 허름한 여행복이지만 더욱 정성 들여 차려입으려 하리라는 것을 충분히 짐작한다. 아닌 게 아니라 그는 그렇게 한다. 그러면서 그가 재빨리 이 집에서 내준 속옷을 그대로 입는 것을 보고 나는 웃는다. 나는 그의 생각을 꿰뚫어 보고 있다. 그것을 보고 나는 반환하거나 교환할 것을 마련함으로써 이 집으로 되돌아오거나 다시 올 수 있게 할 일종의 연줄을 만들어 보려는 그의 생각을 즐거운 마음으로 읽어 낸다.

나는 소피 쪽에서도 역시 조금은 더 잘 차려입으려니 하고 예상했다. 그런데 내 생각이 틀렸다. 그런 속된 교태는 자기가 환심만 사려고 하는 상대에게는 유용하다. 그러나 진정한 사랑의 교태는 더 세련되고 섬세하다. 거기에는 다른 요구조건들이 많이 있다. 소피는 전날보다 훨씬 더 소박하게, 여전히 빈틈없이 깨끗하지만 심지어 더 허술하게 차려입었다. 내가 그 허술함에서 교태를 보는 것은 오로지 거기서만 어떤 꾸밈이 엿보이기 때문이다. 소피는 더 꾸민 치장이 일종의 의사 표시가 된다는 것을 잘 알고 있지만, 치장을 더 소홀히 한 것 또한 의사 표시가 된다는 것은 모르고 있다. 그녀는 몸단장을 통해 환심을 사는 것만으로 만족하지 않고, 인격으로도 환심을 사고 싶다는 뜻을 드러내 보인 것이다. 하기는 상대편이 자신에게 관심이 있다는 것을 알기만 하면 어떻게 차려입었든 애인에게 무슨 상관이 있겠는가? 소피는 이미 자신의 영향력에 확신이 있는데, 에밀의 마음이 그녀의 매력을 찾아 나서지 않는다면 자신의 매력으로 에밀의 눈을 사로잡는 것으로 만족하지 않는다. 그가 자신의 매력을 보는 것만으로는 더 이상 충분치가 않아서 그녀는 그것을 상상해 주기를 바라고 있는 것이다. 그가 이미 그것을 충분히 보았으니 나머지 매력도 추측해야 하지 않겠는가?

그날 밤 우리가 대화를 나누는 동안 소피와 그녀의 어머니도 말없이 있지는 않았다고 생각된다. 고백을 받아 냈고 또 가르침이 주어졌다. 다음 날 만반의 준비를 하고 우리는 다시 모인다. 우리의 젊은이들이 다시 만난 것은 열두 시간이 채 지나지 않아서이다. 그들은 아직 서로에게 말한마디 하지 않았지만, 이미 사람들은 그들의 마음이 서로 일치한다는 것을 안다. 그들이 서로를 대하는 태도는 아직 친근하지 못하다. 어색하고 수줍다. 그들은 서로에게 전혀 말을 걸지 않는다. 아래로 떨구어진 그들의 시선은 서로 피하는 듯한데, 그 자체가 서로 마음이 통하고 있다는 표시이다. 그들은 서로 피하고 있지만 생각은 일치해 있다. 그들은 서로 무엇인가 말하기도 전에 이미 비밀이 필요하다고 느끼고 있다. 떠나면서 우리는 가져가는 것을 돌려주러 우리가 직접 다시 오는 것을 허락해 달라고 부탁한다. 에밀의 입은 소피의 아버지와 어머니에게 허락을 구하고 있지만, 그녀를 향한 불안한 그의 눈은 훨씬 더 간절하게 그녀에게 부탁을 하고 있다. 소피는 아무 말도 어떤 표시도 하지 않고, 아무것도 보이지도 들리지도 않는 것 같다. 하지만 그녀의 얼굴은 빨개진다. 이런 홍조는 부모님의 대답보다 훨씬 더 확실한 대답이다.

우리에게 더 머무르라고 하지는 않지만 다시 와도 좋다는 허락은 해준다. 이런 처사는 적절하다. 묵을 데가 없어 곤란에 처한 나그네에게 거처는 제공할 수 있지만, 서로 연인 사이인 남녀가 여성의 집에서 자는 것은 점잖지 못하기 때문이다.

그 정겨운 집을 벗어나 밖으로 나오자마자 에밀은 부근에 거처를 정할 생각을 한다. 아무리 가까이 있는 초가집도 그에게는 이미 너무 먼 듯하다. 그는 성의 도랑에서라도 잘 기세이다. "경솔한 젊은이여!" 내가 연민 어린 어조로 그에게 말한다. "뭐라고! 벌써 정념에 눈이 멀었단 말인가? 예절도 도리도 이제는 보이지 않는가? 딱하구나! 사랑하고 있다고 생각하면서 자기 애인을 망신시키려 들다니! 그 집에서 나온 젊은이가 근처에서 잔다는 것을 알게 되면 남들이 그녀에 대해 뭐라고들 하겠는가? 그녀를 사랑한다고 자네는 말하겠지! 그래서 자네가 그녀의 평판을 나쁘게 만들어야겠는가? 그것이 그녀의 부모가 자네한테 해 준 환대에 대한 대가란 말인가? 자네의 행복을 마련해 줄 것이라고 자네가 기대하는 여성에게 치욕을 안겨 주려는가?" 그가 발끈해서 대답한다. "남들의 쓸데없는 말이나 부당한 의심이 무슨 상관입니까? 바로 선생님께서 그런 것에 개의치 말라고 가르쳐 주시지 않았습니까? 제가 소피를 얼마나 존중하는지, 또 존경하고 싶은지 누가 저보다 더 잘 알겠습니까? 저의 애정이 그녀를 창피하게 만들기보다 오히려 그녀의 명예가 되고 그녀에게 합당한 것이 될 것입니다. 저의 마음과 정성이 어디서나 그녀가 받아 마땅한 경의를 표한다면, 어떤 점에서 내가 그녀를 욕되게 할 수 있겠습니까?" 그를 안아 주며 내가 말을 잇는다. "사랑하는 에밀, 자네는 지금 자신을 위해 이치를 따지고 있는데 그녀를 위해 이치를 따지는 법도 배우도록 하게. 남성의 명예를 여성의 명예와 비교하지 말게. 그것들은 완전히 다른 원칙들을 갖고 있다네. 그 원칙들은 둘 다 자연에서 나온 것이기 때문에, 또 자네를 위해서는 남들의 말을 무시하게 하는 바로 그 미덕이 자네의 애인을 위해서는 자네에게 남들 말을 존중하도록 의무를 부과하기 때문에, 둘 다 똑같이 확고부동하고 이치에 맞네. 자네의 명예는 자네에게만 있으나, 그녀의 명예는 다른 사람에게 달려 있네. 그것을 무시하는 것은 심지어 자네의 명예도 훼손하는 일이 될 것이고, 마땅히 사람들로부터 그녀에게 주어져야 할 것이 자네 때문에 주어지지 않는다면 자네는 해야 할 바를 다하지 못한 셈이 되네."

그러고는 그에게 이런 차이의 이유를 설명해 주면서, 그것을 아무것도 아니라고 여기려는 것이 얼마나 부당한지 깨닫게 해 준다. 그가 소피의 남편이 될 것이라고 누가 그에게 말하기라도 했는가? 그녀의 감정이 어떤지도 모르고, 그녀의 마음이 혹은 부모가 이전에 정혼해 둔 데가 있을 수도 있고, 그가 그녀를 제대로 알지 못하고, 행복한 결혼을 만들어 줄 그와의 합치점이 그녀에게 하나도 없을 수도 있지 않은가? 모든 추문들이 젊은 여성에게는 지워지지 않는 오점이어서, 추문을 야기한 남자와 결혼할 때조차 지워지지 않는다는 것을 그는 알지 못하는가? 다감한 남성이라면 어찌 자기가 사랑하는 여성을 망치려 하겠는가? 또 성실한 남성이라면 어찌 자기 마음에 들었다는 불행 때문에 불운한 여성을 한평생 울리고 싶겠는가?

내가 그에게 살피게 해 준 결과에 겁을 먹자 언제나 생각이 극단을 치닫는 이 젊은이는 벌써 소피가 있는 곳에서 아무리 멀리 떨어져도 결코 충분하지 않다고 생각한다. 그는 더 빨리 멀리 달아나려고 걸음을 재촉한다. 누가 우리의 말을 듣고 있지나 않은지 주위를 살펴본다. 그는 자신이 사랑하는 여인의 명예를 위해서라면 자신의 행복을 수천 번이라도 희생시킬 것이다. 그녀에게 단 한 번이라도 고통을 주기보다 일생 동안 그녀를 다시 만나지 않는 편을 선택할 것이다. 바로 이것이 어려서부터 그에게 사랑할 줄 아는 마음을 갖게 한 나의 배려의 첫 결실이다.

문제는 떨어져 있기는 하지만 그렇게 멀지 않은 곳에 거처를 찾아내는 것이다. 우리는 찾아다니고 알아본다. 그리하여 족히 이십 리 정도는 떨어진 곳에 도시가 하나 있다는 것을 알게 된다. 우리가 머무는 것이 수상하게 보일 더 가까운 마을들보다 차라리 그곳에 가 머무르려 한다. 사랑과 희망과 기쁨과 무엇보다 선량한 감정에 가득 차서 이 신참 애인이 마침내 도달하는 곳이 바로 그곳이다. 나는 이런 식으로 막 생겨나는 그의 정념을 차츰차츰 선하고 정직한 쪽으로 이끌어서, 모르는 사이에 그의 모든 성향들이 동일한 형태를 갖추도록 한다.

이제 내 일도 막바지에 이르고 있다. 벌써부터 그것이 멀리서 내게 보인다. 큰 어려움은 모두 극복했고, 온갖 큰 장애물들도 넘어왔다. 서둘러 일을 완수하려다 일을 망치지 않는다면, 이제 해야 할 힘든 일은 남아 있지 않다. 불확실한 인생에서 무엇보다 미래를 위해 현재를 희생시키는 그릇된 조심성은 피하도록 하자. 그것은 대개 앞으로 있지도 않을 일을 위해 지금 있는 것을 희생시키는 셈이다. 너무나 애를 많이 쓰고도 행복해지기 전에 죽는 일이 없도록, 어느 나이에서든 사람을 행복하게 해 주자. 그런데 삶을 즐길 수 있을 때가 있다면, 그것은 분명 심신의 능력이 가장 큰 활력을 얻고, 인생행로의 중간에 위치해서 인생이 짧다는 것을 느끼게 만드는 출생과 죽음의 양 끝을 더 멀리서 보게 되는 바로 이 청년기의 끝 무렵이다. 무분별한 젊은이가 판단을 잘못 내리게 되는 것은 즐기고 싶어 하기 때문이 아니다. 그것은 즐거움이 없는 곳에서 즐거움을 찾기 때문이며, 비참한 미래를 마련하느라 현재를 사용할 줄 모르기 때문이다.

이제 스무 살이 넘은 에밀을 보라. 잘 자라서 정신과 신체가 제대로 형성되었고, 강하고 건전하고 생기발랄하고 능숙하고 건장하며, 양식과 이성과 선의와 인정이 풍부하고, 품성과 취향을 갖추어 미를 사랑하고 선을 행하는 에밀을. 또 잔혹한 정념들의 지배를 받지 않고 세상 평판의 굴레에서 벗어나 지혜의 법칙에 따르고, 우정의 목소리에 순종하며, 유용한 온갖 재능과 몇 가지 유쾌한 재주를 지녔으며, 재물에는 별로 관심이 없고 자기 수중에 생활 밑천은 있어 무슨 일이 일어나든 빵이 떨어질까 겁내지 않는 그런 에밀을 말이다. 이제 그는 막 생겨나기 시작한 정열에 도취해 있다. 그의 마음이 사랑의 최초의 불길에 열린 것이다. 달콤한 환상이 그에게 즐겁고 기쁜 새로운 세계를 만들어 준다. 그는 사랑스러운 대상을, 용모보다는 성격 때문에 더 사랑스러운 한 대상을 사랑하고 있다. 그가 받아 마땅하다고 느끼는 사랑의 보답을 갈구하며 기다리고 있다.

그들의 첫 애정은 바로 그들 마음이 비슷하고 정직한 감정이 일치하여 생겨난다. 그런 애정은 지속되기 마련이다. 그는 신뢰와 이성을 갖고, 두려움도 회한도 가책도 없이, 행복감에 따라붙게 마련인 그런 불안 말고 다른 불안감은 없이 좀 더 매력적인 흥분에 빠져든다. 그의 행복에 무엇이 부족할 수 있겠는가? 그에게 더 필요한 것이 무엇인지, 그가 지금 갖고 있는 것과 조화를 이루면서 덧붙일 수 있을 것이 무엇인지 알아보고 찾아내고 상상해 보도록 하라. 사람이 한 번에 얻을 수 있는 재산을 그는 모두 다 갖고 있다. 다른 것을 희생시키지 않고는 어떤 것도 추가할 수 없다. 그는 인간이 행복할 수 있는 만큼 최대한 행복하다. 내가 지금 이 순간 이 달콤한 운명을 단축시키려 하겠는가? 그토록 순수한 쾌락을 어지럽히려 들겠는가? 아, 삶의 모든 가치가 그가 맛보는 행복 속에 있다! 내가 그에게서 무언가를 빼앗는다면, 그것에 값할 만한 그 무엇을 그에게 돌려줄 수 있겠는가? 설령 내가 그의 행복을 절정에 이르게 한다 하더라도, 나는 그 행복의 가장 큰 매력을 깨뜨리게 될 것이다. 이 지고한 행복은 얻었을 때보다 바라고 있을 때 백 배는 더 기분 좋은 것이다. 그런 행복은 맛볼 때보다 바라고 있을 때 훨씬 더 즐거운 법이다. 오, 선량한 에밀이여, 사랑을 하고 사랑을 받아라. 소유하기 전에 오래도록 즐겨라, 사랑과 순수함을 동시에 즐겨라. 저세상의 낙원을 기다리면서 이 지상에 너의 낙원을 만들라. 나는 너의 생에서 이 행복한 시기를 단축시키지 않을 것이다. 너를 위해 그 환희의 실을 자아낼 것이다. 그래서 가능한 한 최대로 그것을 길게 늘일 것이다. 아아! 그것은 반드시 끝이 날 것이다, 그것도 조만간에. 그러나 최소한 그것이 네 기억 속에서 영원히 지속될 수 있도록, 네가 그것을 맛보았다는 사실을 결코 후회하지 않도록 해 줄 것이다.

에밀은 우리가 돌려줄 것이 있음을 잊지 않는다. 그것들이 준비되자마자 우리는 말을 타고 급히 달려간다. 이번에는 출발하자마자 곧 도착하고 싶어 한다. 마음이 정념에 눈을 뜰 때 삶의 권태에도 눈을 뜨게 된다. 내가 내 시간을 낭비한 것이 아니라면, 그의 삶 전체가 그렇게 지나가지는 않을 것이다.

불행하게도 길이 많이 끊어지고 그 고장의 길들은 통행하기가 어렵다. 우리는 길을 잃는데, 에밀이 그것을 먼저 알아채지만 초조해하거나 불평하지 않고 다시 길을 찾아내는 데 온갖 주의를 기울인다. 다시 길을 찾아내기까지 오랫동안 헤매지만 여전히 한결같이 침착하다. 이런 상황이 여러분에게는 아무것도 아니겠지만, 흥분을 잘 하는 그의 성격을 알고 있는 나한테는 꽤 큰일이다. 어려서부터 불가피한 시련에 맞서도록 그를 단련시키는 데 기울여 온 내 노력의 결실이 보이기 때문이다.

마침내 우리는 도착한다. 우리가 받은 대접은 지난번보다 훨씬 더 소박하지만 친절하다. 우리는 이미 오랜 지기知己가 된 것이다. 에밀과 소피는 조금은 당황하면서 서로 인사를 하고 여전히 아무 말도 하지 않는다. 그들이 우리가 있는 곳에서 서로 무슨 말을 하겠는가? 그들에게 필요한 대화에는 입회인이 필요 없다. 우리는 정원을 산책한다. 이 정원에는 화단 대신 아주 잘 가꾸어진 채소밭이 있고, 공원 대신 크고 아름다운 온갖 종류의 과일 나무들로 뒤덮인 과수원에 예쁜 개울과 꽃들이 가득한 꽃밭이 군데군데 있다. "정말 아름다운 곳이로군요!" 자신이 좋아하는 호메로스 생각으로 머릿속이 꽉 찬 채 여전히 흥분해 있는 에밀이 외친다. "알키노오스[44]의 정원을 보는 듯합니다." 딸이 알키노오스가 무엇인지를 알고 싶어 하자 어머니가 그것을 물어본다. 내가 그들에게 설명한다. "알키노오스는 코르키라섬의 왕이었는데, 호메로스가 묘사한 그의 정원은 너무도 소박하고 거의 꾸며져 있지 않다고 해서 안목 있는 사람들에게서 비판을 받고 있었습니다.[45] 이 알키노오스에게는 귀여운 딸이 하나 있

---

44 「오디세이아」 7권에 등장한다. 스케리아섬에 있는 파이아키아의 왕으로 폭풍으로 그 섬에 난파당한 오디세우스를 환대한다 — 옮긴이.

45 "왕궁을 나서면 그곳에는 사방이 울타리로 막힌 4에이커의 정원이 보인다. 거기에는 배, 석류, 그 밖에도 아름다운 각종 열매들이 열리거나 꽃이 핀 커다란 나무들, 맛있는 열매들이 달린 무화과나무와 푸른 올리브나무들이 심어져 있다. 1년 내내 이 아름다운 나무들에는 열매가 달려 있지 않은 적이 없고, 여름과 겨울에 부는 서풍의 따뜻한 입김이 어떤 나무의 열매는 맺게 하고 어떤 나무의 열매는 익게 해 준다. 배나 사과가 나무에 매달린 채, 무화과가 무화과나무에서 포도가 그루터기 위에서 시들시들 말라 가는 것

었는데, 어떤 낯선 사람이 그녀의 아버지 집에 머물게 된 전날 밤 그녀는 곧 남편을 얻게 되는 꿈을 꾸었다고 합니다." 당황한 소피는 얼굴이 빨개져서 눈을 아래로 뜨고 혀를 깨문다. 그렇게 당황하리라고는 상상도 못 할 것이다. 딸을 더 당황하게 만들고 싶은 아버지가 말을 받아서 그 어린 공주가 몸소 강가에 속옷을 빨러 갔다고 말한다. 그는 이어서 "너는 공주가 기름때 냄새가 나서 더러운 냅킨을 만지려 하지도 않았다고 생각하니?" 하고 묻는다. 공격을 받은 소피는 타고난 수줍음도 잊고 극구 변명한다. 그녀의 아버지는, 하도록 내버려 두기만 했다면 그녀가 다른 세탁부 없이 온갖 자질구레한 빨래를 다 했을 것이고,[46] 하라고 시켰으면 기꺼이 그 이상을 했으리라는 것을 잘 알고 있다. 이런 말들이 오가는 동안 그녀는 불안한 듯 나를 몰래 쳐다보는데, 나는 어떤 걱정 때문에 그녀가 그런 말을 하는지 그녀의 순진한 마음속에서 읽어 내고 웃지 않을 수 없다. 그녀의 아버지는 짓궂게도 그녀의 경솔함을 들추며 조롱 섞인 어조로 그녀에게 묻는다. "무슨 까닭에 여기서 자신을 변명하느냐? 알키노오스의 딸과 너는 무슨 상관이 있느냐?" 창피하고 떨려서 그녀는 이제 감히 숨도 쉬지 못하고 누구를 바라보지도 못한다. 귀여운 처녀여! 이제

이 보인다. 무궁무진한 포도밭에서는 끊임없이 새로운 포도가 영근다. 마당 한쪽에서는 아직 꽃이 피어 있는 덜 익은 열매나 검어지기 시작하는 것들은 남겨 두고 수확이 한창인데, 마당 다른 쪽에서는 그것들을 마당에서 햇볕에 익혀 잼을 만들고 있다. 한쪽 끝에는 1년 내내 꽃으로 덮인 잘 가꾸어진 두 개의 화단이 두 개의 샘물로 장식되어 있다. 그중 하나는 정원 전체에 물을 대 주고, 다른 하나는 궁전을 지나 시내의 한 높은 건물에 이르러서 시민들의 식수가 된다."

이것이 『오디세이아』 7권에 나오는 알키노오스 왕의 정원에 대한 묘사인데, 늙은 몽상가 호메로스나 당시의 군주들에게는 수치스럽겠지만, 이 정원에는 철망도 조각상도 폭포도 잔디밭도 보이지 않는다.

46 고백하건대 나는 소피의 어머니가 자신의 손만큼 부드러운 손을, 에밀이 그토록 자주 키스할 그 손을 비누로 망치게 내버려 두지 않은 것에 대해 어느 정도 고맙게 생각한다.

는 속마음을 감출 때가 아니다. 본의 아니게 이제 네 본심이 드러나고 말았다.

이 사소한 장면은 곧 잊힌다, 아니 잊힌 듯이 보인다. 소피로서는 너무나 다행스럽게도 에밀만 아무것도 알아채지 못하고 있다. 산책은 계속되고, 처음에 우리 옆에 있던 두 젊은이는 우리의 느린 걸음에 맞추어 걷는 것이 고역이다. 어느새 그들은 우리를 앞지르고 서로 가까워지더니 마침내 나란히 걸어간다. 그러고는 우리 앞에 멀찍이 떨어져 있는 것이 보인다. 소피는 매우 주의 깊고 침착한 듯하다. 에밀은 열을 내서 몸짓을 섞어 가며 열심히 말하고 있다. 그들의 대화가 지겨운 것 같지는 않다. 족히 한 시간은 흘러서 우리는 돌아간다. 우리가 부르자 그들은 되돌아오는데, 이번에는 그들의 발걸음이 느리다. 우리는 그들이 시간을 이용하고 있음을 알 수 있다. 마침내 우리가 그들의 말을 알아들을 수 있는 지점 직전에서 갑자기 대화는 끊어지고, 그들이 걸음을 재촉하여 우리에게로 온다. 에밀이 밝고 상냥한 태도로 우리에게 다가온다. 그의 눈은 기쁨으로 빛난다. 그렇지만 소피의 어머니가 자신을 어떻게 대할지 보기 위해 다소 불안스럽게 그녀에게로 눈을 돌린다. 소피에게는 그런 거리낌 없는 태도가 도무지 없다. 가까워지면서도 그녀는 젊은 남성과 나란히 있는 것에 매우 당황하는 듯하다. 그녀는 꽤 자주 다른 남성들과 같이 있었어도 그 때문에 당황한 일이 없었고, 아무도 그것을 나쁜 일이라고 생각한 적도 없었건만. 마치 오래전부터 거기 있었던 것처럼 보이려는 듯별 의미도 없는 말을 몇 마디 하면서 조금은 숨이 차서 서둘러 어머니에게로 달려간다.

이 귀여운 아이들의 얼굴에 드리운 평온함으로 볼 때 두 젊은이의 마음이 그들이 나눈 대화로 인해 훨씬 가벼워졌음을 알 수 있다. 서로를 덜 조심스러워하는 것은 아니지만, 그 조심성에 거북함이 전보다는 덜하다. 그들의 조심성은 에밀의 공손함과 소피의 겸손함, 그리고 두 사람의 정직함에서 비롯된 것이다. 에밀은 감히 몇 마디 말을 건네기도 하고 소피도 때로는 대답을 한다. 하지만 그렇다고 해서 입을 열면서 어머니에게 눈길을 주지 않는 것은 결코 아니다. 그녀에게서 가장 뚜렷하게 보이는 변화는 나에 대한 것이다. 그녀는 내게 훨씬 상냥하게 경의를 표하고 관심을 갖고 나를 바라보며, 다정하게 말을 하고 내 환심을 사려고 주의한다. 나는 영광스럽게도 그녀가 나를 존경하고 있으며 내 존경을 얻는 데 무관심하지 않다는 것을 알 수 있다. 에밀이 나에 관해 그녀에게 말했음을 짐작한다. 그들이 나의 환심을 사기 위해 공모라도 한 것 같다. 그렇지만 그럴 리는 없다. 그리고 소피 자신도 그렇게 빨리 호락호락 매수되지는 않는다. 그는 아마도 나에 대한 그녀의 호의가 필요하기보다 그녀에 대한 나의 호의가 더 필요할 것이다. 귀여운 한 쌍…! 내 젊은 친구의 다정스러운 마음이 애인과의 첫 대화에서 나를 중요한 화제로 삼았던 것을 생각하면서 나는 내 노고의 대가를 즐긴다. 그의 우정이 내게 보답을 다한 것이다.

방문이 되풀이된다. 젊은이들 사이의 대화도 점점 더 빈번해진다. 사랑에 도취한 에밀은 이미 행복해졌다고 여긴다. 그렇지만 그는 소피에게서 정식으로 동의를 얻어 내지는 못했다. 소피는 그의 고백을 들었지만 그에게 아무 말도 하지 않은 것이다. 에밀은 그녀의 얌전함을 전부 알고 있다. 그토록 조심스러운 데 그다지 놀라지 않는다. 자신이 소피에게 나쁘게 보이지 않는다는 것을 느낀다. 또한 그는 자식을 결혼시키는 것은 아버지임을 알고 있다. 그는 소피가 부모의 명령을 기다리고 있다고 짐작하고, 그가 청을 드려도 좋을지 그녀에게 묻는다. 그녀는 반대하지 않는다. 그가 내게 그 말을 하고, 내가 그 대신, 그것도 그가 보는 앞에서 그 말을 한다. 소피가 제 의지대로 할 수 있고, 그를 행복하게 해 주려면 소피가 그것을 바라기만 하면 된다는 것을 알고 그는 몹시 놀란다. 그는 그녀의 처신을 더 이상 이해하지 못하기 시작한다. 자신감이 줄어들고, 불안해하고, 생각하던 것보다 별로 일이 진척되지 않았음을 알게 된다. 가장 다정한 사랑의 감정이 그녀를 감동시킬 수 있는 최대한 감동적인 언어를 사용하게 되는 것은 바로 이때이다.

에밀은 무엇이 자신을 방해하는지 알아챌 수 있는 그런 사람이 아니다. 만약 누군가 그에게 말해 주지 않으면 그는 끝내 그것을 모를 것이고, 소피는 그런 말을 하기에는 너무도 자존심이 강하다. 그녀를 가로막는 난관들은 다른 여성에게는 더 열의를 갖게 하는 것일 수도 있다. 그녀는 부모의 가르침을 잊지 않았다. 그녀는 가난하고 에밀은 부자라는 사실을 그녀는 알고 있다. 에밀로서는 소피의 존경을 받는 것이 정말 필요하다. 이러한 차등을 없애려면 굉장한 장점이 그에게 있어야 하지 않는가? 하지만 그가 이러한 장애물들을 어찌 생각해 낼 수 있겠는가? 에밀은 자신이 부자라는 것을 알고 있는가? 알아볼 생각이라도 들겠는가? 다행히도 그는 조금도 부자일 필요가 없고, 부자가 아니어도 친절할 줄 안다. 그는 자신이 행하는 선을 마음으로부터 끌어내지 지갑에서 끌어내지 않는다. 그는 불행한 사람들에게 자신의 시간과 정성과 애정과 몸을 바치며, 자신의 선행을 평가할 때에도 감히 자신이 극빈자들에게 준 돈을 셈에 넣지는 못한다.

자신이 당한 실연에 대해 무엇을 원망해야 할지 모르는 에밀은 그것을 자신의 잘못 탓으로 돌린다. 왜냐하면 자신이 열렬히 사랑하는 사람을 누가 변덕스럽다고 비난할 수 있겠는가? 자존심이 당한 모욕은 거절당한 사랑의 회한을 증가시킨다. 그는 자신의 마음이 소피의 마음에 어울린다고 느꼈는데, 이제는 그 사랑스러운 자신감을 가진 채 소피에게 다가가지 못한다. 그녀 앞에서 두려워하고 벌벌 떤다. 이제는 애정으로 그녀를 감동시키기를 바라지 못하고, 연민으로 그녀를 감동시키려 한다. 때로는 그의 인내심이 지치기도 한다. 그에 이어서 분한 마음이 일어나려 한다. 소피는 이러한 격정을 예감하고 있다는 듯이 그를 바라본다. 이 시선만으로도 그는 누그러지고 겁을 먹는다. 그는 전보다 더 고분고분하다.

이렇게 끈질긴 저항과 주체할 수 없는 침묵에 당황한 에밀은 친구에게 마음을 토로한다. 슬픔에 잠긴 마음의 고통을 털어놓는다. 그러고는 그의 도움과 충고를 간청한다. "도무지 풀 수 없는 수수께끼입니다! 그녀는 나의 운명에 관심이 있어요. 그 점은 의심할 수가 없습니다. 나를 피하기는커녕 나와 함께 있으면 즐거워합니다. 내가 가면 그녀는 기쁜 내색을 비추고 내가 떠나오면 서운해합니다. 나의 배려를 기꺼이 받아 주고, 또 내가 드는 시중을 마음에 들어 하는 듯합니다. 나에게 충고도 해 주고, 때로는 명령도 내립니다. 그렇지만 나의 간청, 내 부탁은 거절합니다. 감히 결혼 얘기라도 꺼내면 강압적으로 내게 침묵을 명하고, 내가 한마디라도 덧붙이면 즉시 가 버립니다. 내가 자신의 남자이기를 진정 바라면서 자기가 나의 여자라는 말은 왜, 무슨 이상한 이유로 들으려 하지 않는 걸까요? 그녀는 선생님을 존경하고 좋아합니다. 감히 선생님의 입을 다물게 하지는 못할 테니 선생님이 말을 좀 해 주세요. 그리고 그녀에게도 말을 시켜 보세요. 나를 도와주셔서 선생님의 일을 마무리 지어 주세요. 선생님의 정성이 당신의 제자에게 불길한 것이 되게 하지 마세요. 아! 선생님이 제자의 행복을 완성시켜 주시지 않는다면, 그는 오히려 선생님한테 물려받은 것 때문에 불행해지고 말 것입니다!"

나는 소피에게 말한다. 그리고 그녀에게서 별로 힘들지 않게 그녀가 내게 말하기 전부터 알고 있던 비밀을 끌어낸다. 그것을 에밀에게 알려도 좋다는 허락을 얻어 내기가 더 힘들다. 마침내 허락을 얻어 그렇게 한다. 그 설명에 에밀은 놀라서 어쩔 줄을 모른다. 그는 그런 세심함을 도무지 이해하지 못한다. 그는 재산이 많고 적은 것이 성격과 가치에 어떤 영향을 미치는지 생각도 하지 못한다. 내가 돈이 편견에 미치는 영향을 그에게 설명하자 그는 웃기 시작하더니 기쁨에 들떠서, 소피만큼 가난해지는 명예를 얻고 그녀의 남편이 될 자격을 갖춘 채 돌아오기 위해, 당장 떠나 모든 것을 찢어 버리고 던져 버리고 포기하려고 한다.

아니, 뭐라고! 나는 그를 만류한다. 그리고 이번에는 내가 그의 성급함에 웃으면서 이렇게 말한다. "자네의 그 어린 머리는 도무지 철이 언제 들 것인가? 여태 철학 공부를 하고서도 이성적으로 생각하는 법은 결코 배우지 않을 작정인가? 자네의 엉뚱한 계획을 따르게 되면, 자네의 처지를 더 악화시키고 소피를 더욱 다루기 힘들게 만들 것이라는 사실을 어찌 모른단 말인가? 그녀보다 재산이 더 많다는 것은 조금 유리한 조건이지만, 그녀를 위해 그 재산을 모두 포기했다는 것은 훨씬 더 유리한 조건이 될 것이네. 전자의 경우에도 그녀의 자존심이 자네한테 빚질 마음을 먹지 못하는데, 후자의 경우에야 어떻게 그럴 생각을 하겠는가? 남편이 그녀를 부자로 만들었다고 그녀를 탓할 수 있다는 사실도 견디지 못하는데, 남편이 자기 때문에 가난해졌다고 그녀를 비난하는 것을 견뎌 내겠는가? 참으로 딱하군! 자네가 그런 계획을 세우지 않았을까 그녀가 의심하는 일이나 걱정하게. 차라리 그녀의 사랑을 위해서라면 절약하고 꼼꼼해지도록 하게. 자네가 술책을 써서 자기를 얻으려 한다고, 또 자네가 부주의해서 잃게 될 것을 고의로 자기를 위해 포기한다고 그녀가 자네를 비난하지 않도록 말일세.

정말 자네는 많은 재산이 그녀를 두렵게 하고 그녀의 반대가 바로 그 재산 때문이라고 생각하는가? 그렇지 않다네, 사랑하는 에밀. 그녀가 반대하는 더 확고하고 중대한 이유는 그 재산이 그것을 소유한 사람의 마음속에 가져오는 결과에 있네. 그녀는 부를 소유한 사람들은 언제나 그 어떤 것보다 부를 더 좋아한다는 것을 알고 있네. 부자들은 모두 미덕에 앞서 황금을 먼저 고려하기 마련이네. 돈과 봉사를 공동 출자하는 경우, 부자들은 언제나 봉사가 돈을 결코 갚지 못한다고 보고, 사람들이 그들의 빵을 얻어먹으면서 부자들에게 평생을 봉사해도 자신들에게 갚아야 할 여분의 빚이 있다고 생각한다네. 그렇다면, 에밀, 자네는 그녀의 근심을 덜어 주고 안심시키기 위해 도대체 어떻게 해야 하겠는가? 그녀가 자네를 제대로 알 수 있게 해야 하네. 그것은 하루 이틀에 될 일이 아니네. 고귀한 자네의 영혼이 지닌 보물들 속에, 자네가 불행하게도 분배받은 재산을 벌충할 만한 무엇이 있음을 그녀에게 보여 주어야 하네. 참을성을 갖고 또 시간을 들여서 그녀의 저항을 이겨 내야 하네. 대범하고도 너그러운 감정을 발휘하여 그녀가 자네의 부를 잊게 만들어야 하네. 그녀를 사랑하고 섬기고, 그녀의 훌륭한 부모 또한 섬겨야 하네. 이런 정성이 일시적이고 무모한 열정의 결과가 아니라 자네의 마음 깊숙이 새겨진 지울 수 없는 원칙들의 결과임을 그녀에게 증명해 보여야 하네. 재산 때문에 훼손된 훌륭한 자질을 마땅히 존경하도록 하게. 이것이 재산으로 훼손된 훌륭한 자질과 재산의 덕을 본 훌륭한 자질을 조화시키는 유일한 방법이네."

이 이야기가 젊은이에게 얼마나 열광적인 기쁨을 주고, 얼마나 큰 자신감과 희망을 그에게 되돌려 주는지 짐작이 갈 것이다. 설령 소피가 없거나 그가 소피를 사랑하지 않는다 하더라도, 그 자신이 하게 될 모든 일을 소피의 마음에 들도록 해야 한다는 생각에 그의 성실한 마음이 얼마나 기쁘겠는가. 에밀의 성격을 조금만 이해해도 이런 경우에 그가 어떻게 처신할지 누가 상상하지 못하겠는가?

이렇게 해서 나는 마침내 착한 두 사람의 고백을 들어 주고 그들의 사랑을 중재하는 사람이 되었다! 교사로서 얼마나 훌륭한 배역인가! 너무도 근사한 일이라, 내 생각에도 평생 이토록 나를 고양시키고 스스로에게 만족할 수 있게 하는 일을 한 적이 없는 것 같다. 더구나 이 배역에는 나름의 재미도 있다. 나는 이 집에서 푸대접을 받지 않는다. 그리고 두 연인이 질서를 지키도록 보살피는 일이 내게 맡겨진다. 내 기분을 상하게 할까 봐 늘 걱정인 에밀은 이토록 온순했던 적이 없다. 소피는 내게 우정을 쏟아붓지만 나는 거기에 속지 않고 내게 돌아올 몫만 받아들인다. 이런 식으로 그녀는 자신이 에밀에게 가하는 위협에 대해 간접적인 보상을 하는 셈이다. 에밀에게 직접 애교를 부릴 바에야 차라리 죽는 편이 낫다고 여기는 그녀는 나를 통해 그에게 다정한 애교를 부리는 것이다. 내가 자기의 이익을 해치고 싶어 하지 않는다는 것을 잘 알고 있는 에밀은 내가 그녀와 사이좋게 지내는 것에 기뻐한다. 그녀가 산책할 때 그의 팔을 거부하고 대신 내 팔을 잡아도 그는 마음을 달래며 참는다. 그는 내 손을 잡고 눈과 목소리를 낮춰 내게 이렇게 말하며 군소리 없이 물러선다. "선생님, 나를 위해 말씀을 잘해 주세요." 그는 주의 깊게 우리를 눈으로 쫓는다. 우리의 얼굴에서 우리의 감정을 읽어 내고 우리의 몸짓에서 우리의 이야기를 해석해 내려고 애쓴다. 우리 사이에 오가는 어떤 말도 그와 무관하지 않다는 것을 그는 알고 있다. 착한 소피여, 텔레마크에게는 들리지 않게 그의 스승 멘토르와 이야기를 나눌 때 그대의 진실한 마음은 얼마나 평온한가! 그대는 얼마나 사랑스럽도록 솔직하게 다정한 마음속에서 일어나는 온갖 생각을 멘토르가 읽어 내게 해 주는가! 그대는 얼마나 기꺼이 멘토르에게 제자에 대한 그대의 평가를 모두 보여 주는가! 얼마나 감동적인 천진난만한 언동으로 그대는 멘토르가 더 달콤한 감정을 간파할 수 있게 하는가! 그 성가신 친구가 조급해하며 그대의 이야기를 가로막을 때 그대는 얼마나 짐짓 화난 척하며 그를 쫓아 버리는가! 그의 좋은 점에 대해 그대가 말하고 듣는 것을 방해하러, 또 항상 내 대답에서 그대가 그를 사랑할 어떤 새로운 이유를 끌어내는 것을 방해하러 그가 오면, 그대는 얼마나 귀엽게 분노하며 그의 경솔함을 꾸짖는가!

이처럼 공인된 애인으로서 고통을 받게 된 에밀은 애인이 가질 수 있는 모든 권리를 주장한다. 말을 걸고 다그치고 간청하고 성가시게 군다. 그는 자기 말에 귀를 기울이게 할 수만 있다면, 사람들이 그에게 심하게 말을 하든 구박을 하든 개의치 않는다. 마침내 그는 힘이 꽤 들기는 했지만, 소피로서도 그에 대해 공개적으로 애인으로서의 권한을 갖고 싶어

하도록 만들었다. 그리하여 그가 해야 할 일을 그에게 시키고, 부탁하는 대신 명령하고, 사양하는 대신 수락하고, 방문의 횟수와 시간을 조정해 주고, 그가 어느 날까지는 오지 못하게 금하고 어느 시간이 지나서는 머물러 있지 못하게 만들고 만다. 이 모든 것은 장난삼아서가 아니라 진지하게 이루어졌기 때문에, 그녀가 이 권한들을 마지못해 수락하기는 했어도 가련한 에밀이 그 권한을 그녀에게 준 것에 대해 종종 후회하게 될 정도로 그녀는 엄격하게 그 권한들을 이용한다. 하지만 그녀가 무슨 명령을 하든 그는 대꾸하는 법 없이 그리고 명령을 수행하러 나가면서 종종 기쁨에 겨워 내게 이렇게 말하는 눈빛으로 나를 바라보곤 한다. "보시다시피 그녀가 나를 차지하고 말았어요." 한편으로 자랑스러워하는 여인은 그를 넌지시 지켜보며 자기 노예의 자부심에 몰래 웃음 짓는다.

알바니[47]와 라파엘로[48]여, 기쁨을 그리는 붓을 내게 빌려 달라. 신성한 밀턴[49]이여, 내 거친 붓으로 사랑과 순결의 기쁨을 묘사하는 법을 가르쳐 달라. 아니다. 자연의 성스러운 진실 앞에서는 당신들의 거짓된 예술을 감추라. 오로지 애정 어린 마음과 정직한 영혼만 품도록 하라. 그런 뒤에 부모와 이끌어 주는 사람들이 보는 앞에서도 불안해하지 않고 기분 좋은 달콤한 환상에 빠지는, 또 욕망에 도취되어 서서히 목표를 향해 나아가며 무덤까지 그들을 묶어 줄 행복한 끈을 꽃과 화환으로 엮어 장식하는 두 젊은 연인들의 격정 위로 당신들의 상상력이 거리낌 없이 누비고 다니게 하라. 너무나 많은 매력적인 이미지들에 도취되어 나는 순서도 맥

---

47 Francesco Albani(1578-1660): 볼로냐 태생의 이탈리아 화가 — 옮긴이.
48 Raffaello Sanzio(1483-1520): 이탈리아의 위대한 화가로 바티칸 성당 벽화를 그렸다 — 옮긴이.
49 John Milton(1608-1674): 영국의 대시인으로 『실낙원』의 저자 — 옮긴이.

락도 없이 그것들을 끌어모으지만, 그 이미지들이 내게 일으킨 흥분 때문에 그것들을 연결 짓지도 못한다. 오! 진실한 사람이라면 누구든 마음속에 아버지와 어머니, 딸과 교사와 제자의 여러 상황을 그린 감미로운 그림을, 사랑과 미덕으로 행복할 더없이 사랑스러운 한 쌍의 결합을 위해 이들이 협력하는 것을 그린 그림을 그릴 수 있을 것이다.

환심을 사느라 정말로 바빠진 에밀이 자신이 배운 유쾌한 재능의 가치를 깨닫기 시작하는 것은 바로 지금이다. 소피가 노래하기를 좋아해서 그는 그녀와 함께 노래를 부른다. 한술 더 떠서 그녀에게 음악을 가르친다. 그녀는 생기 있고 발랄하여 뜀뛰기를 좋아한다. 따라서 에밀은 그녀와 함께 춤을 추면서 뜀뛰기를 스텝으로 바꾸어 주고 그것을 완전히 익히게 만든다. 이런 수업은 즐겁고, 익살스러운 쾌활함이 그들에게 생기를 불어넣어 사랑의 소심한 조심스러움을 완화시킨다. 애인에게는 이처럼 쾌감을 느끼며 기분 좋게 수업하는 것이 허용되어 있다. 자기 애인의 선생님이 되는 것이 허용되는 것이다.

완전히 고장 나 버린 낡은 클라브생이 하나 있다. 에밀이 그것을 고쳐서 조율을 한다. 그는 목수일 뿐만 아니라 악기를 만들고 수선한다. 그는 언제나 그가 직접 할 수 있는 모든 일을 다른 사람의 도움 없이 할 수 있도록 배우는 것을 준칙으로 삼고 있다. 그 집의 배경이 그림 같아서 에밀은 그 집의 다양한 전경을 그리곤 하는데, 소피도 가끔씩 그 그림에 손을 보태어 아버지의 서재를 그 그림들로 꾸미기도 한다. 그림틀에는 금칠을 하지 않는데 그럴 필요도 없다. 그녀는 에밀이 그리는 그림을 보고 그것을 모방하면서 그를 본받아 솜씨를 완성해 간다. 또 그녀의 모든 재능을 배양하고, 그녀의 매력이 그것들을 모두 더 아름답게 만든다. 그녀의 아버지와 어머니는 주위에 미술품들이 다시 빛나는 것을 보고 옛날의 부를 회상하는데, 오직 미술품들 때문에 부는 그들에게 소중했었다. 지금은 오직 사랑만이 온 집 안을 꾸며 놓았다. 사랑만 비용도 고생도 치르지 않고, 예전에는 많은 돈을 들이고 귀찮은 일을 감수하고야 집에 끌어모을 수 있던 바로 그 기쁨들로 집이 가득 차게 만든다.

우상을 숭배하는 사람이 자신이 높이 평가하는 보물들로 숭배하는 대상을 장식하고 경배하는 신을 제단 위에 모셔 꾸미듯이, 애인은 자기 애인은 아무리 완벽하다고 보아도 어쩔 수 없이 끊임없이 그녀에게 새로운 장식들을 보태고 싶어 한다. 그녀는 그의 환심을 사기 위해 그런 장식을 필요로 하지 않는다. 하지만 그는 그녀를 꾸밀 필요가 있다. 이는 그가 그녀에게 표한다고 생각하는 새로운 경의이고, 그녀를 바라보는 기쁨에 그가 부여하는 새로운 관심이다. 그가 보기에는 최고의 아름다움도 거기에 장식을 더하지 않으면 제대로 되어 있지 않은 듯하다. 에밀이 소피에게 가르쳐 주고 싶어 하는 것이 그녀의 취향에 맞는지 그녀에게 적합한지 알아보지도 않고, 자신이 알고 있는 모든 것을 그녀에게 가르쳐 주려 애쓰는 것을 보면, 그것은 감동적이면서도 우스꽝스러운 광경이다. 그는 모든 것에 관해 그녀에게 말하고, 어린애처럼 열심히 모든 것을 설명한다. 그는 말만 하면 즉시 그녀가 그것을 알아들으리라고 생각한다. 그녀와 함께 추론하고 철학을 탐구하면서 갖게 될 기쁨을 미리 상상하고, 그녀의 눈앞에 펼쳐 놓을 수 없는 지식은 모두 쓸모없는 것으로 여긴다. 그녀가 알지 못하는 어떤 것을 자신이 알고 있는 것에 대해 거의 부끄러워할 정도이다.

그리하여 그는 철학과 물리학, 수학과 역사, 한마디로 모든 것에 관한 수업을 그녀에게 하게 된다. 소피는 그의 열성에 기꺼이 응하며 그것을 활용하려고 애쓴다. 그녀 앞에 무릎 꿇고 앉아 공부를 가르쳐도 좋다는 허락을 받아 내고 에밀이 얼마나 흐뭇해하는지! 그는 천국이 열리는 것을 보는 듯하다. 그렇지만 선생보다 학생에게 더 거북한 이런 상황이 교육에 그다지 유리한 것은 아니다. 자신의 눈을 쫓아오는 눈길을 피하려고 눈을 어디에 둘지 알지 못하고, 그러다가 눈길이 마주치기라도 하면 수업이 제대로 이루어지지 못한다.

생각하는 기술이 여성들과 무관하지는 않지만, 여성들은 추론하는 학문들을 단지 수박 겉핥기식으로만 다루어야 한다. 소피는 모든 것을 이해하지만, 대단한 것을 기억해 두지 못한다. 그녀의 가장 큰 진전은 윤리와 취향에 관한 것들에서 이루어진다. 물리학의 경우, 그녀는 일반법칙과 우주 이론에 대해 어떤 개념밖에 기억하지 못한다. 간혹 산책할 때 경이로운 자연을 바라보면서 그들의 순진하고 순수한 마음이 감히 그 창조주에게까지 고양되는 일이 있다. 그들은 그의 현전現前을 두려워하지 않고, 함께 그 앞에서 심정을 고백한다.

뭐라고! 꽃다운 나이의 두 연인이 둘만의 대화를 종교 이야기로 보내다니! 그들의 시간을 교리문답 하면서 보내다니! 숭고한 것을 격하시켜 뭐 하겠는가? 그것은 분명하다. 그들은 마음을 사로잡는 환상 속에서 교리문답을 하고 있다. 그들은 서로를 완전하다고 여기며 서로를 사랑하고, 미덕에 가치를 부여하는 것에 관하여 열정적으로 이야기한다. 그들이 미덕에 바치는 희생으로 미덕은 그들에게 소중한 것이 된다. 억눌러야 할 격정 속에서도 그들은 하늘의 이슬보다 더 맑은 눈물을 함께 흘리기도 하는데, 이 달콤한 눈물이 그들의 삶을 더욱 기쁘게 만든다. 그들은 일찍이 영혼이 결코 맛본 적이 없는 가장 매력적인 열정 속에 빠져 있는 것이다. 결핍마저도 그들의 행복을 더하며, 그들의 눈에는 그들의 희생으로 자신들이 더 명예로워지는 듯하다. 호색가들, 영혼 없는 육체들, 이들도 언젠가는 너희가 느끼는 기쁨을 알아서 그런 기쁨을 스스로 금했던 행복한 시기를 평생 아쉬워하게 될 것이다.

이렇게 사이가 좋은데도 불구하고 때로는 불화가 생기고 심지어 싸우기도 한다. 소피에게는 변덕이, 에밀에게는 격정이 없지 않아서이다. 하지만 그런 사소한 폭풍들은 곧 지나가고 그들의 결합을 더 굳어지게 할 뿐이다. 따라서 이런 경험들을 통해 에밀은 그 폭풍들을 더 이상 그다지 염려하지 않아도 된다는 것을 알게 된다. 불화가 그에게 해를 끼치는 것보다 화해가 훨씬 더 이롭다. 첫 번째 불화의 성과가 그에게 다음에도 같은 성과를 기대하게 했지만, 이번에는 그의 생각이 틀렸다. 하지만 결국 그 정도의 뚜렷한 이득을 항상 가져오지는 못하더라도, 그의 마음에 대한 소피의 진지한 호의가 확인된다는 이득은 늘 있다. 사람들은 도대체 그 이득이 무엇인지 알고 싶어 한다. 지금 내가 들고 있는 이 예가 매우 유익한 원칙을 설명하면서 아주 해로운 원칙은 반박할 수 있는 기회를 나에게 제공하는 만큼, 기꺼이 그것에 대해 말해 보겠다.

에밀은 사랑하고 있다. 따라서 그는 무모하지 않다. 자존심이 강한 소피가 남이 자신에게 지나치게 허물없이 굴도록 내버려 둘 여성이 아니라는 것은 쉽게 짐작할 것이다. 만사에 지혜로움도 한도가 있으므로, 소피는 지나친 너그러움보다는 지나친 엄격함 때문에 비난받을 수 있을 것 같다. 그녀의 아버지조차 때로는 딸의 지나친 자존심이 교만함으로 변질되지 않을까 걱정한다. 가장 비밀스런 밀회에서조차 에밀은 최소한의 애정 표시도 감히 그녀에게 간청할 수가 없다. 아니 심지어 그것을 바라는 내색조차 하지 못하며, 그녀가 결코 권리로 바꿔 주지 않는 호의를 베풀어 산책할 때 팔짱을 껴 줄 때도, 그는 한숨을 내쉬며 가끔 겨우 그녀의 팔을 가슴에 꼭 눌러 보는 정도이다. 그렇지만 오랫동안 억눌려 지내다가도 그녀의 드레스에 몰래 키스를 감행하고 또 몇 번은 그녀가 모른 체해 주는 것만으로도 충분히 행복해한다. 어느 날 그가 좀 더 노골적으로 또 그런 시도를 하자 그녀는 그가 몹시 상스럽다고 생각한다. 그가 한사코 우겨 대자 그녀는 화가 나고, 화가 난 그녀가 몇 마디 쏘아붙인다. 에밀도 참지 않고 대꾸한다. 그날 둘은 내내 토라진 채 지내다가 매우 못마땅한 상태로 서로 헤어진다.

소피는 마음이 편치 않다. 어머니는 그녀의 속내 이야기를 다 들어 주는 사람이다. 어떻게 그녀가 어머니에게 고민을 숨길 수 있겠는가? 그녀에게는 첫 번째 불화인데, 한 시간 남짓 다툰 일은 얼마나 큰 사건이겠는가! 그녀는 자신의 잘못을 자책한다. 어머니는 사과하도록 허락하고, 아버지도 사과를 명령한다.

다음 날, 초조한 에밀이 평상시보다 일찍 온다. 소피는 어머니의 화장방에 있고 아버지도 같은 방에 있다. 에밀이 공손하지만 시무룩한 모습으로 들어온다. 아버지와 어머니가 그에게 인사를 하자마자, 소피는 돌아보고 그에게 손을 내밀면서 상냥한 어조로 괜찮으냐고 묻는다. 그 예쁜 손이 오로지 키스를 받기 위해 이렇게 내밀어진 것이 분명하다. 그는 그 손을 잡고도 입을 맞추지 않는다. 조금 부끄러워진 소피는 되도록 어색하지 않게 손을 거두어들인다. 여자들의 수법에 익숙하지 않고 변덕이 무슨 소용이 있는지 모르는 에밀은 그것을 쉽게 잊지 못하고 금방 마음을 풀지 못한다. 그녀가 난처해하는 것을 본 아버지가 그녀를 놀려 대자 그녀는 완전히 당황하고 만다. 혼란스럽고 창피해진 가련한 딸은 자신이 무엇을 하는지도 모르겠고 그저 울고 싶을 뿐이다. 참을수록 가슴만 미어진다. 마침내 어쩌지 못하고 눈물이 한 방울 흘러내린다. 에밀은 그 눈물을 보자 그녀의 무릎 밑으로 달려가 손을 잡고 격한 감동에 여러 번 입을 맞춘다. "자네는 참으로 착하군." 아버지가 웃음을 터뜨리며 말한다. "나라면 이런 어리석은 여인을 너그럽게 대하지 않고 내게 모욕을 준 그 입을 벌할 걸세." 이 말에 대담해진 에밀은 간청하는 눈길을 어머니에게 보내고 동의의 표시를 보았다고 믿고는 떨면서 소피의 얼굴로 다가간다. 하지만 그녀는 고개를 돌리고 입을 피하기 위해 장밋빛 뺨만 내놓는다. 조심성 없는 이 청년은 그것에 만족하지 않고 그녀도 별로 저항하지 않는다. 어머니가 보는 앞만 아니라면 얼마나 근사한 입맞춤인가! "엄격한 소피여, 조심하여라. 네가 이따금 드레스에 입 맞추는 것을 거절한다면, 그는 자주 그것을 요구할 것이다."

이렇게 본보기로 벌을 준 후 아버지는 볼일을 보러 외출하고 어머니는 구실을 만들어 소피를 내보낸 다음, 에밀에게 말을 건네면서 꽤 진지한 어조로 말한다. "이보게, 나는 자네처럼 태생이 좋고 잘 자라 생각과 품행이 반듯한 젊은이라면, 한 가족이 보여 준 우정에 불명예로 보답하려 들지는 않으리라고 생각하네. 나는 괴팍하지도 않고 점잖은 체하는 사람도 아니어서 익살스러운 젊은이가 하는 짓을 눈감아 주어야 한다는 것쯤은 알고 있네. 방금 내가 보고도 가만히 있었던 일이 자네에게 그것을 충분히 증명했을 것이네. 자네의 의무에 대해 자네의 선생님에게 물어보게. 그러면 부모 앞에서 허용되는 장난과, 부모가 없는 데서 그들의 신임을 악용하여 부모 앞에서 순수하기만 한 바로 그 애정의 표시들을 함정으로 바꾸어 마음대로 하는 짓거리들 사이에 어떤 차이가 있는지 선생님이 자네에게 일러 줄 것이네. 여보게, 선생님은 내 딸이 처음부터 허용해서는 안 될 일이 무엇인지 알지 못했다는 것 이외에 자네한테 잘못한 일이 없다고 말할 것이네. 모든 사람들이 애정의 표시로 여기는 것은 모두 애정의 표시가 되는 것이라고, 또 모든 사람들 앞에서 그녀가 허용할 수 있는 무람없는 행동들을 은밀하게 해 보려고 처녀의 순진함을 악용하는 것은 명예를 중시하는 남성에게 어울리지 않는 일이라고 말해 줄 것이네. 왜냐하면 예의상 사람들 앞에서 묵인될 수 있는 일이 무엇인지는 다들 알고 있지만, 자신의 엉뚱한 짓에 대해 혼자 판단하는 경우 남들이 없는 은밀한 곳에서는 어디서 행동을 멈추어야 하는지 아무도 모르기 때문이네."

내 제자라기보다 나한테 이런 정당한 꾸중을 한 뒤 현명한 어머니는 우리 곁을 떠나가고, 나는 그녀 앞에서 딸의 입술에 키스하는 것은 대수롭지 않게 여기면서 은밀히 딸의 드레스에 키스하는 것은 두려워하는 그녀의 보기 드문 지혜에 감탄한다. 언제나 진정한 성실성을 예절을 위해 희생시키는 우리의 규범들의 어리석음에 대해 깊이 생각하면서, 나는 왜 마음이 타락할수록 언어가 더 점잖아지는지, 왜 예의가 있다는 자들이 불성실할수록 예의범절이 더 엄격해지는지 이해하게 된다.

이를 기회로 더 일찍 에밀에게 일러 주었어야 할 의무들을 그에게 명심시키다가, 소피에게는 최대의 명예가 되겠지만 애인에게는 내가 말하지 않으려고 조심한 새로운 생각이 내게 하나 떠오른다. 그것은 비난받고 있는 그녀의 이른바 자존심이 명백히 자기 자신을 지키기 위한 현명한 조심성에 불과하다는 사실이다. 불행하게도 자신이 불붙기 쉬운 기질을 가졌다고 느끼는 그녀는 첫 불티를 두려워하여 사력을 다해 거기서 달아나고 있는 것이다. 그녀가 엄격한 것은 자존심 때문이 아니라 겸손함 때문이다. 그녀는 자신을 다스리지 못할까 두려워 에밀에게 지배력을 행사하는 것이다. 자신과 싸우기 위해 에밀을 이용하는 것이다. 그녀가 좀 더 자신감이 있다면 그녀는 훨씬 덜 오만할 것이다. 이 점만 제외하면, 세상에 어떤 여성이 이보다 더 유순하고 부드럽겠는가? 누가 이보다 더 참을성 있게 모욕을 견디겠는가? 누가 이보다 더 남에게 해를 입힐까 봐 두려워하겠는가? 미덕을 제외하고 매사에 누가 이보다 자만심을 덜 갖겠는가? 게다가 그녀가 뽐내는 것은 그녀의 미덕이 아니다. 단지 미덕을 간직하기 위해서 그녀는 자존심을 내세우는 것이다. 그녀는 위험하지 않게 마음이 가는 대로 자신을 내맡길 수 있을 때는 애인에게도 애정을 표현한다. 그러나 그녀의 신중한 어머니는 이런 사소한 일 모두를 아버지에게조차 말하지 않는다. 남자들이란 모든 것을 다 알아서는 안 되기 때문이다.

소피는 자신의 승리에 우쭐해하기는커녕, 아마도 그런 변화를 야기했을 단 한 사람을 제외하고는 모든 사람에게 훨씬 더 상냥해지고 덜 까다로워졌다. 자유롭다는 느낌이 이제는 그녀의 고귀한 마음을 부풀리지 못한다. 그녀는 자유를 대가로 치르고 얻은 승리를 겸손하게 누리는 것이다. 애인이라는 말을 얼굴 붉히지 않고는 듣지 못하게 된 이후로 그녀의 태도는 덜 자유롭고 말투는 더욱 조심스럽다. 하지만 그녀의 당황 속에는 만족감이 스며 있고, 그 부끄러움도 불쾌한 감정은 아니다. 그녀의 행동이 가장 눈에 띄게 달라지는 것은 특히 젊은 방문객들을 대할 때이다.

그녀가 그들을 더 이상 겁내지 않게 된 이후로 그녀가 그들에게 보였던 극도의 조심성은 많이 누그러졌다. 자신의 선택을 결정한 그녀는 관심 없는 사람들에게 거리낌 없이 친절한 태도를 보인다. 그들의 가치에 관심이 없어진 뒤로 그 점에 덜 까다로워진 그녀는 앞으로도 늘 자신과 무관할 사람들에 대해 그들을 꽤 친절한 사람들로 여기는 것이다.

진실한 사랑도 교태를 부릴 수 있다면, 나는 소피가 애인을 앞에 두고 젊은 손님들을 대하는 태도에서 그런 교태의 흔적을 약간 볼 수 있다는 생각이 들 정도이다. 조심성과 애교를 매력적으로 뒤섞어서 애인의 정념에 불을 붙여 격렬하게 만드는 것으로 만족하지 못하는 그녀는 약간의 불안감으로 그 정념을 자극하는 것에 대해서도 유감스럽게 생각하지 않는 것 같다. 일부러 젊은 손님들을 흥겹게 하면서 그녀는 에밀을 괴롭히려고, 그에게는 감히 보여 주지 못하는 쾌활한 매력들을 보여 주는 것 같다. 하지만 소피는 그를 실제로 괴롭히기에는 너무도 세심하고 착하고 분별력이 있다. 그런 위험한 자극을 완화시키도록 사랑과 정숙함이 신중함을 대신해 주고 있다. 그를 불안하게 하다가도 필요할 때는 즉시 그를 안심시켜 줄 줄도 알고, 때로 그를 불안하게 하기는 해도 슬프게 하는 일은 결코 없다. 애인이 충분히 자신과 결합되어 있지 않을지도 모른다는 두려움으로 그녀가 사랑하는 사람에게 끼치는 걱정은 용서해 주도록 하자.

그런데 이런 사소한 잔꾀가 에밀에게 어떤 효과를 발휘할까? 과연 질투를 할까, 하지 않을까? 이것이 바로 살펴보아야 할 부분이다. 왜냐하면 이 여담도 내 책의 목적에 포함되는 것이어서, 내 주제에서 그다지 멀어지지 않기 때문이다.

앞서 나는 오로지 평판에 기인하는 일들에서는 이런 정념이 어떻게 사람의 마음속에 들어오게 되는지 밝혔다. 하지만 사랑에서는 상황이 다르다. 여기서는 질투심이 본성과 너무도 밀접해 보여서 자연에서 생긴 것이 아니라고 믿기 힘들 정도이다. 미칠 듯이 질투심을 표출하는 몇몇 동물들의 예들도 반박의 여지 없이 반대되는 견해를 확실하게 증명해 주는 듯하다. 수탉에게 서로 죽이는 법을, 황소에게 죽을 때까지 싸우는 법을 가르치는 것이 인간들의 평판이겠는가?

우리의 즐거움을 방해하고 억누르는 모든 것에 대한 반감이 자연적인 충동이라는 것은 반박의 여지가 없다. 우리의 마음에 드는 것을 독점적으로 소유하려는 욕망 또한 어느 정도는 마찬가지이다. 하지만 정념이 된 이 욕망이 격분 즉 질투심이라 불리는 화 잘 내고 의심 많은 변덕으로 바뀌면, 그때 문제는 달라진다. 이 정념은 타고난 것일 수도 있고 아닐 수도 있다. 이는 구별해야만 한다.

동물들에게서 끌어낸 예는 예전에 『불평등론』에서 검토한 적이 있지만,[50] 지금 다시 생각해 보아도 그 검토는 독자들이 참조해도 좋을 만큼

---

50 루소는 『불평등론』에서 동물들의 성욕과 그로 인해 벌어지는 싸움에 대해 다음과 같이 서술한다.

"몇몇 종류의 동물들의 수컷은 암컷을 놓고 싸움을 벌여 그 때문에 언제나 우리의 가금 축사에는 피가 흐르고 봄에는 그들의 울부짖는 소리가 숲에서 울려 퍼진다. 이러한 수컷들의 전투에서 이끌어 낼 수 있을 귀납적 결론에 대해 말하면, 양성의 상대적인 힘에 대해 자연이 명백히 사람들 사이와는 다른 관계를 설정한 종들은 모두 배제하는 것부터 시작해야 한다는 것이다. 그래서 수탉들의 싸움은 인류에게도 적용되는 귀납적 결론이 결코 되지 못한다. 자웅의 비율이 더욱 잘 지켜지는 종들에게서 이러한 싸움의 원인이 될 수 있는 것이라고는 단지 수컷의 수에 비해서 암컷의 수가 적다거나 암컷이 지속적으로 수컷의 접근을 거부하는 무발정 기간이 있다는 것인데, 두 번째 원인은 결국 첫 번째 원인과 마찬가지이다. 왜냐하면 만일 각각의 암컷이 일 년 중 두 달 동안만 수컷을 받아들인다면, 이 점에 대해서는 암컷의 수가 6분의 5가 더 적은 것이 되기 때문이다. 그런데 이 두 경우 중 그 어느 것도 인류에게는 해당될 수 없는데, 여성은 일반적으로 남성보다 그 수가 많으며 심지어 미개인들 사이에서도 여성이 다른 종의 암컷과 같이 발정기와 무발정기가 있다는 것은 관찰된 바가 없기 때문이다. 게다가 이러한 동물들 중 몇몇은

근거가 확실해 보인다. 다만 내가 그 글에서 한 구별들에다, 자연에서 나오는 질투심이 성적 능력과 깊이 관련되어 있으며 이 능력에 한도가 없거나 없어 보일 때 질투심이 절정에 달할 것이라는 점만 덧붙이겠다. 왜냐하면 이 경우 욕구에 따라 권리를 정하는 수컷이 다른 수컷을 성가신 경쟁자로 볼 수밖에 없기 때문이다. 바로 이런 종種들에서는 항상 맨 먼저 나타난 수컷에게 복종하는 암컷들이 정복의 권리를 통해서만 수컷에 속하게 되므로 그들 사이에 끝없는 싸움을 불러일으킨다.

반대로 한 마리의 수컷이 한 마리의 암컷과 결합하고 이 짝짓기가 일종의 도덕적 관계 혹은 일종의 결혼을 만들어 내는 종들에서는, 자발적인 선택으로 수컷의 소유가 된 암컷은 대개 모든 다른 수컷들을 거부하며, 이 특별한 애정을 암컷의 충실함에 대한 보증으로 삼는 수컷 또한 다른 수컷들을 봐도 별로 불안해지지 않기 때문에 서로 더욱 평화롭게 살아간다. 이런 종들에게서는 수컷이 새끼들을 돌보는 일을 나누어 맡고, 감동 없이 볼 수 없는 자연의 법칙에 의해 암컷은 아비가 자식들에게 갖는 애착을 아비에게 되돌려 주는 것 같다.

그런데 인류를 소박한 원시 상태에서 살펴보면, 자연이 남성을 단 한

종 전체가 동시에 흥분 상태로 들어가서 공통의 격정, 혼란, 무질서, 싸움이 지배하는 끔찍한 시기가 온다. 그러나 사랑에 결코 주기가 없는 인류에게 이러한 순간은 결코 존재하지 않는다. 그러므로 암컷을 소유하기 위해 벌어지는 몇몇 동물들의 싸움으로부터 같은 일이 자연 상태의 인간에게서도 벌어질 것이라는 결론을 내릴 수는 없다. 설령 이러한 결론을 내릴 수 있다 하더라도 이러한 분쟁이 다른 종들을 멸망시키는 일은 없기 때문에 적어도 우리 인류에 있어서 그것이 더 해롭지는 않을 것이라고 생각해야 한다. 그런데 이러한 분쟁이 자연 상태에서보다 사회에서 훨씬 커다란 참상을 낳을 것이라는 점은 더욱 분명하다. 미풍양속이 아직 대단한 존중을 받고 있어서 애인들의 질투와 남편들의 보복으로 인해 매일 결투나 살인 혹은 그보다 더한 나쁜 짓이 벌어지고, 영원한 정절의 의무가 단지 불륜을 만들어 내는 데만 소용이 되며, 순결과 명예의 법 그 자체가 필연적으로 방탕을 퍼뜨리고 낙태를 증가시키고 있는 나라들에서는 특히 그러하다"(『인간 불평등 기원론』, 1부) — 옮긴이.

사람의 여성에 만족하도록 정해 두었다는 것을, 남성의 제한된 능력과 그 욕망의 절제로 보아 쉽게 알 수 있다. 이 사실은 적어도 우리가 사는 이 지역들에서는 양성의 개체 수가 같다는 사실에 의해 확인된다. 숫자가 같다는 것은 가장 힘이 강한 수컷이 혼자 여러 암컷을 거느리는 종들에게서는 결코 일어날 수 없는 일이다. 그리고 남성이 비둘기처럼 알을 품지는 않지만, 또 젖을 먹일 유방이 없어 이 점에서는 네발짐승 부류에 속하기는 하지만, 아이들이 아주 오랫동안 기어 다니고 나약하여 어머니도 아이들도 아버지의 애정과 그 결과로 마련되는 보살핌 없이 지내기는 어려울 것이다.

따라서 이 모든 관찰들로 볼 때 몇몇 종의 동물들에게서 수컷이 갖는 격한 질투심이 인간의 경우에는 어떤 결론도 전혀 내려 주지 못한다는 사실을 입증해 준다. 일부다처제가 확립되어 있는 남쪽의 지역들이 보여 주는 예외조차 이 원칙을 더욱 공고하게 확인해 줄 뿐이다. 남편들의 폭군적인 경계심이 바로 다처제에서 생겨나기 때문이며, 또 자신이 나약하다고 느끼는 남성이 자연의 법칙을 피해 강제수단에 의지하게 되기 때문이다.

바로 이러한 자연의 법칙들이 이런 면에서 많이 위반되지는 않지만 그보다 더 가증스러운 반대 방향에서 위반되고 있는 우리 사회에서 질투심의 동기는 원시적인 본능보다 사회적인 정념들에 있다. 대부분의 연인관계에서 남자는 애인을 사랑하는 이상으로 경쟁자들을 미워한다. 그가 애인이 자기 말만 듣는 것이 아닐까 봐 염려한다면, 그것은 내가 이미 그 근원을 보여 준 바 있는 자존심의 결과이다. 그의 사랑보다 허영심이 더 괴로움을 겪고 있는 것이다. 더욱이 우리의 어설픈 제도가 여성들을 너무나 엉큼하게 만들고[51] 또 그녀들의 욕구를 강하게 부추겼으므로, 이제는 최대한 입증된 그녀들의 애정도 믿을 수 없게 되었을 뿐만 아니라 여성이 남성으로 하여금 경쟁자들에 대한 걱정을 덜어 줄 수 있는 특별한 애정표현도 할 수 없게 되었다.

진정한 사랑에서는 문제가 다르다. 앞서 인용한 글에서 나는 진정한 사랑이 흔히 생각하는 만큼 자연적이지 않다는 것을 밝힌 바 있는데, 남성에게 아내를 사랑하게 만드는 다정한 습관과, 더 이상 있는 그대로의 모습대로 보이지 않는 대상의 공상적인 매력들로 그를 도취시키는 저 과도한 열정 사이에는 상당한 차이가 있다. 다른 사람을 배제하고 자신만 편애해 주길 갈망하는 이러한 정념은, 모든 것을 요구하면서 아무것도 주지 않는 허영심이 언제나 부당한 데 비해 요구하는 만큼 주는 사랑은 그 자체로 공정한 느낌이라는 점에서, 오로지 이 점에서만 허영심과 다르다. 게다가 사랑은 요구가 많을수록 더 쉽게 믿는다. 왜냐하면 사랑을 야기하는 바로 그 환상 때문에 사랑은 쉽게 사람을 믿게 만들기 때문이다. 사랑이 불안하다면, 존경은 믿을 만하다. 따라서 결코 존경 없는 사랑이 정직한 마음에 깃들었던 적이 없는데, 이는 누구든 자신이 사랑하는 것에서 자신이 존중하는 장점들만 사랑하기 때문이다.

이 모든 것이 제대로 밝혀지면 에밀이 어떤 종류의 질투심을 가질 수 있는지도 확실히 말할 수 있다. 왜냐하면 이 정념은 거의 사람의 마음속

---

51 내가 여기서 '엉큼함'으로 의미하는 바는 여성들에게 어울리고 그녀들이 자연에서 물려받은 엉큼함과는 반대이다. 후자는 자신이 갖고 있는 감정을 숨기는 것이고, 전자는 자신이 갖고 있지 않은 감정을 가장하는 것이다. 사교계의 모든 여성들은 이른바 그들의 다정다감함을 과시하면서 일생을 보내지만 자기 자신 말고는 아무것도 사랑하지 않는다.

에는 싹이 없고, 오로지 교육에 의해서만 그 형태가 정해지기 때문이다. 사랑에 빠져 질투하는 에밀은 화내거나 의심하거나 경계심이 많아지지 않고, 섬세하고 민감하고 소심해져서 발끈하기보다 겁을 먹고, 그의 연적을 위협하기보다 애인을 획득하려 훨씬 더 애를 써서 가능하면 그를 적으로서 미워하지 않고 장애물로서 멀리할 것이다. 설령 그를 미워하더라도 그것은 자기가 바라는 사랑을 두고 그와 겨루어 보려는 대담성 때문이 아니라, 그로 인하여 사랑을 잃을 실제적인 위험을 감수해야 하기 때문일 것이다. 그의 근거 없는 자만심은 누군가 감히 자신과 겨루려 한다고 해서 상처받는 어리석음을 보이지는 않을 것이다. 애정의 권리는 오로지 가치에만 기반을 두고, 명예는 성공에 있다는 것을 아는 그는 사랑받을 만한 사람이 되기 위해 노력을 배가할 것이고, 또 아마 성공도 할 것이다. 관대한 소피는 애인을 다소 불안하게 해서 화를 돋우면서도 그의 불안을 풀어 주고 보상해 줄 줄 알 것이며, 오로지 그를 시험해 보려고 묵인했던 경쟁자들을 지체 없이 멀리할 것이다.

그런데 내가 지금 나도 모르게 어디까지 와 있는가? 오, 에밀, 너는 어떻게 되었느냐? 나는 네게서 내 제자를 알아볼 수나 있겠는가? 네가 이렇게 무너진 것을 보게 되다니! 그토록 엄격하게 훈련을 받아, 계절의 가혹함에도 맞서고, 몸은 가장 고된 노동에 정신은 오로지 지혜의 법칙들에만 내맡기던 그 청년, 편견과 정념에 동요되지 않고, 오로지 진실만 사랑하고 이성만 따르며 자기 아닌 어떤 것에도 매이지 않던 그 청년은 어디에 있는가? 지금은 한가로운 생활 속에서 나약해진 채 여인들이 이끄는 대로 자신을 내맡기고 있다. 그녀들의 오락이 그의 소일거리이고, 그녀들의 의지가 그가 지켜야 할 법이며, 한 처녀가 그의 운명을 좌지우지

한다. 그는 그녀 앞에서 기고 몸을 굽히니, 점잖은 에밀이 어린아이의 장난감이 되어 버렸다!

바로 이런 것이 삶의 장면들이 보여 주는 변화이다. 제각기 나이마다 그것을 움직이는 나름의 원동력이 있지만 사람은 늘 동일하다. 열 살에는 과자에, 스무 살에는 애인에, 서른 살에는 쾌락에, 마흔 살에는 야망에, 쉰 살에는 탐욕에 이끌린다. 지혜만 추구할 때는 언제인가? 자신도 모르게 지혜로 인도되는 사람은 참으로 행복하다! 그를 목표 지점에 데려다주기만 한다면 어떤 길잡이를 이용하든 무슨 상관인가? 영웅들이나 현자들까지도 인간의 나약함에 대해 이런 조공을 바쳐 왔다. 손가락으로 물렛가락을 부러뜨린 사람도 그 때문에 덜 위인이었던 것은 아니다.

훌륭한 교육의 결과를 삶 전체로 확대시키고 싶다면, 어린 시절의 좋은 습관들을 청년기에도 간직하게 하는 것이 좋다. 그리고 여러분의 제자가 바람직한 모습을 갖추었을 때, 언제나 그가 한결같이 그럴 수 있도록 해 주어야 한다. 이것이 여러분의 작품인 제자에게서 완수되어야 할 마지막 마무리이고, 여러분에게 남아 있는 일이다. 청년들에게 교사를 남겨 두어야 하는 것은 특히 이 때문이다. 하기야 교사가 없어서 청년들이 연애하는 법을 모르지 않을까 걱정할 일은 거의 없다. 교사들과 특히 아버지들이 판단을 잘못하게 되는 것은 그들이 하나의 생활 방식은 다른 생활 방식과 양립할 수 없고, 아이가 성장하면 어려서 하던 모든 것들을 그만두게 된다고 믿기 때문이다. 만약 그렇다면 어린 시절을 올바로 활용하든 나쁘게 활용하든 어린 시절과 함께 그때의 생활 방식은 사라져 버리고, 전혀 다른 생활 방식을 취함으로써 반드시 다른 사고방식을 가지게 되는데, 그러면 어린 시절에 정성을 들이는 것이 무슨 소용이 있겠는가?

　기억의 연속성을 중단시키는 것이 중병밖에 없는 것과 마찬가지로, 생활태도의 연속성을 중단시키는 것은 커다란 정념들밖에 없다. 우리의 취미나 성향이 변한다 하더라도, 때로 이러한 변화가 매우 급작스럽다고 해도, 그것은 습관에 의해 누그러진다. 색채들이 보기 좋게 서서히 엷어지는 것과 마찬가지로, 연속적으로 나타나는 우리의 성향에서도 능숙한 기술자라면 그 변화가 눈에 띄지 않게 해야 한다. 색조들을 녹여 고루 혼합시켜서 어떤 색조도 튀지 않게 몇 가지 색조를 작품 전체에 고루 펼쳐놓아야 한다. 이 규칙은 경험으로 확인된다. 무절제한 사람들은 애정, 취미, 감정을 매일매일 바꾸어서, 지속적인 것이라고는 바꾸는 습관밖에 없다. 하지만 견실한 사람이라면 언제나 자신의 오랜 습관으로 되돌아가 어려서 좋아했던 즐거움에 대한 취미를 늙어서도 잃지 않는다.

　새로운 시기로 넘어가더라도 청년들이 앞서 경험한 시절을 경멸하지 않게 만들고 새로운 습관을 들이더라도 옛것을 버리지 않게 하려면, 또 언제 시작했든 좋은 일은 언제나 좋아하게 만든다면, 그때서야 여러분은 여러분이 키운 제자를 지켜 낸 것이고 그들의 삶이 다할 때까지 그들에 대해 안심할 것이다. 왜냐하면 가장 염려할 격변이 여러분이 지금 지켜보고 있는 시기의 격변이기 때문이다. 사람들은 언제나 그 시기를 아쉬워하여 그때 가졌던 취미들을 이후에도 좀처럼 잃어버리지 않는다. 반면 그것들이 단절되면 평생 그것을 되찾지 못한다.

　여러분이 어린아이들과 청년들에게 갖게 한다고 생각하는 대부분의 습관은 강제로 붙여 준 것이고, 따라서 그들은 마지못해 따르기는 해도 거기서 벗어날 기회만 기다리고 있기 때문에 진정한 습관은 아니다. 감옥에 오래 있었다고 그 덕에 감옥에 있는 것이 취미가 되는 일은 없다. 그럴 때 습관은 반감을 줄이기는커녕 오히려 커지게 한다. 그러나 어려서부터 무슨 일이든 오직 자발적으로 기꺼이 해 왔기 때문에 어른이 되어서도 같은 방식을 견지하고 자유의 즐거움에 습관의 지배력을 덧붙이기만 한 에밀의 경우는 그렇지 않다. 활동적인 생활, 육체노동, 훈련, 운동이 그에게는 너무나 필수적인 일이 되어서 그는 고통 없이 그것들을 그만둘 수 없다. 갑자기 그를 무력하게 붙박이 생활을 하게 만든다면 그것은 그를 가두고 사슬로 묶어 지독한 억압 상태에 붙잡아 두는 것이다. 나는 그의 기질과 건강이 다 같이 변질되리라는 것을 믿어 의심치 않는다. 꼭 닫힌 방에서 그는 제대로 편안히 숨도 쉬지 못한다. 그에게는 대기와 운동과 피로가 필요하다. 소피에게 무릎을 꿇고 있어도 그는 때때로 곁눈질로 전원을 바라보지 않을 수 없으며, 그녀와 함께 들판을 달리고 싶은 욕구를 금할 수 없다. 그럼에도 불구하고 가만히 있어야 한다면 그렇게 한다. 하지만 그는 불안하여 안절부절못하고 몸부림을 치는 듯하다. 사슬에 묶여 있기 때문에 그는 가만히 있는 것이다. 이것이 바로 내가 그에게 복종하도록 만든 욕구이고 그에게 씌운 속박이라고 여러분은 말할 것이다. 이 모든 것은 사실이다. 나는 그를 인간의 상태에 묶어 둔 것이다.

에밀은 소피를 사랑한다. 하지만 그를 사로잡은 최초의 매력들은 무엇인가? 감수성, 미덕, 올바른 것들에 대한 사랑이다. 자신의 애인이 가진 이 사랑을 사랑함으로써 에밀은 자신에 대한 사랑을 잃어버린 것일까? 소피로서는 어떤 대가를 받고 자신을 내놓은 것인가? 그 대가는 자기 애인의 마음에 있는 타고난 모든 감정들이다. 그것은 진정한 선행에 대한 존중, 검소, 소박함, 사리사욕 없는 관대함, 사치와 부에 대한 경멸이다. 에밀은 사랑이 강요하기 전에 이러한 미덕들을 지니고 있었다. 그렇다면 에밀은 어떤 점에서 정말로 바뀐 것인가? 그는 그 자신이 될 새로운 이유들을 가지게 되었다. 이것만이 그가 예전의 그와 다른 점이다.

조금만 주의를 기울여 이 책을 읽는다면, 그 누구도 에밀이 처한 여러 정황들이 이처럼 우연히 그의 주변에 모인 것이라고 믿지는 않을 것이라고 생각한다. 도시들이 그토록 많은 사랑스러운 여성들을 제공하는데도, 그의 마음에 드는 여성이 먼 벽지에서만 발견되는 것이 우연이겠는가? 그가 그녀를 만나는 일이 우연이겠는가? 그들의 뜻이 서로 맞는 일이 우연이겠는가? 그들이 같은 곳에서 살 수 없다는 것 또한 우연이겠는가? 그가 그녀에게서 멀리 떨어진 곳에서만 은신처를 찾는 것이 우연이겠는가? 그가 그녀를 자주 만나지 못하고, 무척 고생을 해야만 가끔 그녀를 만나는 기쁨을 얻을 수 있다는 것이 우연이겠는가? 그가 나약해지고 있다고 여러분은 말하지만, 반대로 그는 단단해지고 있다. 분명 그는 소피가 그에게 겪게 하는 고생을 버틸 수 있도록 내가 만들어 놓은 만큼은 단단하다.

그는 그녀에게서 꼬박 이십 리 정도는 떨어진 곳에서 살고 있다. 이 거리는 대장간의 풀무와도 같은 것이다. 내가 바로 이 거리로 사랑의 화살을 담금질하고 있다. 그들이 바로 옆집에 살고 있거나, 그가 근사한 마차에 나태하게 앉은 채 그녀를 만나러 갈 수 있다면, 그는 제 마음대로 그녀를 사랑할 것이고 파리 사람 식으로 그녀를 사랑할 것이다. 바다가 레이안드로스를 헤로에게서 떼어 놓지 않았다면 그가 그녀를 위해 죽으려 했을까?[52] 독자여, 내가 말을 아낄 수 있게 해 달라. 여러분이 내 말을 알아들을 수 있는 사람이라면, 사소한 것들에 있어서도 내가 세운 규칙들을 충분히 따라올 것이다.

우리가 소피를 처음 몇 번 만나러 갈 무렵에는 되도록 빨리 가기 위해 말을 타곤 했다. 우리는 이 방법이 편리하다고 생각하여 다섯 번째 갈 때도 계속 말을 탄다. 사람들이 우리를 기다리고 있다. 집에서 오 리 정도 떨어진 곳에서 우리는 길에 나와 있는 사람들을 본다. 에밀은 잘 살펴본다, 가슴이 뛴다, 그는 다가가 소피를 알아보고 말에서 뛰어내려 날듯이 달려가 그 사랑스러운 가족들의 발치에 가 있다. 에밀은 준마駿馬들을 좋아한다. 그의 말은 날쌔고 자유로워 들판을 가로질러 달아난다. 내가 말을 따라가 간신히 붙잡아서 다시 끌고 온다. 불행하게도 소피는 말을 무서워하여 나는 감히 그녀 곁으로 가지 못한다. 에밀은 아무것도 모른다. 그러나 소피가 에밀에게 그가 선생에게 끼친 수고를 귓속말로 알려 준다. 에밀은 매우 부끄러워하며 달려와서 말을 붙들고는 뒤에 남아 있다. 각자 자기 차례가 있기 마련이다. 우리의 말들을 치워 놓기 위해 그가 제일 먼저 달려간다. 이렇게 해서 소피를 뒤에 남겨 두게 되자 그는 더 이상 말도 그다지 편리한 교통편으로 여기지 않게 된다. 그는 헐떡거리며 돌아와 길 중간에서 우리와 합류한다.

다음 여행에서 에밀은 이제 말을 원하지 않는다. "왜 그러나? 말을 돌보아 줄 하인을 하나 데려가기만 하면 될 텐데" 하고 내가 묻는다. "아! 그러다가 그 존경할 만한 집안에 부담을 드리게요? 잘 아시겠지만 그 집

---

52 아비도스 사람 레이안드로스는 세스토스에서 비너스의 무녀로 있던 헤로를 사랑해서, 헬레스폰투스 해협을 헤엄쳐 그녀를 만나러 가곤 했다. 어느 날 태풍으로 그가 빠져 죽자, 헤로도 바다에 몸을 던졌다 ─ 옮긴이.

안은 사람이든 말이든 다 먹여 주려 하잖아요" 하고 그가 말한다. "그분들이 가난한 사람들이 갖게 마련인, 융숭하게 대접하려는 고귀한 마음씨를 가진 것은 사실이네" 하고 내가 말을 받는다. "호사를 누리면서도 인색한 부자들은 친구들만 묵게 하지만, 가난한 사람들은 친구의 말까지도 재워 주거든." "걸어가요" 하고 그가 말한다. "당신의 제자가 하는 힘든 오락거리도 그렇게 기꺼이 같이 하시는 선생님이 걸어갈 열의가 없으실까요?" "기꺼이 가지." 즉시 나도 응수한다. "내 생각에도 사랑이 그토록 소란을 떨며 이루어지기를 바라지는 않을 것 같네."

가까워지자 우리는 지난번보다 더 먼 곳에서 어머니와 딸을 발견한다. 우리는 화살처럼 달려간다. 에밀은 완전히 땀에 젖었다. 다정한 손이 손수건으로 뺨을 닦아 준다. 세상에 아무리 많은 말이 있어도 우리는 앞으로 말을 타지 않을 것이다.

그런데 결코 저녁나절을 함께 보낼 수 없다는 것은 상당히 잔인한 일이다. 여름이 지나 낮이 짧아지기 시작한다. 우리가 뭐라 하든 그들은 우리가 밤에 돌아가는 것을 결코 용납하지 않아서, 우리는 아침부터 가지 않으면 도착하자마자 곧 다시 떠나야 할 지경이다. 우리를 딱하게 여기고 염려한 나머지 어머니는 마침내 사실 상식에 비추어 우리를 자기 집에 재울 수는 없지만 가끔은 잘 수 있는 우리의 숙소를 마을에 구해 줄 수는 있다고 생각한다. 그 말에 에밀은 손뼉을 치면서 기쁨에 겨워 들뜬다. 어머니가 그런 방편을 찾아낸 날 소피는 자신도 모르게 어머니에게 뽀뽀를 좀 더 자주 해 드린다.

차츰차츰 우리 사이에 부드러운 우정과 순진한 친밀감이 생겨나 점점 확고해진다. 소피나 어머니가 지정해 준 날에 나는 대개 에밀과 함께 가고, 때로는 그가 혼자 가게 내버려 두기도 한다. 신뢰는 영혼을 고양시키는 법이며, 이제는 어른을 아이로 취급해서는 안 된다. 그리고 나의 제자가 내 존경을 받을 자격이 없다면, 지금까지 나는 무슨 일을 해 왔단 말인가? 나도 에밀 없이 혼자 가는 일이 종종 있다. 그럴 때 그는 섭섭해하지만 불평하지는 않는다. 그의 불평이 무슨 소용이 있겠는가? 더구나 내가 그에게 해를 끼치지 않으리라는 것은 그도 잘 알고 있다. 게다가 함께 가든 따로 가든, 동정을 살 만한 상태로 가도 전혀 기가 죽지 않는 우리를 그 어떤 날씨도 막지 못하리라는 것은 짐작이 갈 것이다. 불행히도 소피는 우리에게 이런 명예를 금하고, 궂은 날에는 오지 못하게 한다. 내가 그녀에게 은밀히 일러 준 규칙들에 그녀가 반항한다고 여겨질 때는 오직 이때뿐이다.

그가 혼자 간 날, 나는 다음 날에야 그가 돌아오리라 기대하고 있는데, 바로 그날 저녁 그가 돌아오는 것을 보고 나는 그를 포옹해 주며 말한다. "아니, 사랑스런 에밀, 내게로 돌아오다니!" 하지만 나의 애정 표시에 응하기는커녕 다소 언짢은 기분으로 그가 내게 말한다. "제 마음이 내켜서 이렇게 일찍 돌아왔다고 생각하지 마세요, 어쩔 수 없이 왔으니까요. 그녀가 내가 돌아가기를 원해서. 그녀 때문에 왔지 선생님 때문이 아니에요." 이 순진함에 감동한 나는 다시 한번 그를 껴안고 이렇게 말한다. "이 솔직하고 정직한 친구야, 내 마음이나 다름없는 네 속내를 내게 감추지 말거라. 자네가 그녀 때문에 돌아왔다 하더라도, 자네가 그렇게 말한 것은 나 때문이지. 자네를 돌아오게 만든 것은 그녀이지만, 자네가 솔직한 것은 내가 이룬 성과거든. 훌륭한 정신에서 나오는 그 고귀한 솔직함을 영원히 간직하도록 하게. 나와 상관없는 사람들은 그들 마음대로 생각하게 내버려 둘 수 있지만, 우리가 친구를 위해 하지도 않은 일을 그 친구가 우리의 공으로 돌리는 것을 묵인하는 것은 죄악이네."

나는 내가 이 고백에서 관대함보다는 사랑을 보고, 그가 돌아온 일을 자기 공로로 삼기보다 소피에게 공을 돌리려 한다고 그에게 말하여, 그의 앞에서 고백의 가치를 깎아내리는 일은 하지 않으려고 조심한다. 하지만 에밀은 자기도 모르게 그의 속마음을 내게 드러내 보이고 만다. 에밀이 연애를 생각하며 느릿느릿 편안하게 돌아왔다면 그는 소피의 연인이기만 하지만, 반면 좀 투덜거리더라도 격앙된 채 성큼성큼 돌아왔다면 에밀은 그의 멘토르의 친구인 것이다.

상황이 이렇게 조정되는 것으로 보아 내 제자가 소피 곁에서 생을 보내거나 원하는 만큼 그녀를 만나는 것과는 거리가 멀다는 것을 알 수 있다. 일주일에 한두 번의 방문이 그에게 허용되는데, 대개 겨우 반나절에 걸친 그의 방문이 다음 날까지 이어지는 일은 드물다. 실제로 그녀를 만나는 시간보다, 만날 기대를 하거나 그녀를 만난 것을 기뻐하는 시간이 훨씬 더 길다. 그가 방문에 들이는 시간에서도 그녀 옆에서 보내는 시간보다 만나러 가거나 만나고 돌아오는 데 들이는 시간이 더 많다. 참되고 순수하고 감미로우며, 실제라기보다 상상의 소산인 그의 기쁨들은 그의 마음을 나약하게 만들지 않으면서 그의 사랑을 북돋운다.

그녀를 만나지 못하는 날에도 그는 한가하게 가만히 있지 않는다. 그런 날에도 에밀은 여전히 에밀이며, 조금도 변하지 않는다. 대개 근처의 들판을 이리저리 뛰어다니며 자연사 공부를 계속하고, 그곳의 땅과 생산물과 재배법을 관찰하고 검토한다. 그는 자신이 눈으로 보는 작업과 머리로 알고 있는 작업을 비교하고 그것들이 차이가 나는 이유를 찾아본다. 그곳의 방법보다 다른 방법이 더 낫다고 판단하면 그것을 농부들에게 제시한다. 또한 더 나은 형태의 쟁기를 제안할 때는 자신이 그린 도면을 보고 그것을 만들어 보게 한다. 또한 이회토泥灰土 채석장을 발견하면 그 고장에는 알려져 있지 않은 사용법을 가르쳐 준다. 손수 일을 해 보이는 경우도 종종 있다. 농부들은 그가 자신들보다 더 쉽게 연장을 다루고 자신들보다 더 깊고 곧게 고랑을 파고, 더 고르게 씨를 뿌리고, 더 능숙하게 파낸 흙으로 둑을 쌓는 것을 보고 매우 놀란다. 그를 말만 그럴싸한 농사꾼이라 비웃지 않는다. 그가 실제로 농사를 알고 있다는 것을 그들도 보고 아는 것이다. 한마디로 말해 그는 자신의 열정과 노력을 가장 중요하고 보편적으로 쓸모 있는 모든 일에 쏟으며, 거기서 그치지도 않는다. 농부들의 집을 방문하고 그들의 형편과 가족, 자녀 수, 땅의 넓이, 농작물의 종류, 판로, 재력, 지출비용, 빚 등을 알아본다. 대개는 돈이 잘못 사용된다는 것을 알고 있으므로 돈을 주는 일은 별로 없지만, 그가 직접 돈의 사용을 관리하여 설령 그들이 싫어해도 그들에게 도움을 준다. 그들에게 일꾼을 제공하고, 또 그들이 필요로 하는 일을 그들에게 시키고 일당을 치러 주는 일도 종종 있다. 어떤 사람에게는 반쯤 쓰러진 초가집을 다시 일으켜 세우거나 지붕을 이게 하고, 또 어떤 사람에게는 밑천이 없어 버려둔 땅을 개간하게 하고, 또 다른 사람에게는 그가 잃어버린 가축 대신 암소나 말 등 온갖 종류의 가축들을 제공한다. 이웃 간에 송사가 벌어지려 하면 그들을 설득하여 화해시킨다. 어떤 농부가 병이 들면 그를 돌보아 주게 하고 자신도 손수 그를 보살핀다.[53] 또 다른 농부가 힘 있

---

53 병든 농부를 보살핀다는 것은 관장을 시키고 약을 주고 외과의사를 그에게 보내 주는 것이 아니다.

는 이웃에게 골탕을 먹으면 그를 보호하고 지원한다. 가난한 젊은이들이 서로를 갈구하면 그들을 도와 결혼시킨다. 어떤 아낙네가 소중한 자식을 잃어버리면 그녀를 찾아가서 위로해 주고, 들어가자마자 나오는 일은 없다. 가난한 사람들을 경멸하지 않으며, 불행한 사람들을 두고 서둘러 떠나오지 않는다. 그가 도움을 주는 농부들 집에서 종종 식사하기도 하고, 그를 필요로 하지 않는 농부들 집에서도 식사를 한다. 어떤 사람들에게는 은인이 또 다른 사람들에게는 친구가 되어서, 그는 언제나 그들과 동등한 사람이다. 요컨대 그는 항상 그의 돈으로 하는 만큼의 좋은 일을 그의 몸으로도 하는 것이다.

때때로 그는 그 행복한 집 쪽으로 방향을 잡아서 그곳을 돌아본다. 소피를 몰래 보기를, 산책하는 그녀를 들키지 않고 볼 수 있으려나 기대할 수도 있다. 하지만 에밀은 언제나 행동에 숨김이 없어서, 무엇이든 속일 줄도 모르고 속일 생각도 없다. 그는 스스로의 떳떳함으로 자존심을 부추기고 북돋우는 사랑스러운 섬세함을 갖고 있다. 그는 자신에 대한 추방령을 엄격하게 지켜서, 소피에게서만 얻고 싶은 것을 우연히 얻어 낼 정도로 가까이 접근하지 않는다. 반대로 그는 애인의 발자국을 찾으면서, 자기를 배려하기 위해 그녀가 들인 수고와 그녀가 기꺼이 장을 보고 싶어 했다는 데 감동하면서 부근을 기쁘게 돌아다닌다. 그녀를 만나기로 되어 있는 날 전날에는 다음 날 먹을 간식거리를 주문하기 위해 이웃의 한 농

가난한 사람들이 병에 걸렸을 때 필요로 하는 것은 이런 것들이 아니라, 더 좋은 음식을 푸짐하게 먹여 주는 것이다. 여러분이 열이 날 때는 단식을 하라. 그러나 농부들이 열이 나면 고기와 포도주를 주어야 한다. 그들의 질병 거의 모두는 가난과 피로에서 온다. 그들에게 가장 좋은 약은 여러분의 창고에 있다. 또한 그들에게 유일한 약제사는 틀림없이 정육점 주인일 것이다.

가에 간다. 그러고는 그런 내색은 하지 않고 산책의 방향을 그쪽으로 잡는다. 마치 우연인 것처럼 안으로 들어가면, 과일과 과자와 크림이 보인다. 미식가인 소피는 이런 배려에 무관심하지 않아서, 우리의 용의주도함에 흔쾌히 경의를 표한다. 나는 치하를 받을 만한 수고를 조금도 하지 않았는데도 언제나 한몫을 받는데, 그것이 바로 고맙다는 인사를 하면서 덜 어색하기 위해 소녀들이 사용하는 완곡한 어법이기 때문이다. 아버지와 나는 과자를 먹고 포도주를 마신다. 하지만 에밀은 여자들 틈에 끼어서 소피의 숟가락이 담긴 크림 접시를 훔치려고 늘 망을 보고 있다.

과자 얘기가 나와서 나는 에밀에게 그가 예전에 했던 경주 이야기를 들려준다. 사람들이 그 경주가 어떤 것인지 알고 싶어 한다. 내가 설명을 하자 다들 웃는다. 아직도 달릴 줄 아느냐고 에밀에게 묻는다. "더 잘 달리지요" 하고 그가 대답한다. "그것을 잊어버렸다면 너무나 애석할 것입니다." 그 자리에 있던 한 사람이 그가 달리는 것을 매우 보고 싶어 하지만 감히 말하지 못한다. 다른 사람이 대신 부탁해 준다. 에밀이 수락하자, 인근에서 두세 명의 청년을 불러 모은다. 상을 주기로 하고, 예전 경기를 더욱 잘 흉내 내기 위해 목적지에 과자를 갖다 둔다. 각자 준비 태세를 갖추고, 아버지가 신호로 손뼉을 친다. 둔한 세 친구가 출발하자마자 민첩한 에밀은 바람을 가르고 뛰어가 벌써 경주로의 끝에 가 있다. 에밀은 소피의 손에 키스하는 상을 받고, 아이네이스만큼 너그러운 그는 경주에 진 사람 모두에게 선물을 나누어 준다.[54]

---

54 루소는 2권에서 그가 이야기했던 경주가 에밀이 아니라 어떤 다른 아이와 관계된 교육이라는 사실을 잊어버렸다 — 옮긴이.

승리로 한창 떠들썩한 가운데 소피가 승리자에게 감히 도전을 하고 자신도 그만큼 잘 달릴 수 있다고 자랑한다. 그도 그녀와 겨루기를 거절하지 않는다. 그리하여 그녀가 경주로의 출발선에서 준비를 하며 드레스의 양옆을 걷어 올린다. 이 싸움에서 에밀을 이기는 것보다 그의 눈에 날씬한 다리를 드러내 보이는 일에 더 관심이 많은 그녀가 치마가 충분히 짧아졌는지 보고 있는 동안, 에밀은 어머니의 귀에 대고 무슨 말을 한다. 그녀는 웃으며 동의하는 표시를 한다. 그러자 그도 자신의 경쟁자 옆에 가서 서고, 신호가 떨어지자 그녀가 한 마리 새처럼 출발하는 것이 보인다.

여성들은 달리기를 잘하게 되어 있지 않다. 여성들이 도망칠 때는 붙잡히기 위해서이다. 여성들이 서투른 것은 달리기만이 아니지만, 볼품없게 하는 것은 그것뿐이다. 팔꿈치를 뒤로 당겨 몸에 바짝 붙인 것도 우스꽝스러운 자세지만, 그녀들은 발아래 높은 뒤축 때문에 마치 뛰어오르지 않고 달리려는 메뚜기처럼 보인다.

소피가 다른 여성들보다 잘 달릴 것이라고는 전혀 생각하지 못한 에밀은 제자리를 벗어나지도 않고 그녀가 출발하는 것을 비웃는 듯한 미소를 지으며 바라본다. 그런데 소피는 몸이 가볍고 굽이 낮은 신발을 신고 있다. 발이 작아 보이게 하려고 꾀를 부릴 필요가 없다. 그녀가 너무나 빨리 선수를 치는 바람에, 그녀가 그에게서 꽤 멀어진 것을 보았을 때 그에게는 아탈란타[55]와 같은 이 여인을 겨우 따라잡을 시간만 남아 있다. 따라서 이번에는 그가 먹이를 덮치는 독수리처럼 출발한다. 그녀를 뒤쫓아

---

55 그리스 신화에 나오는 인물로 아탈란타는 자기와 경주해서 이긴 남자의 아내가 되기로 한다 — 옮긴이.

바싹 추격하다가 마침내 숨을 헐떡이는 그녀를 따라잡더니, 슬그머니 왼팔로 그녀의 허리를 감아 깃털인 양 그녀를 안아 올려서는 그 가벼운 짐을 가슴으로 당겨 안은 채 끝까지 달려 그녀를 먼저 목적지에 닿게 해 준다. 그러고는 "소피의 승리!"라고 외치며 그녀 앞에 무릎을 꿇고 자신이 패자임을 인정한다.

이런 여러 가지 소일거리에 우리가 배운 직업의 작업들도 곁들여진다. 적어도 일주일에 하루는 그리고 날씨가 나빠서 들에서 일할 수 없는 날에는 언제나 에밀과 나는 어느 장인의 집에 작업을 하러 간다. 우리는 그곳에서 형식적으로, 그 장인보다 높은 신분의 사람으로서 일하지 않고, 진심으로 진짜 노동자로서 일을 한다. 소피의 아버지가 우리를 만나러 왔다가 우리가 일하는 것을 한번 보고, 아내와 딸에게 자신이 본 것을 감탄하며 잊지 않고 이야기한다. "가서 보아라, 작업장에 있는 그 청년을" 하고 그가 말한다. "그러면 그가 가난한 사람의 처지를 경멸하는지 그렇지 않은지 알게 될 것이다." 그 말에 소피가 얼마나 기뻐할지는 누구나 짐작할 수 있으리라! 에밀을 두고 이야기가 되풀이되고, 일을 하는 그를 갑자기 찾아갈 생각을 한다. 모르는 척 내게 물어서 우리가 일하는 날을 확인한 어머니와 딸은 바로 그날로 사륜마차를 타고 시내로 온다.

작업장에 들어서면서 소피는 다른 쪽 끝에서 웃옷만 걸친 채 머리를 아무렇게나 매고 너무도 일에 열중한 나머지 자기를 쳐다보지도 않는 한 청년을 발견한다. 그녀는 멈춰 서서 어머니에게 눈짓을 한다. 한 손에는 끌을, 다른 손에는 망치를 들고 에밀은 빗장 구멍을 마무리하고 있다. 이어서 판자를 톱으로 켜고 한쪽 면을 다듬기 위해 죔쇠에 끼운다. 이 광경에 소피는 웃지 않는다. 그것은 그녀를 감동시키는 존경할 만한 광경이다. 여인이여, 당신의 애인을 존경하라. 당신을 위해 일하고 당신에게 빵을 벌어다 주고 당신을 먹여 살리는 사람이 바로 그이다. 이것이 남자다.

모녀가 그를 주의 깊게 살펴보는 동안, 내가 그녀들을 알아보고 에밀의 소매를 잡아당긴다. 몸을 돌려 그녀들을 보더니 그는 연장들을 집어 던지고 기쁨의 비명을 지르며 달려간다. 처음에 잠시 흥분에 빠졌다가 그는 그녀들을 앉히고 다시 일을 시작한다. 하지만 소피는 가만히 앉아 있을 수가 없다. 벌떡 일어나 작업장을 둘러보고 연장들을 살펴보더니, 다듬어진 판자를 만져 보고 바닥의 대팻밥들을 끌어모으고, 우리의 손을 유심히 본다. 그리고 이 직업이 깨끗해서 좋다고 말한다. 이 장난꾸러기는 에밀의 흉내까지도 내 보려 한다. 하얗고 가냘픈 손으로 그녀는 대패로 판자를 밀어 본다. 대패는 미끄러지고 물리지 않는다. 사랑의 여신이 공중에서 웃으며 날개를 퍼덕이는 것이 보이는 듯하다. 기쁨의 비명을 지르며, "헤라클레스가 복수를 했다"[56]라고 말하는 것이 들리는 것만 같다.

그동안 어머니가 장인에게 묻는다. "저 사람들에게 얼마를 지불하십니까?" "부인, 하루에 한 사람 당 이십 수를 주고 식사를 제공합니다. 하지만 이 젊은이는 원한다면 훨씬 더 벌 수 있을 것입니다. 왜냐하면 이 지방에서 가장 뛰어난 일꾼이니까요." "하루 이십 수에 그들에게 식사를 준다고요!" 어머니가 감동하며 우리를 바라보고 말한다. "부인, 그렇습니

---

56 헤라클레스가 옴팔레의 곁에서 실을 잣다가 여자처럼 된 일화에 빗대어. 소피가 남자 일을 하다가 실패한 것을 두고 한 말이다 — 옮긴이.

다" 하고 주인이 대답한다. 그 말에 어머니는 에밀에게 달려가 그를 포옹하고 눈물을 흘리며 그를 가슴에 끌어안고, 다른 말은 하지 못한 채 "내 아들아, 오 내 아들아!"라는 말만 되풀이한다.

우리를 방해하지는 않으면서 얼마 동안 우리와 이야기를 나눈 뒤, "그만 가자" 하고 어머니가 딸에게 말한다. "이젠 늦었고, 우리를 기다리게 해서는 안 돼." 그러고는 에밀에게 다가가서 볼을 살짝 두드리며 이렇게 말한다. "이보게, 훌륭한 일꾼님, 우리와 함께 가지 않겠나?" 그가 매우 침울하게 대답한다. "저는 매인 몸이니 주인에게 물어보세요." 우리가 없어도 괜찮은지 주인에게 물어본다. 그럴 수 없다고 그가 대답한다. "급한 일거리가 있어 모레까지 납품을 해야 합니다. 이 양반들을 믿고 지원했던 일꾼들을 돌려보냈습니다. 만약 이 양반들이 없어지면 저는 어디서 다른 일꾼을 구해야 할지 몰라, 약속한 날에 납품을 할 수가 없게 될 겁니다." 어머니는 아무 대답도 하지 않는다. 에밀의 말을 기다리고 있는 것이다. 에밀은 고개를 숙이고 잠자코 가만히 있다. 그녀가 이 침묵에 다소 놀라며 그에게 말한다. "여보게, 자네는 아무 할 말이 없는가?" 에밀은 다정하게 딸을 바라보며 단지 이렇게만 대답한다. "잘 아시다시피 저는 남아 있어야 합니다." 그러자 여인들은 우리를 남겨 두고 떠난다. 에밀은 문까지 그녀들을 배웅하고 끝까지 눈으로 뒤를 쫓다가 한숨을 지으며 말없이 돌아와 다시 일을 시작한다.

가는 도중에 감정이 상한 어머니가 딸에게 이 유별난 방식에 대해 말한다. "뭐지! 뭐가 그렇게 어렵니. 꼭 그렇게 남아 있어야만 주인을 만족시킬 수 있단 말이냐? 필요도 없는 곳에 돈을 쓰고 다닐 정도로 헤픈 젊은이가 적당한 상황에서는 돈을 구할 방도를 모른단 말인가?" "오, 엄마."

소피가 대답한다. "에밀이 그토록 돈에 위력을 부여하여, 개인적인 약속을 깨트리고 예사로 약속을 어기고 또 다른 사람의 약속도 어기게 만들기 위해 돈을 쓴다는 것은 당치 않아요! 저는 그가 자리를 떠서 직공에게 약간의 손해라도 입힌다면 그것을 쉽게 보상해 줄 수 있다는 것은 알아요. 하지만 그렇게 하면 그의 영혼이 돈의 노예가 되어, 돈으로 자기 의무를 대신하게 하고 돈만 치르면 다 면제된다고 생각하는 습관이 들고 말 거예요. 에밀은 다른 사고방식을 갖고 있고, 저 때문에 그가 사고방식을 바꾸는 것을 저는 원하지 않아요. 그곳에 남아 있는 것이 그에게는 아무렇지도 않은 일이라고 생각하세요? 엄마, 잘못 생각하지 마세요. 그가 남아 있는 것은 저를 위해서예요. 그의 눈을 보고 진심으로 그것을 느꼈어요."

이는 소피가 사랑의 진정한 배려에 대해 관대하기 때문이 아니다. 반대로 그녀는 엄격하고 까다롭다. 적당히 사랑받기보다는 차라리 사랑받지 않는 편이 나을 것이다. 스스로를 느끼고 존중해서 자신이 존경하는 만큼 남에게도 존경받고 싶은 장점에 대해서 그녀는 드높은 긍지를 갖고 있다. 그녀는 그녀의 마음의 가치를 온전히 느끼지 못하고, 매력을 보는 만큼 아니 그 이상으로 미덕을 보고 그녀를 사랑하지 않는 그런 마음을 가진 사람은 거들떠보지도 않을 것이다. 자기 자신의 의무를 그녀보다 더 중요시하지 않는 품성의 사람이라면 다른 모든 것보다 그녀를 좋아하지 않을 것이다. 자신이 정한 법 이외에 다른 법을 알지 못하는 그런 애인을 그녀는 원한 적이 없다. 그녀는 자신이 조금이라도 훼손시키지 않은 그런 남성을 지배하고 싶은 것이다. 이는 키르케가 오디세우스의 일행을 타락시켜 놓고 그들을 경멸하면서, 자신이 바꿔 놓을 수 없었던 오

디세우스에게만 몸을 맡기는 것과도 같다.[57]

그러나 이 침범하지 못할 성스러운 권리만 제외하고 자신의 모든 권리에 극도로 집착하는 소피는 에밀이 얼마나 조심스럽게 그것들을 존중하는지, 얼마나 열심히 자신의 뜻에 따르는지, 얼마나 꾀바르게 자신의 뜻을 예측하는지, 얼마나 주의해서 정해진 시간에 도착하는지 살펴본다. 그녀는 그가 늦는 것도, 일찍 오는 것도 바라지 않는다. 그가 정확하기를 바란다. 앞당겨 오는 것은 그녀보다 자기를 앞세우는 것이고, 늦게 오는 것은 그녀를 무시하는 것이다. 소피를 무시하다니! 그런 일은 두 번 다시 있을 수 없다. 한번 가진 부당한 의심은 자칫 모든 일을 망쳐 놓을 뻔했다. 하지만 소피는 공정해서 자신의 잘못을 바로잡을 줄 안다.

어느 날 저녁 그들이 우리를 기다리고 있었다. 에밀이 오라는 전갈을 받았던 것이다. 그들이 우리를 마중 나온다. 그런데 우리가 도착하지 않는다. 어떻게 된 걸까? 무슨 안 좋은 일이 생긴 걸까? 아무런 소식도 없다니! 우리를 기다리느라 저녁 시간이 다 지나간다. 가련한 소피는 우리가 죽었다고 생각한다. 그녀는 상심하고 괴로워하며 울면서 밤을 지새운다. 저녁이 되자 우리 일을 알아본 뒤 다음 날 아침에 우리에 관한 소식을 가져오도록 심부름꾼을 보냈다. 그 심부름꾼은 우리 측에서 보낸 다른 심부름꾼과 함께 돌아오고, 우리 측 심부름꾼이 구두로 사과를 전하고 우리가 잘 있다고 말한다. 잠시 후 우리가 직접 나타난다. 그러자 장면은 달라진다. 소피는 눈물을 닦는다. 아니 아직 눈물을 흘리더라도 그

---

57 마녀 키르케는 오디세우스 일행을 돼지로 둔갑시켰으나 오디세우스만 마술에 걸리지 않았고, 그녀는 오직 그런 그만을 사랑했다 — 옮긴이.

것은 분노의 눈물이다. 그녀의 도도한 마음은 우리가 무사함을 확인한 것으로 누그러지지 않았다. 에밀은 살아 있으면서도 쓸데없이 자신을 기다리게 한 것이다.

우리가 도착하자 그녀는 방 안에만 있고 싶어 한다. 사람들도 그렇게 하는 것이 낫다고 생각한다. 남아 있어야 한다. 하지만 곧 자기 나름대로 방침을 결정하고, 남들은 속아 넘어갈 정도로 조용하고 만족스러운 태도를 가장한다. 아버지가 마중을 나와 우리에게 이렇게 말한다. "당신들은 친구인 우리를 걱정시켰어요. 여기 있는 사람들은 쉽사리 용서하지 않을 겁니다." "도대체 누가요, 아버지?" 하고 소피가 가장할 수 있는 한 최대로 상냥하게 미소를 지으며 말한다. "너만 아니면 됐다, 그럼 상관없구나?" 아버지가 대답한다. 소피는 응수하지 않고 하던 일로 눈을 떨군다. 어머니는 냉정하고 부자연스러운 태도로 우리를 맞이한다. 당황한 에밀은 감히 소피에게 다가가지 못한다. 그녀가 먼저 그에게 말을 걸어 안부를 묻고 앉으라고 청하는데, 너무도 위장을 잘하여 격렬한 정념의 말을 아직도 도무지 알아듣지 못하는 불쌍한 젊은이는 그 냉정함에 속아 넘어가 오히려 거의 기분이 상할 정도이다.

그를 깨우쳐 주기 위해 나는 가서 소피의 손을 잡고 가끔 그렇게 하듯이 거기다 내 입술을 갖다 대려 한다. 그녀는 "선생님"이라는 한마디와 함께 급작스럽게 손을 뺀다. 그 말이 너무도 이상하게 발음되어 그녀의 무의식적인 동작이 그 순간 에밀의 눈에 그녀의 속마음을 드러내 놓고 만다.

소피 자신도 속마음이 드러난 것을 알고 억지를 덜 부린다. 겉으로 보인 그녀의 냉정함이 조소 섞인 경멸로 바뀐다. 그녀는 누가 하는 말에든,

마치 화난 어조가 너무 배어들까 두려워하는 것처럼, 느리고 불명확한 목소리를 내면서 단음절로만 대답한다. 두려움에 반쯤 초주검이 된 에밀은 그녀를 고통스럽게 바라보면서, 그녀의 눈에서 진짜 감정을 더 잘 읽어 낼 수 있게 그녀가 자기에게로 눈길을 돌리게 만들려고 애쓴다. 그의 신뢰감에 더욱 화가 난 소피는 두 번 다시 그런 청을 하고 싶은 마음이 들지 않게 하는 시선을 그에게 던진다. 어안이 벙벙하여 떨고 있는 에밀은, 그로서는 매우 다행스럽게도, 감히 더 이상 그녀에게 말을 걸지도 그녀를 바라보지도 못한다. 왜냐하면 설령 그에게 죄가 없다 하더라도 그가 그녀의 노여움을 견뎌 낼 수 있었다면, 그녀는 결코 그를 용서하지 않았을 것이기 때문이다.

그때 이번에는 내가 나서서 해명할 때가 온 것을 알고, 나는 다시 소피에게로 다가간다. 내가 다시 그녀의 손을 잡아도 이제는 손을 빼지 않는다. 왜냐하면 그녀도 불편해지려 하기 때문이다. "사랑스러운 소피, 우리는 지금 불행하다오. 하지만 당신은 합리적이고 공정하니까 우리의 말을 들어 보지도 않고 우리를 심판하지는 않겠지요. 우리의 말을 잘 들어 봐요." 그녀는 아무 대답도 하지 않고, 나는 이렇게 말한다.

"우리는 어제 4시에 출발했소. 7시에 도착하도록 정해져 있었지만, 우리는 이 근처에 가까워지면 쉴 수 있도록 언제나 필요한 시간을 넉넉하게 잡아 두곤 합니다. 우리가 이미 길의 4분의 3을 왔을 때, 고통스러운 탄식 소리가 귀에 들렸습니다. 조금 떨어진 언덕의 골짜기에서 나는 소리였어요. 소리가 나는 쪽으로 달려갔지요. 우리는 한 딱한 농부를 보았습니다. 그는 약간 술에 취한 채 말을 타고 시내에서 돌아오다가 말에서 너무 심하게 떨어져 다리가 부러져 있었어요. 우리는 소리를 질러 도움을 청했지만 응답하는 사람이 하나도 없었습니다. 우리는 부상자를 다시 그의 말에 태워 보려 했지만 끝내 그렇게 할 수가 없었어요. 조금만 움직여도 그 딱한 친구는 무서울 정도로 고통스러워했기 때문이지요. 우리는 말을 멀리 떨어진 숲에 묶어 두기로 하고, 우리의 팔을 들것 삼아 부상자를 팔에 태우고, 그가 지시하는 대로 방향을 잡아 최대한 조심스럽게 그를 집으로 데려갔습니다. 길이 꽤 멀어서, 우리는 여러 번 쉬어야 했어요. 마침내 우리는 피로에 지친 채 도착했습니다. 그런데 그 집은 우리가 벌써 알고 있는 집이었고 우리가 그토록 고생해서 데려간 그 불쌍한 사람이 우리가 이곳에 처음 도착한 날 매우 진심으로 우리를 대접했던 사람이라는 것을 알고 우리는 너무나 놀랐습니다. 모두 당황해서 그때까지 서로를 전혀 알아보지 못했던 거지요.

그에게는 어린 자식 둘밖에 없었어요. 셋째 아이 산달이 다 된 그의 아내는 그가 돌아오는 것을 보고 너무도 충격을 받아 극심한 진통을 느끼고 얼마 지나지 않아서 해산을 했습니다. 어떤 도움도 바랄 수 없는 외딴 초가집에서 이런 상황에 어떻게 하겠소? 에밀이 우리가 숲에 두고 온 말을 붙잡아 올라타고 전속력으로 시내로 달려가 의사를 데려오기로 결정을 내렸소. 말은 의사에게 주고, 간호원을 빨리 구할 수 없었던 에밀은 당신에게 심부름꾼을 보낸 후 하인 한 사람과 함께 걸어서 돌아왔고, 그 동안 당신도 짐작하겠지만 다리가 부러진 남편과 진통 중인 아내 사이에서 당황한 나는 집에서 두 사람을 돕는 데 필요하다고 여겨지는 것을 모두 다 준비하고 있었어요.

나머지는 자세히 말하지 않겠습니다. 문제는 그것이 아니니까. 새벽 2시가 지나도록 우리는 둘 다 잠시도 쉬지를 못했어요. 마침내 우리는 날이 밝기 전에 근처의 우리 숙소로 돌아왔고, 거기서 우리의 사고를 알리기 위해 여러분이 깨어날 시간을 기다리고 있었습니다."

나는 아무 말도 덧붙이지 않고 잠자코 있다. 그런데 누군가 말하기도 전에 에밀이 그의 애인에게로 다가가 목소리를 높여, 내가 기대하던 것보다 더 확고하게 그녀에게 이렇게 말한다. "소피, 당신이 내 운명의 지배자라는 것을 당신도 잘 알고 있지요. 당신은 나를 고통으로 죽게 만들 수도 있소. 하지만 나로 하여금 인류가 갖는 권리들을 잊게 만들겠다는 바람을 갖지는 마시오. 내게는 그 권리들이 당신이 소유한 권리들보다 더욱 신성하기 때문이오. 결코 당신 때문에 그것들을 포기하지는 않을 것이오."

그 말에 소피는 대답 대신 자리에서 일어나 그의 목에 팔을 두르고 볼에 입을 맞추고는 남들은 흉내 낼 수 없을 정도로 우아하게 그에게 한 손을 내밀며 이렇게 말한다. "에밀, 제 손을 잡아요, 당신 거예요. 당신이 원할 때 내 남편과 내 주인이 되어 주세요. 그런 영광에 값하도록 노력하겠어요."

그녀가 그를 포옹하자마자 매우 만족한 아버지는 "한 번 더, 한 번 더"라고 외치며 손뼉을 친다. 그러자 소피는 더 재촉받을 것 없이 곧 그의 다른 뺨에 두 번 키스를 한다. 하지만 거의 동시에 자신이 방금 한 모든 행동에 놀라, 그녀는 어머니에게로 뛰어들어 부끄러움에 달아오른 얼굴을 어머니 품에 감춘다.

여기서 우리 모두가 느낀 기쁨을 묘사하지는 않겠다. 누구나 기쁨을 느꼈을 테니까. 식사를 하고 난 뒤, 소피는 불쌍한 환자들을 보러 가기에 거리가 너무 먼지 물어본다. 소피는 그렇게 하고 싶어 하는데, 그것은 또 좋은 일이기도 하다. 다 같이 그곳으로 간다. 그들이 따로따로 두 침대에 누워 있는 것이 보이는데, 에밀이 침대를 하나 가져오게 해 두었던 것이다. 그들 주위에는 그들을 도와주러 온 사람들이 있다. 에밀이 그렇게 조치해 두었다. 그런데도 양쪽 다 너무나 어질러져 있어서 그들의 상태 못지않게 불편해서 고생하고 있다. 소피는 그 아낙네의 앞치마를 두르고 그녀를 침대에 바로 눕혀 주러 간다. 이어서 남편에게도 그렇게 해 준다. 그녀의 부드럽고 경쾌한 손은 그들을 고통스럽게 하고 있는 것을 모두 찾아내어, 통증을 느끼는 수족을 더욱 부드럽게 놓아두게 할 줄 안다. 그들은 그녀가 가까이 오는 것만으로도 벌써 위안을 받아서, 마치 그녀가 그들에게 고통을 주는 것을 모두 알고 있는 것처럼 여겨진다. 너무도 세심한 이 처녀는 불결한 것이나 악취도 마다 않고, 누구에게 시키지도 않고 또 환자들을 고통스럽게 하지도 않고 그 두 가지를 다 없앨 줄 안다. 언제나 그렇게 얌전하고 때로는 오만해 보이기도 하는 그녀가, 무슨 일이 있어도 남자 침대에 손가락 끝도 대어 본 적이 없었을 그녀가 조금도 거리낌 없이 환자의 몸을 돌리고 위치를 바꾸고, 오래 머물기에 더 편안한 자세로 눕혀 준다. 열성적인 자비는 정숙함만큼 충분한 가치가 있다. 그녀는 자신이 하고 있는 일을 너무도 경쾌하고 능숙하게 하기 때문에, 그는 남이 자기 몸을 만진다는 것을 거의 알아챌 것도 없이 편안해졌다고 느낀다. 아내와 남편은 자신들의 시중을 들어 주고 동정해 주고 위로해 주는 이 사랑스러운 여성에게 입을 모아 감사한다. 그녀는 신이 그들에게 보내 주신 천사다. 그녀는 천사의 모습과 우아함을, 천사의 다정함과 친절을 지니고 있다. 감동을 받은 에밀은 말없이 그녀를 지켜본다. 남성이여, 그대의 동반자를 사랑하라. 그대가 고생할 때 그대를 위로해 주고, 아플 때 고통을 덜어 주도록 신이 그대에게 동반자를 주셨으니, 그것이 바로 여성이다.

　사람들은 갓난아기가 영세를 받을 수 있게 한다. 두 연인은 마음속으로 자신들이 아이를 낳을 때도 다른 사람들에게 그렇게 아이를 영세해 주는 기쁨을 주기를 바라면서, 대부와 대모가 되어 성수반聖水盤에 아기를 올린다. 그들은 자신들이 바라는 순간을 몹시 열망한다. 마치 그때가 온 것처럼 여겨져서 소피의 온갖 걱정은 모두 없어지지만, 나는 걱정이 생긴다. 그들은 지금 그들이 생각하는 그런 상황에 아직 와 있지 않다. 각자 자기 차례가 있는 법이다.

　이틀째 그들이 만나지 못했던 어느 날 아침, 나는 손에 편지 한 통을 들고 에밀의 방에 들어가서 그를 뚫어지게 바라보며 이렇게 말한다. "소피가 죽었다는 소식을 듣는다면 자네는 어떻겠는가?" 그가 고함을 지르고 손을 치며 일어나, 한마디 말도 없이 멍한 눈으로 나를 바라본다. "자, 대답해 보게." 여전히 침착하게 내가 다그친다. 그러자 나의 침착함에 화가 난 그는 다가와 분노로 눈을 이글거리며, 거의 협박하는 듯한 태도로 멈추어 선다. "제가 무엇을 할 수 있을지… 모르겠어요. 하지만 제가 아는 것은, 내게 그것을 알려 준 사람을 평생 다시 보지 않으리라는 것입니다." "안심하게." 내가 웃으면서 대답한다. "그녀는 살아 있네, 그것도 건강하게, 자네 생각을 하면서. 오늘 저녁에 우리를 기다리고 있네. 하지만 산책을 한 바퀴 돌면서 이야기를 좀 나누세."

　그가 사로잡혀 있는 정념은 더 이상 그가 전처럼 순전히 이치만 따지는 대화에 몰두하도록 허락하지 않는다. 바로 그 정념을 통해 그가 내 가르침에 몰두할 수 있도록 흥미를 불러일으켜야 한다. 이것이 바로 내가 이 끔찍한 서두를 꺼낸 이유이다. 나는 이제 그가 내 이야기를 들으리라고 확신한다.

"행복해야 하네, 에밀. 이것이 모든 감각적인 존재의 목적이네. 그것이 바로 자연이 우리에게 새겨 놓은 최초의 욕망이고, 결코 우리를 떠나지 않는 유일한 욕망이네. 하지만 행복은 어디에 있는가? 누가 그것을 아는가? 누구나 행복을 찾지만 아무도 찾아내지 못한다네. 사람들은 행복을 뒤쫓는 데에 일생을 보내고도 결코 행복에 도달하지 못한 채 죽게 되네. 젊은 친구여, 갓 태어난 자네를 내 팔에 안았을 때, 지고한 존재를 감히 내가 맺은 언약의 증인으로 삼고 내 평생을 자네 평생의 행복을 위해 바쳤을 때, 나 자신은 내가 어떤 책임을 지는지 알고 있었을까? 그렇지 않네. 나는 그저 자네를 행복하게 만들면 나도 반드시 행복하리라는 것만 알고 있었을 뿐이네. 자네를 위해 유익한 탐구를 하면서 나는 그것을 우리 두 사람 공동의 것으로 만들었네.

우리가 무엇을 해야 할지 모르는 한은 아무것도 하지 않고 가만히 있는 것이 현명하네. 이는 모든 격언들 중에서 인간에게 가장 필요한 것임에도 불구하고 인간이 가장 따를 줄 모르는 것이기도 하네. 행복이 어디에 있는지도 모르면서 행복을 구하는 것은 행복에서 멀어질 위험에 노출되는 것이고, 많은 길들을 헤매고 다니는 만큼 해로운 위험들을 무릅쓰는 것이네. 하지만 행동하지 않을 줄 안다는 것은 누구나 할 수 있는 일이 아니네. 안락함에 대한 열망 때문에 노심초사하면서 우리는 그것을 찾기 위해 아무것도 하지 않는 것보다는 차라리 속더라도 안락함을 뒤쫓는 편이 낫다고 생각하네. 그러나 일단 그것을 알아볼 수 있는 위치에서 벗어나고 나면 다시는 거기로 되돌아가는 방법을 모른다네.

나 역시 마찬가지로 무지하지만 같은 실수를 피하려고 노력했네. 자네를 돌보면서 나는 무익하다면 한 걸음도 내딛지 않기로, 또 자네가 그렇게 하는 것도 막아 주기로 결심했네. 자연이 내게 행복의 길을 가리켜 줄 것이라고 기다리면서 자연의 길에 머물러 있었네. 길은 하나였고, 나는 굳이 그런 생각을 할 것도 없이 그 길을 따라왔음이 판명되었네.

내 증인이 되고 내 심판관이 되어 주게. 나는 결코 자네를 기피하지 않겠네. 자네의 유년기는 그 뒤에 이어질 시기를 위해 희생된 적이 없네. 자네는 자연이 부여해 준 모든 소중한 것들을 다 즐겼네. 자연이 자네에게 강요했지만 내가 막아 줄 수 있었던 고통들 중에서, 자네는 다른 괴로움에 대처할 수 있도록 단련시켜 줄 수 있는 고통들만 겪었을 뿐이네. 더 큰 고통을 피할 수 있기 위한 것들 말고는 어떤 고통도 겪은 일이 없다네. 자네는 증오도 예속도 알지 못했네. 자유롭고 만족한 자네는 늘 올바르고 착했네. 왜냐하면 고생과 악덕은 불가분한 것이어서 인간은 불행할 때에만 사악해지기 때문이네. 자네 어린 시절의 기억이 늙을 때까지 이어질 수 있기를! 나는 자네의 선량한 마음이 어린 시절을 환기하면서 그 시절을 이끌어 주었던 손에 축복을 내리지 않을까 봐 염려하지는 않는다네.

자네가 철들 나이가 되었을 때, 나는 자네를 사람들의 편견으로부터 보호해 주었네. 또 자네의 마음이 민감해지자 자네를 정념의 지배로부터 막아 주었네. 만약 내가 자네의 삶이 다할 때까지 그 내면의 평온함을 연장시킬 수 있다면, 나는 내 일을 안전하게 조처해 둔 셈이 될 테고, 자네는 언제나 인간이 누릴 수 있는 만큼의 행복을 누릴 것이네. 하지만 에밀, 내가 자네의 영혼을 스틱스 강물에 담갔다 해도, 자네의 영혼이 무엇에도 상처받지 않게 할 수는 없었네. 자네가 아직 이겨 내는 법을 배우지 못했던 그리고 나도 이제는 자네를 구해 줄 수도 없는 새로운 적이 생겨 난 것이지. 그 적은 바로 자네 자신일세. 자연과 운명은 자네를 자유롭게 내버려 두었네. 자네는 가난도 견딜 수 있고 육체의 고통도 참을 수 있지 만 아직 정신의 고통을 알지는 못하네. 자네는 인간의 조건 외에 어떤 것 에도 얽매여 있지 않았는데, 이제는 자네 스스로 만들어 낸 온갖 집착에 묶여 있네. 욕망을 갖는 법을 알아서 자네 스스로 자네 욕망의 노예가 되 어 버렸네. 자네에게서 아무것도 변하지 않고, 자네를 해치는 것도 없고, 어떤 것도 자네 존재를 건드리지 않는데도 얼마나 많은 괴로움이 자네의 영혼을 공격할 수 있는지! 병들지 않고도 자네는 얼마나 많은 고통들을 느낄 수 있는지! 죽지 않고도 자네는 얼마나 죽음에 시달릴 수가 있는지! 한 번의 거짓말, 한 번의 실수, 한 번의 의심만으로도 자네는 절망에 빠 질 수 있네.

자네는 연극에서 극도의 고통에 빠진 주인공들이 무대가 떠나갈 정도 로 비명을 지르고 여인들처럼 몹시 슬퍼하고 아이들처럼 울어 대어 관중 의 박수갈채를 받는 것을 보았을 것이네. 일관되고 단호한 행동만 하리 라 기대했던 사람들에게서 그런 탄식과 비명과 하소연이 나오는 것을 보 고 자네가 불쾌했던 일을 기억해 보게나. 자네는 매우 화가 나서 이렇게 말했네. '뭐라고! 저것이 우리에게 따르라고 보여 주는 실례이고 본받으 라는 모델이란 말인가! 아직도 자신의 나약함에 미덕의 허울을 씌워 예 찬하지 않으면, 인간이 충분히 왜소하고 불행하고 나약하지 못할까 봐 걱정이라도 하는 것인가?' 젊은 친구여, 앞으로는 무대에 대해 더 너그러 워지게나. 자네가 이제는 그 주인공들 중의 하나가 되고 말았으니.

자네는 고통을 견딜 줄도 알고 죽을 줄도 아네. 육신의 병이라면 필연의 법칙을 견딜 줄 알지만, 자네 마음의 욕구들에게는 아직 법칙을 부과한 일이 없네. 그런데 인생의 불안은 우리의 욕구보다 훨씬 더 우리의 애정에서 생겨나는 것이네. 우리의 욕망은 확장되지만 우리의 힘은 정말 보잘것없네. 인간은 자신의 소망들 때문에 수많은 것들에 집착하지만, 그 자신을 위해서는 어떤 것에도 심지어 자기 자신의 생명에도 집착하지 않는다네. 따라서 집착을 늘릴수록 인간의 고통도 많아지는 법이네. 지상의 모든 것은 지나갈 뿐이네. 우리가 사랑하는 모든 것도 조만간 우리에게서 멀어질 텐데, 우리는 마치 그것이 영원히 지속될 것처럼 거기에 집착한다네. 소피가 죽었을지 모른다는 의심만으로도 얼마나 겁에 질렸는가! 그렇다면 자네는 소피가 영원히 살 것이라고 생각했던가? 그 나이에는 아무도 죽지 않는다는 말인가? 그녀도 죽게 되어 있네, 에밀, 어쩌면 자네보다 먼저일지도 모르지. 그녀가 지금이라도 살아 있는지 누가 알겠는가? 자연은 자네를 단 한 번 죽게 해 두었네. 그런데 자네는 두 번째 죽음에 굴복하고 있네. 그러니 자네야말로 두 번 죽는 셈이지.

　자네가 이렇게 무절제한 정념에 굴복하면, 자네는 앞으로 얼마나 불쌍한 신세가 되겠는가! 항상 결핍과 상실과 불안에 빠져서, 자네에게 남아 있는 것조차 누리지 못할 것이네. 모든 것을 잃을지도 모른다는 두려움 때문에 자네는 아무것도 소유하지 못할 것이네. 정념만 따르려 했기 때문에 자네는 결코 정념도 만족시키지 못할 것이네. 언제나 휴식을 찾지만 그것은 번번이 자네 앞에서 달아나 버릴 것이네. 그러면 자네는 비참해지고 사악해질 것이네. 자네의 무절제한 욕망들 외에 다른 법칙이 없는데, 어떻게 그리되지 않을 수 있겠는가? 원하지 않은 상실도 견딜 수 없는데, 어떻게 자발적으로 포기할 수 있겠는가? 어떻게 애정을 의무를 위해 희생시키고 마음을 거슬러 이성의 말을 들을 줄 알겠는가? 벌써부터 자네에게 애인의 죽음을 알려 주는 자를 다시 보지 않겠다는 자네가 어떻게 자네에게서 살아 있는 애인을 앗아 가려는 자를, 또 감히 '네게 그녀는 죽은 것이다. 미덕을 위해 너는 그녀와 헤어져야 한다'라고 말하는 자를 볼 수 있겠는가? 소피가 결혼을 했든 하지 않았든, 자네가 자유롭든 자유롭지 않든, 그녀가 자네를 사랑하든 미워하든, 부모가 허락을 하든 거절을 하든, 무슨 일이 있어도 그녀와 함께 살아야 한다면 그 모든 것이 무슨 상관인가. 자네가 그녀를 원하는 이상 어떤 대가를 치르든 그녀를 차지해야만 하네. 그렇다면 자신의 의사 외에 다른 법칙이 없고, 자기의 욕망에 조금도 저항할 줄 모르는 자가 어떤 죄 앞에서 멈추겠는지 내게 가르쳐 주게.

에밀, 용기가 없으면 행복도 없고, 싸우지 않고는 미덕도 없네. 미덕vertu 이라는 단어는 힘force에서 온 것이네. 따라서 힘이 모든 미덕의 토대가 되네. 본성은 나약하지만 의지가 강한 존재만이 미덕을 갖는 것이네. 올바른 인간의 가치는 바로 여기에 있으며, 신은 선을 행하기 위해 노력할 필요가 없으므로 우리가 신을 선하다고는 불러도 유덕하다고는 부르지 않는 걸세. 너무나 타락한 이 단어를 자네에게 설명하기 위해 나는 자네가 내 말을 알아들을 수 있을 때까지 기다려 왔네. 미덕을 실천하는 데 아무런 희생도 치르지 않는 동안은 미덕을 알 필요가 별로 없네. 그 필요는 정념이 일깨워질 때 생기는 걸세. 이미 자네에게도 그 필요가 생겨난 것이네.

나는 자네를 전적으로 자연의 소박함 속에서 키우면서 고통스러운 의무를 설교하는 대신 그런 의무들을 고통스럽게 만드는 악덕에서 자네를 보호해 왔네. 자네에게 거짓말을 가증스러운 것으로 만들기보다 쓸모없는 것으로 만들어 주었으며, 각자의 것을 각자에게 돌려주라고 가르치기보다 자네의 것에만 관심을 갖도록 가르쳤네. 나는 자네를 유덕하기보다 오히려 선량한 사람이 되게 만들었네. 하지만 선량하기만 한 사람은 선량한 데서 기쁨을 얻는 동안에만 선량한 채로 있고, 정념의 충격을 받으면 그 선량함은 꺾이고 없어져 버리네. 그러니 선량하기만 한 사람은 자기를 위해서만 선량한 것이네.

그렇다면 유덕한 사람은 어떤 사람인가? 그는 자신의 애정을 넘어설 줄 아는 사람이네. 왜냐하면 그럴 때도 그는 자기의 이성과 양심을 따라 의무를 행하며 질서 한가운데에 있어서, 그 무엇도 그를 거기서 벗어나게 할 수가 없기 때문이네. 지금까지 자네는 겉으로만 자유로웠네. 아무런 명령도 받아 보지 않은 노예의 일시적인 자유만 가졌던 것이네. 이제는 실제로 자유로워지게. 자기 자신의 주인이 되는 법을 배우게. 자네의 마음을 지배하게, 오 에밀, 그러면 자네는 덕을 갖추게 될 것이네.

그래서 이제 또 다른 수련을 쌓아야 하는데, 이번 수련은 먼저보다 훨씬 더 고통스럽네. 왜냐하면 자연은 원래 우리가 자연으로부터 부여받은 고통에서 우리를 해방시키든지, 우리에게 그 고통을 견디는 법을 가르쳐 주든지 하기 때문이네. 하지만 자연은 우리 자신에게서 비롯된 고통에 대해서는 아무 말도 하지 않네. 우리를 우리 자신에게 맡겨 두는 것이지. 자연은 자신의 정념의 희생물이 된 우리가 스스로의 헛된 고통에 굴복하도록, 우리가 마땅히 부끄러워했어야 할 울음까지도 칭송하도록 내버려 두는 것이네.

지금 이것이 자네의 첫 번째 정념이네. 어쩌면 자네에게 딱 맞는 유일한 것일지도 모르네. 만약 자네가 인간답게 그것을 다스릴 줄 안다면 이 정념이 마지막이 될 것이고, 다른 모든 정념들을 굴복시켜 오로지 미덕의 정념에만 따르게 될 것이네.

이러한 정념은 죄가 되지 않는다는 것을 나도 잘 알고 있네. 그것은 그것을 느끼는 영혼만큼 순수한 것일세. 성실함이 그 정념을 만들고 순수함이 그것을 키웠네. 행복한 연인들이여! 미덕의 매력은 자네들을 위해 사랑의 매력을 덧붙여 줄 뿐이네. 자네들을 기다리는 감미로운 관계는 애정의 대가이면서 또 지혜의 대가이기도 하네. 하지만 성실한 친구여, 내게 말해 보라. 그토록 순수한 정념이 그렇다고 해서 자네를 덜 굴복시켰는가? 자네를 덜 노예로 만들어서, 만약 내일이라도 더 이상 순결하지 않으면 당장 그것을 억눌러 버릴 수 있는가? 지금이 바로 자네의 힘을 시험해 볼 때이네. 힘을 써야 할 때가 되면 벌써 늦은 것이네. 이 위험한 시험은 위험에서 멀리 떨어져서 치러져야 하네. 적 앞에서는 전투연습을 하지 않는 법이거든. 전쟁이 나기 전에 준비를 하는 거지. 완전무장을 하고 전쟁에 나가는 것일세.

정념을 허용되는 것과 금지되는 것으로 구별하여 전자에는 빠져들고 후자는 받아들이지 않는 것은 잘못이네. 모든 정념은 우리가 그 주인으로 남아 있을 때는 좋은 것이고, 거기에 굴복할 때는 나쁜 것이 된다네. 자연이 우리에게 금하는 것은 우리의 애착을 능력을 넘어 확장시키는 것이고, 이성이 우리에게 금하는 것은 우리가 얻을 수 없는 것을 원하는 것이며, 양심이 우리에게 금하는 것은 유혹당하는 것이 아니라 유혹이 우리를 이기도록 내버려 두는 것이네. 정념을 갖거나 갖지 않는 것은 우리에게 달린 일이 아니지만, 정념을 지배하는 것은 우리에게 달린 일이네. 우리가 지배하는 감정들은 모두 정당하지만, 우리를 지배하는 감정들은 어떤 것이든 죄가 된다네. 어떤 사람이 남의 아내를 사랑한다 해도 만약 그가 이 불행한 정념을 의무의 법칙에 따르게 한다면, 그것은 죄가 되지 않네. 그러나 자기 아내라도 사랑을 위해서 모든 것을 희생해서까지 사랑하는 것은 죄가 되는 것일세.

내게서 장황한 도덕적 훈계를 기대하지는 말게나. 자네에게 줄 훈계는 단 하나뿐이지만, 거기에 다른 모든 훈계들이 다 포함되어 있다네. 인간이 되어야 하네. 그리고 자네의 마음을 주어진 자네 조건의 한계에 제한시키고 그 안에 머물러야 하네. 이 한계를 연구하고 그것을 알아야 하네. 그 한계가 아무리 좁더라도 그 안에 있는 동안은 불행하지 않네. 우리는 그 한계를 넘어서려 할 때만 불행해지는 것일세. 말하자면 무모한 욕망에 사로잡혀 가능하지 않은 것을 가능한 것으로 여길 때 불행하네. 인간이라는 자신의 처지를 잊어버리고, 그리하여 언제나 인간의 처지로 다시 떨어지고 말 가공의 상태들을 마음속에서 지어낼 때 불행해진다네. 잃었을 경우 사람이 고통을 받게 되는 재산이라고는 오직 자신에게 권리가 있다고 생각하는 재산들뿐일세. 그것을 얻기가 불가능하다는 것이 명백해지면 그로부터 물러서게 되네. 가망 없는 소원들은 사람을 괴롭히지 않는다네. 거지가 왕이 되고 싶다는 욕망에 시달리는 일은 결코 없으며, 왕은 자신이 더 이상 인간이 아니라고 생각할 때만 신이 되고 싶어하네.

자만심에서 비롯된 착각들이 우리의 가장 큰 고통의 원천이네. 하지만 현자는 인간의 비참함을 주시함으로써 언제나 절제를 유지하네. 그는 제자리를 지키며 거기서 벗어나려 동요하는 법이 없네. 또한 그가 지킬 수 없는 것을 누리기 위해 헛되이 힘을 사용하지 않으며, 자신이 가진 것을 제대로 소유하는 데 힘을 쏟는다네. 사실 그는 우리보다 덜 원하는 모든 것에서 더 강하고 부유하네. 죽어 없어질 존재인 내가, 모든 것이 변하고 지나가 버리고 내일이면 나도 사라질 이 지상에서 영원한 매듭을 지으려 하겠는가? 오 에밀, 나의 아들아, 자네를 잃는다면 내게 무엇이 남겠는가? 그럼에도 불구하고 나는 자네를 잃는 법을 배워야 하네. 내가 언제 자네를 빼앗기게 될지 누가 알겠는가?

그러니 행복하고 현명하게 살기를 원한다면, 자네는 자네의 마음을 소멸되지 않는 아름다운 것에만 묶어 두게. 자네의 조건이 자네의 욕망들을 제한하게 하고, 의무가 애정에 앞서게 하게. 필연의 법칙을 도덕적인 것들에까지 확장시키고, 빼앗길 수 있는 것은 잃는 법을 배워야 하네. 미덕이 버리라고 명할 때는 모든 것을 버리는 법을, 일어나는 사건들에 초연하게 대처하는 법을, 그런 일들로 고통받지 않고 마음을 비우는 법을, 결코 비참해지지 않도록 역경 속에서도 용기 내는 법을 배우도록 하게. 또한 결코 죄를 짓는 일이 없도록 자네의 의무를 굳건히 지키는 법을 배우게. 그러면 자네는 운명이 어떻든 행복할 것이고, 정념에도 불구하고 현명해질 것이네. 그러면 덧없는 재산을 소유할 때조차 그 무엇도 흔들어 놓을 수 없는 쾌락을 발견하게 될 걸세. 그것들이 자네를 소유하는 것이 아니라 자네가 그것들을 소유하게 될 것이고, 자네는 인간이란 모든 것이 손에서 빠져나가기 때문에 오직 잃을 줄 아는 것만 향유할 수 있다는 사실을 깨달을 것이네. 사실 자네는 상상의 즐거움에 대한 환상이 없을 것이고, 그 결과로 괴로움 또한 갖지 않을 것이네. 자네는 이 교환에서 큰 이득을 볼 것이네. 왜냐하면 그런 괴로움들은 실제로 자주 있는 것이지만, 그런 즐거움들은 드물고 헛된 것이기 때문이네. 사람을 기만하는 그 많은 세상의 편견들을 이겨 낸 자네는 삶에 그토록 큰 가치를 부여하는 편견도 이겨 낼 것이네. 자네는 자네의 삶을 혼란 없이 살다가 두려움 없이 마칠 것이네. 다른 모든 것들과 마찬가지로 삶으로부터도 놓여날 것일세. 공포에 사로잡힌 다른 많은 사람들은 삶을 떠나면서 존재하기도 멈춘다고 생각하네. 하지만 인생의 허망함을 깨우친 자네는 시작이라고 생각할 걸세. 죽음은 사악한 사람에게는 삶의 끝이고 올바른 사람에게는 삶의 시작일세."

에밀은 불안해하면서도 주의 깊게 내 말을 듣는다. 그는 이 서두에서 어떤 불길한 결론이 나올까 염려하고 있다. 그는 내가 정신력을 훈련해야 할 필요를 자신에게 입증함으로써 그를 고된 훈련에 따르게 하려는 것임을 예감한다. 마치 외과의사가 다가오는 것을 보고 벌벌 떠는 부상자처럼 그 가혹한 손이, 하지만 상처가 썩는 것을 막아 주는 유익한 손이 벌써 그의 상처에 와 닿은 듯 느낀다.

내가 어떻게 할지 몰라 의심과 불안에 떨며 다급해진 그는 대답 대신 두려워하며 내게 묻는다. "어떻게 해야 합니까?" 거의 몸을 떨면서 감히 눈도 들지 못하고 그가 내게 말한다. "어떻게 해야 하느냐고!" 내가 단호한 어조로 대답한다. "소피를 떠나야 하네." "무슨 말씀이세요?" 그가 격앙된 어조로 외친다. "소피를 떠나라니요! 그녀를 버리고 그녀를 속이고 배신자가, 위선자가, 서약을 위반한 자가 되라니요!" "뭐라고!" 내가 그의 말을 가로챈다. "바로 나한테서 그런 호칭으로 불려 마땅한 사람이 되는 법을 배울까 봐 겁을 내는 것인가?" "아닙니다. 선생님도, 다른 그 누구도 아닙니다"라고 그가 여전히 격분한 채 말을 잇는다. "선생님과 상관없이 저는 당신께서 만드신 제 자신을 간직할 수 있을 것입니다. 그래서 그렇게 불리지 않을 만한 사람이 될 수 있을 겁니다."

처음에는 그가 이처럼 격분하리라 예상했기 때문에, 나는 동요 없이 그의 격분이 가라앉도록 내버려 둔다. 그에게 충고한 절제를 내가 갖지 못한다면, 그에게 그것을 가르칠 자격이 충분하다 하겠는가! 에밀은 나를 너무도 잘 알고 있어서 내가 그에게 어떤 나쁜 일을 요구할 수 있다는 생각을 하지 못할 것이며, 그가 떠난다는 말에 부여한 의미대로 소피를 떠나는 것은 잘못된 일이라는 것도 잘 알고 있다. 따라서 그는 마침내 내가 설명하기를 기다린다. 그제야 나는 내 말을 이어 간다.

"에밀, 사람이 어떤 처지에 있든 자네가 최근 석 달 동안 행복한 것 이상으로 행복할 수 있을 것이라고 생각하는가? 만약 그렇게 생각한다면 자네가 잘못 생각한 것이네. 삶의 기쁨들을 맛보기 전에 자네는 삶의 행복을 다 맛본 셈이네. 자네가 느꼈던 것 그 이상은 없다네. 감각의 즐거움은 덧없는 것일세. 습관적인 애정은 감각의 즐거움 안에서 언제나 약화되는 법이네. 자네는 기대를 통해 언젠가 실제로 즐길 수 있을 정도 이상을 이미 즐겼네. 사람들이 소망하는 것을 장식해 주는 상상력이란 그 소망하는 것을 차지하고 나면 그에게서 떠나 버린다네. 스스로 존재하는 유일한 존재를 제외하고, 존재하지 않는 것보다 더 아름다운 것은 없다네. 이 상태가 영원히 지속될 수 있었다면, 자네는 지고한 행복을 발견했을 것이네. 그러나 인간과 관련된 모든 것은 그것의 무상함이 느껴진다네. 인생에서 모든 것에는 끝이 있고 모든 것이 일시적이어서, 우리를 행복하게 만들어 준 상태가 끝없이 지속된다 하더라도, 그것을 즐기는 바로 그 습관이 우리에게서 그 즐거움을 빼앗아 간다네. 외부 환경이 전혀 바뀌지 않아도 사람의 마음이 변한다네. 행복이 우리를 버리거나 우리가 행복을 버리는 것이지.

자네가 들떠 있는 동안 시간을 헤아리지 않아도 시간은 흘러갔다네. 여름이 지나고 겨울이 오고 있다네. 우리가 그 혹독한 계절에 소피의 집에 계속 나들이를 할 수 있다 하더라도, 사람들은 더 이상 그것을 허락하지 않을 것이네. 우리는 본의 아니게 생활 방식을 바꾸어야 한다네. 지금의 방식은 더 이상 지속될 수 없네. 이런 난관이 자네에게 거의 방해가 안 된다는 것을 자네의 초조한 눈빛을 보면 알 수 있네. 소피의 고백과 자네 자신의 욕망이 눈을 맞지 않을 수 있는 쉬운 방법을, 그녀를 보러 가기 위해 더 이상 나들이를 하지 않을 수 있는 쉬운 방법을 자네의 그 눈빛이 암시해 주고 있네. 이 방법은 틀림없이 편리할 것이네. 하지만 봄이 오면 눈은 녹지만 결혼은 남는다네. 어느 계절에나 맞을 수 있는 결혼을 생각해야 한다네.

자네는 소피와 결혼하고 싶어 하지만, 그녀를 알게 된 지 불과 다섯 달도 안 되었네! 자네는 그녀가 자네에게 맞기 때문이 아니라 그녀가 자네의 마음에 들기 때문에 결혼하려 하네. 마치 사랑이 두 사람의 궁합에 대해 결코 틀리는 일이 없는 것처럼, 처음에 서로 사랑하던 사람들이 서로 미워하며 끝나는 일이 절대로 없기라도 한 것처럼 말일세. 그녀가 덕성스럽다는 것을 나는 알고 있네. 하지만 그것으로 충분한가? 서로 잘 어울리기 위해 성실한 사람인 것으로 충분할까? 내가 의심하는 것은 그녀의 미덕이 아니라 그녀의 성격일세. 한 사람의 성격이 하루 만에 다 드러나겠는가? 그녀의 기질을 속속들이 알려면 그녀를 얼마나 많은 상황 속에서 관찰한 뒤라야 하는지 자네는 아는가? 넉 달 동안의 사랑이 자네에게 인생 전체를 보증하는가? 아마 두 달 동안의 부재만으로도 자네는 그녀를 잊게 될 것이네. 어쩌면 다른 남성이 그녀의 마음에서 자네를 지우기 위해 자네가 멀어지기만 기다리고 있을지도 모른다네. 또 어쩌면 자네가 돌아왔을 때 지금까지 그녀가 다정해 보인 그만큼 냉담하게 보일 수도 있네. 감정이란 원칙에 좌우되지 않는다네. 그녀는 여전히 매우 정숙하지만 자네를 더 이상 사랑하지 않을 수도 있네. 나로서는 그녀가 여전히 변함없이 충실하리라고 믿고 싶네. 하지만 자네들이 시련을 겪어 보지 않는 한 누가 자네에게 그녀를 보증하고 그녀에게 자네를 보증하겠는가? 그렇다고 자네들은 이 시련에 대처하기 위해서 그것이 자네들에게 소용없어지기만을 기다릴 것인가? 서로를 알기 위해 서로 헤어질 수 없게 될 때만을 기다릴 것인가?

소피는 아직 열여덟 살이 되지 않았고, 자네는 이제 겨우 스물두 살이 되었네. 이 나이는 사랑은 할 수 있지만 결혼할 나이는 아니네. 얼마나 미숙한 아버지이고 어머니이겠는가! 자식을 키울 줄 알려면 적어도 자신이 아이가 아니게 될 때를 기다려야 하네! 얼마나 많은 젊은 여성들이 때이른 임신의 피로를 견디면서 체질이 약해지고 건강이 나빠져 수명이 단축되는지 자네는 아는가? 얼마나 많은 아이들이 신체는 충분히 자랐는데도 제대로 영양을 섭취하지 못해 무기력하고 허약한 채로 남아 있는지 아는가? 어머니와 아이가 같이 자라서 각자의 성장에 필요한 자양분이 둘로 나눠지면, 어느 쪽도 자연이 각자에게 정해 준 몫을 갖지 못하게 되네. 어떻게 두 사람이 다 그로 인해 고통을 겪지 않을 수 있겠는가? 내가 에밀을 아주 잘못 알고 있는 것이 아니라면, 그는 아내와 아이들의 생명과 건강을 희생시켜 가며 자신의 성급함을 충족시키기보다 건강한 아내와 아이들을 갖는 편을 택할 것이네.

자네에 대해 말해 보세. 자네는 남편과 아버지가 되기를 바라는데 그 의무에 대해 깊이 생각해 보았는가? 가장이 되면 국가의 구성원이 될 것이네. 그런데 국가의 구성원이 된다는 것이 무엇인지 자네는 알고 있는가? 자네는 인간으로서 자네의 의무를 연구해 왔네. 하지만 시민의 의무가 무엇인지 알고 있는가? 정부와 법과 조국이 무엇인지 아는가? 자네가 어떤 대가를 치러야 사는 것이 허용되는지, 누구를 위해 죽어야 하는지 알고 있는가? 자네는 모든 것을 배웠다고 생각하지만 아직은 아무것도 알지 못하네. 시민의 질서 속에 자리 잡기 전에 그것을 이해하고 어떤 지위가 자네에게 적합한지 배워서 알아야 하네.

에밀, 소피를 떠나야 하네. 그녀를 버리라는 말이 아니네. 만약 자네가 그렇게 할 수 있다면 그녀는 자네와 결혼하지 않은 것이 너무도 다행일 걸세. 그녀에게 합당한 사람이 되어 돌아오도록 그녀를 떠나야만 하네. 이미 그녀에 대해 자격이 있다고 믿을 만큼 오만해서는 안 되네. 오, 아직도 자네가 해야 할 일이 얼마나 많이 남아 있는가! 가서 그 고귀한 임무를 완수하고, 부재를 견디는 법을 배우도록 하게. 자네가 돌아와 그녀에게 뭔가를 자랑스러워할 수 있도록, 그리고 은혜가 아니라 일종의 보상으로서 그녀에게 청혼할 수 있도록 소피의 충실함에 값할 만한 것을 얻어 오게."

아직 자기 자신과의 싸움을 훈련해 본 적이 없고, 어떤 것을 원하면서 또 다른 것도 바라는 일에 익숙하지 않은 이 젊은이는 항복하지 않는다. 저항하고 대든다. 왜 그가 자신을 기다리는 행복을 거부하겠는가? 그에게 내민 손을 잡기를 늦추는 것은 그 손을 무시하는 것이 아닌가? 알아야 할 것을 배우기 위해 그녀로부터 멀어질 필요가 있다는 것은 무엇인가? 설령 그럴 필요가 있다 하더라도, 왜 그녀에게 그가 돌아온다는 확실한 보증을 끊을 수 없는 매듭으로 남겨 둘 수 없는가? 그녀의 남편이 된다면, 그는 내 말을 따를 준비가 되어 있다. 그들이 결혼만 한다면 그는 두려움 없이 그녀를 떠날 텐데…. "헤어지기 위해 결혼하다니, 친애하는 에밀이여, 말도 안 되는 소리! 사랑을 하는 남자가 자기 애인이 없어도 지낼 수 있다는 것은 훌륭한 일이지만, 남편이 공연히 아내를 떠나서는 안 되네. 자네의 불안을 덜어 주기 위해서는 유예 기간이 마지못한 것이 되어야 한다는 것을 알고 있네. 말하자면 본의 아니게 그녀를 떠나게 되었다고 소피에게 말할 수 있어야 한다는 말이네. 그렇네. 자네 뜻대로 하게. 그리고 자네가 이성에 따르지 않는 이상 이성 외에 다른 주인을 받아들여야 하네. 자네가 나와 한 약속을 잊지는 않았을 것이네. 에밀, 소피를 떠나야 하네. 나는 그렇게 하길 바라네."

이 말에 그는 고개를 숙이고 입을 다문 채, 잠시 동안 생각에 잠기더니 확신에 차서 나를 바라보며 이렇게 말한다. "언제 떠날까요?" "일주일 뒤에"라고 내가 말한다. "이 출발에 대해 소피를 준비시켜야 하기 때문이네. 여성은 더 나약하므로 배려를 해 주어야 하네. 그리고 이 작별이 그녀에게는 자네한테처럼 의무가 아니므로, 용기를 덜 갖고 그것을 견디더라도 괜찮네."

나는 두 젊은이의 사랑 일기를 그들이 헤어지는 날까지 연장하고 싶은 마음이 간절하기만 하다. 하지만 오래전부터 나는 독자들의 너그러움을 남용해 왔다. 일단 끝낼 수 있도록 여기서 줄이겠다. 에밀은 방금 그의 스승에게 보여 준 것과 같은 확신을 애인의 발밑에서도 감히 유지할 수 있을까? 나로서는 그렇게 생각한다. 그가 자신의 진실한 사랑 자체에서 이런 확신을 끌어낸 것이기 때문이다. 그녀를 떠나는 것이 덜 괴롭다면 그는 그녀 앞에서 더 당황할 것이다. 그는 죄인으로서 그녀와 헤어지게 될 것이고, 이런 역할은 정직한 마음에게 언제나 난처한 일이다. 그러나 희생의 대가가 크면 클수록, 그는 그 희생을 고통스럽게 만든 여인이 보는 앞에서 그것을 더 자랑스럽게 여긴다. 그는 자신의 결심의 동기에 대해 그녀가 잘못 생각하지 않을까 겁내지 않는다. 그녀를 바라볼 때마다 그는 이렇게 말하는 듯하다. 오 소피! 내 마음을 읽고 변함없이 내게 충실해 주세요, 당신은 부덕한 애인을 두지 않았으니 말이오.

자존심이 강한 소피로서도 이 예기치 못한 충격을 위엄을 잃지 않고 견디려고 애쓴다. 그 일에 대해 무심한 듯이 보이려고 노력한다. 하지만 에밀처럼 싸워서 이긴 명예는 갖지 못했기에 의연함이 잘 유지되지 않는다. 울고 자신도 모르게 한숨지으며, 잊힐지도 모른다는 두려움에 이별의 고통이 심해진다. 그러나 애인 앞에서 울지는 않고, 자신의 두려움을 애인에게 보여 주지도 않는다. 그의 앞에서 한숨이 새어 나오게 내버려두기보다 차라리 기절하고 말 것이다. 그녀의 하소연을 들어 주고 그녀의 눈물을 보는 사람은, 또 그녀가 짐짓 속내를 털어놓을 사람으로 삼는 체하는 것은 바로 나이다. 여자들이란 능수능란하여 본심을 숨길 줄 안다. 그녀는 나의 횡포를 속으로 원망할수록, 더 세심하게 내 환심을 사려고 든다. 그녀는 자신의 운명이 내 손아귀에 있음을 깨닫는 것이다.

나는 그녀를 위로하고 안심시키고 그녀의 애인, 아니 남편에 대해 책임을 져 준다. 그녀에 대한 그의 신의를 그녀도 그에 대해 간직하고 있으면, 이 년 후에 그가 남편이 되리라는 것은 내가 단언한다. 그녀는 내가 자신을 속이려 하지 않는다고 믿을 만큼은 나를 존경한다. 내가 두 사람 각자에게 상대를 보증해 준다. 그들의 마음, 그들의 미덕, 나의 성실함과 그들 부모의 신뢰, 이 모든 것이 그들을 안심시킨다. 하지만 나약함 앞에서 이성이 무슨 소용인가? 그들은 다시는 만나지 못할 것처럼 헤어진다.

소피가 에우카리스의 회한을 떠올리며 자신이 정말 그녀의 처지에 놓였다고 생각하는 것은 바로 그때이다. 서로 곁에 없는 동안 이 기묘한 사랑이 되살아나도록 내버려 두지 말자. "소피, 에밀과 책을 교환하도록 해요" 하고 어느 날 내가 말한다. "그가 텔레마크를 닮을 수 있도록 당신의 『텔레마크』를 그에게 주시오. 그에게는 당신이 즐겨 읽는 『목격자』[58]를 당신에게 주도록 할 테니. 그 책에서 정숙한 아내의 의무를 공부하고, 이 년 뒤에 그 의무가 당신의 것이 될 것이라고 생각하시오." 이 교환이 둘을 모두 기쁘게 하고 서로에게 신뢰감을 갖게 한다. 마침내 슬픈 날은 왔고, 그들은 헤어져야 한다.

내가 모든 일을 의논해 온 소피의 훌륭한 아버지는 나의 작별 인사를 받고 나를 포옹한다. 그러고는 나를 따로 불러 심각한 어조와 조금은 강한 어조로 나에게 다음과 같이 말한다. "나는 모든 일을 당신의 마음에 들도록 해 왔습니다. 나는 명예를 중시하는 분과 약속했다는 것을 잘 알고 있었습니다. 당신에게 한 말씀만 드리겠습니다. 당신의 제자가 내 딸

---

58 『목격자(*The Spectator*)』는 영국의 작가 조지프 애디슨(Joseph Addison)이 1711년 3월부터 1714년 9월까지 출간한 정기간행물로, 조야하고 무지한 영국인의 정신을 교화시키기 위한 풍자적 묘사가 주된 내용으로 당시에는 매우 인기를 끌었다. 프랑스어 번역판은 1714년 암스테르담에서 최초로 나왔다. 루소도 젊은 시절 이 잡지를 읽었다 — 옮긴이.

의 입술에 결혼약속의 서명을 했다는 점만 기억해 두십시오."

두 애인의 태도에는 얼마나 큰 차이가 있는가? 흥분하여 열에 들뜬 채 불안해하는 에밀은 제정신이 아니어서 소리를 지르고, 아버지와 어머니와 딸의 손에 눈물을 쏟고, 흐느끼면서 온 집안사람들을 포옹하며, 다른 상황에서라면 웃음을 자아낼 만큼 허둥거리면서 몇 번이고 똑같은 짓을 되풀이한다. 침울하고 창백한 소피는 푹 꺼진 눈에 어두운 시선으로 가만히 있는 상태에서 아무 말도 하지 않고 울지도 않고 아무도, 에밀조차 바라보지 않는다. 그가 그녀의 손을 잡고 가슴에 끌어대 봐도 소용이 없다. 꼼짝도 하지 않은 채, 에밀의 눈물과 애무 그리고 그가 하는 모든 행동에 무심하다. 그녀에게서 그는 이미 떠나 버린 것이다. 그 모습은 애인의 성가신 하소연이나 요란한 슬픔보다 얼마나 더 감동적인지! 그는 그것을 보고 느끼면서 그 때문에 가슴이 아프다. 나는 가까스로 그를 이끌고 간다. 조금만 더 그를 놔두면 떠나려 하지 않을 것이다. 그가 그 슬픈 모습을 마음속에 지니고 떠나가는 것이 나는 매우 기쁘다. 언젠가 그가 소피에 대한 의무를 잊고 싶어 할 때, 떠나오면서 그가 본 소피의 모습을 그대로 떠올리게 해 줌으로써 그를 다시 그녀에게 데려가지 않아도 그는 충분히 열정적인 마음을 가지게 될 것이다.

여행

사람들은 젊은이들이 여행을 하는 것이 좋은지 질문을 던지고 그에 대해 많은 토론을 한다. 질문을 달리해서, 사람들이 여행을 해 본 경험이 있는 것이 좋은지 묻는다면 그렇게 많은 토론을 할 필요가 없을 것이다.

책을 너무 많이 읽으면 학문이 죽는다. 자신이 이미 읽은 것은 알고 있는 것처럼 여겨져서 배울 필요가 없다는 생각을 갖게 된다. 과다한 독서는 주제넘은 무지렁이들을 만들어 낼 뿐이다. 문학의 모든 시대를 통틀어서, 오늘날 우리의 시대만큼 사람들이 책을 많이 읽으면서도 이만큼 학식이 적은 시대는 찾아볼 수가 없다. 유럽의 전 국가를 통틀어서, 프랑스만큼 많은 역사책, 견문록, 여행기를 출판한 나라도 없지만, 또 프랑스만큼 다른 나라의 특성과 풍습에 대해 아는 것이 적은 나라도 없다. 그 많은 책들이 우리에게 세상이라는 책을 무시하게 하고, 설령 세상이라는 책을 읽는다 하더라도 각자 자신의 나라만 읽는 것으로 만족한다. "사람이 페르시아인이 될 수 있나요?"라는 말을 들어 본 적은 없지만, 그 말을 들으면 그것이 민족적 편견이 가장 팽배한 나라에서, 그런 편견들을 가장 많이 퍼뜨리는 여성에게서 나온 말이라는 사실을 미루어 짐작할 수 있다.[59]

파리 사람은 인간에 대해 안다고 생각하지만 실상 그는 프랑스인들을 알고 있을 뿐이다. 늘 외국인들이 북적거리는 파리라는 도시에서 파리 사람은 외국인 한 사람 한 사람을, 세계 다른 어느 곳에서도 동일한 것을 찾아볼 수 없는 하나의 희귀한 현상으로 바라본다. 대도시에 사는 부르주아들을 가까이서 보고 그들이 사는 도시에서 살아 보지 않고서는, 사람이 그토록 지성적이면서도 그토록 어리석을 수 있다는 사실을 믿을 수

---

59 몽테스키외의 『페르시아인의 편지』, 서른 번째 편지에 나오는 표현으로, 파리 사람들은 "어떻게 페르시아인이 될 수 있나요?"라는 어리석은 질문을 한다 — 옮긴이.

가 없다. 기이하게도 이 부르주아들은 어떤 나라에 대한 묘사를 열 번쯤 읽고서도 막상 그 나라 사람을 보면 신기해서 넋을 잃는다.

진실에 이르기 위해서 작가들의 편견과 우리 자신들의 편견을 동시에 돌파해 나간다는 것은 무리이다. 나는 여행기들을 읽으며 살아왔지만, 이제까지 두 여행기가 동일한 민족에 대해 동일한 관념을 제시해 주는 것을 본 적이 없다. 미약하나마 내가 관찰할 수 있었던 것과 과거 읽었던 것들을 비교해 보고, 모든 종류의 관찰이란 글로 읽어서 되는 것이 아니라 눈으로 보아야 한다는 확신을 갖게 되어, 나는 결국 여행가들을 내팽 개쳐 버렸고 그들이 쓴 것을 배우느라 허비한 시간을 후회했다. 모든 여행가들이 솔직하고 오직 자신들이 본 것 혹은 자신이 믿고 있는 것만 말하며, 단지 그들이 진실을 잘못 보고 진실을 왜곡하게 되는 경우에도 그러한데, 하물며 그들의 거짓과 기만 속에서 진실을 가려내야 한다면 어떻겠는가?

그러니 사람들이 찬양하는 책들에 의지하는 방법은 그것으로 만족하게 되어 있는 사람들에게 남겨 두자. 그런 방편은 레몽 륄[60]의 기술이 그렇듯, 아무것도 모르면서 지껄여 대는 법을 배우는 데나 적합하다. 또한 열다섯 살짜리 아이들을 플라톤처럼 서클에서 철학을 논하도록 키우거나, 폴 뤼카[61]나 타베르니에[62]의 말만 듣고 모임에서 이집트와 인도의 관

---

60 Raymond Lulle(1235-1315): 카탈루냐 지방의 신학자, 철학자, 시인, 연금술사인 라몬 룰레의 프랑스 이름이다. '계시를 받은 박사' 혹은 '이교도들의 검사'라고 불렸던 그는 기독교를 전파하는 데 일생을 보냈다. 데카르트는 레몽 륄의 논리적 탐구가 모르는 것들에 대해 아무 판단 없이 말하는 것을 가능케 한다고 비난한 바 있다 — 옮긴이.

61 Paul Lucas(1664-1737): 프랑스의 의사이자 고고학자로 지중해 동부 연안 지방을 여행하고 『근동지방 여행기』를 남겼다 — 옮긴이.

62 Jean-Baptiste Tavernier(1605-1689): 프랑스의 여행가로 초기에는 영국과 중앙 유럽 지역을 그

습을 가르치도록 훈육시키는 데 적합하다.

누구든 한 국민만 보아 온 사람이 있다면 그는 인간을 아는 게 아니라 자기가 함께 산 사람들만 알고 있을 뿐이다. 나는 이것을 확고부동한 준칙으로 삼고 있다. 여행에 대해 질문을 제기하는 또 다른 방식이 하나 있다. 제대로 교육을 받은 사람이라면 자기 나라 사람들만 아는 것으로 충분한가, 아니면 인간 전반에 대해 아는 것이 중요한가? 이에 대해서는 논쟁도 의심의 여지도 있을 수 없다. 이것이야말로 종종 어려운 문제를 어떻게 제기하느냐에 따라서 해답이 나오기도 한다는 것을 보여 주는 예가 아닌가!

하지만 세상 사람들을 연구하기 위해 지구 전체를 돌아다녀야 하는가? 유럽인들을 관찰하기 위해 일본에 가야만 하는가? 종種을 알기 위해 거기에 속하는 모든 개체를 알아야만 하는 것일까? 아니다. 서로 너무나 흡사해서 따로 연구할 필요가 없는 사람들이 있다. 열 명의 프랑스인을 본 사람은 프랑스인 전체를 다 본 셈이다. 영국인이나 다른 몇몇 국민에 대해서도 반드시 그렇게 말할 수는 없지만, 각 나라마다 한 명이 아니라 여러 명을 관찰한 후 추론하여 끌어낼 수 있는 고유한 특성이 있다는 것은 확실하다. 열 명의 프랑스인을 본 사람이 프랑스인을 알 수 있듯이, 10개국의 국민들을 비교해 본 사람이라면 세상 사람들을 모두 알고 있는 셈이다.

무엇인가를 배우려면 이 나라 저 나라를 헤매고 다니는 것만으로는 충

후에는 근동 지역과 인도 등지를 여행했다. 저서로 『장 바티스트 타베르니에의 여섯 여행』을 썼다 — 옮긴이.

분하지 못하다. 여행하는 법을 알아야 한다. 관찰을 위해서는 볼 줄 아는 눈을 갖고 있어야 하고, 자신이 알고 싶어 하는 대상 쪽으로 눈을 돌릴 수 있어야 한다. 직접 여행을 통해 배우는 것이 책을 통해서 배우는 것만 훨씬 못한 사람들도 많다. 그들은 생각하는 방법을 알지 못하기 때문에, 책을 읽을 때에는 작가의 안내라도 받을 수 있지만, 직접 여행을 하는 경우 혼자 힘으로는 보는 방법을 모른다. 또 배우려는 생각마저 없기 때문에 아무것도 배우지 못하는 사람들도 있다. 그들의 목적은 너무나 달라서 배운다는 목적이 그들에게 거의 아무런 자극이 되지 못한다. 눈여겨 볼 생각도 없었던 것을 정확하게 보게 된다면 그것은 굉장한 우연이다. 전 세계의 모든 국민들 중에서 프랑스인이 여행을 가장 많이 하지만, 그들은 자신의 관습에 사로잡혀 있어서 그 관습과 비슷하지 않은 것은 모두 다 오해한다. 세계 구석구석에 프랑스인들이 있다. 프랑스보다 여행을 해 본 사람들이 더 많은 나라는 없다. 그럼에도 불구하고, 유럽의 모든 국민들 중에서 유럽의 국민들을 가장 많이 본 그 국민이 실상은 그들에 대해 아는 바가 가장 적다.

영국인도 여행을 하지만 그 방식이 다르다. 이 두 국민은 명백히 모든 점에서 상반된다. 영국 귀족은 여행을 하지만, 프랑스 귀족은 여행을 전혀 하지 않는다. 프랑스의 평민은 여행을 하지만 영국의 평민은 여행을 하지 않는다. 이러한 차이는 내가 보기에 영국인을 명예롭게 하는 것으로 보인다. 프랑스인들은 여행하면서 거의 언제나 어떤 이해타산의 관점을 가진다. 하지만 영국인들은 무역을 목적으로 하는 경우가 아니라면 돈을 벌기 위해 다른 나라에 가는 일은 없고 돈을 충분히 지니고 떠난다. 그들은 돈을 쓰기 위해 여행을 하지, 산업으로 먹고살 방도를 마련하기 위해 여행을 떠나지 않는다. 자신들의 영토 밖으로 나가 굽실거리며 살기에는 그들의 자존심은 너무도 강한 것이다. 이 때문에도 항상 다른 목적을 염두에 두고 있는 프랑스인들에 비해 영국인들은 외국에 나가 많은 것을 배울 수 있게 된다. 그렇지만 영국인들에게도 그들 나름대로 국민적 편견이 있고, 심지어 다른 어느 국민보다 그 편견이 심하다. 그러나 이 편견은 무지보다 정념에서 비롯된다. 영국인들에게는 자만심에서 비롯된 편견이, 프랑스인에게는 허영심에서 비롯된 편견이 있다.

가장 교양을 덜 쌓은 국민이 일반적으로 가장 현명하듯이, 여행을 가장 적게 하는 국민이 여행을 가장 잘 한다. 왜냐하면 그들은 우리보다 사소한 연구 분야가 덜 발달되어 있고 또 우리의 허황된 호기심이 향하는 대상들에 덜 빠져 있어서, 진짜 유익한 것에 관심을 집중하기 때문이다. 이런 식으로 여행하는 국민으로는 스페인 사람들이 유일하다고 나는 알고 있다. 프랑스인은 어떤 나라의 예술가들의 집을 들락거리고, 영국인은 그 나라의 골동품을 그리도록 시키고, 독일인은 학자들의 집에 사인첩을 들고 다닌다. 그동안 스페인 사람은 조용히 그 나라의 정부와 풍습, 통치 조직을 연구한다. 본국으로 돌아가 자신이 본 것들을 갖고 뭔가 유익한 견해를 전달할 수 있는 자는 이 4개국 사람들 중에 오직 스페인 사람뿐이다.

옛날 사람들은 거의 여행을 하지 않았고 책을 읽지도 쓰지도 않았지만, 오늘날 그들이 우리에게 남긴 것을 통해 볼 때 우리가 동시대 사람들을 관찰하는 것보다 훨씬 더 서로를 잘 관찰했음을 알 수 있다. 자신이 묘사하는 나라들로 우리를 데려갈 수 있는 유일한 시인인 호메로스의 저서로까지 거슬러 올라가지 않더라도, 인물론과 성격묘사로 가득 찬 우리

시대 역사가들의 책에서보다는, 비록 성찰보다 이야기이기는 하지만 헤로도토스가 그의 역사책에서 풍습들을 더 잘 묘사했음을 칭송하지 않을 수 없다. 타키투스는 자기 시대의 독일인들을 그려 내는 데서 오늘날의 독일인을 묘사한 그 어느 작가보다 더 탁월했다. 고대의 역사에 몰두했던 사람들이 그리스인, 카르타고인, 로마인, 갈리아인, 고대 페르시아인에 대해서 알고 있는 것이, 오늘날 어떤 국민이 자기 이웃나라 국민에 대해 알고 있는 것보다 앞서 있다는 것은 의심의 여지가 없다.

　나날이 각 국민의 고유한 특성들이 희미해져 가고 있기 때문에 이전에 비해 그 특성들을 파악하기가 더 힘들어졌다는 점 또한 인정해야 한다. 종족이 혼합되고 국민이 뒤섞임에 따라 예전에는 첫눈에 드러나던 국민의 차이가 서서히 사라져 가고 있음을 볼 수 있다. 예전에는 어느 국민이나 지금에 비해 폐쇄적이었기 때문에, 국민들 간의 소통, 여행, 서로에게 공통되거나 상반되는 이해관계, 정치적이나 사회적인 관계가 더 적었다. 협상이라 불리는 왕실 가문끼리의 번거로운 절차도, 주재대사 혹은 변리공사라는 것도 없었다. 대규모의 원양 항해가 드물어서 원거리 교역도 거의 없었다. 그나마 얼마 되지 않는 원거리 교역도 외국인들을 고용하여 군주가 직접 하거나, 혹은 아무에게도 모범이 되지 않아 여러 국민들을 결합시키지 못하는 멸시받는 사람들에 의해 이루어졌다. 현재 유럽과 아시아 사이에는 과거 갈리아와 스페인 사이에 있었던 것보다 백 배나 더 많은 교류가 이루어지고 있다. 유럽만 보더라도 과거에는 오늘날 국민들이 지구의 전 표면에 여기저기 흩어져 있는 것보다 더 낱낱이 흩어져 있어서 관계를 맺고 있지 않았다.

　게다가 고대 민족은 그들의 조상이 처음 뿌리를 내린 먼 옛날의 기억을 잃어버릴 만큼, 또 그곳의 풍토가 그들에게 영원한 흔적을 남길 시간을 가질 만큼 꽤 오래전부터 자기 고장에 정착해서, 대부분 자신을 그 땅의 원주민 혹은 본토박이라고 여겼다는 점을 거기에 덧붙여야 한다. 반면 오늘날 우리의 경우는 로마인들의 침입 이후에도 최근에 일어났던 야만인들의 이주 때문에 국민들이 온통 뒤섞이고 혼합되어 버렸다. 오늘날의 프랑스인은 과거의 그 키 큰 금발의 백인이 아니며, 더 이상 그리스인은 예술의 모델이 되었던 과거의 그 미남이 아니다. 로마인의 용모 또한 그들의 본성과 함께 특징이 달라졌다. 타타르 지방 출신의 고대 페르시아인들은 시르카시아족[63]의 피와 섞이면서 나날이 원래의 추함을 잃어가고 있다. 유럽인들은 더 이상 갈리아족도, 게르만족도, 이베리아족도, 알로브로주족[64]도 아니다. 용모에서 그들 모두는 다양한 형태로 변질된 스키타이족일 뿐이며, 그 풍습에서는 더더욱 그러하다.

바로 이런 이유로 고대의 인종 구분이나 공기와 토양의 특징이 민족 간의 기질, 용모, 풍습, 성격의 차이를 보다 뚜렷이 드러내었지만, 이 모든 특징들은 오늘날에는 더 이상 드러날 수가 없다. 지금은 유럽의 불안정 때문에 어떤 자연적 원인도 영향력을 발휘할 시간을 갖지 못하고, 벌채된 숲과 말라 버린 습지, 훨씬 경작이 잘못되고 있음에도 불구하고 더 획일적으로 경작되고 있는 토지가 외관으로 볼 때조차 영토들 사이에 또 국가들 사이에 과거의 것과 같은 차별성을 남기지 못한다.

이러한 생각들을 해 본다면, 헤로도토스, 크테시아스,[65] 플리니우스가

---

63 코카서스 북서쪽에 사는 아디게야족 — 옮긴이.
64 론강과 레만호 사이, 고대 골 지방에 살던 종족 — 옮긴이.
65 Ctesias: 기원전 5세기경 그리스의 여행가 겸 역사가로 페르시아와 인도에 대한 두 편의 저술을 남겼

여러 지방의 주민들을 묘사하면서 오늘날에는 더 이상 보이지 않는 본래의 특징과 뚜렷한 차이를 부여했다고 성급하게 조롱하는 일은 줄어들 것이다. 그들에게서 그와 같은 얼굴을 알아보려면 바로 그 사람들을 다시 찾아내야 할 것이다. 그들이 그 모습 그대로 남아 있으려면 어떤 것도 그들을 변모시키지 않았어야 할 것이다. 만일 우리가 과거에 살았던 모든 인간들을 한꺼번에 고찰할 수 있다면, 오늘날 국가들 사이에서 볼 수 있는 인간의 차이보다 시대에 따라 인간의 차이가 더 크다고 생각하게 될 것이 의심의 여지 없이 분명하다.

관찰이 더 힘들어졌을 뿐만 아니라 더 무성의하고 서투르게 행해지고 있다. 그리고 이것이 인류의 자연사 분야 연구가 거의 성과를 거두지 못하는 또 다른 이유이기도 하다. 여행에서 얻는 교훈은 여행을 시작하게 한 목적과 결부된다. 그 목적이 하나의 철학 체계라면, 여행가는 자신이 보고자 하는 것밖에 보지 못한다. 그 목적이 이득일 때는 거기에 몰두하는 자들의 관심이 모두 이득에 쏠려 버린다. 여러 국민을 뒤섞고 혼합시키는 예술과 기술 그리고 교역도 그들이 서로를 연구하지 못하게 만든다. 서로 얻을 수 있는 이득을 이미 알고 있다면, 더 알아야 할 것이 무엇이 있겠는가?

나중에 가장 안락하게 살 수 있는 장소를 고르기 위해 살 만한 장소들을 모두 알아 두는 것은 인간에게 유익한 일이다. 만약 각자 자급자족할 수 있다면, 자기에게 식량을 제공해 줄 수 있는 어느 한 나라만 알면 될 것이다. 다른 사람이 필요 없고 세상에 탐나는 게 없는 야만인은 자기가

지만, 그것들은 전해지지 않는다 — 옮긴이.

사는 나라 이외의 다른 나라를 알지 못하고 또한 알려고 애쓰지도 않는다. 생존을 위해서 어쩔 수 없이 영토를 넓혀야 할 경우에도, 이미 사람이 살고 있는 장소는 피해 간다. 그가 노리는 것은 사냥감이고, 먹고살기 위해서는 사냥감만 있으면 된다. 그러나 사회생활이 필수적인 것이 되고 사람들을 잡아먹지 않고는 버틸 수 없게 된 우리의 경우, 각자의 관심은 잡아먹을 사람이 가장 많이 사는 나라를 자주 드나드는 것이다. 이 때문에 모두가 로마, 파리, 런던으로 몰려든다. 항상 수도에서는 인간의 피가 가장 헐값에 팔린다. 그리하여 큰 나라의 국민들만 알려지고, 그들은 하나같이 서로 비슷하다.

우리에게는 학식을 쌓기 위해 여행하는 학자들도 있다고 말하지만, 그것은 틀린 말이다. 학자들도 다른 사람들과 마찬가지로 이해타산을 따져서 여행한다. 플라톤, 피타고라스 같은 사람들은 이미 존재하지 않는다. 설령 있다 하더라도 우리와는 멀리 떨어져 있다. 우리의 학자들은 궁정의 명령에 의해서만 여행을 한다. 그들은 이런저런 목적으로, 필시 도덕적인 목적은 아닌 그런 목적을 검토하기 위해 파견되고 비용을 지원받고 돈을 받는다. 그들은 이 단 하나의 목적에 그들의 모든 시간을 바쳐야 한다. 그들은 너무도 정직해서 받은 돈을 횡령할 수 없기 때문이다. 설령 어느 나라에서든 호기심 많은 사람들이 자기 비용을 들여 여행을 한다 하더라도, 그것은 사람들을 연구하기 위해서가 아니라 그들을 가르치기 위해서이다. 그들이 필요로 하는 것은 학문이 아니라 과시이다. 그런 여행에서 어떻게 그들이 세상 평판의 굴레에서 벗어나는 법을 배울 수 있겠는가? 그들은 오로지 세상 평판 때문에 여행을 한다.

나라를 보기 위해 여행하는 것과 국민을 보기 위해 여행하는 것은 큰 차이가 있다. 첫 번째 목표는 언제나 호기심 많은 사람들의 목표가 되지만, 그들에게서 두 번째 목표는 부수적일 뿐이다. 철학하기 위해서 여행하는 사람들은 이와 정반대여야 한다. 어린아이는 인간을 관찰할 수 있게 될 때를 기다리면서 사물들을 관찰한다. 성인은 자신의 동포들을 관찰하는 데서 시작해야 하며, 그다음에 시간이 있으면 사물들을 관찰한다.

따라서 우리가 여행하는 방식이 잘못되었다는 사실에서 여행이 불필요한 것이라는 결론을 이끌어 낸다면 그것은 잘못된 추론이다. 그러나 여행의 유용성이 인정되었다고 해서, 그것이 모든 사람에게 적합하다는 결론을 내릴 수 있을까? 그것은 전혀 아니다. 오히려 여행은 극소수의 사람들에게만 적합하다. 즉 잘못된 가르침을 들어도 현혹되지 않고, 악덕의 예를 보아도 끌려 들어가지 않을 수 있을 만큼 자기 자신에 대해 확신이 있는 사람에게만 적합하다. 여행은 인간의 본성을 제 성향대로 밀고 나가 그것을 착하게 만들든 악하게 만들든 끝을 보고 만다. 이제 막 세계를 이리저리 돌아다니다가 되돌아온 사람이 있다면, 그가 누구든 평생 그러한 상태로 살아가게 될 것이다. 선보다는 악 쪽으로 더 기울어진 상태에서 출발하기 때문에, 선해져서 돌아오는 사람보다 악해져서 돌아오는 사람들이 더 많다. 제대로 교육받지 못하고 지도를 잘 받지도 못한 젊은이들은 여행 중에 자신이 만난 국민의 온갖 악덕에는 물이 들지만, 그 악덕에 뒤섞여 있는 미덕은 어느 하나도 배우지 못한다. 하지만 훌륭한 천성을 타고난 사람들, 그 천성이 잘 가꾸어진 사람들, 그리고 배우겠다는 참된 목적으로 여행을 하는 사람들은 한결같이 떠날 때보다 더 나은 모습으로 더 현명해져서 돌아온다. 에밀이 할 여행은 그런 여행이 될 것이다. 더 살아야 할 가치가 있었는데도 꽃다운 나이에 조국을 위해 죽어서 온 유럽이 경탄하며 그 공덕을 기리게 될 청년,[66] 더 나은 시대를 누렸어야 할 그 청년도 바로 이런 여행을 했다. 오로지 그의 미덕으로만 장식된 그 청년의 무덤은 어느 외국인의 손이 꽃잎을 뿌려 추모해 주기를 기다리고 있었다.

이성이 행하는 모든 일에는 규칙이 있어야 한다. 교육의 일부로 여겨지는 여행 또한 그 규칙이 있어야 한다. 여행을 위한 여행은 방황하는 것이고 방랑자가 되는 것이다. 배우기 위해 여행한다는 것 또한 너무나 막연한 목적이다. 확고한 목표가 없는 배움은 아무것도 아니다. 나는 우선 청년에게 배움에 대한 뚜렷한 관심을 심어 주고자 하며, 올바르게 선택된 관심은 배움의 성격을 더욱 분명하게 만들어 줄 것이다. 이것 또한 내가 실현하고자 애썼던 방법의 연장선에 있다.

그런데 먼저 다른 존재들과의 물리적 관계를 통해, 또 다른 인간들과의 도덕적 관계를 통해 자신을 바라본 다음, 그 뒤에 남은 일은 이제 자기 나라 사람들과의 사회적 관계에 따라 자신을 바라보는 것이다. 이를 위해서는 먼저 일반적인 정부의 본질과 정부의 다양한 형태를 연구하는 데서 시작하여 마지막에는 자신이 태어난 나라의 개별 정부를 연구하고 그곳에서 사는 일이 자신에게 맞는지 따져 보아야 한다. 왜냐하면 그 무엇으로도 폐지할 수 없는 권리에 의해, 자유로운 성인이 된 사람이면 누구나 공동체로 형성된 국가를 떠남으로써 자신과 그 공동체를 연결 지은 계약을 취소할 수 있기 때문이다. 철들 나이가 지나서도 계속 그 나라에

---

66 여기서 말하는 청년은 2권 끝에 나왔던 루이 마리 푸케 드 벨릴 백작을 가리키는 듯하다 — 옮긴이.

머무를 때만, 그가 자기 조상들이 체결했던 계약을 암묵적으로 인정한다고 여겨지는 것이다. 그는 아버지에게서 받은 상속권을 포기할 수 있듯이 조국을 포기할 권리도 획득한다. 게다가 출생지는 자연의 선물인 이상, 출생지를 포기함으로써 그는 자기 권리의 일부를 양도하는 셈이다. 모든 인간은 법의 보호를 받을 권리를 얻기 위해 스스로 그 법에 복종하지 않는 한은, 어디서 태어났든 준엄한 법에 따라 각자 스스로 책임을 지면서 자유로운 상태로 남아 있을 수 있다.

따라서 내가 그에게 하고 싶은 말은 예를 들면 이런 것이다. "이제까지 자네는 나의 지도 아래 있었고, 따라서 스스로를 다스릴 수 있는 상태가 아니었네. 그러나 법에 의해 자네의 재산을 마음대로 처분할 수 있게 됨에 따라 이제 자네는 스스로 주인이 될 수 있는 나이에 접어들고 있네. 자네는 이제 사회 속에 홀로 남겨져, 모든 것에 심지어는 자네가 물려받은 재산에까지 예속되는 느낌을 갖게 될 것이네. 자네는 결혼해서 가정을 꾸릴 생각도 하고 있는데, 그런 생각은 칭찬받을 만하며 인간이 마땅히 행해야 할 책무 중의 하나이지. 그러나 결혼하기 전에 먼저 자네가 어떤 사람이 되기를 원하는지, 무엇을 하면서 자네의 인생을 보내고 싶은지, 자네와 자네의 가족이 먹을 빵을 확보하기 위해 자네가 어떤 대책을 강구할 것인지 알아야 하네. 왜냐하면 이러한 염려들이 가장 중요한 일이 되어서는 안 되겠지만 적어도 한 번쯤은 생각해 보아야 할 문제이기 때문이네. 자네가 경멸하는 인간들에게 예속되는 길을 택하고 싶은가? 항상 남들의 처분에 따르고 사기꾼들에게서 벗어나기 위해 어쩔 수 없이 자네 자신이 사기꾼이 되어야만 하는 사회적 관계를 통해 재산을 일구고 지위를 확립하기를 원하는가?"

그러고 나서 장사를 하든 관직에 있든 금융계에 종사하든, 재산을 활용할 수 있는 모든 가능한 방법을 그에게 말해 주고, 그중 위험 부담이 없고 그를 불안정한 종속 상태로 몰아가지 않는 방법, 남들이 보이는 실례와 편견에 자신의 습성, 생각, 품행을 맞추도록 강요하지 않는 방법은 하나도 없다는 것을 입증해 보일 것이다.

자신의 시간과 자기 자신을 활용하는 또 다른 방법도 있다고 그에게 말해 주겠다. 그것은 군대에 들어가는 것, 다시 말해 우리에게 아무런 해악도 끼치지 않은 사람들을 죽이러 가기 위해 아주 싼값으로 고용되는 것이다. 이 직업은 사람들 사이에서 아주 평판이 좋아서, 이 일 외에는 아무짝에도 쓸모없는 사람들이 터무니없는 존경을 받고 있다. 게다가 이 직업은 다른 수단들을 필요 없게 만들기는커녕, 오히려 그것을 더 필요하게 만들 뿐이다. 왜냐하면 이 직업에 몸 바쳐 일하는 사람들을 파산시키는 것도 이 신분이 갖는 명예에 속하기 때문이다. 그들이 모두 다 파산하지 않는다는 것도 사실이다. 다른 여느 직업에서와 마찬가지로, 이 직업에서도 돈을 그러모으는 것이 부지불식간에 유행이 되었다. 그러나 성공한 사람들이 그 때문에 어떻게 처신해 나가는지 자네에게 설명한다면, 자네가 그들을 본받고 싶어 하게 만들 수 있을지는 의심스럽다.

또한 자네는 다음과 같은 일도 알게 될 것이다. 이 직업에서조차 여성들 옆에 있을 때가 아니면 용기나 용맹함이 중요하지 않으며, 오히려 가장 비굴하고 가장 저속한 자, 가장 야비한 자가 언제나 가장 존경받는다는 것, 만약 자네가 진심으로 그 직업에 전념하고자 한다면 자네는 멸시와 증오의 대상이 되어 어쩌면 쫓겨나거나, 아니면 적어도 남들이 화장대 옆에서 근무를 서는 동안 자네가 참호 속에서 근무했다는 이유로 모든 동료들의 차별에 시달리고 자리를 빼앗기게 되리라는 것을 알게 될 것이다.

이 다양한 직업들이 에밀의 취향에 썩 들어맞지 않는다는 것은 충분히 예상할 수 있다. 그는 내게 말할 것이다. "뭐라고요! 제가 유년기에 하던 놀이를 다 잊어버렸을까요? 제가 팔을 잃기라도 했나요? 제 힘이 다 소진되어 버렸나요? 이젠 제가 일을 할 줄도 모르나요? 선생님이 말씀하시는 그 근사한 직무들이나 사람들의 어리석은 편견 같은 게 모두 뭐가 중요한가요? 저는 선행을 베풀고 올바르다는 것 이외에 다른 명예를 알지 못하고, 매일 자신의 노동을 통해 식욕과 건강을 얻어 가면서 사랑하는 사람과 함께 독립적으로 살아가는 것 이외에 다른 행복을 알지 못합니다. 선생님이 말한 그 모든 귀찮은 일들은 저와 거의 아무런 상관도 없습니다. 제가 원하는 재산이라곤 세상 한 귀퉁이에 있는 작은 전답뿐입니다. 저는 그 전답을 경작하는 데 제 욕심을 다 쏟으며 근심 없이 살아갈 겁니다. 소피와 제 밭만 있으면, 그것으로 저는 부자일 것입니다."

바로 그것이다. 친구여, 현자의 행복을 위해서는 자신의 여인과 경작지만으로도 충분하다. 그 보물들이 소박할지라도 그것은 자네가 생각하는 것처럼 그리 흔한 것이 아니다. 가장 진귀한 보물을 자네가 발견한 것이다. 이제 나머지 다른 하나에 대해 이야기해 보자.

"사랑하는 에밀이여! 자네의 밭, 그 밭을 자네는 어디에서 고를 생각인가? 자네는 지구의 어느 귀퉁이에서 '여기서 나는 나의 주인이고 내게 속한 이 땅의 주인이다'라고 말할 수 있겠는가? 사람들은 어느 곳에서 부자가 되기 쉬운지는 알고 있네. 그렇지만 부자가 되지 않고도 살 수 있는 곳이 어디인지는 누가 알고 있을까? 누구에게 해를 끼칠 필요도 해를 입을 걱정도 없이 독립적이고 자유롭게 살 수 있는 곳이 어디인지 누가 알까? 언제나 정직한 사람일 수 있게 해 주는 나라를 그렇게 쉽게 찾을 수 있다고 믿는가? 술책도 분쟁도 속박도 없이 살아갈 수 있는 합법적이고 확실한 방법이 있다면, 확신컨대, 그것은 자기 자신의 땅을 경작하면서 제 손으로 노동을 하고 살아가는 것이네. 그러나 내가 밟고 있는 땅을 내 것이라고 생각할 수 있는 나라가 어디에 있는가? 그런 행복의 땅을 선택하기 전에, 그곳에서 자네가 찾는 평화를 발견할 수 있는지 잘 확인해야 하네. 거기서 폭력적인 정부, 박해하는 종교, 타락한 풍속이 자네를 어지럽히지 않게 조심하라. 자네가 쏟아부은 노고의 열매를 먹어 치우는 과도한 세금, 자네의 자금을 바닥나게 할 끝없는 소송들을 피하라. 올바르게 살아서, 자네가 무시하면 언제든지 자네를 괴롭힐 준비가 되어 있는 행정관이나 그들의 대리인, 재판관, 사제, 세력 있는 이웃, 온갖 사기꾼들의 마음을 사야 할 필요가 없게 하라. 특히 귀족들이나 부자들의 괴롭힘을 피하라. 그들의 땅이 어디서나 나봇의 포도밭[67]과 가까이 있을 수 있다는 것을 명심하라. 만약 높은 지위에 있는 누군가가 자네의 초가집 근처에 집을 사거나 집을 짓는 불행이 자네에게 닥친다 해도, 그가 무슨 수를 써서라도 자기 땅을 넓히기 위해 자네의 땅을 침범할 방법을 찾아내지 않을 것이라고, 어쩌면 당장 내일부터라도 자네의 전 재산이 넓은 길에 먹혀 버리는 일을 당하지 않을 것이라고 자네는 장담할 수 있는가? 만약 자네가 이 모든 난관에 대비할 만한 권세를 갖고 있다면 그런 만큼

---

67 「열왕기」에 나오는 이야기이다. 이스라엘의 아합왕이 나봇의 포도밭을 탐내자, 그의 부인인 이세벨 왕비가 억지로 구실을 만들어 불쌍한 포도밭 주인 나봇을 돌로 쳐 죽이게 했다 — 옮긴이.

자네의 재산 또한 보존하고 있는 편이 나은데, 왜냐하면 그럴 경우 자네의 재산을 지키기가 더 이상 힘들지 않을 것이기 때문이네. 부와 권세는 서로를 지탱하여, 다른 하나가 없으면 나머지 하나도 제대로 버티지 못하는 법이네.

친애하는 에밀이여, 나는 자네보다 경험이 많으므로 자네가 품고 있는 계획의 어려움을 더 잘 헤아리고 있네. 자네의 계획은 훌륭하고 정직해서 실제로 자네를 더욱 행복하게 해 줄 것이네. 그 계획을 실행할 수 있도록 노력해 보자. 자네에게 제안을 하나 하겠네. 자네가 돌아올 때까지 우리가 잡은 이 년의 기간을, 내가 조금 전에 말한 모든 위험에서 벗어나 자네와 자네의 가족이 행복하게 살 수 있는 안식처를 유럽에서 찾아보는 데에 할애하자. 만약 우리가 성공하면, 자네는 많은 사람들이 찾았으나 발견하지 못했던 진정한 행복을 발견하게 될 것이며, 자네가 보낸 시간들을 후회하지 않게 될 것이네. 만약 우리가 성공하지 못한다면, 자네는 헛된 공상에서 벗어나게 될 것이네. 피할 수 없는 불행에 대해 마음을 달래며 필연의 법칙에 따르게 되기 때문이네."

이렇게 제안된 탐구가 우리를 어디까지 이끌어 갈지 독자들 모두가 잘 알 수 있을지는 잘 모르겠다. 그러나 에밀이 이러한 목적에서 시작하여 여행을 계속하고 돌아왔을 때 정부와 공공 관습 그리고 모든 종류의 국가 준칙들에 관한 온갖 문제들에 정통해 있지 않다면, 틀림없이 에밀과 나 우리 중 한 사람은 지성이 또 한 사람은 판단력이 결여된 것이라는 점은 잘 알고 있다.

정치법은 아직도 탄생 과정에 있는데, 앞으로도 결코 탄생하지 못할 것이라고 생각한다. 이 분야에서 우리 모든 학자들의 스승인 그로티우스[68]는 한낱 어린아이에 그것도 더 나쁘게도 정직하지 못한 어린아이에 불과하다. 그로티우스를 하늘 높이 떠받들고 홉스에게 저주를 퍼붓는 소리를 들을 때면, 나는 이 두 작가를 읽거나 혹은 이해하는 분별력 있는 사람들이 얼마나 되는지 알게 된다. 사실인즉 이 두 작가의 원리는 정확히 일치한다. 오직 그 표현 방식만 다를 뿐이다. 방법론에서도 조금 다르기는 하다. 홉스는 궤변에, 그로티우스는 시인들에 의존한다. 그러나 그 나머지 부분에서는 같다.

이 방대하고도 무익한 학문을 창안해 낼 수 있는 유일한 현대인은 저 유명한 몽테스키외[69]였다. 그러나 몽테스키외는 정치법의 원리를 다루는 데는 유의하지 않았다. 그는 단지 기존 정부들의 실정법을 다루는 것으로 만족했는데, 세상에 이 두 연구만큼 서로 다른 것도 없다.[70]

그럼에도 정부를 현재의 상태 그대로 올바르게 평가하고 싶어 하는 사람이라면 두 연구를 결합시키지 않을 수 없다. 현재 있는 것을 제대로 평가하기 위해서는 그것이 마땅히 어떠해야 하는지를 알아야 한다. 이 중요한 문제들을 밝히는 데 있어 가장 큰 어려움은 개인이 각자 관심을 갖고 그 문제들을 검토하게 하는 것과, 다음 두 가지 질문에 대답하는 것이

---

68 Hugo Grotius(1583-1645): 네덜란드의 법학자로서 국제법의 아버지로 유명하다. 그는 법과 국가를 종교로부터 분리시켰고, 국가는 사람들 사이의 합의에 의해 성립된다고 주장했다. 주저인 『전쟁과 평화의 법』에서 자연법에 기초한 국제법을 체계화하려고 시도했다 — 옮긴이.

69 Charles de Montesquieu(1689-1755): 프랑스 계몽주의 시대의 모럴리스트이자 정치학자이다. 1748년에 발표한 『법의 정신』에서 몽테스키외는 삼권분립을 주장하며 정치적 자유주의자로서의 면모를 보여 주었다 — 옮긴이.

70 '정치법의 원리'는 루소의 저서 『사회계약론』의 부제이다. 루소는 진정한 정치학을 실천적인 것, 따라서 윤리적 성찰에 토대를 두는 것이라 생각하고, 원칙에서 출발하여 사실을 검토해야 한다고 주장했다. 반면 몽테스키외는 도덕적 원칙을 별로 고려하지 않고 실정만 다룬다 — 옮긴이.

다. 나에게 중요한 것은 무엇인가? 그리고 나는 거기서 무엇을 할 수 있는가? 우리는 에밀이 이 두 질문에 스스로 답을 할 수 있게 만들었다.

두 번째 어려움은 어린 시절의 편견들과 우리를 기르는 데 지침이 된 격언들, 그리고 무엇보다 진리에 아랑곳하지 않으면서 늘 진리에 대해 말하고, 사리사욕에 대해 한마디도 입 밖에 내지 않지만 속으로는 오직 사리사욕만 생각하는 작가들의 편파성에서 비롯된다. 그런데 국민은 교수직도, 연금도, 아카데미의 의석도 주지 않는다. 어떻게 이런 사람들에 의해 국민의 권리가 확립되겠는지 판단해 보라! 나는 이 어려움 또한 에밀에게는 전혀 없게 해 주었다. 그는 정부가 무엇인지 거의 알지 못한다. 그에게 유일하게 중요한 것은 최상의 정부를 찾아내는 것이다. 그의 목적은 책을 쓰는 데 있지 않다. 언젠가 책을 쓴다 하더라도, 그것은 결코 권력에 영합하기 위해서가 아니라 인간의 권리들을 확립하기 위해서일 것이다.

타당하다기보다 그럴듯하게 보이는 세 번째 어려움이 남아 있는데, 나는 그것을 해결하고 싶지도 않고 제시하고 싶지도 않다. 이 어려움 때문에 나의 열의가 꺾이지만 않으면 나는 그것으로 만족한다. 이런 종류의 연구에서는 정의에 대한 진실한 사랑과 진리에 대한 참된 존경이 훌륭한 재능보다 더 절실하다고 확신하기 때문이다. 따라서 정부에 관한 문제들이 공정하게 다루어질 수 있다면, 내 생각에 지금이 다시없을 절호의 기회이다.[71]

---

71 세 번째 어려움은 루소 자신이 이러한 문제를 다룰 만한 능력이 있느냐는 것이다. 루소는 이러한 어려움에 대해 우선 중요한 것은 재능보다 정의에 대한 사랑과 진리에 대한 존경이라고 말한다. 그리고 그는 자신이 제네바 공화국의 시민으로 태어났기 때문에 정치에 대해 알아야 할 자격이 있다고 생각

관찰을 시작하기 전에, 먼저 자신의 관찰에 필요한 자를 마련해야 한다. 측정해야 할 것들에 적용할 척도를 만들어야 하는 것이다. 정치법에 대한 우리의 원리가 바로 이 자이고, 우리가 측정할 것은 각국의 정치법이다.

우리의 기본 요소들은 분명하고 단순하며, 사물의 본성에서 직접 가져온 것들이다. 그것들은 우리가 토론한 문제들로부터 만들어질 것이고, 그 문제들이 충분히 해명된 후에야 그것들을 원리로 삼을 것이다.

우선 자연 상태로 거슬러 올라가, 인간이 노예로서 태어나는지 자유롭게 태어나는지, 함께 모여 살도록 태어나는지 독립적으로 살아가게 태어나는지, 그들이 자발적으로 서로 결합하는지 강제로 결합되는지 검토할 것이다. 그리고 그들을 결합시킨 힘이 항구적인 권리를 만들 수 있어서 이 힘이 이후에 다른 힘에 의해 무너졌다 하더라도 그 권리에 의해 여전히 구속력을 지니는지 고찰할 것이다. 그래서 이른바 최초의 민족들을 정복했다는 니므롯왕[72]의 권세 이후로, 그 힘을 쓰러뜨린 다른 모든 힘

하며, 또한 삼십 대 초반부터 베네치아에서 프랑스 대사의 서기관 역할을 맡으면서 정치에 대해 적극적으로 성찰하기 시작한 것도 사실이다.

"내가 집필하고 있던 여러 작품들 중 『정치 제도론』이 있었는데, 그것은 내가 조금 더 오래전부터 계획하고 가장 애착을 갖고 몰두하고 평생의 노력을 기울이기를 원하고 내 생각으로는 나의 명성을 보증할 것이 틀림없는 작품이었다. 그것을 처음 구상한 것은 십삼사 년 전이었는데, 그 당시 베네치아에 있으면서 그토록 칭송을 받던 베네치아 정부의 결함들을 눈여겨볼 어떤 기회를 갖게 되었다. 그 후 도덕을 역사적으로 연구함으로써 나의 시야가 무척 넓어졌다. 나는 모든 것이 근본적으로 정치에 달려 있다는 사실과, 사람들이 어떻게 하든 어떤 국민도 그 정부의 본질이 그 국민을 만드는 바 이외의 것이 결코 될 수 없으리라는 사실을 알았다"(『고백록』, 9권).

"자유로운 국가의 시민 즉 주권자의 일원으로 태어난 이상, 내 목소리가 공적인 일에 미칠 수 있는 영향력이 아무리 미약하다 하더라도, 공적인 일에 대해 투표할 수 있는 권리를 갖는 것만으로도 내가 그것을 알아야 할 의무를 지기에 충분하다. 내가 여러 정부들에 대해 성찰할 때마다 내 연구로부터 내 나라의 정부를 사랑할 새로운 이유들을 계속해서 발견하니 행복하지 않은가!"(『사회계약론』, 1권) — 옮긴이.

들은 부당한 찬탈의 힘이 되었고 니므롯의 후손 혹은 그의 권리를 계승한 자 외에는 더 이상 합법적인 왕이 없는지, 아니면 이 최초의 힘이 사라지게 되면 그 뒤를 이은 힘이 그 대신 구속력을 갖고 다른 힘의 강제력을 폐지하게 되는지, 따라서 우리가 강제당하는 경우에만 어쩔 수 없이 복종할 의무가 있고 저항할 수 있게 되면 곧바로 복종할 필요가 없게 되는지 검토할 것이다. 그런데 이 권리라는 것은 별 대단한 것을 힘에 보태 주지는 못하는 듯하며, 한낱 말장난에 지나지 않을지도 모른다.

우리는 모든 병은 신에게서 온 것이라 말할 수 없는지, 만약 그렇다면 의사를 부르는 것이 죄가 되는지 고찰할 것이다.[73]

우리는 또한 우리의 지갑을 요구하는 노상강도에게, 설령 그것을 감출 수 있을 때라도 양심적으로 그것을 내어 주어야만 하는지 고찰할 것이다. 왜냐하면 강도의 손에 들린 권총 또한 하나의 권력이기 때문이다.

이 경우에 권력이라는 단어는 합법적인 권력, 따라서 권력의 실체가 근거를 두고 있는 법에 의한 권력 외에 다른 것을 의미할까?

우리가 힘의 권리를 거부하고 자연의 권리 혹은 아버지의 권위를 사회의 원리로서 인정한다고 가정한다면, 우리는 이 권위의 한도를 탐구할 것이고, 어떻게 그 권위가 자연에 근거를 두는지 또한 그 권위에는 아이에게 돌아가는 유용성이나 아이의 나약함, 아버지가 아이에게 갖는 본능적인 애정 이외에 다른 근거가 있는지 탐구할 것이다. 그리하여 만일 아

---

72 바빌론 제국의 창시자 — 옮긴이.

73 루소의 방법은 선험적이다. 그것은 경험이 아니라 이성에 따른다. 현실에서 권력이 힘에 의존한다는 것은 논의할 여지가 없는 사실이다. 그러나 그렇다고 힘이 합법적인 원리가 될 수 없다. 병 역시 일종의 사실이지만 그것은 신에게서 온 것, 즉 자연적인 것으로 볼 수 없다. 따라서 루소에 의하면 사실의 상태를 합리적 혹은 자연적 상태로 전환하기 위해 의사를 부르는 것은 죄가 될 수 없다 — 옮긴이.

이의 나약함이 없어지고 그의 이성이 무르익게 되면, 그가 자기 보존을 위해 적합한 것이 무엇인지 판단하는 유일한 타고난 심판관, 다시 말해 다른 모든 인간에게서 독립한 심지어 자신의 아버지에게서도 독립한 자기 자신의 주인이 되는 것은 아닌지 탐구할 것이다. 왜냐하면 아버지가 아들을 사랑하는 것보다 아들이 자기 자신을 사랑하는 것이 훨씬 더 확실하기 때문이다.

아버지가 죽으면 자식은 아버지의 본능적인 애착은 없을 다른 누군가에게 혹은 맏이에게 복종할 것을 요구받는지, 그리고 가족 전체가 복종하지 않으면 안 되는 유일한 가장이 대대로 있기 마련인지, 그럴 경우 어떻게 권위가 분할될 수 있는지, 그리고 어떤 권리에 의해 전 지구상에 인류를 통치하는 여러 명의 우두머리가 있을 수 있는지 살펴볼 것이다.

여러 국민들이 선택에 의해 형성되었다고 가정할 경우, 우리는 권리를 사실과 구별하여 이렇게 물어볼 것이다. 그들은 강제가 아니라 자신이 진정 원해서 형이나 삼촌 혹은 친척에게 복종한 것이므로, 이런 종류의 사회는 언제나 자유롭고 자발적인 결사로 되돌아가는 것이 아닐까?

그런 다음 노예에 대한 권리로 넘어간다. 우리는 어떤 사람이 아무런 유보 없이 무제한적이고 무조건적으로 자신을 타인에게 합법적으로 양도할 수 있는지, 다시 말해 자신의 보전을 직접 책임질 것을 요구하는 자연을 거슬러서 또한 마땅히 해야 할 것과 해서는 안 될 것을 규정하는 자신의 양심과 이성의 뜻에 반해서 자신의 인격, 생명, 이성, 자아, 행위에 있어서 모든 도덕성을 포기할 수 있는지, 간단히 말해 죽음에 이르기 전에 존재하기를 중단할 수 있는지 고찰할 것이다.

만일 노예 증서에 어떤 제한이나 유보가 있다면, 그때 이 증서는 진정한 계약이 되는지 아닌지를 두고 토론할 것이다. 왜냐하면 이 계약에서는 계약 당사자가 공동의 상급자[74]를 갖지 못해 계약 조건에 관해 각자 자신이 심판자로 남게 되고, 따라서 자유로운 당사자들 각자가 자신을 피해자라고 여기는 순간 곧바로 마음대로 계약을 파기할 수 있기 때문이다.

따라서 노예도 아무런 유보 없이 주인에게 자신을 양도할 수 없다면, 어떻게 한 국민이 그 수장에게 유보 없이 스스로를 양도할 수 있겠는가? 그리고 노예가 되어서도 주인이 계약을 준수하는지 심판할 수 있다면, 어째서 국민이 그의 지도자가 계약을 준수하는지 심판할 수 없겠는가?

그리하여 우리는 다시 앞으로 되돌아가 국민이라는 이 집합 명사의 의미를 고찰하지 않을 수 없다. 그렇기 때문에 국민을 형성하기 위해서는 현재 우리가 가정하고 있는 계약 이전에 맺어진 또 다른 계약이 최소한 암묵적으로라도 필요한 것은 아닌지 살펴보아야 한다.

왜냐하면 어떤 왕을 선출하기 전에도 국민은 이미 국민인 이상, 사회계약이 아니라면 무엇이 그렇게 만들었겠는가? 따라서 사회계약은 모든 시민 사회의 토대이며, 사회계약을 통해 구성된 사회의 본질은 바로 그 계약 행위의 본질에서 찾아야만 한다.

우리는 이 계약의 내용이 무엇인지, 그리고 그것이 대체로 다음과 같은 형식으로 표현될 수 있겠는지 알아볼 것이다. "우리는 각자 자신의 재산, 인격, 생명, 모든 힘을 공동으로 일반의지의 최고 지휘 아래 두고, 각

---

74 만약 그들에게 공동의 상급자가 있다면, 그는 다름 아닌 주권자일 것이며, 따라서 주권에 근거를 둔 노예 제도는 주권의 원리가 될 수 없을 것이다.

구성원을 전체의 분할 불가능한 부분으로서 모두 함께 받아들인다."

이렇게 가정한 뒤 우리는 우리에게 필요한 용어들을 정의하기 위해 이 결사 행위를 통해 생겨나는 것이 각 계약 당사자의 개별 인격이 아니라, 집회에서 투표권을 가진 수만큼의 구성원들로 이루어진 정신적인 집합체라는 사실에 주목할 것이다. 이 공적인 인격은 일반적으로 정치집단이라는 이름을 갖게 되고, 그것이 수동적일 때는 국가, 능동적일 때는 주권자, 그와 유사한 다른 것들과 비교해서는 권력이라고 불린다. 구성원 자신들에 대해서는 집합적으로는 국민, 도시국가의 구성원 혹은 주권의 참여자로서는 개별적으로 시민, 동일한 주권에 복종하는 자로서는 피치자被治者라고 불린다.

우리는 이 결사 행위가 공중과 개인들 사이의 상호계약을 함축하고 있음에 주목할 것이다. 이를테면 자기 자신과 계약을 맺는 각 개인은 이중의 관계, 즉 주권자의 일원으로서 개인들과 맺는 관계와 국가의 일원으로서 주권자와 맺는 관계에 종속된다.

우리는 또한 다음과 같은 점에 주목할 것인데, 그것은 어느 누구도 자기 자신과 한 약속에 대해서는 그것을 지킬 의무가 없듯이, 모든 피치자들에게 주권자에 대한 의무를 지울 수 있는 공적 결의라 할지라도 그 결의가, 그들 각자가 고려되는 서로 다른 두 관계 때문에, 국가에게 국가 자체에 대한 의무를 지울 수 없다는 사실이다. 따라서 엄밀한 의미에서 기본법이란 사회계약 외에는 존재하지도 또 존재할 수도 없다는 것을 우리는 깨닫게 된다. 그렇다고 이것이 정치집단이 몇몇 측면에서 타자와 계약을 체결할 수 없다는 것을 의미하지는 않는다. 왜냐하면 외국에 대해서는 정치집단도 단순한 하나의 존재, 한 개체가 되기 때문이다.

두 계약 당사자들 즉 각 개인과 공중은 그들의 분쟁을 심판할 수 있는 어떤 공동의 상급자도 없기 때문에, 우리는 이 두 계약 당사자 각각이 그가 원할 경우 자신의 뜻대로 계약을 파기할 수 있는지, 다시 말해서 자신이 피해자라고 느끼면 곧바로 자기 쪽에서 그 계약을 파기할 수 있는지 고찰할 것이다.

　우리는 이 문제를 해명하기 위해 사회계약에 따르면 주권자란 공동의 그리고 일반적인 의지에 의해서만 행동할 수 있으므로 그의 행위 역시 일반적인 공동의 목적만 갖게 마련이라는 것을 고찰할 것이다. 그로부터 한 개인은 모든 개인이 다 침해를 당하지 않고는 주권자에게 직접적으로 침해를 당할 수 없을 것이라는 결론이 나온다. 이는 곧 자기 자신을 해치기를 원하는 셈이기 때문에 성립될 수 없는 것이다. 따라서 사회계약은 결코 공권력 이외의 다른 보증을 필요로 하지 않는다. 이는 침해가 늘 개인들로부터 생겨날 수밖에 없기 때문이다. 그때 개인들은 자신이 맺은 약속에서 자유로워지는 것이 아니라 약속을 어긴 데 대해 처벌을 받게 된다.

　이와 유사한 모든 문제를 해결하기 위해, 우리는 국민이 오직 자기 자신하고만 계약을 한다는 점에서, 다시 말해 주권자로서 일체가 된 국민이 피치자로서의 개인들과 계약을 맺고 있다는 점에서, 사회계약은 그 자체에만 적합한 특별한 성질을 갖는 것이라는 사실을 늘 상기하도록 유의할 것이다. 이것이 바로 정치기구의 수단과 작용 전체를 만들어 내는 조건이며, 오직 이 조건만이 약속을 정당하고 합리적이고 위험하지 않은 것으로 만든다. 만약 이 조건이 없다면 약속들은 부조리하고 압제적인 것이 되어 엄청난 남용을 피할 도리가 없게 될 것이다.

개인들은 오직 주권자에게만 복종하고 주권은 일반의지 이외의 다른 것이 아니기 때문에, 우리는 주권자에게 복종하는 각 개인이 어떻게 자기 자신에게만 복종하게 되는지, 어떻게 해서 자연 상태에서보다 사회계약 안에서 인간이 더 자유롭게 되는지 보게 될 것이다.

사람들에 대해서 자연적 자유와 시민적 자유를 비교한 후, 우리는 재산에 대해서 소유권과 주권을 비교하고 사유지와 공유지를 비교할 것이다. 만약 주권이 소유권에 토대를 두고 있다면, 소유권은 주권이 가장 존중해야 할 권리이다. 소유권이 개별적이고 사적인 권리로 남아 있는 한, 그것은 주권에게 신성불가침의 권리이다. 그러나 소유권이 모든 시민에게 공동의 것으로 간주되면 곧바로 그것은 일반의지에 복종하게 되며, 이 일반의지는 소유권을 무효화할 수 있다. 그리하여 주권자는 한 개인의 재산도, 여러 개인의 재산도 건드릴 수 있는 어떤 권리도 갖지 못한다. 그러나 주권자는 리쿠르구스[75] 시대의 스파르타에서 그러했듯이, 합법적으로 모든 사람의 재산을 빼앗을 수 있다. 그 반면에 솔론[76]에 의한 부채 탕감은 불법 행위였다.

일반의지 이외의 그 무엇도 피치자들을 구속하지 못하는 이상, 우리는 일반의지가 어떻게 표명되는지 어떤 표시를 통해서 확인되는지, 법이란 무엇이며 법의 참된 특성은 무엇인지 연구할 것이다. 이는 참으로 새로운 주제이다. 왜냐하면 법에 대해 정의를 내리는 것은 여전히 해야 할 일

---

75 Lycurgus: 기원전 9세기경 스파르타의 전설적인 입법가로 스파르타의 귀족들에게 사유 재산을 모두 포기하도록 명령했다고 한다 — 옮긴이.
76 Solon(기원전 638-기원전 558): 아테네의 시인이자 입법가로 그리스의 7현인 중의 한 사람이다. 당시 빈부의 극심한 차이에서 빚어진 사회 불안을 개선하기 위해 '솔론의 개혁'이라 일컫는 여러 개혁을 단행했다. 특히 채무를 탕감해 줌으로써 가난한 사람들의 구제에 힘썼다 — 옮긴이.

로 남아 있기 때문이다.

국민이 구성원 중 한 명 또는 여럿을 특별하게 배려한다면 그 순간부터 국민은 분열된다. 전체와 그 부분 사이에 그것들을 별개의 두 존재로 만드는 모종의 관계가 형성되어, 그 부분이 그 하나이고 이 부분을 뺀 전체가 다른 하나가 되는 것이다. 그러나 한 부분을 뺀 전체는 전체가 아니다. 그러므로 이 관계가 지속되는 한 더 이상 전체는 있을 수 없고 평등하지 않은 두 개의 부분만 있게 된다.

반대로 국민 전체가 국민 전체를 상대로 결정을 내릴 때면 국민은 오직 국민 자체만 고려하여, 설령 어떤 관계가 생겨난다 하더라도, 그 관계는 어떤 관점에서 본 전체 대상과 또 다른 관점에서 본 전체 대상 간의 관계여서 전체는 전혀 분할되지 않는다. 그리하여 결정의 대상도 일반적이고 결정을 내리는 의지 또한 일반적이다. 우리는 법이라 이름 붙일 수 있는 어떤 다른 종류의 행위가 있는지도 고찰할 것이다.

주권자가 법을 통해서만 말할 수 있다면, 그리고 법이 국가의 모든 구성원에게 동등하게 적용되는 일반적 대상만 가질 수 있다면, 그 결과 주권자는 어떤 개별 대상에 대해 결정을 내릴 권한을 전혀 갖지 못하게 될 것이다. 그럼에도 국가의 보존을 위해 또한 개별 사항들에 대한 결정을 내려야 할 경우, 우리는 그것이 어떻게 행해질 수 있는지 연구해 볼 것이다.

주권자의 행위는 일반의지의 행위, 즉 법이 될 수밖에 없다. 다음으로 바로 이러한 법의 집행을 위해 필요한 것은 결정을 내리는 행위, 즉 강제 행위나 통치 행위인데, 이 행위들은 반대로 개별적인 대상만 가질 수 있다. 그리하여 지도자를 선거로 뽑을 것을 주권자가 결정하는 행위는 법이지만, 그 법을 집행해서 그 지도자를 선출하는 행위는 통치 행위일 뿐이다.

따라서 세 번째 관계가 있다. 이 관계하에서 결집된 국민은 말하자면 주권자로서 자신이 제정한 법의 행정관 혹은 집행관으로서 고려될 수 있다.[77]

우리는 국민이 주권을 스스로 포기하고 그것을 한 명 혹은 여러 명의 개인에게 부여할 수 있는지 검토할 것이다. 왜냐하면 선거 행위는 법이 아니고 그 행위에서 국민은 주권자 자체는 아니므로, 그럴 경우 어떻게 국민이 자신에게 속하지 않은 권리를 양도할 수 있는지 전혀 알 수 없기 때문이다.

주권의 본질은 일반의지에 있는데, 개별의지가 항상 일반의지와 일치하리라는 것을 어떻게 확인할 수 있는지도 전혀 알 수가 없다. 오히려 개별의지가 일반의지와 자주 대립될 것이라고 추정해야 한다. 왜냐하면 사적 이익은 특혜를 공익은 평등을 지향하기 마련이기 때문이다. 또 일반의지와 개별의지가 일치할 수 있다 하더라도 그 일치가 필연적이지도 않고 깨질 수 있다는 사실만으로도 거기서 주권이 생겨날 수는 없음은 분명하다.

우리는 국민의 지도자들이, 그들이 어떤 명칭으로 선출되었건, 사회계약을 위반하지 않고도 국민에게서 법을 집행하라는 명령을 받은 국민의 공복公僕이 아닌 다른 무엇이 될 수 있는지 고찰할 것이다. 그리고 그

---

77 이 문제와 명제들은 대부분 『사회계약론』에서 발췌한 것이며, 『사회계약론』 자체는 내 능력을 고려하지 않고 계획했다가 오래전에 포기한, 좀 더 방대한 저서에서 발췌되었다. 지금 여기 그 개요가 제시된 소론(小論)은 거기서 발췌한 것인데, 후에 따로 출판될 것이다.

지도자들은 국민에게 그들의 행정 업무를 보고하지 않아도 되는지, 법을 준수하게 만들 책임을 지고 있으면서도 그들 자신은 법에 복종하지 않아도 되는지 연구할 것이다.

국민은 자신의 주권을 양도할 수 없지만, 일시적으로 그 권리를 위임할 수 있는가? 주인을 가질 수는 없지만 대표자들을 둘 수는 있는가? 이는 중대한 문제로서 토론할 만한 가치가 있다.

만일 국민이 주권자도 대표자도 둘 수 없다면, 어떻게 국민이 스스로 법을 제정할 수 있는지 검토할 것이다. 또한 국민은 많은 법률을 가져야 하는지, 자주 그 법을 바꾸어야 하는지, 또 대국의 국민이라면 쉽게 스스로 입법자가 될 수 있는지도 살펴보겠다.

로마 국민은 대국의 국민이 아니었는가?

대국의 국민들이 존재한다는 것은 좋은 일인가?

앞선 고찰들을 통해서 국가에는 피치자들과 주권자 사이에 중간 집단이 있다는 결론이 나온다. 한 명 혹은 여러 명의 구성원으로 이루어진 이 중간 집단은 공공 행정, 법의 집행, 사회적이고 정치적인 자유의 유지를 책임진다.

이 집단의 구성원들은 행정관 혹은 왕 즉 통치자라고 불린다. 이 집단 전체는 그 구성원들로 볼 때는 군주라 불리고, 활동으로 볼 때는 정부라 불린다.

이 집단 전체가 자기 자신을 상대로 행하는 활동, 다시 말해서 전체에 대한 전체의 관계 또는 주권자의 국가에 대한 관계를 고려해 보면, 우리는 이 관계를 정부가 그 비례중항比例中項이 되는 연連비례에서 외항들의 관계와 비교할 수 있다. 행정관은 주권자에게서 명령을 받아 국민에게 전달하므로, 항들을 모두 상쇄하고 나면 그것의 곱 혹은 제곱은 한편으로는 피치자이면서 다른 한편으로는 주권자인 시민들의 곱 혹은 제곱과 같게 된다.[78] 이 비례식을 깨뜨리지 않고서는 이 세 항의 어느 항도 바꿀 수가 없다. 만일 주권자가 통치하려 들거나 군주가 법을 제정하려 들면 또는 피치자가 복종하기를 거부하면, 질서는 사라지고 무질서가 도래하며 붕괴된 국가는 전제주의 혹은 무정부 상태에 빠져들 것이다.

가령 국가가 1만 명의 시민으로 구성되었다고 치자. 주권자는 오로지 집합적으로 일체를 이루는 것으로서만 고려될 수 있다. 그러나 각 개인은 피치자로서 개별적이고 독자적인 삶을 영위한다. 그리하여 주권자 대 피치자의 비比는 1만 대 1에 해당한다. 다시 말해서 국가의 각 구성원은 비록 전적으로 주권에 복종함에도 불구하고 주권의 1만분의 1만 자신의 몫으로 갖는다. 국민이 10만 명으로 구성되었다 해도 피치자들의 상태에는 변함이 없고 각 피치자는 여전히 법의 완전한 지배하에 있지만, 반면에 10만분의 1로 줄어든 피치자의 투표는 법률 제정에서 영향력이 10분의 1로 줄어든다. 이와 같이 피치자는 항상 1로 남아 있지만, 주권자의 비율은 시민들의 수에 비례하여 증가한다. 그 결과 국가가 커질수록 자유는 더욱 줄어들게 된다.

그런데 개별의지가 일반의지에 덜 일치할수록, 다시 말해서 풍속이 법에 덜 일치할수록 억압하는 힘은 증가하기 마련이다. 한편 국가의 규모가 커지면 공권력의 수임자들에게 그 권력을 남용할 유혹과 수단이 더

---

78 여기서 루소는 주권자와 국가와 정부의 관계에 대해서 다음과 같은 비례식을 생각하고 있다. 주권자:정부 = 정부:국가(피치자) ― 옮긴이.

많이 제공되기 때문에, 국민을 억누르는 정부의 힘이 더 커질수록 정부를 억누르는 주권자의 힘 또한 커져야 한다.

이 이중적인 관계에서 주권자, 군주, 국민 사이의 연비례가 임의적인 관념이 아니라 국가 본질의 귀결이라는 결론이 나온다. 또한 그 외항들 중의 하나인 국민은 고정되어 있기 때문에, 복비複比가 증가하거나 감소할 때마다 단비單比 역시 증가하거나 감소한다. 이는 중항이 그때마다 바뀌지 않고는 있을 수 없는 일이다.[79] 따라서 우리는 다음과 같은 결론을 이끌어 낼 수 있다. 그것은 유일하고 절대적인 정부 구성이란 존재하지 않는다는 것이다. 다시 말해 규모가 서로 다른 국가의 수만큼이나 본질이 다른 여러 정부가 존재하는 것이다.

국민의 수가 많아질수록 풍속과 법이 더 동떨어지게 된다면, 우리는

[79] 루소가 여기서 사용하는 복비(raison doublée)라는 수학적 개념은 오늘날 사용되는 복비의 개념과는 차이가 있다. 당시 복비는 두 개의 비가 값이 같을 때 그 비의 곱을 의미했다. A:B = C:D일 때 연비례인 경우 A:B = B:C이고 C(여기서는 피치자)가 1인 경우 단비는 A:B 혹은 B이다. 또한 A:B = C:D일 경우 복비는 AC:BD이다. 따라서 연비례인 A:B = B:C인 경우 그 복비는 AB:BC이다. 그런데 C를 1이라고 놓으면 그 복비란 결국 AB:B = A이다. 따라서 복비 A의 증감에 따라 단비 B도 따라서 증감한다. 이를 루소의 예를 들어 다시 설명하면 국민이 100명인 국가가 있다고 가정하자. 이때 정부의 크기를 계산하면 다음과 같다.
주권자(100):정부 = 정부:피치자(1) 이때 정부는 10이다.
시민이 10,000명으로 늘어났다고 가정하면 이때 정부의 크기는 다음과 같다.
주권자(10,000):정부 = 정부:피치자(1) 이때 정부의 크기는 100이다.
따라서 수학적으로 볼 때 정부의 크기는 국민 수의 제곱근이 된다. 그러나 루소는 『사회계약론』에서 이러한 수식의 현실적인 적용에 대해서는 조심스러운 우려를 표명한다.

"만약 이 법칙을 비웃으며 그와 같은 비례중항을 구해 정부를 구성하기 위해서는 그 국민 수의 제곱근을 구하기만 하면 될 것이라고 말하는 사람이 있다면, 나는 이렇게 대답할 것이다. 내가 여기서 인구수를 든 것은 단순히 한 예를 든 것에 불과하며 또 내가 언급하는 관계란 단순히 인구수로만 측정되는 것이 아니라 일반적으로 무수한 원인들로 짜여진 행위의 양에 의해 산출되는 것이다. 또한 내가 더 간결하게 설명하기 위해 기하학의 용어를 잠시 빌려 쓰고 있기는 하지만 그렇다고 내가 정신적인 양을 셈하는 데 기하학적 정밀성이 적용되지 않는다는 사실을 모르고 있는 것은 아니다"(『사회계약론』 3부) — 옮긴이.

꽤 명백한 유추를 통해 행정관의 수가 많아질수록 정부는 더 약해진다고 말할 수는 없는지 검토해 볼 것이다.

이 준칙을 규명하기 위해, 우리는 행정관 한 사람 한 사람의 인격 속에서 본질적으로 서로 다른 세 가지 의지를 구분하겠다. 첫째는 자신의 개별 이익만 지향하는 개인의 고유한 의지이다. 둘째는 오로지 군주의 이익과 일치되는 행정관들의 공동의지이다. 집단의지라고 부를 수 있는 이 의지는 정부에 대해서는 일반적이고, 정부가 속해 있는 국가에 대해서는 개별적이다. 셋째는 국민의지 혹은 주권자의 의지로서, 이는 전체의 일부로서 고려되는 정부에 대해서나 전체로서 고려되는 국가에 대해서 똑같이 일반적이다. 완벽한 입법에서 개인의 개별의지는 거의 아무것도 아니어야 하고, 정부 고유의 집단의지는 아주 종속적이어야 한다. 따라서 주권자의 일반의지가 모든 다른 의지의 기준이 되어야 한다. 반대로 자연의 질서에 따르면, 이 세 가지 서로 다른 의지는 집중되면 될수록 더 활동적이 된다. 그래서 항상 일반의지가 가장 약하고, 집단의지가 두 번째, 그리고 개별의지가 모든 것보다 우선한다. 그 결과 각 개인은 맨 먼저 자기 자신이고 그다음에 행정관이며 그다음에야 시민이다. 사회질서가 요구하는 것과는 정반대의 순서인 것이다.

이상과 같다면, 단 한 사람의 수중에 들어간 정부를 가정해 보겠다. 여기서는 개별의지와 집단의지가 완전히 합쳐져서 그 결과 집단의지의 강도가 정점에 달하게 된다. 그런데 힘의 사용은 이 강도에 달려 있으므로, 또 정부의 절대적 힘이란 항상 국민의 힘이어서 결코 변하지 않는 것이므로, 가장 활동적인 정부는 단 한 사람만의 정부라는 결론이 나온다.

반대로 정부와 최고권을 결합시켜 보자. 주권자를 군주로 만들고 시민 모두를 행정관으로 만들어 보자. 그러면 일반의지와 완전히 하나가 된 집단의지는 일반의지보다 더 활동적일 수 없을 테고, 그래서 개별의지가 완전히 맹위를 떨치도록 내버려 둘 것이다. 그리하여 항상 동일한 절대적 힘을 갖고도 정부는 가장 적은 활동력을 가질 것이다.

이 규칙들은 의심할 여지 없이 명백하며, 이는 다른 고찰들을 통해서도 확인이 된다. 예를 들어 행정관들은 자신이 속한 집단에서, 시민들이 자기 집단에서 활동적인 것보다 더 활동적이며, 따라서 행정관들의 집단에서 개별의지가 훨씬 더 큰 영향력을 갖게 된다는 것을 알 수 있다. 왜냐하면 행정관은 거의 항상 정부에서 각자 어떤 특수한 직무를 담당하고 있기 때문이다. 반면에 따로 떼어 놓은 시민 각자는 아무런 주권의 임무도 맡지 못한다. 게다가 국가의 면적이 커질수록 국가의 실질적인 힘은, 비록 면적에 정비례하지는 않지만 그래도 증가하기 마련이다. 그러나 국가가 그대로 있을 때는 행정관의 수가 많아진다고 해서 정부가 그 때문에 실질적인 힘을 더 갖게 되는 것은 아니다. 정부는 우리가 늘 동일하다고 가정하는 국가 권력의 수임자이기 때문이다. 그리하여 행정관의 수가 많아지면, 정부의 힘이 증대할 수 없는 상태에서 활동성은 감소된다.

행정관들의 수가 증가함에 따라 정부가 느슨해지고, 국민의 수가 늘어날수록 이를 억압하는 정부의 힘이 증대되어야 한다는 사실을 발견하고 난 후, 우리는 행정관 대 정부의 비율이 피치자 대 주권자의 비율과 반대가 되어야 한다는 결론에 이르게 될 것이다. 다시 말해서, 국가가 확대될수록 정부는 축소되어야 하고 그래서 국민이 증가함에 따라 지도자들의 수는 감소한다는 것이다.

다음으로 이렇게 다양한 형태의 정부들에게 좀 더 정확한 명칭을 부여하기 위해 우리는 첫째로 주권자가 정부를 국민 전체 혹은 대다수 국민에게 위임하여 그 결과 행정관인 시민의 수가 단순한 개인인 시민보다 더 많아지게 할 수 있다는 점에 주목할 것이다. 이러한 형태의 정부에는 민주정이라는 이름이 붙는다.

또는 주권자가 정부를 축소하여 좀 더 소수의 수중에 들어가게 함으로써, 단순한 개인인 시민의 수가 행정관들의 수보다 많아지게 할 수도 있다. 이 형태는 귀족정이라는 이름을 갖는다.

끝으로 주권자에 의해 정부 전체가 단 한 명의 행정관의 손에 집중될 수도 있다. 이 세 번째 형태가 가장 흔한 것으로서, 군주정 혹은 왕정이라고 불린다.

우리는 이 세 가지 형태 전부, 아니면 적어도 앞의 두 가지 형태에는 어느 정도 그 수가 많거나 적을 수 있으며, 그 폭이 꽤 넓기도 하다는 점에 주목할 것이다. 왜냐하면 민주정은 국민 전체를 포용할 수도 있고, 그 절반으로 축소될 수도 있기 때문이다. 귀족정 또한 절반의 국민에서 시작하여 막연하게 최소한의 수로까지 좁혀질 수 있다. 심지어 왕정도 때로는 분배를 허용한다. 이를테면 아버지와 아들 사이에, 또는 두 형제 사이에 또는 또 다른 방식으로 말이다. 스파르타에는 항상 왕이 둘 있었고, 로마제국에서는 딱히 제국이 분열되었다고 할 수 없는 상태에서 한꺼번에 8명의 황제까지 있었던 적이 있다. 정부의 각 형태가 그다음 형태의 정부와 혼합되는 어떤 지점이 있다. 따라서 세 개의 고유한 명칭이 있긴 하지만, 실제로 정부는 국가에 속하는 시민의 수만큼 다양한 여러 형태를 가질 수 있다.

이뿐만이 아니다. 어떻게 보면 이 세 가지 형태의 정부가 다시 여러 부문들로 세분되어 한쪽은 이런 식으로 통치되고 다른 쪽은 또 다른 방식으로 통치될 수도 있기 때문에, 결과적으로 이 세 가지 형태의 조합에서 무수한 복합적인 형태들이 생겨날 수 있고, 그 복합 형태들은 각각 다시 온갖 단순 형태들에 의해 증가될 수 있다.

각각의 정부 형태가 어떤 경우에는 최선이 될 수 있지만 또 어떤 경우에는 최악이 될 수도 있다는 생각은 하지 못한 채, 사람들은 언제나 최선의 정부 형태에 대해 많은 토론을 해 왔다. 상이한 여러 국가에서 행정관[80]의 수가 시민의 수에 반비례해야 한다면, 우리는 일반적으로 민주정은 작은 국가들에, 귀족정은 중간 정도 규모의 국가들에, 군주정은 큰 국가들에 적합하다고 결론짓겠다.

이러한 연속적인 연구들을 통해서 우리는 시민의 의무와 권리는 무엇이고 이 둘은 서로 분리될 수 있는지, 또 조국이란 무엇인지, 조국은 정확히 무엇으로 이루어지는지, 무엇을 통해 각 개인은 자기에게 조국이 있는지 없는지를 인식할 수 있는지 알게 될 것이다.

이처럼 각종 시민 사회를 그 자체로 고찰해 본 뒤에 우리는 그것들을 서로 비교하고 그들 사이의 다양한 관계들을 살펴볼 것이다. 어떤 사회는 크고 어떤 사회는 작으며, 또 어떤 사회들은 강인하고 어떤 사회들은 허약한데, 서로 공격하고 모욕하고 서로를 파괴한다. 그리고 끊임없는 작용과 반작용 속에서, 그것들은 비참한 사람들을 더 많이 양산하고 더 많은 사람들의 생명을 희생시키고 있다. 만약 인간들 모두가 최초의 자

---

80 여기서 내가 최고 행정관 또는 국가의 원수들에 대해서만 거론하고 있다는 것을 기억하기 바란다. 나머지 행정관들이란 실상 이런저런 부문에서 그들의 대리인에 불과하기 때문이다.

유를 간직하고 있다면 그렇지는 않았을 것이다. 우리는 사회 제도 속에서 사람들이 지나치게 많은 또는 너무 적은 자유를 갖는 것은 아닌지, 사회들이 서로 간에는 자연적인 독립성을 유지하는데 반해 법과 사람들에게 종속된 개인들은 자연 상태와 사회 상태라는 두 상태의 혜택을 누리지 못한 채 그 해악에만 노출되어 있는 것은 아닌지, 그래서 세상에 시민 사회가 여럿 있기보다 차라리 하나도 없는 편이 낫지 않은지 고찰해 볼 것이다. 두 가지 상태에 다 관여하면서도 어느 쪽도 보장하지 못하는 이 혼합 상태는 '전시에 대한 대비도, 평화 시의 안전보장도 허용하지 못하는'[81] 것이 아닌가? 폭정과 전쟁은 바로 이 부분적이고 불완전한 결합에서 비롯되는 것이 아닐까? 그리고 폭정과 전쟁이야말로 인류의 가장 큰 재앙이 아닌가?

끝으로 우리는 이러한 재난을 막기 위해 동맹이나 연합을 통해 모색된 치유책의 종류를 살펴볼 것이다. 그것은 각 국가를 내부로는 자신의 주인이 되게 두면서도 외부로는 모든 부당한 침략자에 대해 무장시키는 것이다. 우리는 어떻게 훌륭한 연합체를 확립시킬 수 있을지, 무엇이 그것을 지속시켜 나갈 수 있을지, 또 주권을 침해하지 않고 어느 정도까지 연합의 권리를 확장시킬 수 있는지 탐구해 보겠다.

생피에르 신부가 유럽 국가들 사이의 영구적인 평화를 유지하기 위한 유럽 국가 연합을 제안한 적이 있었다. 이 연합은 실현 가능한 것이었을까? 만약 그것이 실현되었다고 가정하더라도 그것이 계속 유지되었을 것이라고 추정할 수 있을까?[82] 이러한 연구를 통해 우리는 곧바로 공법公

---

81 세네카, 『영혼의 평정에 대하여』에서 인용 ― 옮긴이.

法에 관한 모든 문제들에 도달할 텐데, 이 문제들은 정치법의 모든 문제들을 완전히 규명해 줄 것이다.[83]

끝으로 우리는 전쟁법의 진정한 원리들을 설정하고, 그로티우스와 다른 작가들이 왜 그릇된 원리들만 제공했는지 검토할 것이다.

우리가 추론을 해 나가는 도중에, 양식 있는 나의 젊은 친구가 내 말을 끊고 다음과 같이 말한다고 해도 나는 놀라지 않을 것이다. "인간이 아니라 목재로 우리의 건축물을 만들어 내는 것 같군요. 규칙에 따라 이토록 치밀하게 한 조각 한 조각 가지런히 이어 놓다니!" "사실이 그러하네, 나의 친구여. 하지만 법은 인간의 정념에 따르지 않는다는 것과, 우리에게 중요했던 것이 정치법의 진정한 원리를 정립하는 것임을 생각하게나. 이제 우리의 토대가 마련되었으니, 인간들이 그 위에 무엇을 쌓아 올렸는지 살펴보도록 하세. 참으로 멋진 것들을 보게 될 것이네!"

그래서 나는 에밀에게 『텔레마크』를 읽어 보라 하고 여행을 계속하게 한다. 우리는 복 받은 살렌툼을, 불행을 통해 지혜를 얻은 선량한 이도메네우스[84]를 찾아 나선다. 도중에 무수한 프로테실리아스를 보게 되겠지만 필로클레스는 전혀 눈에 띄지 않을 것이다. 다우니아인들의 왕 아드

---

82 내가 이 글을 쓴 이후로, 찬성의 이유들은 이 초안의 발췌문에서 설명되었다. 적어도 내가 보기에 확실한 근거가 있다고 여겨지는 반대 이유들은 이 발췌문 다음에 쓸 전집에서 찾아볼 수 있을 것이다.

83 루소는 생피에르 신부의 조카로부터 신부의 자료들을 발췌 요약해 달라는 부탁을 받고 1756년 『영구평화안』과 『다원합의제』를 발췌했고, 자신의 견해를 담아 그에 대한 평가까지 썼다 — 옮긴이.

84 이도메네우스는 호메로스의 『일리아스』에 나오는 크레타의 전설적인 왕이다. 대군을 이끌고 트로이 전쟁에 참전하여 용감히 싸우고 귀국하면서, 포세이돈에게 자신이 만나는 첫 번째 사람을 제물로 바치겠다고 약속한다. 이 약속을 지키기 위해 그는 자신을 마중 나온 아들을 희생시켜서 신들의 노여움을 사게 되었고, 악성 유행병이 창궐하자 민중에게 쫓겨난다. 그는 칼라브리아로 피신해서 그곳에 살렌툼을 건설한다. 페늘롱은 『텔레마크』에서 살렌툼을 이상적인 도시국가로 묘사하고 있다 — 옮긴이.

라스토스 또한 없지 않을 것이다.[85] 그러나 우리의 여행은 독자들의 상상에 맡겨 두든지, 아니면 독자들이 우리 대신 『텔레마크』를 손에 들고 여행하도록 내버려 두자. 그리고 저자 자신이 언급하기를 피하는 그러나 자기도 모르게 언급하는 참담한 실제 적용 사례들에 대한 암시는 그들에게 조금도 하지 말도록 하자.

더구나 에밀은 왕이 아니고 나 또한 신이 아니니, 텔레마크와 멘토르가 인간들에게 베푼 선행을 흉내 낼 수 없다고 해서 조금도 괴로워하지 않는다. 세상에서 우리보다 더 제자리를 지킬 줄 알고, 그 자리에서 벗어나려는 욕망을 더 적게 갖고 있는 사람은 없다. 우리는 똑같은 임무가 모두에게 주어져 있음을, 진실로 선을 사랑하고 온 힘을 다해 그것을 행하는 사람이라면 누구라도 그 임무를 완수했다는 것을 알고 있다. 우리는 텔레마크와 멘토르가 가공의 인물임을 알고 있다. 에밀은 한가한 사람으로서 여행하는 것이 아니며, 군주가 되어 행했을 선행보다 더 많은 선행을 행하고 있다. 우리가 왕이라면 우리는 더 자비롭지 않을 것이다. 만일 우리가 왕이면서 자비롭다면, 우리는 선행을 베푼다고 믿겠지만 그 허울 뿐인 선행을 위해 자신도 모르게 수천 가지의 현실적인 악행을 저지르게 될 것이다. 만일 우리가 왕이면서 현자라면, 우리 자신과 다른 사람들에게 행하고 싶은 첫 번째 선행은 왕위를 물려주고 지금의 우리 자신에게로 되돌아가는 것이리라.

---

85 『텔레마크』 11권에 등장하는 프로테실리아스는 이도메네우스왕의 총애를 받는 간신이고 필로클레스는 현명한 충신이다. 왕은 프로테실리아스의 아부에 빠져 필로클레스를 귀양 보낸다. 아드라스토스는 신앙도 없고 법도 지키지 않는 다우니아(Daunia)의 왕인데, 루소는 여기서 프로이센의 프리드리히 2세를 암시하는 듯하다 ― 옮긴이.

모든 사람에게 여행을 헛된 것으로 만드는 것이 무엇인지에 대해서는 이미 말했다. 젊은이에게 여행을 한층 더 보람 없게 만드는 것은 젊은이들에게 여행을 시키는 방식이다. 젊은이를 가르치는 일보다 자신이 즐기는 일에 더 마음을 쓰는 가정교사들은 그를 이끌고 이 도시 저 도시, 이 궁전 저 궁전, 이 모임 저 모임을 전전하고, 또 가정교사가 학자나 문인일 경우 도서관을 헤매 다니고 골동품상을 방문하고 오래된 유적들을 조사하거나 낡은 비문들을 옮겨 쓰는 데 시간을 허비하게 한다. 어느 나라를 가든 그들은 다른 시대에 대해서만 관심을 갖는데, 그것은 마치 그들이 다른 나라에만 몰두하는 것과 마찬가지이다. 그 결과 시시한 것들에 정신이 팔리거나 권태에 빠져 많은 돈을 써 가며 유럽을 둘러보고 난 뒤, 관심을 끌 만한 것은 아무것도 보지 못하고 유익할 만한 것은 하나도 배우지 못한 채 돌아오게 된다.

　어느 나라의 수도이든 수도들은 다 서로 비슷하다. 그곳에서는 온갖 민족들이 뒤섞이고 온갖 풍속들이 뒤엉킨다. 국민들을 연구하러 가야 할 곳은 그런 곳이 아니다. 파리와 런던은 내가 보기에 같은 도시에 지나지 않는다. 두 도시의 주민들이 약간의 서로 다른 편견을 갖고 있긴 하지만, 어느 한쪽이 다른 한쪽에 비해 편견을 덜 가진 것은 아니며, 그들의 실천 원칙들도 똑같다. 궁정에 어떤 종류의 사람들이 모여드는지는 누구나 잘 알고 있다. 인구의 밀집과 부의 불평등이 도처에 어떤 풍속을 낳게 되는지에 대해서도 잘 알려져 있다. 누군가 이십만 명이 살고 있는 도시에 관한 이야기를 꺼낸다면, 나는 그곳 사람들이 어떻게 살아가는지 앞질러 알 수 있다. 현장에 가면 더 많은 것을 알게 된다고 해서 그것을 배우러 그곳에 갈 필요는 없다.

한 국민의 특성과 풍속을 연구하러 가야 할 곳은 바로 외딴 지방인데, 그곳에서는 이동이나 거래가 더 적고 외국인들이 여행을 덜 오고 주민들이 이사를 덜 다니고 재산과 신분의 변동도 덜 이루어진다. 수도는 지나가는 길에 보라. 하지만 지방은 먼 곳까지 찾아가서 관찰해야 한다. 프랑스인들이 있는 곳은 파리가 아니라 투렌[86]이다. 영국인들은 런던에서보다는 머시아[87]에서 더 영국인답고, 스페인 사람들은 마드리드에서보다 갈리시아[88]에서 더 스페인 사람답다. 한 국민의 특성이 나타나고 그 국민이 다른 것과 뒤섞이지 않고 있는 그대로 드러나는 것은 이렇게 멀리 떨어진 지방에서이다. 그곳에서야말로 정부의 좋은 효과와 나쁜 효과가 더 잘 느껴진다. 마치 좀 더 큰 반지름의 끝에서 측정해야 호의 크기가 더 정확하듯이 말이다.

풍속과 통치 사이의 필연적 관계는 『법의 정신』에 너무나 잘 설명되어 있어서 그 책을 참조하는 것이 이러한 관계를 연구하는 최상의 방법이다. 그러나 일반적으로 통치의 상대적 정당성을 판단하는 데 쉽고 간단한 두 가지 기준이 있다. 하나는 인구이다. 인구가 감소하는 지방에서는 국가가 몰락해 가는 경향이 있고, 인구가 가장 많이 늘어나는 지방은 가장 가난한 곳이라 해도 틀림없이 통치가 아주 잘되고 있는 나라이다.[89]

그러나 그러기 위해서는 이러한 인구 증가가 통치와 풍속의 자연스런

---

86 프랑스 중서부에 있는 지방. 숲과 들이 많은 구릉 지대와 비옥하고 풍광이 좋은 하천 유역으로 나뉘어 '프랑스의 정원'이라 불린다 — 옮긴이.
87 영국의 앵글로색슨 7왕국에 속하는 머시아는 고대 영어로 '변두리 사람들'을 뜻하는 'Merce'에서 유래한다 — 옮긴이.
88 스페인 북서부 끝에 위치한 지방으로 전반적으로 산이 많고 경작지가 적다 — 옮긴이.
89 이러한 규칙에서 벗어나는 유일한 예외로서 내가 알고 있는 나라는 중국이다.

결과이어야 한다. 왜냐하면 그것이 식민지나 다른 우연적이고 일시적인 방법들로 이루어진다면, 결국 그 방법들은 치유책을 통해서 병을 증명해 보이는 셈이 되기 때문이다. 아우구스투스가 독신 금지법을 제정했을 때 이 법률은 이미 로마의 쇠퇴를 입증해 주는 것이었다. 훌륭한 통치를 통해 시민들이 혼인을 하도록 이끌어야 하지 그것을 법으로 강제해서는 안 되는 것이다. 힘으로 이루어진 것은 조사 대상에서 제외되어야 하는데, 왜냐하면 체제에 맞서 싸우는 법은 지켜지지 않아서 소용없는 것이 되기 때문이다. 그러므로 풍속의 영향과 통치의 자연스런 경향에서 생겨난 것들을 조사해야 한다. 그러한 방법들을 통해서만 지속적인 효과가 생겨나기 때문이다. 선량한 생피에르 신부는 병을 치료하기 위해서는 만병의 원인으로 거슬러 올라가 모든 병을 한꺼번에 다스려야 한다는 사실은 보지 못한 채, 언제나 병마다 시시콜콜 치료약을 찾는 정책을 택했다. 그러나 중요한 것은 한 환자의 몸에 들이닥친 갖가지 궤양을 따로따로 처방하는 것이 아니라 그 모든 궤양을 만들어 낸 체내의 혈액을 모두 정화시키는 것이다. 영국에는 농업에 내리는 상賞이 있다고 한다. 나는 그 이상은 원하지도 않는다. 그것만으로도 영국에서 농업이 오랫동안 빛을 발하지 못하리라는 것이 입증되기 때문이다.

통치와 법률의 상대적 우수성의 두 번째 징후 역시 인구에서 이끌어 낼 수 있다. 그러나 다른 방식으로 즉 인구의 수가 아니라 인구의 분포를 통해서이다. 국토의 크기와 인구수가 동일한 두 국가도 힘에서 동등하지 않을 수가 있는데, 둘 중에서 더 강한 국가는 주민들이 국토에 보다 고르게 분산되어 있는 나라이다. 즉 그다지 큰 도시가 없고 그래서 눈에 덜 띄는 국가가 반드시 다른 국가를 이기게 될 것이다. 국가를 소진시키고 약점을 만들어 내는 것은 대도시이며, 대도시가 만들어 내는 부는 실속도 없이 겉만 화려한 것이어서 돈은 많지만 값어치는 거의 없다. 프랑스의 왕에게 파리라는 도시의 가치는 한 지방의 가치와 같다고들 한다. 하지만 나는 왕이 여러 지방에 드는 만큼의 비용을 파리를 위해 치른다고 생각한다. 또한 여러 면에서 파리는 지방의 부양을 받고 있으며, 또 지방의 수입의 대부분이 파리로 흘러 들어가 국민에게도 왕에게도 돌려지는 법 없이 거기 그대로 남아 있다고 생각한다. 타산적인 인간들이 넘쳐 나는 이 세기에 파리가 붕괴하면 프랑스가 더 부강해지리라는 것을 알아차리는 사람이 한 명도 없다는 것은 믿을 수 없는 일이다. 잘못 분포된 인구는 국가에 이롭지 않을 뿐만 아니라 인구 감소보다 더 심한 폐해를 가져오는데, 이는 인구 감소로 인해 생산은 늘지도 줄지도 않고 그대로일 뿐인데 비해 터무니없는 소비는 생산을 오히려 감소시키는 결과를 가져온다는 점에서 그렇다. 자국의 수도 규모에 자부심이 대단한 프랑스인과 영국인이 파리와 런던 중 어느 곳에 더 많은 주민이 사는지를 두고 서로 다툰다는 말을 들으면, 마치 두 국민들 중 어느 쪽이 더 잘못된 통치를 받는 영광을 가졌는지를 두고 다투는 것처럼 들린다.

한 국민을 연구하려거든 그 나라의 도시들이 아닌 곳에서 해야 한다. 그렇게 해야만 그 국민을 알 수 있다. 정부가 국민에게 그리고 행정의 모든 단계에서 만들어 내는 효과를 통해 정부의 본질을 연구하지 않는다면, 통치 기구와 통치자들의 횡설수설로 꾸며 댄 정부의 외양만을 보는 것은 아무 의미도 없다. 형태와 내용의 차이는 천차만별의 등급으로 나뉘어 있으므로, 그 등급들을 모두 파악해야만 그 차이를 알 수 있다. 어떤 나라에서는 지방 주지사 밑에 있는 행정관들의 행동 방식을 통해서야 내각의 기풍이 감지되기 시작한다. 또 어떤 나라에서는 국민이 정말로 자유로운지 판단하기 위해 국회의원들이 선출되는 것을 보아야 한다. 정부의 정신이 도시와 시골에서 결코 같을 수 없기 때문에, 어떤 나라에서든 도시만 본 사람이 있다면 그가 그 정부를 안다는 것은 불가능하다. 그런데 한 나라를 만들어 내는 것은 농촌이고, 국민을 이루는 것은 농촌 사람들이다.

이렇듯 외딴 지방에서 또 본래의 국민성을 담고 있는 단순성 안에서 여러 다양한 국민들에 대해 연구할 때 그 연구는 이 책의 첫머리에 붙인 제사題詞[90]에도 매우 적절하고 인류에게도 매우 위안을 주는 보편적인 견해를 제시해 준다. 그것은 이렇게 관찰할 때 모든 나라의 국민이 모두 다 훨씬 더 나아 보인다는 것이다. 어느 나라의 국민이든 자연과 더 가까울수록 선량함이 성격의 주조를 이룬다. 오로지 도시에 갇혀 있을 때만 또 문화로 인해 변질되었을 때만 국민들은 타락하며, 해롭다기보다는 세련되지 못한 몇몇 결점들을 유쾌하지만 해로운 악덕으로 바꾸게 되는 것이다.

이러한 관찰의 결과에서 내가 제안하는 여행 방식의 새로운 이점이 생겨나는데, 그것은 젊은이들이 끔찍한 타락이 지배하는 대도시에서 별로 머물지 않아 타락에 물들 위험이 적고, 더 소박한 사람들 사이에서 또 더 숫자가 적은 모임에서 교제를 할 때 더욱 확실한 판단력, 더욱 건전한 취향, 더욱 올바른 품행을 유지한다는 점에서 그렇다. 그런데 나의 에밀은

---

90 『에밀』의 제사는 다음과 같다. "우리는 치료될 수 있는 병을 앓고 있다. 만약 병을 고치려 한다면 선량하게 태어난 우리는 자연에서 도움을 받을 수 있을 것이다"(세네카, 『분노에 관하여』, 2권 13장) — 옮긴이.

이러한 전염을 두려워할 필요가 거의 없다. 그는 전염으로부터 자신을 보호하는 데 필요한 모든 것을 갖추고 있다. 그러기 위해 내가 취했던 온갖 예방책들 중에서도 내가 중요하게 여기는 것은 그의 가슴속에 담긴 애착이다.

사람들은 이제 진정한 사랑이 젊은이들의 성향에 어떤 영향을 미칠 수 있는지 더 이상 알지 못한다. 왜냐하면 그들을 지도하는 사람들이 사랑에 대해 젊은이들보다 아는 바가 더 많지 않은데도 불구하고 젊은이들의 사랑을 가로막기 때문이다. 그렇지만 젊은이란 사랑에 빠지든지 아니면 방탕하든지 하게 마련이다. 겉모습으로 속이기는 쉽다. 사람들은 내게 사랑하지 않고도 매우 경건하게 살아간다는 말을 듣는 젊은이들을 천 명이라도 댈 것이다. 그러나 그렇게 자신의 청춘을 보냈노라고 말하고 진심으로 그런 성숙한 남자, 진정한 남자가 있다면 한 사람이라도 내게 대보라. 모든 미덕과 모든 의무에서 사람들은 겉치레만 찾지만 나는 진실성을 찾으며, 내가 제시하는 것 이외에 다른 방법을 통해 그 진실성에 도달할 수 있다면 내가 잘못 생각한 것이다.

에밀에게 여행을 시키기 전에 사랑을 하게 만든다는 생각은 내가 해낸 것이 아니다. 나는 다음과 같은 일화를 통해 그런 생각을 품게 되었다.

베네치아에서 나는 어떤 젊은 영국인을 가르치는 가정교사의 집을 방문한 일이 있다. 겨울이라 우리는 불 가에 모여 있었는데 가정교사에게 여러 통의 편지가 왔다. 그는 그 편지들을 다 읽고 난 뒤 그중 하나를 자기 학생에게 큰 소리로 다시 읽어 주었다. 영어로 쓰여 나는 아무것도 알아듣지 못했다. 그런데 가정교사가 편지를 낭독하는 동안, 나는 젊은이가 자신이 입고 있던 옷에 달린 매우 아름다운 소매장식을 하나하나 뜯어내어 남이 눈치채지 못하게 은밀하게 불 속에 집어던지는 것을 보았다. 그 기이한 행동에 놀라 나는 그 청년의 얼굴을 쳐다보았고, 거기서 감정의 흔들림을 본 듯했다. 그러나 정념의 외적 징후들은 모든 사람들에게서 매우 유사하기는 하지만, 겉으로 드러날 때 국민에 따라 차이가 있기 때문에 자칫 오해하기가 쉽다. 국민마다 얼굴에 나타나는 언어도 입에서 나오는 언어들만큼이나 다양하다. 나는 낭독이 끝나기를 기다렸다가 학생이 한사코 숨기려 했던 장식이 떨어진 소매 부분을 가리키며 가정교사에게 말했다. "이게 무슨 뜻인지 알 수 있을까요?"

무슨 일이 벌어졌는지 확인한 가정교사는 웃음을 터트렸고 매우 만족한 듯 학생을 껴안은 다음, 제자의 동의를 얻어 내가 원하는 설명을 해주었다.

가정교사가 나에게 다음과 같이 말했다. "존 군이 지금 막 뜯어낸 레이스 소매장식은 얼마 전 이 도시에 사는 한 부인에게서 받은 선물입니다. 그런데 당신도 알게 되시겠지만, 존 군은 고향에 있는 어떤 젊은 여성과 결혼을 약속한 사이죠. 존 군은 그 여인을 무척 사랑하고 있으며, 그녀는 훨씬 더 많은 사랑을 받아 마땅한 그런 사람입니다. 문제의 편지는 존 군의 애인의 어머니에게서 온 것인데, 당신이 보았듯이 이 젊은이가 레이스를 뜯어내게 된 원인을 제공한 대목을 내가 번역해 드리겠습니다."

루시는 존 경의 소매장식을 한시도 손에서 놓지 않고 있어요. 어제 루시와 함께 오후 시간을 보내기 위해 들렀던 베티 롤드햄 양이 꼭 그 일을 거들겠다고 나섰습니다. 루시가 오늘 아침 평소보다 일찍 일어난 것을 알고 있던 나는 그 애가 뭘 하나 보러 갔더니, 글쎄 어제 베티 양이 떠 놓은 것을 다시 푸느라고 정신이 없었어요. 자신이 할 선물에 자기 말고 다른 사람의 손으로 한 바느질이 단 한 땀이라도 들어가는 것을 원치 않는군요.

존 군이 잠시 후에 다른 소매장식을 찾으러 나가자, 내가 그의 가정교사에게 말했다. "당신의 제자는 훌륭한 품성을 지녔군요. 하지만 사실을 말해 주시오. 루시 양의 모친이 쓴 편지는 조금도 조작된 것이 아닌가요? 존 군에게 얼마 전 소매장식을 준 부인을 멀리하게 하려고 당신이 만들어 낸 술책이 아닌가요?" "아니오." 그가 나에게 말했다. "있는 그대로입니다. 나는 그토록 수작을 부려 가며 제자를 돌보지는 않았습니다. 나는 돌보는 데 솔직함과 열정을 쏟아부었고, 그래서 내 일에 신의 축복이 내린 것이지요."

그 청년의 용모는 내 기억에서 떠난 적이 없다. 그것은 나 같은 몽상가의 머릿속에 아무것도 떠오르지 않게 할 수가 없었다.

이제 끝마쳐야 할 시간이다. 존 경을 루시 양에게, 다시 말해서 에밀을 소피에게 데려다주자. 에밀은 떠나기 전과 다름없이 다정한 마음과 더욱 총명해진 머리로 그녀에게 돌아가고, 정부들의 모든 악덕을 통해 정부들을 또 국민들의 모든 미덕을 통해 국민들을 알게 되었다는 이득을 얻고 본국으로 돌아간다. 나는 또 고대인들이 하듯이 상호 환대의 약속을 통해 에밀을 각국의 몇몇 재능 있는 인사들에게 소개해 주는 배려도 잊지 않았는데, 그가 서신 왕래를 하며 이러한 면식을 키워 간다 해도 개의치 않을 것이다. 먼 나라와 서신 왕래를 한다는 것은 유익하고도 항상 즐거운 일일 뿐만 아니라, 국민적 편견의 지배력에 대한 훌륭한 대비책인데, 국민적 편견이란 평생토록 우리를 공격하기 때문에 조만간 우리에 대해 어느 정도 지배력을 갖는다. 이러한 국민적 편견의 지배력을 없애는 데는 사람들의 존경을 받는 양식 있는 사람들과의 사심 없는 교류보다 더 적합한 것도 없다. 그런 사람들은 우리와 같은 편견이 없고 자신들의 편견으로 우리의 편견에 대항하기 때문에, 서로 다른 편견들을 끊임없이 대조해 볼 수 있는 수단과 그런 식으로 우리를 모든 편견으로부터 지켜 주는 수단을 제공한다. 외국인들을 우리나라에서 사귀는 것과 그들 나라에서 사귀는 것은 전혀 다른 일이다. 첫 번째 경우, 그들이 여기 사는 동안에는 항상 조심하면서 자기가 그 나라에 대해 생각하는 바를 감추거나 아니면 호의적으로 생각하게 된다. 그러나 자기네 나라로 돌아가면 과대평가를 멈추고 오직 정확하게만 판단한다. 내가 의견을 구한 외국인이 내 나라를 본 적이 있다면 무척 다행이겠지만, 나는 그가 자기 나라에 있을 때만 그의 의견을 물어볼 것이다.

유럽의 몇몇 큰 나라와 그보다 훨씬 많은 수의 작은 나라들을 돌아보는 데 거의 이 년을 할애하고, 두세 개의 중요한 언어를 배우고, 자연사와 정부와 예술과 인간에 관해서 정말로 흥미로운 것을 보고 난 뒤 조바심이 난 에밀은 우리가 정한 기한이 다가오고 있음을 내게 알려 준다. 그래서 나는 그에게 말한다. "좋다, 친구여. 우리가 했던 여행의 주된 목적을 잊지 않고 있겠지. 자네는 직접 눈으로 보고 관찰을 했네. 그래 자네가 한 관찰의 결과는 무엇인가? 어떤 결심을 했는가?" 내 방법이 틀리지 않았다면 그는 대략 이런 답을 해야 한다.

"어떤 결심을 했느냐고요! 선생님이 저를 교육하신 그대로 있으면서, 자연과 법이 내게 지운 사슬 이외에는 다른 어떤 사슬도 자발적으로 덧붙이지 않을 작정입니다. 인간의 제도 안에서 인간이 해 온 일을 살펴보면 볼수록, 인간이 무리하게 독립을 원한 나머지 결국 노예로 전락하고, 자유를 확보하려다가 그 자유마저 헛된 노력으로 없애 버린다는 것을 더 잘 알게 됩니다. 사람들은 상황의 급류에 휩쓸리지 않기 위해 자신을 무수한 것들에 매어 놓습니다. 그러다가 막상 한 발짝이라도 내디디려 하면 그렇게 할 수 없을 뿐만 아니라, 모든 것에 묶여 있다는 사실에 놀라게 됩니다. 제가 보기에는 자유롭기 위해 할 일은 아무것도 없는 것 같습니다. 자유롭기를 포기하지 않으면 됩니다. 저에게 필연을 따르라고 가르쳐서 저를 자유롭게 만들어 준 분은 제 스승이신 바로 당신입니다. 필연적 운명이 언제 닥쳐오든 상관없습니다! 저는 거리낌 없이 필연에 끌려갈 것이고, 필연에 저항하고 싶은 마음이 없으니 저를 지탱하기 위해 어떤 것도 붙들지 않겠습니다. 여행을 하는 중에 제가 완전히 나 자신의 주인일 수 있는 구석진 땅을 찾을 수 있을까 알아보았습니다. 하지만 사람들 사이에 있는 한, 어느 곳에선들 그들의 정념에 예속되지 않을 수 있겠습니까? 모든 것을 검토해 보고 저는 저의 소망 자체가 모순이라는 것을 깨달았습니다. 다른 것에는 집착하지 않더라도, 최소한 제가 정착할 땅에 대해서만큼은 집착하게 될 테니까요. 숲의 요정의 생활이 나무에 매이듯이 저의 생활은 그 땅에 매이게 되겠지요. 저는 지배와 자유는 양립할 수 없는 두 단어여서, 제가 자신의 주인이기를 포기하지 않고는 초가집의 주인마저 될 수 없다는 사실을 발견했습니다.

나의 소원, 그것은 바로 보통 크기의 땅이다.[91]

91 호라티우스, 『풍자시』에서 인용 — 옮긴이.

저는 제 재산이 우리가 했던 탐구의 계기였다는 것을 기억하고 있습니다. 선생님은 제가 부와 자유를 동시에 지킬 수 없다는 사실을 확실하게 입증하실 수 있었습니다. 그러나 제가 자유로우면서도 아무런 모자람이 없기를 원했을 때 선생님은 두 가지 양립 불가능한 것을 바란 것입니다. 왜냐하면 저는 오로지 자연에 종속될 때만 인간에 대한 종속에서 벗어날 수 있을 것이기 때문입니다. 그러니 부모가 남겨 준 재산으로 제가 무엇을 할 수 있겠습니까? 제가 우선 할 일은 그 재산에 예속되지 않는 것입니다. 저를 재산에 묶어 두는 모든 끈들을 풀어 버리겠습니다. 만약 사람들이 내게 그 재산을 남긴다면, 재산은 내게 그대로 남아 있을 것입니다. 설령 사람들이 내게서 재산을 빼앗는다 하더라도, 그 재산과 함께 저를 끌고 가지는 못할 것입니다. 재산을 지키기 위해 안달하지 않을 것이며, 제자리를 굳건히 지킬 것입니다. 부유하든 가난하든 저는 자유로울 것입니다. 어떤 나라 또는 어떤 고장에서만 자유로운 것이 아니라 저는 세상 어디서나 자유로울 것입니다. 나에게서 세상 평판의 온갖 사슬들은 끊어져 있습니다. 저는 필연의 사슬을 알고 있을 뿐입니다. 태어나면서부터 저는 그 필연의 사슬을 짊어지는 법을 배웠고 죽을 때까지 짊어질 것입니다. 왜냐하면 저는 남자이니까요. 또 노예가 되더라도 어차피 그 사슬들을, 거기다 노예의 사슬까지 더해서 짊어져야 할 텐데, 자유로운 상태에서 왜 그 사슬을 짊어지지 못하겠습니까?

이 지상에서 저의 조건이 무슨 상관입니까? 제가 어디 있든 그게 무슨 상관인가요? 사람들이 있는 곳이라면 저는 어디서나 형제의 집에 있는 것이고, 사람들이 없는 곳이라면 어디서나 저는 제 집에 있는 것이니까요. 제가 부유하고 독립적인 동안은 사는 데 필요한 재산이 있으니 살아

갈 것입니다. 재산이 저를 속박한다면, 저는 괴로워하지 않고 그것을 내버릴 것입니다. 일할 수 있는 두 팔이 있으니 살아갈 것입니다. 만약 팔이 없어진다면, 누군가가 저를 부양해 주면 살아갈 테고 버림받으면 죽겠지요. 버림받지 않더라도 그래도 역시 죽게 될 겁니다. 죽음은 가난의 형벌이 아니라 자연의 법칙이니까요. 죽음이 언제 찾아오더라도 저는 죽음을 두려워하지 않을 것입니다. 죽음이 온다 해도 나는 살아나기 위해 결코 발버둥치지 않을 것입니다. 죽음은 결코 죽기 전까지 제 삶을 방해할 수 없을 것입니다.

오, 사랑하는 선생님, 이것이 저의 결심입니다. 저에게 정념이 없다면, 인간의 상태에 있으면서 신처럼 독립적으로 존재할 수 있을 것입니다. 현재 있는 그대로의 상태만 원한다면 운명에 대항해 싸울 필요도 결코 없을 테니까요. 적어도 저는 하나의 사슬에만 묶여 있는데 저는 그 사슬만 영원히 짊어질 것이고 그것을 자랑스럽게 여길 수 있습니다. 그러니 제발 저에게 소피를 돌려주세요. 그러면 저는 자유로워질 것입니다."

"친애하는 에밀, 자네 입에서 어른스러운 말이 쏟아져 나오는 것을 듣고, 자네의 가슴속에 들어 있는 어른스러운 감정을 보니 정말 만족스럽네. 자네 나이에는 이처럼 무사무욕이 지나쳐도 거슬리지 않네. 자식이 생기면 그런 마음도 줄어들 것이고, 그때는 틀림없이 한 집안의 좋은 아버지요 현자라면 마땅히 되어야 할 사람이 될 수 있을 것이네. 자네가 여행을 떠나기 전부터 나는 이 여행이 어떤 결과를 가져올지 알고 있었네. 자네가 우리의 제도들을 자세히 검토해 본 후, 결코 그것들에 대해 신뢰를 갖지 못하리라는 것을 나는 알고 있었네. 우리의 제도는 신뢰를 받을 자격이 조금도 없네. 법의 보호 아래에서는 자유를 열망하는 것이 헛된 일이네. 법이라니! 도대체 법은 어디에 있는가, 어디서 법이 지켜지고 있는가? 자네는 도처에서 법의 이름 아래 개인의 이익과 인간의 정념만 판치는 것을 보았네. 그러나 자연과 질서의 영원한 법은 존재한다네. 그 법이 현자한테서 실정법을 대신하네. 그 법은 양심과 이성을 통해서 현자의 가슴속 깊이 새겨져 있네. 자유로워지기 위해 현자가 복종해야 할 법이 바로 그것들일세. 악을 행하는 인간 말고 노예라는 것은 없는데, 그는 항상 자신의 의도에 반해서 악을 행하기 때문이네. 자유는 어떤 형태의 정부에도 없네. 자유는 자유로운 인간의 마음속에 있으며, 자유로운 인간은 어디서나 그 자유를 품고 다니네. 반면 비천한 인간은 어디서나 예속상태에 빠져 있네. 후자는 제네바에서도 노예일 것이고, 전자는 파리에서도 자유로울 걸세.

내가 시민의 의무에 대해 이야기하면 어쩌면 자네는 내게 조국이 어디에 있느냐고 물을 것이고, 나를 난처하게 만들었다고 생각할지 모르겠네. 그렇지만 사랑하는 에밀, 자네가 잘못 생각한 것이네. 조국이 없는 사람이라도 최소한 하나의 나라는 갖고 있기 때문이네. 그리고 그가 그 아래서 평안하게 살아왔던 정부나 법률 비슷한 것도 언제나 있기 마련이네. 만일 일반의지가 보호해 주는 대신 개인의 이익이 그를 보호했다면, 만약 공공의 폭력이 개인의 폭력으로부터 그를 지켜 주었다면, 악행이 자행되는 것을 본 뒤 그로 인해 선한 것을 사랑하게 되었다면, 또 만약 우리의 제도 자체가 그 제도의 불공정함을 알게 하고 그것을 증오하게 만들었다면, 설령 사회계약이 전혀 지켜지지 않았다 하더라도 무슨 상관이 있겠는가? 오 에밀! 자기 나라에 아무것도 빚지지 않은 선량한 인간이 어디 있겠는가? 그가 누구든 그는 나라 덕분에 인간에게 가장 소중한 것,

즉 자기 행동의 도덕성과 미덕에 대한 사랑을 갖게 되는 것이네. 깊은 숲 속에서 태어났다면 그는 더 행복하고 자유롭게 살았을 것이네. 그러나 그는 아무것과도 싸울 필요 없이 자신의 성향을 그대로 따르는 것이기 때문에 아무 공도 들이지 않고 선량한 것이네. 따라서 그는 결코 유덕하지는 않았을 것이네. 이제야 그는 자신의 정념에도 불구하고 유덕한 사람이 될 수 있네. 질서의 외관만 보고도 그는 질서를 알아보고 질서를 사랑하게 될 것이네. 다른 사람에게는 핑곗거리에 불과한 공익이 그에게만은 실제적인 동기가 될 것이네. 그는 자기와 싸우는 법, 자기를 극복하는 법, 공동의 이익을 위해 자신의 이익을 희생하는 법을 배우네. 그가 법에서 아무런 이득도 얻지 못한다는 것은 사실이 아니네. 법은 심지어 악인들에 둘러싸여 있을 때조차 그에게 올바를 수 있는 용기를 준다네. 법이 그를 자유롭게 만들지 못했다는 것은 사실이 아니며, 법은 그에게 자기 자신을 다스리는 법을 가르쳐 주었네.

그러니 '내가 어디에 있건 무슨 상관이냐'는 말은 하지 말게. 자네가 자신의 모든 의무를 완수할 수 있는 곳에 있다는 것이 중요하며, 이 의무들 중 하나는 자네가 태어난 곳에 대해 애착을 갖는 것일세. 자네의 고향 사람들이 어린아이였던 자네를 보호해 주었으니, 어른이 된 지금은 자네가 그들을 사랑해야 하네. 자네는 그들 속에서 살아야 하네. 아니면 적어도 자네 능력이 닿는 대로 그들에게 도움을 줄 수 있는 곳에서, 그리고 언젠가 그들이 자네를 필요로 할 때 어디에 가면 자네를 찾을 수 있는지 알 수 있는 곳에서 살아야 하네. 어떤 사람이 조국의 품 안에서 살기보다 조국 밖에서 조국의 사람들에게 더 도움이 될 수 있는 그런 상황들도 있네. 그럴 때는 자신의 열성에만 귀를 기울이고 불평 없이 유배를 견디어야 하네. 왜냐하면 유배 자체도 그의 의무들 중 하나이기 때문이네. 그러나 선량한 에밀이여, 그런 고통스러운 희생을 강요받을 일이 없는 자네는, 사람들에게 진리를 말해야 하는 서글픈 직업을 택하지 않은 자네는, 그들 속으로 들어가 살면서 즐거운 교제를 통해 그들과 우정을 가꾸어 나가며, 그들에게 선행을 베풀고 그들의 모범이 되도록 하게. 자네가 보이는 모범은 세상의 모든 책들보다 더 그들에게 유용할 것이며, 자네가 보이는 선행은 세상의 모든 공허한 설교보다 더한 감동을 줄 것이네.

그렇다고 해서 자네에게 대도시에 나가 살라고 부추기지는 않겠네. 반대로 선량한 인간이 남들에게 보여 주어야 할 본보기들 중의 하나는 검소한 전원생활이네. 그 삶은 타락한 마음을 갖지 않은 사람에게는 가장 평화롭고 가장 자연스러우며 가장 감미로운 인간 최초의 본원적 삶이네. 젊은 친구여, 평화를 구하러 사막으로 들어갈 필요가 없는 나라는 얼마나 행복한 곳인가! 하지만 그런 나라가 어디에 있겠는가? 선행을 베푸는 사람이라도 도시 한복판에서는 자신의 성향을 충족시키기가 어렵네. 도시에서는 모사꾼 아니면 사기꾼들을 위해서만 자신의 열성을 발휘하게 되기 십상이기 때문이네. 한재산 모으려고 도시로 나오는 건달들을 환대하는 것은 결국 지방을 황폐하게 만들 뿐이네. 그보다는 오히려 도시들을 희생시켜서라도 지방에 인구를 다시 채워 주어야 할 걸세. 거대한 사회의 모든 악덕은 사람이 지나치게 많은 데서 생겨나기 때문에, 그곳을 떠나는 모든 사람들은 바로 그곳을 떠난다는 이유만으로도 이득을 볼 걸세. 그들이 외진 곳에 가서 삶과 경작과 그들의 최초 상태에 대한 사랑을 되살려 낼 수만 있다면 더더욱 유익할 걸세. 에밀과 소피가 그들의 소박한 은신처에서 주위에 얼마나 많은 선행을 퍼뜨릴지, 또 그들이 농촌에 얼마나 활기를 주고 궁핍한 농촌 사람들의 식어 버린 열의를 되살려 낼지 생각하면 나는 감동을 받는다네. 인구가 늘어나고 들판은 비옥해지고 땅은 새로운 옷으로 갈아입으며, 많은 인구와 풍요가 노동을 축제로 탈바꿈시키는 모습을, 마을 사람들에게 새로운 활기를 불어넣은 그 사랑스런 한 쌍을 둘러싸고 벌어지는 흥겨운 놀이 한복판에서 환성과 축복이 솟아오르는 모습이 눈에 보이는 듯하네. 사람들은 황금시대를 공상으로 치부하는데, 타락한 심성과 취향을 가진 사람들은 늘 그럴 걸세. 사람들이 그것을 아쉬워한다는 것조차 사실이 아닐 것이네. 알다시피 그런 아쉬움은 늘 허망한 것이기 때문이지. 그렇다면 황금시대를 되살리기 위해서는 어떻게 해야 할까? 불가능하지만 유일한 한 가지 방법은 황금시대를 사랑하는 것일세.

소피의 거처 주변에는 벌써 그 황금시대가 되살아나는 듯하네. 훌륭한 소피의 부모가 시작해 놓은 것을 자네들 두 사람이 함께 완성시키기만 하면 될 것이네. 그러나 사랑하는 에밀, 언젠가 괴로운 의무들이 강요될 때도 자네는 그토록 달콤한 생활로 인해 그 의무들에 진저리를 내서는 안 되네. 로마인들은 쟁기질을 하다가도 집정관이라는 의무를 수행하러 갔다는 사실을 명심하게. 만약 군주나 국가가 조국에 봉사하도록 자네를 부른다면, 모든 것을 버리고 가서 자네에게 주어진 직책을 맡아 시민의 명예로운 임무를 완수하게. 그 임무가 자네에게 무거운 짐이 된다면, 거기서 해방되는 정직하고 확실한 방법이 하나 있네. 그것은 완벽하게 그 임무를 완수하여 그 일이 자네에게 오랜 기간 맡겨지지 않게 하는 것이네. 그런데 그런 부담을 걱정할 필요는 거의 없네. 우리 시대의 사람들이 살아 있는 한, 그들이 국가에 봉사하도록 자네를 찾으러 오는 일은 없을 것이기 때문이네."

소피 곁으로 돌아가는 에밀의 귀향과 그들의 사랑의 결말, 아니 더 정확히 말해 그들을 하나로 묶어 주는 부부애의 시작을 묘사하는 일이 어째서 내게 허용되지 않겠는가! 그 사랑은 삶이 지속되는 한 계속될 존경과, 아름다움과 함께 사라지지 않을 미덕과, 그들의 관계를 다정하게 만들어 최초의 결합이 주는 매력을 노후까지 연장시켜 주는 성격의 일치에 기반을 두고 있다. 그러나 이 모든 세세한 사실들은 즐거움을 줄 수는 있지만 유익하지 않을 수도 있을 것이다. 지금까지 나는 유쾌한 세세한 사실들 중에서 유익하다고 여겨지는 것들만 말해 왔다. 내 임무가 끝나 가는 이 지점에서 이 규칙들을 버릴 것인가? 아니다. 나는 내 펜이 지쳐 있다는 것 또한 잘 느끼고 있다. 나는 이토록 호흡이 긴 작업을 하기에는 너무도 허약하므로, 이 일이 조금만 덜 진척되었더라도 아마 이 일을 포기했을 것이다. 그것을 미완인 채로 남기지 않으려면 지금이 끝마무리를 할 때이다.

마침내 나는 에밀의 일생 중 가장 매혹적이고 나의 일생 중 가장 행복한 날이 도래하는 것을 본다. 나는 내 수고가 유종의 미를 거두는 것을 보고, 그 열매를 맛보기 시작한다. 고귀한 한 쌍이 끊어질 수 없는 사슬로 연결된다. 그들의 입은 결코 헛되지 않을 서약을 하고 그들의 마음이 그 서약을 다짐한다. 그들은 부부가 되었다. 성당에서 돌아오면서 그들은 남들이 인도하는 대로 따라간다. 자신들이 어디 있는지, 어디로 가고 있는지, 남들이 주변에서 무슨 일을 하고 있는지 알지 못한다. 그들은 아무것도 듣지 못하여 겨우 대충대충 대답하고, 설렘 가득한 그들의 눈에는 더 이상 아무것도 보이지 않았다. 오, 열광이여! 오, 인간의 나약함이여! 행복감이 인간을 압도하는데, 인간은 그것을 견디기에 너무나 약하다.

결혼식 날 신혼부부를 적절하게 대할 줄 아는 사람은 아주 적다. 어떤 사람이 보이는 맥 빠진 점잖음도, 또 어떤 사람이 보이는 경박한 언사도 다 격에 맞지 않다고 생각한다. 나는 그들을 흥분 상태에서 매정하게 끌어내어 허례허식으로 침울하게 만들거나, 혹은 다른 때라면 그들을 즐겁게 했을지 모르지만 이런 날만큼은 필시 대단히 귀찮을 것이 분명한 짓궂은 농담으로 그들을 난처하게 만드는 것보다, 차라리 그 젊은 사람들을 따로 오붓이 있게 두어 그 매력적인 흥분 상태에 빠져들도록 내버려 두는 편이 낫다고 생각한다.

나는 두 젊은 남녀가 그들을 설레게 하는 감미로운 나른함 속에서 남이 하는 어떤 말도 듣고 있지 않다는 것을 알고 있다. 살아 있는 하루하루가 축제이기를 바라는 내가 그들이 그토록 소중한 날을 하루라도 허비하게 내버려 두겠는가? 아니다, 나는 그들이 그 소중한 날을 음미하고 즐기며, 그들에게 그날의 쾌락이 있기를 바란다. 나는 그들을 괴롭히는 조심성 없는 사람들 틈에서 그들을 구해 내어, 호젓한 곳으로 산책을 데리고 나가 그들 자신에 대한 이야기를 하여 그들이 자신들에게로 되돌아가게 해 준다. 나는 단지 그들의 귀에만 말을 들려주고 싶은 것이 아니라 그들의 마음에 말을 걸고 싶은 것이다. 그날 그들이 관심을 가질 수 있는 유일한 화제가 무엇인지 나는 모르지 않는다.

나는 두 사람의 손을 잡고 말한다. "나는 오늘 자네들을 행복으로 이끈 이 생생하고 순수한 불꽃이 피어나는 것을 삼 년 전에 보았네. 그 불꽃은 계속해서 점점 활활 타올라, 오늘 정점에 이르러 자네들의 눈에서 격렬하게 타오르는 것을 보고 있네. 그러나 그 불꽃은 앞으로 사그라질 수밖에 없을 것이네." 독자여, 에밀의 흥분과 격분과 맹세가, 내 손에서 자기 손을 빼는 소피의 야멸찬 태도가, 마지막 숨을 거둘 때까지 사랑하리라고 두 사람의 눈이 서로 맹세하는 것이 보이지 않는가? 나는 그들을 잠시 내버려 둔 뒤 다시 말을 잇는다.

"나는 만약 사랑의 행복을 결혼에서도 연장할 수 있다면 지상에 낙원이 이루어질 것이라는 생각을 종종 했네. 그러나 그런 일은 이제까지 한 번도 일어난 적이 없네. 그러나 그것이 완전히 불가능한 일이 아니라면, 자네들한테는 그 누구에게서도 본 적 없고 또 어떤 부부도 거의 흉내 낼 수 없는 그런 본보기를 보여 줄 자격이 충분히 있다네. 여보게들, 그렇게 하기 위해서 내가 생각해 낸, 내가 가능하다고 여기는 유일한 방법을 들어 보겠는가?"

그들은 웃으며 서로를 바라보고 나의 단순함을 조롱한다. 에밀은 소피가 더 나은 방법을 알고 있을 테고, 자기로서는 그 방법만으로도 충분하다고 말하면서 내가 제시하는 비법을 깨끗이 거절한다. 소피도 그에 동의하고 그녀 역시 아주 자신감이 넘쳐 보인다. 그렇지만 그녀의 조롱하는 표정에서 나는 약간의 호기심이 묻어 있는 것을 엿본 것 같다. 나는 에밀을 찬찬히 살펴본다. 그는 불타는 눈으로 아내의 매력을 탐하듯 바라보는데, 그것만이 그가 알고 싶어 하는 유일한 것이어서, 내가 하는 말들은 전부 그의 귓등을 스쳐 지나간다. 이번에는 내가 미소를 지으며 내심 이렇게 말한다. "곧 내 말에 귀를 기울이지 않을 수 없게 될 것이네."

이처럼 은밀한 감정의 움직임들이 갖는 거의 눈에 띄지 않는 차이는 남성과 여성 사이의 매우 특징적인 차이를 하나 보여 준다. 이것은 일반적인 선입견과는 정반대로 대개 남성이 여성보다 끈기가 없어서, 남성이 여성보다 행복한 사랑에 먼저 싫증을 낸다는 점이다. 여성은 남성의 변심을 진작부터 예감하고 염려한다.[92] 그 때문에 여성의 질투가 또한 더 심한 것이다. 남자의 마음이 식기 시작하면, 남자를 붙잡기 위해 이번에는 여자가 어쩔 수 없이 예전에 그녀의 환심을 사려고 남자가 쏟았던 정성들을 그대로 다 되돌려 주며 울면서 사정하지만, 남자가 예전에 그녀에게서 거둔 그런 성공을 거두기는 힘들다. 애착과 정성으로 마음을 살 수는 있지만 되찾지는 못한다. 결혼생활에서 애정이 식는 것을 방지하는 나의 비법으로 되돌아가자.

나는 다시 말을 잇는다. "비법은 간단하고 쉽다네. 그것은 부부가 되어서도 계속 연인으로 남는 것이네." 에밀이 그 비법을 비웃으면서 말한다. "사실이 그렇다면 우리에겐 힘들 게 없겠군요."

"지금 그렇게 말하는 자네에겐 그것이 자네가 생각하는 것보다 더 힘들 것이네. 부탁이니 내게 설명할 시간을 주게나.

매듭을 너무 세게 잡아당기려 하면 끊어지는 법이네. 결혼이라는 매듭에 너무 과도하게 힘을 주면 거기서도 바로 그런 일이 벌어진다네. 결혼이 부부에게 부과하는 정절이란 모든 권리들 중에서도 가장 신성한 것이지만, 결혼이 두 사람에게 주는 상대방에 대한 지배력은 불필요한 것

---

92 프랑스에서는 여자들이 먼저 마음이 멀어진다. 이는 당연하다. 왜냐하면 관능적인 욕구가 별로 강하지 않고 찬사만 원하는 여자들은 남편이 더 이상 찬사를 표하지 않을 때 그 사람에게 별로 관심을 갖지 않기 때문이다. 다른 나라에서는 이와 반대로 먼저 마음이 멀어지는 쪽이 남편이다. 이 또한 당연하다. 왜냐하면 충실하지만 신중하지 못한 여자들이 자신의 욕망으로 남편들을 귀찮게 함으로써 그녀들에게 질리게 만들기 때문이다. 이 보편적인 진리에 예외가 많을 수는 있다. 하지만 나는 지금도 그것이 보편적인 진리라고 믿고 있다.

이네. 구속과 사랑은 어울리지 않고, 기쁨은 억지로 생겨나는 것이 아니네. 얼굴을 붉히지 말아요, 소피. 도망갈 생각도 말고. 결코 당신의 정숙함에 내가 상처를 주려는 게 아니오! 하지만 당신의 삶의 미래가 걸린 문제라오. 그토록 중요한 문제이니, 다른 곳에서라면 견디지 못할 이야기지만 남편과 아버지 앞에서는 참고 들어야만 하오.

싫증 나게 하는 것은 소유보다 속박이어서, 아내보다는 정부情婦에게 훨씬 오래 애정을 간직하기 마련이네. 어떻게 사람들이 가장 다정한 애무를 의무로 삼고, 가장 달콤한 애정의 표시를 권리로 삼을 수 있었겠는가? 권리를 만드는 것은 서로의 욕망이고, 자연은 다른 권리를 인정하지 않네. 법률은 이 권리를 축소시킬 수는 있지만 확대시키지는 못할 것이네. 관능은 그 자체로 얼마나 달콤한 것인가! 관능이 스스로의 매력에서 이끌어 내지 못하는 힘을 한심스런 구속을 통해 얻어 내야 하겠는가? 여보게들, 아닐세. 결혼을 통해 마음은 연결되지만 육체는 전혀 예속되지 않네. 자네들은 서로 충실해야 할 의무는 있지만 환심을 살 의무는 없네. 두 사람은 저마다 상대방에게만 속할 수 있지만, 자기가 원하는 만큼만 상대방에게 속해야 하네.

사랑하는 에밀, 그러므로 자네가 진정 자네 아내의 연인이고 싶다면, 그녀는 늘 자네의 주인이면서 또한 자기 자신의 주인이어야 하네. 자네는 행복한 애인이지만 한편 공손한 애인이 되어야 하네. 아무것도 의무에 요구하지 말고 모든 것을 사랑에서 구하도록 하라. 그래서 가장 하찮은 애정의 표현도 자네한테서 결코 권리가 아닌 은혜가 되어야 하네. 나는 여성의 수줍음이란 공식적인 고백은 피하면서 정복당하기를 요구하는 것임을 알고 있네. 그러나 섬세함과 진정한 사랑이 있다면 애인이 그

은밀한 의도에 대해 잘못 생각할 수 있겠는가? 입으로는 거절하는 척하지만 마음과 눈빛이 승낙하고 있을 때, 그것을 애인이 모를 리가 있겠는가? 두 사람은 각자 늘 자기 자신의 주인이고 자신의 애정 표현의 주인이 되어, 오직 자신의 의지로만 상대방에게 그것을 베풀 권리를 가져야 하네. 결혼에서조차 욕망이 공유되었을 때만 쾌락이 정당화된다는 사실을 늘 명심하게. 여보게들, 이 준칙이 자네들 사이를 소원하게 만들지 않을까 두려워하지 말게나. 오히려 이 준칙은 두 사람 모두가 서로를 기쁘게 하는 일에 더 세심한 배려를 하게 만들고 싫증을 막아 줄 것이네. 오직 서로에게만 매이는 자네들을 자연과 사랑이 충분히 가깝게 해 줄 걸세."

이 말에, 또 그와 비슷한 다른 말에 에밀은 화를 내며 격렬히 항의한다. 소피는 부끄러워 부채로 눈을 가리고 한마디도 하지 않는다. 두 사람 중 불평을 더 많이 하는 사람이 반드시 불만이 더 많은 것은 아닌 것 같다. 나는 사정없이 강요한다. 나는 에밀이 자신에게 섬세함이 부족한 것을 부끄러워하게 만든다. 소피에게는 그녀 편에서도 협정을 받아들이도록 내가 보증인이 되어 준다. 나는 그녀에게 말을 시켜 본다. 충분히 예상하겠지만 그녀는 감히 나를 반박하지 못한다. 에밀은 불안해하며 젊은 아내의 눈을 살핀다. 그는 그녀의 당황하는 눈빛 너머로, 신뢰를 잃을까 두려워하지 말라고 그를 안심시켜 주는 관능적인 욕망에 가득 찬 그녀의 눈을 보고 있다. 그는 그녀의 발밑에 몸을 던지고 그녀가 내미는 손에 열정적으로 입을 맞추며, 약속된 정절 이외에는 그녀에 대한 일체의 권리를 포기하겠다고 맹세한다. 그가 그녀에게 말한다. "사랑하는 아내여, 내 인생과 운명의 지배자가 당신이듯이 나의 쾌락 또한 그대가 지배해 주시오. 당신의 잔인함으로 내가 목숨을 잃게 된다 하더라도, 나는 그대에게 내 가장 소중한 권리들을 돌려주겠소. 나는 그대가 내게 환심을 사기 위해서 애교를 부리는 그런 것에는 조금도 신세 지고 싶지 않소. 모든 것을 그대의 마음으로부터 얻고 싶소.”

“착한 에밀, 안심하라. 소피는 너무나 관대해서 자네가 자신의 관대함에 희생이 되어 죽도록 내버려 두지는 않을 것이니.”

저녁이 되어 그들 곁을 떠날 채비를 한 나는 그들에게 가능한 한 신중한 어조로 말한다. “자네들은 자유롭다는 것과, 이제는 부부의 의무가 문제가 아니라는 것을 두 사람 모두 명심하게. 나를 믿게나. 허울뿐인 인사치레는 말고. 에밀, 나와 함께 가겠는가? 소피는 승낙할 것이네.” 에밀은 화가 나서 나를 때리고 싶을 지경이다. “소피, 당신은 어떻게 생각하는가? 내가 그를 데려가야만 하겠소?” 거짓말쟁이는 얼굴을 붉히며 “그래요”라고 말할 것이다. 진실보다 더 매력적이고 달콤한 거짓말!

이튿날… 지극히 행복한 모습을 보고도 사람들은 이제 더 이상 즐거워하지 않는다. 악덕의 부패가 사람들의 심성만큼이나 취향도 타락시켜 버렸다. 그들은 더 이상 감동적인 것을 느낄 줄도, 사랑스러운 것을 볼 줄도 모른다. 관능적인 쾌락을 그리려면 오직 환락의 품속에서 헤엄치는 연인들만 상상하는 여러분, 여러분의 그림은 여전히 얼마나 불완전한가! 여러분은 아주 조잡한 반쪽 그림만 갖고 있다. 관능적인 쾌락의 가장 달콤한 매력은 전혀 그 안에 들어 있지 않다. 오, 일찍이 축복된 미래 속에 맺어진 젊은 부부가 신방에서 나오는 것을 본 적 없는 사람이 여러분들 중 누가 있겠는가? 그들은 방금 맛본 달콤한 쾌락의 취기와 순결함에서 나오는 사랑스런 안도감, 그리고 백년해로할 수 있다는 그 당시에는 그토록 매혹적인 확신을 나른하면서도 청순한 눈빛 속에 동시에 담고 있다. 그것이야말로 인간의 마음에 제공될 수 있는 가장 황홀한 대상이며, 그것이야말로 관능의 기쁨을 그린 가장 진실한 그림이다. 여러분은 그런 광경을 수백 번 보았는데도 그것을 알아채지 못했다. 무디어진 여러분의 마음이 이제 그런 것을 사랑하지 않게 된 것이다. 행복하고 느긋한 소피는 다정한 어머니의 품에서 낮 시간을 보낸다. 그것은 남편의 품에 안겨 밤을 보내고 난 뒤에 취해야 할 너무도 달콤한 휴식이다.

다음다음 날, 나는 벌써 상황이 조금 바뀌었음을 눈치챈다. 에밀은 다소 불만스러운 태도를 보이려 한다. 그러나 그렇게 짐짓 꾸며 낸 태도 뒤에 아주 부드러운 친절과 심지어 고분고분 복종하는 모습까지 보았기에, 나는 거기서 매우 유감스러운 점이 있다고 전혀 예측하지 못한다. 소피도 전날보다 더 쾌활하다. 나는 그녀의 눈에서 만족스러운 기운이 빛나는 것을 본다. 그녀는 에밀에게 상냥하다. 그에게 거의 애교를 부리다시피 하는데, 그는 그에 대해 더 화를 낼 뿐이다.

이 변화는 거의 겉으로 드러나지는 않지만, 내 눈을 피해 가지는 못한다. 나는 염려가 되어 에밀에게 따로 묻는다. 그리고 그가 아주 유감스럽게도, 애절하게 간청했음에도 불구하고 전날 밤 잠자리를 같이하지 못했다는 것을 알게 된다. 황후가 서둘러 자신의 권리를 행사한 것이다. 해명을 들어 본다. 에밀은 심하게 불평을 하고 소피는 농담을 한다. 그러다 결국 그가 정말로 화를 내려는 것을 보고 그녀는 애정과 사랑이 담뿍 담긴 시선을 보내며, 내 손을 잡고 심금을 울리는 어조로 딱 한 마디만 한다. "은혜를 모르는 사람!" 에밀은 너무나 어리석어 이 말을 듣고도 아무것도 이해하지 못한다. 하지만 나는 알아듣는다. 나는 에밀을 쫓아 버리고 이번에는 소피를 따로 붙들고 말한다.

"왜 그런 변덕을 부리는지 나는 알고 있소. 당신보다 더 섬세한 사람도 없겠지만, 당신만큼 그 섬세함을 부적절하게 사용하는 사람도 없소. 친애하는 소피, 안심하시오. 내가 당신에게 준 것은 한 사람의 남자이니 그를 남자로서 받아들이는 것을 두려워하지 마시오. 그는 당신에게 청춘의 동정을 바쳤소. 그는 아무에게도 그것을 낭비하지 않았고, 또 오래도록 당신을 위해 고이 간직할 것이오.

사랑하는 나의 소피, 우리 세 사람이 그저께 나누었던 대화에 대한 내 생각을 당신에게 밝힐 필요가 있는 것 같소. 당신은 그 대화에서 당신들의 쾌락이 오래 지속되도록 그것을 절제하는 기법만 본 모양이오. 오 소피! 거기에는 나의 배려에 더 어울리는 목적이 따로 있었소. 당신의 배우자가 되면서 에밀은 당신의 주인이 되었소. 복종해야 하는 것은 당신이며, 그것이 자연이 원하는 바요. 그런데 소피 당신과 같은 여성의 경우는 남성이 여성에 의해 인도되는 것도 바람직하오. 그것 또한 자연의 법칙이오. 내가 당신이 그의 쾌락의 지배자가 되라 한 것은, 에밀이 남성으로서 당신의 몸에 대해 갖는 만큼의 권위를 당신도 그의 마음에 대해 갖도록 하기 위해서였소. 그러기 위해서는 당신이 고통스러운 결핍의 대가를 치러야 하겠지만, 당신이 자신을 지배할 줄 알게 되면 그를 지배하게 될 것이오. 그리고 내가 보건대 이미 지난 일들에 비추어 그 어려운 기술도 당신의 용기로 충분히 해낼 수 있을 것이오. 당신이 애정의 표현을 흔치 않은 귀한 것으로 만든다면, 또 그것들을 가치 있게 만들 줄 안다면, 당신은 오래도록 사랑을 통해 지배하게 될 것이오. 당신의 남편이 늘 당신의 발밑에 엎드리는 것을 보고 싶으신가? 그렇다면 항상 그를 당신의 몸에서 어느 정도 떨어져 있게 하시오. 하지만 그렇게 엄격하게 하더라도,

변덕을 부리지는 말고 겸손하시오. 그가 당신을 변덕스러운 사람이 아니라 조심스러운 사람으로 보게 하시오. 그의 사랑을 조심스럽게 다루면서도 당신의 사랑을 그가 의심하지 않도록 조심하시오. 애정을 표현함으로써 사랑을 받을 수 있도록, 거절을 통해 존경을 받을 수 있도록 하시오. 아내의 냉정함에 불평하는 일 없이 아내의 정숙함을 존경하게 만드시오.

나의 소피여, 그렇게 하면 그는 당신을 신뢰하고, 당신의 의견에 귀를 기울이게 될 것이며, 자신의 일에 대해 당신의 자문을 구하고, 당신과 상의하지 않고서는 아무것도 결정하지 않게 될 것이오. 그렇게 해서 당신은 그가 길을 헤맬 때 그의 지혜를 되살리고, 부드러운 설득을 통해 그를 이끌어 가고, 당신 자신도 쓸모 있는 사람이 되기 위해 사랑스러운 사람이 될 수 있을 것이오. 요컨대 미덕을 위해 애교를, 이성을 위해 사랑을 활용할 수 있을 것이오.

그렇다고 해서 이러한 기술 자체가 언제나 당신에게 도움이 될 수 있다고 생각하지는 마시오. 아무리 조심해도 쾌락의 향유는 쾌락들을, 다른 무엇보다 사랑을 먼저 시들게 하는 법이오. 그러나 사랑이 오래 지속되면, 안락한 습관이 사랑의 빈자리를 채우고 격정이 물러간 자리에 신뢰의 매력이 자리 잡을 것이오. 아이들은 자신들을 낳아 준 두 사람을 사랑만큼이나 부드럽게 혹은 많은 경우에 사랑보다 더 강하게 결합시켜 줄 것이오. 당신은 더 이상 에밀의 애인이 아니더라도 그의 아내가 되고 친구가 될 것이오. 그리고 그의 아이들의 어머니가 될 것이오. 그때는 처음의 조심성 대신에 당신과 에밀 사이에 더없는 친밀감이 형성되도록 하시오. 잠자리를 따로 하는 일도, 거절하는 일도, 변덕을 부리는 일도 없도록 하시오. 그야말로 그의 반쪽이 되어 그가 당신 없이는 지낼 수 없도록, 또 당신 곁을 떠나자마자 마치 자기 자신에게서 멀어진 듯한 느낌이 들도록 만드시오. 아버지의 집에서도 가정생활의 매력이 넘치게 할 줄 알았던 당신이니, 당신의 집에서도 똑같이 그 매력이 넘쳐 나게 하시오. 자기 집에 있기를 좋아하는 남성은 모두 자기 부인을 사랑하는 법이오. 만약 당신의 남편이 자기 집에서 행복하게 산다면, 당신도 행복한 부인이 될 것이라는 사실을 명심하시오.

이제는 당신의 애인을 너무 엄격하게 대하지 마시오. 그는 더 많은 애교를 받을 만한 자격이 있었소. 그러니 당신의 경계에 기분이 상할지도 모르오. 너무 지나치게 그의 건강에 조심한 나머지 그의 행복을 희생시키지는 말고, 당신의 행복을 누리시오. 싫증 나기를 기다리거나, 욕망을 거절해서도 안 되오. 거절하기 위해 거절해서는 안 되고, 자신이 허용하는 것을 가치 있게 만들기 위해 거절하시오."

그러고는 둘을 불러 모아 그녀 앞에서 젊은 남편에게 말한다. "스스로 부과한 속박은 훌륭하게 견딜 줄 알아야 하네. 그 속박이 가벼워져도 괜찮을 만한 사람이 되게. 무엇보다 전력을 다해 호의를 얻도록 하고, 토라짐으로써 더 사랑받을 거라는 생각 같은 건 조금도 하지 말게." 화해는 어렵지 않게 이루어지고, 각자 쉽게 화해의 조건을 짐작한다. 그 조약은 입맞춤의 서명으로 체결된다. 그런 다음 나는 내 제자에게 말한다. "사랑하는 에밀, 사람은 평생토록 조언과 안내가 필요한 법이네. 이제까지 나는 자네에 대한 나의 의무를 이행하기 위해 최선을 다했네. 나의 오랜 임무는 여기서 끝나고, 이제 다른 사람이 그 임무를 맡아 시작할 것이네. 오늘로 나는 자네가 내게 위임했던 권위를 양도하니, 이제부터 당신의 지도자는 바로 이 사람일세."

차츰 최초의 흥분이 진정되고, 두 사람은 그들의 새로운 상태가 주는 매력을 평화롭게 맛본다. 행복한 연인들, 고귀한 부부여! 그들의 미덕을 찬양하고, 그들의 행복을 그려 보이려면 그들의 일생을 이야기해야 할 것이다.[93] 그들에게서 내가 이룩한 일을 지켜보면서 가슴 두근거리는 황홀감에 사로잡힌 적이 몇 번이던가! 내 손안에 그들의 손을 합쳐 잡고 신의 섭리에 감사하며 뜨거운 숨을 내쉰 게 몇 번이던가! 나는 서로 꼭 잡은 그 두 손에 얼마나 많은 입맞춤을 했는지! 내가 얼마나 많은 기쁨의 눈물을 뿌려 그 손들을 적셨는지 그들도 느끼는가! 그러자 이번에는 그들이 감동되어 나의 격정을 함께 나누어 가진다. 그들의 훌륭한 부모들은 자식들의 젊음을 통해 다시 한번 자신들의 젊음을 누린다. 이를테면 자식들을 통해 다시 살기 시작한다. 아니 더 정확히 말해서 비로소 삶의 가치를 알게 되는 것이다. 그들은 그 나이 때에 그토록 매력적인 운명을 맛보지 못하도록 방해했던 과거의 부를 저주한다. 지상에 행복이 있다면, 그것을 찾아야 할 곳은 바로 우리가 살고 있는 이 안식처이다.

몇 달이 지나고 어느 날 아침, 에밀은 나의 침실에 들어와 나를 껴안으며 말한다. "선생님, 선생님의 아들을 축복해 주세요. 그 아들은 이제 곧 아버지가 되는 영광을 갖게 될 것이라고 잔뜩 기대에 부풀어 있습니다. 오, 우리는 얼마나 열성적으로 많은 수고를 들이게 될까요! 또 우리에겐 당신이 얼마나 필요할지요! 아버지를 키운 뒤에 또다시 그 아들을 키워 달라고 선생님에게 부탁드리는 건 당치 않겠지요! 설사 저를 위해 선택

---

93 이 구절을 통해 우리는 루소가 에밀과 소피의 이야기를 계속할 계획이 있지만, 아직 『에밀과 소피』를 착상하지 않았음을 알 수 있다. 『에밀』은 행복한 결말을 제시하지만, 『에밀과 소피』는 그들의 결혼이 파국에 이르게 되면서부터 시작하는 이야기이다 — 옮긴이.

된 선생님과 같은 훌륭한 분을 제 자식을 위해서 선택할 수 있다 하더라도 저 아닌 다른 사람이 그토록 신성하고 그토록 감미로운 임무를 수행한다는 것은 당치 않습니다! 하지만 젊은 선생들의 스승으로 남아 있어 주세요. 저희들에게 조언을 해 주시고, 저희들을 지도해 주세요. 저희들은 따르겠습니다. 제가 살아 있는 한은 선생님을 필요로 할 것입니다. 인간으로서의 임무가 시작되는 지금, 제게는 그 어느 때보다도 더 당신이 필요합니다. 선생님은 선생님의 임무를 완수하셨습니다. 선생님을 본받을 수 있도록 저를 인도해 주십시오. 그리고 쉬십시오. 이제는 그럴 때입니다."

『에밀』에 대한 변명

　전 세계의 루소 전공자들에 따르면 대중들에게 '루소' 하면 제일 먼저 떠오르는 것은 그가 자신의 아이 다섯 명을 모두 고아원에 버렸다는 사실이라고 한다. 이른바 현대 교육의 성서라고 할 수 있는 『에밀』을 읽는 독자들은 루소의 그러한 패륜적 행위에서 불편함을 느끼지 않을 수 없다. 어떻게 자신의 아이들을 교육시키기를 거부한 사람이 교육에 대해 논할 수 있단 말인가? 그리고 이러한 의심은 비단 『에밀』에 국한되지 않는다. 루소는 출세작인 『학문예술론』에서 학문을 포함한 문명 전체를 비난해 놓고서는 이후 연애 소설인 『신新엘로이즈』를 썼다. 그는 이 세상에서 가능한 단 하나의 완벽한 생활은 가정생활이라고 말하였으나 자신은 정작 가정을 이루지 않았다. 또 시민의 의무는 조국 내에서 살며 공화국의 법률에 따르는 것이라고 가르쳤으나 영원한 떠돌이의 삶을 살았다. 이렇게 자신의 주장과 완전히 다른 삶을 산 그에게서 우리는 어떻게 작가의 진정성을 기대할 수 있을까? 당시 지성계의 거장으로 평소 루소를 지적 사기꾼이라고 생각했던 볼테르는 『에밀』이 나오자마자 『시민들의 견해』라는 소책자를 써 루소가 자식을 거리에 내버렸다고 격렬한 인신 공격을 가했다.

> 우리가 비통함과 수치심을 갖고 공언하건대, 그(루소)는 자신의 방탕함에서 생겨난 치명적인 흔적을 아직도 몸에 지니고 있고 돌팔이 약장수처럼 옷을 입고 그 불행한 여인을 자기 옆에 끼고 이 마을 저 마을, 이 산 저 산으로 질질 끌고 다닙니다. 그런데 그는 그녀의 어머니를 죽였고 그녀가 낳은 어린아이들은 고아원 문 앞에 버렸습니다.

볼테르의 비난은 대부분 사실이 아니었다. '치명적인 흔적'이라는 말은 루소가 성병을 앓았다는 사실을 암시하고 있는데, 그는 비뇨기 질환으로 고생했지만 성병에 걸린 적은 없었다. 그가 한때 입었던 아르메니아풍의 긴 옷은 돌팔이 약장수의 옷이 아니었지만 남다른 것은 분명했다. 그리고 '그 불행한 여인'인 평생의 반려 테레즈는 강제로 끌려다닌 것이 아니라 루소를 좋아해서 따라다닌 것이었다. 루소는 테레즈의 어머니가 원했던 것처럼 고관들과 부자들에게 몸을 굽혀 경제적 혜택을 받지는 않았지만, 그녀를 포함하여 테레즈의 처가 식구들을 어느 정도 부양했고, 사실 그녀는 그때까지 살아 있었다. 그러나 정말 유감스럽게도 루소가 아이들을 고아원에 버린 것은 아니라고 해도 영원히 맡긴 것은 부인할 수 없는 사실이었다.

그렇다면 정말로 루소는 위선자에 지나지 않는 것일까? 루소의 옹호자들 중 어떤 사람들은 이 아이들이 루소의 친자가 아니라 테레즈와 다른 남자들 사이에서 태어난 아이들이라고 주장하기도 하고, 또 다른 사

람들은 성적 불능의 의혹을 받고 있던 루소가 이를 감추기 위하여 꾸며
낸 거짓말일 것이라고 추정하기도 하지만, 이러한 변명들은 별로 근거가
없어 보인다는 것이 정설이다. 이 사건에 대한 루소 자신의 변명을 직접
들어 보도록 하자.

> 라셀 부인에 대해 말하면, 그 부인 집에는 알투나가 떠난 후로도 매우 자
> 주 식사를 하러 갔다. 그곳에서 나는 아주 재미있는 일화들을 많이 듣게 되
> 었고, 도덕을 얻지는 않아 다행이지만 차츰 생활 교훈을 얻게 되었다. 여기
> 서는 점잖은 사람들의 타락, 배신당한 남편들, 유혹당한 여인들, 떳떳치 못
> 한 출산이 가장 일상적인 화제이고, 고아원에 아이를 제일 많이 넣은 자가
> 항상 가장 많은 칭찬을 받는다. 그런 생각에 내가 말려들어 갔다. 매우 다
> 정하고 그 근본이 퍽 점잖은 사람들 사이에서 내가 볼 때 지배적인 이러한
> 사고방식에 따라 나는 내 사고방식을 세웠다. 나는 속으로 생각했다. '이것
> 은 이 나라의 관습인 만큼 여기서 사는 동안은 그 관습을 따라도 된다.' 이
> 것이 내가 찾고 있던 수단이었다. 나는 아무런 주저도 없이 대담하게 그렇
> 게 하기로 결정했다.   (『고백록』, 7권)

첫아이가 태어날 당시 루소는 테레즈와 결혼할 생각이 전혀 없었고,
이미 처음 관계를 맺을 때부터 그는 이러한 생각을 그녀에게 밝혔다. 루
소의 생활이 불안정했다는 사실도 무시해서는 안 될 것이다. 언제든지
해고당할 수 있는 일종의 비서로 일하던 그는 겨우 생활비를 버는 정도
였다. 설상가상으로 테레즈의 어머니를 포함하여 그녀의 가족은 노골적
으로 루소에게 손을 벌리기 시작했다. 루소는 이러한 환경에서 아이들을

정상적으로 키우기가 불가능하며, 이러한 문제를 가장 간단하게 해결하는 방법은 프랑스의 관습을 따르는 것이라고 생각했다.

프랑스에서는 17세기 말부터 버려지는 영아들의 숫자가 계속해 증가하기 시작했다. 루소가 출세작 『학문예술론』을 쓰는 데 영감을 준 잡지 『메르퀴르 드 프랑스』는 1746년 6월 〈고아원 시설 약사〉를 출간했는데 이에 따르면 1670년에 512명, 1680년 892명, 1700년 1,738명, 1730년 2,401명, 1740년 3,150명, 1745년 3,234명의 아이가 버려졌다. 18세기 후반 들어 1750년 3,785명, 1760년 5,032명으로 숫자는 더욱 급증했다. 1772년 대략 600만 인구의 파리에서 18,713명의 신생아가 태어나 그중 7,676명이 버려졌는데, 이는 신생아의 41퍼센트에 달한다. 그리고 그런 기아들 중에는 당대의 저명한 사교계 인사 탕생 부인의 사생아이며 후에 『백과전서』의 서문을 쓸 유명한 수학자 달랑베르도 포함되어 있을 정도였다. 결론적으로 말하자면 루소가 자신의 행위가 예외적인 경우가 아니며 그가 그 나라의 관습을 따랐다고 말하는 것도 현실에 비추어 그리 틀린 말이 아니다. 그럼에도 불구하고 루소가 당대의 도덕적 타락을 맹렬히 공격하는 글을 써서 작가로서의 명성을 획득하였고 그러한 성공 이후 자신의 글과 삶을 일치시키기 위하여 자신의 삶을 도덕적으로 개혁하겠다는 결심을 하였다는 점을 고려하면, 루소가 이른바 '자기 개혁' 이후에 태어난 세 명의 아이들까지도 모두 고아원에 맡겼다는 사실은 이해하기 어렵다. 더군다나 문단에서의 성공으로 인하여 경제적 어려움도 어느 정도 해소되었던 상황에서 말이다. 이에 대해 루소는 다음과 같이 변명한다.

장 자크는 생애의 한순간이라도 무정하고 무자비한 인간, 무도한 아비가 될 수는 없었다. 나는 잘못 생각할 수는 있지만 결코 냉혹할 수는 없었다. 내 나름의 이유들을 말하자면 얼마든지 말할 수 있을 것이다. 그러나 내가 그러한 이유들에 속을 수 있었으니 그만큼 또 많은 사람들이 그것들에 속을 수 있을 것이다. 나는 내 글을 읽을 젊은이들을 같은 잘못으로 그르치게 하고 싶지는 않다. 나는 그러한 이유로 내 아이들을 스스로 키울 수 없었고, 그래서 그들을 공공교육에 위탁하여 건달이나 사기꾼보다는 차라리 노동자나 농민이 되도록 하면, 시민으로서나 아버지로서의 행위에 어긋나지 않는다고 믿고 나 자신을 플라톤의 공화국의 일원이라고 생각했다. 그 후 누차 내 마음에서 솟는 뉘우침은 내가 잘못 생각하였음을 가르쳐 주었지만, 내 이성은 그와 같은 경고를 발하지 않았다. 도리어 나는 내가 아이들을 버리지 않으면 안 될 판국에 그렇게 함으로써 아이들을 그 아비의 운명과 그들에게 닥쳐올 운명으로부터 지키게 되었음을 종종 하늘에 감사했다.

(『고백록』, 8권)

여기서 "내 아이들을 스스로 키울 수 없었고"라는 발언은 겉으로는 경제적인 궁핍을 비롯하여 아이들을 키우는 데 필요한 여러 가지 외적 환경의 부적절함을 의미하지만, 실상은 아버지가 되기를 거부하는 루소의 심리 상태를 의미하는 것으로 읽힐 수 있다. 루소의 『고백록』에서 아버지는 상당히 훌륭한 사람으로 묘사되어 있지만 실제로 그는 젊었을 때부터 아버지로서의 의무를 회피했다.[1] 루소의 어머니는 그를 낳은 지 열흘

---

1 루소와 그의 아버지와의 관계에 대한 좀 더 자세한 논의는 이용철, 「루소의 글쓰기에 나타나는 부자

도 되지 않아 사망하고, 결혼하지 않은 막내 고모 쉬종이 새로 태어난 아기를 돌보러 집에 들어왔다. 그런데 루소의 아버지는 아들을 애지중지하였지만 루소에게 어떤 정서적인 억압을 가한 것도 사실이다.

나는 아버지가 어머니의 죽음을 어떻게 견뎌 냈는지 모르겠지만, 아버지가 결코 그 죽음을 잊지 못한 것은 알고 있다. 아버지는 내가 당신에게서 그분을 빼앗아 갔다는 사실을 잊지 못하고 나에게서 그분의 모습을 다시 본다고 믿었다. 아버지가 나를 껴안을 때마다 당신의 깊은 탄식과 발작적인 포옹에서 애정의 표시에 뒤섞인 사무치는 아쉬움이 깃들어 있음을 느꼈다. 그러나 그 때문에 애정의 표시는 더욱 다정했다. 당신이 내게 "장 자크야, 네 엄마 이야기를 하자꾸나"라고 말하면 나는 "좋아요, 아버지, 그럼 또 같이 울겠네요" 하고 대답했는데, 이 한마디만으로도 당신은 벌써 눈물을 글썽거렸다. 그리고 "아, 그녀를 돌려다오. 나를 위로해 다오. 그녀가 내 영혼에 남겨 놓고 간 이 빈자리를 채워 다오. 네가 단지 내 아들이기만 하다면 이렇게 너를 사랑하겠느냐?"라고 한탄하셨다. (『고백록』, 1권)

대여섯 살밖에 안 되는 아들은 어머니가 자기 때문에 돌아가셨고 어머니의 빈자리 때문에 자기가 아버지의 각별한 사랑을 받는다고 여기면서 불안감을 느낀다. 그는 아버지에게 아들이면서도 아들 이상의 존재, 즉 아버지의 연인 역할을 대신 맡는 애매한 상황에 놓이기 때문이다. 이러한 경험 때문인지 루소는 어른이 된 후로도 남성으로서의 성적 정체성

관계의 문제」(『한국방송통신대학교 통합인문학 연구』, 제5권 1호, 2013)를 참고하라.

을 당당하게 드러내지 못하는 성향을 보인다. 그렇기 때문에 루소의 전공자들 중 몇몇은 루소가 아이를 낳았다는 것 자체가 허구라고 주장하는데, 이는 앞에서도 말한 것처럼 별로 신빙성이 없어 보인다. 우리가 보기에 루소가 자식을 유기한 일과 관련하여 가장 주목해야 할 것은 아버지가 루소를 두 번 배신한 일이다.

그 첫 번째는 루소가 열 살 때 아버지가 제네바의 유력자와 싸움을 벌인 후 루소를 제네바에 혼자 남겨 두고 고모 쉬종만을 데리고 니옹으로 이주한 사건이다. 이로 인해 루소는 아버지뿐만 아니라 어머니 같았던 고모와도 결별해야 했기에, 이 일은 그에게 가족의 해체를 의미했다. 그 이후 당연하지만 그의 생활은 점차 고달파지기 시작했다. 두 번째는 열여섯 살이 된 루소가 억압적인 도제 생활을 견디지 못하고 제네바에서 도망쳤을 때 그 소식을 들은 아버지가 아들의 뒤를 쫓아갔지만 끝까지 찾지 않고 도중에서 발길을 돌린 사건이다. 그때 루소는 아버지가 재혼한 후 어머니가 자식에게 남긴 유산의 수익을 가로채기 위해서 그를 붙잡지 않았다고 생각했다. 그는 이 사건에 대해 성찰하면서 "우리의 의무와 이익을 대립시키는 상황, 우리가 다른 사람의 불행에서 우리의 행복을 보는 상황을 피하라"라는 도덕적 원칙을 이끌어 낸다. 그는 자신이 아버지처럼 여기던 조지 키스George Keith가 그의 이름을 유언장에 올려 재산의 일부를 물려주려 했을 때 그의 호의를 거절한 것을 그 원칙을 실천한 예로 든다.

2년 전 원수경元帥卿이 그의 유언장에 내 이름을 넣으려 했다. 나는 그 일에 내 모든 힘을 다해 반대했다. 나는 무슨 일이 있더라도 그 어떤 사람의 유언장에도 올라가고 싶지 않으며 더구나 경의 유언장에는 말할 것도 없다는 사실을 그에게 분명히 말했다. 그는 내 뜻을 꺾지 못했다. 그리고 지금 그는 내게 종신연금을 주려 하는데 나는 여기에 반대하지는 않는다. 사람들은 이렇게 바꾸는 것이야말로 내가 바라던 바라고 할 것인데, 그럴 수도 있다. 그러나 나의 은인이자 아버지시여. 내가 불행하게도 당신보다 오래 산다면 당신을 잃으면서 나는 모든 것을 잃고 얻을 것이 하나도 없다는 것을 알고 있습니다. (『고백록』, 2권)

안시에서 아버지가 루소를 찾는 일을 포기하고 돌아선 것과 루소가 원수경 조지 키스의 유산 받기를 거절한 것, 이 두 사건에는 아버지와 아들 사이의 유산 문제라는 공통점이 있다. 이 두 사건에서는 남을 해쳐서라도 자신의 이익만을 챙기려고 하는 이기심과 자신이 손해를 보더라도 타인에 대한 의무를 완수하려는 미덕이 첨예하게 대립한다. 아버지는 이기심에 따라 자식을 버리는 나쁜 짓을 했지만 루소는 조지 키스의 유산을 거부하면서 이익을 위해 자신을 버린 아버지의 행위를 비난하는 동시에 유산 때문에 아버지와 같은 존재의 죽음을 바라게 될지도 모른다는 두려움에서 벗어난다. 루소가 '자기 개혁'을 실천할 때도 상황은 비슷하게 전개된다.

얼마든지 벌이가 가장 좋은 쪽으로 뛰어들어, 펜을 악보 베끼는 일에 예속시키는 대신 전적으로 저술에만 바칠 수 있었을 것이다. 나는 이미 명성을 얻었고, 또 그 명성을 유지할 수 있다고 느꼈기 때문에 내가 좋은 책들을 써야 한다는 임무에 작가의 잔꾀를 곁들일 마음만 먹었더라도 저술로써 풍족한 생활 심지어 호사스러운 생활도 할 수 있었다. 그러나 나는 밥벌이를 위해 글을 쓴다면 곧 내 타고난 자질과 재능이 숨이 막혀 죽게 될 것이라고 생각했다. 나의 재능은 펜이 아니라 마음속에 있는 것이어서, 오직 고결하고 자존심이 강한 사고방식에서 생겨났고 또 그것만이 재능을 키울 수 있었기 때문이다. 완전히 돈에 매수되는 펜에서는 힘차고 위대한 어떠한 것도 나올 수 없다. 내가 물질적 필요에 의해서 또 어쩌면 탐욕에 의해서 글을 썼다면 빨리 글을 쓸 수는 있어도 좋은 글을 쓰게 되지는 못했을 것이다. … 나는 작가의 신분이란 그것이 직업이 아닌 한에서만 명성도 얻고 존경을 받으며 또 그럴 수 있다고 항상 느껴 왔다. 단지 먹고살기 위하여 생각할 때 고결한 생각을 하기란 너무 어려운 일이다. 위대한 진리를 말할 수 있고 또 용감하게 말하기 위해서는 성공에 연연해서는 안 된다. 나는 나머지 것들은 전혀 고려하지 않고 오직 공공의 선을 위해 말했다는 확신을 갖고 내 책들을 대중 앞에 내놓았다.　　　　　　　　　　　　　　(『고백록』, 9권)

루소는 '진리를 위해 목숨을 바치고자 vitam impendre vero' 결심하고 '자기 개혁'을 단행한다. 그는 모든 사람들을 위해 진리만을 말하는 작가가 되기 위해 글을 출세나 돈벌이의 수단으로 삼기를 포기하고 당시의 문예후원 제도가 작가에게 제공하는 모든 사회적 혜택을 받기를 거부한다. 작가는 사리사욕을 모두 버리고 오직 미덕을 위해 글을 쓸 때만 훌륭한 정신적 자식, 즉 좋은 책을 만들 수 있다. 그러나 문제는 원래 재산이 없던 루소에게 좋은 책을 만드는 것은 궁핍한 삶을 감내하겠다는 것을 의미한다는 사실이다. 이러한 상황에서 아이들을 키운다면 자신의 신념이 유지되기 어려울 수 있다는 우려를 갖지 않을 수 없었을 것이다.

가난과 어려움으로 인해 그렇게나 소중한 책임을 완수할 능력이 없다는 것은 내가 동정받아야만 하는 불행이지 비난받아야 할 죄악이 아닙니다. … 나는 꽤나 고생하면서 매일매일 생활비를 버는데, 어떻게 내가 거기에다 또 가족을 부양할 수 있겠습니까? 그리고 내가 어쩔 수 없이 작가를 직업으로 삼아야 한다면, 집안 걱정과 아이들에 대한 근심으로 인해 내가 어떻게 벌이가 되는 일을 하기 위해 필요한 정신적 평안함을 내 지붕 밑 방에서 가질 수 있겠습니까?

（「루소가 프랑쾨유 부인Madame de Francueil에게 보내는 편지」, 1751년 4월 20일）

어린 루소가 어머니의 유산으로부터 나오는 수익을 가로챈 아버지 때문에 자신의 뜻대로 미래를 준비할 기회를 빼앗겼다면, 이제 작가가 된 루소는 자식들로 인해 귀족들의 후원을 거부하고 진리를 위해 글을 쓰는 미덕의 삶이 불가능해질 위기에 직면한다. 루소는 작가로서의 의무와 아버지로서의 의무가 첨예하게 대립하는 상황에서 만약 자식들을 위해 자신의 자유를 희생한다면 그들을 미워하게 될 것임을 예감한다. 그러나 자식들의 입장에서 보면, 아버지가 작가로서 받을 수 있는 혜택을 거부하는 것은 자신들이 받아야 할 물질적 혜택 혹은 유산을 주지 않으려는 행위이므로, 그들은 루소가 그랬던 것처럼 아버지를 증오하게 될 것이다.

루소는 여기서 한 걸음 더 나아가 자신이 설사 문예후원 제도의 혜택을 받는다 하더라도 가난하고 탐욕스러운 테레즈의 가족들과 후원자들이 자신과 자식들을 이간하고 자식들을 타락시킬 것이라고 믿었다.

우정이나 인정 혹은 다른 동기에서 데피네 부인이나 뤽상부르 부인이 그 뒤에 아이들을 맡았으면 했지만, 설령 그분들에게 맡겨 보았자 그 아이들이 더 행복해지고 적어도 정직한 사람으로 길러졌을까? 나는 모르겠다. 그러나 나로서 확실한 것은 그들이 자신의 부모를 증오하고 어쩌면 배신하도록 키워졌으리라는 것이다. 그렇다면 차라리 그들의 부모를 전혀 몰랐던 편이 백배 낫다.　　　　　　　　　　　　　　　　　　　(『고백록』, 8권)

게다가 항상 자신의 건강이 좋지 않다고 생각했던 루소는 자신이 얼마 살지 못하고 죽게 된다면 테레즈가 자식들을 버릴지 모른다고 걱정했다. 그렇다면 오히려 부모를 전혀 모르는 상태에서 커 가는 것이 더 바람직한 것이 아닐까? 이러한 여러 가지 사정을 고려할 때 루소는 아이들을 고아원에 맡기는 것이 최선의 선택이라고 믿었던 것으로 보인다.

저자로서의 루소는 자신이 '플라톤 공화국의 일원'이라고 믿는다. 진정한 시민에게 공동체에 대한 사랑은 자식들에 대한 애정보다 우위에 있다. 더욱이 고아원에 맡겨진 아이들이 공공교육을 받으면서 스스로의 노동으로 생계를 버는 노동자나 농민으로 성장한다면, 그것은 부모들 밑에서 자라면서 부모를 증오하고 건달이나 사기꾼으로 사는 것보다 더욱 바람직할 것이다.

그러나 담로시가 비판하는 것처럼 "플라톤의 계획은 이상적인 공화국의 모든 아이들을 위한 것이었지 소수의 불우한 아이들을 위한 것이 아니었음"[2]을 루소도 모르지는 않았다. 또한 루소는 자신이 아이들을 맡긴

2　리오 담로시(Leo Damrosch), 『루소, 인간 불평등의 발견자(Jean-Jacques Rousseau. Restless genius)』. 이용철 옮김, 교양인출판사, 2011, 284쪽.

고아원, 더욱 정확히 말하면 부모들이 버린 신생아들을 임시로 돌보는 보호소인 기아 수용시설Hôpital des Enfants-Trouvés의 현실을 어느 정도는 짐작했을 것이다. 그곳에 버려지거나 맡겨진 신생아들은 그곳에 고용된 유모들의 젖을 먹은 후 가능한 한 신속히 파리 바깥의 시골에 있는 전임 유모들에게 맡겨졌다. 이들은 많지 않은 보수를 받으며 몇 년 동안 아이들을 기르기로 되어 있었다. 원칙적으로 아이들은 그 후 다시 도시로 돌아와서 유용한 기술을 배우도록 되어 있었는데, 루소는 자기 아이들이 그렇게 되었으면 하고 막연히 희망했던 것 같다. 그러나 유감스럽게도 대다수의 아이들은 제대로 성장하지 못하고 사망했다. 그들은 기아 수용시설에 맡겨질 때부터 영양 상태가 좋지 않았고, 매우 비위생적인 환경에서 함께 북적댔으며, 시골로 보내질 때까지 살아남은 경우에도 시골의 유모들로부터 제대로 된 보살핌을 받지 못했다. 공식적인 기록에 따르면, 1751년에 기아들 중 70퍼센트가 한 살이 되기 전에 죽었다고 한다. 그래서 어떤 사람들은 그 기관을 '모성애의 무덤'이라고 부를 정도였다. 그는 이러한 현실 앞에서 자신의 변명이 스스로를 설득하기에도 충분하지 않다는 점을 잘 알았기 때문에, 결국 "내가 내린 결론이 틀렸다"라고 고백할 수밖에 없었다. 어쨌든 심리적 나약함은 아이를 버리는 행위를 변명해 줄 수는 있을지 모르지만 그 행위를 정당화시킬 수는 없다. 나약함에서 나온 잘못은 다른 사람에 대해서는 변명을 낳고 자기 자신에게는 씻을 수 없는 양심의 가책을 남기기 마련이다.

가난도 일도 체면도 자식을 키우고 직접 교육시키는 일에서 그를 면제시켜 줄 수 없다. 독자들이여, 그 점에 대해서는 나를 믿어도 좋다. 누구든 인간의 감정을 가지고 있으면서도 그토록 신성한 의무를 저버리는 자에게 예언하건대, 그는 오랫동안 자신의 잘못에 대해 통한의 눈물을 쏟게 될 것이며 결코 그 무엇으로도 위로받지 못하리라. (『에밀』, 1권)

모순적이기는 하지만 루소의 경우 바로 아이를 버렸기 때문에 교육론을 쓸 수 있었다고 말할 수 있다. 그 자신의 말처럼 작가로서의 루소는 여인에게 사랑의 편지를 쓰기 위하여 그 여인과 떨어져 있어야 하는 남자와 같다. 사라진 아이들이 그의 가슴에 남긴 공허감은 역으로 그 공허감을 메우려는 강력한 글쓰기의 에너지를 만든다. 채우고 싶지만 채울 수 없었던 삶의 빈자리로부터 루소의 글쓰기는 시작한다. 또한 글을 통하여 자신의 고통을 드러내는 행위는 다른 사람들의 잘못을 그리고 그 잘못으로 인하여 생겨날 고통을 방지하는 교육적 역할을 할 수도 있다.

내가 글을 쓰는 것은 나의 실수를 변명하기 위해서가 아니라 독자들이 내 실수를 흉내 내지 않도록 막기 위해서이다. (『에밀』, 3권)

루소를 비난하는 것은 우리의 자유다. 그러나 우리의 정신은 다른 사람의 약점을 비난하면서 성장하는 것이 아니라, 그 사람의 아픔에 대한 동정과 이해를 통해 깊어진다. 어쨌든 천재적인 지성과 동시에 나약한 영혼을 가진 한 인간의 회한에서 나온 『에밀』이 오늘날에도 여전히 아이들을 이해하고 사랑하는 데 독특한 시각을 제공해 주고 있음은 사실이다.

교육의 대상과 목적

『에밀』은 여러 가지 면에서 혁명적인 작품인데, 그 혁명적 성격은 교육의 대상을 새롭게 규정하고 있다는 점에서 비롯된다. 전통적인 기독교의 교육관은 원죄설에 입각하여 어린이를 바라본다. 세상은 악이고 어린이에게는 그런 악과 싸울 힘도 의지도 이성도 결핍되어 있으므로 종교가 이를 지켜 주어야 한다는 것이다. 따라서 교육의 목적은 원죄로 인해 악에 물들기 쉬운 성향을 갖고 있는 나약한 어린이를 그리스도의 모방을 통하여 구원의 길로 인도하는 것이다.

이러한 신학적 교육관은 르네상스 이후 강력한 도전을 받게 된다. 16세기 프랑스 르네상스기에 새로운 교육 프로그램을 제시한 사람으로는 먼저 라블레François Rabelais를 꼽을 수 있다. 라블레는 르네상스의 본질적인 특징의 하나인 자연과 인간 본성에 대한 신뢰를 근거로 "네 하고 싶은 것을 하라"를 교육의 좌우명으로 삼았다. 인간의 모든 자연적 본능은 그것이 다른 사람에 대한 폭압으로 이어지지만 않는다면 건전한 것이다. 이러한 신뢰는 모든 분야에서의 지식욕과 육체에 대한 관심으로 나타난다. 만족을 모르는 지식욕은 인간과 관계되는 모든 것을 알고 싶어 하는 인문주의적인 욕망과 다른 것이 아니며, 기독교에서는 죄악의 근원으로 간주되던 육체를 복권시킨 것은 자연에 본질적인 지위를 부여하는 그의 철학에서 나올 수밖에 없는 당연한 귀결이다. 르네상스가 끝나 갈 무렵 라블레의 뒤를 이어 새로운 교육 사상을 주창한 사람은 『수상록』으로 우리에게 알려진 몽테뉴Michel de Montaigne이다. 그의 교육에서 가장 중요한 것은 "지식으로 꽉 찬 머리"가 아니라 "판단력이 있는 머리"를 만드는 것이다. 관건은 기억이 아니라 이해력과 판단력을 키우는 것이며, 정신만이 아니라 육체를 단련해야 한다. 따라서 책에 쓰인 지식을 머리에 집어넣은 것에 만족하지 말고 세계라는 책에서 체험을 통해 공부해야 한다. 그런데 라블레나 몽테뉴는 시대적 한계로 인하여 사회에서 아이를 행복하게 하며 사회에서 그가 수행하여야 할 역할에 완벽히 적응시키는 것을 목표로 하는 개인주의적이고 귀족주의적인 교육을 제시하는 데 그친다. 보편적인 인간을 대상으로 하여 보편적인 인간을 창조하려는 교육의 시작은 루소의 등장을 기다려야만 했다.

'어린이의 발견' 또는 '어린이의 복음서'로 알려진 『에밀』은 어린이에 대한 새로운 인식을 촉구한다. 어린이는 미완성의 어른이 아니며 그들 나름의 고유한 활동이 있는 존재이다. 이 고유한 활동은 인간의 내부에서 작용하는 자연, 달리 말하면 본성이다. 교육이란 우선 본성에서 생겨나는 활동이 아무런 장애 없이 최대한 자유롭게 이루어지도록 외부적 환경을 조성하는 것이지, 어떤 목적을 갖고 그 활동을 억압하는 것이 아니다.

> 인간은 만물의 질서 속에 제자리를 잡고 있다. 마찬가지로 어린 시절도 인생의 질서 속에 제자리가 있다. 어른은 어른으로, 어린아이는 어린아이로 바라보아야 한다. … 자연은 어린아이가 어른이 되기 전에는 어린아이로 있기를 원한다. 만약 우리가 이 순서를 뒤바꾸려 한다면, 덜 익어서 맛이 없고 이내 썩어 버릴 설익은 열매가 맺어질 것이다.　　　(『에밀』, 2권)

루소는 "모든 것은 조물주의 손에서 나올 때는 선하다"라고 말할 정도로 자연에 대해 절대적인 신뢰를 보낸다. 루소는『에밀』을 "인간의 본성과는 무관한 악과 오류가 어떻게 외부로부터 들어와 이를 서서히 변질시켜 나가는지를 보여 주는 인간 본래의 선성에 대한 논문"이라고 평가한다. 이러한 맥락에서 그는 전통적인 기독교의 원죄설에 맞서 인간의 선성을 옹호하면서 또한 인간의 본성을 타락시키는 사회에 맞서 인간의 선성을 지킬 것을 주장하게 된다.

그렇다면 자연에서 나온 인간의 선성이란 무엇인가? 자연은 인간에게 모든 생물체에게 공통적인 자기 보존의 욕구와 그 욕구를 충족시킬 충분한 힘을 부여하였으며, 인간은 그 욕구가 충족될 때 행복한 '존재의 느낌sentiment de l'existence'을 느끼도록 만들어졌다. 자연 상태에서 자족할 수 있는 인간은 자신의 힘으로 자기 보존의 욕구를 충족시킬 수 있는 한 타인들을 괴롭힐 이유가 없고 더 나아가 타인들과 관계를 맺을 필요도 없다. 이러한 '자연적 선성bonté naturelle'은 인간들과의 관계에서 선과 악을 구별하고 선을 의식적으로 실천하는 '도덕적인 미덕vertu morale'과는 다르다. 인간이 자연 상태에서 자기 보존의 욕구를 충족시킬 수 있었다면 그는 굳이 사회를 이루지 않고 홀로 살았을 것이다.

그러나 인간은 다행인지 불행인지 모르겠지만 외부 환경의 변화로 인해 더 이상 독자적인 생존이 불가능해지자 자연 상태로부터 벗어나 도구를 만들고 다른 사람들과 연대를 맺고 언어를 발전시킨다. 자연 상태에서는 잠재적인 상태에 있었던 인간의 모든 능력이 생존이 어려운 상황에서 발현되는 것이다. 그런데 이러한 과정에서 사람들은 자신을 남들과 비교하면서 그들보다 자신이 더욱 우월하고 싶다는 '이기심amour-propre'을 갖게 된다. 자연적 선성 혹은 '자기애amour de soi'는 마치 곧은 막대기의 일부가 물속에 들어가면 굴절 현상으로 인하여 휘어져 보이는 것처럼, 사회 상태에서 '이기심'이라는 왜곡된 형태로 나타난다. 모든 사람들의 우위에 서기를 원하는 이기심은 자연 상태의 욕구가 생존과 육체적 안락에 국한되는 것과는 달리 결코 충족될 수 없는 무제한적인 정신적 욕망이며, 그것은 사회의 모든 인간을 무한경쟁으로 내몬다. 이기심에 사로잡힌 사람들은 사회 안에서 타인을 지배하려는 자신의 속마음을 숨기고 겉으로는 타인을 위하는 척하면서 그를 지배하려고 시도한다. 사회는 단지 이기심들이 충돌하는 각축장에 불과하고, 홉스가 말한 것처럼 '인간은 모든 인간에 대해 늑대'가 된다. 불평등한 사회에서 자유를 빼앗긴 혹은 자유를 스스로 포기한 인간들은 주인과 노예로 나누어지는데, 노예는 주인에게 지배당한다는 점에서 또 주인은 자신의 존재를 자신이 아니라 노예에 의탁하고 있다는 점에서 노예의 노예가 된다. 권력을 추구하는 이기적 인간은 허망한 신기루만을 쫓다가 결국 자기 자신의 존재마저도 박탈당한 '아무것도 아닌 존재'로 전락한다.

그렇다면 우리는 다시 자연으로 되돌아가야 하는가? 사실 에밀을 자연 상태에서 사는 자연인으로 키운다면 진정한 의미의 교육은 필요 없을 것이다. 단지 사회의 해악으로부터 보호하기 위해 그를 사람들이 없는 장소로 데려가 그가 성장할 때까지 자연적 욕구를 충족시키는 것으로 교육은 끝날 것이기 때문이다. 그러나 이러한 자연 상태는 이제 존재하지 않기 때문에 그러한 상태로 이행하는 것은 불가능하며, 또 그것이 가장 좋은 해결책이라고 볼 수도 없다. 인간이 사회를 통해 악덕에 물든다면, 그가 자신의 잠재적인 능력을 개발하고 미덕을 실천하는 것을 배우는 곳 역시 사회이기 때문이다. 인간이 애초 잘못 만들어진 지금의 사회가 아니라 제대로 만들어진 이상적인 사회에서 살 수 있다면 자연 상태에서 벗어난 것은 오히려 커다란 축복이 될 것이다.

　　자연 상태에서 사회 상태로 이행하는 것은 인간의 행위에서 본능이 정의로 대체되고 인간의 행동에 과거에는 없었던 도덕성이 부여됨으로써 인간에게 매우 주목할 만한 변화를 일으킨다. 그때서야 비로소 의무의 목소리가 육체적 충동을 그리고 법이 욕망을 대신함으로써 그때까지는 자신만을 생각하던 사람도 이제는 다른 원리에 따라 행동하고 또 자기의 성향에 귀를 기울이기 전에 자신의 이성에 문의하지 않을 수 없음을 알게 된다. 비록 이 상태에서 그는 자연으로부터 얻은 여러 가지 이점을 상실한다 해도 매우 커다란 이점을 새로 얻는다. 그의 능력은 단련되고 개발되며, 생각은 폭이 넓어지고, 감정은 고상해진다. 또 그의 영혼 전체가 고양되므로, 만약 이 새로운 상태를 남용하여 자신이 벗어난 이전의 상태 이하로 자주 타락하지만 않는다면, 그는 자신을 자연 상태에서 영원히 해방시켜 준 이 순간, 어리석고 우둔한 동물을 지적인 존재이자 인간으로 만들어 준 이 행복한 순간을 끊임없이 축복해야만 할 것이다.　　　　　　　　(『사회계약론』, 1권)

　　인간은 타인과의 교류를 통해 지성과 감성을 도야하고 자신에게 잠재된 모든 능력을 최대한 개발할 수 있다. 그러나 무엇보다도 중요한 것은 자신의 생명을 위시하여 오직 자신의 이익만을 추구하는 인간이 타인들과 함께 만드는 도덕적 세계로 진입할 때, 그는 자신의 이익만이 아니라 타인의 이익을 함께 고려하며 심지어 어떤 경우에는 타인을 위해 자신의 목숨까지도 바칠 수 있는 도덕적 인간으로 전환될 수 있다는 사실이다.

사람들이 말하기를 사람은 누구나 자신의 이익을 위해 공공의 이익에 협력한다고 하네. 그러나 의로운 사람이 자신에게 손해가 되더라도 공공의 이익에 협력하는 것은 도대체 무슨 까닭인가? 자신의 이익을 위하여 죽으러 간다는 것이 도대체 말이 되는가? 필시 누구나 자신의 이익을 위해서만 행동할 것이네. 그러나 도덕적인 선이 존재하지 않아서 그것을 고려해야 할 필요가 없다면, 사람들은 개개인의 이익으로 악인들의 행동 이외에 다른 것은 결코 설명하지 못하게 될 것이네. (『에밀』, 4권)

이렇게 오직 공공의 이익을 위해 사욕을 버리고 미덕을 실천할 수 있는 인간들만이 부자유와 불평등이 지배하는 현실의 사회를 소멸시키고 미덕이 지배하는 이상적인 사회를 건설할 수 있을 것이다. 그리고 진정한 의미의 교육은 바로 이러한 도덕적 인간을 형성하는 것을 목적으로 삼는다.

그런데 루소는 인간 공동체를 크게 '국가'와 '인류'로 나눈다. 국가 공동체의 이익에 협력하는 사람은 '시민citoyen'이고 인류 공동체의 이익에 협력하는 사람은 '보편적 인간homme'이며, 시민이 국가 공동체에 갖는 사랑이 애국심이라면 보편적 인간이 인류 공동체에 갖는 사랑은 인류애다. 그런데 시민과 보편적 인간은 자신만의 이익 추구를 포기할 수 있는 도덕적 존재라는 공통점을 갖지만 사랑의 대상 범위가 다르기 때문에 극단적인 대립을 보이기도 한다.

모든 부분적인 사회는 그 유대 관계가 긴밀하고 단결력이 강해지면 규모가 큰 사회로부터 이탈하기 마련이다. 애국자라면 누구든지 외국인에 대해 냉혹하다. 외국인들은 단지 인간일 뿐 그들에게는 아무것도 아니기 때문이다. 이런 부정적 측면은 불가피하지만 대수롭지는 않다. 중요한 것은 우리와 더불어 사는 사람들에게 친절하게 대하는 것이다. 스파르타인은 제 나라 밖에서는 야심만만하고 인색하며 편파적이었다. 그러나 그들의 성벽 안에서는 무사무욕과 공정함과 화합이 지배적이었다.　　　　（『에밀』, 1권）

시민과 보편적 인간, 애국심과 인류애의 대립과 갈등은 사실 세계를 하나로 묶는 국가가 탄생한다면 해소될 수 있을 것이다. 루소는 『생피에르 신부의 영구평화안 발췌』와 『생피에르 신부의 영구평화안에 대한 의견』을 집필하면서 국가 연합을 통해 영구평화를 달성하는 방법에 대해 진지하게 성찰한 바 있다. 그는 국가들이 공화정을 수립하여 국내에서 시민의 자유를 보장한 후 공화정을 기반으로 평화적인 국제 질서를 건설할 책임을 갖고 있다고 생각했다. 그러나 민족 국가들이 국가 연합으로 통합될 가능성은 거의 없기 때문에 국제적 차원에서의 영구평화란 요원한 희망 사항에 불과할 뿐이다. 또한 루소가 보기에 지금 유럽에는 진정한 의미에서의 국가란 존재하지 않고, 따라서 시민도 그리고 시민을 양성하는 공공교육도 존재하지 않는다.

공공교육 제도는 더 이상 존재하지 않으며 또 이미 존재할 수도 없다. 더 이상 조국이 없는 마당에 더 이상 시민도 있을 수 없기 때문이다. 조국과 시민이라는 이 두 단어는 현대 언어에서 지워져야만 한다.　　　（『에밀』, 1권）

따라서 『에밀』에서는 한 국가의 시민이 아니라 보편적인 인간을 양성하는 것을 우선적인 교육의 목적으로 둘 수밖에 없다. 사실 도덕적 차원에서 보면 보편적인 인간은 시민보다 우월하다. 앞에서 보았듯이 시민은 인류의 일부에 지나지 않는 조국의 구성원들을 편애함으로써 보편적인 정의의 원리를 위배하기 때문이다. 진정한 정의와 도덕은 보편적 인간을 대상으로 하기 때문에 인간들 간의 평등을 전제로 할 때만 가능하다. 어쨌든 루소는 시민과 인간 사이의 대립이 본질적이라고 생각하지는 않았던 것으로 보인다. 우선 보편적 인간이 된 후 자신이 사는 국가에 —그것이 비록 정의로운 정치 공동체가 아니라 할지라도— 적응하여 시민으로 사는 것도 가능하기 때문이다.

우리가 앞에서 말한 것처럼 루소의 교육이 지향하는 궁극적 목표는 다른 사람을 위해 경우에 따라서는 자신의 이익까지도 희생할 수 있는 도덕적 미덕을 갖춘 인간을 만드는 것이다. 『사회계약론』의 시민이 정치 공동체의 구성원으로 조국을 위해 자신의 개별 이익을 포기할 수 있다면, 에밀은 인류 공동체의 일원으로서 동류의 인간인 이웃을 위해 자기희생을 감내할 수 있는 존재이다. 에밀은 이러한 교육이 완성되는 과정을 통해 자신의 능력을 인간 조건의 한계 내에서 최대한 발휘하고 그로부터 생겨나는 즐거움을 향유하며, 다른 사람들을 지배하는 것이 아니라 그들을 사랑하는 데서 행복을 느끼는 인간으로 성장할 것이다. 그렇다면 어떠한 방법을 통해 이러한 목적을 이룰 수 있을 것인가?

교육의 과정과 방법

『에밀』은 단순한 교육론이라기보다는 오히려 인간의 지적이며 정신적인 능력의 연속적인 형성 과정을 통해 전개되는 보편적 인간의 성장소설 Bildungsroman로서 받아들이는 것이 더욱 타당할 것이다. 우리는 여기서 한 인간이 교육을 통해 자연의 리듬에 따라 자기 내면의 이성과 감성을 계발하면서, 궁극적으로는 자율성과 미덕을 갖춘 인간으로 성장하는 모습을 본다. 사실 『에밀』은 인간이 발전하는 과정을 통해 인류가 거친 역사의 모든 단계를 구체적으로 묘사한다.

루소는 인간의 발달 과정에 맞추어 교육의 과정을 크게 3가지로 나눈다.

> 우리의 능력과 기관의 내적 발달은 자연의 교육이다. 이러한 발달을 우리가 어떻게 이용할 것인가를 가르쳐 주는 것은 인간의 교육이다. 그리고 우리에게 작용하는 사물들에 대해 우리 자신의 체험을 통해 획득하는 것이 사물의 교육이다. (『에밀』, 1권)

자연의 교육은 인간의 내부에 자연적으로 주어진 능력과 기관을 자연의 법칙에 따라 발달시키는 것이다. 이 단계에서는 오직 자연의 순조로운 발달을 위하여 그 발달을 방해하는 인위적인 모든 것을 막는 소극적 교육이 주가 되어야 한다. 그다음 과정은 사물의 교육이다. 사물에 의한 교육은 사람이 외부 세계의 사물과 접촉하여 얻는 체험 혹은 경험을 통해 오감을 발달시키고 물리적 세계를 이해하게 만드는 것인데, 이 과정에서 중요한 것은 사회의 편견이 아니라 오직 유용성을 기준으로 인간이 사물과 맺는 관계를 판단하는 것이다. 이를 위해 말이나 책을 통해서가 아니라 실물을 직접 제시하면서 사물의 이치를 공부시키는 실습 혹은 경험 교육이 주요한 교육 방법으로 제시된다. 마지막으로 인간의 교육 단계가 온다. 인간에 의한 교육은 인간의 본성과 경험 그리고 인간들이 맺는 관계에 의미를 부여하면서 궁극적으로 도덕적 측면에서 어떠한 특정한 인간형을 형성하는 것이다. 이 단계에서 교육자의 능력과 역할이 가장 중요한 역할을 맡게 된다. 실천적 이성을 발달시키고 도덕적 미덕을 갖추게 하는 이 과정이야말로 '자연인으로 키워진 존재가 사회에서 어떤 존재로 전환될 수 있는가'라는 가장 중요한 문제에 대한 해답을 제시하고 있는 부분이라고 말할 수 있다.

5권으로 나누어진 『에밀』은 이러한 과정에 맞추어 연령대별로 교육의 프로그램들을 제시한다. 우리가 앞으로 보겠지만 유아기에서 성숙기로의 이행은 연속적으로 자연스럽게 이어지는 것이 아니다. 각각의 연령대는 자기 나름의 체계를 형성한다. 또 인간의 경험은 언제나 동일한 의미를 갖는 것이 아니라 시간에 따라 의미가 달라진다. 각각의 연령대는 그 연령대의 힘과 욕구 등을 종합하는 닫힌 체계를 형성하지만, 다음 연령대로 이행하면서 다른 형태로 재구성된다. 따라서 개인의 역사는 과거 경험의 단순한 누적이 아니라 종합적인 재구성의 산물이라는 사실을 잊지 않으면서 『에밀』의 교육 과정을 쫓아가야 한다.

1권은 출생에서부터 말을 배울 무렵인 5살까지를 다루고 있다. 『에밀』에 등장하는 교사는 자신의 교육을 위해 에밀이라는 가상적 제자를 둔다. 제자인 에밀은 부자이고 귀족 출신이며 보통의 지능을 지닌 평범한 어린아이인데, 이러한 조건은 순전히 교육의 편의를 위한 것이다. 루소는 아이에게 젖을 먹이는 사람은 어머니이고 아이에게 교사 역할을 하는 사람은 아버지여야 함을 천명한다. 그러나 보통의 경우 가족의 생계를 책임진 아버지가 자식 곁에서 한시도 떨어지지 않고 아이를 돌본다는 것은 불가능할 것이다. 『에밀』에서는 아버지의 친구인 교사가 아버지를 대신하여 이 아이에 대해 모든 권리를 갖고, 출생에서부터 결혼할 때까지 그를 지도하게 될 것이다. 교사가 중간에 개입하는 덕분에 에밀은 세상의 해로운 영향력에 물들지 않도록 대도시에서 멀리 떨어진 곳에서 자연의 자유스러운 발전 과정에 따라 성장한다.

이 시기는 "감정이나 관념이 전혀 없으며 겨우 감각만이 있을 뿐이며 자신의 존재조차 느끼지 못하는" 시기이다. 유아는 무력하게 태어나기 때문에 생존하기 위해 주변 사람들의 도움을 받을 수밖에 없다. 이때 부모와 교사 등 아이 주변의 사람들은 아이에게 충분한 애정과 관심을 기울여야 한다. 어머니의 수유는 아이가 생존하기 위해 양식을 제공하는 것을 넘어 사랑을 베푸는 대표적인 행위이다. 유모가 아니라 어머니가 직접 자식들에게 젖을 물릴 때 생겨나는 모자간의 사랑은 집안 전체로 더 나아가 사회 전체로 확산되어 세상을 바꿀 수 있는 힘을 갖는다고 루소는 강조한다. 이러한 루소의 주장은 수유를 유모에게 맡기는 것을 당연시하던 당시 상류층 여성들에게 강한 영향력을 미쳐 많은 여성들이 직접 수유를 하게 되는 계기가 되었다. 유아가 생존을 위해 필요한 것을 제공받을 때 배내옷 등을 비롯하여 유아의 자연적인 운동을 저해하는 모든 것들은 배제되어야 한다. 마찬가지로 질병을 비롯하여 자연으로부터 생겨나는 모든 시련으로부터 아이들을 보호해서는 안 된다. 비록 죽음의 위험이 있다 하더라도 아이들은 이러한 시련을 통해 강한 체질과 생명력을 확보할 수 있기 때문이다. 아이의 자연적인 욕구는 즉각적으로 충족시켜 주어야 하지만 변덕이나 고집에서 생겨나는 욕구는 결코 받아 주어서는 안 된다. 만약 아이의 이러한 욕구에 휘둘린다면 아이는 자신이 주변 사람들에게 의존해야 하는 나약한 존재라는 사실을 인식하지 못하고 오히려 주변 사람들을 지배하려고 들기 때문이다. 아주 어린 시절부터 아이들은 자신의 힘의 한계를 알고, 그 제한적인 힘을 가능한 한 자유롭게 사용하면서 자신의 욕구를 충족시키는 것이 행복으로 향하는 지름길임을 느껴야 한다. 자신의 힘에 맞추어 욕망을 제한하는 것은 지배와 복종의 관계에 빠져드는 것을 예방하는 데 결정적인 역할을 하기 때문에, 루소 교육의 가장 중요한 원리로 강조된다. 말을 가르치는 것도 너무 서둘러서는 안 된다. 중요한 것은 어린아이들이 빨리 말을 배우는 것이 아니라 남이 자신의 말을 이해하게끔 똑똑하게 발음하도록 만드는 것이다. 또 지나치게 많은 어휘를 배워 자신이 이해하지도 못하는 말을 하지 않도록 유의해야 한다. 처음부터 애매한 말을 사용하는 법을 배워 혼란스러운 관념을 갖는다면, 앞으로 관념에 기초한 판단을 할 때 올바르게 판단하기 어렵기 때문이다.

2권에서는 5살부터 12살까지의 아동기를 다루고 있다. 말을 하고 기억을 할 줄 아는 아이는 존재의 동일성, 즉 자의식을 갖게 되며 완전히 무력한 상태에서 벗어나게 된다. 그러나 그는 욕구를 충족시킬 수 있을 정도로 충분한 힘을 갖고 있지는 않다. 이러한 불균형 상태에서 아이는 고통을 느끼는데, 이러한 불행한 상태에서 벗어나는 방법은 욕구를 충족할 힘을 키우거나 아니면 자신의 욕구를 자신의 힘에 맞추어 제한하는 것이다. 아이의 욕구가 자연의 필요에 정당한 것이라면 그것을 스스로 충족할 힘을 갖도록 도움을 주어야 하지만, 만약 그 욕구가 부당한 것이라면 그 점을 인식하고 포기하도록 교육하여야 한다. 이 시기는 육체와 감각과 힘을 단련하는 때이다. 여기서 중요한 것은 자연의 발달 과정을 앞서 나가서는 안 된다는 것이다. 갖가지 운동을 하고, 옷을 얇게 입고, 딱딱한 바닥에서 자는 등 육체를 단련하여 자연에서 오는 고통을 극복하고 강인한 정신을 길러야 한다. 에밀은 여러 가지 방법을 통하여 예민한 오감을 갖게 될 것이다. 이러한 감각의 훈련은 앞으로 지성적 이성의 발달을 위해서 매우 중요하다. 인간은 우선 감각을 통해서 사물을 이해하는데, 감각적 이성은 인간의 최초 이성으로서 지성적 이성의 기초가 되기 때문이다. 교사는 이 시기에 실물을 제시하는 교육을 중시하고 언어나 지리학이나 역사학 등 책을 통한 교육을 배제한다. 에밀은 글을 읽을 줄 아는 것으로 족하다. 그는 사물에 의한 교육을 통하여 물리적 필연성에 기꺼이 복종하는 법을 배울 것이다. 그가 최초의 도덕적 관념을 받아들이는 것도 자기 자신의 경험을 통해서이다. 그는 정원사와의 관계에서 소유에 대해, 요술사와의 관계에서 타인의 직업에 대해 기본적인 개념을 얻는다. 에밀을 자유롭고 행복하게 만드는 것도 중요한데 일이 곧 놀이가 되도록 만들어 주어야 한다. 놀이는 그 자체의 즐거움 덕분에 다른 사람들과의 경쟁 없이 아이의 능력을 키워 줄 수 있기 때문에 교육에서 매우 중요한 역할을 한다. 12살이 되면 에밀은 건강하고 재주가 있으며 삶의 행복을 향유하는 아이가 될 것이다.

3권은 12세부터 15세까지 소년기를 다루고 있다. 이 시기는 힘의 발달이 욕구의 발달보다 우세하다는 특징을 갖는다. 넘치는 힘은 호기심으로 표현되는데, 미래를 준비하기 위해 그 힘을 공부와 일에 집중시키는 것이 중요하다. 이때부터 본격적으로 이성적 활동이 시작되지만, 추상적이고 사변적인 학문은 아직 부적절하다. 자연을 관찰하는 학문, 이를테면 물리학, 천문학, 기하학 등이 적합하고 이러한 공부는 책이 아니라 관찰과 경험과 실험을 통하여 생활의 유용성에 결부되어야 한다. 아동기에는 자신의 힘이 유한하며 따라서 자연의 필연성에 복종해야 한다는 사실을 배운다면, 소년기에는 사물의 가치를 왜곡하는 사회의 편견에서 벗어나 삶에 도움이 되는 유용성에 따라 사물의 진정한 가치를 평가하는 법을 배워야 한다. 에밀은 자연을 관찰하면서 각 사물의 속성을 이해하고 사물들 간의 관계를 분석하고 종합할 수 있는 판단력을 개발한다. 이 시기에 필요한 책은 인간의 세계로부터 고립되어 사물들의 세계에서만 살아가야 하는 인간의 삶을 그린 『로빈슨 크루소』이다. 오직 자신의 생존과 자기 보존이라는 관점에서 사물과 관계를 맺는 고립된 인간은 그 관계를 사회적 편견이 아니라 유용성을 기준으로 판단할 것이기 때문이다. 에밀은 될 수 있는 한 사회적 관계에서 멀리 떼어 놓아야 하지만 사회에서 삶을 유지할 수 있도록 직업을 가져야 할 것이다. 이미 모든 도구들을 다룰 줄 아는 에밀이 선택할 직업은 비교적 혼자 독립하여 일할 수 있고 정신적 능력도 함께 배양할 수 있는 목수 일이다. 그런데 노동은 비단 자신의 욕구를 충족하기 위한 수단만이 아니다. 에밀은 직업 교육과 더불어 자신의 삶이 다른 사람들의 노동에 의존하고 있기 때문에 노동은 사회적 의무라는 사실, 교환의 유용성, 사람들 간의 평등 등에 대해 깨달아 나갈 것이다. 소년기의 교육이 완성될 때 에밀은 사물에 대한 판단력과 자연적 욕구를 충족시킬 수 있는 힘을 갖춘, 그래서 자력으로 살 수 있는 사람이 될 것이다. 만약 그가 혼자 사는 존재라면 교육은 여기서 끝날 수도 있다. 그러나 에밀은 사회 속에서 살아야 하는 인간으로서 인간들 간의 관계에서 생겨나는 도덕적 관계를 인식하고 미덕을 실천하는 법을 배워야 할 것이다.

4권은 사춘기를 포함하여 15세부터 20세까지를 다루고 있다. 이 기간을 루소는 제2의 탄생이라고 말하며 그 중요성을 강조한다. 이전까지는 성性으로 존재하지 않고 그냥 인간이었던 존재가 비로소 남성과 여성으로 존재하기 시작하기 때문이다. 또한 본격적으로 사회적 관계에 대해 공부할 시기도 이때이다. 이 시기에 인간의 자기애는 이웃에 대한 동정심을 통해 자아의 한계를 넘어 확산되어 나가기 시작하기 때문이다. 일찍부터 연애와 같은 격렬한 감정에 휩싸이는 것은 매우 위험하고 자기중심적인 성격을 강화시킬 수 있기 때문에, 이성에 대해 갖는 관심을 될 수 있는 한 우정이나 인류애로 돌려야 한다. 그리고 마침내 사랑의 욕구가 그의 마음을 지배하게 될 때면, 그를 무분별한 욕망에 대해 경계하게 하며 그에게 이상적인 여인을 묘사하여 그 맹목적이고 막연한 욕망이 지향할 목표를 제시해 주어야 한다. 에밀의 내면에서 사회적 욕구가 깨어남과 더불어 그는 사회를 공부해야 한다. 사물을 공부할 때와는 달리 사회를 공부할 때는 우선 자신의 체험이 아니라 남의 체험을 통하여 공부해야 한다. 에밀은 역사를 읽으면서 인간의 마음을 객관적으로 파악하는 훈련을 하게 될 것이다. 종교 교육은 권위에 근거한 논증이나 계시 신학을 비판 없이 받아들이지 않을 정도로 충분히 자율적이 된 의식에, 그리고 유물론의 부정적인 주장을 물리칠 정도로 충분히 감성적이 된 영혼에 부과되어야 한다. 사부아 보좌신부는 에밀에게 양심의 소리와 내적 감정의 필요에 기초를 둔, 그리고 인간의 이성에 비추어 받아들일 수 있는 '자연 종교'를 설교한다. 우주 만물은 서로 조화를 이루는 질서 안에서 자리를 잡고 있으며 이 질서를 지배하는 의지는 신이다. 모든 것을 행할 수 있는 신은 그 속성상 선하므로 신에 의해 창조된 인간 역시 선량하다. 악은 인간들이 모여 만든 사회에서 발생한 것이기 때문에 악을 제거하는 것도 인간의 책임이다. 기존의 체계에서 종교적 혹은 도덕적 대답을 찾기보다 자기 내부로 들어가 자신의 목소리에 귀 기울이고 내면의 빛이자 절대적으로 확실한 안내자인 양심에게 물어보아야 한다. 진정한 신앙은 도덕의 근원이자 완성이다. 도덕적 질서는 올바른 사람이 지상에서 당하는 박해를 저세상에서 보상해 줄 신이 없다면 불완전한 것이 될 것이다. 에밀은 이제 다른 사람들과 함께 살 세상으로 들어간다. 그는 겸손하고 동정심이 풍부하고 솔직하며 신중하다. 그는 소박하고 진실하여 다른 사람들의 호감을 산다. 그는 자신의 욕망을 자신의 능력에 맞추어 제한하기 때문에 행복할 것이다.

5권은 에밀의 배우자가 될 소피의 교육을 주로 다루고 있다. 에밀의 교사는 그녀가 우아하며 주의력이 깊고 열정을 가진 동시에 덕성스럽고, 출산과 양육 그리고 남편의 내조 등 가정생활에 헌신하기를 바란다. 그녀는 주변 사람들에게 선을 실천하면서 신을 경배한다. 에밀은 자신에게 맞추어 키워진 소피를 만나고 둘은 사랑을 나눈다. 에밀은 소피와 결혼을 약속하고 자신이 살아야 하는 국가를 판단하기 위해 유럽 여행을 떠난다. 에밀은 여행 중 교사로부터 법과 정치의 원리들을 배우면서 어떠한 국가도 이상적인 모델에 부합되지 않는다는 사실을 고통스럽게 발견한다. 그럼에도 불구하고 에밀은 자신의 내면에 불굴의 자유를 갖고 있다는 사실을 깨닫고, 에밀의 교사는 그에게 전원생활을 하며 행복한 가정을 일구면서 동포들에 대한 의무를 다하라고 충고한다. 에밀은 소피와 결혼하고 스스로 자식들을 교육시키게 될 것이다.

상상력의 교육[3]

『에밀』에서 가장 중요한 부분은 에밀이 사회적 관계로 들어가면서 본격적으로 도덕을 배우게 되는 과정이라고 말할 수 있다. 루소는 이 시기를 제2의 탄생이라고 부르면서, 그 이전에 에밀이 자신만을 위해 존재했다면 이제부터 그는 사람들과 어울려 사는 진정한 의미의 삶을 살게 될 것이라고 말한다. 인간은 상상력을 통해 자신의 바깥으로 나가 타인들을 만나며, 물질적 세계를 넘어 정신적 혹은 도덕적인 질서로 들어선다. 이러한 자아의 확장 혹은 자아의 도약은 양가적인 가치를 갖는다. 예를 들면 우리가 사랑이나 우정을 느낄 때 그것은 축복일 수도 있지만 저주일 수도 있다.

누구를 특별히 좋아하게 되면 상대방도 그래 주기를 바란다. 사랑은 상호적이어야 한다. 사랑받기 위해서는 자신이 사랑받을 만한 존재가 되어야 한다. 상대방이 특별히 자기를 좋아하려면 적어도 사랑하는 대상의 눈에 자신이 어떤 다른 사람보다, 아니 모든 다른 사람보다 더 사랑스러운 존재가 되어야 한다. 이 때문에 자기와 같은 다른 인간들에게 최초로 시선을 돌리게 되고, 이 때문에 최초로 그들과 자신을 비교하게 되고, 이 때문에 경쟁심과 적대 관계와 질투가 생겨난다. 감정으로 북받치는 마음은 자신의 심정을 털어놓고 싶어 한다. 그래서 애인이 필요하면 곧 친구가 필요해진다.

---

3   이 장은 이용철, 「『에밀』의 교육론」(『한국방송통신대학교 논문집』, 제34권, 2002)의 일부를 요약한 부분이 포함되어 있다.

사랑받는다는 것이 얼마나 감미로운지 느끼는 사람은 모든 사람들에게서 사랑받고 싶어 한다. 그렇지만 모두가 특별히 사랑받기를 원한다면, 그렇지 못해 불만을 갖는 사람들도 많이 생기게 될 것이다. 사랑 그리고 우정과 함께 불화와 적대감과 증오가 생겨난다.   (『에밀』, 4권)

사람들은 다른 사람들로부터 특별한 사람으로 인정되고 사랑이나 우정을 받기를 원하다가, 이러한 욕망이 좌절되는 순간 그들을 미워하고 증오하면서 권력을 갖고 지배하고자 한다. 이러한 인간들이 바로 이기적인 인간이다. 이기적인 인간에게 타인은 결코 내면적으로 동화되는 존재가 아니라 오직 외면적으로 비교되는 존재이며 자기보다 열등한 존재여야 한다. 그는 고통스러워하는 사람을 보면 그가 자신보다 열등하다고 판단하면서 우월감을 느낀다. 그래서 그는 사람들이 행복하기보다는 불행하기를 바라는 사디스트적 욕망을 갖는다. 그는 타인을 경멸하지만 타인 없이는 더 나아가 타인의 고통 없이는 자신의 존재를 느끼지 못한다. 그는 자신의 내면이 아니라 다른 사람들의 생각 속에서 존재하며 그로부터 거짓된 존재의 감정을 이끌어 낼 뿐이다. 그래서 그는 자신이 지배하고자 하는 타인의 노예에 불과하다. 그는 자신을 사랑할 줄 모르고 자신에 대해 만족할 줄 모르기 때문에 끊임없이 자신의 내면에서 벗어나려고 발버둥 치며, 진정한 행복을 향유하지 못한다.

이기심과 그에 수반되는 여러 우울한 감정에 빠지는 사람은 상상력의 매력과 효과를 더 이상 알지 못합니다. 그들은 상상력이 제공하는 위로의 능력을 왜곡해서 사용하여, 그들이 느끼는 불행의 감정을 완화하기 위해서가 아니라 그것을 격화시키기 위해 사용합니다. 그들을 기분 좋게 하는 대상보다는 상처를 주는 대상에 더 몰두하는 그들은 도처에서 어떤 고통의 이유를 보고 항상 어떤 슬픈 추억을 간직합니다. 그리고 고독 속에서 자신에게 가장 많은 영향을 미친 것에 대해 깊이 생각할 때도, 원한 맺힌 그들의 마음은 수많은 불길한 대상들로 상상력을 채웁니다. 경쟁, 편애, 질투, 적대심, 모욕, 복수, 모든 종류의 불만, 야망, 욕망, 계획, 수단, 장애물들로 인해 그들이 누리는 짧은 여가가 불안한 생각들로 채워집니다.

(『루소, 장 자크를 판단하다: 대화』, 「두 번째 대화」)

도덕 교육이란 "미덕과 악덕뿐만 아니라 인간생활의 행복과 불행"을 좌우하고 사람들을 "착하거나 악하게 만드는"(『루소, 장 자크를 판단하다: 대화』, 「두 번째 대화」) 상상력이 미덕을 향해 나아가도록 만드는 것이다. 사실 이기심에 물들지 않은 인간은 다른 사람들이 고통스러워하는 광경을 보기를 원하지 않는다. 그는 자신의 이해관계가 걸려 있지 않은 한, 다른 사람들을 불행하게 하는 악행에 대해서는 혐오감을 갖고 다른 사람들의 행복에 기여하는 선행을 보면서 즐거움을 느끼고 선행을 찬미한다. 이러한 미덕의 사랑이 미덕의 실천으로 직결되지 못하는 것은, 미덕을 실천하는 행위가 대부분의 경우 자신의 직접적인 이익과는 상치되기 때문이다. "미덕을 실천함으로써 생기는 굴욕이나 불행은 미덕이 지닌 모든 매력을 느끼지 못하게 하네"(『에밀』, 4권). 따라서 『에밀』의 4권부터 본격적인 주제로 등장하는 도덕 교육이 성공하려면 에밀에게 순수한 형태의 '미덕이 지닌 모든 매력'을 상상을 통해 보여 주어 그로 하여금 미덕을 열렬히 사랑하게 만들어야 한다. 그런데 사랑의 감정이야말로 미덕의 매력을 가장 강렬하게 보여 주는 것이다. 인생에서 가장 감미로우면서도 강력한 그래서 때로는 치명적이기까지 한 사랑의 정념을 미덕과 결부시킬 때 비로소 미덕은 개인의 이해관계를 넘어서는 도덕적 힘을 갖게 될 것이다.

자연인에게 성이란 단지 생식에 관계된 본능이며, 그는 비교에 기초를 둔 선택이자 정신적 감정으로서의 사랑을 알지 못한다. 그러나 성적 본능은 상상력이 개입함에 따라 개인적 선호에 근거한 정신적 요구가 된다. 루소에게 사랑이란 자연적인 본능이 아니라 상상력에 의해 촉발되는 문화적 산물이다.

> 미덕과 아름다움에 대해 아무 관념도 없는 사람이 있다면, 그에게는 어떤 여자든 모두 괜찮아서 아무나 처음 본 여자가 언제나 가장 사랑스러운 여자가 될 것이다. 사랑은 자연에서 나오기는커녕, 자연의 성향을 규제하고 그것에 제동을 거는 것이다. 바로 사랑 때문에 사랑하는 대상을 제외한 이성異性은 그에게 더 이상 아무것도 아닌 것이 된다. (『에밀』, 4권)

자연에서 인간적 세계로 이행하는 과정에는 필연적으로 자연에 대한 부정이 내포되어 있으며, 자연으로부터 일탈하는 자유는 물리적 세계를 넘어 상상적인 가치의 세계를 창조한다. 루소에게 이 가치의 세계의 중심을 이루는 것은 미덕인데 사랑으로 고양된 상상력은 인간을 가치의 창조자로 변화시킨다. 비록 사랑이 환상일지라도 그것은 미덕과 아름다움을 지향하는 심원한 감정이 되면서 인간성의 가장 고귀한 측면을 표현한다.

사랑에서 모든 것이 환상에 불과하다는 것은 나도 인정한다. 그러나 사랑이 우리에게 부추기는 감정들은 실재하는 것으로, 그것은 사랑이 우리로 하여금 사랑하게 만드는 진정한 아름다움에 대한 감정들이다. 이 아름다움은 결코 사랑의 대상에게 있지 않으며, 우리의 착각이 만들어 낸 산물이다. 그렇다! 그러나 그게 무슨 상관인가? 그렇다고 해서 이 가공의 모델을 위해 자신의 온갖 비속한 감정들을 덜 포기하는 것은 아니지 않은가?

(『에밀』, 5권)

사랑의 대상은 순수한 가치의 세계를 이미지로 보여 주면서 그 세계로 상대방을 인도한다. 비록 그 가치의 세계를 형상화하는 사랑의 열정이 착각에서 나온 것일지라도 그 때문에 그것이 반영하는 가치의 세계 혹은 그것이 불어넣는 미덕이 가치가 없는 것은 아니다. 사랑하는 사람은 자신의 내부에 품고 있는 가장 고결하고 아름다운 가치를 연인에게서 발견하거나 연인에게 투사한다. 그리고 이러한 이상화된 연인과의 동화를 통해 진정한 자아를 완성하려고 시도한다. 이때 사랑의 욕망은 도덕적 의지로 승화되고, 미덕을 실천하면서 수반되는 고통은 연인의 사랑으로 보상받는다. 이러한 사랑의 교육에서 가장 중요한 것은 미덕을 지향하는 순수한 사랑의 불꽃이 성적 욕망의 충족으로 꺼지지 않도록 그 충족의 시간을 최대한 지연시키는 것이다.

이 지고한 행복은 얻었을 때보다 바라고 있을 때 백 배는 더 기분 좋은 것이다. 그런 행복은 맛볼 때보다 바라고 있을 때 훨씬 더 즐거운 법이다. 오, 선량한 에밀이여, 사랑을 하고 사랑을 받아라. 소유하기 전에 오래도록

즐거라, 사랑과 순수함을 동시에 즐거라.   (『에밀』, 5권)

에밀은 교사로부터 사랑을 향해 나아가는 길을 인도받으면서도 사랑의 환상이 소멸된 상황에 대해서도 미리 경고를 듣는다. 반복되는 습관으로 상대방을 이상화하는 상상력이 사라지면 동시에 사랑의 도취감 역시 사라진다. 에밀의 교사는 사랑의 정점에 도달한 에밀과 소피를 갈라놓으면서 제자에게 사랑의 정념을 미덕에 복종시켜야 한다고 말한다.

  정념을 갖거나 갖지 않는 것은 우리에게 달린 일이 아니지만, 정념을 지배하는 것은 우리에게 달린 일이네. 우리가 지배하는 감정들은 모두 정당하지만, 우리를 지배하는 감정들은 어떤 것이든 죄가 된다네. 어떤 사람이 남의 아내를 사랑한다 해도 만약 그가 이 불행한 정념을 의무의 법칙에 따르게 한다면, 그것은 죄가 되지 않네. 그러나 자기 아내라도 사랑을 위해서 모든 것을 희생해서까지 사랑하는 것은 죄가 되는 것일세.   (『에밀』, 5권)

에밀의 교사는 두 연인에게 결혼 후에도 사랑이 일상에 함몰되지 않도록 상상력이 지속될 수 있는 거리를 남겨 두어야만 한다고 충고한다. 개인은 자신의 독립성을 잃지 않고 관능적 욕망을 세심하게 통제하며, 또한 배우자의 독립성 역시 존중해야 한다. 교사는 결혼이라는 사회적 제도를 통하여 사랑의 욕망을 미덕으로 승화시키면서 타인의 자유와 욕망을 존중하는 도덕적 균형점을 찾고자 한다. 사랑은 궁극적으로 일상생활 속에서 상호 신뢰를 통한 "감미로운 습관"으로 전환되어야 한다. 그것은 인간의 행복을 위해 몽상의 세계와 현실 세계가 균형을 이룬 상태로, 에밀은 소박한 전원에서 내면의 자유를 간직한 상태로 행복한 결혼생활을 유지하고 또 이웃들에게 미덕의 모범을 보이게 될 것이다.

에밀의 도덕 교육에서 사랑의 교육과 함께 또 다른 축을 이루는 종교 교육 역시 신을 매개로 상상력을 미덕으로 이끄는 교육의 과정이라고 말할 수 있다. 열렬한 사랑의 불길이 잦아들고 그것이 일상의 삶으로 통합되면, 오직 신에 대한 믿음만이 인간의 상상력을 충만히 채울 수 있는 유일한 것이 된다. 왜냐하면 무한한 것만이 무한한 것을 갈망하는 인간의 마음을 채울 수 있기 때문이다. 신앙이란 우주의 질서에서 신의 선의를 느끼고, 자신의 의지를 신의 선의에 일치시키는 행위이다. 그러나 현실 세계에서 미덕을 실천하는 것은 쉽지 않은 일이다. "올바른 사람의 정직함과 자기 자신의 부정에서 이익을 끌어내는"(『에밀』, 4권) 악인들이 판을 치는 현재의 사회에서, 유덕한 사람은 분노하고 절망할 수밖에 없다. 미덕을 실천하면서 자신의 이익과 행복을 희생할 수밖에 없는 유덕한 인간은 그로 인해 타인들의 찬사와 사랑을 받기는커녕 조롱과 멸시를 받기 십상이다. 이기심이 지배하는 현실에서 미덕은 행복의 필요조건이지만 충분조건은 되지 못한다. 사부아 보좌신부는 미덕이 행복을 보장해 주지 못하는 현실에서, 미덕의 불행을 보상해 줄 신의 존재를 믿으면서 현실의 고통을 견디어 나간다. 만약 신이 존재하지 않는다면 그리고 미덕이 보상받는 내세가 존재하지 않는다면 "이성적으로 생각하는 것은 악인밖에 없고 선인은 분별없는 자에 불과할 것"(『에밀』, 4권)인데, 보좌신부에게 이러한 불공정은 우주의 질서에 비추어 볼 때 도저히 받아들일 수 없는 것이다. 그는 자신이 사후에 누릴 행복을 다음과 같이 묘사한다.

그러나 육체와 감각이 우리에게 갖게 하는 환상에서 해방되어 지고한 존재와 그로부터 흘러나오는 영원한 진리를 관조하면서 즐거움을 느끼게 될 때, 질서의 아름다움이 영혼의 모든 힘을 사로잡게 될 때, 또 우리가 전에 했던 일과 전에 하지 않으면 안 되었던 일을 비교하는 데만 오로지 전념하게 될 때, 그때야말로 양심의 소리가 그 힘과 지배력을 회복할 것이네. 그리고 그때야말로 자기 자신의 만족에서 생겨나는 순수한 쾌락과 스스로의 품위를 떨어뜨렸던 것에 대한 쓰디쓴 회한이 고갈되지 않는 감정을 통해 사람들이 저마다 스스로에게 마련한 운명을 구별 지을 것이네.

(『에밀』, 4권)

사후에 유덕한 영혼은 육체로부터 벗어난 순수한 정신으로, 신과 신이 만든 질서의 아름다움을 관조하면서 즐거움을 느끼고 또 지상에서 실천한 미덕을 회상하면서 자기만족의 쾌락을 향유하게 될 것이다. 사실 사랑에서 생겨나는 강렬하지만 덧없는 행복은 이 사후의 지복에 대한 일종의 맛보기라고 말할 수도 있을 것이다. 사랑의 환상을 체험한 인간은 현실적으로 존재하지 않는 신에 대한 강렬한 믿음을 가질 수 있으며, 사랑의 환상이 소멸된 후에는 앞으로 맛볼 내세의 행복을 예감하면서 미덕을 실천할 힘을 낼 수 있을 것이다. 그 실천은 고통스러운 일이겠지만 거기에는 인간이 자신의 자유를 실현할 때 느끼는 자부심이 배어 있으며, 이때 인간은 자신의 모습을 바라보면서 자신이 유덕하다는 만족감을 느낄 수 있다. 이때 그는 "나는 육체의 구속에서 해방되어 모순도 분열도 없는 '내'가 될 때를, 행복하기 위해 오로지 나밖에 필요하지 않을 순간"(『에밀』, 4권)을, 즉 그가 신과 같이 될 순간을 열망하고 있다고 외칠 수 있다.

이러한 맥락에서 우리가 잊지 말아야 할 것은 루소가 『에밀』에서 제시하는 구체적인 교육적 내용보다도 『에밀』이라는 작품 자체가 그 문학적 효과로 독자들에게 불어넣을 미덕에 대한 사랑을 더욱 중요시했을 것이라는 점이다. 루소는 소설 『신엘로이즈』의 서문에서 소설들이 도시의 사치스러운 정경과 도시의 흥청대는 사람들과 도시의 편견들을 전파하면서 시골 사람들에게 자신들이 영위하는 단조로운 삶을 싫어하게 만들어 그들을 도시로 유인한다고 비판한다. 반면 자신의 소설은 이러한 소설들에 대항하여 그들에게 부부생활의 매력과 행복한 가정생활의 정경을 묘사하면서 그들이 알지 못했던 그들의 삶이 갖는 매력을 보여 준다고 말한다.

사람들은 소설이 정신을 동요시킨다고 불평합니다. 나도 정말 그렇다고 생각합니다. 소설을 읽는 사람들에게 끊임없이 그들의 상태가 아닌 다른 상태의 거짓 매력을 보여 주면서 소설은 그들을 유혹하여, 그들로 하여금 그들의 상태를 경멸하게 하고, 상상 속에서 그들의 상태를 그들이 좋아하게 된 상태와 바꾸게 만듭니다. 자신이 아닌 것이 되기를 원하면서 사람들은 자신을 자신이 아닌 다른 것으로 믿기에 이르는데, 바로 이렇게 해서 사람들은 머리가 돌게 되는 것입니다. 만약 소설이 그 독자들에게 그들 주변의 대상들에 대해서만 묘사하고, 그들이 수행해야 할 의무와 그들의 상태에서 생겨나는 즐거움만을 제시한다면 소설은 독자들을 미치게 만들기는커녕 현명하게 만들 것입니다. (『신엘로이즈』, 두 번째 서문)

루소가 제시하는 구체적인 교육의 방안들이 비록 현실성이 떨어진다

하더라도, 그는 자율적이고 도덕적인 인간이라는 이상을 추구하면서 미덕에 대한 열광을 불어넣는다. 또 그는 진리와 미덕에 취한 독자들에게 인간과 현실에 대한 탁월한 통찰을 제공한다. 인간의 문제에 대한 완전하고 결정적인 해결책이란 없다. 그러나 상황에 맞추어 인간의 폭넓은 이해에서 나온 깊은 지혜를 적용한다면 우리는 좀 더 나은 해결책을 찾을 수 있을 것이다.

에밀
Émile ou De l'éducation